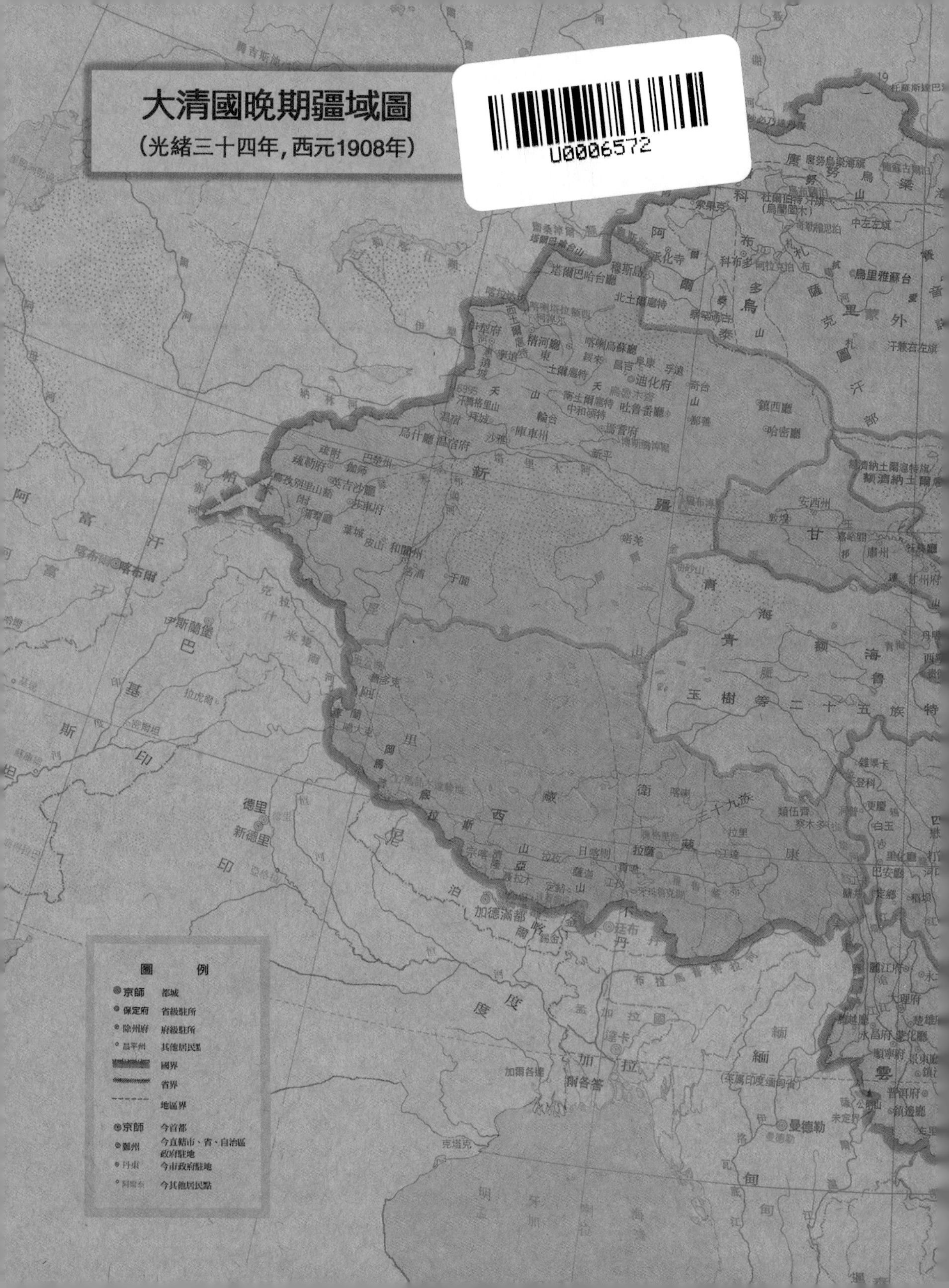
大清國晚期疆域圖
(光緒三十四年,西元1908年)
圖例
京師 都城
保定府 省級駐所
滁州府 府級駐所
昌平州 其他居民點
國界
省界
地區界
京師 今首都
鄭州 今直轄市、省、自治區政府駐地
丹東 今市政府駐地
阿爾泰 今其他居民點
新疆
迪化府
吐魯番廳
哈密廳
鎮西廳
伊犁府
精河廳
庫車州
烏什廳
溫宿府
疏勒府
英吉沙爾廳
莎車府
和闐州
于闐
西藏
拉薩
青海
玉樹等二十五族
甘
安西州
肅州
科布多
烏里雅蘇台
外蒙古
阿富汗
喀布爾
伊斯蘭堡
巴基斯坦
印度
德里
新德里
尼泊爾
加德滿都
不丹
錫金
孟加拉
達卡
加爾各答
緬甸
曼德勒
麗江府
大理府
永昌府
普洱府
巴安廳
雲

光緒傳

孫孝恩
丁　琪　著

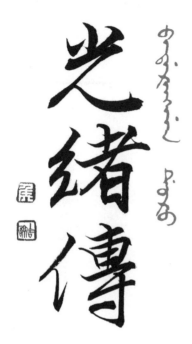

導讀

《光緒傳》

公孫策

這是一本文字洗鍊，又能搜羅廣博的一本傳記。作者用幾句話就涵蓋了光緒的一生：**有幸而不幸，有為而無為，由王子而萬乘之尊，由皇帝而又形同傀儡，繼而淪如獄囚般**——簡明且準確的定位了這位晚清皇帝。

作者個人的強烈民族主義貫穿全書，因此創造出晚清朝廷中的一個「抵抗派」，這個名詞在其他中國近代史的書籍文章中其實罕見，但這也可能是我閱讀近年大陸新出版書籍太少的緣故。在大國崛起的全民熱潮之下，民族主義蔚為主流不足為異。諸如「**隨著中國與外國侵略者之間的民族矛盾日益尖銳，年輕的光緒帝和那些主戰的官員們緊相呼應，為了『固守邊界』維護國土，也加強了『抵制妥協勢力』的鬥爭**」等措辭字句，讀者或許可以更加冷靜的思考待之。

無論如何，這是一本搜羅廣博的傳記，書中引述的記載極為豐富，人名、事件非常多，讀者如果對晚清這段歷史不是很熟悉，可以注焦於主人翁光緒帝之外的三位關鍵人物，以便於掌握那一段歷史的發展。

首先，當然是慈禧太后（本書一貫以西太后稱之，為免混淆，以次亦稱西太后）。同治年號不是「東西兩太后同治」，而是「兩太后與兩親王同治」，書中引述「**……兩宮皇太后垂簾（用紗屏八扇，黃色——原注），皇上在簾前御榻坐。恭邸（恭親王奕訢）立於左，醇邸（醇親王奕譞）立於右……**」，情景宛然在目，而「同治」的意義乃昭然明白。

這個「太后加親王」的體制，在排除肅順等顧命大臣之後建立。這樣的集體領導，也造成了「同治中興」：敉平洪楊之亂、與夷人短暫相安，甚至開始洋化改革。

可是，殺安德海卻使得矛盾表面化，因為那擺明了是恭親王與東太后聯合封疆大吏（山東巡撫丁寶楨）對付西太后的舉動。更令西太后寒心的是，同治帝居然也說：「此曹如此，該殺之至！」站在她的對立一方。

說西太后「不愛」光緒，是未盡公平的。西太后才因兒子（同治帝）早逝，差點當不成太后——她是母以子貴，換一個皇帝，東太后是正宮，太后地位不受影響，西太后可能就此失去正當性。她好不容易立了載湉（光緒帝），讓他叫自己「親爸爸」，保護他都來不及了，豈有「不愛」之理。但這種愛，畢竟不是母愛，加上她愛之深卻責之太切，小皇帝對她畏多於敬，後來的「叛逆」良有以也。

總之，殺安德海事件讓西太后心生警惕，乃有「甲申易樞」發生。而這一局，更突顯了「東太后加恭親王」乃至舉朝大臣，都無力抵擋西太后。從此，西太后才坤綱獨斷，而搖尾倖進之徒快速向她靠攏，「后黨」形成。

確實，西太后要為晚清積弱負最大責任，可是她由「蘭兒」（肅順可以直呼她小名）變成「老佛爺」，卻不是一天的事情。我們讀這一段歷史，也要能體察歷史人物在每一階段的心境變化，才能更真切的汲取歷史教訓。

第二位重要人物是翁同龢。他擔任光緒皇帝的師傅二十三年，西太后「撤上書房」之後，他仍一直擔任軍機大臣，事實上是光緒帝唯一可以傾吐心聲和聽取意見的管道。本書作者更直陳：可以說，光緒帝之所以逐漸意欲有所作為，後來走上革新之路，「是翁同龢一手點燃了光緒帝的改革思想之火」。（「」內為作者引述自其他文獻）

然而，翁同龢是位儒家學者，「君子不黨」，因此當小皇帝長大，「翁師傅」又是唯一對外管道，漸漸形成的「帝黨」乃向翁同龢靠攏。可惜翁同龢既缺乏權術加以篩揀，又沒有其他能幹的「黨羽」來幫忙推動事情，這是儒者的缺點。舉例說，「帝黨」最初的核心是瑾、珍二妃，及二妃的堂兄志銳。這不但犯了西太后的大忌，更讓西太后可以拿來說服其他大臣，而「外戚干政」的大帽子更不是翁同龢戴得起的。於是翁同龢只能被夾在當中，兩邊都不敢得罪，卻又兩邊都抗拒不了。

第三個重要人物是李鴻章。李鴻章是淮軍大帥，淮軍將領劉銘傳、劉坤一、張樹聲、聶士成都是當時的主戰派，甚至跟洋人交手打過勝仗。可是大帥卻成為「民族罪人」，為什麼？

因為「形勢比人強」。本書中寫到「（一八八四年中法戰爭前夕）**法方提出要求中國賠款，而兩江總督曾國荃有意同意……**」。要曉得，曾國荃在湘軍中以勇敢著稱，他本人更與李鴻章不合。可是他也傾向同意對法國賠款。當曾國荃也跟李鴻章採取相同立場，可以視為形勢不利於開戰的證明。

另一個旁證是恭親王奕訢復出，面對中日（甲午）開戰危機，這位「賢王」且曾是西太后「對頭」的洋務老手，卻「**迫不及待地……乞求各國公使幫助中國尋求和平**」！為什麼？莫不也是因為看清楚「形勢不利於開戰」嗎？但是光緒卻不能瞭解，形勢是不斷在變的，而人是會老的，同一個人，老了、官大了，血氣既衰，戀棧之心愈重，遇到形勢嚴峻，自然就傾向保守、退讓、姑息，終至成為國人心目中的漢奸。

然而，光緒帝並不是個蠢皇帝，心裡多少還是有一些感覺的。於是才會要求李秉衡上任山東巡撫，「**路過天津時，面晤李鴻章，察其精神氣體如何，有無衰病情狀**」。

書中並未記載李秉衡是否回報，但那已不重要，因為在甲午海戰與乙未議和（馬關條約）之後，光緒帝已經有了充分覺悟。

在開戰之前，張蔭桓與邵友濂赴日談和，先受玩弄，終遭拒絕，全無反制能力。之後開戰，北洋艦隊灰飛煙滅，西太后「指定李鴻章全權赴日談和」，隨即以「**肝氣作疼，左體不適，筋起作塊**」，託病躲進深宮。光緒帝一下子成了第一線拍板的決策者，卻必須面對「和還是戰」、「割地還是決裂」，陷入個人歷史罪名與國家存亡的兩難之間。最後的場面是，「**眾樞在直立候，上繞殿急步約時許，乃頓足流涕，奮筆書之。……**」

在簽下「割地賠款，喪權辱國」的中日和約那一刻，光緒帝有了覺悟：他的帝國朝廷已經顛到了無可救藥的地步，再不變法圖強，只是耗到滅亡而已。

變法必須掌握權力，但權力的定義是什麼？除了發號施令「一體遵從」之外，還得有「讓事情實現的能力」（The power to make things happen），才是完整的權力。可是光緒帝只擁有前者，缺了後者，使得他的權力無法持久。

戊戌變法的核心人物是康有為，但他的職位只是個工部從事，所有改革方案必須透過翁同龢轉呈皇帝，再發下各部門，能幫得上忙的只有幾個軍機章京，各部官員若陽奉陰違，其實一點辦法也沒有。這跟歷史上的改革者，如王安石、張居正等，本身大權在握，命令一出，如臂使指，有著霄壤之別。也就是說，戊戌變法事實上沒有「讓事情實現的能力」，朝廷官員與地方督撫自然也就不把皇帝放在眼裡。即使西太后不發動政變，即使袁世凱沒有臨陣背叛，光緒帝的變法也不會成功的。

直到百日維新失敗，自己被幽禁，光緒帝才真正「看清形勢」，此所以他在庚子之役（八國聯軍）前，成了「主和派」，反對「藉拳團滅洋」，但那都已經太遲了。

掌握住慈禧太后、翁同龢、李鴻章，當然最重要的是光緒皇帝，這幾位核心人物的心境變遷，這本搜羅廣博的傳記，讀來就能執簡御繁了。

目次

導讀 一

第一章 即位

出生於衰世王朝 〇〇一

黃袍加身 〇〇九

紫禁城中的小皇帝 〇三二

第二章 在內爭外患中成長

宮中的風波 〇五一

鋒芒初露 〇六二

第三章 「親政」

「親政」的醞釀 〇八五

大婚與「親政」 一一五

第四章 甲午起戰雲

在戰爭威脅面前 一六一

宣戰之後 一八〇

抗戰陰影的擴大　一九七

第五章　乙未之辱
屈辱議和　二二九
蒙辱批約　二五三

第六章　何去何從
困惑　二七七
勵精圖治雪國恥　二八八

第七章　不做亡國之君
救亡　三一七
變革之前夜　三三一

第八章　變法更新繪宏圖
頒詔定國是　三四七
希望之光　三五五

第九章　崎嶇的維新之路
艱難的起步　三八五
步履維艱的征程　三九七

第十章　轉機
攻勢　四一九
向改革的縱深推進　四三四
第十一章　變法夭折
新、舊勢力的殊死搏鬥　四五一
政變　四六三
第十二章　壯志未酬
身陷逆境　四八一
存亡之秋　四九四
飲恨而終　五〇七
結　語　五二三
後　記　五二五
附　錄　光緒帝大事紀　五二七

第一章　即位

出生於衰世王朝

（一）出生與家世

京城八月，驕陽似火，令人窒息。伴隨夜幕的降臨，聒噪一天的蟬鳴總算漸漸平息了。城內西南角太平湖畔的醇親王府（今中央音樂學院所在地）內燭光通明，人影晃動。醇王福晉葉赫那拉氏，十月懷胎就要分娩了。

一聲嬰兒清脆響亮的啼哭，刺破了子夜的寂靜。同治十年六月二十八日（一八七一年八月十四日）夜，醇親王府槐蔭齋內一個小男孩降臨到這個天潢貴冑、鐘鳴鼎食之家。他尚未睜開雙眼，就已可感知那擁金堆玉的溫馨。

文人筆下的他是「生而神靈，天庭奇表，豐上兌下，隆準頎身，睿智淵通，志量恢遠」[1]。誠然，這不免有些言過其實，而他的父親醇親王奕譞的喜形於色則肯定自不待言。這位年已三十一歲、位極人臣的顯貴，雖曾有過一子，卻不幸早夭，急切盼子的心情總算如願以償。此時，夜半更深，一家人卻歡天喜地，難以入睡。

按照清朝皇室的規定，凡宗室子孫降生均要錄入皇帝的家譜《玉牒》，且要按輩分排定的命名用字規矩，由皇上賜名，並不由父母作主[2]。因此，次日清晨入朝，醇親王奕譞與匆匆地請回了一個象徵「風平浪靜」的吉祥名字——「載湉」。可從此，愛新覺羅・載湉開始了他驚濤駭浪的一生；開始了他有幸而不幸，有為而無為，由王子而萬乘之尊；由皇帝而又形同傀儡，繼而淪如獄囚般的艱難一生。

載湉的家世並不複雜，但卻無比的顯赫。早在他的十世祖愛新覺羅・努爾哈赤時代，這個被稱作女真族（後改稱為滿洲族）的家族便已被神化為仙女的後人。清朝自東北入關、定鼎中原後近二百三十年來，愛新覺羅家族就成為「真龍天子」一脈相傳的皇族，世代相繼，已有八代八個君主統治著全國。當今天子就是載湉的堂兄。載湉的祖父愛新覺羅・旻寧，即道光皇帝。在其駕崩賓天、江山撒手之時，共生有九子。除長子、次子、三子已死外，載湉的父輩尚有六人，敘齒分別為奕詝、奕誴、奕訢、奕譞、奕詥、奕譓。那一年奕詝繼位為皇帝（咸豐帝）時，他的父親奕譞尚不足十歲。然而，既然身為當朝皇帝的胞弟，在他的面前展開的自然是富貴榮華、威勢顯赫的未來。

奕譞，字樸庵，出生於道光二十年（一八四〇年）九月二十一日。四哥奕詝即位不久，他便被賜封為醇郡王，自此人稱「七王爺」（排行七）。這倒不是因為他有什麼聰穎過人之處，既為皇弟，循例也應享有此等「恩典」。他的少年時代，照例享受著輕裘肥馬、安逸榮崇的王府生活。不過，他十九歲那年（一八五九年）的「奉旨」成婚，使他的身分開始發生了令人側目的變化。本來身為皇弟，以血統和與皇帝的手足親情便足以令人刮目相看，皇帝又將自己寵愛的懿貴妃（後來的西太后或稱慈禧太后）的親妹妹指婚嫁給了他。血緣親情之上又加裙帶關係，決定了他處在清政府最高層的權力角逐漩渦中的特殊位置。

當兩年後咸豐帝病死於熱河（今河北承德）避暑山莊和隨即發生的一場政變，更使奕譞權勢日隆，扶搖直上，成為清統治者中炙手可熱的人物。

咸豐十年八月（一八六〇年九月），昏庸腐朽的咸豐帝在英法聯軍的槍炮聲中，匆匆逃離北京。次年七月，在內亂外患走投無路的困境中咸豐帝憂鬱成病，死於避暑山莊。隨即，由他唯一的兒子，年僅六歲的載淳（懿貴妃所出）繼承了帝位，改明年為祺祥元年（政變後改為同治元年）。同時，母以子貴，懿貴妃葉赫那拉氏與皇后紐祜祿氏並尊為皇太后（下文以兩太后在宮中居處位置之不同，稱葉赫那拉氏為西太后，紐祜祿氏為東太后以示區別）。為掃除咸豐帝為幼帝安置的「顧命八大臣」，以便操縱朝政大權，西太后利用奕譞，以妹夫關係和身分回北京與恭親王奕訢（咸豐帝六弟）商定對策，內外合謀，發動政變。當政變發動後，奕譞又親率侍衛兵在密雲半壁店捉拿護送「梓宮」的八大臣之一、西太后最大政敵、協辦大學士戶部尚書肅順[3]。為西太后日後登上「垂簾聽政」的權力寶座立下汗馬功勞，被西太后視為「最靠得住的附和者」[4]。

隨著西太后得勢，奕譞這個「有功」的妹夫，自然飛黃騰達、官運亨通，顯赫的爵位和「一大堆頭銜」都落在了他的頭上。同治三年（一八六四年），西太后賜予奕譞「加親王銜」，到同治十一年（一八七二年），又被正式封為清王朝宗室的一等爵位「醇親王」。此間，他官居正黃旗漢軍都統、正黃旗領侍衛內大臣、御前大臣、後扈大臣、管理善捕營事務、署理奉宸苑事務、管理正黃旗新舊營房事務、管理火槍營事務和神機營事務等多種軍、政要職。那時他還不過是一個二十餘歲的青年，卻已然成了備受西太后倚重的、清廷統治核心舉足輕重的實權人物。

然而，這位已經參與和領略殘酷無情的政治鬥爭和權力爭奪的少壯貴族，也已深深體會到比他僅年長六歲，把持皇帝、操縱政權的西太后的淫威。奕譞雖然並不欲激流勇退，然而卻深諳持盈保泰之策。高官厚祿、妻榮子貴，心滿意足之際仍不免戒懼盈懷，處處小心。他親題醇親王府的正堂為「思謙堂」；壁上的條幅為「福祿重重增福祿，恩光輩輩受恩光」。此外，他還特意讓人仿製了一只周代欹器，上面有他親筆寫的「謙受益，滿招損」銘辭。這只欹器若放入一半水則可保持平衡；若放滿水，則會傾倒以致將水全部流掉。他希望這個醇親王府子子孫孫能永遠康平富貴、相守相安，就像自己兒子的名字和府前的太平湖水一樣，風波不起、湉然安靜。

無論這位身分顯赫、位高權重的親王怎樣「謙恭」，小王子的降生自然要大大慶賀一番。那些慣於趨炎附勢、溜鬚拍馬的官僚終於有了表現的機會，金銀珠寶源源不斷作為賀禮送入醇親王府。

一天天，一月月，一歲、兩歲……小載湉在錦衣玉食的安樂窩裡成長。在他的視野中，乳母和太監體貼關懷，溫和恭順，唯唯諾諾；王府裡柳綠花紅，鶯聲燕語，五彩繽紛，一切都無憂無慮。他還沒有體驗王府大門以外的世界的能力；其更無從知道愛新覺羅祖先昔日業績的光輝正日益黯淡；子孫後代們正面臨著前所未有的艱難時勢；大清王朝的江山正在內憂外患中一塊塊崩塌。

（二）江河日下的清王朝

順治元年（一六四四年），崛起於中國東北的滿洲族，在愛新覺羅家族的率領下，金戈鐵馬，奪關斬將，以統治者的姿態出現在廣袤的中原大地。經二十餘年的生死搏鬥，終於穩定了清王朝的統治。在康熙、雍正、乾隆三帝勵精圖治的努力下，中國出現了邊疆鞏固，經濟發展，人口日繁的盛世。康熙帝和乾隆帝這祖孫二人均在位六十餘年，是中國歷史上執政時間最長的皇帝，這也成為愛新覺羅的皇位繼承者和家族最引以自豪和可堪誇耀的榮光。然而，盛極易衰。當嘉慶登基為帝之時，情況已發生令人難堪的變化。國內持續數年的川、楚、陝白蓮教大起事極大地動搖了清王朝的統治。清政權中大小官吏賄賂公行，侵奪貪占，財政危機日趨嚴重。全國人口已迅速增長達三億以上，嘉慶八年（一八〇三年），使人均可耕地面積在不到八十年時間內，由雍正十二年（一七三四年）的三・五四畝下降到嘉慶十七年（一八一二年）的二・一九畝，社會矛盾仍在積聚發展。

嘉慶二十五年（一八二〇年），當執政二十五年的嘉慶帝病逝於避暑山莊後，小載湉的爺爺旻寧（道光帝）便成為清王朝入主中原後的第六代君主。他在位的前二十年，儘管國內階級矛盾日益尖銳，卻並未發生大規模的人民運動。道光二十年（一八四〇年），歷來不被清統治者放在眼中的「英夷」卻成了清王朝的致命挑戰者。英國人通過堅船利炮，迫使「天朝」皇帝不得不批准了喪權辱國的中英《南京條約》，不情願地開放了中國的大門。隨後法國、美國等列強也接踵而至，從中國攫取了與英國享有的同樣特權，給中國套上了條條奴役性的侵略鎖鏈，開始將這個文明古國拖向半殖民地的泥潭。咸豐元年（一八五一年）爆發於廣西的太平天國農民運動持續了十四年，太平軍曾占據半個中國，一度進攻到北京附近。直到咸豐帝死於避暑山莊，中國東南部仍是烽火連天。咸豐十年（一八六〇年）英法聯軍竟攻占北京，圓明園大火剛剛熄滅，清政府又被迫向英、法、美、俄等國出賣大量特權，甚至割讓了大片的領土。在列強的幫助下，總算將太平軍鎮壓下去。小載湉出生前後的這幾年，他的父輩和在政變後垂簾聽政的西太后終於取得了一個喘息的機會，認為「心腹之患」已除，開始做著「同治中興」的幻夢。

所謂「同治中興」，是舊史家對咸豐十一年（一八六一年）政變後清政府在內政、外交等方面出現的變化和暫時呈現的「安定」局面的吹捧和標榜。雖然這一切均發生於載湉降生前後的十餘年間，卻對他的一生不無重大影響。

咸豐十一年（一八六一年）政變得手後，西太后一方面為小皇帝載淳登極做準備，同時鼓動親信大造皇太后「垂簾聽政」的輿論。一時間，顯貴權臣紛紛上書勸進。咸豐十一年十月初九日（一八六一年十一月十一日），載淳在清宮太和殿舉行了登極大典，改明年為「同治」元年，為兩宮皇太后上「慈安」、「慈禧」尊號。數日後以皇帝名義發出上諭，傳令南書房和翰林院：

> 將「歷代帝王政治及前史垂簾事蹟……擇其可為法戒者，據史直書，簡明注釋，匯為一冊，恭呈慈覽」。[5]

經諸臣一陣緊張的忙碌，將查到的有關資料匯為一編，賜名為《治平寶鑑》。「垂簾聽政」，終於有了歷史根據。隨後，在禮親王世鐸等議定的「垂簾章程」批准後，十二月二日，兩太后在養心殿正式開始垂簾聽政。實際是皇太后批閱章奏、召見大臣、裁決政務和確定官員任免。

據當時受召見的官員翁同龢記載，垂簾情形為：

> 「黎明，侍大人（翁同龢隨其父翁心存）入內，辰正，引見於養心殿。兩宮皇太后垂簾（用紗屏八扇，黃色——原注），皇上在簾前御榻坐。恭邸（恭親王奕訢）立於左，醇邸（醇親王奕譞）立於右。吏部堂官遞綠頭箋，恭邸接呈案上。是日引見才二刻許即出。」[6]

由此可知，所謂「同治」朝局，最初是兩太后、兩親王假以年幼無知的小皇帝名義掌管朝政。在兩太后中，東太后「和易少思慮」，「素寬和，殊無制裁之術」[7]。「雖東西兩太后同訓朝政，而實則處分一切，仍以西后意為可否。慈安素謹愿，各事每吶吶然不能出諸口者。」[8]在以後被召見的諸臣中，如曾國藩、郭嵩燾等，該日記也都有類似的記載。

簾外兩親王，實以恭親王奕訢權力為大。這不僅因為恭親王為醇親王之兄，且政變後，恭王尚有「議政王」的頭銜。咸豐十一年（一八六一年）第二次鴉片戰爭失敗後，由於外國侵略勢力的壓迫，清政府迫不得已在中央成立了「總理各國事務衙門」（簡稱總理衙門或總署）。由奕訢擔任首席大臣，全權主持對外「和局」，包括外交各種事務：如派出駐各國公使，兼管通商、海關、海防、訂購軍火；主辦同文館和派遣留學生等。儘管有軍機處為中樞機構，而「總署」位不在軍機處下，反在主持政務的六部之上，權力巨大。奕譞儘管身兼數職，權力日隆，又與西太后有一層妹夫的親情，可權力畢竟在奕訢之下。

西太后與奕訢掌持內外大權，同治天下的局面卻在不久便矛盾顯露。同治四年三月（一八六五年四月），西太后以同治帝載淳名義明發上諭，指斥並罷免奕訢：

「朕奉兩宮皇太后懿旨：本月初五日，據蔡壽祺奏，恭親王辦事徇情、貪墨、驕盈、攬權，多招物議。似此重情，何以能辦公事。查辦雖無實據，事出有因，究屬曖昧，難以懸揣！恭親王議政之初，尚屬謹慎，適後妄自尊大，諸多狂傲。倚仗爵高權重，目無君上，視朕沖齡，諸多挾制，往往暗使離間，不可細問，每日召見，趾高氣揚，言語之間許多取巧妄陳。若不及早宣示，朕親政之時何以用人行政？凡此重大情形，姑免深究，正是朕寬大之恩。恭親王著毋庸在軍機處議政，革去一切差使，不准干預公事，以示朕保全之至意。」[9]

此諭一出，內外譁然，「而外國使臣亦詢軍機諸臣事所由」[10]。加之諸王群臣，包括奕譞紛紛上疏，為奕訢緩頰疏通。在這種情況下，西太后又重頒上諭，仍用奕訢在內廷行走，管總署，但還是革去「議政王」頭銜，從中更使奕訢深知西太后之淫威，在召見時，「雙膝跪地，痛苦謝罪」[11]。

此後在「天津教案」、諫阻修圓明園等事上，奕訢又先後與奕譞、載淳、西太后矛盾，幾乎被同治帝革去親王頭銜。總之在同治朝，由於內廷權力之爭的結果，無論是「垂簾聽政」之時還是同治帝親政之後，已基本形成西太后專權獨斷的局面。

在中央，外鬆內緊，矛盾重重的朝局給人們一種「和睦」的假象，似乎兩宮皇太后與兩大親王真能「和衷共濟、共度時艱」。在地方上，懾於太平軍的聲勢浩大，清政府在政變後僅十餘天，便一反過去「崇滿抑漢」的傳統政策，任命「曾國藩統轄蘇、皖、贛、浙軍務，節制巡撫、提督以下各官」[12]。在曾國藩的保薦下，李鴻章、左宗棠、沈葆楨、曾國荃等一大批漢族官僚崛起於屠殺太平軍的戰場上。隨後，這些人又利用其對洋槍洋炮在鎮壓太平軍時效力的認識，打著「求強」、「求富」的旗號，先後辦起了一些軍事和民用性企業。並用從外國買來或自己仿造的槍炮艦船裝備了部分陸海軍，因而成為地方實力派（即洋務派）。從此，清政府從中央到地方形成了一種與外國侵略勢力「力保和局」、主張「中外和好」的對外政策基調。這些人企圖利用列強的欲望暫時滿足、國內太平軍相繼被基本平息的時機，來修補清王朝百孔千瘡的統治機器。《清史稿》的作者也正是將這表象看作「中興」內容：

> 「穆宗（同治帝）沖齡踐阼，母后垂簾。同運中興，十年之間，盜賊剗平，中外乂安。非夫官府一體，將相協和，何以臻茲？」[13]

其實用不著仔細觀察，便可清楚看到，清政府的所謂「中興」，只不過是統治者飲鴆止渴的暫時自我感覺而已。

第二次鴉片戰爭的結束，是以清政府分別同英、法、俄等國簽訂不平等的《北京條約》等為代價的。就在清朝統治者吹起「中興」泡沫的時候，中國半殖民地的雛形亦在步步深化。載湉出生之後，侵略者的魔爪已伸向我國的邊疆，從而打破了「中外和好」的幻影。與此同時，以「反洋教」為主的反侵略鬥爭星火，正在各地蔓延。因此，到小載湉出生後，清王朝的統治正在面臨新的危機。

誠然，小小的載湉，在醇親王府這個小天地裡仍然過著太平無事、無憂無慮的生活，但國家的大氛圍，又不能不制約與影響著他的未來。

黃袍加身

（一）同治帝之死

咸豐十一年（一八六一年），當咸豐皇帝在避暑山莊憂疾死去之時，清代帝統一系獨傳的皇位當然地留給了他唯一的兒子，年僅六歲的載淳。這可不是個吉兆，因為漢、唐、宋、明數代王朝一旦國運衰敗，也總是繼統乏人，不得不讓小孩子掌管天下。儘管小載淳在父皇留給他的「贊襄政務王大臣」和生母西太后的爭吵中，嚇得尿濕了褲子，可他還是在母后的卵翼下一年年地長大成人了。同治十一年九月（一八七二年十月），在兩宮皇太后的主持下，十七歲的同治帝（載淳）大婚。他隨著「同治中興」的「時運」滋長出帝王的威風。就在他叔兄弟小載湉於醇王府裡咿呀學語、蹣跚學步的時候，兩太后不情願地撤簾歸政，退居幕後，十八歲的載淳開始親政。這一年是同治十二年（一八七三年）。同治帝載淳為了滿足母后歸政後逸樂生活使其不再干政，於次年八月發出一道諭旨：「令總管內務府大臣，將圓明園工程擇要興修，原以備兩宮皇太后燕憩，用資頤養而遂孝恩。」[14]由於當時「軍務未盡平定」，「見在物力艱難，經費支絀」，遭到眾臣竭力諫阻，他只得收回成命。但同治帝隨即迫令群臣同意修「三海工程」（即今北京北海、中海和南海）。可三海修繕剛剛開始，在同治十三年十二月初五日（一八七五年一月十二日），這個年輕的皇帝卻一病不起，一個月以後「崩逝」於養心殿東暖閣。因同治帝尚未有子，大清朝父死子繼，一脈相傳的帝系到此中斷。

由於事出意外，立即使清王朝親貴勳戚、上下官員陷於不知所措的茫然之中，更使不知同治帝病情的朝野臣民為之困惑不解。同治帝「春秋鼎盛」，到底因何病而一命嗚呼？在種種猜疑和迷惑中，產生了死於性病、死於疥瘡、死於天花的種種說法，以致成為清宮一大疑案。

同治帝如果確實死於性病，在清代官書中當然不能記此穢聞。當時人對此的猜測傳聞及稍後的推測，大致是說同治帝大婚選后時，選中了東太后屬意的翰林院侍講崇綺之女阿魯特氏，使西太后大為不滿，經常干預同治帝的婚後生活，導致母子反目。皇帝一氣之下，經常出宮微服嬉戲遊宴於妓寮，「沉溺於色」，竟染患「淫創」而致命。就連後來常侍西太后左右的女官德齡，也認為同治帝似不可能死於天花：

「又隔了一天，更可怕的消息傳來了，說是皇上（同治帝），正在出天花了，並且出得非常旺。但即使是這樣，似乎也還沒有什麼重大危險可說。因為同治的身體一向是十分壯健的，論到天花這一種病症也絕非就是絕症，只要醫治得合法，調護得適宜，要治好也是很有可能的，至多不過使同治那樣一個美少年變為麻臉而已。」[15]

然而猜測、疑問終歸無據。同治帝死於天花的可能性確實存在。清初，「春秋鼎盛」的二十四歲的順治皇帝即因染天花不治而死。

同治十三年十月（一八七四年十一月）下旬，皇帝生病（「偶感風寒」）。按常人而言，這也沒什麼值得大驚小怪。但身為萬乘之尊的皇帝生病，不僅正常的政務受到影響，且在朝諸臣卻不能不十分關注。在同治帝生病之初，他的老師、重臣翁同龢在其日記中寫到：

「連日聖體違和，預備召見者皆撤。二十一日（一八七四年十一月二十九日）西苑受涼，十一月朔（十二月九日）已初訪紹彭，據云今日入值，知聖體發疹問安。」16

如果說這裡所記同治帝患之症為天花，仍是聽說而已。數日後的記載已是親見親聞了：

「初八日（十二月十六日）……巳正叫起，先至養心殿東暖閣。兩宮皇太后俱在御榻上持燭，令諸臣上前瞻仰，上舒臂令觀，微語曰：『誰來此伏見？』天顏溫睟，偃臥向外，花極稠密，目光微露。瞻仰畢，略奏數語皆退。」

「初九日（十二月十七日），……辰初一刻又叫起，與軍機、御前同入，上起坐，氣色皆盛，頭面皆灌漿飽滿，聲音有力。」17

既然所患確為天花，在情急無奈之際，清宮內的迷信活動也全面展開。十一月十二日（十二月二十日），在西太后的命令下，將發病以來就已供奉在大光明殿的「痘神」娘娘迎供到了養心殿，宮內到處是紅地毯、紅對聯，「一片喜氣」，期望痘神娘娘早點將撤下的「天花」收回。供奉三日之後，又以隆重的禮儀和紙紮的龍船、金銀玉帛恭送痘神娘娘於大清門外，舉火焚燒。然而，痘神娘娘雖然在飛騰烈焰中升天而去，同治帝的病情卻仍然有增無已。據現存於故宮，從為同治帝看病的太醫李德立等人留下的《萬歲爺天花喜進藥用藥底簿》每一天的病情和用藥記載來看，「娘娘」送行後第二天，即十一月十六日（十二月二十四日），天花表面看去「痂漸脫落，惟腎虛赤濁，餘毒挾濕，襲入筋絡。以致腰軟重痛，微腫不易轉坐，腿痛筋攣，屈而不伸，大便祕滯」[18]。十九日（二十七日），竟至「腰間紅腫潰破，浸流膿水，腿痛筋攣，頭頂肐膊膝上發出痘癰腫痛」[19]。病情急轉直下。

載淳患病之初，西太后雖然心痛，但畢竟不認為能有大事發生。因此，初由帝師、都察院左都御史、軍機大臣李鴻藻代閱章奏；滿文摺件命恭親王奕訢代為擬答。至十一月九日（十二月十七日），「命內外奏牘呈兩宮披覽」。剛剛撤簾的西太后又權柄在握，她似乎已覺察到事情有點不妙。宮中的氣氛日益緊張。

自十一月十九日（十二月二十七日）起，兩宮太后頻頻召見御前諸臣親貴，每日淚眼相對。御醫李德立慮及皇帝如有不測連及身家性命，更急如熱鍋螞蟻。此時同治帝痘毒形成總發作趨勢，腰部潰爛成洞，膿血不止。隨後「臀肉左右潰孔二處流汁，漸與腰部患連潰爛」，一發不可遏止。到十一月二十三日（次年一月六日），更是皇帝「腰間潰汁出多，陰虧氣弱，毒熱上亢，以致少寐恍惚，口乾哺熱，牙脹面腫，嘈雜作嘔。此由心腎不交，正不制毒所致。症勢日進，溫補則恐陽亢，涼攻則防氣敗」[20]。至此，御醫已束手無策，無可救藥了。

黃瓦紅牆、宮殿森嚴的偌大宮廷連日來已陷入一片死寂。同治十三年十二月初五（一八七五年一月十二日）傍晚，當落日餘暉已於天際漸漸消退，凜冽的寒氣早已充塞了宮廷的每個角落的時候，彌留數日之後的同治帝終於耗盡了他生命的最後一絲活力，死於養心殿東暖閣，時年十九歲。

搶天呼地的哭號聲震宮掖。在一片忙亂之中，大臣摘下帽纓，太監卸下宮燈，一切器物鮮艷的顏色迅速被盡行遮蓋。頃刻間，養心殿內外一片玄素。從親貴到權臣，從太監到宮女，看上去似乎都在為同治帝的喪事悲涕奔忙。然而，每個人的心中又似乎都在思忖著一件事：同治帝無子，新皇帝將會是誰？

（二）「西暖閣會議」

燭光慘澹，淚眼相對。養心殿東暖閣中因同治帝之死造成的哀聲和騷動已漸漸平息下來，人們把目光緊張地轉向了西暖閣。按照西太后和幾個親貴的意思，一張御前會議參與者的名單迅速擬定。在寒冷的暗夜中，一些尚在睡夢中的親貴和重臣被火遠召集到養心殿西暖閣：

「慈安端裕康慶皇太后、慈禧端佑康頤皇太后御養心殿西暖閣，召惇親王奕誴、恭親王奕訢、醇親王奕譞、孚郡王奕譓、惠郡王奕祥、貝勒載治、載澂、公奕謨、御前大臣伯彥訥莫祜、奕劻、景壽、軍機大臣寶鋆、沈桂芬、李鴻藻、總管內務府大臣英桂、崇綸、魁齡、榮祿、明善、貴寶、文錫、弘德殿行走徐桐、翁同龢、王慶祺、南書房行走黃鈺、潘祖蔭、孫詒經、徐郙、張家驤入。」21

毫無疑問，會議內容將是確定皇帝繼承人選。

十餘年操持王朝大政，總衡內外的風風雨雨，已使西太后這個年近四十歲的女人具有了在朝內應付各種變故的能力。丈夫咸豐帝死後，她不甘權柄落入他人之手，不失時機地拋頭露面，替兒子載淳穩固了皇位。並利用皇太后的地位，奮力排斥一切政敵，使所有的皇親國戚俯首聽命。

載淳之死，她當然有喪子的切膚之痛，然而更使她不能忍受的是，苦心經營和操縱的皇位即將因此離她而去。在同治帝病入膏肓、陷於不治的日日夜夜，使她焦慮不安的除了權力的歸屬還能有什麼呢？正如她後來回憶自己經歷時所說：

「我自幼受苦，父母不愛我，而愛我妹。入宮後，宮人以我美，咸妒我，但皆為我所制。文宗（咸豐帝）專寵我，迨後皇子生，我之地位更鞏固矣，惟以後又交否運。咸豐末年，文宗臥病，外兵入城，燒圓明園，我避難熱河。時予年尚輕，文宗病危，皇子又小，東宮之侄，乃一壞人，謀奪大位，勢甚危急。予抱皇子至文宗床前，問大事如何辦理，文宗不答。予復告以兒子在此，文宗始張目答曰：『自然是彼接位。』語畢，即賓天矣。予見大事已定，心始安。然彼時雖極悲痛，以為猶有穆宗（同治帝）可倚。孰意穆宗十九歲，遽又夭折。自此予之境遇大變，希望皆絕……」[22]

然而，在同治帝「賓天」的最後一刻，她決心奮力挽回希望。她需要的不是悲痛和眼淚，而是立即鎮定和果斷的動作，她要再一次顯示自己作為皇太后的威嚴和絕對的支配地位，拿出自己的「成算」。在向天下臣民公布皇帝的死訊之前，她第一步先要解決的是按自己的意願確定「立嗣大計」。

其實，在同治帝彌留的數天之內，儘管無人敢明言繼統問題，但在宗室親貴之中，也並非對「嗣皇帝」人選一事毫無計議。同治帝無子，皇位不能一脈相傳已是最大遺憾，加之清朝皇統一直是父死子繼。按慣例和中國古來的皇位繼承制度，繼承同治皇帝的人選，應該從比他低一輩「溥」字輩近支宗室中挑選，算是為同治帝立嗣承祧。雖然這是一個沒有辦法的辦法，但卻順理成章。可當時「溥」字輩只有兩人——溥倫和溥侃（時生八個月），為道光皇帝長子奕緯之孫。可溥倫的父親貝勒載治卻不是奕緯的親生子，而是由旁支過繼來的繼承子[23]，血統疏遠，不能算為近支宗室。因此，「溥」字輩能否繼立，似乎很成問題。不過，據李慈銘《越縵堂日記》載，在同治帝死前數日間，確實有這種議論[24]。在這盤算中，似乎又有是否可以從「奕」字輩中選立的說法[25]，當然這種可能性幾乎沒有。因為人人知道，西太后的丈夫即為「奕」字輩，如「奕」字輩再有出任君位者，咸豐、同治父子將位置何處？那麼值得考慮的恐怕還是「載」字輩。當時在近支「載」字輩中已有數人（奕緯過繼之子載治除外），即恭親王奕訢之子載澂、載瀅（時剛過繼給嘉慶帝之孫公奕謨為嗣）；醇親王奕譞之子載湉（時不足四歲）等。其他皆為遠支。

然而，那個大權在握的西太后到底會選擇誰呢？

帝位繼統之爭是最大的權力之爭。在中國歷代王朝中，都曾上演無數次的骨肉相殘、流血火併的悲劇和社會動亂。就清朝而言，乾隆帝繼位前的每一次繼立都伴隨著一場爭鬥。尤其是康熙末年，諸皇子爭立，各樹黨羽。雍正帝取得皇位後，一面對諸兄弟黨羽大開殺戒；一面總結教訓。遂立下一項制度：皇位繼承人由在位皇帝於諸子中選任，密書其名，藏於盒中，置放在乾清宮「正大光明」匾額後。皇帝死後，由諸臣取下，按所書之名擁立新君。乾隆、嘉慶、道光、咸豐四帝均由此法繼立，故無爭奪之事。現因同治帝無子，其身後所留下的帝位只是個未知數，爭奪的危險難保必無。

各懷心腹事的親貴權臣迅速集於養心殿，並各將疑惑的目光投向西暖閣——這裡將決定那個至高無上的權力的歸屬。

有資料說：

「同治帝剛剛死去，兩宮皇太后即命內務府大臣榮祿傳旨，叫近支王公、御前、軍機、內務府大臣，以及弘德殿行走等人入見。當時首先碰到奕訢，傳旨後，奕訢說：『我要迴避，不能上去。』試問他為什麼要迴避呢？現在我回想起來，有兩種說法：一說是同治帝病重，由師傅李鴻藻代為批答章奏，君臣每日必見。有一天，同治帝當面交出朱諭一道，大概說時事艱難，賴國有長君，可傳位於朕叔恭親王，並命到了時候再宣布。西太后派去伺候（也可以說是偵探——原注）皇帝的心腹內監，竊聽此語，立刻奔告太后；遂將李鴻藻叫進宮內，問出朱諭，截留撕毀，事雖不成，奕訢或已聞知；一說是同治帝並無皇子，在近支內或溥字輩，或仍在載字輩內找一人繼任，則奕訢的子孫可能性也很大，所以他要迴避。」[26]

從當時形勢判斷，奕訢父子確是帝位的有力競爭者。這不僅因為奕訢父子與皇統血緣最近，且父子兩代於所在輩分中均為長者，所謂「國賴長君，古有明訓」；更因為恭親王歷練政務，一直為皇室宗族中最有權勢的人物，且有一大批擁護者。他本人似乎對此也心知肚明。然而這段資料卻很難令人相信。以同治十餘年的政爭觀察，恭親王之權力數次遭到西太后和同治帝的摧抑，甚至在同治帝親政和重病的情況下，尚「語簡而厲」地警告他「當敬事如一，不得蹈去年故習」（指諫阻修圓明園一事）[27]，怎麼有可能在病重之時，又讓李鴻藻寫類於傳位遺詔性質的詔書，傳位給恭親王奕訢呢？且就在他斥責恭親王這一天，明明還說「擬求太后代閱奏報一切摺件，俟百日之喜余即照常好生辦事」[28]。自是日起李鴻藻「代為批答章奏」之權已由西太后取代，再無「草詔」之機會；同治帝還望自己病好理政，怎會想到身後之事？另外，據《翁文恭公日記》載，同治帝死時，恭親王就在現場，他一直就在養心殿，何談「迴避」？更不要說，以他對西太后的了解，也根本不會擺出一副皇位非己莫屬的姿態。

另一種說法是：

「帝自十月不豫，尋漸瘳。一夕宿慧妃宮，翌晨疾大漸。詔軍機大臣李鴻藻入見，口授遺詔，令鴻藻書之。謂國賴長君，當令貝勒載澍入承大統，凡千餘言。鴻藻奉詔，馳赴儲秀宮中，請急對，出袖中詔以進。西太后大怒，碎其詔，叱鴻藻出宮。」[29]

按「清同治帝脈案」記載，當同治帝病危，不僅不能召幸后妃，已很少能與諸臣對話，更何況「千餘言」。且此處又說同治帝對載澍心有所屬，不僅其說不一，即就載澍之身分而言亦絕無可能[30]，故可知，這種同治帝立有遺詔被毀的說法純屬子虛烏有。

遍查清代官書，對於這次「西暖閣會議」情形不甚了了。親與其事的翁同龢在其日記中記載道：

「戌正，太后召諸臣入，諭云此後垂簾如何？樞臣中有言宗社為重，請擇聖而立，然後懇請垂簾。」[31]

即當同治帝辭世兩個小時的晚八時整，會議剛開始，西太后並未提立嗣之事，而是先問以後怎麼垂簾聽政，這是一個大出群臣意料的示意，但立即有人提出先解決立嗣問題。據《清鑑輯覽》載，當時內務府大臣文錫提出：「請擇溥字輩之賢者而立。」[32]又據《清朝野史大觀》言：

時「獨文祥微言曰：分當為皇上立太子，溥字輩，近支已有數人，請擇其賢者立之。」33

羅惇曧《德宗承統私記》：

「或言溥倫長當立。惇親王言溥倫疏屬不可。后（西太后）曰：『溥字輩無當立者，奕譞長子今四歲矣，且至親，予欲使之繼統。』蓋醇親王嫡福晉，孝欽（西太后）妹也，孝欽利幼君可專政。倘為穆宗立後，則已為太皇太后，雖尊而疏，故欲以內親立德宗（光緒帝載湉）也。諸王皆愕，不知所對。」34

儘管諸王大臣各有想法，恐怕都不曾想到既然立「載」字輩，為何不立年長一點兒的載澂（時年十七歲）。西太后的解釋是：

「文宗無次子，今遭此變，若承嗣年長者實不願，須幼者乃可教育，現在一語即定，永無更移，我二人（指與東太后——引者注）同一心，汝等敬聽。則即宣曰某（宣布立載湉——引者注）。」35

事情很清楚，對此安排西太后早已成竹在胸。無論會議如何爭論，最終結果必須如此，不容置辯。道理是如此簡單，即使「溥」字輩人選不是血統疏遠，一旦選立，就必是為載淳立嗣。這樣，同治帝皇后阿魯特氏就成為皇太后，而西太后只能為太皇太后，從而實行「垂簾聽政」的將不再是西太后而是阿魯特氏了。而立「載」字輩年長者的載澂，則又勢將很快歸政，不僅仍不能使西太后久持權柄，且會使奕訢因其子為帝而大權在握。兩個熟知當時情形的英國人這樣評論道：

「帝崩，遂倡議立道光長子之長孫溥倫嗣位，此說甚為有力。蓋立溥倫，則可為同治帝之嗣立也。惟有一事，頗有妨礙者，則以溥倫之父，乃由別支承繼者也。當時王公立溥倫者，力言其合於繼序之正，然慈禧已決定攬權之計，雖違犯眾意，破壞家法而不顧。……故慈禧決定立醇王之子，以承大統也。醇王之子，年既幼稚，則己可以重執大權，且其母為己之妹，則他日帝雖年長，亦可使之恭順以從己之意也。……恭王之子（指載澂——引者），年已十七，如立之，則不久即須親政，而不便於己也。慈禧知立恭王之子，必須遵循祖宗家法，不能久不歸政，若違之，必致群情不服。而平日與己為敵者，尤可藉以傾害也。因此，決定不立恭王之子。」36

諸王群臣對於這樣一個毫無思想準備的決定，面面相覷，瞠目結舌。突然，人群一陣騷動，跪在地上的醇親王奕譞，聽到皇帝的人選竟然意外地落到兒子載湉的頭上，大吃一驚。立時爬伏於地上，連連碰頭，繼而失聲痛哭，以致昏迷倒地。因醇親王失態，衆人手忙腳亂上前攙扶，結果竟「掖之不能起」37。

這個年僅三十五歲、權傾朝野的「七王爺」，此刻的心情沒有人能準確的理解，但肯定是語言難以形容的。古往今來，皇位意味著至高無上的權力，也是尊榮富貴的極點。它決定一切人的生殺予奪、升降榮辱，可以為所欲為；同時也是所有野心家、陰謀家注視和爭奪的焦點。也許是因為「喜從天降」，使他過於激動，自己的兒子頃刻間就已成為萬乘之尊的大清朝皇帝。眼前的一切似乎就是一場夢幻，但卻是事實，他怎能不被這無比的幸運而激動得暈眩呢？也許是奕譞已深悟到這一決定將是「禍從中來」，他深愛的兒子將從此離開父母，像同治帝一樣身不由己地被西太后作為操縱權柄的工具而玩弄於掌上；另外，自己既為皇父，從此卻需與兒子執君臣之禮，言行舉動不僅將為萬衆矚目、衆矢之的，也將被西太后密切注視。自己將何以自處？或許是二者兼而有之。無論如何，他彷彿在風平浪靜的湖中，突然遇到一個湍急的漩渦，一時手足無措。

既然「諸王不敢抗后旨」[38]，加上醇親王昏厥所引起的混亂，當太監將醇親王扶掖上轎，返回醇親王府後，西暖閣會議就算結束。接著便是魚貫而出的王公親貴和元老大臣按西太后的指揮，一面準備大行皇帝的「遺詔」和新皇帝即位詔書；一面準備儀仗前往醇親王府迎接新皇帝載湉入宮即位。

（三）娃娃入坐金鑾殿

濃濃的夜幕籠罩著紫禁城。高大陰森的保和殿在星空的映襯下儼如一道山嶺，寒冷的北風在它的鴟吻和重檐間嘶叫。在這宮殿後身西北牆角下的一排低矮的小屋裡卻燈火通明，軍機大臣們正按西太后的旨意在緊張而又謹慎地忙碌著「國家大事」。

潘祖蔭和翁同龢等人再三斟酌：西太后的意思大致是，新君承續為咸豐帝之子，其皇位又是繼同治帝而來。按此，在西暖閣會議結束約一個小時之後，一道「懿旨」和一道「遺詔」便匆匆擬定。然後，諸臣趕往養心殿。「亥正（晚十時——引者）請見面遞旨意，太后哭而應之」。與此同時，「戈什愛班奏迎嗣皇帝禮節大略，『蟒袍補褂入大清門，從正路入乾清門，至養心殿謁見兩宮，方與後殿成服』。允之。遣御前大臣及孚郡王等以暖輿往迎。」[39]

「……此時已過九點，狂風怒號，沙土飛揚，夜間極冷，但慈禧於此緊要時機，不肯片刻耽延，立即派兵一隊，往西城醇王府，隨從黄轎一乘，用八人抬之，迎接幼帝入宮。」[40]

在當時留下的文獻中，關於小載湉是怎樣被抬入宮中均無詳細記載。但已可以想見，當迎接載湉的大隊人馬來到這所「潛龍邸」的大門，孚郡王高聲宣讀兩宮皇太后的「懿旨」時，跪伏在地，悲喜參半的醇王夫婦也許剛剛擦去臉上的淚水。

「欽奉慈安端裕康慶皇太后、慈禧端佑康頤皇太后懿旨：皇帝龍馭上賓，未有儲貳，不得已以醇親王奕譞之子載湉承繼文宗顯皇帝為子，入承大統為嗣皇帝，俟皇帝生有皇子，即承繼大行皇帝為嗣。特諭。」[41]

年方四歲的小載湉在睡夢之中被叫醒，穿上「蟒袍補服」，打扮得整整齊齊。雖然此刻他還不明白眼前忙亂而又謙恭的一群陌生人到底想要幹什麼，但人們都在圍著他轉，為他服務。他哪裡知道，自己已經搖身一變成為大清國的皇帝、一統天下的「萬歲爺」了。對於他的堂兄、原來的皇帝載淳，小載湉雖然沒見過，但卻早就得到過其恩寵。在他兩歲時，載淳大婚，對他「加恩賞給頭品頂戴」[42]；後又被「加恩賞食輔國公俸」[43]。現在，這位皇帝哥哥已「龍馭上賓」，把皇位留給了他。小載湉馬上就要永遠地離開熟悉的王府——自己的家，去當更大的「家」的一家之長了。

小載湉很不情願，可無論怎樣哭叫，還是被抱上暖轎。

長長的路，長長的夜，一路人馬在寒風中直奔紫禁城而去。

翁同龢在日記中寫道：

「寅正一刻聞呼門，則籠燭數百支入門矣。余等通夜不臥，五鼓出。」44

兩宮皇太后當然也是通宵未睡。當新皇帝接入養心殿後，人們揭開轎簾，小載湉「輿中猶酣睡也」45。他被弄醒後，「趨詣御榻（同治帝停屍處——引者），稽顙號慟，擗踊無算。扈從諸臣遵奉懿旨，請上即正尊位」46。

其實小皇帝哭由何來，盡人皆知。不是畏懼那種死人的氣氛、陌生的環境和那些陌生的面孔，而是由於一夜折騰的困倦和想念親人。只是在這種氣氛中倒成了新皇帝「深明大義」、「仁孝無比」的證明！就這樣，載湉成了清朝統治全中國的第八代第九位皇帝。同治時代已成過去。

次日，一道新皇帝即位詔書向全國通報了同治帝駕崩的噩耗和新皇帝繼立的喜訊。這時，舉朝親貴權臣，無不忙於為同治帝治辦喪事和為新皇帝登基大典做準備。而西太后則正在加緊策畫實現第二次「垂簾聽政」。

就在小載湉入宮後第三天（十二月初八日），以禮親王世鐸領銜上奏：

「……伏思皇帝尚在沖齡，一切應辦事宜，惟賴皇太后親加裁決，庶臣下有所稟承。俟奉有諭旨，再將垂簾章程悉心妥議具奏。」

按照事先的安排，新皇帝立即奏請「恭呈慈覽」，結果西太后自然是：

「覽王大臣所奏，更覺悲痛莫釋。垂簾之舉，本屬一時權宜。惟念嗣皇帝此時尚在沖齡，且時事多艱，王大臣等不能無所稟承，不得已姑如所請。一俟嗣皇帝典學有成，即行歸政。欽此。」

小皇帝當然還要「感激不盡」一番：

「祇承懿訓，寅感實深。因思朕以薄德藐躬，欲承兩宮皇太后懿旨入承大統，誕膺景命。仰荷大行皇帝付託之重，遺大投艱，煢煢在疚，幸賴兩宮皇太后保護朕躬親裁大政……朕實有厚幸焉。所有垂簾一切事宜，著該王大臣等妥議章程，詳細具奏。將此通諭中外知之。」47

西太后的目的終於達到，她的第二次垂簾聽政自此開始。然而這場政治遊戲也只是剛剛拉開帷幕。第四天，宣布以明年（一八七五年）為光緒元年（小載湉因此而被稱為「光緒皇帝」）。第六天，公布潘祖蔭、翁同龢等所寫的同治帝「遺詔」，其中說，朕（同治帝）非常欣賞兩宮皇太后所選的這位新皇帝，因為小載湉「仁孝聰明，必能欽承付託」，「並孝養兩宮皇太后，仰慰慈懷」。這真是冠冕堂皇的「鬼」話。

轉眼之間新的一年到來了，小載湉除了幾次到觀德殿同治帝靈牌前「行禮」外，也沒有什麼事，一切都在按西太后的時間表順利進行。正月二十日（一八七五年二月二十五日），是欽天監擇定的上吉之日，天氣果然「晴朗暄和」。清宮太和殿前禮儀威嚴，新皇帝登基大典正在舉行。在諸臣一片叩頭和萬歲的高呼聲中，小載湉登上了「金鑾殿」的寶座。

然而，在諸王臣子的叩拜隊伍中卻少了一個權勢顯赫的人，這就是小皇帝的父親醇親王奕譞。

西太后宣布載湉為嗣君起的那一刻，這個舉足輕重、識多見廣的親王竟至哭暈在地。他當然不能說同意，表現得很沉重；當然也不敢說不同意，以免違忤這個不擇手段、「因攬權之一念，雖犧牲一切而不顧」的無冕女皇48。也許奕譞確實被嚇壞了，因為他知道自己的兒子哪裡會成為什麼皇帝，不過就是西太后手中握著的一個任她揉捏的麵糰；且自己從此將再也無法參與中樞政務。這不僅因為兒子當皇帝，自己不能上殿面君，無法叩拜如儀；主要是出一言、建一策，一不小心便會被視為冒以「皇父」或「太上皇」的威勢。再說，自己既然是皇帝之父，而從此，西太后倒成了兒子的新「額娘」。這種關係恐也很難處置，弄不好引起西太后的疑心，甚至會危及身家性命。他太了解這位妻姊了。這似乎應了他的財大產大子孫禍也大的預言[49]。

兒子被抬走了，他心裡像打翻了五味瓶。思來想去，無計可施。在既成事實面前，他只好明智地預為地步，趕快於次日上摺表態，辭官不做：

「臣前日仰瞻遺容，五內崩裂，已覺氣體難支，猶思力濟艱難，盡事聽命。忽蒙懿旨下降，擇定嗣皇帝。倉卒間昏迷罔知所措。迨舁回家內，身戰心搖，如癡如夢。致觸犯舊有肝疾等症，實屬委頓成廢，惟有哀懇皇太后恩施格外，洞照無遺，曲賜矜全，許乞骸骨。為天地容一虛糜爵位之人，為宣宗成皇帝（道光帝）留一庸鈍無才之子。使臣受栟懞於此日，正邱首於他年，則生生世世，感戴高厚鴻施於無既矣。」[50]

九天後，兩宮太后對其要求「量為體恤，擬將該王所管各項差使均予開除」，「嗣後恭遇皇帝升殿及皇帝萬壽，均擬請毋庸隨班行禮」。然後，賞給「親王世襲罔替，用示優異」[51]。奕譞上摺請太后將所示「優異」收回成命，未獲允准。可他告誡自己，一定要小心謹慎，誰知道還會有什麼意外的事不會發生呢？

（四）帝位之爭的餘波

小光緒帝入宮後就住在養心殿。他逐漸明白，自己已經是「萬歲爺」，還是「皇帝」，又是「天子」什麼的了。出出入入總有一些太監前呼後擁、前後奔走，很不自由。想醇王府，想阿瑪和額娘，可是高牆深院、宮殿重重，他身不由己。每天小皇帝都由太監領著到兩個新的「皇額娘」住的鍾粹宮（東太后居處）和長春宮（西太后居處）請安叩拜[52]，或是隔幾日到觀德殿在穆宗皇帝的「梓宮」前行三跪九叩禮。此外他的一些活動就沒有什麼值得史官們記錄的了。他當然也不知道那些「大人」們都在瞎折騰些什麼？

意外的事情還真的發生了，且接連不斷。不過，這些事並未使醇親王有什麼太多煩惱，反倒惹得西太后大為光火。

西太后利用幼君，獨斷專行，在王公親貴及朝內諸臣中引起了不滿的情緒，不過大家也只是敢怒不敢言而已。對此，醇親王的心裡是很清楚的，故立即表態，急流勇退。西太后的心中又何嘗不明白，她可利用的惟有東太后和自己是剛剛死去的皇帝的親娘這一身分。在她看來，只能以此對臣下採取說服加強制與引導加威脅，以求穩住局面。儘管如此，諸臣中腹非私議仍日益明顯。他們深知，西太后這種做法並不新鮮，只不過是歷史上野心家的故技重演。既然「定策帷簾，委事父兄，貪孩童以久其政，抑明賢以專其威」[53]為亂國之源，怎能讓這個「悍婦」為所欲為呢？但如公開反對，必遭殺身之禍。於是，他們便利用忠於同治帝的旗號，力圖以維護帝位承繼傳統的名義與西太后一爭高低。

光緒元年正月十五日（一八七五年二月二十日）時為光緒帝登基典禮舉行的前五天，內閣侍讀學士廣安上了一個奏摺：

「竊維立繼之大權操之君上，非臣下所得妄預，若事已完善，而理當稍為變通者，又非臣下所可緘默也。……大行皇帝皇嗣未舉，一旦龍馭上賓……，實賴兩宮皇太后坤維正位，擇繼咸宜，以我皇上承繼文宗顯皇帝為子，並欽奉懿旨，俟嗣皇帝生有皇子，即承繼大行皇帝為嗣。仰見兩宮皇太后宸衷經營，承家原為承國，聖算悠遠，立子即是立孫。不惟大行皇帝得有皇子，即大行皇帝統緒亦得相承勿替，計之萬全，無過於此。惟是奴才嘗讀《宋史》，不能無感焉。宋太祖遵杜太后之命，傳弟不傳子，厥後太宗偶因趙普一言，傳子竟未傳侄，是費母后成命，遂起無窮斥駁。使當日後以詔命鑄成鐵券，如九鼎泰山，萬無轉移之理，趙普安得一言間之？然則立繼大計成於一時，尤貴定於百代，況我朝仁讓開基，家風未遠，聖聖相承，夫復何慮？我皇上將來生有皇子，自必承繼大行皇帝為嗣，接承統緒，第恐事久年湮，或有以普言引用，豈不負兩宮皇太后治厥孫謀之至意？奴才受恩深重，不敢不言，請飭下王公大學士六部九卿會議，須立鐵券，用作奕世良謨。」54

敢於對西太后立嗣事提出疑議，便已是對其專斷獨裁的不滿和挑戰；儘管擇立懿旨中說載湉如將來「生有皇子，即承繼大行皇帝（同治帝）為嗣」，但廣安還是要求為同治帝立嗣必立「鐵券」為憑據。表明了對西太后是否能真為同治帝立嗣的懷疑。這一懷疑的根本之處，還在於即使將來真為同治帝立嗣，此嗣子究竟只是皇子，還是以嗣皇子身分承繼皇位。這裡固然有如廣安所表明的，此建議旨在保證接承統緒的一脈相傳。此外，這個挑戰信號還有沒有弦外之音？

西太后與同治帝的母子關係一向糟糕，已是廣為人知的事；西太后待同治帝一向嚴厲。因此，導致同治帝與東太后關係相當融洽。另外，同治帝殺西太后寵信的太監安德海；在同治帝大婚時，西太后一直不滿意同治帝選擇阿魯特氏為皇后；同治帝親政後，西太后仍暗持權柄，多所干預引起的不快等，母子關係幾乎發展到相仇的程度。在立嗣問題上的含糊其詞，有沒有西太后對同治帝不滿的感情色彩羼入？臣下的疑問是不是正因此而發？無論如何，廣安此奏，確實使西太后大為惱火。兩天後，一道懿旨發下：

「前降旨『俟嗣皇帝生有皇子，即承繼大行皇帝為嗣』。業經明白宣示，中外咸知。茲據內閣侍讀學士廣安奏請，飭廷臣會議，頒立鐵券等語，冒昧瀆陳，殊堪詫異。廣安著傳旨申飭。」[55]

此事件表面上看，算是暫時被西太后壓服下去了。誰知一波剛平一波再起。二月二十日（三月二十七日），光緒帝登基正好一個月，同治帝皇后，年僅二十一歲的阿魯特氏突然一命嗚呼，香消玉殞，死於儲秀宮。真是「國家不造，至於此極，驚涕不已」[56]。

皇后阿魯特氏，是蒙古正藍旗人。其父崇綺出狀元，官任翰林院侍講。同治十二年九月（一八七三年十月），同治帝大婚，他屬意於阿魯特氏。東太后也因阿魯特氏「淑靜端慧」、「容德甚茂」、「動必以禮」而贊成這一選擇。然而西太后卻看中了侍郎鳳秀的女兒，再三示意同治帝尊重她的看法。結果同治帝按己意選擇了阿魯特氏為后，封鳳秀之女為慧妃。這使西太后心中甚為不快，並很快將這一惱恨轉移到剛剛入宮的新皇后身上。她常常告誡同治帝：慧妃「雖屈在妃位，宜加眷遇」，而皇后則「年少，未嫻宮中禮節，宜使時時學習」[57]。當皇后向這個皇太后婆婆請安時，總是橫遭白眼和冷淡。所以為示抗議，同治帝常獨宿養心殿。因此，同治帝可算是皇后的唯一希望和安慰。現在皇帝撒手歸西，可以說是對處境本已相當艱難的皇后的致命打擊。而西太后又不為同治帝立嗣，更將皇后置於難堪的境地。她不過得了一個「嘉順皇后」的封號，這將意味著只能以新皇帝寡婦的身分在深宮冷寂中沒沒無聞地悒鬱終生。她受不了這種雙重打擊和令人不寒而慄的前途，又不敢有所申言抗辯。思來想去，惟有一死。據說，阿魯特氏曾「以片紙請命於父崇綺，父批一『死』字，殉節之志遂決」[58]。又說她「以孝欽（西太后）不為穆宗立後，以寡嫂居宮中，滋不適，乃仰藥殉焉」[59]。又說「上崩，后即服金屑欲自殺以殉，救之而解……然自大喪後即寢疾，屢聞危殆，竟以弗療從先帝於地下」[60]。

皇后之死，朝野愕然。其死因若何，雖宮闈禁嚴無從確知，但從皇后的處境，已可略知大概。因此，時人不免多所猜疑和怨謗。然宮中宣告的死因是：

> 「上年十二月痛經大行皇帝龍馭上賓，毀傷過甚，遂抱沉疴。茲於本日寅刻崩逝。」[61]

這件事直到光緒二年（一八七六年）五月，御史潘敦儼還藉口歲旱上言，公然聲稱：「后（當時稱孝哲毅皇后）崩在穆宗升遐百日內，道路傳聞，或稱傷悲致疾，或云絕粒殞生，奇節不彰，何以慰在天之靈；何以副兆民之望？」[62]請求表彰阿魯特氏的「潛德」，更定諡號，以此發洩對西太后不為同治帝立嗣的不滿。對此西太后當然毫不客氣，傳出懿旨：「該御史逞其臆見，率行奏請，已屬糊塗，並敢以傳聞無據之辭登諸奏牘，尤為妄謬。潘敦儼著交部嚴加議處。」[63]

廣安被申飭，潘敦儼被議處，可人心仍有不服。五年以後，吏部主事吳可讀竟以一死，再議為同治帝立嗣，立即引起朝野震動。

吳可讀，字柳堂，甘肅皋蘭人，道光三十年（一八五〇年）進士，同治年間任御史。在左宗棠鎮壓甘肅回民起義時，烏魯木齊提督成祿在肅州殺百姓冒功。左宗棠逮捕了成祿，並上書朝廷，請求處分成祿。經刑部議罪為斬立決，恭候欽定。吳可讀義憤填膺，當即上疏歷數成祿十條罪狀，奏請將成祿立正典刑以謝甘肅百姓。因其耿直激昂、言辭激烈，觸怒了西太后，以「刺聽朝政」為名將其革職。光緒帝即位後，大赦天下，起用曾被罷斥官員，於是重被召來京師，任為吏部主事。他雖官場受挫，可剛直之性不改。當時吳可讀既不滿於西太后不為同治帝立嗣，更懷疑西太后含混其辭，壓制異議，別有用心。然而廣安之奏已成廢紙，潘敦儼議處罷官，再諫其後果可想而知。他早在光緒帝登極之前就「擬就一疏，欲由都察院呈進，彼時已以此身置之度外」。可五年來，言者先後獲罪，不言又如骨鯁在喉，思來想去，惟有拚得一死，決然以極端的「屍諫」抨擊西太后。光緒五年閏三月（一八七九年四月），同治帝和皇后於惠陵安葬，吳可讀「請隨赴惠陵襄禮」。還次薊州馬伸橋三義廟」，懷遺疏服毒自盡。在這篇長達三千餘字的奏疏中，公然指責西太后，既不為同治帝立嗣；又新皇帝承位是奉「兩宮太后」之命，而非同治帝之意；再「將來大統之承，亦未奉有明文，必歸之承繼之子」，實屬「一誤再誤」。指出：懿旨內「承繼為嗣」一語，即所謂「大統之仍舊繼子，自不待言」，其實是未必（「罪臣竊以為未然」）！繼統之爭，史有明鑑。

「惟仰祈我兩宮皇太后再行明白降一諭旨，將來大統仍舊承繼大行皇帝嗣子，嗣皇帝（指光緒帝）雖百斯男，中外及左右臣工均不得以異言進。正名定分，預絕紛紜，如此則猶是本朝祖宗以來以子傳子之家法。」64

在自殺前的絕命詩中，他還寫道：

「回頭六十八年中，往事空談愛與忠。
抔土已成皇帝鼎，前星預祝紫微宮。
相逢我輩寥寥甚，到處先生好好同。
欲問孤臣戀思處，五更風雨薊門東。」[65]

如果說詩中抨擊的還只是那些屈服西太后、唯唯聽命、緘默不言的「好好先生」，那麼在遺疏中已一針見血地指斥了西太后擅權專斷，妄自繼立。怎奈他已自殺，西太后雖惱怒萬分，也不得不小心對待。與其與死人一爭高低，無如示活人以己為事「寬容」，於是將「遺疏」下發廷臣擬議。經徐桐、翁同龢、潘祖蔭、寶廷、黃體芳、張之洞、李端棻、禮親王世鐸等一番討論，不敢讓西太后過分難堪。於是，以自雍正皇帝起，清朝就不再事先公開擇定皇位繼承者為依據，解釋原來之所以只說光緒帝生子即承繼同治帝為嗣，而不說承統，符合祖制家法。西太后就坡下驢，聲言自己正是這個意思。最後命將吳可讀原奏及王大臣等所有有關摺奏另錄一份，存毓慶宮。她假惺惺地聲言：「吳可讀以死建言，孤忠可憫，著交部照五品官例議恤。」這場風波就算收場了[66]。

死者死矣，西太后依然故我。

不過，儘管此後在清廷統治集團中再沒有人敢於公開提出皇位皇統問題，然就問題的實質——清廷最高權力的歸屬而言，鬥爭仍只是暫時的平息而已。一則，朝臣雖有阿附於西太后的權勢而希求榮顯富貴者，然而畢竟不直西太后淫威者也大有人在，反對其專擅亂權者未必盡皆俯首聽命；次則西太后重新垂簾聽政，玩弄小皇帝載湉於股掌之上，再演同治朝政治格局，以為得計，然隨著小皇帝的長大，勢必再次形成帝、后權力的矛盾對立。因此，這場持續五年多的帝位歸屬之爭雖告結束，然其餘波仍在暗中推演，為後來在清廷統治集團中逐漸分離出帝、后派系埋下了伏線。

此期間，小皇帝載湉對這些與己有關的爭執卻一無所知，即使知道他也無法理解。人們並不是對這個小皇帝有所非議，但對西太后的攻擊，卻不能不把醇親王及其家庭的將來會不會轉移皇統當作話柄。這已使奕譞嚇了幾身冷汗，不過奕譞也只好更加機警、謹慎罷了。

自從奕譞上疏自請辭職被允准後，已處於「顧問」地位。誰知儘管如此，潘敦儼上疏請為皇后改謚又把他捎帶上了，請其「開除親王差使」，以為「防微杜漸」之議，被西太后斥為「持論致多失當」[67]。吳可讀在遺疏中也把他折騰一番，說醇親王在新皇帝繼立時所上辭職一奏，「令人奮發之氣，勃然而生，言為心聲，豈容僞為？」[68]意思是說，按理醇親王將來肯定不會幹出轉移皇統之事。其實奕譞怕的就是人們起這樣的疑心，尤其怕西太后做如此猜忌。以潘、吳二人本意，不在醇王而在西太后的變亂祖制，然而卻不能不陷奕譞進退維谷的窘境。正因為有此一番折騰，有此一怕，所以心力交瘁的醇親王，此後遇事更是小心翼翼了。他知道，兒子入宮為帝，盡被西太后之掌握已成事實。自己的行為無論如何要符合西太后的意願，既不能消極退縮，示之以不知「栽培」的「高厚之恩」，或被疑為有不情願的「怨慝」之心；更不能興奮張揚，不知自忌，引起朝臣或恭親王等，尤其是西太后的猜疑。否則，難以立足於朝事中，甚或會導致人亡家破的危險。如果說醇親王本已處於清廷混濁流急的政治漩渦之中，由於載湉被扶立為皇帝，就使他更處於漩渦的中心，他感到稍有不慎就有被吞噬的危險。

紫禁城中的小皇帝

（一）君臣與母子

西太后總算長出了一口氣，一切畢竟還能按自己的意志運行。小皇帝的選擇和即位，實在是一舉多得的好事。這不僅可以保證自己穩操「聽政」大權；也可以此提高和昭示醇王在宮中的地位。儘管奕譞已不在樞機之任，但也可以使恭親王奕訢明白自己這一安排的意向，不敢再公然違忤抗言。而醇親王的「謙恭」是意料之內的事，既然選其子為君，即或不對自己感恩無盡，投鼠忌器，諒也不能不俯首帖耳，惟命是從。在整個立嗣過程中，諸臣工還算忠誠無違，召之即來，揮之即去，言聽計從。剩下的只是如何塑造小載湉，使之成為知恩圖報、得心應手的「兒皇帝」了。

慢慢地，小載湉對宮中的環境有所熟悉了。可他畢竟還是個年僅四歲、人事不懂的小孩子。其實這個小皇帝，仍然很不習慣那些「奴才」的束縛；更不明白：既然成了「萬歲爺」，為什麼還要受那麼多「規矩」的限制，不能這樣、不能那樣，甚至不能隨便地哭鬧。他離開了父母，來到了一個新天地。這裡既無親情的溫暖，也失去了兒童所應享有的自由。皇額娘（東太后）和「親爸爸」（西太后在載湉入宮後即讓他這樣稱呼自己），雖然對其很關心，但他一見到「親爸爸」就有一種莫名的恐懼，感到很緊張。除了這些，小皇帝還經常地被群臣接來送去：到觀德殿給先皇帝梓宮叩頭；到奉先殿給列祖列宗牌位跪拜；去慈寧宮給長輩女眷拜年；往壽皇殿及大高殿祈雪、祈雨。「未親政以前，恭遇時享及袷祭大祀，均於前一日親詣行禮」[69]。稍長大一點，每年春天還要到豐澤園去行耕藉禮等等。所有這一切活動，諸臣工都以他為中心，三跪九叩，必恭必敬。當時，小皇帝載湉雖然還不理解這些事有什麼用，但他卻逐漸知道只能這樣做。

從載湉入宮為帝起一直到他十八歲（一八八九年）親政之前，雖有太后「垂簾聽政」，可小光緒帝也很辛苦。每逢太后於養心殿召見臣工，時間或長或短，他都必須到場，正襟危坐。在十幾歲之前，奏對時間稍長，他即有「倦色」，甚至「欲睡」，卻又必須強打精神。兩太后在其身後，有時垂簾，有時不垂簾，儘管他用不著說一句話（當然他也聽不懂奏對的事都是什麼），可卻被要求有「帝王之風」。前有群臣跪對，後有太后的盯視，不規規矩矩怎麼能行呢？當他稍稍懂事兒以後，更對此感到無奈，因稍有不慎，必招致「親爸爸」的一頓「教訓」。每次召對，西太后的目光幾乎如芒在背。對於臣下來說，他是至高無上的帝王、天子；但對西太后而言，他只是奉命惟謹的「兒臣」。國家大政方針雖然表面上都是以他的名義做出決定發出詔旨，但卻都冠以「欽奉懿旨」。實際上，當初載湉小皇帝既確實不能、也還沒有能力拿什麼主意，決定什麼事情，而且只有這樣，才最適合西太后的需要。他自從被接入清宮，登上皇帝寶座，也就完全被置於西太后的掌心之中了。光緒帝之所以能出現在清王朝的政治舞台上，從一開始就是清廷統治集團內部矛盾紛爭的結果，就是西太后重握最高權力的政治工具。

就西太后的意願來說，她不僅要在光緒帝年幼無知時利用並以他的名義號令群臣和掌管天下，還希望光緒帝能「德如乃父」，稟承奕譞恭順知進退的賦性，變得比自己親生兒子還親的、即使長大以後也會順從己意行事的「孝子」。

從個人關係說，載湉是西太后的外甥（也是侄兒），他的生母是西太后的胞妹，他們之間存在著密切的親緣關係。然而，在封建社會等級分明的宮廷政治中，權力大於親情，一切無不以權力得失的利害關係為依歸。在歷史上骨肉相侵、父子相殺、兄弟相殘屢見不鮮，從來不講什麼血緣親情。載湉入宮後的日常生活，「正史」中當然不能記載，據梁啟超引述太監寇連材筆記說：

「中國四百兆人中境遇最苦者莫如我皇上（指光緒帝）。蓋凡人當孩童時無不有父母以親愛之，顧復其出入，料理其飲食，體慰其寒暖，雖在孤兒，亦必有親友以撫之也。獨皇上五歲即登極，登極以後，無人敢親愛之，雖醇邸之福晉（醇親王之夫人、皇上之生母——原注），亦不許親近，蓋限於名分也。名分可以親愛皇上者，惟西后一人。然西后驕侈淫佚，絕不以為念。故皇上伶仃異常，醇邸福晉每言及輒涕泣云。」70

然據當時在朝重臣瞿鴻禨（子玖）所記，說西太后曾經親口對他說：

「皇帝入承大統，本我親侄。以外家言，又我親妹妹之子，我豈有不愛憐者？皇帝抱入宮時，才四歲，氣體不充實，臍間常流濕不乾，我每日親與滌拭，晝間常臥我寢榻上，時其寒暖，加減衣衿，節其飲食。皇帝自在邸時，即膽怯畏聞聲震，我皆親護持之。我日書方紙課皇帝識字，口授讀《四書》、《詩經》，我愛憐惟恐不至，尚安有他？」71

由是觀之，光緒帝自小失去父母之愛是事實，但說西太后對他「絕不以為念」倒還不至於。因為載湉的存在，與西太后政治命運攸關。然而，卻也很難想像西太后之「衣食飢寒」的關照會真正等於母愛。據《翁文恭公日記》所載看，光緒帝入宮時身體確實很差，瘦弱多病，經常感冒，腹痛頭疼。說話結結巴巴（口吃），且膽小怕聲，雨天打雷會嚇得他大喊大叫72。把這樣一個孩子養大並培養成一個符合西太后意願的「皇帝」，誠然不易。西太后後來宣稱對光緒帝「調護教誨，耗盡心力」73，恐怕主要還是「教誨」，而不是生活上的體貼關懷。入宮後，小載湉的生活主要由太監一手護理。他們對於這樣一個還不大懂事的小皇帝，很難敬心誠意。最初負責光緒帝生活起居的總管太監叫范長祿，貪財好利。他見不僅不能從小皇帝身上撈取什麼好處，反而責任重大並有很多麻煩。因此曾多次向西太后提出不幹，均未獲允准。他經常對小載湉很不關心，甚至有時連其吃不吃飯也不管。

「皇上每日三膳，其饌有數十品，羅列滿案，然離御座稍遠之饌半已臭腐，蓋連日皆以原饌供也。近御座之饌雖不臭腐，然大率久熟乾冷不能可口，皇上每食多不能飽。有時欲令御膳房易一饌品，膳房必須奏明西后，西后輒以儉德責之，故皇上竟不敢言。」74

因此，經常吃不飽的小皇帝：

「十歲上下，每至太監房中，先翻吃食，拿起就跑。及至太監追上，跪地哀求，小皇帝之餑餑，已入肚一半矣。小皇爺如此飢餓，實為祖法的約束，真令人無法。」這樣便造成光緒帝「先天既體弱，後天又營養不良，以致膽氣不足」。75

不僅如此，有時太監倒為一些小事到西太后那兒告小皇帝的狀，使小光緒帝經常「受責」挨罵。光緒六年至七年（一八八〇—一八八一年），西太后重病，新換的任姓總管太監，乘西太后無力過問，更是得過且過，讓小光緒帝自己動手鋪炕，結果手指弄出血；吃茶要自己倒水，結果手上被燙起水泡；天氣已熱，還讓小皇帝身穿狐皮大衣；有病也不及時找太醫診治，氣得帝師翁同龢在日記中寫到：「若輩之愚而悖矣！」皇帝「左右之人皆昏蒙不識事體，任尤劣」！「近日若輩有語言違拂處，上屢向臣等述之，雖未端的，漸不可長，記之。」76

以天子之尊，不過如此，哪裡談得上母愛和關懷？太監寇連材在筆記中對西太后給小光緒的

「耗盡心力」的「教誨」有所描述：

「西太后待皇上無不疾聲厲色，少年時每日訶斥之聲不絕，稍不如意，常加鞭撻，或罰令長跪；故積威既久，皇上見西后如對獅虎，戰戰兢兢，因此膽為之破。至今每聞鑼鼓之聲，或聞吆喝之聲，或聞雷輒變色云。皇上每日必至西后前跪而請安，惟西后與皇上接談甚少，不命之起，則不敢起。」[77]

這一說法是可信的。以一九〇三年時隨侍西太后身邊的女官德齡的親見可證：

光緒帝「一至太后前，則立嚴肅，若甚懼其將死者然。有時似甚愚蒙」。「其母子間，嚴厲之甚，豈若吾徒對於父母者耶？」[78]

實際上，這是西太后按己之需在塑造光緒小皇帝。

西太后在塑造光緒帝的過程中，首先就是企圖以馴化（而非感化）的方式，在她和小皇帝之間逐漸建立起一種特殊的人身依附關係。其目的，是以便於實現對光緒帝的長期控制。為此，當載湉一進宮，她即不顧骨肉之情，強行切斷了小載湉與其生身父母的日常聯繫，致使「他（載湉）的父母都不敢給他東西吃」[79]。同時，為了使光緒帝徹底忘記醇親王府，西太后又採取了斷然措施：

「他（光緒帝）自三歲被抱進宮中，身體本不健壯，時常鬧病。在府（指醇親王府）中雖有奶嬤，太后不允許奶嬤進宮。摘下奶來就交范督（指總管太監范長祿），范總管性子溫和，有婆子氣，能哄小孩，然而究竟不及女人。屢次請示太后，言奴才之萬歲爺，春秋太幼稚，奴才不能勝任。慈禧說：『他們原來府中之奶嬤來自民間，不惟出身懸殊，而且習性不好，不如宮內的阿哥、公主。他們又沒有良好的乳汁，恐進宮流弊太多，還是你們好好哄萬歲爺吧！應多加謹慎就行了。』」[80]

載湉入宮僅十八天，便以兩宮太后名義降懿旨，規定今後光緒帝「所有左右近侍，止宜老成質樸數人，凡年少輕佻者，概不准其服役」[81]。所謂「老成質樸」之人，無非是能順從（但也未必）地按照西太后的旨意行事的宮內太監、傭人。

又有人說：

「當光緒初進宮的時候，太后就囑咐那一班服侍他的人，像灌輸什麼軍事知識一樣的天天跟他說，使他明白了自己已經不是醇王福晉（即夫人）的兒子了，他應該永遠承認太后是他的母親，除掉這個母親之外，便沒有旁的母親了。」[82]

西太后正是通過這種潛移默化的辦法，力圖在光緒帝那小小的心靈中，逐漸樹立起他與西太后之間的所謂「母子」關係[83]。然後再以封建倫理孝道，從思想上牽攏住光緒帝。每天問安中西太后的威嚴表情和「垂簾聽政」時從背後發出的不可置辯的聲音，都在光緒帝的頭腦中漸漸形成西太后具有的絕對權威的形象。

（二）毓慶宮的塑造

光緒二年二月二十一日（一八七六年三月十六日），晨曦初露，涼風微拂，翁同龢乘肩輿入東華門，來到朝房。今天他的心情複雜而又激動，這第二次出任「帝師」的重任又落到他的肩上。是畏難的緊張，還是榮耀的興奮，抑或是清晨殘冬未盡的寒意，這個四十六歲的朝臣竭力抑制著一陣掠過全身的顫抖。

原於當年元旦（舊時稱農曆正月初一為元旦，即春節或新年）一過，光緒帝六歲了，他終於在清宮度過了最初的一年，已到了入學讀書的年齡[84]。對這一點西太后早已記掛在心上。既然「皇帝尚在沖齡，養正之功，端宜講求」[85]。不失時機地對其進行有目的的系統教育，西太后深知尤為重要。因此，她思來想去，在元旦前便為光緒帝選好了「師傅」。翁同龢一大早趕來宮內，正式準備給載湉小皇帝舉行「開學典禮」。

在歷史上，任何一個階級的統治者，為了培養自己需要的人，都不放棄教育手段。尤其是對皇位繼承人的教育，更是備加重視。以往的朝代，因實行預立嫡長子為皇太子的制度，都為皇太子設有專職的老師（三師）。清朝自雍正朝始因實行祕密建儲制度，不公開選立繼承人，於是對所有皇子普遍實行教育。宮中設有「尚書房」（位乾清門內東廡，道光以後改稱上書房）——「皇子學校」和上書房師傅教習滿文、蒙文、漢文與進行騎射之處。課讀時間和紀律要求嚴格。對此，清前期朝臣早有感慨：

> 「本朝家法之嚴，即皇子讀書一事，已迥絕千古。余內直時，屆早班之期，率以五鼓入，時部院百官未有至者，惟內府蘇拉數人往來。黑暗中殘睡未醒，時復倚柱假寐，然已隱隱望

見有白紗燈一點入隆宗門，則皇子進書房也。吾輩窮措大專恃讀書為衣食者，尚不能早起，而天家金玉之體乃日日如是。既入書房，作詩文，每日皆有程課，未刻畢，則又有滿洲師傅教國書、習國語及騎射等事，薄暮始休。」[86]

同治朝，即位的載淳時年六歲，登基就是讀書年齡，因此設帝師，讀書地點改在弘德殿（位乾清門外）。現在輪到光緒帝讀書了，如何把自己費盡心機扶立起來的光緒帝培養成稱心如意的聽話國君，已成為西太后思慮的頭等大事。而欲達此目的，「要在愼選帝師」。在西太后看來，翁同龢是非常合適的人選。

翁同龢（一八三〇—一九〇四年），字聲甫，號叔平，晚號松禪，江蘇常熟人。翁家「為蘇常望族」[87]。其父翁心存早年通籍，中進士後步入仕途，官至大學士，曾為同治帝「師傅」。其兄翁同書，曾任安徽巡撫；翁同爵官至陝西、湖北巡撫、代理湖廣總督。可以說翁家既為「書香門第」，又是「官僚世家」。翁同龢更是博學多才，咸豐六年（一八五六年），以一甲第一名進士及第（俗稱狀元）步入仕途，為詹事府右中允。其父去世後，在同治四年（一八六五年）底被西太后選中授命為「弘德殿行走」，成為同治帝的漢文師傅。父子同啟一帝，實屬「儒生非分之榮」。從而他「盡心竭力，以圖報稱」[88]，受到兩宮太后的嘉獎，不久升為署侍郎、內閣學士。在同光之交的政治風浪中，已成為參決機要的重要人物。

光緒元年十二月十二日（一八七六年一月八日），翁同龢從惠陵工程回京，一連數日都在排比家中書房散亂的書籍。這日早晨，軍機處官員給他送來一道懿旨：

「皇帝（光緒帝）沖齡踐阼，亟宜乘時典學，日就月將，以裕養正之功，而端出治之本。

著欽天監於明年四月內選擇吉期，皇帝在毓慶宮入學讀書。著派署侍郎、內閣學士翁同龢、侍郎夏同善授皇帝讀。其各朝夕納誨，盡心講貫，用收啟沃之效。皇帝讀書課程及毓慶宮一切事宜，著醇親王妥為照料。至國語清文，係我朝根本，皇帝應行肄習。蒙古語言文字及騎射等事，亦應兼肄，著派御前大臣隨時教習，並著醇親王一體照料。」[89]

翁同龢面對這突然任命，涕泣失聲[90]，可以說是喜憂交加。他思前想後：在同治帝身上，其曾花費了大量心血，渴望塑造一代英主賢君。然而事與願違，竟受制於母后，英年早逝。今再獲任命，兩授帝師，實為生平難遇殊榮。雖可證明自己仍寵眷不衰，然而他對西太后實在太了解了，「性極無恆，今日愛是人，翌日則恨之如毒。存心深、而衡人輒不得其當」[91]。加之能否把這樣一個非同一般身分的孩子培養成符合要求的君主，不僅難上加難，且干係實深，弄不好後果不堪設想。他當即上摺：

「臣自去臘迄今，百疾交攻，心氣恍惚，……況臣衰疲之餘，智力短淺，自問已難稱職，若復靦顏就列，必至有負聖恩，惟有披瀝下忱，叩懇兩宮皇太后俯鑑微臣無可名言之苦衷與不能勝任之實際，收回恩命，別簡賢能，臣不勝惶悚激切待命之至。」[92]

次日，宮中批覆，要求他「懍遵前旨，毋許固辭」。兩天後，在清宮養心殿東暖閣，西太后垂簾召見奕譞、奕劻、景壽、翁同龢、夏同善。當翁同龢再申前意，只見西太后簾內「揮涕不止」，仍要求他「盡心竭力，濟此艱難」[93]。事已至此，夫復何言！

西太后之所以選中翁同龢，「有學問」固是題內應有之義。此外，原曾為同治帝授讀，盡心盡力，效果之佳在人耳目；性格寬忍，為人平和，當能與小皇帝關係和諧。而最主要的，恐怕還是在處理同治帝喪後和擁護光緒帝繼立兩件事上，對太后忠誠不二，甚為「得力」之故。

帝師人選已定，欽天監奉旨擇定吉期為四月二十一日，是日小皇帝便可正式入學。

不過，「開學典禮」（見師傅）還是提前舉行了。當時，在養心殿東暖閣內，小光緒帝面南坐在一張小桌後，一臉嚴肅之相。翁同龢、夏同善等侍學諸臣叩拜後，翁同龢走上前，在皇帝面前的小書案上鋪好紙張，以墨濡筆，端端正正寫下了「天下太平」和「正大光明」八個字。然後他把著皇帝的小手，在紅仿格紙上重寫一遍。接著又領認讀滿語字母「ℓ」（啊音）；解說《帝鑑圖》。「上甚會意」，「若甚喜者」[94]。當光緒帝跟隨師傅讀「帝德」兩字後，忽讓翁同龢寫一遍。於是，翁書完「帝德」二字；恭親王奕訢接其後寫「如天」二字。小皇帝端視了一陣兒。到此，「見面」即算結束了。

翁同龢「俯仰身世，不覺汗之沾衣也」[95]。自此，每次約三刻鐘在養心殿識字、描仿，直到四月二十一日（五月十四日）正式進毓慶宮（位紫禁城齋宮右側）讀書。

從這年起到光緒二十三年正月（一八九七年二月）書房裁撤，光緒帝另有師傅數人，如孫家鼐、孫詒經、松溎、孫家襄等，但只有翁同龢自始至終。他共為光緒帝師二十二年，成了光緒自幼至長的精神支柱和親密無間的長者宗師。

「典學」頭兩年（光緒二、三年），光緒帝的功課只上午到書房，主要是認字、聽講書、讀生書、背熟書。儘管數量不多，但反覆遍數一多，小光緒便不耐煩，有時乾脆閉口不讀，任師傅苦口婆心、百般相勸，只是靜坐不理。甚至離座逃學，「嬉戲啼呼」，哭鬧一番。在這種情況下，翁同龢使出渾身解數，有時也難免灰心喪氣。在他的日記中，「如何如何」、「竭力斡旋」、

「勉強對付」、「勉強遷就」、「無之如何」、「真惱人哉！」隨處可見。在第一年，醇親王奕還有時到書房「管束」一通，多少起點作用，但僅能維持數日便又故態復萌。再後，奕譞為了「避嫌」，逐漸減少了來書房的次數，從而翁同龢的壓力更大了。光緒四年（一八七八年）以後，改為全天上課。這對身體較差的光緒帝來說，壓力的增加，使他更難忍受。翁同龢等為鼓勵他堅持讀書，除了關懷體貼，還千方百計地激勸、引導。儘管這樣，光緒帝也大鬧了幾次。直到光緒八年（一八八二年）以後，才總算走上正軌，並開始養成了讀書的興趣。這也使光緒帝在枯燥無味的宮廷生活中，終於找到寄託。如逢宮中節日、慶典時，西太后偏愛看戲，而光緒帝卻對這些不感興趣，很少作陪，常常在這時獨自一人到書房讀書寫字。他說：「鐘鼓雅音，此等皆鄭聲」，「隨從人皆願聽戲，余不願也」96。

這位「沖齡踐阼」的皇帝逐漸長大了。雖然有諸多不如意造成的情緒不穩定，儘管仍時有孩子氣和身體不適的「倦怠」，畢竟在師傅的日記中記下了越來越多的興奮：

「讀極佳，一切皆順，點書不復爭執矣。」（光緒四年十一月四日）

「讀甚佳，膳前竟無片刻之停。」（光緒五年二月十六日）

「自是日起，上不俟軍機起下即到書房，此於功課大有益也。卯正二來，讀極佳，且能講宮中所看《聖訓》。」（光緒八年元月二十四日）

「事下極早，讀甚奮發，功課雖未照常，亦復八九矣。」（光緒八年七月十一日）

「讀極好，來不早而能奮發也，難得也。」（光緒八年八月初五）

也正是在小光緒的「見識日新」中，使翁同龢增強了信心。

朝夕相處的典學過程，使光緒帝對師傅的依賴和感情日益親密。翁同龢亦將自己的一片憐愛傾注在小光緒身上。不僅在學習上耐心細緻、不厭其煩地開悟，且在生活和情趣上也無微不至地體貼照料。每逢小光緒情緒不好，他總是摸摸他的前額和小手看看是不是發燒，問問他早飯吃得好不好等等。太監們如對小光緒稍有不敬，小皇帝就向師傅陳訴，要師傅作主。光緒三年（一八七七年），翁同龢回籍修墓，小光緒很不願讓師傅離去，讀書遍數也日漸減少，且不出聲。翁同龢回來後，他第一句話就是：「吾思汝久矣！」然後一遍遍大聲讀書。對此，太監也說：「久不聞此聲也。」[97]光緒五年十一月（一八七九年），快到元旦了，小皇帝端端正正地用朱筆寫了「福」、「壽」兩個大字，送給師傅[98]。

由淺入深，日積月累，到光緒帝親政前，僅翁同龢給光緒帝講過的書就不下數十種。主要內容大致為政治理論、帝王之學、歷史、地理、經世時文和詩詞典賦等。如《十三經》、《通鑑覽要》、《聖祖聖訓》、《經世文編》、《明史》、《海國圖志》、《聖武記》、《史記》、各國史地地圖、《九朝東華錄》、《唐詩》等。另外還學看摺件、寫詩作論、漢譯滿、騎射等。當然，光緒帝自己也開始主動讀了一些書籍。

作為傳統的、正統的知識分子，翁同龢顯然不折不扣地履行著「至君於堯舜」的理想和責任。在他看來，為「帝師」者之所以「關係至重」，正必須將千古帝王的仁政愛民、君明臣賢的品質用以塑造小皇帝的言行舉止，任何疏忽都是「罪不容誅」的重大過失。他因此而嘔心瀝血、恪盡職守，數十年如一日。在光緒帝面前，既「於列聖遺訓，古今治亂反覆陳說，……其闡明政要以憂勤為先，尤能直言極諫」[99]。同時他還「頻以民間疾苦、外交之事，誘勉載湉」[100]。一八八四年十二月（光緒十年十一月），翁同龢講完「文景之治」後，由光緒帝以《漢文帝》為題作詩。光緒帝很快寫出：

「白虎親臨幸，諸儒議五經，
惜哉容竇憲，諫諍未能聽。」101

他已有了自己的理解和認識。早在光緒帝讀書不久，一天他指著書內的「財」字對師傅說：「吾不愛此，吾喜『儉』字。」翁同龢喜不自勝：「此真天下之福矣。」102稍長後，他在論唐玄宗理財的短文中寫到：

「善理財者，藏富於民；不善理財者，斂富於國；國之富，民之貧也。……以帝王之尊，而欲自營其筐篋之蓄，其為鄙陋，豈不可笑也哉。」103

正因此，光緒帝雖生於天潢貴胄的帝王之家，又貴為天子，在早年的教育中就有「愛民」思想的初步認識，諸如他的詩作：

「畿輔民食盡，菜色多辛苦，
遙憐春舍裡，應有不眠人。」

又有：

「知有鋤禾當午者，汗流沾體趁農忙。」
「荷鍤攜鋤當日午，小民困苦有誰嘗。」

「西北明積雪，萬戶凜寒風；
惟有深宮裡，金爐獸炭紅。」104

這些小詩文簡情濃。一個養尊處優的小皇帝，儘管沒有對人間民衆疾苦的目擊和體驗，卻能深加關注和理解，應該說已實屬難能可貴。隨著小皇帝身體的成長，其思想也在潛移默化中逐漸走向成熟。

「帝德」到底是什麼？小載湉當然還不清楚。可在師傅的心裡那個「聖君明主」的具體形象是清晰鮮明的。這就是言行舉止、胸懷政風要像康熙皇帝那樣。翁同龢為帝師後，曾在詩中寫道：「敬從光緒當陽日，追溯康熙郅治時。」105 他多麼希望自己的皇帝弟子將來成長為乃祖康熙帝那樣雄才大略的君王，重溫大清王朝「郅治」盛世的舊夢。因此，翁氏不僅注意以書本啟沃皇帝的心靈，更注意結合實際進行「帝德」的培養。他經常隨侍光緒帝進行一些祭天祀祖、朝賀拜壽、祈雨演耕等禮儀慶典，囑咐光緒帝要有天子風範，慶典要莊重威儀，祭祀要誠敬嚴肅。在這些活動中，還是孩子的小皇帝喜玩耍、好奇多動的天性一再顯露。對此，師傅立即勸諫制止，並有針對性地加以解釋和指導。

在這個塑造過程中，西太后的「帝德」，是要求「宜涵育德性，俾一言一動，胥出於正，以為典學之本」。而她所謂「正」，即為對自己盡「孝」。因此，西太后十分關注光緒帝的典學，經常召見翁同龢等，詢問光緒帝的學習情況，勤加指示。她特別注意從太監處了解情況，在光緒帝請安時對他時加「訓責」，有時聲色俱厲。小光緒帝初入學的三四年間，有時情緒極「抑鬱」、「精神殊遜」，大致都與這種訓斥有關。西太后在「關懷」之餘還是相信「棍棒出孝子」的古訓的。

德齡在《瀛台泣血記》一書中說，西太后為了讓光緒帝在將來長大成人後能夠「孝順她」，在典學期間，她「特地再三教人去傳翁同龢，要他格外側重孝的教育。除掉把啟蒙時所讀的『二十四孝』不斷地繼續講解之外，《孝經》那部書，也是最注意的」。在閔爾昌《碑傳集補》第一卷裡也說，翁同龢在教授光緒帝時「以聖孝為本」。

所有這些清規戒律加上枯燥乏味的艱澀說教，已經徹底剝奪了光緒帝幼年時代應有的天真爛漫。他本能的一點「反抗」當然也是不允許的。對此，受命對書房事務「妥為照料」的、他的父親醇親王奕譞，無論有何想法，也只能按西太后的意思加以「關照」。既然如此，那就對兒子不能客氣，有時他「詞色俱厲」地進書房管束小皇帝，他絕不敢動以父子之情。

最後奕譞不得不以「避嫌」為退著，漸漸地書房中不見了他的身影。不過他這親王的兩幅既是誡勉兒子、又是向西太后表明自己忠誠的誡勉詩，卻破例被准許留在了毓慶宮內西牆上：

「懍承列聖艱難業，永記東朝覆載恩。
心似權衡持正直，事如涇渭辨清渾。
行成端賴研磨久，志減常因享用尊。
見善則從過勿飾，義為人路禮為門。」

「慎依家法敬臨民，上下情聯一點真。
偕樂始容王在囿，有為應念舜何人。
簡篇要鑑興衰跡，舟楫全資內外臣。
天命靡常修厥德，隋珠趙璧總浮塵。」

註釋

1、42、43、46 朱壽朋編《光緒朝東華錄》(一)，精裝本（下同），總第一頁。

2 清朝自康熙帝始，宗室命名仿照漢族傳統，以名字排輩分，區別長幼尊卑、血緣遠近。康熙先擇定「胤、弘」二字，乾隆帝續「永、綿、奕、載」四字，道光帝又續「溥、毓、恒、啟」四字，咸豐帝又續「燾、闓、增、祺」四字為輩分用字。光緒帝為「載」字輩，而這一輩的近支，名字第二字需統一用「氵」旁。

3 《清代檔案史料叢編》，第一輯，第一〇三頁。

4 馬士《中華帝國對外關係史》，第二卷，第三〇七頁。

5 《清穆宗毅皇帝實錄》，第三卷，第二頁。

6 翁同龢《翁文恭公日記》，辛酉十一月二十四日。

7 黃濬《花隨人聖庵摭憶・補篇》，第四頁。

8 《清宮瑣聞》，《清代野史》，第二輯，第一八三頁。

9 翁同龢《翁文恭公日記》，乙丑三月初七日。

10、11 王闓運《祺祥故事》。

12 趙爾巽等《清史稿》（四紀），中華書局平裝本（下同），第七七二頁。

13 趙爾巽等《清史稿》（四紀），第八四八頁。

14 《清穆宗毅皇帝實錄》，第三六九卷。

15 德齡《瀛台泣血記》，雲南人民出版社一九八〇年版，第三八頁。

16 翁同龢《翁文恭公日記》，甲戌十一月初一日。

17 翁同龢《翁文恭公日記》，甲戌十一月初八、初九日。

18 《清代檔案史料叢編》，第七輯，第二七七頁。

19 《清代檔案史料叢編》，第七輯，第二七八頁。

20 《清代檔案史料叢編》，第七輯，第二八七頁。

21 朱壽朋編《光緒朝東華錄》(一)，總第一－二頁。

22 徐珂《清稗類鈔》，第一冊，第三七九頁。

23 道光帝長子奕緯，深得皇父喜愛，道光十一年死於病，僅二十四歲。咸豐即帝位後，追贈為郡王。因其無子，道光帝以乾隆帝三子永璋曾孫載治，嗣繼奕緯為子。然載治之祖父並非永璋之子。永璋本無子，以乾隆帝之第十一子成親王永瑆的第二子綿懿為子，綿懿生奕紀，奕紀生載治。

24 黃濬《花隨人聖庵摭憶・補篇》，第八九頁。

25 時道光皇帝親子按排行尚有奕誴、奕訢、奕譞、奕詥、奕譓。

26 惲寶惠〈清末貴族之明爭暗鬥〉，《晚清宮廷生活見聞》，第六一頁。

27、28 翁同龢《翁文恭公日記》，甲戌十月初九日。

29 印鸞章《清鑑綱目》，第八卷，第五八一頁。

30 載澍屬遠支宗室，為孚敬郡王奕譓堂兄奕譜之子。

31、35、37、39 翁同龢《翁文恭公日記》，甲戌十二月初五日。

32《清鑑輯覽》，第二四卷，第一二頁。

33 小橫香室主人《清朝野史大觀》，第一卷，《清宮遺聞》，第八五頁。按：《德宗實錄》、《光緒朝東華錄》記，議立諸臣中並未見有文祥。據《清史稿・文祥傳》：文祥同治十三年久病不癒，在府。後德宗立，又以久病請罷。可肯定，文祥並未參與此次會議，或為文錫之言訛傳為文祥。

34、38 羅惇曧《德宗承統私記》，《清代野史》，第二輯，第七七頁。

36〔英〕濮蘭德、白克浩司《慈禧外紀》，第八五頁。按：該書記言同治帝后已懷有身孕，恭王爭執可祕不發喪，不立新君，待皇后生男生女後再議。此說未見可信佐證，故不採。

40〔英〕濮蘭德、白克浩司《慈禧外紀》，第六九頁。

41 朱壽朋編《光緒朝東華錄》(一)，總第二頁。

44 同31。按：《光緒朝東華錄》中亦記：「上年甫四齡，即日由邸第移居禁中。」然自稱侍奉光緒帝十九年的惲毓鼎在其《崇陵傳信錄》中稱：「同治十三年十二月初五日，穆宗上賓，前星未曜。慈禧太后宮中定策，以初六日夜半具法駕迎上，入承大統。」是說有誤，應為初六日凌晨。

45 王無生《述庵祕錄》，《清季野史》，第一二七頁。

47 朱壽朋編《光緒朝東華錄》(一)，總第四頁。

48〔英〕濮蘭德、白克浩司《慈禧外紀》，第六六頁。

49 奕譞曾在子女的房中掛著一幅治家格言：「財也大，產也大，後來子孫禍也大。借問此理是若何？子孫錢多膽也大，天樣大事都不怕，不喪身家不肯罷；財也少，產也少，後來子孫禍也少。若問此理是若何？子孫錢少膽也小，些微產業自知保，儉使儉用也過了。」（見溥傑《回憶醇親王府的生活》，《晚清宮廷生活見聞》，第二〇九頁）

50 朱壽朋編《光緒朝東華錄》(一)，總第三頁。

51 朱壽朋編《光緒朝東華錄》(一)，總第三–四頁。

52、55《內起居注》，內閣全宗，一五五號，中國第一歷史檔案館藏。

53《後漢書》卷一〇〈皇后傳〉。

54 羅惇曧《德宗承統私記》，《清代野史》，第二輯，第七八－七九頁。

56 翁同龢《翁文恭公日記》，乙亥二月二十日。

57 薛福成《庸庵筆記》。

58 小橫香室主人《清朝野史大觀》，第一卷，《清宮遺聞》，第八四頁。

59 羅惇曧《德宗承統私記》，《清代野史》，第二輯，第七九頁。

60 李慈銘《越縵堂日記》，光緒元年二月二十五日。

61 朱壽朋編《光緒朝東華錄》(一)，總第二三頁。

62 趙爾巽等《清史稿》（三〇傳），第八九三一頁。

63、67 朱壽朋編《光緒朝東華錄》(一)，總第四三頁。

64、68 羅惇曧《德宗承統私記》，《清代野史》，第二輯，第八〇頁。

65 小橫香室主人《清朝野史大觀》，第八卷，《清人逸事》，第二一三頁。

66 按：據《翁文恭公日記》，光緒五年四月初十日條下有云：「懿旨：將來紹膺大統者，即承繼穆宗毅皇帝之子。」

69 翁同龢《翁文恭公日記》，丙子二月初三日。

70 梁啟超《戊戌政變記》，中華書局一九五四年版（下同），第五七頁。

71、83 瞿鴻禨《四種紀略》，《戊戌變法資料》(四)，第二二三頁。

72 惲毓鼎《崇陵傳信錄》，《清代野史》，第四輯，第五頁。按：據老太監信修明回憶說：「光緒一生怕雷，每逢雷雨時，御前太監全班值更。如有大閃電，知雷必至，一齊高聲喊嚷，以亂雷聲。」（《老太監的回憶》，第三二頁）對此翁同龢也多次記有：一次光緒帝「讀（書）時正雷電，以一手擁護，左右而大聲，以雨聲相亂」（《翁文恭公日記》，光緒八年五月初六）。

73 費行簡《慈禧傳信錄》，《戊戌變法資料》(一)，第四六六頁。

74 梁啟超轉述太監寇連材語，《戊戌變法資料》(一)，第二二五頁。

75 信修明《老太監的回憶》，第九、三二頁。按：《翁文恭公日記》中亦有類似記載。光緒八年二月，有「膳多涼也」，以至於光緒帝腹痛、嘔吐。又光緒九年六月二十一日：「飯甚惡，不能下嚥，中官如此，可恨也，斥之。」

76 翁同龢《翁文恭公日記》，辛巳二月至三月。

77《戊戌變法資料》(一)，第二五五—二五六頁。

78 德齡《清宮禁二年記》，《清代野史》，第二輯，第二三五頁。

79 德齡《清宮禁二年記》，第三頁，《東方雜誌》，第一〇卷，第六號。西太后自己也曾說：載湉入宮後，「其父母不敢給以食物」。《清稗類鈔》，第一冊，第三七九頁。

80 信修明《老太監的回憶》，第三三頁。

81《德宗實錄》，中華書局一九八七年版（下同），第二卷，第一二頁。

82 德齡《瀛台泣血記》，雲南人民出版社一九八〇年版，第七四頁。

84 時光緒帝已在清宮過了兩個春節。清制，皇子讀書「自六歲入學」。

85 朱壽朋編《光緒朝東華錄》(一)，總第一二頁。

86 趙翼《簷曝雜記》，第一卷，第八—九頁。

87 曾士莪《書翁李相國傾事》，《國聞周報》，第一二卷，第二十七期。

88 翁同爵《致叔平弟》，正月十三，《翁氏家書》，第一一冊。

89、92 光緒元年二號D，《內政職官卷》，《軍機處錄副》，中國第一歷史檔案館藏。

90 翁同龢《翁文恭公日記》，乙亥十二月十二日。

91 德齡《清宮禁二年記》，《清代野史》，第二輯，第二一八頁。

93 翁同龢《翁文恭公日記》，乙亥十二月十四日。

94、95 翁同龢《翁文恭公日記》，丙子二月二十一日。

96 翁同龢《翁文恭公日記》，乙卯五月二十九日。

97 翁同龢《翁文恭公日記》，丁丑十月十七日。

98 翁同龢《翁文恭公日記》，乙卯十一月初八日。

99 閔爾昌《碑傳集補》，第一卷，第一五頁。

100《滿清野史》，第十四種，《述庵祕錄》，第五頁。

101《松禪年譜》，光緒十年十一月。

102 翁同龢《翁文恭公日記》，丙子五月二十四日。

103《乙酉年御製文》，故宮博物院藏鈔本，轉引於孔祥吉《清代皇帝傳略・光緒帝載湉》，第三七一頁。

104 轉引於《清代皇帝傳略・光緒帝載湉》，第三七二—三七三頁。

105《題康熙舊繡像冊》，《瓶廬叢稿》，第四卷。

106 溥傑《回憶醇親王府的生活》，《晚清宮廷生活見聞》，第二一〇頁。

第二章　在內爭外患中成長

宮中的風波

（一）兩宮皇太后的貌合神離

載湉一天天地長大了，漸漸地明白了一些事理。儘管每天他仍要去兩宮皇太后處問安，可他心裡對去長春宮是越來越打怵了。「親爸爸」正是越來越可怕，幾乎每一天都要為讀書的事挨訓斥；加上幾個月來她一直病得厲害，臉瘦得長長的，眼睛卻瞪得更大更凶。載湉多麼希望「親爸爸」也能像「皇額娘」那樣和顏悅色，體貼關懷自己。隨著時間的推移，逐漸地他在感情上越來越對「皇額娘」親近而對「親爸爸」懼而疏遠了。事實上，這個過早離開父母的孩子已經在東太后那兒找到一份母愛的慰藉。

然而，他哪裡知道，也許正是由於他的這一淳樸真摯的情感，才使西太后對他更加冷酷和嚴厲；他更不會明白，他的這一感情傾向，也正在給親愛的皇額娘帶來致命的惡果。

無論是在一八六一年的「辛酉政變」之後，還是自載湉繼立以來，清政府的這兩任小皇帝都還是天真無邪的孩童，對朝廷內的政局及內外交困的國勢都一無所知。表面看去，清政府的大權是操在「垂簾聽政」的兩宮皇太后之手，實則發號施令者不過是西太后一人而已，東太后不過是「垂裳而治」的受成者。朝中的王公親貴和元老樞臣，無人不曉西太后在專擅弄權。東太后「才不足以御政」，也是衆所周知的。所幸二十年來兩宮竟也相安無事，朝臣們便以為宮中早已是風波不起的淨土了。然而，一場幾乎使人難以察覺但卻逐漸激化的兩宮之間的矛盾，終於演成一場震撼人心的軒然大波。這使小皇帝載湉童稚的心靈蒙上恐懼和灰暗的陰影，並留下深深的創傷。

東太后鈕祜祿氏，滿洲鑲黃旗人，生於道光十七年七月十二日（一八三七年八月十二日）。其父穆揚阿曾任廣西右江道，後因女入侍咸豐帝，封為三等承恩公。時咸豐帝奕詝為皇子時，即入侍藩邸為側福晉。咸豐帝即位前其嫡福晉已病逝，故她於咸豐二年二月（一八五二年三月）被封為貞嬪，五月晉貞貴妃，十月便冊立為皇后，時年十六歲。咸豐十一年七月（一八六一年八月）咸豐帝死，年僅二十五歲的她更成為清宮未亡人。

據《清宮八大疑案》著者言：

「慈安后秉性寬厚和平，一生謹守婦德，堪稱母儀宮闈之懿範。……在清后群中，最稱儉德。在宮中不著綢緞綾羅，總穿素淨布衣，惟帳罩、雨披等物均不用繡品，且尤忌舶來品，以為宜看不宜用。繡鞋都督率宮女親做，鞋底則從市井購買，而且每年必親手做一雙鞋子給咸豐帝穿用。年居歲尾或慶誕節日，外面進貢的冠服、首飾，她都讓宮女拿出去退還。她常對慈禧和其他妃嬪說，臣子多一分貢獻，便是百姓多一分錢財。倘若收了他們的貢獻，便是暗地裡教他們做貪官去，因此臣子的貢獻萬萬收不得。平時一舉手一投足，慈安后亦必本諸禮法行事，暑不露體，澡浴不用人伺候，坐不斜倚，行不趨速，向無疾言遽色。每次面見皇上，總是穿著禮服。咸豐帝雖然風流好色，但見皇后如此表率宮闈，於欣慰之餘，頗為敬重。於是便替她取了個雅號，喚作『女聖人』。」[1]

「懿德」也好，「聖人」也罷，她最大的憾事，恐怕就是沒有為咸豐帝生有皇子，而位於她之下的懿嬪（西太后）卻因生有載淳，很快升為懿妃、懿貴妃。據德齡的《御苑蘭馨記》說，她那時對懿貴妃非常嫉妒，可這又是無可奈何之事。她面對事實，循諸禮法，將小載淳視如己出，悉心愛護，終於使小載淳與她親近勝過親娘。當咸豐帝於承德病危之時，曾慮及一旦載淳登位，西太后「母以子貴」，陰持權柄，對皇后將極為不利。因此，將兩枚私章「御賞」和「同道堂」印給了皇后和載淳，並規定以後下達詔諭以兩章為信符。用意在以此防止皇權落入大臣或妃嬪之手。卻不料，咸豐帝死後，極盡慫恿和挑唆之能事的西太后竟說服了東太后，並利用她手中的這枚印符，聯合恭親王，成功地發動了政變，搬掉了顧命八大臣，實現了「垂簾聽政」的夢想。應該說，東太后雖名分上高於西太后，但並未給西太后攬權造成任何障礙。恰恰相反，這一名分反倒成了西太后發號施令的重要助力。據載：

「垂簾制起，雖東西兩太后同訓朝政，而實則處分一切，仍以西后意為可否。慈安素謹愿，各事每吶吶然不能出諸口者。晚歲尤嗜佛，長日宮中，以持齋咒經為事，以故西后獲以恣其所欲。」[2]

另據《清鑑綱目》記：

「同治初（其）與西太后垂簾聽政，召見大臣吶吶如無語，悉以政權讓之西后。晚年尤謙讓，務自韜晦。」[3]

不過以東太后的人品及修養而言，也並非毫無主見，只是西太后鋒芒畢露，權欲極強，二人之間，有所「讓」、「奪」而已。

「當是時天下稱東宮優於德，而大誅賞大舉措實主之。西宮優於才，而判閱奏章，裁決庶務，及召對時諮訪利弊，悉中款會，東宮見大臣吶吶如無語者。每有奏牘，必西宮為誦而講之，或竟月不決一事。然至軍國大計所關，及用人之尤重大者，東宮偶行一事，天下莫不額手稱頌。同治初元，鑒曾文正公之賢，自兩江總督簡授協揆，以正月朔日下詔，凡天下軍謀吏治及總督巡撫之黜陟，事無不諮，言無不中。中興之興，於是乎肇矣。何桂清失陷封疆，厥罪甚重，刑部已論斬矣，陰祈同年及同官朝者十七人上疏救之，朝廷幾為所惑，東太后獨納太常寺卿李棠階之奏，命斬桂清以儆逃將，天下為之震肅。尋以李棠階碩望名儒，命為軍機大臣，一歲中遷至尚書，其後頗多獻替。勝保以驕蹇貪淫，逮下刑部獄，亦用棠階言賜死，天下頗以為宜。金陵蘇浙之復也，曾、李、左三公賜封侯伯，實出東宮之意，而西宮亦以為然。」4

儘管東太后如此謙讓，但她畢竟名分高於西太后，不能不使這個一直企圖惟我獨尊的西太后耿耿於懷；加上在隨後「垂簾聽政」的十餘年中所發生的幾件事，更使西太后所深深銜怨。二人的矛盾，遂在「祥和」的外表下逐漸發展。

一是同治年間，兩宮垂簾後，內外交困的局面似漸緩解，從而西太后得意驕侈之心亦漸有顯露。同治八年（一八六九年），因同治帝漸漸長大，兩宮太后欲替他納后成婚。於是，派恭親王奕訢等人，會同內務府及禮、工二部，籌備大婚典禮。這時，西太后的親信太監總管安德海，欲藉機出宮遊玩和藉太后威福聚斂搜括地方上的錢財，並請得西太后的同意。於是，他便以往江南採辦龍衣為由，祕密乘船沿大運河南下，一路威風張揚，驕狂恣肆。結果在山東被巡撫丁寶楨查拿，並以太監出京違背祖制請旨處置。早已對安德海在宮中撥弄是非、混亂朝政而恨之入骨的恭親王，立即率軍機大臣持摺請示皇帝和兩宮太后。

時「執安德海，解至濟南，德海猶大言曰：『我奉皇太后命，誰敢犯者，徒自速死耳？』寶楨乃具疏聞。慈禧后聆而惶駭，莫知所為。慈安后乃召軍機及內務府大臣議之，皆言：祖制不得出都門，犯者死無赦，當就地正法」。[5]

其時同治帝也表示：「此曹如此，該殺之至！」（翁同龢日記中記此語）。東太后當即明確表態，同意將安德海等「一體嚴拿正法」。在安德海被丁寶楨於山東處決後，尚株連了一批在西太后身邊供職的有品級太監[6]。這一雷厲風行的舉動，使西太后雖喪失了心腹而心痛，卻又有苦難言，大丟顏面。黃壽鴻在其著《清史紀事本末》中認為，這件事是兩宮之間矛盾的最重要事件。他說：東太后在垂簾聽政後，「於用人行政，悉以權讓之慈禧太后，不輕發言，獨於太監安德海一案，持之甚堅。飭令魯撫丁寶楨就地正法，一時中外交相稱頌。坐是，與慈禧積有深嫌。故至晚年益務韜晦」[7]。應該說，當時西太后銜恨東太后絕無疑問。東太后的「謙讓」、「嗜佛」與「持齋咒經」，恐怕確已感覺到西太后對自己的懷恨，並且深不願與其發生正面衝突。然而這種貌合神離的關係已非一日，更不可能輕易便可彌合。

在同治帝成長過程中，東太后「撫愛穆宗，一如己出」[8]。以其寬厚慈祥而細緻地體貼、關照，贏得了這個小皇帝的愛戴和敬重。就是說，西太后雖為同治帝之親母，然其「刻薄寡恩」、嚴厲有餘而慈愛不足，同治反而與之疏遠。這個結果已使西太后對東太后怨恨在心，加上同治帝大婚選后，又與東太后之意見一致，更加憤恨不已。後因同治帝突然病故，朝局幾陷動盪，使得西太后不得不打起精神，暫時將悵恨置諸一旁，繼續利用東太后的招牌，全力應付光緒帝剛續位後的政局。但這種情況，從根本上說來並不可能維持長久。隨著「立嗣之爭」的結束，加上光緒小皇帝的年齡和見識的增長，使兩太后在同治年間積累的恩怨糾葛、利害衝突又重新引發，並有日益複雜、緊張的趨勢。對於此種情況，在濮蘭德、白克浩司合著的《慈禧外紀》一書裡有如下論述：

「光緒帝漸次長成，頗與慈安太后相親，當時宮中人人同此傳說。蓋慈安性情和悅，不似慈禧之嚴厲，故得幼帝之親愛。帝年尚幼，任其天真而動，常住東宮（東太后住處——引者），與慈禧較疏。慈禧深滋不悅，以為幼帝之心，向於東宮，殊不能忍。且有人進讒，言東宮陰令帝反對慈禧。以此之故，兩宮意見愈深矣。」[9]

儘管小載湉不知自己與兩太后感情親疏有什麼利害，但在西太后看來卻關係重大。她越力圖扭轉和貼近小皇帝，便越嚴厲干預和盡力控制這個小皇帝的學習和生活。結果，他們之間的感情距離也就越來越大。在無奈和惱怒的情緒中，西太后便把東太后的存在視為推行自己意志的最大障礙了。

雖然東太后一再「韜晦」而「遜讓」，但對西太后的陰狠和跋扈絕非麻木不仁。有時西太后獨自決事，「竟不復白慈安后，慈安后頗為不平」[10]。光緒六年（一八八〇年），兩宮太后攜光緒帝親往東陵致祭。東太后以咸豐帝在日西太后只是妃嬪，不應與自己並列，即令西太后退後拜祭。為此，西太后幾乎與東太后爭吵起來。但終礙於禮法和陵墓旁的氣氛，西太后不得不權為退後[11]。儘管東太后此舉算不得什麼惡意，但其目的是否以此向西太后昭示不要忽略自己的存在和

「統攝六宮」之責呢?此事發生前不久,西太后已漸漸「身體違和」,發展的結果竟致「夜不能寐,飲食少」,「不勝勞乏」,且久治不癒。從光緒六年二月初二日(一八八〇年三月十二日),凡「召見辦事,皆慈安太后御簾內,十餘年來此為創見也」[12]。

內政外交江河日下的窘境,宮廷內部爭權奪勢、鉤心鬥角的緊張,終於使西太后病倒。她人在病榻,卻心在朝中,御醫千方百計診治,卻總無起色,無奈只好下詔遍選天下名醫。浙中名醫薛寶田為西太后診治時記有如下對話:

太后之病「『由於鬱怒傷肝,思慮傷脾,五志化火,不能榮養沖任,以致胸中嘈雜,少寐,乏食,短精神,間或痰中帶血,更衣或溏或結。』皇太后問:『此病要緊否?』奏:『皇太后萬安。總求節勞省心,不日大安。』內務府大臣廣奏:『節勞省心,薛寶田所奏尚有理。』皇太后曰:『我豈不知?無奈不能!』」[13]

醫生一語道破心事;西太后一答洩漏心曲。就在這幾個月中,她還強扶病體兩次召見軍機大臣,並示意臣下對她要忠誠。西太后多麼不情願東太后一人決事,更不能忍受自己不聽政時,朝事仍能平靜運行。她深深感到,東太后的存在是自己獨裁的威脅。

(二)東太后猝死與朝局之變

西太后的病尚在就治,光緒七年三月初十日(一八八一年四月八日),清宮中突然傳出東太后「崩逝」的令人震驚的消息。

事變突如其來,「倉卒中悲與驚併」[14]。以致當時許多朝臣乍聞此消息,尚以為是西太后之病久治不癒而終歸天國。

東太后「體氣素稱強健」[15]，死時年僅四十五歲。據《德宗實錄》所載，東太后臨危留有《遺誥》曰：

「本月初九日，偶染微痾，皇帝侍藥問安，祈予速痊。不意初十日病勢陡重，延至戌時，神思漸散，遂至彌留。……」[16]

就此，東太后病似兩天，其實自發病到死僅十二個小時。《翁文恭公日記》載：初十日早「東太后感寒停飲，偶爾違和，未見軍機」，晚十一時報喪者至其家。他半夜入宮，次日凌晨三時才得入乾清門，到奏事處：

「則昨日（初十日）五方皆在，晨方天麻、膽星，按云類風癇甚重。午刻一按無藥，云神志不清，牙緊。未刻兩方雖可灌，究不妥云云，則已有遺尿情形，痰壅氣閉如舊。酉刻一方六脈將脫，藥不能下，戌刻仙逝云云。……嗚呼奇哉！」[17]

病情如此之急、之重，確實「奇哉！」然所謂《遺誥》定為僞造無疑。又據多種資料記載，當時御醫和外省召入為西太后診病的名醫均未傳入為東太后診病。翁同龢所提及的五個藥方，有的根本沒開藥，即開藥幾等於無。病故後七個多小時之內竟未放諸臣入內。「小殮」時亦未按例讓東太后戚屬和諸王公親貴重臣入內與事。事發時，恭親王奕訢又遠在昌平，為前一年去世的福晉下葬，未在京城……。

因此，無論從西太后與東太后二十年「垂簾聽政」中的恩怨糾葛，還是東太后暴斃的諸多疑點，都給其死蒙上了層層迷霧，令人難以釋懷。後來多種野史傳聞，都認為東太后是吃了西太后送給她的「克食」（一種糕點）之後，中毒而死[18]。依西太后陰險狡詐和行事的心狠手辣，這種說法似難排除。然而這些資料又不無歧異，難以確證。從而「東太后之死」，又成為清宮的一大疑案。

較為典型的說法是天嘏著《清代外史》：

光緒之朝，那拉氏既再垂簾聽政，益縱恣荒淫，醜聲漸聞於外[19]。……至光緒七年，那拉氏忽患疾，甚劇，徵集中外名醫，治之，皆無效，蓋由誤認為血崩所致。惟無錫薛福成之兄福辰診其脈，得病之所在。脈案，故血膨也。藥劑，則皆產後疏瀹補養之品，故奏效如神。

那拉氏病既癒，鈕祜祿氏知其多失德，思所以感悟之。某夕，置酒宮中，為那拉氏慶。酒既半，鈕祜祿氏屏去左右，殷勤追述咸豐時北狩木蘭，猝遭大故，肅順擅權，宮中顛沛艱危之狀。及同治時，同朝十餘年事甚悉，欷歔零涕久之。那拉氏亦悲不自勝。鈕祜祿氏忽慨然曰：『吾姊妹今皆老矣，日夕當歸天上，仍侍先帝。吾二人相處二十餘年，幸同心，無一語勃谿。第有一物，乃昔受之先帝者，今無所用之矣。然恐一旦不諱，先檢藏，或為他人所得，且致疑吾二人，貌合好而陰妒忌者，則非特吾二人之遺憾，抑且大負先帝意矣。』語次，袖出一函，授那拉氏。使視之。那拉氏啟視，色頓變，慚不可仰。函非他，即奕詝所付之遺詔也。觀畢，鈕祜祿氏仍索還，焚於燭上曰：『此紙已無用，焚之大佳，吾今日亦可覆命先帝矣。』是時那拉氏慚憤交併，強為感泣態，鈕祜祿氏百計慰藉之，遂罷酒而散。

越數日，鈕祜祿氏偶因事至那拉氏宮，那拉氏執禮甚恭，非復如曩時之驕縱，侍者竊異之。鈕祜祿氏亦陽自喜，以為前日所為之果有效也，豈知殺機已將露矣。二人坐談時，鈕祜祿氏覺腹中微飢，那拉氏令侍者，奉餅餌一盒進，鈕祜祿氏食而甘之，謂似非御膳房物。那拉氏曰：『此吾弟婦所饋者，姊喜此，明日當令其再送數分來。』鈕祜祿氏方以遜辭謝，那拉氏曰：『妹家即姊家，請弗以謝字言。』後一二日，果有餅餌數盒進奉，色味花式，悉如前。鈕祜祿氏即取一二枚食之，頓覺不適，然亦無大苦。至戌刻，遽逝矣，年四十有五。噫，此非中毒而殂歟？」[20]

概括上述說法就是：西太后「穢亂春宮」，而為東太后所知悉。她為感悟西后轉變，當面燒掉了咸豐帝為其挾制西太后的遺詔。結果西太后反肆無忌憚，在餌餅中下藥毒死東太后。這一說法，在野史中多見。清末人胡思敬在其自稱所記「大約見之者十之七八」，以補「一切內廷機密要聞，當時無人記述，後人傳聞異詞」之不足的《國聞備乘》中如是記：

「先是文宗北狩得疾，知不起，察□□悍驁，異時抱子臨朝，恐不可制。欲效西漢鉤弋故事，未忍發。以遺詔密授孝貞（即東太后——引者），令謹防之。即有過，宣詔賜死，毋游移。同治初，誅鋤八大臣，賴□□剛斷以濟。孝貞仁賢，遇事咸推讓之。后聞其不謹，甚憂懼。一日，東宮傳旨召西佛（宮人稱孝貞為東佛，□□為西佛），西佛嘻嘻而往。入門，見孝貞盛服珠襦，宮人佩刀，森然侍列左右，大駭。孝貞指御案遺詔示之。默誦一過，伏地痛哭請死。孝貞仁而寡斷，略責讓數言，下席引以同坐，勉以好語，隨取案上遺旨引火焚之，示毋他意，□□回至宮中，五日夜不寐，李蓮英進密謀。越數日，孝貞暴崩，廷臣入臨者見十指俱紫黑，不敢言。蓮英自是擅權，寵之終身。」[21]

應該說無論有無遺詔，東太后是死於暴病還是劇毒？可待進一步考查。但是，兩太后之間存有矛盾卻是客觀存在的。而且，東太后的突然崩逝，又的確給清廷朝局帶來了重大影響。

東太后突然死去，對年僅十歲的小皇帝載湉無疑是一強烈刺激。他幾乎每日均到東太后停靈的弘德殿致祭。一個多月後再入書房時，仍讀書「尤少尤分心」，「神倦氣浮」。三個多月後，「讀雖佳而氣不靜，言及慈安大故，泫然流涕，此發於真誠者矣」[22]。

東太后之死，西太后也貌似悲痛，然其內心實不無快意。在她的主持下，東太后「喪儀甚草草，二十七日後一律除孝，慈禧竟不持服，大臣進御者仍常服，國母之喪如此，誠亙古未有也」[23]。她不理會別人如何傳言。其自己的病這時卻是一天天好起來了。特別是，從此「慈禧可以惟己獨尊，以專執國政」[24]。終於打破了清王朝從清咸豐十一年（一八六一年）形成的由東、西「兩宮垂簾聽政」的統治格局，在清廷確立了由西太后一手遮天的局面。從此以後，西太后不僅在實質上、而且在形式上也已登上了權力的頂峰。她被人稱之為「老佛爺」，完全由其一人控制了清王朝。此後，她為鞏固其「獨尊」的地位，更加深了對光緒帝的馴化和控制。年少的光緒帝，儘管仍不能盡知其中的奧祕，但這種「切膚之痛」的刺激和諸臣在「老佛爺」面前唯唯連聲、噤若寒蟬的情景，也不會不使他從中嗅出一些異常的氣味。隨著那唯一可體驗母愛的「調護」者的消失，也使小皇帝身邊失去了一個有力的同情者和保護者。因而，他鬱鬱寡歡，處境更加不利了。「載湉之困厄，乃由此始」[25]。無疑，這一無情地打擊和西太后的強力控制，在他的成長過程中，起到了相互矛盾的兩方面作用：懦弱、畏縮和倔強與抗爭。

更值得注意的是，到東太后之死，在西太后攬權擅政的前二十年中，她先是利用了東太后的名分與其聯合、左右載淳小皇帝及宗室王公和權臣爭衡對抗，形成「同治」局面。東太后死後的朝局變化，不僅在於西太后可以單獨操縱皇帝，也反映了內朝統治集團關係的微妙變化。自光緒繼統始的數年之中，王公親貴在幾次重大的決策中對西太后的隱忍退讓，似乎已使西太后進一步增強了獨立操縱朝局的自信心。奕譞的「明哲保身」自不必過慮，只是恭親王儘管不敢公然對抗，可其地位之崇、勢力影響之大，仍不是西太后完全可以放心的。然東太后之死，無疑又使恭王頓時失去了朝中一重要支持者。這使他非但不會貿然對抗，而且其地位恐已岌岌可危了。

鋒芒初露

（一）典學之間起狼煙

無論宮中變故迭起，小光緒帝屢受刺激，但在典學之際，由於西太后的控制日緊，加上翁同龢等不敢鬆懈怠慢，少年光緒帝的身心、學識卻仍在日漸長成。他對在其近旁發生的那一連串是是非非的底蘊雖然尚不了了，而且也沒有人敢向他曉以利害、道明事理。儘管載湉小皇帝也有喜怒哀樂，那不過是十幾歲孩子的任性而已。不過，他不難感受到那一張最使其望而生畏的「老佛爺」的貌似慈祥、實則可怖的面孔。但是，小光緒帝卻逐漸在學習中找到了安慰，學會了思索。他在尋找作為帝王的感覺；尋找在這樣環境中的一個合適的位置。

事實上，小光緒帝在入宮為帝後的數年間，正值中國被列強日益侵辱，民衆在洋人和貪官污吏的殘酷壓迫下，聊生無術，反抗日烈。清政府拆東補西、顧此失彼、疲於應付。正因如此，朝內的爭奪才會一波未平一波又起。雖然清王朝正歌於漏舟之中，安於積薪之上，處於暴風驟雨的前夜。但光緒帝還不知道，他的帝王寶座充滿著來自內外的威脅，艱苦的人生和艱難的政局正在他面前逐漸展開。然而也正是在這「時事多艱」的不斷磨礪中，又使他逐漸萌發了憂患意識，產生了朦朧的治國欲望。

就在光緒帝於學宮之中搖頭晃腦誦讀「生書」、「熟書」之時，自光緒二年（一八七六年）起，各地天災連年，水、旱、蝗、飢、疫波及全國。本已貧困無以自存的百姓流離失所，家破人亡。從光緒三年七月（一八七七年八月）官員奏報中已可見一斑：

「自去年以來，直隸、山東、山西、河南等省，田禾缺雨，荒旱成災，糧價日增，流民遍野。逮及今年，直隸、山東、河南三省，春麥少有收穫，聞尚未能一律豐稔。而山西一省，荒欠更甚於去年，人情洶洶，朝難保夕，子女則鬻於路人，攘奪或施於里黨，啼飢者遠連數郡，求食者動聚千人。戶少炊煙，農失恆業。……實有耳不忍聞者。」26

這場災害直到光緒五年（一八七九年），「歷時既久，為地尤寬，死亡遍野，誠為二百年之所無」27。極大地震動了清王朝的統治根基，使早已存在的危機有加深加劇的趨勢。清統治者急得似如熱鍋上的螞蟻，其間光緒帝亦為此頻頻到大高殿祈雨，但卻很少靈驗。

與此同時，西方一些主要資本主義國家，又在全球範圍內掀起了「奪取殖民地的大高潮」。衰弱的中國，遂成為其擴張的主要目標之一。因此列強從十九世紀七〇年代以來，便加緊從友鄰國家向中國沿邊地區擴張，致使我國邊疆「狼煙」四起。繼同治十三年（一八七四年），日本武裝侵犯中國台灣之後，英國通過「馬嘉理案」逼迫清政府簽訂中英《煙台條約》，又把侵略的觸角伸入到中國西藏、雲南、青海、甘肅等邊遠省區和內陸。此前此後，乘清政府無力西顧和新疆等地民衆起事的動盪形勢，中亞浩罕軍事貴族阿古柏，竟悍然占據南疆和北疆部分地區，並成立了所謂「哲德沙爾」國。不久，沙俄也乘亂藉口侵占我新疆重鎮伊犁城。從而，中國「四面楚歌」，清政府的「撫局」已成為投降主義代名詞。在光緒二、三（一八七六—一八七七年）年間，左宗棠率軍相繼克復新疆各城，維護了祖國的主權領土的完整。然而在沙俄的要挾之下，到光緒七年（一八八一年），中國又總算以割地賠款損失許多權益的沉重代價，從沙俄手中索還了伊犁。早在同治十二年（一八七三年），法國侵略者便已侵入越南河內。儘管一再受到中國劉永福黑旗軍的沉重打擊，但其侵占越南並以之為跳板，進而向中國西南和東南沿海擴張的企圖卻未終止。到光緒八年十月（一八八二年十一月），直隸總督兼北洋大臣李鴻章，卻與法國駐華公使簽訂備忘錄，初步確定中國撤退駐越武裝；法國「保證」不侵占越南土地和不貶削越南國王的權利；並開放保勝為商埠等。但時不過半載，法軍卻又擴大侵略，到光緒九年（一八八三年）秋，便將其侵略的矛頭更加露骨地指向了中國。法國一邊繼續向越南調兵遣將，迅速向越南北部推進；一邊利用外交手段向清政府進行訛詐，力圖在軍事壓力下逼迫清政府滿足它的一系列侵略要求。於是，已在中國邊疆燃起的狼煙又日趨擴大。

光緒八年，他已經十二歲了。就在這一年底，光緒帝的老師翁同龢被任命為軍機大臣，他每天除到書房外，便是看奏摺參與決策。正因如此，典學之際，師傅經常給光緒帝通報國事，指導他看奏摺。這種風雲變幻的國勢危機，也深深地觸動了小皇帝的心靈。他對朝廷的憂患意識，正是在此期間逐步萌生的，他開始表露一些自己對國勢、朝局的看法。

面對著法國對友邦越南的猖狂侵略和對我國西南邊疆的嚴重威脅，加上越南政府的求援，清政府中翁同龢、李鴻藻等軍機大員和地方上的一些官員，如兩江總督左宗棠、兩廣總督張樹聲、山西巡撫（後升任兩廣總督）張之洞、駐法公使曾紀澤等，出自應「固守邊界」的目的，認為對法國的侵略活動「斷無坐視之理」。主張採取堅決對策，拒絕法國的無理要求，準備迎擊法國的侵略。

習於苟安的掌權者西太后，在中、法關係日趨緊張的光緒九年三月二十五日（一八八三年五月一日），又把處理這一嚴峻局勢的全權委任給李鴻章，命其「相度機宜，妥為籌辦」[28]。很明顯，西太后的指令十分含混，恰恰表明了她對中法交涉是懷著極大的僥倖心理的。李鴻章對西太后的旨意似已心領神會，他也認為對法國不戰則已，「戰則敵兵或更捨越南而先圖我」，如「陳師遠出，而反戈內向，顧彼失此，兵連禍結，防不勝防」[29]。李鴻章主張，不可開戰，不管越南被吞占與否，只要不侵占中國邊界，其他一概無須顧及。因此，他既無視越南政府的求援，也不顧國內主戰官員的強烈呼聲，對於軍事防禦漫不經心，「即欲言和」[30]。李鴻章為了妥協求和，從當年九月始，他即與法使脫利古展開了談判。結果，脫利古見中方求和心切，竟然提出，要求清政府同意把越南置於法國的「保護」之下；消滅黑旗軍；在雲南開闢與越南相通的通商口岸等。其時，李鴻章「亦恐以一劉（永福）全局受累，並斥邊吏只論目前勝負，不思日後利害，似見之淺云云」[31]，準備妥協。

面對戰、和兩種意見，於九月二十四日，當西太后召見軍機大臣時，戰、和議論紛紛。翁同龢認為：「總以戰備宜速，而講局（即談和——引者）亦未可中絕，應持者力持，應斡旋者斡旋。」[32]次日，當翁同龢與李鴻藻持議，「俟脫（利古）使來，若執不回，即失和不恤矣，見起（召見）時申此意，上（光緒帝）意以為然」[33]。光緒帝表達了自己主戰的意向。九月三十日，當翁同龢告訴光緒帝，李鴻章等不顧法軍侵占越南，只想和脫利古商議劃界通商事時，「上意亦令總署堅持不許也」[34]。鮮明地表達了反對對法妥協的嚴正立場。十月十八日，當他聽說劉永福軍退到興化，十分焦急，當即表示同意添派重兵出關[35]。

儘管李鴻章有意接受脫利古提出的無理要求，但卻遇到了上自皇帝、軍機處及許多地方大員和將領的堅決反對。同時在法國方面，也未以此而滿足，致使這次談判很快被法國在越南發動的新的軍事進攻所取代了。從這以後，法國侵略者對清政府繼續施以軟硬兼施的策略，打打談談交錯進行。於是，風風雨雨一齊向中國襲來。在這種情況下，李鴻章因得到西太后的支持和縱容，堅持推行妥協的方針，任人擺布，處處挨打，使清政府進一步陷入法國侵略者設下的圈套之中。可是，隨著中國與外國侵略者之間的民族矛盾日益尖銳，年輕的光緒帝和那些主戰的官員們緊相呼應，為了「固守邊界」維護國土，也加強了抵制妥協勢力的鬥爭。

光緒十年六月初一日（一八八四年七月二十二日），當清廷官員向光緒帝陳說，在法國新任駐華公使巴德諾與兩江總督曾國荃的談判中，法方提出要求中國「賠款」，而曾國荃有意同意時，「上（光緒帝）意大不為然」[36]。次日，「譯署見起（召見），極力將與款陳說，上預禁之，並減（減少賠款——引者）亦不可許，字字嚴切」[37]。七月初二日（八月二十二日），法國政府指示巴德諾要求中國賠款五十萬，要麼給法國更多的「便宜」。當聽到這一消息，光緒帝氣憤已極，立即電令中方談判代表，向法國駐華公使申明：

「上意已決定主戰，若不賠償即撤兵可講，否則令關外進兵。」[38]

從光緒帝對法國侵略者的態度中，說明了在中法開戰前的緊張形勢下，他已表現了嚴正的立場和初生的銳氣。同時也鮮明地顯示了這個年輕皇帝亟思振作、不畏強敵以保衛中國權益和領土的決心。在關係到國家利害的重大問題上，尚在典學中的光緒帝，已開始表現了一國之君所應有的堅定態度。這無疑給清政府中的主戰勢力和在前線血戰的官兵以極大鼓舞。

然而，在此相當長的時間內，企圖妥協的西太后一直首鼠兩端，在朝中她幾乎很少有一個明確的態度，放任李鴻章的所作所為。而身為軍機領班的恭親王奕訢，因沉於內部之爭也得過且過，對戰與和不置可否，甚至動輒請假或不入朝。於是，戰爭的形勢便在這和戰不定的猶豫中出現了令人痛心的變化。

光緒十年六月十四日（一八八四年八月四日），法國認為條件成熟，便公然把侵略戰火引進中國本土，派出兵艦侵入中國台灣基隆。隨後於七月初三（八月二十三日），突然攻擊福建馬尾軍港。由於清政府始終發出和、戰兩個聲音，加之在馬尾主持防務的署都察院左副都御史張佩綸等守將，與李鴻章沆瀣一氣，事先不做認真戰備，致使法軍得逞。結果，使左宗棠苦心建練的福建海軍全軍覆沒，「師船盡殲，全閩大震」[39]，舉國譁然。

在嚴酷的戰爭事實和內外的強大壓力下，儘管西太后和李鴻章等主和派權貴仍未放棄苟和的主導思想，但也不得不於光緒十年七月初六日（一八八四年八月二十六日）對法宣戰。中法戰爭正式爆發了。

至此，清政府始調兵遣將，一些英勇善戰的將領被派往前線；一批一批的士兵調往戰場。到光緒十一年（一八八五年）春，中國軍民在越南人民的積極支持下，戰場形勢出現了令人鼓舞的大好局面。在中越邊境和越南北部展開了大規模的反擊，先後取得擊敗法軍的鎮南關（今友誼關）大捷，諒山克復，臨洮大勝。其他戰場也捷報頻傳。到此，不僅清除了中國西南邊患，也為越南收復了北部失陷地區，給法國侵略者以沉重打擊。

中國軍民反擊戰的輝煌勝利，不僅挫敗和打亂了法國侵略中、越兩國的猖獗進攻陣勢和殖民陰謀，也震撼了法國政界。主張並策畫這場侵略戰爭的法國茹費理政府當即倒台，巴黎陷入一片混亂之中。

應該說，中國抗法戰爭之所以能夠取得如此振奮人心的重大勝利，完全是由於正義的中、越軍民團結奮戰所獲得的自衛戰果。當然，這也與清政府中主戰官員和光緒帝的堅決主戰態度密切相關。在光緒十年（一八八四年）秋冬的那些緊張的日日夜夜，年已十四歲的光緒帝真正開始體驗到國事的艱難。這期間，每次召見大臣時，他已不再只是端坐在寶座上，單純地聽西太后與群臣對話了。有時，已處於青少年之間的光緒帝，也就引起其注意的事件做出一些判斷，並初步參與和發表些看法。固然，當時他仍天天到書房，然而往往又因參與召見從毓慶宮趕往養心殿而中斷學習。這種急急匆匆、忙忙碌碌儘管仍是被動的，然而也正是在這忙碌之中，一天一天地豐富了他的見識和鍛鍊了治國能力。

（二）少年皇帝的憂慮

還在法國侵略者肆虐於越南北部，並不斷向中國邊境緊逼的光緒九年（一八八三年）夏，光緒帝就已開始關注這一嚴重事態。翁同龢在日記中記到：「上留意及此，可喜也。」[40]在師傅的指點下，在學習一般課程的同時，他也開始練習批閱臣工奏摺。在其批改的奏摺上有時竟「未改一字，皆進境」[41]。因其意見準確，常受到翁師傅的稱讚。在中法戰爭期間，為弄清前線的形勢，「畫地圖，上命重繪前所未進縮本，加越南一隅」[42]。在對法國宣戰前後，他更是時刻注意著事態的發展。當馬尾海戰因政府猶疑不定而造成慘敗時，大概光緒帝從中發現，儘管自己主張以武力抗擊法國的侵略而反對妥協議和，可他的意見似乎並不起多大作用。從中或又使他意識到，在其寶座之後的西太后完全左右著整個朝廷的最後決策。隨後發生的軍機處大換班更證實了這一點。

東太后死後，西太后已是說一不二的獨裁者，但是她仍感到意猶未足。西太后似乎感到，以恭親王奕訢為首的軍機處仍是妨礙自己任意揮灑的重大障礙。其實，自咸豐十一年（一八六一年）辛酉政變以來的二十三年合作中，奕訢對西太后的專斷擅權和陰狠毒辣的領教早已非止一二。儘管他不甘心，可每一次的挫敗，都使他的銳氣有所消磨。同治初年，「恭王任事，委權督撫，朝政號為清明。頗採外論，擢用賢才能，待達者不為遙制」[43]。時西太后方以其除「八大臣」之功，倚任其安內外；加之有東太后策應在內，奕訢確實很能有所作為。可隨著奕訢權力和影響的逐漸增加，西太后漸難以容忍。同治四年（一八六五年）三月，以御史蔡壽祺參劾為口實，突然以同治帝名義頒出懿旨：

「諭在廷王、大臣同看，朕奉兩宮皇太后懿旨：本月初五日據蔡壽祺奏，恭親王辦事徇情、貪墨、驕盈、攬權，多招物議，種種情形等弊。嗣（似）此重（劣）情，何以能辦公事？查辦雖無實據，是（事）出有因，究屬曖昧，難以懸揣。恭親王從議政以來，妄自尊大，諸多狂敖（傲），以（依）仗爵高權重，目無君上，看（視）朕沖齡，諸多挾致（制），往往諳（暗）始（使）離間，不可細問。每日召見，趾高氣揚，言語之間，許（諸）多取巧，滿是胡談亂道。嗣（似）此情形，以後何以能辦國事？若不即（及）早宣示，朕歸政之時，何以能用人行正（政）？嗣（似）此種種重大情形，姑免深究，方知朕寬大之思。恭親王著毋庸在軍機處議政，革去一切差使，不准干預公事，方是朕保全之至意。特諭。」[44]

這一雷霆之怒，清楚體現了西太后對奕訢權重和有些事的自作主張及凡事不肯遷就西太后意見的衝突。這種「駭人聽聞」的「遽爾罷免」立即引起在廷王、大臣的一再申辯和竭力諍爭。加上西太后覺得已達到了震懾之威，既然公論難違，於四月十四日，西太后又傳旨召見奕訢。結果，恭親王「雙膝跪地、痛哭謝罪」；西太后准其仍為軍機大臣，開除「議政王」名目。這第一次打擊，確實使奕訢領略了西太后挾幼帝以專其威的厲害。隨後在同治十二年正月（一八七三年二月），他又因諫阻同治帝修圓明園，遭到第二次見黜。然而這一次似乎得罪了剛剛親政的同治帝。雖兩宮太后隨即撤銷了對他的處分，但奕訢主持軍機、鼎力任事的氣魄已遠不如任事之初。他凡事多有迴避，無論在立光緒帝還是為同治帝「立嗣之爭」中，都很少見其有所建言。東太后暴死之後，他已深知西太后陰狠和自己的處境，更不敢輕易面折廷爭，一味只知自保，遇事苟且因循。當中法戰爭發生之初，他囿於「力持和局」的為政「經驗」，暗中觀察揣摩西太后的意向，似仍欲以「議和」為得策。於是，他在軍機諸臣（主要是翁同龢、李鴻藻）主戰的情況下，仍「不欲輕言戰」[45]。清政府戰和爭持、首鼠兩端的猶豫，終於釀成「馬尾海戰」的慘敗。早在光緒九年（一八八三年）初，諸臣在法國侵越之時，即主張針鋒相對，而諸臣「往謁恭邸，邸始猶豫，既而無策，亦遂從之矣」[46]。直到八月九日（九月九日），仍然是「法謀益狡，而我無應策」[47]。當時連光緒帝都感到或戰或和，應有一定，「上意亦慮講（談和）事不成，頗恨戰爭不修也」[48]。在此期間，恭王上朝的次數越來越少，不是以去「昌平吉地」為名[49]，便是無故缺班，這在《翁文恭公日記》裡記得一清二楚。因此，應該說到中法正式宣戰之前，在「主和」的問題上，奕訢與西太后的矛盾並不尖銳。但恭王奕訢的態度卻明顯表現出不合作的傾向，並以此情緒影響著在廷諸臣：不和不戰，麻木不仁。翁同龢等急得「如何如何，憤懣填膺也」[50]。在十月二十九日（十一月二十八日）的日記中，翁同龢記道：

「御史吳峋以日色赤如血，責諸樞臣皆疾老瘦景，請派醇邸（即奕譞——引者）赴軍機處稽核，別簡公忠正大、智略果敢大臣充樞密云云。入對時，恭邸及臣等皆謝奉職無狀，慈（西太后）諭：當此時，汝等不忍辭亦不敢辭耶。」51

西太后對軍機處和恭親王奕訢儘管相當不滿意，可她對滿朝爭執不下的和戰也很難一言以定。因為奕訢既然不想承擔和戰的責任，西太后同樣不想獨擔和戰難以預期的後果。就這樣，正如翁同龢在「輾轉不寐」的光緒九年（一八八三年）的除夕之夜所總結的那樣：

「綜計一年事，中懷忡忡也。一民生日蹙，一邊釁，一水災，一言路頗雜。」52

光緒帝的江山雖然處於內外交困、風雨飄搖的危機之中，可清廷中卻各懷心腹事，盈廷聚訟，內部鬥爭仍在或明或暗地進行著。恭親王二十餘年來用人行政已證明他絕非庸碌無能之輩，但與西太后的專擅獨行幾經衝突受挫之後，特別是東太后死後的孤立無援，更使他深感如履薄冰。在西太后眼中，他任事為「竊權亂政」，不任事為「委蛇保榮」，可謂進退兩難。然而對中法戰爭的猶疑不決和對西太后的冷漠應付，終於引起了朝臣的不滿和西太后的憤怒。光緒十年三月初四日（一八八四年三月三十日）：

「恭邸述醇邸語請旨，則十月中進獻事也（蓋為西太后祝壽事——引者），極瑣細不得體。慈（西太后）諭謂本不可進獻，何用請旨，且邊事如是，尚顧此耶。意在責備。而邸（恭王）猶剌剌不已，竟跪六刻，幾不能起。」53

奕訢似已感到西太后的某種意向，因此似乎想通過討好力圖挽回，已近亂了方寸。次日：

「比入，仍申昨日之諭，兩邸所對皆淺俗語，總求賞收禮物。垂諭極明，責備中有沉重語。略言心好則可對天，不在此末節以為盡心也。」[54]

三日後（初八），西太后對恭親王等的不滿更直言不諱，並直接把國難之責推給奕訢及其所代表的軍機處：

「今日入對時，諭及邊方不靖，疆臣因循，國用空虛，海防粉飾，不可以對祖宗。」[55]

到當年三月十三日（四月八日），西太后終於藉日講起居注官盛昱於二日前所上「為疆事敗壞，責有攸歸，請將軍機大臣嚴加議處，責令戴罪圖功，以振綱紀而圖補救事」的一通劾奏揭開底牌。不由軍機處擬旨，突然發下諭旨：

「欽奉慈禧端佑康頤昭豫莊誠皇太后懿旨：現值國家元氣未充，時艱猶鉅，政虞叢脞，民未敉安，內外事務，必須得人而理。而軍機處實為內外用人行政之樞紐，恭親王奕訢等始尚小心匡弼，繼則委蛇保榮，近年爵祿日崇，因循日甚，每於朝廷振作求治之意，謬執成見，不肯實力奉行，屢經言者論列，或目為壅蔽，或劾其委靡，或謂簠簋不飭，或謂昧於知人。本朝家法綦嚴，若謂其如前代之竊權亂政，不惟居心所不敢，亦實法律所不容，只以上數端，貽誤以非淺鮮！若不改圖，專務姑息，何以仰副列聖之偉烈貽謀，將來皇帝親政，又安能諸臻上理？若竟照彈章一一宣示，即不能復議親貴，亦不能曲全耆舊，是豈朝廷寬大之政所忍為哉？言念及此，良用惻然！恭親王奕訢，大學士寶鋆，入直最久，責備宜嚴，故念一係多病，一係年老，茲特錄其前勞，全其來路，奕訢著加恩留世襲罔替親王，賞食親王全俸，開去一切差使，並撤去恩加雙俸，家居養疾。寶鋆著原品休致。協辦大學士吏部尚書李鴻藻內廷當差有年，祇為囿於才識，遂致辦事竭蹶。兵部尚書景廉只能循分供職，經濟非其所長，均著開去一切差使，降二級調用。工部尚書翁同龢甫直樞廷，適當多事，惟既別無建白，亦有應得之咎，著加恩革職留任，退出軍機處，仍在毓慶宮行走，以示區別。朝廷於該王大臣之居心辦事，默察已久，知其絕難振作，誠恐貽誤愈深，則獲咎愈重，是以曲示矜全，從輕予譴，初不因尋常一眚之微，小臣一疏之劾，遽將親藩大臣投閒降級也。嗣後內外臣工，務當痛誡因循，各攄忠悃，建言者秉公獻替，務期遠大，朝廷但察其心，不責其跡，苟於國事有補，無不虛衷嘉納。倘有門戶之弊，標榜之風，假公濟私，傾軋攻訐，甚至品行卑鄙，為人驅使，就中受賄漁利，必當立抉其隱，按法懲治不貸，將此通諭知之。」[56]

如青天霹靂，五軍機同時罷黜，對奕訢和翁同龢等來說，「真洞目怵心矣！」[57]然而在西太后則已是「默察已久」，「斷難姑容」。隨後按西太后旨意，禮親王世鐸、戶部尚書額勒和布、閻敬銘、刑部尚書張之萬、工部右侍郎孫毓汶等被任為軍機大臣，並有懿旨：

「軍機處遇有緊要事件，會同醇親王商辦，俟皇帝親政後再降懿旨。」[58]

至此，自「辛酉政變」以來二十餘年西太后與奕訢之政爭終告結束。

然而，有言「一蟹不如一蟹」者以刺新樞府：

「爾時樞廷領袖為禮親王，一物不知，惟利是圖，無論何人，均可拜門，以千金壽，輒畀薦牘，向當道干謁，刺刺不休。滿大學士額勒和布，伴食而已。漢大學士張之萬，以書畫音樂自娛。其中樞執要者，惟濟寧孫毓汶、仁和許庚身馬首是瞻。仁和由軍機章京出身，深得摭拾人過恐嚇索賄之衣鉢。濟寧性陰險，深阻如崖阱，不可測，能以一二語含沙射人，傾擠清流，誅鋤殆盡，其頑鈍無恥者，率為效用，爭以誣陷善類為功。……而耿介名流，驅逐出外。」59

而「慈禧之所以要罷斥恭王而改用禮王與醇王的原因，蓋恭王守正而醇王依阿取容，禮王又為醇王之傀儡，孫毓汶則狡詐而好弄權通賄，凡此諸人，俱較恭王為易於驅使也。軍機處甘聽宮廷之驅使，則慈禧自可為所欲為，其在實際上的政治影響，當然也就如江河日下了」60。

西太后雖將主戰、主和全班軍機罷黜，而其後清廷對法國侵略仍和戰不定。可見，這次「甲申易樞」成為「晚清政局最著之事件」（蕭一山語），其根本原因還是西太后為攬權之政爭，絕非她有意對法主戰而採取的斷然舉措。西太后罷黜恭親王之心早已不止一日，乘中法戰爭採取此行動只是以為藉口罷了。正如《十葉野聞》所言：「及中法之戰，議和失策，慈禧即藉是以逐恭王。」61

光緒帝面對朝廷中這一重大政治變局，雖然還不可能有清醒、明晰的理解，但師傅翁同龢等被逐出軍機，每天見起換上幾個陌生的面孔，顯然使他的情緒又受到一種觸動。抑或與此有關，此後小皇帝又無心思安穩地讀書了。「易樞」八天後的三月二十一日（四月十六日），這個年輕的皇帝突然反常地爆發了一生中少有的一次脾氣。對此，翁同龢在日記中記到：

「辰正三來（毓慶宮），已初一入座，幾成例矣。膳後講摺未正，此亦常事。而張公上即不欲讀，已而忽下座傳散，余執不可，則大怒，排門而出。余等固請還座。講他事以移之，稍定。總管到來，不知作何語，則又大怒。再傳此後未初二必下書房。余又力諍，因出站班，聞怒未已，此向來所無也。天心如此，令人戰慄，蓋上在沖齡，意氣方盛，當思漸漸薰陶，非可強折，又未可詭隨也。」62

在此後的日子裡，光緒帝煩躁心緒雖漸漸趨於平靜，但面對臣下稟承西太后旨意仍意在與法國「恤款」的舉動，他卻一再表示「不以為然」。無奈其見並不能受到那些意在持盈保泰、苟安現狀的主和諸臣和邊將的重視，終於釀成「馬尾海戰」的慘劇。儘管海戰後清政府已對法國宣戰，可是直到光緒十年（一八八四年）年末，清政府依然歌舞昇平。西太后為給自己慶賀五十六歲壽辰，在前線邊警頻傳的情況下，從九月起便開始籌備，光緒帝無奈一再到慈寧宮「演習起舞」、「演禮」。據記載：「自前月（九月）二十五日（一八八四年十一月十二日）至今日（十二月七日）官門皆有戲，所費約六十萬（一切典禮在內。前屆撥戶部四十萬，今年同，惟內府內欠各項二十萬——原注），戲內燈盞等（俗名且末——原注）用十一萬，他可知矣。」63 對這一切，光緒帝感到心急煩躁，但又無可奈何。

「上云連日喧聒頗倦，初八日最疲煩，頭疼也，每日只在後殿抽閒弄筆墨，不欲聽鐘鼓之音（伯王云：後五日或在廊、或出至庭下站立。太后有兩次出御台前黃座，上只在東間窗內未出。——原注）。」64

時人雖然不可能揣測出光緒帝當時的心情，但從與其日夕相處、啟沃教導的老師翁同龢日記中不多的記載，已可清楚地感受到年輕皇帝的憂慮。朝政日非，內憂外患，從上到下卻是一派玩愒之風。光緒帝雖然已漸漸成長，卻又深感力不從心，無可奈何。到光緒十一年（一八八五年）春天，中國軍民在前線反擊的捷報不斷傳來，也使年少的光緒帝產生了尚未有過的興奮。但正當中國抗法戰爭全勝在望之際，摸到西太后意向的李鴻章，為了早日罷兵息戰，竟於光緒十一年四月二十七日（一八八五年六月九日），與法國代表巴德諾簽訂了《中法會訂越南條約》。從而，滿足了法國的侵略要求。清政府承認法國與越南訂立的侵略性條約；在中越邊界上指定保勝、諒山一帶通商，並允許法國商人在此居住、設領事；中國修鐵路須向法國經營者商辦等。於是，法國侵略勢力便藉此伸入我國雲南和廣西。這一妥協的媾和葬送了中國廣大軍民以鮮血和生命贏來的勝利成果，演出了中外戰爭史上罕見的結局，在勝利中落了個屈辱的結果。因此，這一怵目驚心的事實，充分暴露了清政府的實際掌權者西太后的腐朽面目。中國的邊疆危機和民族災難日益深重。

目睹一場場宮內的權力之爭；耳聞一件件國家危難之事，都深深地觸動了這個少年皇帝的心靈。因而，一種「奮發」的圖治欲望，便在其心中開始萌動。在特定的時代和特定的環境中成長起來的年輕的光緒皇帝，正在暮氣沉沉的晚清政局中顯露出英姿勃勃的銳氣。

（三）觀念、性格形成之際

中法戰爭過後的光緒十二年（一八八六年），光緒帝十六歲，已進入青年時代。至此，他除了已經受西太后十餘年「陶鎔範鑄」的塑造之外，其學習生活也歷經整整十個春秋寒暑。這時的光緒帝，不僅「六經諸史，數年前即能舉其詞，然經義至深，史書極博」65，對中國歷代的典籍，均已有了較為廣泛的領悟。

青年時期是思想上較為敏銳、活躍的時期；也是受外界影響由感受上升為理性逐步形成觀念的重要階段。年輕的光緒帝，由於其處於特殊的地位、環境並受到獨特的教育，特別是在經受了宮內變故的磨礪與中外戰爭的衝擊之後，他在思想觀念方面似乎較一般人成熟得更早些。當然，教育仍然起著重要的作用。

帝師翁同龢教育光緒帝，在實際上他與西太后的目的並非完全一致。他是以在歷史上所說的「明君」、「聖主」為模式的。因此，當其對光緒帝進行了啟蒙性教育之後，到中法戰爭期間，鑑於光緒帝的成長，他認為，「皇上讀經固然重要，然目下讀史尤亟」。因此在講史的過程中，翁同龢力圖使光緒帝深識歷代帝王成敗得失、治亂興衰的經驗教訓，從而啟迪他為將來治理好國家，效法賢君聖主。並且，翁同龢又著重講述康、雍、乾諸帝的文治武功和「開國」（鴉片戰爭）以來的國難危機，以激發光緒帝弘揚祖德、煥發祖先艱苦創業的奮鬥精神，發憤圖強，勵精圖治，在其統治時期幹一番事業。

值得注意的是，翁同龢在向光緒帝灌輸政治理論的同時，尤其突出經世致用的思想教育。就翁同龢本人來說，他年輕時本崇古文經學，認為「周公、孔子之道必可行之於今日」。然而在嚴重的民族危機和社會矛盾的刺激下，他開始改治公羊家的春秋學說，以汲取今文經學的「微言大義」和變通進取思想。企圖從中找出社會興衰治亂的原因，以挽救民族危亡和日趨沒落的清王朝。在對光緒帝的經學教育內容中，翁同龢正是希望能通過對這些經籍的講解，「啟發和誘導光緒帝憂國憂民，棄陳規舊律，勇敢創新，有所作為，開創中國歷史新局面」的志向[66]。光緒十二年（一八八六年），他甚至向光緒帝薦呈了早期改良思想家馮桂芬的《校邠廬抗議》，希望光緒帝從其中「自選、自修、自用」，「師夷之長，以為自恃」。結果確實使光緒帝感到書中所論「最切時要」，對他很有用處，並將書中汰冗員、許白陳、省則例、改科舉、採西學、善馭夷等六篇抄錄成冊，置於寢宮案頭，日日瀏覽研讀。這一洋務運動的理論綱領，對光緒帝產生了巨大的影響。在此期間，翁同龢還先後向光緒帝進呈和講授了許多早期維新思想家的著作與主張。可以說，光緒帝之所以逐漸意欲有所作為、後來走上革新之路，就其思想緣起來說，又與他在早年學習期間受到「翁同龢突出經世思想的教育有關，是翁同龢一手點燃了光緒帝的改革思想之火」67。

在十餘年的書房教育中，光緒帝從師傅那裡學到的當然不僅僅是一些治道理論和文史知識。比如光緒帝留心現實政治、中外大勢，就與翁同龢的引導有直接關係。國內和中外關係中每發生一件大事，師傅都要有針對性的進行講解有關的知識和事件的影響；洋務新政、邊疆史地、海塞防之爭、周邊概況、地理等，都使光緒帝在把握天下大勢方面受到了啟益。

這些知識和思想教育與為政能力鍛鍊的結合，不僅使光緒帝逐漸形成了自己的心志與抱負；而且也為他在親政前培養了對問題分析、判斷和處理政務的能力。

在內憂外患之中，光緒帝多少已能體悟到下層民間大眾正處於水深火熱的熬煎。如果說他在少年時代的詩作還只是對民眾苦難的感慨，而進入青年時期的光緒帝，已能把這種苦難與自己聯繫起來了。他在文中寫道：

> 「為人上者，必先有愛民之心，而後有憂民之意。愛之深，故憂之切。憂之切，故一民飢，曰我飢之；一民寒，曰我寒之。凡民所能致者，故悉力以致之；既民所不能致者，即竭誠盡敬以致之。」68

這種憂民、愛民的思想，雖仍不出於古代統治人民的「聖主」、「明君」，為維護江山、社稷而以民為水，認為水可載舟亦可覆舟的理論範圍。但終與驕侈淫佚、暴政殘民，「以天下之利盡歸於己，以天下之害盡歸於人」的暴君昏主形成鮮明的對照。

為安邦求治，光緒帝的思想中已頗有耐人尋味的識見。如他認為，天下之大，絕非一人所能獨治，「必得賢人共治之」。何謂共治？他的解釋是：

「權者，人君所執以治天下者也。人君無權，則天下不可得而治，然使權盡歸於人君，而其臣皆無權，則天下亦不可得而治。」69

這當然不是反封建專制的民主思想。然而，這種思想基礎卻與光緒帝後來親賢納諫勇於維新的作為一脈相承。此外，他還在詩文中寫出「虛懷能納諫，旁求常側席」，「不期修古，不法常古」等詩句。為政既要「以古為鑑」，又不拘於「古人之成法，刻畫而步趨之」。雖是隻言片語，但其「亂世圖變」的改革願望已十分清晰。對照光緒帝在後來的施政實踐，原來他在親政之前的光緒十一年（一八八五年），即已認識到「天下得人而理」的用人之道：

「用人之道，不拘資格，惟其賢而已矣。其人賢，既少年新進，亦不妨拔舉之；其人不賢，既閱歷已久，安得不除去之！此朝廷用人之權衡也。」70

這種思想在晚清官場論資排輩、尸位素餐、一派麻木頹弊的政風中，真可謂清新可喜。光緒帝甚至對當時通行的科舉取士的傳統制度也產生了懷疑：

「今鄉會試士子，皆歷試三場，登諸甲科，然後服官，其於文字蓋能通曉矣，至於德行政事，猶必明試而後乃可知之。故藝文（即八股文——引者）者，取士之權輿也。」[71]

儘管他指出了八股取士的不足，可並未能、也還不可能找到選官用人的良策。但是，他確已感到拔取真才事關重大，指出：「人臣之事君也，忠莫忠於推賢讓能，奸莫奸於妨賢誤國。」這時的光緒帝，又已有了一些獨到見解。而且所有這些又說明，到中法戰爭期間，小光緒帝在各方面均已成長起來了。

西太后從一開始就把這個小皇帝作為得心應手的政治工具來塑造和培養。當然，她也不希望光緒帝成為一個孤陋寡識的庸君。因此，西太后對光緒帝的學習甚至更為重視。光緒帝在典學期間，後來見習朝事，閱批臣下章奏，其實都是得到西太后允准的。十多年來，小皇帝定時向太后「問安」，一直無誤。在其他方面的「牽制」，也隨著光緒帝年齡的增長而步步強化。對於光緒小皇帝的學習，西太后除反覆向翁同龢強調學《孝經》之外，又時時注意「管理」，甚至對光緒帝接觸的人都一再進行審查。事實上，西太后是把小光緒帝的典學，視為按其要求的模式來塑造他的重要手段。這就是她尤為重視光緒帝典學的主要原因。

因此，到中法戰爭後，正當光緒帝在表露了一些個人的獨到見解時，西太后便於光緒十一年七月二十七日（一八八五年九月五日）降懿旨宣布：

「此後（光緒帝）每日所作詩、論及對子，均繕寫清本，隨功簿一併呈（西太后——引者）覽。」[72]

數日後，又命每月進呈一抄本。

固然，西太后此舉的目的，尚未見有關資料得以說明。但是，要加緊控制光緒帝的思想發展，當是難以排除的。

光緒帝正是在這個無形的「控制網」中步步成長起來的。因此，在其一定的思想觀念逐步形成之際，他的「矛盾性格」也越發明顯了。無疑，這也是光緒帝所處的矛盾時代與矛盾環境所決定的。

註釋

1 李秉新等《清宮八大疑案》，第二三三—二三四頁。

2《清宮瑣聞》，《清代野史》，第二輯，第一八三頁。

3 印鸞章《清鑑綱目》，第八卷，第五九九頁。

4 小橫香室主人《清朝野史大觀》，第一卷，《清宮遺聞・慈安皇太后》，第六九頁。

5 小橫香室主人《清朝野史大觀》，第一卷，《清宮遺聞・安德海》，第七七頁。按：多書認為朝議安德海一事，為東太后避西太后下懿旨；說時西太后恰有病未臨朝，或曰其正在聽戲。其實不可信，此事直接關係西太后，朝臣及東太后不可能陰行其事，以擴大嫌隙。又老吏《奴才小史》有云：「及丁寶楨疏既上，西太后知之，大惶駭，顧事既如此，乃忍痛與東朝（東太后）同召恭邸（奕訢）及軍機、內務府大臣議之，皆力請就地正法，以符祖制。」

6 唐益年《清宮太監》，第一四五—一四七頁。

7 黃鴻壽《清史紀事本末》，第五六卷，第三頁。

8 胡思敬《國聞備乘・慈安防患之密》，第一卷。

9〔英〕濮蘭德、白克浩司《慈禧外紀》，第一〇三頁。

10 小橫香室主人《清朝野史大觀》，第一卷，《清宮遺聞》，第八六頁。
11 許指嚴《十葉野聞・垂簾波影錄》。
12 翁同龢《翁文恭公日記》，庚辰二月初八日。
13 薛寶田《北行日記》，《史說慈禧》，第一六二頁。
14 翁同龢《翁文恭公日記》，辛巳三月初十日。
15、16《德宗實錄》，第一二八卷，第八四一頁。
17 翁同龢《翁文恭公日記》，辛巳三月初十、十一日。
18 王無生《述庵祕錄》；印鸞章《清鑑綱目》，第九卷，第六三三頁；裘毓麐《清代軼聞・文宗祕諭》，第三卷；《清宮瑣聞・慈安太后之暴殂》；蕭一山《清代通史》下卷，第九一八頁。
19 老吏《奴才小史・安德海》記：安德海為假太監，與西后「多曖昧事」，「穢亂宮中」；《清宮瑣聞》：名伶楊月樓，為西后「愛而嬖之」，「每召入宮，恆逾日不出」；王無生《述庵祕錄》：「時有伶工金某者，得慈禧寵，出入禁闥。」
20 天嘏《清代外史》，《清代野史》第一輯，第一四五－一四六頁。
21 胡思敬《國聞備乘・文錫》，《近代稗海》，第一冊，第二六四頁。
22 翁同龢《翁文恭公日記》，辛巳六月初九日。
23 裘毓麐《清代軼聞・文宗祕諭》，第三卷，第二四頁。
24 〔英〕濮蘭德、白克浩司《慈禧外紀》，第一〇六頁。
25 天嘏《清代外史》，《清代野史》，第一輯，第一五〇頁。
26 朱壽朋編《光緒朝東華錄》(一)，總第四五三頁。
27 朱壽朋編《光緒朝東華錄》(一)，總第七五七頁。
28 中國近代史資料叢刊（下簡稱叢刊）《中法戰爭》(五)，第一四五頁。
29 叢刊《中法戰爭》(五)，第一五七頁。
30 叢刊《中法戰爭》(五)，第三三一頁。
31 翁同龢《翁文恭公日記》，癸未八月二十三日。
32 翁同龢《翁文恭公日記》，癸未八月二十四日。
33 翁同龢《翁文恭公日記》，癸未八月二十五日。
34 翁同龢《翁文恭公日記》，癸未八月三十日。
35 翁同龢《翁文恭公日記》，癸未九月十八日。
36 翁同龢《翁文恭公日記》，甲申六月初一日
37 翁同龢《翁文恭公日記》，甲申六月初二日
38 翁同龢《翁文恭公日記》，甲申七月初二日。
39 印鸞章《清鑑綱目》，第七五〇頁。
40 翁同龢《翁文恭公日記》，庚辰四月二十七日。

41 翁同龢《翁文恭公日記》，甲申二月二十八日。
42 翁同龢《翁文恭公日記》，甲申三月初十日。
43 王闓運《祺祥故事》。
44 吳相湘《晚清宮廷實紀》，第一輯，第一頁前。
45 趙爾巽等《清史稿》（四○傳），第九一○七頁。
46 翁同龢《翁文恭公日記》，癸未三月十八日。
47 翁同龢《翁文恭公日記》，癸未八月初九日。
48 翁同龢《翁文恭公日記》，癸未八月二十二日。
49 按：光緒六年（一八八○年）恭王福晉去世，葬昌平。故後來恭王常往昌平祭奠。
50 翁同龢《翁文恭公日記》，癸未九月二十日。
51 翁同龢《翁文恭公日記》，癸未十月二十九日。
52 翁同龢《翁文恭公日記》，癸未十二月除夕。
53 翁同龢《翁文恭公日記》，甲申三月初四日。
54 翁同龢《翁文恭公日記》，甲申三月初五日。
55 翁同龢《翁文恭公日記》，甲申三月初八日。
56 蕭一山《清代通史》下卷，第九二二—九二三頁。
57、58 翁同龢《翁文恭公日記》，甲申三月十三日。
59 顧起潛跋錢基博《吳（大澂）愙齋傳》，見黃濬《花隨人聖庵摭憶・補篇》，第三七頁。
60 莊練《中國近代史上的關鍵人物》上，第二七九頁。
61 許指嚴《十葉野聞・垂簾波影錄》。
62 翁同龢《翁文恭公日記》，甲申三月二十一日。
63 翁同龢《翁文恭公日記》，甲申十月二十日。
64 翁同龢《翁文恭公日記》，甲申十月十七日。
65 朱壽朋編《光緒朝東華錄》(二)，總第一二二四頁。
66 謝俊美《翁同龢傳》，第一七三頁。
67 謝俊美《翁同龢傳》，第一六八頁。
68《乙酉年御製文》，故宮博物院藏鈔本，轉引於孔祥吉《清代皇帝傳略・光緒帝載湉》，第三七二頁。
69、70、71《乙酉年御製文》，故宮博物院藏鈔本，轉引於孔祥吉《清代皇帝傳略・光緒帝載湉》，第三七三頁。
72 翁同龢《翁文恭公日記》，乙酉七月二十七日。

第三章　「親政」

「親政」的醞釀

（一）后黨的蝟集

按中國古代宮廷的慣例，皇帝十四歲就應該親裁大政。如按清王朝的不成文例，清朝定鼎中原後的第一個皇帝順治帝六歲登極，十四歲親政；第二個皇帝康熙帝八歲登極，也是十四歲親政。此後諸帝直到咸豐帝，繼位時皆非幼主，故無所謂親政之說。然而到了同治帝，正像清朝本無「母后垂簾」而仍行「垂簾聽政」一樣，什麼「慣例」、「祖制」均不在西太后話下。除了因同治帝「學識俱劣」與令人失望的客觀實情之外，西太后遲遲不欲交權撤簾。直到同治帝十六歲（同治十二年正月），他才在下發所謂「祇承家法，講求用人行政，毋荒典學」的懿旨之後正式親政。

一八八四年（光緒十年），光緒帝十四歲時，因有同治帝時創下的「新例」，親政的問題並未有人敢於提及，西太后獨自操權的欲望早已被大小臣工洞悉而心照不宣。無形之中，人們只好把光緒帝十六歲當作希望來等待了。現在光緒帝真到了十六歲，諸王親貴、樞機群臣，甚至西太后本人也不得不承認，無論按禮法、祖制，還是光緒帝的「學識德業」，似乎都再也沒有繼續搪塞的理由。

現在，時間在同西太后的權力欲挑戰。

早在十二年前，西太后即無視清朝「家法」，強立載湉為帝。為平息輿論，籠絡人心，曾公開做出了待光緒帝生子再為同治帝立嗣和「一俟皇帝（光緒帝）典學有成，即行歸政」等兩條保證。十餘年過去了，西太后兌現諾言的日子日益迫近。儘管第一條因光緒帝尚未大婚，為同治帝立嗣自然可暫且不提；然而向光緒帝歸政一事，雖然她心裡是百般不願，可到底已是事到臨頭。大量的事實表明，西太后在凶惡的帝國主義侵略者面前，總是表現得那麼昏庸無能，手足無措；但對於維護清王朝的統治和她個人的權勢、地位，其頭腦卻又顯得異常清醒，確實權術謀略過人。她心知肚明：對於向光緒帝「歸政」之事，既已「早經降旨宣示中外」，如果「旋即反覆」，將「使天下後世視予為何如人耶！」[1] 然而，二十餘年中，她不僅已經熟悉了駕馭臣工、操縱大權的各種手段，且已習慣於發號施令，「應聲叩首，盈廷稱聖」的朝局。為經營和維護已得到的地位和權力，她費盡心機，歷經艱險，如一朝放棄，豈能心甘。因此，為繼續其無冕女皇的地位，不能不為歸政後如何能再繼續操縱朝局做好一切準備。

如前所述，西太后利用中法戰爭，以「樞臣不利」為藉口，不僅徹底將恭王勢力驅除樞廷，了卻多年與恭王之間權力之爭的是非恩怨；其實也是她為掃除光緒帝親政後可能發生的權力偏移而採取的重大舉措。同時恭王所留下的權力空缺，正好可以安插那些她認為可以使如「臂指」的、即在光緒帝親政後也不會無視自己存在的親信寵臣。這樣，不僅可以使親信當朝挾制光緒帝繼續按己意行事，也可保證自己雖離「簾後」卻仍在幕後；即便不當朝，卻仍可操縱朝局。

事實上，「甲申易樞」的突然發生，已使朝臣隱約地感到這一點，當時，盛昱劾奏軍機處明明是請對恭王奕訢「責令戴罪立功，以振綱紀而圖補救」，根本不曾想到會被西太后利用。所以當事變發生後，盛昱幾目瞪口呆，懊悔不已，立即再上疏試圖補救：

「為獲遣重臣未宜置身事外，請量加任使，嚴予責成，以裨時艱。……方今越南正有軍事，籌餉徵兵，該王等於檔案等尚為諳練，若概易生手，聖躬既恐煩勞，庶事或虞叢脞，況疆事方殷，而朝局驟變，他族逼處，更慮有以測我之深淺，於目前大局，殊有關係，……恭親王才力聰明，舉朝無出其右，緣以沾染習氣，不能自振；李鴻藻昧於知人，闇於料事，惟其愚忠不無可取，國步阽危，人才難得，若廷臣中尚有勝於該二臣者，奴才斷不敢妄行瀆奏。惟是以禮親王世鐸與恭親王較，以張之萬與李鴻藻較，則弗如遠甚。奴才前日劾章，請嚴責成而不敢輕言罷斥，實此之故，可否請旨飭令恭親王與李鴻藻仍在軍機處行走，責令戴罪圖功。」2

可憐盛昱悔之無及，即使無其劾奏，恭親王之獲遣亦只是遲早之事。而云奕訢「才力聰明，舉朝無出其右」，更只會觸動西太后的深嫉。要想西太后收回成命，真不啻緣木求魚。因此，西太后這次只能裝聾作啞，不予理睬了！隨後御史丁振鐸再上疏救，其言直截了當：

「竊本月十三日朱諭恭親王奕訢等分別罷免，……自命下之日，朝野驚疑，中外惶惑，適有法越之事，於是謠言騰起，一日數驚。臣竊反覆推尋，而知皇太后求治之心過切，故罪己過嚴。罪己過嚴，故責備臣下之言亦過絕。……恭親王在樞廷二十餘年，皇太后平粵捻（指太平天國和捻軍——引者），改俄約（指曾紀澤改崇厚與俄訂《里瓦幾亞條約》——引者），恭親王皆在政府，豈無微勤？即有小過薄愆，而加戒飭，仍令在樞垣總署自贖足矣，而竟開去一切差使耶？寶鋆身事三朝，粵捻之役，亦與籌謀，即云年老，以大學士予告足矣，而竟原品休致耶？李鴻藻兩次終喪，夙乎眾望，穆宗皇帝舊學近臣，剿捻匪改俄約亦參密勿，即辦事偶有不當，加恩仍竭誠補過足矣。而竟嚴加罷黜耶？夫二十餘年之親舊，同時俱罷，則是以此二十餘年並無功之可紀也，並無效之可言也。……臣願皇上密請於宮廷，醇親王挽回於殿陛，特沛德音，存錄恭親王等，仍令當差供職，使群疑盡釋，元氣不傷，天下幸甚。」[3]

當然，西太后仍舊是不予理睬。其實她不是不知道恭親王等人的功勞，但此時並不需要什麼治國之才能，西太后需要的是樞臣對自己的絕對忠心和服從。臣下雖然可以知道對樞臣處之「過絕」，她當然不會滿足於諸臣「群疑盡釋」。西太后也知道新軍機班子多為無能之輩，惟其如此，才能對自己言聽計從。因此她才讓「軍機處遇有緊要事件，著會同醇親王奕譞商辦」。這一做法，實際上已使奕譞處於軍機領班的位置。西太后已經不顧奕譞為皇帝生父理應避忌了。她似乎認為，奕譞不敢、也沒有理由不對她效忠盡力，甚至日後正可以利用其操縱光緒帝，這就行了。不過，在「易樞」後第六天，左庶子盛昱、右庶子錫鈞、御史趙爾巽等即先後上疏，以違祖制反對醇王入軍機，但均被西太后以「勿庸議」，置如耳邊風。

就這樣，西太后在自己身邊安插了第一批親信。

原來，奕譞對西太后一直心懷畏懼。光緒帝典學期間，他怕引起西太后猜忌，盡力加以迴避，很少到書房去「訓誡」兒子。但他並不是真的對政治不感興趣。奕譞的那些「自警」名句、格言，不過主要是給人看的「韜晦」之計，用其掩人耳目罷了。當光緒七年（一八八一年）東太后暴崩後，奕訢失去了有力的支持者，並且他又看到西太后對奕訢的不滿日漸明顯，於是奕譞便躍躍欲試。據李慈銘日記載，就在「易樞」前數日，（西太后）「幸九公主府賜奠，召見醇邸（奕譞），奏對甚久」[4]。翁同龢也記有：「昨日（指三月初九），皇太后在公主府傳膳，醇王進，還宮酉初二刻矣。」[5]「十二日，軍機起，一刻，萬培因、孫毓汶、烏拉布、醇王、師曾，凡五起，而前日封事總未下，必有故也。」[6]看起來，奕訢之被逐與奕譞的作用是不言而喻之事。故奕譞自「易樞」始便成為后黨的首領、清廷的顯貴。如果說，在此之前，奕譞還一直因西太后強立其子為帝而產生的受寵若驚之餘悸未消，那麼，到此他已冷靜下來，完全站在西太后的政治風船上了。

不過，畢竟由於醇親王奕譞的身分特殊，為免造成更大震動，所以西太后還未便把他安置在更為顯著的前場，而是將軍機首席的位置交給了禮親王世鐸。但雖如此，奕譞在清廷中樞的作用仍是舉足輕重的。當然，禮親王世鐸也是西太后信得過的后黨第二號人物。

> 「禮親王者，清初八王之一，世襲罔替者也。世鐸襲爵，當咸豐中，以行輩高，令掌宗人府。同治初，以承志襲鄭親王爵，載敦襲怡親王爵，皆以旁宗入繼。鐸持之，各致賄萬金，乃報可，京師人形諸歌詠。然接人謙穆，終身無疾言厲色，對內侍尤恭謹。李蓮英向之屈膝，亦屈膝報之。諸王以敵體儀報諸奄，前此所未有也。甲申，奕訢罷政，遂令預機務，而以奕譞家居，遙總其成。鐸日走譞所取進止，不以僕僕為苦。而益務求賄，贄二百金者以門弟子畜之，殺至五十金，亦可乞其薦牘，達諸疆吏。時有『非禮不動』之嘲，言非禮物不受屬託也。……」[7]

可見，「慈禧之所以命禮王領樞，一是利用他的爵尊班高，可以作為名義上的領袖，二是利用他的易於驅使。若是換了別人，未必就肯以領樞親王之尊，僕僕奔走於醇親王府邸，事事恭候奕譞之裁定了」[8]。這一評論，揭示了西太后對於世鐸這樣的「取賂細大不蠲」而「一物不知」

的「盲叟」受如此重用的真實目的。

新樞府中惟有閻敬銘小有「清介」之名。他之所以被西太后看中，主要是因其當上戶部尚書，即查出戶部積存歷年查抄罪臣之家的幾百萬兩銀子未入帳。這些銀子，歷來均被用於頂替虧空帳目並易於中飽私囊。正是這一「功勞」，贏得了西太后的歡心。當然還有他的忠順和惟命是從。

張之萬、額勒和布、孫毓汶和許庚身有共同特點：見風使舵，阿諛逢迎。張之萬雖為狀元出身，卻除「作畫頗有家法」外「一無所長」[9]。而額勒和布是「木訥寡言」，其能力不過是「同列漸攬權納賄，獨廉潔自守，時頗稱之」[10]。許庚身「以應對敏練，太后亦信仗之」[11]。其人才不見長，「貪財好貨」則並不遜色。至於孫毓汶，因其父曾為醇王教讀，故「以習於醇親王，漸與聞機要」。他入樞府後，「最為眷遇」[12]，並不是因為其勤謹持正，反倒是由於他「權奇饒智略，尤有口給。初頗勵操行，及入樞府，頓改節，孜孜營財賄，通竿牘。……時稱齊天大聖，言如小說中孫悟空之善變化」[13]。

清代由軍機大臣組成的軍機處，是稟承皇帝旨意，「綜軍國之要以贊上治機務，常日直禁庭以待召見」[14]，「軍國大計，罔不總攬」[15]的最高機要班子。但當光緒帝即將親政之時，連同他的老師在內，都一股腦兒地被西太后逐出，換上了一夥「貪劣無能」，既無人品，又少威望；既不諳國內政情，更昧於國際事務的「盲叟」。時人因不明西太后的這種「遠慮」和意蘊，便只好有「易中樞以駑產，代蘆菔以柴胡，所不解也」之嘆[16]。顯然，這個軍機處不是為光緒帝準備的，而是西太后結黨營私的核心。

西太后利用「言路」完成了清政府的重大變動之後，她就再也不想聽到那些言官嘵嘵置辯的「聒噪」。稟承這一旨意，軍機諸臣便迅速將當時的清流派一併驅逐出朝。

還在光緒初年，在清王朝內外交困的政局和權力之爭的激烈進行中，清政府中出現了一批官品低、無實權，卻「直言敢諫」的御史或翰林。他們遇事不避利害，「力排衆議，侃侃直爭」[17]。儘管其中不無「沽名釣譽」者，確也使朝廷中一些妄行獨斷者有所顧忌，一些貪墨庸劣之臣被劾罷斥。聲名較著者被稱為「四諫」、「十朋」，這其中有張之洞、張佩綸、寶廷、陳寶琛、黃體芳、張觀淮、吳大澂、劉恩溥、吳可讀、鄧承修等。吳可讀的屍諫曾給西太后添了很大麻煩；盛昱的彈章卻給她提供了口實。可無論如何，清流已「久為西朝（西太后）所不滿」[18]。暗覘西太后的意圖，孫毓汶等將吳大澂、陳寶琛等排擠出朝，把趙爾巽、鄧承修等外放貴州、廣西，「時當國益厭言路紛囂，出張佩綸等會辦南北洋、閩海事務，余亦因事先後去之，風氣為之一變」[19]。至此，不惟再無人敢於掣肘西太后的一意孤行，連膽敢微詞置辯者也幾乎絕跡於朝了。

就這樣，光緒帝親政前的清朝中央政府，在西太后的蓄意「改造下」，排除異己、籠絡親信，加之希旨邀寵、尸位自保者的蝟集，終於在清廷圍繞西太后形成了一個集團勢力——后黨。後來又相繼進入軍機處的慶親王奕劻、吏部尚書徐桐等，都成為其中的骨幹或代表人物。顯然，在清廷統治集團的核心中麇集的這樣一批腐朽分子，確實是西太后在同治、光緒初年權力迅速走向壟斷，及其與恭親王的權力之爭初見分曉，特別是隨著光緒帝的影響日益擴大及其親政臨近的過程中而逐漸產生和形成的。然而，清統治集團的這一長期分化過程與后黨的形成，其固結的深厚基礎卻又與社會形勢、中外關係，尤其與民族矛盾的激化和國家危機的加深密切相關。

后黨的骨幹成員，可以說基本上都是些「庸腐闒冗者」[20]。這些人，在思想上是封建傳統觀念的直接繼承者；在政治上，又是封建「聖道」的頑固維護者。在中國已經遠遠地落後於世界潮流的時代裡，他們仍死死地抱著「天朝至上」的陳腐觀念不放。比如其中的徐桐，在「開眼看世界」

的口號提出四十餘年後，洋務活動也已有二十年的情況下，仍坐井觀天，「不悉萬國強弱形勢」，盲目虛驕，「惡西學為讎。門人言新政者，屏不令入謁」[21]。在這夥群頑之中，也有的人逐漸對外國的堅船利炮產生了興趣，並試圖用來自救。在中法戰爭中，奕譞等人也出來主張籌建近代海軍。光緒十一年九月（一八八五年十月），清廷建立了海軍衙門，西太后任命奕譞「總理海軍事務，所有沿海水師，悉歸節制調遣」，並由慶郡王奕劻（奕劻時為郡王，後晉為親王）、李鴻章「會同辦事」。但這些人對於社會的變革仍是極端仇視的。西太后、奕譞等雖曾高談「海軍為經國要圖」，同意和倡導建立近代海軍。但在實際上他們又竭力挖它的牆腳。這夥頑固派權貴對國內的人民群衆氣壯如牛，頗有一套搜括、統治和鎮壓的手段；但對列強侵略者，卻又膽小如鼠，十分愚昧與怯懦。對內不知變通，對外一味妥協退讓，頑固與屈膝集於一身，確是后黨人物的共同特點。經西太后的精心策畫與安排，這夥人在清廷中把持朝政，位居實力派地位。他們在後來不僅給「親政」後的光緒帝施政造成難以克服的障礙，而且整個十九世紀末期的中國恰恰就是毀於這夥群頑之手。

然而，后黨勢力當然不僅限於麇集於清中央政府和宮廷之內的頑固派。一批頑固派和洋務派的地方顯貴高官，權力和利益的追逐者，希旨邀寵，如蠅逐臭。無論國家和民族危難，惟西太后旨意為行止，成為后黨角逐於朝、控制局面的重要支持者。其中最典型的人物就是李鴻章。

李鴻章（一八二三—一九〇一年），安徽合肥人，字少荃，道光進士，二十四歲即步入仕宦生涯。咸豐三年（一八五三年）回籍辦團練，抵抗太平軍。淮軍練成後，成為與曾國藩湘軍相頡頏的重要武裝。憑著鎮壓太平軍的赫赫「戰功」和掌握淮軍為資本，名列「中興名臣」，受到清政府的重視和西太后的賞識。同治九年（一八七〇年）繼曾國藩任直隸總督兼北洋通商事務大臣，掌管清廷外交、軍事、經濟大權，成為洋務派首領。在外國資本主義侵略勢力「駸駸內向」和人民反抗鬥爭烈火尚在燃燒的情況下，他認為清政府「外須和戎，內須變法」。即主張對外國侵略者不要「輕言戰爭」，而要「一意主和」；引進西方的軍事裝備、機器生產和科學技術，以維護清朝統治。在始於六〇年代的洋務運動中，李鴻章等先後辦起一批近代軍事工業和民用工業，迅速增強了自己的實力，為其「功名」增添了光輝，為清政府權力天平上加重了砝碼。當其擴充淮軍勢力，建立北洋海軍後，更成為清政府內外側目的實力派。在主持對外交涉中，李鴻章力主妥協，迎合西太后的苟且偷安心理，希圖保存自己的實力。光緒元年（一八七五年），日、美勾結侵略台灣時，他拱手退讓；翌年，英國侵略緬甸和雲南，與英國簽訂《煙台條約》，屈辱妥協；光緒十一年（一八八五年）中法戰爭，他又主張乘勝求和，與法國訂立《中法新約》，為國人唾罵不齒。只要能固寵保位，他便不惜一切代價，李鴻章一再受到西太后的讚賞，從而以「識大體」、「知洋務」備受倚任。到了十九世紀九〇年代初，李鴻章經營的老淮軍和他控制的近代北洋海軍，便成為清王朝賴以生存的軍事支柱。李鴻章不僅獨攬了清政府的外交經辦權，也控制了這個王朝的用兵權。因此有人說，「其時外邊政局的重心」已經「完全集中於北洋大臣李鴻章」的身上[22]。李鴻章既離不開清王朝這塊封建主義的土壤；西太后也缺少不了李鴻章這個專辦「撫局」的能手。一八九四年初，西太后特賞給李鴻章三眼花翎頂戴，更使他感恩戴德、甘心肝腦塗地了。如說李鴻章在辦洋務之初還受到一些權貴的責難的話，到九〇年代，以其為代表的洋務派已與后黨顯貴合流了。

（二）權宦李蓮英

要揭示后黨的內幕，還涉及到一個特殊的人物，那就是西太后在宮內的頭號心腹、清宮太監大總管李蓮英。此人身為太監，但在實際上，卻成了最受西太后信寵的一個「權傾朝右」的影子權勢者。可以說，在清朝末期，依仗其主子西太后的淫威，李蓮英也神通廣大，直接影響著朝政。因此，到光緒帝「親政」前後，在清廷竟然形成了「內之則宦官李蓮英，外之則軍機大臣孫毓汶，皆西后最得力之人，把持朝權，視皇上如虛器」[23]的局面。在蔡世英的《清末權監李蓮英》一書中，對李蓮英其人作了如此概括：

「李蓮英一生，在宮中幾十年如一日，狡詐多謀，能窺人意，處處迎合主子的心意，終由散役小太監歷升為三品花翎頂戴，內廷大總管。舉凡朝綱國政，無不與聞，無不參預。慈禧太后到了晚年，竟然與李蓮英相依為命，事多與商，言聽計從，從之必果。因而使李蓮英勢焰熏天，權傾朝野。直可以說一人之下，萬人之上。他置諸王於腦後，視軍機大臣於不顧，就是光緒皇帝也要受他監視。朝中大員，外省督撫，為保高官厚祿，無不仰承鼻息……無不拜於他的門下。李蓮英可說是一個集奸、狡、僞、詐、詭於一身的人。」[24]

宦官干政，在中國歷史上的漢、唐、明三個朝代，可以說是越演越烈，登峰造極。清初，隨著政權的鞏固，鑑於歷史上的教訓，大量裁撤宦官。為防止宦官干政，又仿照明太祖朱元璋的做法，在清宮交泰殿等處鑄立鐵牌，稱：

「……以後但有犯法干政，竊權納賄，囑託內外衙門，交結滿漢官員，越分擅奏外事，上言官吏賢否者，即行凌遲處死，定不姑貸。特立鐵牌，世世遵守。」[25]

應該說，清朝前、中期的二百餘年間，抑制宦官較之明代嚴厲。從而，宦官人數從明代的數以萬計削減至千餘人，並規定太監品級最高不得超過四品，也確實沒有膽敢干政者。又是西太后，她對這一規定，並未「世世遵守」，而是置「祖宗家法」於不顧。自同治年間寵信安德海，挾制同治帝「驕恣取禍」，鬧出一場宮廷風波後，到光緒年間，太監人數又逐漸增加到三千餘人。在清宮，似已形成了一個特殊的小社會。在安德海被處死後，李蓮英以善於揣摩逢迎，逐漸取得了西太后的信任，爬上了太監大總管的位置。而他的受寵、干政，則完全是西太后出於以其為工具，操縱臣工、監視光緒帝的政治需要。

李蓮英，原名英泰，直隸（今河北）河間人，生於道光二十八年十月十七日（一八四八年十一月十二日）[26]。據多種野史所載，李蓮英「本一亡賴子，幼失怙恃，落拓不羈。曾以私販硝磺入縣獄，後脫羈絆，改業補皮鞋，此『皮硝李』三字徽號所由來也。河間本太監出產地，同鄉沈蘭玉向與有故，先為內監，見而憐之。蓮英遂懇其引進。適孝欽后聞京市盛行一新式髻，飭梳頭房太監訪之，屢易人，不稱旨。蘭玉偶在闥闥房言及。闥闥房者，內監之公共休憩所。蓮英嘗到此訪蘭玉者也。既聆孝欽后欲梳新髻事，遂出外周覽於妓寮中，刻意揣摹。數日技成，挽蘭玉為之介紹。蘭玉竟薦之，而蓮英遂從此得幸矣」[27]。其實，這些說法有些是難以置信的。

據李蓮英的墓志碑載，他「年九歲入內廷充役使，循守規矩，有若成人」[28]。按是說，李蓮英入宮前不過一孩童，販硝磺、修皮鞋之云是不太可能的。另據清宮內務府檔案，李蓮英於「咸豐七年十月十一日（一八五七年十一月二十六日）由鄭親王端華門上送進，年十三歲」[29]。按這個年齡，李蓮英入宮前倒可能從事一些買賣等活動。但卻證明並非什麼沈蘭玉引進。據唐益年用清宮檔案研究之結果，李蓮英由鄭親王送入宮中後（其先並未在西太后前當差），先是被安排到奏事處。後於咸豐十年四月（一八六〇年五六月間），被調補到東路景仁宮當差。同治三年四月（一八六四年五月），才正式調到長春宮在西太后身邊服役，改名為蓮英，字樂元，號靈傑。四年後，賞八品頂戴。當安德海事件案發時他受到牽累，遭罰俸處分。但在安德海失勢後，李蓮英便乘機乖巧起來，「他不僅學會了揣摩主子的心理性格、習慣愛好的方法，能夠千方百計地討主子的喜歡，同時還能時時處處小心」[30]。他時常對侍者說：「主人是個老虎，我受恩深重，不可一時失慎，天恩愈大，性命愈險，吾人不可不慎。」[31]不管他的梳頭手藝是怎樣學來的，據《十葉野聞》說：

「李（蓮英）貌雖不甚都〔鄙〕，而軟媚有姿，能得人憐，見機便捷，舉動必中太后意。相傳太后之頭，須每日一變，形式名目，務極新巧，以故梳頭者最難稱旨。惟李則能翻新出奇，或如天上雲霞，或如水中波影，或百卉異態，或蟲鳥殊名，隨手拈來，都成妙諦，信口編出，即是佳名。太后明知其無所依據，變幻取笑，而其心竅之玲瓏大可激賞。復善語言，每太后憂慮之際，彼出一語，輒為解頤，有如黍穀春回，赤地雨降，無不立沛生機，於是不獨太后憐愛，即宮中上下人等，非彼不歡矣。」[32]

所以自同治十一年（一八七二年）起，李蓮英發跡之機到來。是年被賞六品頂戴；後於同治十三年（一八七四年），為儲秀宮掌案首領大太監（當時總管太監為張得喜）。不久賞四品頂戴。據太監信修明說：

「太后宮掌案太監一職，在總管首領之下，其官不大，然而其職甚重。凡是太后的飲食醫藥衣服起居，皆由掌案者負責。如飲則嘗飲，食則嘗菜，藥則嘗藥，一舉一動皆須掌案負安全之責，所以說其職甚重。而其權也隨之增大，太后之恩寵也特加。」33

光緒七年十月（一八八一年十一月），李蓮英居然奉恩賞三品頂戴花翎，是以打破四品的最高限制，其地位已基本上與敬事房太監大總管李雙喜平起平坐了（時李雙喜也為三品花翎）。那時，東太后死去未久，西太后獨坐朝堂，為了解「公私動靜」，便把對她終日侍奉左右、極盡諂媚、阿諛之能事的李蓮英大加封賞，直到將其提為整個清宮的太監大總管。從而，李也日假「后權」以肆虐，「漸著聲勢」34。的確，在光緒帝「親政」前後的幾年之中，內自軍機處至督撫等大員，甚至光緒皇帝，在他面前都要矮三分。進而又造成一種奇特的情形：如果誰能買通李蓮英，也就等於交通了西太后。如原來作為一個遠支宗室，爵位頗低的輔國將軍奕劻，因為在李蓮英那裡花上了銀子，便可得到西太后的賞識，一再加官晉爵，逐步晉升為親王，官職做到總理衙門大臣，成為后黨的骨幹。通過逢迎西太后，被提拔為工部尚書的榮祿，初因其不軌遭到處分，後來也由於他「肯在總管太監李蓮英跟前花銀子」，逐漸「改變」了西太后對他的看法，又步入青雲。到光緒帝「親政」之後，榮祿亦成為后黨的中堅，西太后的頭號大紅人。此外，甚至醇親王奕譞、直隸總督兼北洋大臣李鴻章等，都要對李蓮英敬三分。至於那些一般的官小位卑者，恐怕連巴結都沒有機會。

隨著光緒帝親政時日的迫近，西太后對皇帝的防範心理亦日重。因此，依靠李蓮英以坐視光緒帝的言行舉止，便成了她要求李蓮英的一項重要任務。而李蓮英真也不辱使命，既然西太后並不真想讓光緒帝親操權柄，這個神經特別敏感的太監便經常在「孝欽前短德宗」[35]。甚至李蓮英還挑撥離間以討西太后的好，「言皇上有怨望之心」[36]。如果說這還是背後搗鬼，那麼有時他也依仗西太后的淫威「陵蔑皇上」[37]。當然，在光緒帝「親政」後的歲月中，凡有關帝、后之間的紛爭，幾乎無不有李蓮英的黑影。

正是在西太后的縱容、庇護下，李蓮英益發弄權干政。於是，在光緒帝「親政」前後，圍繞著權宦李蓮英，又在清宮內外掀起了兩次不大不小的政爭波瀾，使朝局越發黑暗。

光緒十一年九月（一八八五年十月），清政府成立了海軍衙門，由醇親王奕譞為大臣，但實際上，親操其事的卻是直隸總督兼北洋大臣李鴻章。隨後，洋務派首領李鴻章，便加緊通過購買外國艦船和培養海軍人才等籌建北洋海軍。到次年春，北洋海軍已成雛形。因而，李鴻章即向清廷奏請派大臣前來校閱，奕譞當然地被西太后派往巡閱。為避免西太后的猜忌，奕譞主動奏請由李蓮英隨行前往。也許是李蓮英在宮中寂寞難耐亦有此意；也許是此建議恰中西太后的下懷。結果，醇王的請求當即被允准。行前，西太后為了提高這個太監首領的身價，竟又再次打破常規，授予李蓮英二品頂戴並賞給黃馬褂[38]，使李蓮英在清代太監中獲得了獨一無二的殊榮。半個月後，奕譞攜李蓮英行抵天津，會同李鴻章乘兵輪出海，先後巡閱了大沽、旅順口、威海衛、煙台等處。此行，「李（鴻章）為之設行台，王（奕譞）與蓮英居處，一切無軒輊，惟閱兵時，王坐於前，李蓮英立於後而已。於是丁汝昌、衛汝貴、衛汝成、葉志超、趙桂林、龔照嶼諸人，皆奉厚贄蓮英門下，稱受業」[39]。誰知，當奕譞回京數月後，於八月二十四日（九月二十一日），監察御史朱一新不客氣地上了一道彈章：

「我朝家法，嚴馭宦寺。世祖宮中立鐵牌，更億萬年，昭為法守。聖母垂簾，安德海假採辦出京，立置重典。皇上登極，張得喜等情罪尤重，謫配為奴。是以綱紀肅然，罔敢恣肆。乃今夏巡閱海軍之役，太監李蓮英隨至天津，道路譁傳，士庶駭愕，意深宮或別有不得已苦衷，匪外廷所能喻。然宗藩至戚，閱軍大典，而令刑餘之輩廁乎其間，其將何以詰戎兵崇體制？況作法於涼，其弊猶貪。唐之監軍，豈其本意，積漸者然也。聖朝法制修明，萬無慮此。而涓涓弗塞，流弊難言，杜漸防微，亦宜垂意。從古閹宦，巧於逢迎而昧於大義，引援黨類，撥弄語言，使宮闈之內，疑貳漸生，而彼得售其小忠小信之為，以陰竊夫作威作福之柄。我皇太后、皇上明目達聰，豈有跬步之地而或敢售其欺？顧事每忽於細微，情易溺於近習，侍御僕從，罔非正人，辨之宜早辨也。」[40]

這一諫奏，由古及今；由祖制、家法到歷史教訓，並直接點到西太后當權後，宦官干政禍患的徵兆和事實。這無疑是對西太后縱容權宦李蓮英的公開指責。因此，立時引起西太后的盛怒。當年她在安德海事件中，因受東太后、恭親王的權力制衡，有口難言。可如今西太后已不受任何左右，為李蓮英開脫還在小事，尤其不能容忍臣下對自己的行事有所置疑和批評。次日，即下懿旨聲稱：派李蓮英攜御醫隨往，是為了對醇王身體健康「以時調護」，「係深宮眷注體恤之意，於公事毫無干涉」。而李蓮英此行，既無招搖情事，也「絕無絲毫干預外事」。並嚴旨要求朱一新對「道路譁傳，士庶駭愕」及「深宮或別有不得已之苦衷」明白回奏[41]。朱一新當然不敢再言「監軍」之意了，因為這無疑也涉及到西太后與醇王的關係問題。所以朱一新在隨後的回奏中，只得順從了西太后的內侍隨行在於體恤親藩的意思。結果西太后更是怒不可遏，再降懿旨：大罵朱一新明知故犯，並予以降職處分。同時警告臣工，後再有「挾私臆測妄言者」，「定必加懲處」[42]。不料，到九月初八日（十月五日），偏又有內閣學士徐致祥不怕「懲處」，上疏言：「中官奉使不可不防微杜漸也。」西太后還好，給他來一個「留中不發」，不予理睬。但人同此心，只是敢怒不敢言罷了。翁同龢稱徐致祥「可敬哉！」[43]《清史稿・徐致祥傳》也說他的行為「為時論所美」。

事實上，西太后的行事在光緒帝親政前的清政府中已無人膽敢直接抗衡。即使指桑罵槐、或像朱一新這樣打狗不看主人的臉色者，也已屬膽大妄為之舉。在清季大量野史中關於李蓮英的無數劣跡和干政的記述，恐怕正是這種言路閉塞的一種情理之內的現象。可見，權宦李蓮英在宮內行止可謂是肆無忌憚。因此，在光緒十四年（一八八九年），江蘇學政王先謙又以太監李蓮英招搖疏請予以懲戒。他在摺中直斥道：

「乃有總管太監李蓮英，秉性奸回，肆無忌憚。其平日穢聲劣跡，臣不敢形諸奏牘。惟思太監等給使宮禁，得以日近天顏；或因奔走微長，遇邀宸顧，度亦事理所有。何獨該太監誇張恩遇，大肆招搖，致太監『皮硝李』之名，傾動中外，驚駭物聽，此即其不安本分之明證。《易》曰：『履霜堅冰』，漸也。皇太后、皇上於郅治保邦之道，靡不勤求夙夜，遇事防維，今宵小橫行，已有端兆。若不嚴加懲辦，無以振綱紀而肅群情。」[44]

王先謙可謂是冒天下之大不韙者。按理，西太后豈能善罷干休。但「當時慈禧太后迫於朝內外壓力，已被迫卷簾歸政，同時光緒皇帝大婚在即，因此無暇對王先謙過多理論」[45]。結果「疏入不報」算是以蔑視示以「寬容」，反倒使王先謙博得「直言」的好名聲。

事實證明，與安德海相比，李蓮英在玩弄權術上確實遠出其上。朝臣兩次參劾他不僅未損其一根毫毛，反倒使一些親貴佞幸奔競之徒益發看中與其交通，以邀西太后之寵任的門徑。而狡詐多端的李蓮英，儘管知道光緒帝即將親政，然而以其觀察，「決其（指光緒帝——引者）日後必與慈禧決裂，生大波瀾。而光緒帝亦深惡蓮英，因蓮英只知忠誠於太后一人，對光緒帝則頗狡詐桀驁，無內侍禮，且於滿王公之有力者，交情周至，稱疏遠者，則驕倨婪索，無惡不作矣」[46]。李蓮英在光緒帝「親政」後，不僅是西太后控制光緒帝的重要工具，且又成了西太后溝通后黨的中介。儘管他不是清廷官員，但任何宮內重大事件幾乎無不與其相關。李蓮英在既冷靜地窺伺著各種政治力量的升降榮衰，也在一定程度上左右著這種變化。他一方面利用西太后的寵信不斷地鞏固著自己的地位和作用；同時也處心積慮地經營著自己的「後路」。可以說，李蓮英騰達於清末宮廷，恰恰是晚清朝政腐敗的集中寫照。

（三）西太后為自己準備「退路」

隨著光緒帝年齡的增長，他的大婚、親政逐漸迫近，西太后撤簾、歸政已不可迴避了。因此，西太后不得不改變一下控制清廷的方式，考慮自己的「退路」了。她費盡心機通過「甲申易樞」排除異己、籠絡親信，已在人事上做了「預留地步」的安排。接著，她又為其自身思考應變舉措了。

原於咸豐十年（一八六〇年）秋，英法侵華聯軍掠劫並焚毀了供清皇室享樂的圓明園。次年，西太后自避暑山莊回鑾，剛剛經過亡夫之痛，又一門心思在「垂簾聽政」，亟亟於搶權之爭，似乎還沒來得及想到園林之樂。但當「辛酉政變」成功後，到了同治十二年（一八七三年），西太后表示要撤簾時，當時的同治帝或是真要孝敬母后；或是急於將視權如命的母后支出宮廷，便大力倡導重修圓明園。結果因「經費支絀」，並遭到奕訢、奕譞等親貴重臣的一致反對而作罷。但隨後，同治帝又提出暫修三海工程。至此，雖然群臣不敢再上言諫阻，可興工不久，同治帝一命嗚呼。當小光緒帝被抱入宮中，西太后垂簾再舉，工程自然因不再需要而停止。十餘年過去，清政府的財政危機卻因國難日深，如影隨形，這一點西太后心如燭照。既然仍無力修復圓明園，那便只有重修三海，且如住在距內廷只有咫尺之遙的三海，也可隨時知悉光緒帝的舉動。於是，在中法戰爭剛剛結束的光緒十一年五月初八日（一八八五年六月二十日）下達懿旨宣布：「南北海應修工程，著御前大臣、軍機大臣、奉宸苑會同醇親王踏勘修飾。」[47]自此，三海大修工程又重新全面展開。

這次工程的範圍包括三海的所有殿宇、房屋、道路、河池、假山堤泊、點景花園、電燈鐵路、冰床等等共計一百多處，數百個項目。承包商十六家，各種工匠人役每天平均達四至五千人，有時達一萬多人。為表示「孝心」，興工期間，光緒帝多次到南海、北海、紫光閣等處巡視工程。為了給西太后歸政後準備頤養之所，清政府上上下下忙了個不亦樂乎！到光緒二十一年（一八九五年），這項工程最後結束的時候，共計用銀高達六百萬兩左右[48]。

對光緒帝來說，自小就接受翁師傅的嚴格教育（特別是要體察民情的教育）。因此在當時，他一方面已知道國家的困境與艱難，也明白在這種情況下，大興土木，和歷代那些腐朽的執政者，「或耽於安逸，或習於奢侈，縱耳目之娛而忘腹心之位者」[49]，沒有多少差別。然而「老佛爺」的說一不二和為所欲為，不僅任何人不敢諫阻，就是為能達成順利親政，表示自己的「孝心」，也不得不如此了。或許光緒帝還想不到那麼深刻和全面，但他當然希望無論如何，在自己親政後，能像在北海上溜冰床那樣順利和如意。

其實事情並不那麼簡單。就在三海工程熱火朝天地進行不久，頤和園工程又大張旗鼓地上馬了。

頤和園原名清漪園，位於京城西北圓明園之西，是乾隆帝為他的母親鈕祜祿氏慶祝六十大壽而建，歷時十五年，耗銀四百五十萬兩。在咸豐十年（一八六〇年）英法聯軍侵入北京，縱火焚燒圓明園的同時，又派馬隊衝入該園，焚燒了萬壽山的「大報恩廷壽寺」、「田字殿」、「九百羅漢堂」；後山的「蘇州街」上仿江南風光建造的店肆茶樓也焚燒殆盡；萬壽山頂的「智慧海」，亦遭到侵略軍的摧殘。園中數萬件珍貴的陳設，同樣被掠搶一空。此後二十餘年，這座廢園已無人駐足。時人王闓運有詩云：

「玉泉悲咽昆明塞，惟有銅犀守荊棘，
青芝岫裡狐夜啼，繡漪橋下魚空泣。」50

道出了被英法侵略者洗劫後清漪園滿目瘡痍的悲涼景象。

圓明園自然是無力修復。但光緒帝即位後，最先打主意修復清漪園的，卻是堅決反對修圓明園的奕譞。光緒三年（一八七七年）冬，他上疏想重修清漪園，為御史郭從矩諫阻。但此後數年間，奕譞一直念念不忘此事。沒有直接資料證明這位「當今聖上」的生父，為什麼在當時這麼熱中修復清漪園，諒也不出為兒子光緒帝打點將來吧！不過，既然西太后總有一天要歸政，況且奕譞又明知其深好炫耀遊逸。因此不如投其所好，藉此表現對這位操縱兒子和自己及全家命運的「皇嫂」的忠心。恰當三海工程重新進行後不久，海軍衙門成立，奕譞成了總理海軍事務大臣。從而他的這片「微忱」，終於有了藉口和施展的機會。光緒十二年八月十七日（一八八六年九月十四日），他上了一通《奏請復昆明湖水操舊制摺》，內稱：

「查健銳營、外火器營本有昆明湖水操之例，後經裁撤。相應請旨仍復舊制，改隸神機營、海軍衙門會同辦理。」51

同時又說：

「因見沿湖（昆明湖——引者）一帶殿宇亭台半就頹圮，若不稍加修葺，誠恐恭備閱操時難昭敬謹，……擬將萬壽山暨廣潤靈雨祠舊有殿宇台榭並沿湖各橋座、牌樓酌加保護修補，以供臨幸。」52

對這種「明修棧道，暗度陳倉」的做法，奕譞自己也知道難以瞞人。於是數日後，在他與慶親王奕劻「深談時局」時，「囑其轉告吾輩（翁同龢等——引者），當諒其苦衷，益以昆明易勃（渤）海，萬壽山換灤陽也」53。就是說：表面上是在昆明湖練水軍，實際上是藉此名義重修清漪園作為西太后「歸政」後遊憩場所。既然讓人「諒解苦衷」，且又冠冕堂皇，自然無人出面諫阻了。光緒十二年十二月十三日（一八八七年一月六日），「醇親王奕譞與李鴻章商籌南海工程費，擬以創建京師水操學堂為名，借洋款八十萬兩」54。同時，排雲殿業已開工。四十四天後，「水操內學堂」於昆明湖畔開學。就這樣，這項花費巨資的工程便在心照不宣的情況下緊鑼密鼓地興工開建了。

這兩項大工程開建的時刻，清政府已是國敝民貧。數年之間，天災又遍及南北。當時中法戰爭剛剛結束，邊患危機仍日益加深。光緒十年七月（一八八五年八月），山東黃河因雨盛漲，決口於長清縣。且河北、河南各地均遭水災；江南各省也水災空前，尤以江蘇、廣東、廣西等省為重，房屋倒塌，人多被洪水吞沒。次年，山東齊河縣黃河於除夕潰決，「死者數萬，慘不可聞」。春，山東黃河又於章丘、濟陽、惠民等縣再次漫溢；光緒十二年八月（一八八七年九月），河決河南，氾濫成災；翌年初，雲南石屏、建水等縣大地震，死傷四千餘人。「各災民棲身無所，餬口無資」，流民遍野。而西太后卻認為，「偶遇偏災」，不足大驚小怪。因此只對災區減免點兒錢糧，做做表面文章，以示「慈眷」了事。這當中凡事不僅仍我行我素，反有變本加厲之勢。

生活在水深火熱之中的人們，度命尚且困難，更何談租賦。早在光緒八年（一八八二年），「鐵漢」御史鄧承修便指出：

「自軍興以來，財用匱乏，加以水旱頻仍，供億繁費。會計之臣，東羅西掘，或害重而利微，或損多而益少。徵稅銀不遺尺帛，於幣項無補絲毫。海內虛耗，百姓困苦，蓋未有如今日者也。」[55]

到光緒十一年（一八八五年），則「國家財用，至今日而愈難」[56]。清政府財政如此拮据艱窘，捉襟見肘，兩大工程措手應該說很成問題。然而西太后自有「辦法」。這就是挪用海軍經費和賣官鬻爵及百官的「報效」。通過海軍衙門總辦奕譞，大量的海軍經費源源不斷地被移往「三海工程」和「頤和園工程」。原來，李蓮英隨奕譞去北洋各海口巡視，一項重要任務便是替西太后去掏李鴻章的腰包，而李鴻章當然也就不失時機地表現了對皇太后的「恭敬」和忠誠。據研究，挪用海軍經費大致有：海軍經費息銀、海防捐銀、海軍衙門「閒款」和海軍經費正款等數項，共計三海大修工程總費用六百萬兩中有四百三十六・五萬兩來自海軍經費[57]。而頤和園修建總費用數量更為巨大[58]。據研究，僅動用海軍經費即達八百六十萬兩[59]。兩項工程共耗銀數千萬兩，其中動用海軍經費計約達一千三百萬兩。

西太后的昏庸腐朽，給光緒帝「親政」後的清政府造成了更加嚴重的財政危機。而海軍經費的被挪用，無疑又極大地干擾和破壞了北洋海軍的建設。「北洋海軍的七艘主力戰艦，即定遠、鎮遠、濟遠、來遠、致遠、靖遠、經遠的購置費為七百七十八萬兩」。西太后為大修樓台殿宇所挪用的海軍經費，可以再增加兩支原來規模的北洋艦隊。然而，奕譞在海軍衙門存在的九年中，沒有購置過一艘新艦。「慈禧為一己之私利，置海軍建設於不顧，這就為中日甲午戰爭的失敗埋下了禍根」60。當然後來中國甲午戰爭的失敗有更複雜的其他原因，但李鴻章卻正是這樣說的：

「使海軍經費按年如數撥給，不過十年北洋海軍船炮甲地球矣，何致大敗？此次之敗，我不任咎也。」61

西太后為「歸政」於光緒帝所做的準備，就是以名義上「括全國之膏血以修國防，而其實乃消磨於園林土木之用」為沉重代價的。然而在修建兩大工程的過程中，爭相「報效」的官員貪污肥己、中飽私囊的銀錢又不知數至幾倍。儘管如此，在光緒帝正式「親政」前的光緒十四年二月初一日（一八八八年三月十三日），既然兩項工程都早已大張旗鼓地在進行中，於是以光緒帝的名義明發上諭宣布：

「朕自沖齡入承大統，仰蒙慈禧端佑康頤昭豫莊誠皇太后垂簾聽政，憂勤宵旰，十有餘年。中外奠安，群黎被福。……溯自同治以來，前後二十餘年，我聖母為天下憂勞，無微不至。而萬幾餘暇，不克稍資頤養，撫衷循省，實覺寢饋難安。因念西苑密邇宮廷，聖祖仁皇帝曾經駐蹕，殿宇尚多完整，稍加修葺，可以養性怡情。至萬壽山大報恩延壽寺，為高宗純皇帝侍奉孝聖憲皇后三次祝嘏之所，敬踵前規，尤臻祥洽。其清漪園舊名，謹擬改為頤和園，殿宇一切亦量加葺治，以備慈輿臨幸。恭逢大慶之年，朕躬率群臣，同伸祝嘏，稍盡區區尊養微忱。籲懇再三，幸邀慈允。欽奉懿旨：『自垂簾聽政以後，夙夜祇懼，如臨淵谷。今雖寰宇粗安，不惶暇逸之心，無時稍弛，第念列聖敕幾聽政，問民疾苦，凡苑囿之設，搜狩之舉，原非若前代之肆意遊畋。此舉為皇帝孝養所關，深宮未忍過拂。況工料所需，悉出節省羨餘，未動司農正款，亦屬無傷國計。但外間傳聞不悉，或竟疑圓明園工程亦由此陸續興辦，則甚非深宮兢惕之本懷。蓋以現在時勢而論，固不能如雍正年間之設正朝，建公署。即使民康物阜，四海乂安，其應仰紹前猷，克光令緒者，不知凡幾。尤當審時度勢，擇要而圖。深宮隱願所存，豈在遊觀末節。想天下亦應共諒。惟念皇帝春秋鼎盛，此後順親之大，尤在勤政典學，克己愛民，不可因壹意奉親，轉開逸遊宴樂之漸，至中外大小臣工，尤宜忠勤共勵，力戒因循浮靡積習，冀臻上理。庶不致負深宮殷殷求治之意，實所厚望。欽此。』朕仰承慈訓，惟當祇服懍遵，不敢稍涉侈縱；諸臣亦應仰體聖慈諄勉至意，各勤職守，共贊昇平……。」62

一番話冠冕堂皇，說修頤和園不是西太后其本意，而是光緒帝為表示對她的「孝養」，她不好過分拒絕。同時又說工程未用國庫正款，對國家影響不大；再就是說這樣做已經是「審時度勢」，所以才未修圓明園。全部上諭，根本就未再提什麼騙人的練水軍的話。

結果倒是一些御史言官不知「審時度勢」，紛紛諫阻。除沈淮、游酬等人外，屠守仁直接諫請西太后「居慈寧宮，節遊觀」。結果遭到嚴厲斥責，革職永不敘用。次年，吳兆泰、林紹年等又再上言直諫，當然又被申斥降職。

就這樣，儘管「時事艱難」，西太后還是利用手段修建起自己頤養天年、窮奢極欲的安樂窩頤和園。醇親王奕譞和光緒帝當初或以為，這樣似乎可以使皇太后息心政事了。但事實是，在西太后看來，「頤養」歸頤養；干政歸干政，兩不相擾。其實，大力修建的頤和園，後來又成為西太后策畫陰謀、操縱清廷的一個祕密中心。

（四）「歸政」——從撤簾到「訓政」

到中法戰爭後的光緒十二年（一八八六年），光緒帝已十六歲，他終於在西太后的「慈愛護佑」下長大成人了。不僅學已有成，而且在「披閱章奏，論斷古今，剖決是非」[63]方面，也具有了一定的理政能力。尤其是按照清廷的慣例，幼帝成人便要成婚（帝稱大婚）、親政。對此，西太后是清楚的，所以她處處安排「退路」。只是對光緒帝的親政，裝聾作啞毫無舉動。

就這樣，一天天、一月月地過去了。光緒帝的親政與西太后的歸政之說，仍不見動靜。在養心殿或乾清宮，如有召見群臣奏對，光緒帝依然如泥塑木雕，正襟危坐。西太后在光緒帝身後或垂簾、或乾脆不垂簾，甚至與光緒帝並坐，聽政問政，應答和發號施令。光緒帝偶爾對國家大政參與點意見，也很難真正引起群臣的重視。加之西太后在側，他不僅感到神經緊張甚至恐懼，更多時只能閉口無言、默無一語。隨著時間推移，西太后的管束和壓抑，仍像一條無形的繩索使這個成長中的君主的心智無法抒發。光緒帝已經開始不耐煩師傅的「教導」了，因為他這種窘境與那些傳統的為君之道相去甚遠。

即在光緒十二年六月初十日（一八八六年七月十一日），西太后和光緒帝召見醇親王後，奕譞將光緒帝的三個師傅翁同龢、孫家鼐、孫詒經叫到養心殿門外以東的月華門，另外有慶親王奕劻和克勤郡王晉祺也在此等候。狐疑之間，奕譞對衆人講述說：皇太后剛剛有懿旨，「以皇帝典學有成，諭明年正月即行親政」。宣布當時，醇王便立即跪地懇求收回成命，並示意光緒帝也趕快跪求緩行親政。但西太后卻故做恣態，堅持己見。翁同龢聽完此事後，表明意見：

「『此事重大，王爺宜率御前大臣、毓慶諸臣請起面論』，邸（醇親王）意以為不能回，且俟軍機起下再商。一刻許軍機下，禮王等皆力懇且緩降旨，而聖意難回，已承旨矣。余再請醇邸同廷請起，邸以殿門已閉竟止。定十二日王公大臣會商，再請訓政。」64

於是，當日有懿旨一道發出：

「前因皇帝沖齡踐阼，一切用人行政，王大臣等不能無所稟承，因准廷臣之請，垂簾聽政。並諭自皇帝典學有成，即行親政。十餘年來，皇帝孜孜念典，德業日新，近來披閱章奏，論斷古今，剖決是非，權衡允當。本日召見醇親王及軍機大臣禮親王世鐸等，諭以自本年冬至大祀圜丘為始，皇帝親詣行禮。並著欽天監選擇吉期，於明年舉行親政典禮。」65

真可謂「一石激起千層浪」。西太后的歸政誠意到底有幾分？誰敢貿然表示「太后聖明」？滿朝諸臣各懷狐疑，尤其是醇親王奕譞更是心事重重。次日衆人的活動是：

翁同龢「謁醇邸，談一時許。歸後孫萊山（毓汶）來，以王公大學士六部九卿公摺請訓政摺稿見示。早晨，以余（翁同龢）所擬稿與三邸及同人商酌，僉以為當，遂定議連銜上，亦以示醇邸，邸意亦謂然。邸摺前半請於上二旬時歸政，後半則專言親政後宮廷一切事仍請太后裁決，上不問，始可專心典學云云，意甚遠也；一片，請將海軍辦成一枝後再交卸」。[66]

據這一記載，衆人商定三個摺子，都是請西太后收回成命的，這自是在西太后預料之內。所不同的是：以禮親王世鐸為首的諸臣公摺說：願太后再「訓政數年，於明年皇上親政後，仍每日召見臣工，披覽章奏，俾皇上隨時隨事親承指示」[67]。書房講筵諸臣（即翁所擬）上奏，則自然不能誇耀什麼「典學有成」。而是說皇帝固然聰明，然於經史尚未精通；雖然看摺能一目了然，但兵農禮樂，天下庶務，還未能一一明瞭。另外，滿語還未學好。所以他們認為，應「俟一、二年後」，「從容授政」[68]。以翁同龢的意思，如果親政後，仍由太后訓政，事事稟承皇太后的旨意，莫不如遲幾年親政。那樣親政才能大權獨攬、乾綱獨斷，名副其實。否則，自己教出來的皇帝，還不只是一個空有其名的傀儡！因此，在繕摺前他就向孫毓汶表示，「請訓政不如請緩歸政為得體」[69]。

醇親王奕譞所上之摺，正如翁同龢所作的評價：「意甚遠也！」摺中說：

「王大臣等審時度勢，合詞籲懇皇太后訓政。敬祈體念時艱，俯允所請，俾皇帝有所稟承。日就月將，見聞密邇，俟及二旬，再議親理庶務。……臣愚以為歸政後，必須永照現在規制，一切事件，先請懿旨，再於皇帝前奏聞，俾皇帝專心大政，博覽群書。上承聖母之歡顏，內免宮闈之劇務……。」[70]

這番言詞，肯定非為奕譞的心裡話，不問自明。這不過仍是其避嫌之詞，以示他永遠不會以皇帝本生父之尊，有所妄想的心跡。聯繫奕譞所上請求繼續辦理海軍的摺片，或許他的本意是怕皇帝一親政，自己的這些差使恐怕又要取消，甚至怕因此暴露移用海軍巨款修三海、頤和園的真相也未可知。無論如何，六月十四日（七月十五日）的三摺一上，西太后立即看中了奕譞的意見，什麼「訓政數年」、「一、二年後從容授政」，都不如歸政後「永照現在規制」。所以她在懿旨中馬上表示：

「念自皇帝沖齡嗣統，撫育訓誨深衷，十餘年如一日，即親政後，亦必隨時調護，遇事提撕，此責不容卸，此念亦不容釋。即著照所請行。」71

就這樣，一向獨斷專行的西太后，到這時竟又如此從諫如流，輕鬆地借用皇帝親生父之口，肯定了光緒帝親政以後，仍要以她這位皇太后的絕對權威為永遠不變的為政原則。顯然這對西太后而言，既可免去群臣斥其不歸政的責難，又可名正言順地保持繼續操柄的至高無上地位。四日後，當奕譞、世鐸等再次上摺後，西太后便正式發布懿旨，在斥責了錫珍等及貴賢請飭廷臣議奏的意見（西太后言：「豈必待添入翰詹科道乃為定論耶」、「殊屬非是」！）後，表示同意訓政：

「皇帝初親大政，決疑定策，實不能不遇事提撕，期臻周妥。既據該王大臣等再三瀝懇，何敢固執一己守經之義，致違天下眾論之公也。勉允所請，於皇帝親政後再行訓政數年。」72

或可說，西太后高超的權術手段似乎已達到出神入化的程度，玩王公群臣於股掌之上。又過四日（七月二十三日），在乾清宮西暖閣召對時，西太后為表現自己歸政之心出於至誠，又對講筵諸臣說：

「前日歸政之旨，乃歷觀前代母后專政流弊甚多，故急欲授政，非推諉也；諸臣以宗社為辭，余何敢不依，何忍不依乎！」[73]

就這樣，在「不得已」的情況下，西太后「訓政數年」之議，便算最後決定下來了。此意明明來自西太后，但在最後她又落了個「不得已」。

在清代官方文獻中，自然難以看到在朝臣工中對此的情緒反映。但在翁同龢的日記中，卻可以清楚看出，對這一決定，光緒帝的情緒變化極為明顯。當西太后宣布「歸政」的話一出口，他竟毫無辭讓的表示。緊接著，醇親王在向西太后「跪求」[74]，以及當群臣勸請訓政之摺紛紛上呈時，光緒帝失望極了。此時在書房中，翁同龢對他竭力勸勉，「力陳時事艱難，總以精神氣力為主，反覆數百語，至於流涕，上頗為之動也」[75]。並且翁同龢覺得光緒帝在這件事上，數日來一直保持沉默，實在太外露。因此，在西太后「俯允訓政數年」的前一日，翁又「於上（光緒帝）前力陳一切，請上自籲懇，或得一當也」[76]。但光緒帝表態與否不得而知。可是西太后在次日的懿旨中卻謊稱：「數日以來，皇帝宮中定省，時時以多聆慈訓，俾有稟承，再四懇求，情詞肫摯。」[77]此真可謂是偷天換日之舉。當天入夜，「自戌初至子正，千雷萬霆，旋轉不已，雨如翻天漿，不啻癸未六月也。吁，可怕哉！」[78]恰可襯托西太后的陰暗心理。

既然西太后認為「王公大學士六部九卿兩次陳奏，衆議僉同」。當然也就從根本上剝奪了詹事科道等朝臣的發言議論權。剩下的只是幾個「希旨邀寵」者的捧臭腳而已。為了使「訓政」制度化，經禮親王世鐸等人一番籌畫，於十月二十六日（十一月二十一日）出台了一個所謂的《訓政細則》。在這個「細則」中，除了有關祭祀、問安等禮儀繼續原封不動地按照「垂簾聽政」時的舊制實行外，在施政等方面，做了如下規定：

「一、凡遇召見引見，皇太后升座訓政，擬請照禮臣會議，暫設紗屏為障；一、中外臣工呈遞皇太后、皇上安摺，應請恭照現式預備，奏摺亦恭照現式（即按「皇太后、皇上」的順序——引者）書寫；一、近年各衙門改歸驗放驗看開單請旨及暫停引見人員，擬請循照舊制，一律帶領引見，仍恭候懿旨遵行，排單照現章預備；一、鄉會試及各項考試題目向例恭候欽命者，擬請循照舊制，臣等進書恭候慈覽，擇定篇頁，請皇上欽命題目，仍進呈慈覽發下，毋庸奏請派員擬題……，一、內外臣工摺奏應行批示者，擬照舊制均請朱筆批示，恭呈慈覽發下……」[79]

西太后發懿旨：「依議」！

這一「訓政」規定從形式到內容，仍把光緒帝置於無足輕重的陪襯地位。在這裡看不到光緒帝有任何一點可以自行做出決定和獨立施政的內容。所謂「候懿旨遵行」、「恭候慈覽」、「呈慈覽發下」等等，只不過是對西太后主持清廷朝政的肯定，從而明確了西太后主宰清廷的地位。所以，貫穿這個「細則」的中心內容——清廷選官用人諸要事——「凡召見引見及考試命題諸大政，莫不稟承慈訓，始見施行」[80]。顯而易見，由「垂簾聽政」到「訓政」，只是換了個名稱，實質毫無改變。當然，西太后可以利用「訓政」之名來搪塞臣下和輿論，作為其繼續操政的擋箭牌。總之，通過這個《訓政細則》，在清廷既正式確定了西太后的主宰地位和光緒帝的傀儡位置，又使之制度化了。所以事實說明，以前西太后所謂的「歸政」云云，不僅毫無誠意，其實完全是騙局。

光緒十三年正月十五日（一八八七年二月七日），是按西太后的授意，由欽天監擇定的大吉之日。這一天，要舉行光緒帝「親政」的大典。儘管這不過是一場名不副實、掩人耳目的「歸政」騙局，但這個儀式畢竟還是要昭示有個皇帝的真實存在，不僅存在，且也已長大成人。因此，帝師翁同龢的心情似乎還是喜大於憂的。他在日記中記到：

是日，「晴朗無風，竟日天無纖翳，入夜月如金盆，入春第一日，亦數年來第一日也」[81]。

凌晨，天尚朦朧，光緒帝便起身裝扮停當。四點鐘在無數官員侍衛陪同下，先後往燈火通明的大高殿、壽皇殿給列祖列宗御容畫像行三跪九叩禮。早晨八點半，又到慈寧宮率王公百官向西太后行慶賀禮；九點登太和殿寶座受百官朝賀，頒詔天下……。在翁同龢眼中，「天顏甚精采也」[82]，「天顏甚怡，氣象開展」[83]。

其實，十七歲的光緒帝與翁同龢一樣，亦均憂懷於心，只是自幼受師傅教導應注意人君之儀，則重大典禮從來深知自重。但光緒帝畢竟年輕氣盛，對這種屈抑違願、僅為掛名的傀儡地位，終歸難能「沉毅靜穆」。所以自「親政大典」過後，他經常在深居獨處和到書房上課時，表現出鬱悶和煩躁。堅持在書房讀書，但聽講的時間卻經常無故減少。這又使翁同龢深為擔憂，覺得似此「何從進益」[84]。當太監告訴翁同龢「上意甚不懌」時，師傅心下明白，卻又不能明說，只「應之曰自有說」[85]。退後私下喟嘆，皇帝竟至「智勇俱困，奈何！」[86]在初春舉行先農壇耕籍禮時，光緒帝心不在焉，師傅只好提醒他，「一切典禮當從心上出，否則非虛即僞，而驕情且生矣」[87]。四月初三（四月二十五日），西太后召見翁同龢：

「首論書房功課宜多講多溫，並詩論當作，亦宜盡心規勸，臣對語切摯，皇太后云書房汝等主之，退後我主之，我亦常恐對不得祖宗也，語次揮淚。」[88]

光緒帝的一切表現，早已被西太后密切注意。其結果更對光緒帝不利，他的一舉一動幾乎都難以自由。不過西太后「訓政」以後，既然在表面上置光緒帝於所謂「親政」地位，她又要弄起陰謀伎倆來了。這時，已大權在握的西太后，表面上不經常聽政理事了。在她看來，在這大局已定的情況下，倒不如讓光緒帝獨自召見。一旦有誤，也讓那些有「殷殷盼望（光緒帝親政——引者）的苦衷」之衆臣[89]，見識一下光緒帝的「本事」，來證明沒有她的「訓政」是不行的。同時，西太后也正是有意用這種「疏於過問」和減少召見朝臣等表面現象，來向人們展示自己淡於問政的歸政「誠意」。也就是說，她要掛羊頭賣狗肉了。但有一點是肯定的，她極為關心三海、頤和園的工程。儘管當時「順直境內多被水災，各路飢民來京就食人數甚衆」；就在光緒帝「親政」的這一年，又逢北京、直隸大旱，河南黃河決口千里，物價飛漲。然而西太后都視而不見，每天仍向奕譞催要巨款，加緊興工。有時一天兩次派李蓮英去南海查看工程，一切務要加快、「見新」。顯然，西太后十分清楚，光緒帝的大婚即將到來，她的醜劇還要繼續演下去。

大婚與「親政」

（一）煞費苦心的后、妃之選

「歸政」的架子擺出，西太后似乎自以為算是償還了一筆舊債。按《訓政細則》，固然地又有了一個可使自己永遠在幕後操縱、「遇事提撕」的「清」記法律保證。但還有一件事如果拖下去又要出麻煩，這就是光緒帝的大婚。儘管尚無人敢公然「諫言」，可沉默不等於心服，還是拿出姿態，堵住群臣的口舌為明智。

轉眼一年過去，光緒十四年（一八八八年），光緒帝十八歲了。以婚齡而言，確實已到了不能再拖延的時候。就光緒帝以前的清代皇帝而言，沖齡繼位的順治帝和康熙帝的大婚一為十五歲、一為十四歲，同治帝最遲，也為十八歲。成人即位為君者的其他皇帝則在藩邸或為皇子時，一般成婚為十五—十六歲。對西太后而言，雖說要「訓政數年」，但客觀事實卻並未給她提供充分的時間。因為皇帝大婚，便應真正親政，何況民間也都有所謂「成家立業」之說呢！直到當年六月十九日（七月二十七日），西太后發布懿旨宣稱：

「前因皇帝甫經親政，決疑定策，不能不遇事提撕，勉允臣工之請訓政數年。兩年以來，皇帝幾餘典學，益臻精進，於軍國大小事務，均能隨時剖決，措置合宜，深宮甚為欣慰。明年正月大婚禮成，應即親裁大政，以慰天下臣民之望。」90

沒有更詳細的資料記述西太后在發布這一懿旨之前是否已與在廷諸臣有所商議，但可以想見，對這件事，無論在朝群臣乃至宮中宦官、宮女均不會沒有議論。就光緒帝本人來說，對此事無疑也早已視為當然。因此，懿旨一下，光緒帝心中的興奮自不待言。皇帝大婚與親政，當然應意味著「太后歸政」和自己「乾綱獨斷」。此事一定，自己便可終於有了擺脫「親爸爸」的控制和束縛的機會，日夜盼望獨立親裁政事的夙願即可實現。因此，他沒有再「客氣」，遂於當日即順水推舟發下一道上諭。諭曰：

「諭內閣：朕自沖齡踐阼，仰蒙慈禧端佑康頤昭豫莊誠皇太后垂簾聽政，……迨十二年六月令朕親裁大政，猶復曲垂慈愛，特允訓政之請，勞心庶務又及兩年。茲奉懿旨於明年二月歸政，朕仰體慈躬敬慎謙抑之本懷，並敬念三十年來，聖母（即西太后——引者），為天下憂勞況瘁，幾無晷刻可以稍資休息，撫衷循省，感悚交深。茲復特沛恩綸，重申前命，朕敢不祗遵慈訓，於一切機務，兢兢業業，盡心經理，以冀仰酬我聖母撫育教誨有加無已之深恩。……所有歸政屆期一切典禮事宜，著各該衙門敬謹酌議具奏。」91

此上諭已明顯反映出光緒帝的心意。儘管他沒有、也不敢明確表露對西太后在「歸政」上反覆的不滿情緒，然而光緒帝卻委婉地流露出希望太后休息的心情，並表示了自己完全可以「盡心經理」朝政的態度。但看來，這時的光緒帝對西太后圍繞「歸政」、「親政」所以翻來覆去的實質尚無認識，更未看到西太后的真實面目。因此，他還沒意識到「親裁大政」、「乾綱獨斷」云云，仍不過是自己一廂情願的幻想罷了。僅此，便足以證明，這個年輕的皇帝，比起西太后這個老謀深算、在複雜的晚清政壇上一次次擊垮政敵，並能巧妙而不露痕跡地繞過一個個暗礁、控制局面的女人，在政治上他還太稚嫩了。

在古代宮廷政治中，婚姻從來都不是純自然的情感結合之產物。在光緒帝親政之前，西太后藉為「皇兒」操辦婚事之機，又一次將婚姻政治化，為自己將來更有效地掌握皇帝做了最後一次安排。

給光緒帝擇偶成親，對於西太后確實具有格外重要的意義。在歷代王朝中，皇帝的后、妃，尤其是皇后，與皇帝的關係最為密切，她對皇帝的思想及其政務活動都有特殊的影響力。西太后比誰都清楚，她自己正是一個由妃子而漸次步入青雲，成為清廷的最高主宰者的。因此，西太后更為深切地知道作為后、妃地位的分量。顯然，狡詐陰險的西太后絕不會輕易忽視光緒帝后、妃的選擇。她要鞏固住自己在清廷中的專權地位，牢牢地控制住光緒帝，又必須使未來的皇后對她惟命是從；並通過這個皇后影響光緒帝，最低也要利用皇后把握住光緒帝的一言一行、一舉一動。

在傳統倫理道德禁錮著人們思想的時代，父母對子女的婚姻有絕對的決定權。說來，歷代帝王，既然操有對所有臣民的生殺予奪的至高無上權力，對自己后、妃的選擇似乎應是為所欲為的。但對光緒帝而言，事情卻不那麼簡單。西太后一言可以將其立為皇帝，並且在其卵翼下長大成人。儘管作為母親她並非是親的，可光緒帝則必須視其為比親生母親還要親。囿於「孝道」，出於敬畏，他在其婚姻問題上亦將是難以自主的。在西太后看來，她既然能左右光緒帝個人的一切，也完全可以利用這種「母子」情分和「孝道」倫理，按照自己的意志為光緒帝選定皇后。這也正是她能名正言順地公然宣稱為光緒帝籌辦婚事的原因所在。而且這次為帝選立后、妃，已再也不會像為同治帝選后、妃那樣有人掣肘；此次完全可以隨己之意了。至於自己的這種選擇是否合於皇帝的意願，她是絕對不會去考慮的。

西太后的主意拿定之後，各有關部門又一陣忙碌。七月二十七日（九月三日），又一懿旨發布：「皇帝大婚典禮，著於光緒十五年正月二十七日舉行」。本年十一月初二日「納采」，十二月初四日「大徵」。儘管大婚的日子已定，可是皇后為誰，仍是一個謎。無人能猜著西太后的葫蘆裡究竟是裝的什麼藥。

清朝入主中原後，皇帝的后妃主要來自於八旗秀女。規定：每三年在旗內部選一次秀女，選中者，「或備內廷主位，或為皇子、皇孫拴婚，或為親、郡王及親郡王之子指婚」[92]。在應選範圍之內的旗人女子十三歲以上都要經過挑選，未經挑選者不准私相聘嫁。當西太后發出為光緒帝大婚的懿旨後，經一選再選，直到九月，還剩三十一個小姑娘。九月二十四日後半夜，在西苑儀鸞殿西太后又一一閱看一番，似乎很為認真，很重相貌，看後淘汰了十六名。二十八日又經「認真」挑選，還剩下八名秀女。其中有西太后的內侄女、其弟桂祥之女；有江西巡撫德馨的一雙女兒；有侍郎長敘的一對姊妹；還有鳳秀之女（即同治帝慧妃之妹）等。到十月初五（十一月八日），謎底終於揭開，兩道懿旨同時頒下：

「皇帝寅紹丕基，春秋日富，允宜擇賢作配，佐理宮闈，以協坤儀而輔君德。茲選得副都統桂祥之女葉赫那拉氏，端莊賢淑，著立為皇后。特諭。」

「……原任侍郎長敘之十五歲女他他拉氏，著封為瑾嬪；原任侍郎長敘之十三歲女他他拉氏，著封為珍嬪。」93

這樣，光緒帝的后、妃便算確定。

據文獻記載和清宮留下的照片看，桂祥之女不僅相貌平庸，且已二十一歲，早已過了規定的預選年齡（按：清宮選秀女自十三歲預選，到十七歲即算「逾歲」，不在挑選之列了）。因此，此次桂祥女逾歲參選秀女，已屬違制，明白顯示了西太后的用心。所以在其懿旨中，不提中選皇后的年齡。而且這位比光緒帝年長三歲的皇后「中選」，不是出自光緒帝的意願，更是顯而可見的了。據當時宮中太監說：

「西后為德宗（光緒帝）選后，在體和殿，召備選之各大臣小女進內，依次排立，與選者五人94，首列那拉氏，都統桂祥女，慈禧之侄女也（即隆裕皇后）。次為江西巡撫德馨之二女，末列為禮部左侍郎長敘之二女（即珍妃姊妹）。當時太后上座，德宗侍立，榮壽固倫公主及福晉命婦立於座後。前設小長桌一，上置鑲玉如意一柄，紅繡花荷包二對，為選定證物（清例，選后中者，以如意予之；選妃中者，以荷包予之）。西后手指諸女語德宗曰：『皇帝誰堪中選，汝自裁之，合意者即授以如意可也。』言時，即將如意授與德宗。德宗對曰：『此大事當由皇爸爸主之（據宮監，當時稱謂如此），子臣不能自主。』太后堅令其自選，德宗乃持如意趨德馨女前（又有云，當時光緒帝先至長敘之女、後來之珍妃面前。據考證，此說不確，「趨德馨女前」說較為有力——引者），方欲授之。太后大聲曰：『皇帝！』並以口暗示其首列者（即慈禧侄女），德宗愕然，既乃悟其意，不得已乃將如意授其侄女焉。太后以德宗意在德氏女，即選入妃嬪，亦必有奪寵之憂，遂不容續選，匆匆命公主各授荷包一對予末列二女，此珍妃姊妹之所以獲選也。」95

這一過程頗合西太后行事慣技，應屬可信。

就這樣，西太后明知光緒帝本人不願意，還是硬把自己親弟弟桂祥二十一歲的女兒指配給光緒帝為皇后。如此，皇帝雖不是自己親兒子，卻是自己親妹妹之子；皇后又是西太后弟弟的女兒，可以說都與西太后母家葉赫那拉氏關係密切。而按皇帝統緒的安排，光緒帝是作為繼承咸豐皇帝、兼祧同治皇帝繼承皇位的，將來光緒帝、后生有皇子，不僅有三分之二以上的葉赫那拉家族血統，且是皇位的當然繼承者。西太后的這一「妙著」，「一則於宮闈之間，可刺探皇帝之動作；一則為將來母族秉政張本」。正如《慈禧外紀》作者所見：「太后以己之侄女，選為皇后，亦具有深意。前此為同治帝選擇有德有勇之阿魯特皇后（嘉順皇后），其後常與太后反對，至其死而後已。

太后懲於前事，故此次為光緒帝選后，其意重在為己心腹。以監察皇帝之行為，而報告之。」[96]真可謂一舉數得。

光緒帝之皇后葉赫那拉氏，後上徽號「隆裕」，生於一八六八年二月三日（同治七年正月初十日）。為皇后「實能如太后之旨，觀其外，似若淡泊無所為，實則具有葉赫那拉遺傳性之一端也」[97]。因其相貌平平或又有其他緣故，所以光緒帝「頗不屬意於隆裕，顧以孝欽（西太后）之強迫指定，遂勉奉之」[98]，從「未受光緒的恩寵」[99]。不僅如此，其後「帝與后常不睦，此為著明之事，凡有爭執，后每得勝，故皇帝寵愛珍妃、瑾妃」[100]。

瑾嬪與珍嬪（後晉升為瑾妃與珍妃）為二姊妹，姓他他拉氏，為滿洲正紅旗人。其祖父裕泰，在道光、咸豐年間曾任湖廣、閩浙總督；其伯父長善在同治及光緒初年曾任廣州將軍；父長敘，官禮部左侍郎。姊妹二人出身於清朝滿族大官僚家庭。瑾妃，生於同治十三年八月二十日（一八七四年九月三十日）；珍妃生於光緒二年（一八七六年）。二人雖為同胞姊妹，但相貌、性格卻頗有區別。瑾妃相貌不及其妹，性格平穩、脆弱；而珍妃雖小兩歲，可「貌既端莊，性尤機警」[101]。居家時受其較為「開明」的母親和有才學的族兄、名士志銳（長敘長兄長敬之子）的影響，則思想開朗、倔強敢為、志趣廣泛、反應敏銳，當然也不乏天真的性格[102]。光緒帝處於政治漩流之中，而且又受到來自皇太后和宮廷的種種管束與約束，其宮中生活亦為單調而冷淡。珍妃的入宮猶如石入死水，激起了光緒帝對未來的憧憬和熱情，也增加了一分對自己的理解和同情。

光緒帝的后、妃既已擇定，無論其本人的心情如何，天子喜事當然不能草率，隨後一系列的典禮相繼展開。在正式的大婚禮舉行之前尚有百餘天，較大規模的典禮便是「納采禮」和「大徵禮」。

所謂「納采禮」，就是向皇后娘家贈送采禮時所舉行的儀式。這時的禮物還算簡單，不外乎馬匹、甲冑、布帛一類的東西。十一月初二日（十二月四日），禮部尚書奎潤被派定為正使，戶部尚書福錕為副使。當太和殿前一系列禮儀演完後，將禮物放入十六座「龍亭」中。接著，正、副使捧節先行，隨後內務府官員及侍衛等大隊人馬抬「龍亭」、牽馬匹、旗幡飄揚、浩浩蕩蕩直奔后母家所在地的朝陽門內方家園而去。為了顯示威勢，借姊姊（西太后）的光當上承恩公的桂祥——光緒帝的岳父——按例請朝廷一、二品大員到府擺下八十桌宴席，「大宴群臣」。那個還未進宮的「皇后」當然也就恍如夢境似地受到了群臣三跪九叩的賀拜。

接下來的「大徵禮」是在十二月初四（一八八九年一月五日）舉行。這次不僅要向皇后、皇后的父、母送更多的禮物：金銀、各色布帛衣物、鞍轡馬匹等，還要告知即將奉迎皇后入宮的時間。當帝師翁同龢等向光緒帝「跪賀大喜」時，由正、副使李鴻藻、嵩申帶領的送禮隊伍，正抬著一百二十座裝盛禮物的采亭行進在途。

一切正按著西太后的意願和所訂的時間表順利進行中。

（二）大婚與「親政」

「大徵禮」過後十餘天，天氣正寒，京城雪花飛舞，平地積雪數寸。正當清宮上下鬧鬧烘烘，將要為光緒帝大婚舉行正式典禮時，十二月十五日（一八八九年一月十五日）半夜，禁城大火燒毀了太和殿前的太和門。

太和門九楹三門，門內東西廡各三十二楹，迴廊相接，除了體仁閣和宏義閣外，便是內務府的銀庫、衣庫、緞庫、皮庫、茶庫及武備院貯藏氈毯鞍甲之處。起火在茶庫，結果正好火借風勢，很快由西向東延燒到貞順門，又由貞度門燒到太和門，再燒到東部的昭德門。一時間烈焰飛騰、嗶剝爆響。儘管九城車馬奮力撲救，仍無濟於事，眼看雕梁畫棟霎時將化為灰燼。「此奇災也，驚心動魄，奈何奈何！」103

真是無可奈何！西太后一夜心驚肉跳。然而到底是老謀深算，在滿朝文武的驚嘆聲中，承太后之意，以光緒帝名義發下諭旨，除了對引起火災的值班章京和護軍交刑部嚴辦之外，還由戶部拿出一萬四千二百兩銀子獎賞救火的官員人等。在上諭的末尾有：「火災示警，深宮祇懼實深，惟有寅畏天威，益加修省，於一切政事不敢稍涉懈弛」等語104。儘管有此自白，隨後六部九卿上書房（教皇子讀書處）師傅、御史等至少連銜數十人，封奏十餘道，大意是以「天怒」為詞而淡「人怨」，「言修省、言停修鐵路、言開言路、言停止各項無益之工程、言撤慶典、言杜絕幸進之門」等。有些用語雖然委婉，卻也一針見血105。偏巧就在火災的第三天，兩廣總督和南、北洋通商大臣又來電，「以萬壽山工程（即頤和園）允撥二百八十萬兩（白銀）」106。真如火上澆油。西太后不得不做點兒表面文章，頒下懿旨：

「本月十六日貞度門不戒於火，固屬典守不慎，而遇災知儆，修省宜先，所有頤和園工程、除佛宇暨正路殿座外，其餘工作一律停止，以昭節儉而迓庥和。」107

然而，宮廷表面的喜慶已被這場天災人禍籠罩上一層陰影。翁同龢在這一年最後一篇日記中寫道：

「今年五月地震，七月西山發蛟，十二月太和門火，皆天象示儆，呈鄭工合龍為可喜事，然亦不足稱述矣。況火輪馳鶩於昆明，鐵軌縱橫於西苑，電燈照耀於禁林，而津通開路之議廷論譁然，朱邸之意漸回，北洋之議未改。歷觀時局，憂心忡忡，忝為大臣，能無愧恨。」108

無論如何，光緒帝的大婚禮還是要如期舉行的。想當年西太后入宮時，早已有鈕祜祿氏為皇后，儘管她為咸豐帝生下了唯一的一個兒子，好不容易晉升為貴妃，始終未能成為皇后。即使兒子載淳當了皇帝，母以子貴，其仍要屈尊於東太后之下。那時，西太后每以此恨恨不平。現在，她終於有機會讓葉赫那拉氏成為皇后，必須由大清門（位於天安門前正陽門之後）光明正大地抬入宮中。不料太和門又燒成一片廢墟，總不應再留下什麼遺憾。可距大婚禮只有四十餘日，要想修復，縱使鬼斧神工，也難以盡復舊觀。對此西太后心如明鏡，在朝諸臣也急如熱鍋螞蟻。最後也只好暫時採取應急措施，從宮內外找來大批搭棚、裱糊、紮彩匠人，木釘紙糊，到大婚期近，倒也紮製出一座幾乎可以充真的「太和門」。有詩曰：

「德宗未造觀艱難，婚禮未祥事可嘆；
先遣祝融為肆虐，蘆棚包裹假天安。」109

光緒十五年正月二十二日（一八八九年二月二十一日）到二十四日（二月二十三日），三天之內，西太后為了穩定其臣屬和籠絡人心，以她的名義，連續頒發懿旨，對清廷的文武百官、封疆大吏以及皇親國戚（無論是活著的還是死去的）都大行獎賞，加官晉爵，賜謚封號。甚至對那些駐京的外國使臣，也給予「表彰」、「設宴款待」110。似乎真的喜氣洋洋、人人歡樂、紙醉金迷，一片歌舞昇平。其實，正像新紮製的太和門那樣，外強中乾，看去儼然雕梁畫棟，卻在風中瑟瑟發抖，內裡朽木爛紙一團糟。就在這種外弛內張的氣氛中迎來了光緒帝的大婚典禮。

當皇后及瑾、珍二嬪的娘家將妝奩送入宮後，正月二十六日（二月二十五日），便是宣布奉迎皇后的「黃道吉日」。午時未到，百官齊集。午正三刻，光緒帝珠冠龍袍在太和殿升座，於淨鞭脆響聲中，王公百官三跪九叩，聽禮部官員宣讀冊封皇后的詔書。奉迎正使武英殿大學士額勒和布及副使禮部尚書奎潤待光緒帝還宮後，即捧節由丹陛正中下殿，領奉迎大臣護送皇后金冊玉寶及一柄御筆「龍」字金如意鳳輿，緩緩往后邸而去。誰知在欽天監選定的皇后離母家的「良辰」子時，卻突然西風大作，風吼馬嘶，暗夜中燈火明滅，行走艱難，待皇后進入大清門已是清晨。再經過一系列繁文縟節的折騰之後，當光緒帝與皇后進入洞房——坤寧宮東暖閣時已是東方既白。與此同時，瑾、珍二嬪也已由神武門迎入翊坤宮。至此，「大婚禮」算告結束。

按照清代帝王大婚的禮制規定，大婚後的三四天內，還有一系列拜祭和「朝見禮」、「慶賀禮」、「筵宴禮」等。然而，這一切對於光緒帝來說，已成了不堪應付的沉重負擔。本來，他並不想讓桂祥之女為皇后，對這場出於西太后政治需要而一手包辦的婚事，光緒帝不僅未領略到喜氣和歡欣，反覺得自己不過像一尊木偶一樣被人揮來拖去，心中甚為悵然，可又無力擺脫。他的這種不佳的心緒終於使其不耐煩了。到婚後第四天，他藉口有病，竟把原定在太和殿宴請「國丈」及整個皇后家族、在京滿漢大員的筵宴禮撤銷了。當光緒帝命人「把宴桌分送給在京的王公大臣時，竟然『未提后父、后族』，以致京師街頭巷尾，議論紛紜。年輕氣盛的光緒帝想用這種方式發洩胸中的忿懣，表示他對這場包辦婚姻的抗爭，但他卻沒有料到，這種缺乏忍耐的舉動竟成了日後悲劇之嚆矢」[111]。

紙紮大清門是因時間來不及的權宜之計；光緒帝取消筵宴禮乃因情緒不佳，這一切並不等於光緒帝大婚只是草率行事。原來，自從上年西太后降懿旨準備舉行大婚始，整個清廷儘管財政拮据，還是稟承西太后旨意，竭盡全力操辦其事的。

歷代王朝的皇帝大婚禮都極盡豪奢，自不待言。僅就清代帝王大婚而言，其花費到同治帝已可算達到很高水平，然惟獨光緒帝大婚為「最侈」[112]。有人據清宮的有關材料統計（應是不完全的統計），在光緒帝大婚中，計用黃金四千一百二十六兩九錢三分五釐；白銀四百八十二萬四千一百八十三兩五錢九分二釐一毫；制錢二千七百五十八串之多[113]。據《翁文恭公日記》載，為光緒帝大婚「提撥京餉銀五百五十萬兩（部庫三百五十萬，外省二百萬。內交進五百十萬，劃撥外省製辦活計銀二十七萬，餘銀二萬七千三百六十七兩零，又平餘銀二萬三千三百五十七兩，現應交進銀共四萬九千七百二十五兩零——原注）」[114]。其中當然不包括地方官員及在朝諸臣所送的「重禮」和賀資。僅就這不完全的數字看，光緒帝大婚的費用也是極其驚人的。

傀儡式的年輕光緒皇帝，在國家事事艱窘，財政無出的形勢下，為何因自己的大婚，花費如此之巨的錢財，進行這樣奢華的炫耀？而不慮及會造成自己親政後的艱難呢？柳詒徵在其〈清德宗之大婚〉一文中一針見血地指出：此舉「以一人之婚媾，糜如此之巨款，其名以示帝室之尊榮，其實以飽私人之囊蝕」[115]。所謂「中飽私囊」，除興工修繕、置辦物品、大擺筵宴等官員上下其手、層層貪占外，亦與西太后無度的奢欲緊密相關。西太后在光緒帝大婚和隨之而來的光緒帝親政問題上作了不少文章，進行了細緻的布置和安排。為了滿足其個人永無止境的享樂欲，除藉口準備「歸政」修頤和園外，還利用光緒帝大婚之機，以「增加其私蓄」[116]。她以籌畫大婚經費為名，早在光緒十三年閏四月十四日（一八八七年六月五日）就已發布懿旨，要「先期預備」。五月二十四日（七月十四日）更明頒懿旨說：

「皇帝大婚時所需款項，理宜預為籌備，著戶部速撥銀二百萬兩，解交大婚禮儀處[117]敬謹恭辦。」[118]

到了光緒十四年正月十七日（一八八八年二月二十八日），西太后又親降懿旨，下令增撥大婚用款：

「辦理大婚典禮，戶部去歲籌撥外用之款二百萬兩，著戶部全數提撥來京，由禮儀處交進。其傳辦外省應需之款，由禮儀處隨時奏明，核定價值請領，由內支發。再辦理大婚之款，四百萬兩尚不敷用，著戶部再行籌撥一百萬兩，先行提撥二十萬兩，亦由禮儀處交進，其餘八十萬兩陸續籌撥。欽此。」[119]

看當時臣下奏報，各省為籌措該項巨款，可以說是絞盡了腦汁。

如前所述，當時正值耗費甚鉅的抗法戰爭結束不久。接著，清政府以組建北洋軍為中心的海防建設正在進行之際，加上西太后重修三海及擴建頤和園的揮霍，清政府的財政已十分吃緊。尤其是從光緒十二年（一八八六年）以來，在直隸、奉天（今遼寧）、山西、山東、河南以及江西、四川等遼闊的省區，連年遇旱、遭水、被雹，造成嚴重的災害。特別是連續不斷的洪水氾濫，致使廣大的「小民蕩析離居，深堪憫惻」[120]。河南亦因黃河不斷決口造成一片汪洋，「當此奇災洊至，民不聊生」[121]。山東更是連遭水患，使無數「貧民飢寒交迫」[122]。上述各省情況如此，其他災區的情形同樣「實可傷慘」。就是在這瘡痍滿目、廣大人民深陷水火的淒慘情景中，西太后依然我行我素，不顧人民死活，藉口「大婚」連續向各省索取巨款。本來各地人民已處於「餬口無資，實厲力難交納」的困境，可是各地方官為了「交差」、討好西太后，仍「即行催索」[123]。就此，無情的天災人禍一齊加到廣大人民群衆的頭上。

就這樣，西太后等人，把從人民身上吸吮來的無數血汗錢，通過其各級官吏之手，經「禮儀處」這個孔道，流進了他們的私囊。這就是光緒帝大婚最侈的內幕。總之，光緒帝大婚期間，在清宮可謂燈紅酒綠，一片狂歡縱樂之聲。但對國家和人民來說，卻又是一場慘重的浩劫。

皇帝既已大婚，自然應「親裁大政」了。光緒十五年二月初三日（一八八九年三月四日）即婚後第六天，光緒帝舉行了親政大典。當時，西太后在慈寧宮接受光緒帝率領群臣三跪九叩，然後還宮；旋即復出御中和殿，接受執事官行禮。光緒帝再御太和殿，樂作；升座；樂止；鳴鞭三；王公百官行禮，並宣詔頒行天下[124]。自此，光緒帝算是正式開始親政了。西太后為了表明自己讓光緒帝親政的心誠意切，早在上年五月便已開始間斷性地進駐頤和園了。至此，她一手導演的這齣光緒帝「親政」鬧劇，在幕前幕後，時斷時續地搞了近三年，終算落幕收場了。

然而，西太后為自己安排「退路」的尾聲卻在落幕收場前仍進行了一次極為精采的表演。

在大婚典禮前夕的光緒十四年十二月初一日（一八八九年一月二日），經西太后策畫，由禮親王世鐸等人出面，先行公布了一個西太后降旨「如所議行」大婚歸政後的清廷辦事「條目」，其要點為：

「一、臨雍經筵典禮，御門辦事，仍恭候特旨舉行；一、中外臣工奏摺，應恭書皇上聖鑑，至呈遞請安摺，仍應於皇太后、皇上前各遞一份；一、各衙門引見人員，皇上閱看後，擬請仍照現章（即「訓政」規章——引者），於召見臣等時請〔懿〕旨遵行……。」[125]

到此，光緒帝似乎有了例如接受中外臣工奏摺的一半權力。但綜合起來看，這個辦事「條目」還是堅持了清廷「諸大政，莫不稟承慈訓，始見施行」的原則。很清楚，授意公布這個辦事「條目」，西太后的目的無非是重申在光緒帝大婚親政後，仍要繼續維持由她控制清廷大政的局面。也正因如此，在進入次年（光緒十五年）的正月十八日，當禮親王世鐸以「恭逢歸政慶典，皇上親裁大政，一切事宜歸復舊制」，請「開去軍機大臣要差」摺一上，西太后立即表示：「皇帝躬攬萬幾，正賴左右輔弼之臣盡力籌維，贊成郅治。」因此，「毋庸固辭，所有開去要差之處，仍俟數年後一切全復舊制，再降懿旨」[126]。此意，不僅要保留她安排的全部親信重臣與原班人馬，且明確說一切還不能「全復舊制」（指皇帝大權獨攬後），還要等上數年再說。兩日後（正月十九），御史屠仁守[127]上了一個奏摺，其中有語：

「歸政在邇，時事方殷，請明降懿旨，依高宗訓政往事（指乾隆帝當太上皇事——引者）凡部院題本，尋常奏事如常例，外省密摺，廷臣封奏，仍書『皇太后聖鑒』樣，懇恩批覽，然後施行。」[128]

按西太后戀權之心，見此奏摺，當心中暗喜。然屠仁守在當時素有「鐵面御史」的耿直之名，絕非阿諛奉承、投機取巧之輩。故此一摺立即引起了西太后的疑心。故於次日頒下懿旨：

「覽奏殊深駭異，垂簾聽政，本屬萬不得已之舉。深宮遠鑑前代流弊，特飭及時歸政，上符列聖成憲，下杜來世口實，主持堅定，用意甚深，況早經降旨宣示中外，天下臣民翕然共遵。今若於舉行伊始，又降懿旨飭令仍書聖鑑，披鑑章奏，是出令未幾，旋即反覆，使天下後世視予為何如人耶！況垂簾權宜之舉，與高宗純皇帝大廷授訓政之典迥不相侔，何得妄為比擬。至歸政後祇見醇親王單銜具奏，暫須經達深宮。醇親王密陳數條，亦為初裁大政軍國重要事件。深宮定省，可以隨時稟承，並非著為典常，使訓政之事永無底止。該御史此奏，既與前旨顯然相背，且開後世妄測訾議之端，所見甚屬乖謬。此事關係甚大，若不予以懲處，無以為逞臆妄言亂紊成法者戒。屠仁守，著開去御史，交部議處，原摺著擲還。」129

對西太后來說，真可謂婊子要當，牌坊也要立。處分完御史屠仁守尚覺意猶未盡，加之落個「抑制言路」的名聲亦不甚妥當。二月二十一日，她又與光緒帝在養心殿東暖閣召見了翁同龢。這場對話甚為精采：

「（西大后）首言昨屠仁守事；（翁同龢）對御史未知大體，然其人尚是台中之賢者。曰吾心事伊等全不知；對此非該御史一人之言，天下臣民之言也，即臣亦以為如是。曰吾不敢推諉自逸，吾家事即國事，宮中日夕皆可提撕，何必另降明發；對此誠然。曰吾鑑前代弊政，故急急歸政，俾外人無議我戀戀；對前代弊政乃兩宮隔絕致然，今聖慈聖孝融洽無間，亦何嫌疑之有。曰熱河時肅順竟似簒位，吾徇王大臣之請，一時糊塗，允其垂簾，語次涕泣；對若不垂簾何由至今日（此數語極長，不悉記——原注）。」130

其實這種表白無疑是不打自招。所說實心急於歸政，不過是怕「外人議論」。而真正的用心則正在於「吾家事即國事，宮中日夕皆可提撕，何必另降明發」。真是一語道破天機。

就這樣，垂簾聽政，到訓政，到歸政。從表面上看，西太后把最高權力逐步地移交給了光緒帝，這回她就要退養頤和園了。其實光緒帝大婚後最初一段時間，西太后仍以居住宮內為多。只要她住在宮內，光緒帝仍每日請安如故；即使西太后住頤和園，他也要「間日」或數日一往問安。「太后此時，表面上雖不預聞國政，實則未嘗一日離去大權。身雖在頤和園，而精神實貫注於紫禁城也」[131]。對此光緒帝雖百般不願，但西太后對其十數年的雕鑿塑造，他怎敢貿然無視這尊「老佛爺」的存在？西太后這個實際上的最高統治者，像陰影一樣籠罩在光緒帝的頭上。因此他別無選擇，只能謙恭自抑，把握好分寸，小心謹慎地處理好一切無關大局之政務。因此時人觀察分析到：

「是時太后初歸政，方借園（指頤和園——引者）居娛老。上春秋盛，每事不欲自專，必秉命而行，常時輒一月數問起居。」[132]

「（光緒帝於）用人行政，仍隨時稟承，莫敢違焉。」[133]

還是翁同龢看得清楚，他在日記中寫到：

「現在辦事一切照舊，大約尋常事上決之，稍難事樞臣參酌之，疑難者請懿旨。」[134]

因此，「朝中大事，帝與大臣皆知，必須（向西太后）秉白而後行」[135]。那種認為「大概言之，慈禧退居頤和園約有十年。此十年之中，除增加其私蓄之外，未曾干預國政也」[136]的說法是很不準確的。

總之，數年來，圍繞光緒帝親政一事所進行的種種事實表明，西太后確實投入了全部精力，變換著不同的手法。但萬變不離其宗，那就是執掌最高權力的形式可以改變，但實際操縱的權力不能放棄。此後，光緒帝表面上南面獨坐，君臨天下，不過其在清王朝中的處境，並未因此而有實質上的變化。正因如此，隨著時間的推移和政見上的分歧，便逐漸圍繞清廷中的這兩個政治中心，形成了日漸清晰的兩個政治派別，即所謂的后黨和帝黨。而政出多門的不同聲音，對晚清政局發生了至為深遠的重大影響。

（三）奕譞之死

俗語說：「知子莫如父」。然而對醇親王奕譞而言，他對自己的親生兒子光緒皇帝還算不上深知。不過自「甲申易樞」，奕譞在實際上朝參大政後的數年之中，也隱隱感覺到了光緒帝那種時常表現出來的抑鬱之氣和「倔犟」。他常為此感到擔心並處於經常性的高度緊張狀態中。因為憑其近三十年與西太后合作的經驗和體會，他對這個為權力而冷酷無情、翻臉不認人的妻姊有所知，但越是了解便越是缺乏自信。其實，奕譞本以為自己也可以在政治上有所作為的。然而，兒子入宮當了皇帝，被卵翼於太后淫威之下，因而為避嫌疑，自己別無選擇，只能明智地隱退。這種不情願，儘管有他時時提醒自己謙抑自保的座右銘作為警惕，可仍難以自抑。或許他以為即使自己難以有望再當大任，還應保持在朝中參與機務的地位。以自己的行為平衡或彌補兒子年幼的稚嫩、無知輕率的某些不到或「過失」，以贏得西太后的好感；至少不能出「天樣大事」而招致「喪身家」的慘禍。因此，自小戴湉入宮為帝，他便如臨深淵、如履薄冰，小心翼翼供職，戰戰兢兢應差，在心力交瘁中等待著「有朝一日」……

現在，十九歲的兒子終於「親政」了，但事實上仍不過是個傀儡。對此，奕譞可說是洞若觀火。同時，自己的處境也更加艱難了。光緒帝大婚親政前屠仁守所上請皇太后在皇帝親政後，「臣工密奏仍書『皇太后聖鑑，伏乞裁奪』」一摺，分明是要皇太后注意抑制醇親王之權，警惕出一個「太上皇」的意思。而就在光緒帝大婚親政後的第五天，河道總督吳大澂真的就上了一個「請飭議尊崇醇親王典禮」的奏摺。其中說：

「臣竊惟醇親王公忠體國，以謙卑謹慎自持，創辦海軍衙門各事宜，均已妥議章程，有功不伐，天下臣民所仰望。在皇太后前，則盡臣下之禮，在皇上則有父子之親。我朝以孝治天下，當已正名定分為先。凡在臣子為人後者，例得以本身封典，貤封本身父母，此朝廷錫類之恩，所以遂臣子之孝思者，至深且厚。屬在臣工，皆得推本所生，仰邀封誥，況貴為天子，而於天子所生之父母，必有尊崇之典禮。孟子云：『聖人人倫之至，本人倫以制禮。』不外心安理得。皇上之心安，則皇太后之心安，天下臣民之心，亦無不安。」137

在此，吳大澂自不能免去「拍馬投機」之本意138。但拍的不是西太后，而是「父以子貴」的醇親王。這一下，倒真觸動了西太后一直深嫉醇親王的那根神經。她一直擔心的事終於發生。儘管在奏摺上只看出有揚醇王之心，看不出有抑西太后之意，可權力消長則必然有揚自有抑。

「方是時，大澂盛負時譽，頗發抒意氣，見孝欽皇后寖驕侈佚樂，頗以醇親王帝父，為天下歸望也。使奄人風人，倡帝以天下養之說，……大澂夙與王善，治河有成功，詔實授河東河道總督，賞加頭品頂戴，旋錫兵部尚書銜，寵命稠疊，自恃眷倚方隆，具疏請飭議醇親王稱號禮節……孝欽后得疏震怒，意尊帝父，即以傾己勢也。」139

於是在吳大澂上摺當日即頒下懿旨：

「本日據吳大澂奏請飭議尊崇醇親王典禮一摺。皇帝入嗣文宗顯皇帝，宣承大統，醇親王奕譞謙卑謹慎，翼翼小心，十餘年來，深宮派辦事宜，靡不彈極心力，恪恭盡職，每遇優加異數，皆再四涕泣懇辭。前賞杏黃轎，至今不敢乘坐。其秉心忠赤，嚴畏殊常，非徒深宮知之最深，實天下臣民所共諒。自光緒元年正月初八日，醇親王即有《豫杜妄論》一奏，內稱歷代繼統之君，推崇本身父母者，以宋孝宗不改子偁秀王之封為至當。慮皇帝親政後，僉壬幸進援引治平、嘉靖之説，肆其奸邪，預具封章，請俟親政時宣示天下，俾千秋萬歲，勿再更張。其披瀝之誠，自古純臣居心，何以過此？此深宮不能不嘉許感嘆，勉從所請者也。茲當歸政伊始，吳大澂果有此奏，若不將醇親王原奏及時宣示，則此後邪說競進，妄希禮梯榮，其患何堪設想。用特曉諭，並將醇親王原奏發鈔，俾中外臣民咸知我朝隆軌超越古今，即賢王心事亦從此可以共白，嗣後闞名希寵之徒，更何以用其覬覦乎？將此通諭知之。欽此。」140

所謂醇親王奕譞十五年前即已寫下的《豫杜妄論》內容如次：

「臣嘗見歷代繼承大統之君推崇本生父母備載史書，其中有適得至當者焉：宋孝宗不改子偁秀王之封是也。有大亂之道焉：宋英宗之濮儀；明世宗之儀禮是也。張璁、桂萼之侍無足論矣。忠如韓琦，乃與司馬光議論牴牾，其故何歟？蓋非常之事出，立論者勢必紛沓擾攘。雖乃心王室不無其人，而以為梯榮之具，迫其主以不得不視為莊論者正復不少。恭維皇清受天之命，列聖相承，十朝一脈，至隆極盛，曠古罕覯。詎穆宗毅皇帝春秋正盛，遽棄臣民，皇太后以宗廟社稷為重，特命皇帝入承大統；復推恩及臣，以親王世襲罔替渥叨異數。感懼難名，原不須更生過慮。惟思此時垂簾聽政，簡用賢良，廷議既屬執中，邪說自必潛匿。倘將來親政後，或有草莽新進之徒，趨六年拜相捷徑，以危言故事聳動宸聽，不幸稍一夷猶，則朝廷徒滋多事矣。合無仰懇皇太后將臣此摺留之宮中，俟皇帝親政時，宣示廷臣世賞之由及臣寅畏本意。千秋萬載，勿再更張。如有以治平、嘉靖等朝之說進者，務目之為奸邪小人，立加屏斥。果蒙慈命嚴切，皇帝敢不欽遵。是不但微臣名節得以保全，而關乎君子小人消長之機者實為至大且要。」[141]

西太后似乎沒費多大力氣，便給了吳大澂之奏以致命一擊。在顧起潛所撰《吳大澂年譜》中說：當時人傳，《豫杜妄論》根本不是醇親王奕譞十五年前所為，「實大澂疏上，孝欽后以其（吳大澂奏中）引高宗御批，無能以折之，不如託王小心寅畏、樞臣承旨代草，倒填年月，假說王密陳留中，故能與大澂疏針芥相投，事祕莫能明，然說者不為無因也」[142]。然真僞無論，《豫杜妄論》一出，「吳（大澂）君雖未遭譴訶，然辱甚矣」[143]。奕譞的有生之年也因此再也無法以皇帝本生父被尊崇於朝，相反，由於怕西太后猜嫌，甚至成為朝臣親近非常忌諱的對象。儘管奕譞本心也未必真有當「太上皇」的野心，可畢竟此事使他徹底認清了政治漩渦的無情和凶險。

事實上，醇親王奕譞本才具平庸，可他「思謙堂」中戒驕戒盈的謙退之道遠不如其志向來得遠大。早在同治年間，他便積極表現，希望在內政外交上能有所作為，但因恭親王奕訢秉政在朝，且才具不及恭親王，似不得志。載湉入宮為帝，又要避嫌，光緒初年也未承當要職。「到了光緒七年慈安皇太后暴崩，奕訢失去了最有力的支持之人，而慈禧太后又一再顯示出她對奕訢的不滿時，奕譞不甘寂寞，認為他這時正可以為國家做一番事業了。由於他的這一意向，正好被慈禧用來排斥恭王奕訢，於是乃有光緒十年三月的甲申朝局變革」[144]。因此，甲申易樞後的軍機處，「實際上卻是醇王執其柄而孫毓汶操其權」，其他人物都不過傀儡而已[145]。

雖然以醇親王奕譞排斥了恭親王奕訢，「而王公大臣中自有妒忌他的人，慈禧的心中是猜疑著他、防範著他的」[146]。她對奕譞曾反覆觀察、尋找機會試探並予以警告：

「光緒八年，朝鮮亂起，盧江吳長慶，以淮軍往平其亂，執朝鮮王生父李罡應，歸之京師，所謂大院君是也。大院君既至京，那拉氏即命幽諸保定。朝鮮王數上疏乞恩，諸親貴亦為之緩頰，卒不許。……舉莫解其故，不知那拉氏正有深意存焉。蓋朝鮮王李熙以旁支入承大統，其事正與載湉之繼載淳略同。那拉氏深慮奕譞他日恃皇帝本生父之尊，把持朝政，故先藉罡應事以示威也。顧奕譞初不悟其意。及後管理軍機，罡應被拘已三年矣。一日燕見，會李熙復有表至京，奕譞即以加恩外藩為請，乞准其所奏，宥罡應歸國，以全父子之情。那拉氏聞奏，默然良久，但微哂曰：『吾此舉正別有深意，將使天下有子為人後者有所警惕而不敢妄為耳，非於李罡應有何仇怨也。』奕譞聞之，戰慄失色，伏地不起。有頃，那拉氏乃笑而慰之曰：『王毋多心，吾知王忠效，此語並非為王發也。』且敕二內侍掖之以出。奕譞既歸第，惘然若有所失者數日。又越數年，使釋罡應歸。」[147]

對奕譞來說，兒子入宮當了皇帝，表面上看是借了福晉與西太后姊妹的血緣關係的光，乃莫大造化。其實，不啻被西太后扣押了一個人質。西太后正是要利用這種割不斷的父子之情，使其父子均有所畏懼。這種殺雞駭猴的手法正是西太后的慣技。甚至連其親妹妹醇王福晉，也被這種震懾弄得日夕不安。「甲申易樞」後：

「軍機處遇有緊急事件，須和我（溥傑）祖父（醇親王奕譞）商議辦理。這時任庶子的盛昱和錫珍，任御史的趙爾巽等便先後上書，說『醇親王奕譞不宜參與機務』。當然我祖父每遇到優遇的旨意，總是要再三固辭，甚至會流涕堅辭。於是慈禧便下了一道意味深長的指示說：『自垂簾以來，揆度時勢不能不用親藩進參機務。諭令奕譞與軍機大臣會商事件，本專指軍國重事，非概令與聞。』同時，對於我祖父的堅決辭退，也特降『諭旨』明示道：『俟皇帝親政再降懿旨。』」148

到光緒十一年（一八八五年）「以總海軍事務，所有沿海水師，悉歸節制調遣」。這是醇親王「權力鼎盛」的時期。其時，「一般梯榮希寵者流，趨之若鶩，其管事家人張翼洊歷至內閣侍讀學士，家貲累鉅萬萬，銀潢華冑，與締婚姻」149。儘管如此，「奕譞因自已的兒子須在西太后掌中過活，不得不仰承意旨，買她的歡心。於是串通了李鴻章，挪用海軍經費修頤和園」150。一直為清議所不直。光緒十二年，賜奕譞及其福晉坐杏黃轎，可他一直不敢乘坐。在這種親情折磨和政治角鬥的漩渦中，他終於病倒了。自光緒十三年七月（一八八七年八至九月）起病勢逐漸沉重，「足腫手顫，可慮也」151。骨肉親情，生身之父病有不起之兆，深居九重的光緒帝，礙於西太后猜嫌不能前往盡情盡孝，只有在暗中垂淚。

僅引《翁文恭公日記》中所記，已不能不令人感慨：

「十月十五日（一八八七年十一月二十九日）……余（翁同龢）每問醇邸起居，上曰宮中內常有人去，但歸時太后前覆命，偶來，不常來也。」

十六日，……「醇邸精神短，可慮，……欲與御前同奏。請上詣邸看視，然究嫌疑之間也。……是日巳正入（書房），掀簾後即覺上容色異平時，數語忽垂涕，間不應。良久曰：今日世鐸奏，醇親王四肢不能轉動，皇太后著急，余亦著急，奈何奈何！臣寬慰曰：天祖在上必佑助。又曰，觀聖性如此，必能回天云云。上稍定，問臣曾往看否，對以曾去數次，不敢請見。上曰：不見何也。又曰今日去否。對曰：今日去。上曰：吾心惦念也，可帶此語去。時哽咽不能聲。敬對曰，今日必奉此語轉達。凡三四刻不能平杭。」152

到十九日（十二月三日），奕譞已「語言不振，喉間痰滯云云，恐益劇矣」。西太后總算開恩，在諸王公重臣數請之下，准許數日後她攜光緒帝「前往省視」。

「上於巳正啟鑾，午正到邸，隨太后見邸四次。邸以厚褥鋪地，欲起跪而不能，欠伸而已，此上所述也。聞上初到府中，至花園遊覽，有愁容。最後出至書室，與二位阿哥共處，曾落淚不懌，此內侍所言也。」153

「邸見上，以太后於邸閱海軍時所賜金如意付上，曰無忘海軍也。上見邸行拉手禮。」154

這是光緒帝自四歲入宮後的第一次還家。十三年過去，雖往事已不復記得許多，可物是人非，心思別在。雖貴為天子，卻宮內外，骨肉情絕毫無自由，不禁淚落由衷。

此後，西太后又數次攜光緒帝前往醇親王邸「視疾」，經一番診治，奕譞居然逐漸好轉。次年（一八八八年），因原太平湖邸出了一個皇帝，升為「潛龍邸」而返繳。西太后賜於什剎海原貝子毓攄府第另建醇王府，撥帑銀十六萬兩葺治。醇王奕譞遷居後不久，他終於熬到可以看到兒子光緒帝大婚親政典禮了。

奕譞還要掙扎撐持。他一生的進退兩難大概「命」中注定。本來知道光緒帝大婚親政自己要更加小心，不想吳大澂一奏反把他推到前台。即使《豫杜妄論》確為十五年前自己的先見之明，但誰能保證西太后今天還能相信自己仍肯奉命惟謹，自甘寂寞呢？

光緒帝「親政」後的三月二十三日（四月二十二日），「上奉慈輿詣頤和園，於龍王堂看水操，醇邸（奕譞）往督率，蓋水師學堂新教成者也」[155]。其時，頤和園工程已近尾聲；西太后就要以此為其「頤養」之所了。在此時刻，西太后採取如此之舉動，其主要目的無非是在渲染修園是為建海軍之假象，以緩和臣下對修建頤和園的指責。同時，抑或也是對倡議修園的醇親王奕譞，給予的一種肯定性評價。

但事後，在西太后看來，伴隨光緒帝「親政」，奕譞的「使命」已經完成。甚至覺得，醇王的存在，會對其在幕後操縱清廷（光緒帝）構成威脅。但是，明擻奕譞並無口實；而且其本人又無「引嫌退政」的表示。西太后又陷入左右為難之中。

另外光緒帝「親政」後，奕譞也更感到其處境困難。不過據《翁文恭公日記》載，這時醇王卻更加關注光緒帝的學習了，除數次囑託翁同龢加意外，還另有表現。就在頤和園閱看水操前數日，光緒帝在書房，「有話至醇邸，命（翁同龢）明日往」。次日，翁同龢「謁醇邸，值其見客，待五刻始見，致上意，談半時即散。三日，辰正上至，談昨事，一一具言之，語甚長也」[156]。所談內容翁同龢未記。以《翁文恭公日記》慣常記載看，似此不記傳達內容的情況很不常見，恐有不便記述之處是實。

然而到光緒十六年（一八九〇年）底，醇親王終於再次病倒，這次他沒有幸運地擺脫病魔的糾纏，於是年十一月二十一日（一八九一年一月一日）死於醇親王府，年五十一歲。

宮闈之事難加猜測，而權力之爭的殘酷和西太后為獨斷專制的不擇手段的本性當然也昭然若揭。正因如此，醇親王一死，立刻又引起了人們猜疑和推測。據《清宮遺聞》卷上〈慈禧致疑於奕譞〉中稱：

「奕譞病亟，直督李鴻章薦醫往視。奕譞弗與診脈，詔醫曰：『君歸言少荃（李鴻章字——引者），予病弗起矣。太后顧念予，日倩御醫診視數次，藥餌醫單，悉內廷頒出，予無延醫權，而病日深。』奕譞病，后往視，必攜德宗，暮必攜德宗偕返。德宗歸，必怒杖內監，擊宮中什具幾罄。人多譏德宗失狂，不知實有以致之。」157

而胡思敬在其《國聞備乘》中則更說得直接，他把奕譞之死說成是「宮闈疑案」，並言外廷有「異言」：

「奕譞之死也，皆云遘惡疾。先是孝欽從勾欄中物色一娼婦入宮，旋以賜奕譞。移而善淫，奕譞嬖之，遂得疾不起。奕譞素善趨承，何以見忌於孝欽。以末年砍伐陵樹事度之（見下文），事或有因，不盡誣也。」158

野史傳聞或跡近荒誕，然而時人於西太后對奕譞的猜忌之心均有所感。不准奕譞私自延醫治病倒完全可能是事實。如光緒十三年（一八八七年）奕譞病勢沉重，御醫無奈，而其私請民間醫生徐延祚卻診治大見轉機，然而「中旨不令服」其藥。對此，當時光緒帝就已大有疑問：

「上曰徐某方有效，而因用鹿茸沖酒，不令診脈矣，此何也？臣（翁同龢）未對。上又曰余意仍服徐方耳。又問今日往問候耶？臣對無事不往。」159

皇帝有疑問，大臣卻不敢回答，是何道理？表面看去不用民醫，似昭慎重，然寧可由御醫治不好，也不讓自請高手救治。其病危時，「藥餌醫單，悉內廷頒出，予無延醫權，而病日深」。這分明是奕譞對西太后的深怨，也說明奕譞深知西太后的用心。奕譞之死因與其說在於病，毋寧說是西太后的意願。而成熟起來的光緒帝，也已洞燭西太后的伎倆，眼見老父病危而束手無策，豈能不因盛怒而「失狂」。

奕譞死則死矣，然據溥傑的回憶說，事情如此仍不算完：

「我的母親也曾對我講：慈禧由於光緒的緣故，特別是在我嫡祖母葉赫那拉氏故去後，對於醇王府又恨又妒。因為聽人說，醇親王府所以出了皇帝，就是因為醇王府的妙高峰墳塋內有兩棵大白果樹——白果樹下埋了醇親王，將『白』、『王』二字合起來，豈不是個『皇』字。慈禧聽了就命人把那兩棵白果樹鋸掉。」160

同一事，在光緒二十年（一八九四年）進士，後為官禮部主事的王照著《方家園雜詠紀事》中，開篇即有詩曰：

「甘棠餘蔭猶知愛，柳下遺邱尚禁樵。
濮國大王天子父，南山莫保一株槁。」

在此記事詩後的附記則更為具體：

「……內務府大臣有英年者，兼步軍總兵，素講堪輿，嘗為大后擇定普陀峪萬年吉地，急謀升官，乘間獻媚於太后曰：醇賢王園寢有古白果樹一株，高十餘丈，蔭數畝，形如翠蓋，罩墓上，按地理非帝陵不能當。況白果白字，加於王字之上，明是皇字，於大宗不利。應請旨速伐此樹。太后曰：我即此命爾等伐之，不必告他。他即上也。內務府諸臣雖領懿旨，未敢輕動，同往奏聞於上。上不允，並嚴敕，曰：爾等誰敢伐此樹者，請先砍我頭。諸臣又求太后，太后堅執益烈。相持月餘。一日上退朝，聞內侍言，太后於黎明帶內務府人往賢王園寢矣。上亟命駕出城，奔至紅山口，於輿中號咷大哭。因往時到此即遙見亭亭如蓋之白果樹，今已無之也。連哭二十里，至園。太后已去。樹身倒臥，數百人方斫其根。……上無語，步行繞墓三匝，頓足拭淚而歸。」[161]

如果此事是實，西太后之嫉奕譞可能為「太上皇」已不獨在其生前，亦在其死後。「夫死後之白果樹尚不容，況生前之杏黃轎哉。王之知幾，其神矣乎」。[162]

儘管如此，當醇親王剛剛辭世之時，西太后當然無必要將心思顯露於朝，她立即發下懿旨，對奕譞來了一個蓋棺論定：

「皇帝本生父醇親王奕譞，秉性忠純，宅心仁厚，才猷遠大，勳業崇閎，……迨（光緒）皇帝入承大統，特降懿旨，令以親王世襲罔替，慰諭再三，涕泣受命。歷年以來，平章軍國重事，主持正議，利國利民。其總理神機營及創立北洋海軍，宏謨碩畫，成效昭然。前年親赴海口巡閱操防，尤能綜攬大綱，不辭勞瘁。論國家酬庸之典，雖疊頒異數，猶覺功浮於賞。而王謙謹為懷，益加寅畏，於特旨賞坐杏黃轎，始終不敢乘坐。並以現居賜邸為皇帝發祥之所，敬援雍和宮成憲，請旨恭繳。其忠敬篤棐之忱，數十年如一日，自古賢王，罕有倫比。王氣體素強，前歲感犯肝疾。特率同皇帝屢往問視，旋即調治就痊。本年夏間，感受暑淫，觸發舊疾，復同皇帝迭次詣邸看視……不料病勢已深，醫藥罔效，遽於二十一日丑刻薨逝。深宮震悼實深。著賞給陀羅經被，即日親臨賜奠，皇帝詣邸成服行禮。」163

另有兩道懿旨，為奕譞定稱號為「皇帝本生考」，諡號為「賢」。然後以隆重「飾終典禮」為其治喪安葬。

縱觀奕譞一生，實無太大作為，與其子光緒帝一樣，不過為西太后實現其個人私欲的工具。然而隨著國難危機的不斷加深，清廷各種勢力出於各種複雜的動機，也在不斷地分化組合。光緒帝閱歷的增加也促使他面對風雲變幻的國內國際形勢開始了自己的獨立思考。爾後這種「獨立」的願望和行為又構成了帝、后（西太后）漸趨加深的矛盾。

（四）被摧殘中的戀情

醇親王之死，對光緒帝的打擊不僅在感情上，而且在心理上使他無形地產生了從來未有的孤獨感。儘管醇親王在世時也未能給予光緒帝什麼直接的幫助，甚至還起些反作用。然而在他日臻成熟的心目中，不能不感到父親生前低首下心地對西太后百般恭奉，以身染重病之身，仍干冒清議亟亟於三海和頤和園工程。西太后雖住進了頤和園而優遊自得，可朝臣無不畏懼擔心，事事仍要稟承「慈訓」，較醇親王辭世前似更有過之。在高牆深院、宮殿森嚴的紫禁城中，臣工僕婢雖應聲叩首，但光緒帝仍感到無法排遣的孤寂。他也明白，即使醇親王仍健在，也不可能依靠其「平章軍國重務」，暗操機衡。儘管他也知道，醇親王的作為有限，可至少心中不會感到如此空空洞洞。現在，他像被人捆住手腳一樣，欲止不甘，欲動不能，他簡直成了皇宮中名副其實的「孤家寡人」。

實在說來，中國當時確實孕育著越來越嚴重的危機。但對於腐敗的清政府和西太后而言，只要眼前不發生能直接威脅王朝存在的巨變，便是「天下太平」。太平天國的起事被鎮壓，可稱為「同治中興」；中法戰爭結束，儘管邊疆警報仍紛至沓來，也被輕描淡寫地稱為「肢體之患」。清廷內部矛盾雖潛滋暗長，卻尚未激化，可稱之為「和衷共濟」。這一切似乎就是西太后等可以「晏然安樂」的條件。光緒帝「親政」未久，西太后雖視權如命，也不便為一些雞毛蒜皮的小事對光緒帝動輒干預。既然光緒帝的言行舉動盡在其耳目掌握之中，只要不排斥、取替自己的最高權力，似乎都可以不管。頤和園中已是舟船游弋，戲曲連台，一派歌舞昇平。

也正是在這種孤獨的情境和虛假的「太平」中，無所依託的光緒帝除了繼續在慘澹的心情中閱看來自疆臣的奏報，或是到書房學習之外，便是在他那複雜的婚姻中尋求些平衡和安慰。

既然皇后是西太后強行安排給他的，他便不得不在表面上有所應付。然而事實上光緒帝對隆裕皇后[164]卻沒有一點感情。皇后「容貌最差」，長臉高額，「瘦弱微駝，凸眼露齒」[165]，這一切更使大婚後兩人一直感情不和，更沒有什麼共同語言。隆裕皇后對此也無可如何。不過她自恃為西太后的親侄女，諒光緒帝也不能把她怎樣，因而對光緒帝亦以冷漠相對，「帝與后常不睦，此為著明之事」[166]。但是，光緒帝很快發現，身邊的珍妃不僅容貌端正，且性格開朗活潑，思維敏捷，正可使自己的苦惱得以相應的解脫。因此，珍妃很快冠六宮而「有寵於帝」[167]。從某種意義來說，這既是對西太后安排的一種無聲反抗，也是光緒帝希求幸福、自主的必然選擇。

據當時宮女和太監的回憶，珍妃對光緒帝很是同情和疼愛，常伴光緒帝在宮內戲遊娛樂。而「珍妃獨得皇上的恩寵，是因為她的裝飾不施脂粉，不喜女服，不綰髮髻，不穿繡履，而以男子服裝為尚。每侍皇上，大辮後垂，頭戴頭品頂花翎，身穿箭袖馬褂，足蹬青緞朝靴，完全是一美少年的衛官打扮，帝甚喜歡」[168]。有時「她穿上皇上的服裝，扮作光緒皇帝在宮裡走」；有時「還穿上太監的服裝，陪著光緒帝在養心殿裡辦事」[169]。當時攝影技術已傳入中國，珍妃喜「研究攝影術」，在宮廷中「任意裝束，並攝取各種姿式」[170]。由此可知，珍妃天真浪漫，少有清規戒律，這種性格確實讓久受禁錮的光緒帝心情豁然開朗。珍妃與光緒帝具有感情基礎，他們的關係確實是和睦而親密的。

「有心栽花花不開，無心插柳柳成蔭」。按西太后本來的「親上加親」以控制光緒帝的初衷，才讓自己的侄女為皇后。然而強制的結果，卻又往往適得其反。當年，同治帝自己選立皇后阿魯特氏，而西太后卻偏偏讓同治帝去喜歡慧妃，結果鬧得母子不和。這次西太后強為光緒帝匹配葉赫氏為后，可光緒帝又偏偏喜愛珍妃他他拉氏，其結果又可想而知。

據說，珍妃初入宮時，因其貌美賢慧，也「極為慈禧所鍾愛，知其性喜書畫，乃命內廷供奉（畫師）繆嘉蕙女士教之。（珍妃）平時居景仁宮，與德宗則同居養心殿，德宗孌之，嘗與共膳，喜作男子裝，並與德宗時互易裝束，以為遊戲。時隆裕為中宮，與珍、瑾二妃同侍德宗，意不善也，頻短之於慈禧。而妃於貽情書畫之中，不以為意。後研究攝影術，慈禧則以為宮嬪所不應為，於是妃漸失慈禧歡」[171]。

當時，光緒帝明明知道寵愛珍妃，即要得罪皇后；而與皇后不睦，即等於開罪西太后。然而西太后可以在任何事上迫使光緒帝就範，惟獨在情愛和感情上無法以己之所願強加於人。據《悔逸齋筆乘》記：

「醴泉字子鈍，侍郎，曾聞之一內務府旗員，謂慈禧之不悅德宗，實起於壬辰（光緒十八年，一八九二年）之夏。一日，德宗與孝定皇后（即隆裕）因小事相爭，上忽盛怒，詬后甚厲，后不能堪，乃詣慈禧前泣訴其事。慈禧大怒，語左右曰：『上吾所援立，乃忘恩至此耶？后吾親侄，詬后是不啻詬我也，是何能容？』因此溫語慰后曰：『汝無悲泣，古人有言，人盡夫也，以若盛年，何慮不能行樂？胡斤斤焉戀此病夫為者？吾必有以處之。』自是皇上每請安入宮，慈禧未嘗交一言。如是者數日，兩宮嫌隙遂成。」172

光緒帝與珍妃兩情相投的原因並不複雜。但其中在光緒帝方面，恐怕不無越受壓抑越對珍妃的不能自已之情。在清郡主德齡《瀛台泣血記》中有如下文字：

「（光緒帝）後來卻完全忘了顧忌，他幾乎每隔三四天工夫就要親自上珍妃宮裡去走一次，這和他每夜非召幸珍妃不可的事，同樣都成了宮中的絕妙談助。」

「他為了他心愛的女人，他是決計不惜領受人家背後的議論的。或者也可以說，在處理朝政和對付其他一切人的時候，他心上是很清楚的，知道自己是一個萬乘之尊的皇帝，可是一想到珍妃的時候，天所賦予人類的好色的天性，已侵入了他渾身的神經系統，把那些自尊心、虛榮心等全趕走了，他幾乎忘記他所處的地位和四周的環境了。」173

自光緒帝記事時起，他便不得自由地被約束在紫禁城的高牆深院之中，更無可逃避地控制在西太后的淫威之下。他既無天真爛漫的童年時代，也喪失了體貼入微的父母之愛。在寶座上、在書房中、在數不清的典禮儀式和對西太后的請安跪拜時，都不能隨心所欲，只能循規蹈矩，裝模作樣，實在就是一個「不食人間煙火」的木偶。正是珍妃的入宮，才使他開始較少地顧忌什麼清規戒律，恢復和體驗到了幾許溫情、幾分慰藉。大婚後的數年間，他與珍妃的情愛可謂是其一生中唯一一段顯得較為輕鬆的時光。由此，也引發了他作為人君國主，希望在政治上擺脫束縛而有所作為的欲望。

在此期間，珍妃儘管仍保持著個性的活潑開朗，但是入宮後的身分變化、種種複雜的戒律和宮廷禮儀；加之以其聰穎對文史等知識的接受和理解；尤其是光緒帝的處境，使她逐漸成熟起來。她不得不謹慎地尋找和調整著自己的婆媳、夫婦、妻妾等關係中的適當位置；並且不得不注意尋求在萬一的變故中以得到保護。她已不再天真地認為「天子」就可以有無限度的自由和權力。

原來，瑾、珍姊妹入宮時均被封為嬪。婚後，瑾嬪無話可說；其妹珍嬪由於為人聰慧令人可親，既得到光緒帝的寵愛，當初西太后對其亦尚無多大惡意。後來，因帝、后之間的摩擦益劇，從而也使西太后逐漸惡於珍嬪。不過在此後數年間，西太后除了不時地藉口予以刁難，給光緒帝與珍嬪之愛不斷製造些麻煩之外，還維持了原狀。因此到光緒二十年（一八九四年）初，西太后為給其當年的「六旬慶典」增加點和諧的氣氛，亦降懿旨宣布「瑾嬪著封瑾妃，珍嬪著封為珍妃」[174]。

其實，光緒帝愛慕珍妃，從一開始即非西太后之所願。此後，隨著帝、后矛盾的日益加劇，加上光緒帝意欲自主的傾向益趨明顯，因而后、妃之間的對立也趨向複雜化。就這樣，帝、妃之愛頻遭摧殘，從禁宮中閃現出的一絲春色亦進而被浸染上濃重的政治色彩，而置於宮中政爭的陰影之中了。

（五）帝黨的雛形

光緒帝「親政」時，他是原封未動地接受了西太后經營二十多年而形成的一個舊班底；而且在其「親政」之前，西太后對清廷統治集團的核心又進行了大調整，排除異己、安插心腹，集結了她的親信勢力「后黨」。因此「德宗（光緒帝）雖親政，實未敢私用一人，其勢固已孤矣」[175]。但在各種矛盾中成長起來的光緒帝，反映在他思想上的矛盾性，也越發明顯。光緒帝受制於人的處境，一方面，使其思想發育受到極大限制，嚴重消磨了他的自為能力；另方面，隨著時間的推移及其辨別力的加強，這種不得志的境遇，又變成了對光緒帝的一大推力。早在中法戰爭期間，他對國勢、朝政的敏感反應，即是一種突出的表現。此後，圍繞「歸政」、「選」后、妃及「親政」等出現的一系列反覆，更使光緒帝受到了深深的觸動，嘗到了不得志的味道。直到其「親政」後的十九世紀九〇年代初，鑑於在西太后的撥弄下朝局越發昏暗，他又進而產生了對朝政現狀的不滿情緒。這時「帝見吏習日敗，李蓮英納賄賣缺，恃（西）太后為護符，使國事不能整頓，甚為憤懣」[176]，萌發了自主圖治的念頭。其實，在國勢日衰的情況下，統治集團內部也出現了裂痕。

原來，在清廷當中，自第二次鴉片戰爭之後，即已有封建頑固派對洋務派的訾議，儘管洋務派仍不過是封建勢力的衛道者。此後清政府中每一次政爭，幾乎都留有這種分化的痕跡。據胡思敬《國聞備乘》所言：

「李鴻藻好收時譽，諸名士皆因之以起。光緒初年，台諫詞垣彈章迭上，號為清流，實皆鴻藻主之。……鴻藻每入見，凡承旨詢問，事不即對，輒叩頭曰：『容臣細思。』退朝即集諸名士密商。計既定，不日而言事者封事紛紛上矣。南皮張之洞、豐潤張佩綸尤為鴻藻所器重。鴻藻欲援之洞入軍機，孫毓汶等忌之，遂以內閣學士出撫山西。又欲出張佩綸，鴻藻堅執不可，卒有馬江之敗。……鴻藻引拔多直隸同鄉，世稱為此黨。迨翁同龢、潘祖蔭出，南黨稍稍盛，然視二張聲氣，不及遠矣。」177

表面看去，似為南北地域官僚汲引同鄉以張己勢，其實還有「清流」所自含的政見分歧。藉中法戰爭不利，盛昱對樞臣所上的彈章，西太后將恭王奕訢等全班軍機開出樞府，「此為同光清流朝局盛衰之關鍵，清流亦自此結局」178。然而所謂南北黨之爭卻並未結束。隨著西太后「甲申易樞」後一個言聽計從的新班底的拼湊，依附於西太后周圍的頑固保守官僚逐漸形成「后黨」勢力。並為在光緒帝親政後仍可穩持朝政奠定了基礎。

早在西太后強立載湉為帝時，清廷統治集團的核心已存在著的矛盾便因此出現了新的更大的裂痕。當時西太后雖然施以各種手段力求使之彌合，然而由於它的根源不可能拔除，這一破綻便只能隨著光緒帝的成長、君主地位的顯露和影響的日益擴大而日漸凸顯。本來，以西太后的如意算盤，通過按照自己的意願來塑造光緒小皇帝，可以收到一箭雙鵰之效，既可長期把光緒帝死死地控制在自己的手裡；又可堵住他人非難之口。但光緒帝畢竟是一個活生生的人，不可能使他完全變成一個任意擺布的裝飾品。至於衆臣的不同政見，也不是單純用高壓手段可以完全壓服的。儘管對光緒帝本人尚可不必過分擔心，可他卻名正言順地高居國君之位，其言行舉止，表面上跪拜如儀，請安盡孝，但在政務處理上已難以掩飾他表現出強烈的自主意願和要求。在臣下中留有的裂痕，卻又以新的形式表現出來了。

於是，在光緒帝「親政」之後，那些憤於太后之干政的「朝士之守正者」，出於憤懣和不平，便把光緒帝作為自己的希望與寄託，逐漸在思想傾向上「附之」，開始圍繞光緒帝在清廷統治集團裡聚結起另一支政治勢力——即所謂的「帝黨」。

這些附之者，起初除了瑾、珍二妃（主要是珍妃）之外，就是他的漢文師傅翁同龢及瑾、珍二妃的堂兄、禮部侍郎志銳，以及對西太后不滿的工部侍郎汪鳴鑾、貝勒載澍、戶部侍郎長麟等文職官員。

在這些人中，翁同龢居於較為突出的地位。作為帝師，他與光緒帝的接觸最為頻繁，十餘年來，幾乎無日不見。出於牢固的封建正統觀念，翁同龢嚮往開明政治。因而他自為帝師後，多年來盡心盡力培養教育光緒帝。也就是在此過程中，他們彼此建立起深厚感情。直到光緒帝「親政」之後，他對翁師傅仍「言聽計從」179；同時，翁亦全力輔佐光緒帝。翁同龢因在朝內外有廣泛聯繫，所以在光緒帝「親政」前後，他便有目的地交結了一些同情或支持光緒帝的官員士大夫。抑或與此有關，光緒帝也屢次委派翁同龢任鄉、會試正副主考官，給其結識名士、新秀提供條件。從而，帝、翁之間的情誼日深。在光緒帝面前，翁同龢不僅是其尊師，又是文雅、慈祥的長者；還是智慧的化身。正如有的外人所說，在光緒帝的心目中，翁同龢「不但是老師，也是顧問、保護人」180。再說，處於被封閉狀態中的光緒帝，不只是要獲取知識請教師傅，而且想了解些朝內外事態，也要向翁同龢探詢。於是日久天長，便形成光緒帝「每事必問（翁）同龢，眷倚尤重」181的特殊密切關係。並且在封建時代的官場，翁同龢又確有一套政治手腕，他能長期「周旋帝后」之間，即使在中法戰爭期間被清除出軍機處，卻繼續擔任帝師及戶部尚書。而且到光緒十三年十二月（一八八八年一月），他以前受到的「處分」被解除，後於光緒二十年（一八九四年）翁同龢再入軍機。實際上，自八〇年代以來，對於帝、后，他便在思想上越發傾向於光緒帝了。因此，在「附之」光緒帝的人當中，惟獨翁同龢的官職顯要，長期居於清廷統治集團的核心。正是基於如上種種緣故，翁同龢由師傅又逐步成為光緒帝在政務活動方面的一個有力支持者；而且也是逐漸形成的帝黨的堅定支柱。後來，便成了事實的帝黨首領。

志銳（一八五二—一九一二年）字伯愚，號公穎。瑾、珍二妃的堂兄。他「幼穎異」[182]，早年曾與江南名士文廷式等交結。光緒二年（一八七六年）中舉人，光緒六年（一八八〇年）成進士，隨後授編修步入清廷官場。在這時，志銳仍然「究心經世之學，思有所建」[183]，思想敏銳、通達。說到他「附之」光緒帝的緣由，固然與其和光緒帝具有親屬關係（在個人感情上的接近）不無相關。但應當說，志銳的思想追求進取，對光緒帝有所期待，似乎是他靠近光緒帝的主要因緣。因此，志銳亦漸漸成為帝黨的中堅。

在帝黨之中，文廷式也可謂是個核心人物。

文廷式（一八五六—一九〇四年），字道希，號雲閣，晚號純常子，江西萍鄉人。文廷式早年入時為廣州將軍長善幕府，他與瑾、珍二妃之堂兄志均、志銳及其胞兄志錡友善，多有過從。光緒八年（一八八二年），文廷式以附監生領順天鄉薦，中試第三名。由此，「文譽噪京師，名公卿爭欲與之納交」[184]。時與福山王懿榮、南通張謇、常熟曾之撰，稱為「四大公車」，這不能不引起翁同龢的注意。光緒十五年（一八八九年六月），文廷式參加吏部舉行的錄選內閣中書考試，翁同龢等在一千餘份考卷中層層選拔，到最後仍「遲徊久之乃定」。「柳門（即汪鳴鑾）所取為第一名，余（翁同龢）曰或者江西名士文廷式中」[185]。公布後果然為文廷式。在文廷式謁見翁同龢後，大受稱賞。次年（一八九〇年五月），為慶祝光緒帝親政，清廷舉行順天恩科會試，在三百一十二張試卷中，翁同龢與汪鳴鑾挑出一「挺拔有偉氣」之試卷，結果文廷式中一等第一名。在數日後的殿試中，又以一甲第二名（探花）考中。當光緒帝看到文廷式取中，隨讚歎道：「此人有名，做得好。」186 結果公布後，當時就有人說，光緒帝之所以能得知文廷式之「名」，是珍妃在皇帝面前「通關節」的結果。其實，「通關節」倒未必，而有心拔識卻是真。而以文廷式與珍妃堂兄志銳的關係，光緒帝自珍妃之口而早知文廷式之才也是可能的。無論如何，文廷式被取中，應該說確實不僅有「座師」翁同龢的賞識，也有光緒帝的「特達之知」。不久文廷式授職編修，供奉翰林院，隨派充國史館協修、會典館編修。光緒二十年（一八九四年），大考翰林院詹事，光緒帝特面諭閱卷大臣，擢文廷式一等第一名，升授翰林院侍讀學士、日講起居注官。從而文廷式成為台諫要角，以直言敢諫，與盛昱、黃紹箕、王仁堪等同被目為「後輩清流之重鎮」187。

自從光緒帝「親政」之後，即使只是在形式上，隨著清王朝在政治上出現了兩個中心，一些名士、台諫與清流等，亦相繼圍繞光緒帝聚結了一支與后黨相對立的政治勢力。到甲午戰爭前，還算了解些晚清政局和內幕的英國人濮蘭德、白克浩司認為，當時，帝后兩黨之爭已漸趨公開，且「積仇已久」：

「至一八九四年即光緒二十年，李（鴻藻）翁同入軍機，於是爭鬥愈烈，以至牽引宮廷。蓋太后袒北派，而皇帝袒南派也。當時之人，皆稱『李黨』、『翁黨』，其後則竟名為『后黨』、『帝黨』。『后黨』又諢名『老母班』，『帝黨』又諢名『小孩班』。」188

其後，在清政府面臨重大的內政分歧和軍事外交鬥爭中，帝黨人物關心社稷民生、國家和民族的安危存亡，與后黨對內守舊、對外主張妥協形成對立。因此，他們已在不斷的政爭中有了日益明顯的分野。然而，值得注意的是，光緒帝所依靠的這個「小孩班」，多是詞垣台諫、翰林「清流」，這些人物發起議論，慷慨激昂，頭頭是道，但都多是一些無實權的京官書生。他們當中的多數人，愛國熱情有餘，而辦起實事卻一籌莫展或者輕言憤事。且其中（帝黨外圍）的一些人也與后黨多有聯繫，往往依違觀望，視兩黨勢力消長決定棄取，進行政治投機。這些都決定了帝黨的虛弱。

儘管如此，年輕的光緒帝，在帝黨骨幹官員的支持下，已經毅然走上政治的前台。在日益深化的國難危機中，在后黨頑固勢力的包圍中，尋找著圖治之路。

註釋

1 朱壽朋編《光緒朝東華錄》(三)，總第二五六八頁。

2 吳相湘《晚清宮廷實紀》，第一輯，第一三六頁。

3 蕭一山《清代通史》下卷，第九二六－九二七頁。

4、16 李慈銘《越縵堂日記》，光緒十年三月十七日。

5 翁同龢《翁文恭公日記》，甲申三月初十日。

6 翁同龢《翁文恭公日記》，甲申三月十二日。

7 費行簡《近代名人小傳》，第三九二頁。

8 莊練《中國近代史上的關鍵人物》中，第二四三頁。

9 文廷式《知過軒隨錄》，《清代野史》第七輯，第二七三頁。

10、11、12 趙爾巽等《清史稿》（四一傳），第一二三九八頁。

13 費行簡《近代名人小傳・孫毓汶》。

14《欽定大清會典》（光緒），卷三，「辦理軍機處」。

15 趙爾巽等《清史稿・軍機大臣年表一》，第一七卷。

17 何剛德《春明夢錄》下，第三頁。

18 黃濬《花隨人聖庵摭憶》，第五七頁。

19 趙爾巽等《清史稿》（四一傳），第一二三七一頁。

20 唐文治《茹經堂文集》，叢刊《戊戌變法》(四)，第二五一頁。

21 趙爾巽等《清史稿》（四二傳），第一二七五〇頁。

22、179 張孝若《南通張季直先生傳記》，第五六頁。

23、36、37 梁啟超《戊戌政變記》，第五八頁。

24 蔡世英《清末權監李蓮英》，第五八頁。

25 《世祖章皇帝實錄》，第九二卷，第一二頁。

26 又據清宮推測，其可能生於一八四五年。見後文。

27 小橫香室主人《清朝野史大觀》，第一卷，《清宮遺聞》，第九六頁。

28 唐益年《清宮太監》，第一五七、一五八頁。

29 同上。按此一說法，李蓮英當生於一八四五年，而非一八四八年。

30 唐益年《清宮太監》，第一六〇頁。

31 信修明《老太監的回憶》，第三三頁。

32 許指嚴《十葉野聞・史說慈禧》，第四二頁。

33 信修明《老太監的回憶》，第三二—三三頁。

34 趙爾巽等《清史稿》（四一傳），第一二四六三頁。

35 《清宮瑣聞》，《滿清野史續編》，第四頁。

38 見《清宮太監話今昔》，載一九八一年第二十一期《新觀察》。

39 徐珂《清稗類鈔・閹寺類》，第一冊，第四四九—四五〇頁。

40 趙爾巽等《清史稿》（四一傳），第一二四六四頁。

41 朱壽朋編《光緒朝東華錄》(二)，總第二二四九頁。

42 朱壽朋編《光緒朝東華錄》(二)，總第二二五二頁。

43 翁同龢《翁文恭公日記》，丙戌九月初八日。

44 王先謙《葵園自訂年譜》，見沈雲龍編《近代中國史料叢刊》，第二〇六頁。

45 唐益年《清宮太監》，第一六六頁。

46 許指嚴《十葉野聞・史說慈禧》，第四四頁。

47 中國第一歷史檔案館藏《內務府全宗檔案》，《歷史檔案》，一九八六年第二期。

48、57 葉志茹、唐益年《光緒朝三海工程與北洋海軍》，《歷史檔案》，一九八六年第一期。

49 《乙酉年御製文》，故宮博物院藏抄本，轉引自孔祥吉，《清代皇帝傳略・光緒帝載湉》，第三七二頁。

50 王闓運《湘綺樓詩集・圓明園詩》，第八卷。

51 張俠等編《清末海軍史料》，第三九六頁。

52 中國第一歷史檔案館《內務府檔案》，奉宸苑第四六〇二號卷。

53 翁同龢《翁文恭公日記》，丙戌十月二十四日。按：渤海係指北洋海軍；而灤陽係指承德避暑山莊。

54 《北京歷史紀年》，第二五〇頁。

55 朱壽朋編《光緒朝東華錄》(二)，總第二二六九頁。

56 朱壽朋編《光緒朝東華錄》(二)，卞寶第奏，總第二〇〇五頁。

58 按：頤和園工程檔案已被銷毀，其總工程費已無法確知。有人估計可多達上億兩；有的認為約五至六千萬兩（錢谷風《清王朝的覆滅》，第二〇六頁）；有的認為在一千二百至一千四百萬兩之間（鄒兆琦〈慈禧挪用海軍經費造頤和園史實考證〉，《學術月刊》，一九八四年第五期）；有的認為在六百至一千萬兩之間（張利民〈清廷挪用海軍經費修築頤和園考〉，《南開學報》，一九八三年第三期）；少的認為只有三百至六百萬兩之間（葉志茹、唐益年〈光緒朝三海工程與北洋海軍〉，《明清檔案與歷史研究》，下冊，第一〇二九頁）。

59 頤和園挪用海軍經費的研究數字出入相當大：有估為八千萬兩者（見鉢提《記圓明園》，《清代野史》，第八輯，第三三〇頁）；有估為三千餘萬兩者（梁啟超《飲冰室文集•瓜分危言》；蕭一山《清代通史》下卷，第九四〇頁）；有估為二至三千萬兩者（池仲祜《海軍大事記》，《洋務運動》叢刊，第八冊，第四八三頁；張蔭麟〈甲午戰爭前之中國海軍〉，《天津大公報》，一九三四年九月二十一日）；有的認為在六百至一千四百萬兩之間；有的認為少於四百三十萬兩（見上引葉志茹、唐益年文）。

60 徐徹《慈禧大傳》，第三〇四–三〇五頁。

61 蕭一山《清代通史》下卷，第九四二頁。

62 朱壽朋編《光緒朝東華錄》(三)，總第二四一四–二四一五頁。

63、65 朱壽朋編《光緒朝東華錄》(二)，總第二一一九頁。

64、69、74 翁同龢《翁文恭公日記》，丙戌六月初十日。

66 翁同龢《翁文恭公日記》，丙戌六月十一日。

67 朱壽朋編《光緒朝東華錄》(二)，總第二一二四頁。

68、71 朱壽朋編《光緒朝東華錄》(二)，總第二一二五頁。

70 朱壽朋編《光緒朝東華錄》(二)，總第二一二三–二一二四頁。

72、77、89 朱壽朋編《光緒朝東華錄》(二)，總第二一二七頁。

73 翁同龢《翁文恭公日記》，丙戌六月二十二日。

75 翁同龢《翁文恭公日記》，丙戌六月十五日。

76 翁同龢《翁文恭公日記》，丙戌六月十七日。

78 翁同龢《翁文恭公日記》，丙戌六月十八日。

79 朱壽朋編《光緒朝東華錄》(二)，總第二一八〇—二一八一頁。

80 朱壽朋編《光緒朝東華錄》(二)，總第二一九〇頁。

81、82 翁同龢《翁文恭公日記》，丁亥正月十五日。

83 翁同龢《翁文恭公日記》，丁亥正月十七日。

84 翁同龢《翁文恭公日記》，丁亥三月二十七日。

85 翁同龢《翁文恭公日記》，丁亥三月二十八日。

86 翁同龢《翁文恭公日記》，丁亥三月二十四日。

87 翁同龢《翁文恭公日記》，丁亥三月二十七日。

88 翁同龢《翁文恭公日記》，丁亥四月初三日。

90 《德宗實錄》，第二五六卷，第六頁。

91 《德宗實錄》，第二五六卷，第六—七頁。

92 吳振棫《養吉齋叢錄》，第二五卷，第五頁。

93 朱壽朋編《光緒朝東華錄》(三)，總第二五一三頁。

94 按：關於參加最後由光緒帝「親選」后、妃的人數，也眾說不一。在《慈禧軼事》中說，參加者為四人；還有說是三人者，宮監唐冠卿回憶說，當時預選者五人；而翁同龢在日記中根據邸報似為七人。

95 黃濬《花隨人聖庵摭憶》，第一一九頁。

96 〔英〕濮蘭德、白克浩司《慈禧外紀》，第八九頁。

97、100 〔英〕濮蘭德、白克浩司《慈禧外紀》，第八九—九〇頁。

98 徐珂《清稗類鈔》(一)，第三九六頁。

99 信修明《老太監的回憶》，第五四頁。

101 白蕉〈珍妃之悲劇〉，《人文月刊》，第六卷第六期，第三頁。

102 謝景芳、祁冰〈論珍妃〉，《北方論叢》，一九八九年第五期，第八九頁。

103 翁同龢《翁文恭公日記》，光緒戊子十二月十六日。

104 朱壽朋編《光緒朝東華錄》(三)，總第二五五一頁。

105、106 翁同龢《翁文恭公日記》，光緒戊子十二月十八—二十五日。

107 朱壽朋編《光緒朝東華錄》(三)，總第二五五二頁。

108 翁同龢《翁文恭公日記》，光緒戊子十二月二十九日。

109 《清宮詩選・光緒大婚》，第三三頁。按：「天安」原指「天安門災」，誤。

110 朱壽朋編《光緒朝東華錄》(三)，總第二五七一、二五七四頁。

111 孔祥吉《清代皇帝傳略‧光緒帝載湉》，第三七七頁。

112 柳詒徵〈清德宗之大婚〉，《史學與地學》，第三期，第三九頁。

113 柳詒徵〈清德宗之大婚〉，《史學與地學》，第三期，第三八頁。

114 翁同龢《翁文恭公日記》，己丑正月二十日。

115 《史家與史學》，第三期，第三八頁。

116 〔英〕濮蘭德、白克浩司《慈禧外紀》，第一一六頁。

117 禮儀處：在清宮原來即有此建制，但無常設人員。每逢皇帝大婚，及其他重大慶典、祭祀活動，即臨時委員操辦有關事宜。清宮禮儀處人員，按定制「與內務府一同辦事」。此次為光緒帝籌辦大婚，因為西太后別有用心，認為禮儀處人員與內務府屬員混合在一起「未免糾葛不清」，實際是感到進行營私活動不便。因此，便在西太后的授意下，另外委派其親信數人，在西華門外又單獨設立了一個專門經理光緒帝大婚經費等事的新機構，稱為「辦事公所」，又稱「大婚禮儀處」。於是，這個「禮儀處」便成了西太后及其親信「漁利」重金的孔道。

118 朱壽朋編《光緒朝東華錄》(二)，總第二三九二頁。

119 朱壽朋編《光緒朝東華錄》(三)，總第二四一六頁。

120 朱壽朋編《光緒朝東華錄》(二)，總第二一五五頁。

121 朱壽朋編《光緒朝東華錄》(二)，總第二三三二頁。

122 朱壽朋編《光緒朝東華錄》(三)，總第二五三一頁。

123 朱壽朋編《光緒朝東華錄》(二)，總第二一五九頁。

124 趙爾巽等《清史稿》(十)，第二六二〇頁。

125 朱壽朋編《光緒朝東華錄》(三)，總第二五四二頁。

126 朱壽朋編《光緒朝東華錄》(三)，總第二五六七－二五六八頁。

127 屠仁守，湖北孝感人，由編修轉任山西道監察御史，為清流後起之秀，以敢言稱。在三海、頤和園工程初興即上疏「請罷三海工作，緩停蹕，引宣廟聲色貨利諭，語極忠懇，真西台孤鳳也。聖（指西太后）意雖拂，然暫留不辦」（《翁文恭公日記》，光緒十四年三月初六日），後又劾海軍衙門濫捐，阻興頤和園工程等。

128 朱壽朋編《光緒朝東華錄》(三)，總第二五八六頁。

129 朱壽朋編《光緒朝東華錄》(三)，總第二五六八頁。

130 翁同龢《翁文恭公日記》，光緒己丑正月二十二日。

131、136 〔英〕濮蘭德、白克浩司《慈禧外紀》，第一一二頁。
132 胡思敬《國聞備乘》，《近代稗海》(一)，第二三八頁。
133 金梁《清帝外紀・清后外傳》，第二二三頁。
134 翁同龢《翁文恭公日記》，光緒己丑二月初十日。
135 〔英〕濮蘭德、白克浩司《清室外紀》，第一〇四頁。此外、在惲毓鼎《崇陵傳信錄》裡也說：「上既親政，間日往（頤和園）請安，每日章疏，上閱後皆封送園中」，由西太后審定。
137 黃濬《花隨人聖庵摭憶・補篇》，第四一-四二頁。
138 溥傑〈回憶醇親王府的生活〉，《晚清宮廷生活見聞》，第二一四頁。
139 黃濬《花隨人聖庵摭憶・補篇》，第三六頁。
140 黃濬《花隨人聖庵摭憶・補篇》，第四二頁。
141 朱壽朋編《光緒朝東華錄》(三)，總第二五八〇頁。
142 同139。按：顧起潛曾利用故宮檔案細加查閱考訂，以十大證據證《豫杜妄論》是西太后指使人針對吳奏的託偽之作，見是書。
143 翁同龢《翁文恭公日記》，己丑二月初二日。
144 莊練《中國近代史上的關鍵人物》中，第二二八頁。
145 莊練《中國近代史上的關鍵人物》中，第二四五頁。
146 溥傑〈回憶醇親王府的生活〉，《晚清宮廷生活見聞》，第二二二頁。
147 天嘏《清代外史》，《清代野史》第一輯，第一四六-一四七頁。
148 溥傑〈回憶醇親王府的生活〉，《晚清宮廷生活見聞》，第二一一-二一二頁。
149 顧起潛跋錢基博《吳（大澂）窓齋傳》，見黃濬《花隨人聖庵摭憶・補篇》，第三七頁。
150 惲寶惠《清末貴族之明爭暗鬥》，《晚清宮廷生活見聞》，第六三頁。
151 翁同龢《翁文恭公日記》，丁亥十月十五日。
152 翁同龢《翁文恭公日記》，丁亥十月十六日。
153 翁同龢《翁文恭公日記》，丁亥十月二十六日。
154 翁同龢《翁文恭公日記》，丁亥十月二十九日。
155 《成多祿集》，長白叢書本，第二三五-二三六頁。
156 翁同龢《翁文恭公日記》，己丑三月十八、十九、二十日。
157 此意亦並見於許指嚴《十葉野聞・史說慈禧》，第三五頁。
158 胡思敬《國聞備乘》，《清代稗海》(一)，第二五八頁。
159 翁同龢《翁文恭公日記》，丁亥十一月初二、十四、十五日。

160 溥傑《回憶醇親王府的生活》，《晚清宮廷生活見聞》，第二一六頁。

161、162 王照〈方家園雜詠紀事〉，《近代稗海》(一)，第一一三頁。

163 朱壽朋編《光緒朝東華錄》(三)，總第二八一五頁。

164 按：光緒帝皇后在光緒帝死後（一九〇八年），宣統帝溥儀即位時，上徽號為「隆裕」。故史著中稱為「隆裕皇后」。

165 李書筠〈珍妃之死和李蓮英〉，《大成》第九十八期，第五九頁。按：作者李書筠為李蓮英之孫女。以現存隆裕后照片看描述近似。

166 〔英〕濮蘭德、白克浩司《慈禧外紀》，第九〇頁。

167 張爾田《清代后妃傳稿・珍妃》。

168 信修明《老太監的回憶》，第二二三－二二四頁。

169 戴壽臣〈王祥親眼看見珍妃被丟到井裡〉，《晚清宮廷生活見聞》，第一八七－一八八頁。

170 《大眾攝影》，一九八六年第五期。

171 《故宮周刊・珍妃專號》，轉引於王佩環《清宮后妃》，第三二二頁。

172 《悔逸齋筆乘》，《清代野史》，第七輯，第一三七頁。

173 德齡《瀛台泣血記》，第一九四－二〇四頁。

174 朱壽朋編《光緒朝東華錄》(三)，總第三三〇五頁。

175 胡思敬《國聞備乘》，《戊戌變法資料》(四)，第二七八頁。

176 《戊戌變法資料》(四)，第二六九頁。

177 胡思敬《國聞備乘》，《近代稗海》(一)，第二四九－二五〇頁。

178 黃濬《花隨人聖庵摭憶》，第三三一頁。

180 孔祥吉譯《翁同龢》，見中國人民大學清史研究所資料室編《清史譯文》，內刊本，一九八二年第七期，第六一頁。

181 趙爾巽等《清史稿》（四一傳），第一二三六九頁。另在張孝若的《南通張季直先生傳記》第五六頁裡也說，帝、翁之間的關係非同一般，在清廷統治集團中，「帝（光緒帝）則惟師傅翁公（同龢）之言聽計從」。翁同龢日記，對此亦有明確記載。

182 趙爾巽等《清史稿》（四二傳），第一二七九七頁。

183 閔爾昌《碑傳集補》，第三四卷，第三〇頁。

184 錢仲聯《文廷式年譜》，《中華文史論叢》，一九八二年第四期，第二七五頁。

185 翁同龢《翁文恭公日記》，己丑五月二十九日。

186 翁同龢《翁文恭公日記》，庚寅四月二十四日。

187 錢仲聯《文廷式年譜》，《中華文史論叢》，一九八二年第四期，第二七六頁。

188 〔英〕濮蘭德、白克浩司《慈禧外紀》，第九八頁。

第四章　甲午起戰雲

在戰爭威脅面前

（一）「一力主戰」

西太后自在清王朝主政以來，對內多疑陰狠，鏟除異己不遺餘力，專恣威福不稍假借；對外則閉目塞聽，自大虛驕，遇敵先以盲目強橫，遂即便是妥協、屈辱。在光緒帝「親政」後一段時間內，她遊逸於頤和園、三海的殿閣碧水之間，以向臣下顯示自己「情願」歸政的姿態，同時也顯露了其驕奢淫逸的本性。原於同治十三年（一八七四年），她四十歲壽辰，本想好好的慶賀一番。但恰值列強四處擴張，致使我邊疆警報紛傳，日本藉口進犯我台灣；朝臣「海防」、「塞防」爭執之聲不絕於耳。因此，祝壽之事大掃其興。光緒十年（一八八四年），正當她準備隆重慶祝五十大壽時，中法戰爭又一次衝破她的好夢。現在皇帝已「親政」，頤和園也已復修完畢，西太后似乎覺得應該體面、風光地將六十「萬壽」大大慶祝一番了。因此，於光緒十八年十月初六日（一八九二年十一月二十四日），光緒帝「深體聖心」，早早便下了一道諭旨：

「甲午年（光緒二十年，一八九四年），欣逢（西太后）花甲昌期，壽宇宏開，朕當率天下臣民臚歡祝嘏。所有應備儀文典禮，必應專派大臣敬謹辦理，以昭慎重。」1

隨後，軍機王大臣及有關部門紛紛派以職任，大張旗鼓開始備辦了。次年春，還專門成立了籌辦慶典機構，委以主管。於是，為西太后置辦的大量衣物與珠寶首飾等源源入宮；而且宮廷內外也開始進行大規模的修飾，以及慶典期間一系列慶賀筵宴等的準備都迅速展開。與此同時，地方各高官大員的進呈報效也在緊張籌辦。舉國上下，猶如沉浸在一派節日將臨的「喜氣」之中。

不料，她一生「萬事如意」，可逢到「萬壽」良辰偏不能讓其稱心。這次正當西太后全神貫注準備大慶其「萬壽」時，卻「迎來」了日本侵略者對中國發動的一場侵略戰爭。中日甲午戰爭的爆發，再一次擾亂了她的美夢。十年後，章太炎在西太后七十「萬壽」前夕作成如下一副對聯：

「今日到南苑，明日到北海，何日再到古長安？嘆黎民膏血全枯，只為一人歌慶有；五十割琉球[2]，六十割台灣，七十又割東三省，痛赤縣邦圻益蹙，每逢萬壽祝疆無。」

可謂生動、形象地鞭撻了西太后專權禍國的醜惡行徑。

十九世紀末，遠東的中國和朝鮮又成了列強爭奪殖民地的角逐重點。就在西方老牌的殖民者互相爭橫的空隙中，自一八六八年「明治維新」之後的日本，便逐漸走上向外擴張的軍國主義道路。明治天皇即位時叫嚷，「日本乃萬國之本，要開萬里波濤，國威布於四方」。其實，這就是日本統治者為向外擴張製造的「依據」。其「大陸政策」的核心，即是有步驟地用武力向朝鮮和中國乃至世界進行侵略擴張。同治十三年（一八七四年），日本對台灣的武裝侵犯，便是它推行這一擴張政策的嘗試。此後，於光緒元年（一八七五年）日本進而占據了千島群島；光緒二年（一八七六年）兼併了小笠原群島；又武力脅迫朝鮮簽訂《江華條約》，獲得了通商、租地、領事裁判權和在朝鮮沿海自由航行等侵略特權。從此，全面向朝鮮滲透，並極力排斥清政府在歷史上形成的對朝「宗主權」；光緒五年（一八七九年），又把琉球群島改為沖繩縣，納入它的版圖。到十九世紀八〇年代以來，日本軍國主義勢力，便把準備發動大規模的侵華戰爭列入它對外侵略擴張的重要日程。為此，日本通過各種途徑極力刺探中國的軍政情報，大肆擴充軍事力量，「準備著在最有力的時機實現他們的大陸政策」[3]。到光緒二十年（一八九四年）春、夏之際，已陷入半殖民地的中國，又面臨新的侵略戰爭的嚴重威脅。

還在中法戰爭進行之際，光緒十年十一月（一八八四年十二月），朝鮮國王在清軍的幫助下，迅速鎮壓了日本策動的「甲申政變」。但日本卻就此對清政府進行要挾，於光緒十一年（一八八五年）派宮內大臣伊藤博文來華，與清政府訂立了中日《天津會議專條》。在其中規定，朝鮮今後發生重大變亂事件，中日兩國或一國需要出兵朝鮮時，必須事先相互通知。這種規定，進一步加強了日本在朝鮮的地位。此後，它便加緊了對朝鮮和中國侵略的實際準備。

光緒二十年春，朝鮮爆發了東學黨運動。由於歷史上形成的中、朝關係，清政府於光緒二十年甲午五月（六月），應朝鮮政府所請，派出直隸提督葉志超率兵赴朝，協助朝鮮統治者鎮壓。就清政府所採取的這種行動的本身來說，固然具有無可否認的反革命性；但從當時中、朝統治者之間的原有關係而言，這又是例行的事務。何況清政府在向朝鮮出兵時，遵守了光緒十一年（一八八五年）簽定的中日《天津會議專條》，主動地通知了日本外務相。顯然，清政府這次向朝鮮出兵，從當時的國際關係說來，並無漏洞可言。

但是，長期以來蓄意挑起侵華戰爭的日本軍國主義者，卻趁機無理糾纏，肆意擴大事態，藉口「保護僑民」大量向朝鮮運兵。同時，日本政府還迅即組成了戰時大本營，「在橫須賀及廣島加速運送軍隊上戰艦的準備」[4]。並一再拒絕清政府和朝鮮政府提出的中、日同時自朝鮮撤兵的要求，繼續加緊向朝鮮增兵。至此，日本軍國主義者已決心利用這一時機「不惜以國運為賭注，與中國作戰」[5]了。

到了當年六月下旬，日本侵略者在朝鮮「已密布戰備」，且肆意向駐朝的中國守軍「乘機構釁」[6]，從而把中、日兩國推到戰爭邊緣。

在日本軍國主義者咄咄逼人的情況下，清王朝在實際上的最高當權者西太后依然處於痲木不仁的狀態中，「視東寇（日本侵略者——引者）若無事者」[7]，終日渾渾噩噩「惟以聽戲縱欲為事」，對嚴峻的中外形勢和國家的安危概「不關心」[8]。尤有甚者，本來清政府的財政已瀕於枯竭，現在又面對日本侵略者的猖狂挑戰，國家處於緊急備戰禦敵之際，軍費大增。可是，西太后為了準備當年十一月的六十「壽辰」慶典，仍擬「鋪張揚厲」。不僅命各地的疆臣大吏「先期」派員「入覲祝嘏」，還要在頤和園一帶「分地段點景」，以裝飾其所謂的「昇平」景象[9]。為此，她繼續動用大量的錢財供其揮霍，造成軍用「大虛」[10]，使國家的戰備陷入「籌款殊難」的困境[11]。

在誤國方面，西太后與李鴻章總是互為表裡的。西太后無視國家和民族的利益，還在醉心於無度的享樂之中，對外無所事事；李鴻章從一開始也照樣毫「無作戰之氣」[12]，抱定妥協的宗旨，對步步緊逼的日本侵略者「一味因循玩誤，輒藉口於釁端不自我開」[13]，竭力避戰，把自己置於被動挨打的地位。由於西太后、李鴻章的妥協誤國行徑，不僅使中國遭到侵略戰爭的威脅日益加重，也給中國的備戰抗敵投下了陰影。

甲午中日戰爭，對光緒帝來說，是自從他「親政」以來所遇到的一次最為嚴重的中外事件。但是，這時的光緒帝，內受西太后的壓抑，外臨強敵的緊逼，在這種尖銳複雜的現實面前，光緒帝做出怎樣的選擇，無疑是對他的一次嚴峻考驗。在當時的情況下，光緒帝假若與西太后等當權者一樣，也對國家和民族的安危視而不顧，隨聲附和，當然他可以得到西太后等人的歡心，或能給個人換來一時的苟安。如果他要顧及國家的「基業」，與西太后、李鴻章等權勢者對立起來，那麼，他每前進一步都要遇到來自內外的重重壓力，也會給自己帶來莫大的風險。

在中日關係緊張之前，年輕的光緒帝為了改變自己受制於人的地位，曾試圖與西太后爭衡，表明他在那時的基本思想傾向，還是集中在統治集團內部的權勢之爭上。但是，到光緒二十年五、六月（六、七月）間，光緒帝和一些帝黨官員對日本軍國主義者製造的戰爭威脅，都引起了越發深切的關注。他們惟恐日本大舉侵入，將使「我中國從此無安枕之日」[14]，對其統治地位和國家的前途產生了憂慮。於是「事機危急」的心情，在他們的心中迅速地占據了突出的地位。恰恰是在這種情況下，到七月中旬，光緒帝開始跳出了在內部爭奪權力的小圈子，決然做出了自己的選擇，公開站出來「一力主戰」[15]，積極支持一些官員要求備戰抗敵的正義呼聲；不斷發出電諭責令李鴻章加緊「預籌戰備」[16]，全力籌畫禦敵抗戰事宜。事實說明，這時的光緒帝已毫不含糊地站在了反侵略的立場上了。

光緒皇帝在清王朝統治集團中雖然處於不操實權的地位，然而他畢竟還是名義上的一國之君。鑑於外侮緊逼，他公開站出來號召禦敵抗戰，這在清王朝統治階級當中立即產生了巨大影響。

在清廷內部，由於光緒帝鮮明地表示主戰衛國，首先使一些也有抵禦外侮要求的帝黨和其他一些官員得到了鼓舞。如侍郎志銳和御史安維峻等人接連上奏，大力言戰，並公開抨擊后黨官僚和李鴻章等人「因循」誤國行徑，直接支持光緒帝的抗戰主張。時到此刻，就是久經宦海、世故頗深、平時對「老佛爺」西太后「慄慄恐懼」的翁同龢，在樞臣會議上也敢於陳述己見了，他與光緒帝緊相呼應。與此同時，一些原來與帝、后之爭沒有多大關係的一般官員和士大夫，他們出自「憂國」等激憤心情，也紛紛言戰，與光緒帝上下配合。於是，在戰雲滾滾的險境中，由於光緒皇帝公開主戰，使在西太后控制下猶如一潭死水的清廷內部，頓時激起了一股衛國抗敵的主戰波瀾，並又迅速地向四周蕩漾。於是，一切要求抗敵衛國的官員士大夫，便都集聚在光緒帝的周圍了。

當光緒帝命各地積極準備戰守的上諭發布之後，許多地方官員也先後上奏表示遵行；有些人還主動為準備抗擊日寇獻計獻策；有人大聲疾呼：「朝鮮近在肘腋，……脣亡齒寒，……不能不舉國爭之。」[17]

當時，在地方已具有了相當實力的洋務派顯要官僚張之洞、劉坤一，他們的思想十分複雜。尤其這兩個人對帝、后的糾紛都懷有戒心，不願介入。因此，在甲午中日戰前他們的公開態度是較為含混的。但當張之洞得知「上（光緒帝）主戰」[18]的消息以後，他的態度也逐漸轉向抗敵。光緒帝命沿海要地督撫「不動聲色，豫為籌備（戰防），勿稍大意」[19]，他便向其屬下傳達「朝廷甚注意江防」[20]。在他的主持下，於長江一帶做了一些較認真的防務事宜。當時的劉坤一，也在逐漸向抗戰方面靠近。隨著戰局的演變和民族矛盾的不斷激化，在以光緒帝為首的清廷主戰派的影響下，張之洞和劉坤一的態度又有了進一步的變化。

在外敵當頭的緊要時刻，光緒帝挺身而出公開主戰，積極籌畫備戰禦敵之策，顯然是順應了廣大軍民不甘屈服於侵略者的正義要求。同時，在具有一定的民族情感、憂慮國危的官員士大夫階層，也有相當大的號召力。如國子監司業瑞洵說，由於「皇上宸衷獨斷」，極力主張備戰禦敵，則使「凡有血氣（者），罔弗攘袪思奮，敵愾同仇，……爭獻禦侮折衝之策」[21]；廣西道監察御史高燮曾也說：「皇上（積極籌畫禦敵戰事——引者）宵旰焦勞，實足以感動天下臣民，敵愾同仇之志。」22可以認為，與西太后、李鴻章等實權派的對外態度相反，光緒帝不顧個人的得失，決然站在了禦敵主戰的一邊，這就等於在昏暗的清廷當中樹起了一面招展奪目的旗幟，它以一種特有的吸引力，使一切不甘被外敵蹂躪的人們紛紛聚結在它的周圍。從而，促進了清朝統治階級的分化，有利於反侵略力量的聚結，對推動抗戰顯然是有益的。

在日本軍國主義者要把戰爭強加在中國人民頭上的歷史條件下，集聚在光緒帝周圍的這支力量，雖然它的基礎還是原來的帝黨，但其範圍卻較前擴大得多了。尤其是使他們連結在一起的思想基礎，已發生了明顯的變化。在主導方面已不再是爭權奪勢，而是為了衛國保社稷。所以，在清朝統治集團中圍繞光緒皇帝擴展起來的這支政治力量，在實際上已由原來的帝黨發展為甲午中日戰爭中的抵抗派或稱主戰派了。到這時，在如何對待日本侵略者的這一中心問題上，他們與以西太后、李鴻章為代表的妥協派尖銳地對立起來。顯然，這期間的帝、后之爭，在實質上已演變成主戰還是主和、抵抗還是妥協的矛盾和鬥爭了。仍把他們之間的分歧與鬥爭，簡單地認為是清廷統治集團內部的派系之私爭，顯然是不夠了。

（二）奮起自衛

甲午中日戰爭，是在十分複雜的國際形勢中發生的。在戰爭以前，英、俄等帝國主義列強，為爭奪中國已經在進行著激烈角逐。當中、日關係日趨緊張時，除了美國為坐收漁利繼續公開支持日本軍國主義者之外，英、俄的心理錯綜複雜。一方面，它們既惟恐日本插足中國可能觸犯其在華的侵略利益和打亂自己爭奪中國的計畫，對日本都存有戒心；另方面，在它們互相爭衡處於不可開交的情況下，特別是英國想利用日本軍國主義武士的刀鋒來為其牽制對手。因此，當日本大肆向朝鮮運兵極欲挑起侵華戰爭之時，首先是早已對中國東北和朝鮮懷有極大侵略野心的沙皇俄國慌了手腳，怕由此打亂了它對中國的擴張步驟，則聲稱：「對於朝鮮事件不能採取熟視無睹的態度。」隨後，沙俄政府通過它的駐日、駐朝和駐華公使的多方刺探，逐漸摸到了一些底細，從而它對中、日又採取了腳踏兩隻船的狡猾對策。一方面，它通過其駐日公使「以友好態度告知日本政府」，勸其「自朝鮮撤退軍隊」[23]；另方面，在五月十八日（六月二十一日），沙俄駐華公使喀希尼又向李鴻章表示，希望清政府與他們「彼此同心力持」[24]，並一再揚言，要為中、日糾紛進行「調處」。事實上，沙俄政府還是從其本身的處境（當時它在遠東的軍事力量還不足，交通運輸線路問題尚未解決）和利益出發，逐漸確定了觀望形勢、待機而行的方針。居心叵測的沙俄，態度越發明顯，它絕對「不願為中國而戰」[25]。對此，在六月初八日（七月十日），沙俄駐華使館參贊也向李鴻章做了委婉的表示：「俄只能以友誼力勸倭撤兵，再與華會商善後，但未便用兵力強勒倭人」[26]。到此，它的態度即已公開化了。

英國，出自它的需要，也曾揚言願為中日進行「調處」。但是日、英之間通過一系列的外交活動，他們遂即達成了一項日本以不影響英國在華的侵略權益為條件的祕密諒解；並且英國又有意利用日本軍國主義勢力來抵制沙俄的擴張。所以英帝國主義者更「不會以武力干涉來制止戰爭」[27]。在實際上，英國也逐漸扮演了支持和縱容日本軍國主義者發動侵華戰爭的幫凶角色。

歷史事實說明，無論英、俄還是其他列強，對半殖民地的中國都是各懷鬼胎的，它們均不會為中國的利益而效勞賣力。這些帝國主義侵略者散布的「同心」也好，「調處」也罷，無不是為了維護各自的侵略利益所玩弄的花招。帝國主義列強，對被它們侵略的國家，在某種情況下，可以在表面上聲稱為「友」，但在事實上卻是步步謀人的偽善者。面對明火執仗的日本侵略者，如何對待這些口蜜腹劍的僞善者？是把自己國家的命運完全押在這些所謂「調停」者身上，還是立足於自身力量的基礎上，積極備戰準備迎擊日本軍國主義的戰爭挑釁？顯然這是關係著保衛自己的祖國，還是貽誤國家的一個要害問題。

西太后及其親信官僚的昏庸、愚昧和李鴻章的屈辱性格匯集成一個共同的對外心理，那就是由懼外到媚外。在中、日開戰前夕，西太后也會表示過贊成「主戰」的意向，但從其所作所為可以清楚地看出，她的「主戰」只不過是一種僥倖心理罷了。其實，西太后還企圖先打幾聲乾雷再通過李鴻章與日本周旋一番似乎就可了事。實際上，西太后對俄、英的虛僞「調處」是寄予了極大幻想的，她根本沒有準備抗擊日本侵略者的決心。

站在第一線上的李鴻章，從一開始就對俄、英聲稱的「調處」和它們所放出的虛僞諾言「深信無疑」，並對此視為擺脫困境的出路，一直做著所謂「以夷制夷」的美夢。因此，他與俄、英等駐華使官頻繁接觸，一再乞求這些披著僞裝的列強侵略者出面調停。甚至還妄想讓他們進行武裝干涉，且就此自欺欺人地對清廷統治集團宣揚什麼對日本「俄必有辦法」[28]；或謂英國「肯發兵助我伐倭」等等[29]，極力散布迷信外力的幻想；做著依靠外國「調處」夢幻的李鴻章，對備戰更是「一味因循玩誤」，「希圖敷衍了事」[30]，繼續兜售他那早已破了產的避戰政策，拒不進行戰守準備，越發把自己置於束手待斃的被動地位。

光緒帝和以他為首的抵抗派官員，為了積極地推行備戰抗敵的方針，對西太后和李鴻章迷信外力，希圖避戰求和的行徑進行了堅決地抵制和鬥爭。而這場鬥爭，又成為在甲午中日戰爭期間，在清廷統治集團中抵抗與妥協這兩大勢力之間所展開的首次激烈較量。

光緒帝在表明主戰的同時，就特別注重依靠本國力量（當然不是依靠廣大人民群衆的力量），加強戰備部署。因此，他為了集中國力籌備戰守，竟敢冒犯「老佛爺」西太后的旨意，「請停頤和園工程以充軍費」[31]。光緒皇帝對西太后的不滿情緒已有多年，可是公開違抗西太后的旨意，這卻是自從他登上皇帝寶座以來的第一次。

裝修頤和園，是西太后準備在「萬壽」慶典時大擺威風、誇耀其「聖德」的主要項目之一。現在光緒帝讓她就此罷手停工，當然猶如觸動了她的肝膽，致使其不禁勃然「大怒」[32]。不過，西太后鑑於內外形勢的壓力，後來不得不發出懿旨無可奈何地表示，在「興師」之時，「不能過為矯情，特允皇帝之請」，對「萬壽」慶典的準備活動可以做一些簡化[33]。其在嘴上這樣說，但在心裡卻不是這麼想，她曾對人揚言，「今日令吾不歡者，吾亦令彼終身不歡」[34]。所以，這件事卻使西太后懷恨在心，加深了她對光緒帝的疑忌。在這期間，以光緒帝為首的主戰派，抵制清廷妥協勢力的鬥爭，更直接、更主要的是集中於站在前場的李鴻章身上。

原在當年六月上旬，面對日本乘機向朝鮮大肆增兵蓄意挑起戰爭，而俄、英等又在施放「調處」煙幕的緊迫形勢，李鴻章竟對這種所謂的「調處」大動其心，對備戰越發消極。因而，日本侵略者的氣焰越形囂張，戰爭的危機在迅速加重。

針對這種情況，在五月二十二日（六月二十五日），光緒帝特意電諭李鴻章，指出：

「現在日本以兵脅議……。據現在情形看去，口舌爭辯，已屬無濟於事。前李鴻章不欲多派兵隊，原以釁自我開，難於收束。現倭已多兵赴漢（城），勢甚危迫。設脅議已成，權歸於彼，再圖挽救，更落後著。此時事機吃緊，應如何及時措置，李鴻章身膺重任，熟悉倭韓情勢，著即妥籌辦法，迅速具奏。前派去『剿匪』之兵，現應如何調度移紮，以備緩急之處，並著詳酌辦理。俄使喀希尼留津商辦，究竟彼國有無助我收場之策，抑另有覬覦別謀？李鴻章當沉幾審察，勿致墮其術中，是為至要。」[35]

在這個電諭當中，光緒帝既斥責了李鴻章面對來勢洶洶的外敵「不欲多派兵隊」的怯懦態度，又強調指出了俄國可能懷有「別謀」的私自企圖。在此，光緒帝已十分明確地揭示了當時中國所面臨的兩個極為尖銳的嚴峻問題：一、應看到日本要挑起侵略戰爭的嚴重現實，絕不能停於口舌之爭，必須進行緊急的禦敵準備；二、要警惕俄國聲稱進行「調停」活動的陰謀，不能麻痺上當，實為告誡李鴻章不要把希望寄託在外國「調停」上面。總體來說，光緒帝在這裡強調了一個中心問題，那就是在戰爭威脅面前，要立足於自身的力量之上，積極地預籌戰備。

手握外交、用兵大權的李鴻章，對於光緒帝的這些至關緊要的諭令，居然採取了陽奉陰違的態度繼續加以搪塞。於是，在五月二十八日（七月一日）形勢更加緊張時，光緒帝又通過軍機處向李鴻章發出了一個措詞比較嚴厲的電諭說：

「前經疊諭李鴻章酌量添調兵丁，並妥籌辦法，均未覆奏。現在倭焰愈熾，朝鮮受其迫脅，勢甚岌岌；他國勸阻，亦徒託空言，將有決裂之勢。李鴻章督練海軍，業已多年，審量倭韓情勢，應如何先事圖維，熟籌措置。儻韓竟被逼攜貳，自不得不聲罪致討，彼時倭兵起而相抗，亦在意計之中。我戰守之兵及糧餉軍火，必須事事籌備，確有把握，方不致臨時諸形掣肘，貽誤事機。李鴻章老於兵事，久著勳勞，著即詳細籌畫，迅速覆奏，以慰廑繫。南洋各海口，均關緊要，台灣孤懸海外，倭兵曾至『番』境，尤所垂涎，並著密電各督撫，不動聲色，豫為籌備，勿稍大意。」[36]

在此電諭中，光緒帝對李鴻章敷衍塞責的行徑給予了更加嚴厲的訓斥；對日本軍國主義者的侵略陰謀揭露得尤為清楚。特別是他又一針見血地指出，「他國勸阻，亦徒託空言」絕不可信。從而對於籌備戰守做了比較全面、周密的部署。

接著在六月初二日（七月四日），光緒帝又就李鴻章自乞求英國領事轉請其政府派艦隊赴日「勒令撤兵」一事，再次向他發出諭令，斬釘截鐵地申明，對於日本的肇釁「中朝自應大張撻伐，不宜借助他邦，致異日別生枝節」。在此光緒帝還斷然指出，對於這種乞求外力、「示弱於人」的事，今後「毋庸議」[37]。到此，光緒帝反對一味依賴外力的態度，更加鮮明而堅定。

與此同時，給事中褚成博也上奏指出，「日本覬覦朝鮮，意甚叵測」，對李鴻章「欲倚（俄、英「調停」——引者）以集事」的儒弱言行，給予了義正詞嚴的揭露。他寫道，沙俄進行的「調停」活動，「實欲坐收漁人之利」；英國表示的「助我」，同樣是「陰遂要求之計」。從而他認為，絕不能被「彼族所愚弄」。強調中國「惟有決意主戰」，才是唯一正確的選擇[38]。

在這明槍暗箭一齊發來的嚴重、複雜的形勢面前，光緒帝和一些抵抗派官員保持了比較清醒的頭腦。他們對當時中外形勢的判斷和採取的對策，與以西太后、李鴻章為代表的妥協勢力，形成了多麼鮮明的對照！

在此，以光緒帝為首的抵抗派，既清楚地意識到，日本侵略者必將把戰爭強加在中國的頭上；又覺察到俄、英等列強的「調停」活動包藏著險惡的用心。他們一再指出，這種外力依賴不得，必須立足於本國力量的基礎上迅速加強戰備，禦敵衛國。

在那甲午戰雲日益深沉的日日夜夜，光緒皇帝與翁同龢等樞臣，在書房等處埋頭批覽奏報、籌畫對策，不時地通過軍機處向李鴻章發出諭電，促其認真進行戰備。他們為了禦敵衛國，真可謂是「宵旰焦勞」。

相形之下，手握清廷實權、一朝之大的西太后，在當時除了有時使人傳遞一下她的懿旨，或在樞臣會上照照面，發幾句不著邊際的空論而外，終日依舊在頤和園沉醉於縱欲享樂之中。西太后不僅對外敵的戰爭威脅根本沒有放在心上，反而對光緒帝的疑忌之心卻是有增無減。這時，她雖然很少出面，但仍在幕後操縱局面，並通過其心腹官僚，對以光緒帝為首的主戰派的備戰禦敵活動加以百般地阻撓和干擾。西太后的親信官僚、軍機大臣孫毓汶，就仰承其旨意，並「迎合北洋（李鴻章）」，對光緒帝籌畫的禦敵之策，無不「陰抑遏之」[39]。

與西太后及其心腹官僚脈脈相承的李鴻章，在他那天津的總督官邸，卻顯得相當忙碌，時而會見俄、英等使節；時而主持上呈下達的文電；並不斷地向俄京彼得堡和日都東京等地的駐外公使發電探風傳令。然而這一切，還是為了推行他的「以夷制夷」的方針，死抱著妥協的宗旨不放。對頻頻而來的駐朝將領的請援、請戰電報，李鴻章不是隨意頂回，便是將其擱置一邊。

至於從朝廷發來的那些敦促其認清危局、加緊備戰的諭旨，始終未引起李鴻章的重視。他深悉清廷的內幕和西太后的心意，所以不操實權的光緒帝，發給他的這種電諭越急、越多，李鴻章的抵制活動也越公開、越頻繁了。

首先，要準備抗擊日本預謀的侵略戰爭嗎？稟承西太后意旨的李鴻章，卻執意把希望完全寄託在列強的「調停」之上。五月二十八日（七月一日）、六月初二日（七月四日）光緒帝接連發出的兩道上諭，明確指出形勢危急「將有決裂之勢」；外國的「調停」純係「徒託空言」，一再強調讓他立即進行全面戰備，以免「貽誤事機」。可是，在此後的第三天，即六月初四日（七月六日），李鴻章仍然電令已陷入被包圍之中的中國駐朝守軍：「現俄英正議和，暫宜駐牙靜守，切毋多事。」[40]還在做其依靠西方列強的幻夢。直到六月十八日（七月二十日），日本軍國主義侵略者已在朝鮮集結重兵，擺好隨時即可動手的架式，但李鴻章仍然對中國駐朝守軍將領要求準備自衛的呼聲聽而不聞，繼續抗拒光緒帝的嚴正指令，電示駐朝守將葉志超「日雖竭力預備戰守，我不先與開仗，彼諒不動手。……切記勿忘，汝勿性急」[41]。在敵我衝突之初，出自鬥爭策略的需要不開頭一槍，這在中外戰爭史中當然不無其例。然而李鴻章堅持主張的「不先與開仗」，卻是解除自己思想和戰備武裝、把命運寄予他人的妥協邏輯。

六月二十一日（七月二十三日），日本侵略者開始動手了。派兵衝進朝鮮皇宮，扶植傀儡政權，向中國守軍進行武裝挑釁，揭開了中日戰爭的序幕。就在這硝煙已經瀰漫朝鮮京城的當天，李鴻章在給清政府中央發來的兩份電報中，居然藉日本駐朝公使大鳥圭介之口，說什麼「中國若添兵即以殺倭人論」。在他看來，日本軍國主義者可以霍霍磨刀、為所欲為，中國絕對不能準備自衛；同時李鴻章還煞有介事地說：「俄有十船可調仁川（事實上這是他的虛構——引者），我海軍可會辦。」[42]繼續製造依靠沙俄的幻想，抗拒光緒帝的備戰指令。李鴻章在七月下旬租用英國輪船向朝鮮運送援軍，實際是他精心設計的一起與光緒帝的抗戰方針「對著幹」的舉動。但日本侵略者卻採取了赤裸裸的戰爭行動，偷襲船隊，擊沉英輪「高陞」號，使中國一千多名官兵壯烈犧牲，公然不宣而戰，發動了侵華戰爭（因一八九四年為甲午年，故史稱「甲午戰爭」）。事後，李鴻章竟以按捺不住的僥倖心情，得意洋洋地向光緒帝報告：日本擊毀懸掛英旗的船隻，「英國必不答應」[43]，似乎還在為自己的「傑作」大加炫耀。這時，他為了給自己裝扮一點要起來抗戰的樣子，應付一下來自朝野的主戰呼聲，派海軍提督丁汝昌率領幾隻戰船出洋巡邏。但就此區區小事，李鴻章也大作文章，他在給清廷的電報中大言不慚地說：「已飭海軍提督丁汝昌統帶鐵快各船，馳赴朝鮮洋面，相機迎擊。」[44]可是他在給丁汝昌的密令中，卻指示要「相機進退，能以保全堅船為妥」[45]。可見事到此時，李鴻章還在玩弄手法，對光緒帝等在硬頂之餘又施展騙術。

再者，要「豫籌戰備」嗎？那就得拿錢來。早在中日關係日趨緊張，光緒帝明示要他預防戰事時，李鴻章就「兩次陳奏，均以籌款為先」[46]進行要挾。到六月初二日（七月四日），當李鴻章剛剛接到令其加緊進行戰備的電諭後，他又具摺陳詞：「臣久在軍中，備嘗艱險，深知遠征必以近防為本，行軍尤以籌餉為先。」聲張北洋海軍「戰艦過少」，兵勇不足，要籌戰備，還需要二三百萬兩的銀餉[47]。他的意思就是說，只有「先籌二三百萬兩的餉，方可戰」[48]。在此，李鴻章便公然提出了備戰的先決條件。

當然，備戰興師確需款項。但李鴻章從組建北洋海軍那一天起，就「以備緩急之用」相標榜，並曾宣揚戰事切免「臨渴掘井」，要「預防未然」。但到這時，僅僅用於北洋海軍方面的費用，就已「糜帑千數百萬」了。當時有人說，「現在北洋兵力軍儲甲於天下」，並非誇張[49]。然而到真要用兵時，李鴻章卻大叫「戰艦過少」，兵勇不足，竟然要「臨渴掘井」了。李鴻章本來很清楚，清政府的國庫已「萬分支絀」，「遽籌巨款，亦屬不易」。可是現在他竟然一伸手就要二三百萬兩，無非是在向以光緒帝為首的抵抗派施加壓力，進行要挾；也是為他自己堅持妥協方針、一味敷衍誤國尋找藉口。

面對這些來自內外的誘惑、抵制和壓力，光緒帝的主戰態度依然毫不動搖。對外，他堅持反對依賴外國的「調停」和許諾，決心立足本國，積極備戰設防，誓傾國力以禦外敵。到六月二十一日（七月二十三日），當光緒帝看到李鴻章繼續鼓吹要與俄國艦隊「會辦」的電報後，頓時「盛怒」，立即下令「擬電旨致北洋（李鴻章）」，「命不得倚仗俄人」[50]。接著，牙山守軍告急；日軍偷襲運兵船隻進而襲擊中國守軍等消息亦接連傳來。對此光緒帝尤為憤慨，連續向李鴻章發出電諭指出：你原來固守「釁不自我開」而觀望敷衍，然而現在已「釁開自彼」，理應「立即整軍奮擊，不可坐失機宜」了[51]。接著於六月二十二日（七月二十四日），光緒帝又通過軍機處寄諭給李鴻章，以極為憤怒的言詞發出了嚴正的警告：

「倭人要挾無理，亟須豫籌戰備。李鴻章所派各軍，到防後如何相機應敵，著嚴飭諸將領妥慎辦理，毋誤事機。其奉天調往之軍，並著轉電迅速前進；倘有觀望不前，致有貽誤，定將該大臣等重懲。」[52]

對內，光緒帝雖然明明知道國庫枯竭財政困窘，但他為了全力資助戰事，在見到李鴻章的請款奏章之後，便立即密諭戶部和海軍事務衙門「會同妥議」，竭力籌辦[53]。正是在光緒帝的督促之下，戶部和海軍事務衙門從鹽課、海關稅、各省地丁銀及東北邊防經費等項中各湊一百五十萬兩，共計三百萬兩，「由李鴻章分別提用」[54]。李鴻章的索款用心，主要不是為了積極地備戰抗敵；但光緒帝卻力排萬難，認真籌措，滿足了李鴻章的請款要求，又表現出他一片備戰衛國的誠心。

在國難當頭的緊急時刻，光緒帝為排除備戰禦敵的重重干擾，可以說是費盡了心力。從中再次說明，這個年輕皇帝的確是富有生氣的。

甲午中日戰爭期間，在清王朝統治階層當中，一般說來，光緒帝和那些抵抗派官員的態度是互為影響的。但是作為一國之君的光緒帝的態度和動向，確實具有更加突出的影響力。因此，由於在手握實權的妥協勢力包圍之中的光緒皇帝，旗幟鮮明地堅持禦敵衛國的正義立場，便進一步促進了清王朝統治層內部抵抗力量的增長。尤其是在日軍偷襲中國運兵船和向牙山（實為成歡）

中國守軍發動進攻的事件發生後，中國與日本侵略者之間的矛盾急劇尖銳，在朝內外激起了強烈的反響。與此同時，在清王朝統治集團中抵抗派的活動也日趨活躍，他們為了推進抗戰，又展開了進一步的鬥爭。

在此期間，當光緒帝與翁同龢等，在清廷統治集團核心與妥協權貴拚力周旋於內；其他一些抵抗派官員又通過具摺上奏的方式力爭於外。他們內外呼應、上下配合，對日本侵略者「不遵公法，肆其憑凌」，蠻橫「起釁」等暴行，進行了強烈的聲討。並且這些人又異口同聲地對李鴻章「欺朝廷」、「抗廷議」、「禦敵兵則怯」、「甘受凌侮」、「屢失事機」[55]等誤國行徑也展開了猛烈的抨擊。原來的帝黨中堅、現在的抵抗派骨幹志銳，沉痛地指出，對侵略者「我愈退，則彼愈進；我益讓，則彼益驕；養癰貽患，以至今日」。他疾呼：「軍國大計，利害所關」，要求光緒帝速籌應急之計[56]。但計在哪裡？這時志銳還是把希望寄於光緒帝的諭旨之上。不過，隨著事態的發展變化，一些抵抗派官員也逐漸地意識到，單純依靠呼籲、敦促及以光緒帝發布諭旨的辦法，來促使李鴻章等權貴起來籌戰抗敵，是無濟於事的。形勢逼迫他們不得不進一步考慮採取新的對策了。侍讀學士文廷式上光緒帝的〈奏朝鮮事機危迫條陳應辦事宜摺〉，其視野便有所擴展。在這個奏摺裡，他從總結一八七四年日本侵略台灣以來的歷史教訓和當前的危機形勢出發，一方面，文廷式也認識到俄、英列強進行的「調停」活動，皆是「將逞其詭謀，自益而損我」的詭計；另方面，他又深刻地指出：「李鴻章立功之始藉資洋人，故終身以洋人為可恃。」從而文氏基於這些認識便向光緒帝提出了「明賞罰」、「增海軍」、「審邦交」、「戒觀望」等建議，要求從「補偏救弊」入手，來排除干擾推進抗戰。他提出這四項建議的中心內容是，主張建立「候旨錄用」的軍制，即制訂由光緒帝任命海、陸軍各級將領的制度，打破由李鴻章一手控制海、陸軍的現狀。

文廷式認為，通過這種辦法既可以除掉軍內「黨習既深，選才亦隘」和「賞罰不公，賢愚莫辨」等弊端；又可以擺脫受列強利用的危險，達到「庶使將士皆知共戴天恩，感奮思報」[57]，使光緒帝可以直接調遣軍隊，以挽救抗敵的被動局面。

文廷式提出的這些應急建議，較原來抵抗派官員只力圖通過光緒帝發布電諭的方式，來敦促李鴻章備戰禦敵的想法無疑是前進了一步。這些建議，可以說是初步觸到了清軍體制方面的一些弊端。如此，顯然有利於擺脫李鴻章對清軍的控制，對改變抗敵的被動局面是有益的，具有一定的改革意義。但卻是難以實現的。

光緒帝為了組織備戰禦敵，確曾做出了巨大的努力。甚至在日本侵略軍擊沉中國運兵船事件發生後，他還向李鴻章發出了警告的諭旨。然而這一切，並未在李鴻章身上發生任何效果，中國軍隊在朝鮮的不利地位仍未改變。鑑於這種嚴峻局面，光緒帝為了扭轉不利的戰局，推進抗戰，對文廷式等人要求對某些軍政弊端進行改革的建議引起了重視，逐漸產生了「欲開言路」[58]等思想主張。當然，「開言路」對一個比較開明的君主來說，並不是什麼新奇的事；而且光緒帝的這種「欲開言路」的主張，尚不足以說明他在此時已產生了明確的革新思想。但在當時的具體情況下，光緒帝為適應振作抗敵的需要，試圖通過「開言路」、採衆議的途徑來廣泛籌畫禦敵之策，顯然是一種求進取的思想傾向。在中日甲午戰爭的前期，光緒帝也確曾衝破清廷權勢者們的重重阻撓，向群臣疆吏發出了一些要求他們「籌議」戰事的諭旨；對一些要求起用善戰人才等建議，他也准予採納。事實表明，隨著侵略戰爭的加劇，在抵抗派官員的促進下，光緒帝確在振作抗敵的道路上，不斷地向前邁進了。

在那岌岌可危的日子裡，以光緒帝為首的抵抗派（包括一些愛國將領），從清王朝統治層發出的這種振作抗敵的聲音，與來自朝外要求奮起禦侮的呼聲，異途同歸地匯集成日趨高漲的愛國聲浪，這種形勢的出現，對清廷統治集團來說，不管他們的心境如何，這畢竟是一種不可忽視的巨大勢頭。同時，李鴻章的「以夷制夷」的片面、消極對策，後來也落了個「竹籃子打水一場空」的後果，使他的露骨的妥協活動不得不暫且收斂。於是，以光緒帝為首的抵抗派的主張便逐漸占了上風。

光緒二十年七月初一日（一八九四年八月一日），清政府發布了基本體現抵抗派主張的對日宣戰上諭。這個上諭在闡述了「中外所共知」的中、朝歷史關係之後鄭重宣告：

「本年四月間，朝鮮又有『土匪』變亂，該國王請兵援剿，情詞迫切。當即諭令李鴻章撥兵赴援，甫抵牙山，『匪徒』星散。乃倭人無故添兵，突入漢城，嗣又增兵萬餘，迫令朝鮮更改國政，種種要挾，難以理喻。我朝撫綏『藩』服，其國內政事，向令自理。日本與朝鮮立約，係屬與國，更無以重兵欺壓強令革政之理。各國公論，皆以日本師出無名，不合情理，勸令撤兵和平商辦。乃竟悍然不顧，迄無成說，反更陸續添兵，朝鮮百姓及中國商民，日加驚擾。是以添兵前往保護，詎行至中途，突有倭船多隻，乘我不備，在牙山口外海面開炮轟擊，傷我運船，變詐情形，殊非意料所及。該國不遵條約，不守公法，任意鴟張，專行詭計，釁開自彼，公論昭然。用特布告天下，俾曉然於朝廷辦理此事，實已仁至義盡。而倭人渝盟肇釁，無理已極，勢難再予姑容。著李鴻章嚴飭派出各軍迅速進剿，厚集雄師，陸續進發，以拯韓民於塗炭。並著沿江沿海各將軍督撫及統兵大臣，整飭戎行，遇有倭人輪船入各口，即行迎頭痛擊，悉數殲除，毋得稍有退縮。」[59]

就此，清政府義正、莊嚴地布告中外，正式向日本侵略者宣戰。

無可辯駁的歷史事實表明，清政府的對日宣戰，是被迫採取的反侵略自衛措施，它的正義性是鮮明的。而這一事件所以發生，從清朝統治集團來說，卻是以光緒帝為首的抵抗派通過與妥協勢力進行反覆鬥爭所取得的一個結果[60]。

宣戰之後

（一）喜與憂

通過光緒帝頒布的對日宣戰上諭發出的嚴正聲音，迅速傳遍我神州大地。正如主戰派官員志銳所說，「皇上明詔下頒，赫然致討，天下皆聞風思奮」[61]，極大地激發了人們奮起抗敵的愛國熱情。

宣戰上諭頒布後，黑龍江將軍依克唐阿首當其衝，立即電奏朝廷，「請親率馬步」各營赴前「進剿」[62]倭寇。

依克唐阿（？—一八九九年），字堯山，滿洲鑲黃旗人。初從軍之後參加鎮壓捻軍，其間積功至佐領。後回吉林駐防，遷協領，再晉副都統。光緒五年（一八七九年），以副都統移駐呼蘭。次年，母丁憂歸里。其間時值中俄伊犁交涉，俄在遠東陳兵，使吉林東部的形勢極度緊張。此時，他受命而出，募勇鎮守吉林中俄邊境重鎮琿春。光緒十五年（一八八九年）升任黑龍江將軍。依克唐阿「勇而有謀」[63]，並有「驍將」[64]之稱。

光緒二十年（一八九四年）夏，日本在朝鮮燃起針對中、朝的侵略戰火之後，正在家鄉丁憂的依克唐阿，深切感到「大敵當前，豈可袖手旁觀！」[65]遂主動電請率師出征。在清軍當中，他是最早主動請求抗敵的高層將領。因此依克唐阿的請戰，立即引起光緒帝的重視，認為此舉「實屬勇往可嘉」[66]，給予了鼓勵。當時，由於「奉天防務緊要」，並為加強邊境防線，光緒帝便命其率軍馳赴奉天「聽候諭旨」[67]。

隨後，湖南巡撫吳大澂也「電奏請率湘軍赴韓督戰」，並被光緒帝「允之」[68]。吳大澂（一八三五－一九〇二年），字清卿，江蘇吳縣人。初以編修出任陝甘學政，自此即關心國事民生，在此後經辦賑務與邊防中，成績顯著。光緒十一年（一八八五年），赴吉林與副都統依克唐阿會辦沙俄在琿春的侵界交涉，爭回黑頂子及圖們江航行權，維護了國家權益。次年升任廣東巡撫，在任期間堅決反對葡萄牙侵占澳門。光緒十四年（一八八八年），鄭州黃河決口，奉帝命前往治理，取得突出成效，遂授河道總督，從而「盛負時譽」[69]。光緒十八年（一八九二年），授湖南巡撫。吳大澂在任官期間「猶好金石，探討訓故，書法亦適麗，文采風流，焜耀一時」[70]。清政府對日宣戰後，他請求率兵征戰，可謂文人事軍，非其之長。但面對凶惡之敵，作為任官於內地的吳大澂，卻奮起請戰，無疑體現了他的愛國情懷。

在愛國熱潮日益升溫的時刻，負責漕糧積儲的倉場侍郎祥麟，亦於七月十日（八月十日）「奏請赴海疆軍營報效」。光緒帝「覽奏」後，深有感觸地批示：「具見勇往之忱」[71]，肯定了他的勇敢精神。但鑑於興師之際，倉場事務亦為繁重，故命其仍在原職盡力。此外，各處的武人及閒散官吏，也在當地一些督撫的支持下出來募勇練兵，準備赴前抗敵。

與此同時，奉天將軍裕祿，在奉光緒帝的抗戰諭旨後，亦加緊在其所轄地區部署軍隊。並命前沿東邊道「募集民練」，與遼東各地守軍「齊力嚴防」[72]。坐鎮長江中下游與東南沿海地區的兩江總督、南洋大臣劉坤一，至此其主戰態度越發明朗。原在光緒帝頒布對日宣戰上諭的前夕（即七月三十一日），以「老成持重」著稱的劉坤一，即在其奏片中說：「現在兵端已開，務在痛予懲創，即使刻難得手，亦可以堅忍持之。」他依據中國幅員遼闊和日本國土狹小等不同國情，提出只要中國「堅忍持之」，日本「斷難支久」[73]的見解。可以說這種看法具有戰略性的遠見，是當時中國克敵制勝的關鍵。此後，隨著人們認識的不斷提高，劉坤一的這種思想觀點，便被越來越多的抵抗派官員所接受，甚至也引起光緒帝和翁同龢的重視。在對日宣戰後，他按照光緒帝要求東南各省「聯為一氣」以「固江防」的諭令，極力在吳淞等軍事要地加固防務，並「督飭各將士嚴密籌備」[74]戰事。同時劉坤一又「遵旨」派出兵輪開赴台灣，加強那裡的防務。此後，他還向清廷獻計獻策和保薦將才，為抗日而盡力。浙江巡撫廖壽豐也在「得旨」後，於鎮海等戰略要地「認真嚴防」[75]來犯之敵。至於一些清廷的文職官員，在對日宣戰後，同樣更加積極地向光緒帝及總理衙門出謀獻策，或大膽地參劾怯懦將領和謀求妥協的權貴。他們在抗擊日本侵略者的鬥爭中，仍然是輿論上的先鋒。

在清中央，遵照光緒帝的用兵、設防、練勇均以「籌餉為最要」的旨意，也在加緊籌措「用兵之需」的餉銀。除注重正常的財政收入以外，自七月十日（八月十日）以來，戶部與軍機處又接連請旨並獲得光緒帝的允准，指令各省關清理和上解「歷年積欠銀兩」。同時，還要求各將軍督撫，就戰事「近情」，妥善理財「通盤籌畫」，力保用兵「經費」[76]。為了適應戰爭的需要，清政府在財政方面也採取了一些必要措施。

日人大久平治郎曾評說：

「日清開釁之初，帝（光緒帝）立意主戰……。誠使支那（中國）君臣一心，上下協力，目的專注於戰，則我國（日本）之能勝與否，誠未可知也。」[77]

如果說，在清政府對日宣戰之前，意識到戰爭的威脅極力主戰的，還主要是光緒帝和一些帝黨官員。那麼，到日本挑起戰爭和清政府被迫宣戰後，要求以戰爭自衛的人迅速增加，並遠遠超出了帝黨的範圍。而且由此迸發出來的抗敵呼聲已衝出紫禁城，首先在國內的軍政界形成一股愛國熱流。可以說，在光緒帝頒布對日宣戰上諭後，中國出現了上下啟動一致對敵的態勢，說明中國的抗日鬥爭呈現出可喜的徵兆。

然而，在此後抗擊日本侵略者的實際進程中，中國所出現的這種有利於抗敵的勢頭，不僅未得到進一步的延伸與加強，反而遇到來自內部的強烈干擾。

宣戰後，敵我都處於加緊部署戰爭的階段，清廷統治集團的核心成員也都傾注於戰事方面了。不過，他們各自的心態並非相同。光緒帝的對日態度日趨強硬，直至做出對日宣戰的決策。當初，在他的思想中除作為一個帝王固有的觀念之外，或又具有一定的盲目性，但在主導方面，光緒帝卻是出於「熱愛祖國的心情」[78]。然而，他在清廷不操實權的地位，並未完全改變。戶部尚書、帝黨首領翁同龢，固然其思想較為複雜，但從維護清王朝的「基業」及其「尊嚴」出發，他也堅持主戰。因此在戰爭中，翁同龢更得到光緒帝的信任，「每遞一摺，帝必問臣（即翁同龢——引者）可否。蓋眷倚極重」[79]。至此，翁同龢仍然是光緒帝的忠實支持者。

禮部尚書李鴻藻，在光緒帝即位後，曾成為當時清政壇上「清流」派的靠山，時而捲入清廷政爭的漩渦。在總理衙門任職期間，他從「以存國體為要」[80]出發處理中外關係。光緒六年（一八八

○年），中俄關於伊犁問題的交涉時，李鴻藻策動「清流」派大臣參劾崇厚擅簽屈辱的《里瓦基亞條約》。在中法戰爭前，他反對李鴻章的妥協方針，極力主張出師援越抗法。因此，在時起時伏的政治風波中，李鴻藻也在其任官生涯中幾經沉浮。不過，他又有迎合西太后的本領，每當遇到挫折，又得到西太后的「加恩寬免」[81]，使其終未離開清廷中樞。李鴻藻在光緒帝即位後的十多年間，他的對外態度，的確體現了維護清朝「國體」這一思想脈絡。到光緒二十年（一八九四年）中日關係緊張以來，李鴻藻也感到「事機已迫」[82]，從而站在主戰的一邊。此後，在清廷統治集團核心中議處抗日戰事時，他多與翁同龢密切配合，對光緒帝主持抗戰也起到積極的配合作用。此外，總理衙門大臣張蔭桓，雖然經常左右逢源，但其對日的基本態度也向主戰傾斜。

作為清王朝主宰的西太后，在此之前也曾表示不對日本示弱，到對日宣戰後，當她得知所謂葉志超軍在牙山「屢勝」的訛傳時，於七月三日（八月三日）發出懿旨，認定此事「實屬奮勇可嘉」，遂命賞給葉志超軍白銀兩萬兩「以示鼓勵」[83]。說明她也希望對日戰爭獲勝，而且當時西太后的這種求勝心似乎更為急迫些。所以如此，從她一貫的對外態度來看，還是出於一種僥倖心理。在此期間，盡量減輕影響一直在準備中的「萬壽大典」，才是她始終牽掛的最大心事[84]。所以，西太后的抗戰態度是極不穩定的。但在戰局尚未明顯惡化之前，她還基本處於觀望之中。在清廷把持軍機處及總理衙門的慶親王奕劻、禮親王世鐸及軍機大臣孫毓汶與徐用儀，皆為后黨的骨幹，他們始終對西太后如影隨形。

原於七月中旬，在中日就雙方同時自朝撤兵問題的談判中，由於日本蠻橫地拒不撤軍，致使戰爭威脅日益加劇。這時，奕劻也感到「朝鮮之事，關係重大，極須集思廣益，請簡派老成練達之大臣數員會商」[85]。於是，經奕劻面奏，光緒帝在六月十三日（七月十五日）諭軍機大臣，命翁同龢、李鴻藻與軍機處及總理衙門大臣「會同詳議，將如何辦理之處，妥議具奏」[86]。在此後的中日戰爭期間，清廷中樞仍基本維持這種「妥議」戰事的狀態。可以說，這是在清中央組成的一個籌畫對日戰策的核心班子。在其中，牽頭人翁同龢、李鴻藻，堅決主戰抗敵；但其他大臣不是西太后的親信就是觀風使舵的老朽。因此，在這個參謀班子當中，經常因商討戰策等爭論不休，致使有些重要問題竟不了了之。所以在清中央，始終未形成一個「目的專注於戰」的、強有力的最高指揮中心。因而，往往演成光緒帝唱「獨腳戲」的情景。

李鴻章仍在前場緊握對外交涉與用兵權。光緒帝以及軍機大臣、總理衙門所頒布的有關戰事的諭旨和指令，照樣都要通過李鴻章來實施。這種「舉天下戰守之事而任於一人」的局面，在當時就有人指出「已屬可危之道」[87]。李鴻章身為直隸總督兼北洋大臣在前場主管外事與用兵事宜，處於各種矛盾（尤其是帝、后矛盾）的焦點部位，固然有其境遇之難。但是，他本身既有其派系等私欲，又缺乏應有的膽略和高瞻遠矚的政治目光。有人說，在晚清李鴻章雖掌北洋歷經外交，但他卻「忽於為政之本，而又少重氣節」[88]。此說不無一定的道理。李鴻章的這種特有性格，無疑也是導致他對外怯懦的原因之一。在清政府對日宣戰的前夕，李鴻章的對日態度雖曾趨於強硬，但這只是出於一時的被迫。到宣戰時，連了解一些清政府內情的駐華外使也知道，當時「李鴻章在軍事上沒有充分準備」[89]。宣戰後，他為了投合西太后的求勝心，並出於庇護其親信將領葉志超，在竭力向清廷報告牙山的虛假戰果之外，又迫不及待地透露給沙俄駐華公使喀希尼：「中國仍隨時準備恢復各列強建議的和平談判」[90]。在宣戰上諭的墨跡未乾之時，李鴻章的心理重心又向倚外求和傾斜了。恰在此間，英、美、義等國政府，相繼聲明對中、日兩國採取「局外中立」[91]政策；隨後，沙俄也聲稱「不干涉中日戰爭」[92]。但是，尤其英、俄兩強，又都企圖控制中日戰局，使之沿著有利於它們的方向發展。於是，英、俄便通過外交渠道，對中國率先採取了一些誘惑性的小動作，時而放風試探。對此，李鴻章竟又為之動心。於是從七月九日（八月九日）以來，他接連致電總理衙門，鼓吹「英國極欲調停中日事務」[93]，隨後又望風捕影地宣揚「俄人有興兵逐倭之意」[94]。原來，李鴻章即「無作戰之氣」[95]，到這時，連他在宣戰前夕被逼出來的一點強硬態度也明顯軟化了。面對正在加緊調兵遣將決心擴大戰爭的日本侵略者，作為前敵的主帥李鴻章又向迷信外力退縮，無疑是一嚴重錯誤。於是，光緒帝在七月十六日（八月十六日）電諭李鴻章明確指出：「俄有動兵逐倭之意，此非我所能阻，然亦不可聯彼為援，致他日藉詞要索，總須由我兵攻剿得勝。」接著命「李鴻章飭催水陸諸將，奮迅圖功，慎勿虛盼強援，轉疏本計」[96]。可見，光緒帝並非無視列強之間的矛盾，而是強調要警惕它們對我可能別有用心，告誡李鴻章切勿「虛盼強援」。在此，他又特別指出，應立足以本國力量抗擊日本侵略者，不可分散精力「轉疏本計」，以免有損於抗戰大局。經光緒帝的駁斥與忠告，李鴻章乞求外援的活動又不得不有所收斂。但是，他迷信外力的基本態度並未改變。所以在此之後，李鴻章仍然將光緒帝的反覆勸告置於一邊，遲遲未下定抗戰的決心。從而，給中國抗擊日本侵略者的自衛戰爭，投下了深深的陰影。

（二）力爭抗戰主動權

早在六月十二日（七月十四日），光緒帝就感到，中日撤兵談判「久未就緒，和議恐不足恃」，認為應「先事預籌，毋致落人後著」。遂諭令李鴻章「先派一軍由陸路前往邊境駐紮，以待進發」[97]。當時，李鴻章也看到日本對撤軍談判毫無誠意。因此，他為了壯其聲勢，遵旨於六月十四日（七月十六日）派出由寧夏鎮總兵衛汝貴統率的盛軍和以馬玉崑率領的毅軍共八千餘人，乘船在大東溝登陸後進入朝鮮北部。隨後，高州鎮總兵左寶貴的奉軍與由副都統豐升阿統率的奉、吉練軍，也相繼從北路開進朝鮮。這四路大軍，齊向平壤會集。當中國援軍開進朝鮮境內時，「朝民以王師至，歡迎夾道」[98]，體現了中朝軍民的手足之情。

當時，清政府的海、陸軍，雖然在此前的豐島海戰與成歡戰役中失利，但清軍的整體戰鬥力並未喪失。而且隨著北線的開闢，使在朝的軍事實力又得到加強。同時朝鮮人民已鮮明地站在中國一邊。

日本侵略者固然在海、陸偷襲得逞，但卻不得人心。此後，它按其預定的侵略計畫，又把平壤作為下一步的主攻目標。但日本在朝的兵力還不足，正在其國內組建的第一軍，尚需調集。另外，日本在漢城扶植起來的大院君，還在中、日之間「首鼠兩端」[99]。被日本廢棄的原朝鮮國王李熙及其臣屬，對日本「逼奪政柄，肆行欺壓」[100]，更是仇恨滿懷。因此，他不斷遣使向清政府求援。所以，到日軍完全占據漢城一帶之後，朝鮮官民上下仍然「多願奉華為上國」[101]。說明到這時，日本在朝鮮的控制區並不穩定。因此，它在發動平壤戰役之前，其大本營的最高決策者也「對最後的勝敗都暗自有所焦慮」[102]。在這種情況下，如果中國方面抓住時機，加緊進兵，重點推進，或可打破敵人的進攻計畫，奪取有利的戰略地位。

光緒帝早在日本對清軍發動偷襲的前夕，即曾電諭李鴻章，日本「開釁，必先向葉（志超）軍決戰」。遂即指令，「若南路一有戰事，則北路各軍，即應前往夾擊，使彼兩面牽制」[103]。到對日宣戰後的七月二日（八月二日），光緒帝再諭軍機大臣電李，命其「迅速電催」北路各軍「星夜前進，直抵漢城，與葉志超合力夾擊」[104]。至此，光緒帝更明確地提出採取南北夾擊的戰略方針，力圖以積極進取的態勢奪取抗戰主動地位。但要實施南北夾擊，光緒帝又認為，必須保住「勢孤可慮」的葉軍。為此，他又把希望寄於海軍的支援與策應上。於是從八月二日以來，光緒帝在加緊催促北路進軍的同時，又連續電諭李鴻章，命其派出海軍艦隻出海應援南路葉軍，並在大同江口海域「梭巡固守，遇有倭船前來，即行奮擊」[105]。他力圖以海軍為處於危機中的南路軍建立一條補給線，同時破壞敵人的海上運輸。當時，光緒帝雖未明確認識到奪取制海權的重要意義，但卻提出「海軍為國家第一要務」[106]。因此，作為改變北洋海軍缺少快船的「補牢之計」，他立即批准了李鴻章提出添購快船的奏請，命海軍衙門會同戶部撥銀二百萬兩「交李鴻章應用」[107]。隨後又電告李鴻章，為了盡快購買快船，可奏明「實需用款」，「再由戶部添撥」[108]。為加強海軍的戰鬥力，光緒帝也付出了最大努力。另外，在此之前，一些廷臣即感到「海軍護運不能得力」，便相繼參劾海軍提督丁汝昌。到這時，光緒帝也對丁汝昌未能率艦隊出海建功而不滿。故於七月三日（八月三日），他電諭李鴻章命其查核丁汝昌「有無畏葸縱寇情事」，並指出如有必要，可「更換」[109]海軍提督。丁汝昌遂成了衆矢之的，參劾、懲處之聲此起彼伏。

丁汝昌（一八三六—一八九五年），字禹亭（又作雨亭），安徽廬江人。初從長江水師，後入淮軍劉銘傳部。其間因參加鎮壓捻軍，積勳升為參將。李鴻章任直隸總督後，喜其才略「留北洋差序」[110]。光緒六年（一八八〇年）被李鴻章派往英國購艦，並考察了法、德海軍與兵工廠。光緒八年（一八八二年），以統理海軍有功，賞頭品頂戴。次年，授天津鎮總兵，再賞黃馬褂。中法戰爭期間，曾率艦隊南下巡弋。光緒十四年（一八八八年）北洋海軍建成，被任為海軍提督。丁汝昌是由李鴻章一手栽培起來的北洋海軍統帥。但在晚清複雜的環境中，也使他具有一定的矛盾性格。

光緒二十年六月（一八九四年七月），李鴻章派出濟遠、廣乙艦護航向朝鮮牙山運送援兵時，丁汝昌為預防可能遭到日本海軍的襲擊，曾「電請鴻章率我海軍大隊繼發接應」[111]。但當各艦升火起錨時，李鴻章「復電令緩行」[112]。日本海軍在豐島偷襲我艦船之後，李鴻章曾命丁汝昌率艦隊出海「相機迎擊」。然而，在丁汝昌率艦隊出征前夕，李鴻章又急忙去電令丁：「惟須相機進退，能保全堅船為妥，仍望速回。」[113]結果，這次出海也只是成為一種「遊巡」罷了。此後，丁汝昌又曾幾次率艦隊開往大同江口一帶，同樣平平而還。其間或有丁汝昌的個人責任；但「保全堅船」的訓令，對他又不能不形成一種約束。顯然把「無功」之過一股腦兒地都推給丁汝昌，非為公允。

直到這時，李鴻章還毫不掩飾地宣稱，對於北洋海軍，他「兢兢焉以保船制敵為要」[114]。其實，李鴻章的「保船制敵」也好，「保船」避戰也罷，他均以「保船」為第一要義。

此時的北洋艦隊在艦隊的機動性上已明顯落後於日本海軍。不過，在甲堅炮巨方面又有自己之長，並其艦種配備也較為齊全，所以它仍是「有戰鬥力的一個艦隊」。何況光緒帝又在積極地採取切實措施大力購買快船，以補充自己的薄弱環節。可是，「一手經理」北洋海軍的李鴻章，在當年四月（五月）校閱海軍後向清廷的奏疏中，還津津樂道艦船「均甚靈速」、「操縱自如」、各種兵器打靶「均能全中」[115]，等等。到了真要實戰的此刻，他又接二連三地向光緒帝大談起「海軍船械不足，訓練無實」[116]來了。當然，證實北洋海軍的弱點，以求盡速補充與加強其戰鬥力，是作戰運行的常態。但到戰時，李鴻章對北洋海軍竟又如此妄自菲薄，無非是為了給其推行「保船」避戰方針提供依據罷了。不過，李鴻章於此期間在向清廷的報告電中，並未把責任推在丁汝昌身上。而且在此後，他又干冒「嚴旨」與有被參之危，仍連續電奏為丁汝昌陳述、解脫。李鴻章正是從單純的「保船」出發，於七月八日（八月八日）又電令丁汝昌說：「兵船赴大同江，遇敵船勢將接仗，無論勝負，不必再往鴨綠江口，恐日本大隊船尾追入北洋，妥慎防之。」[117]到七月十三日（八月十三日）李鴻章再電丁汝昌，指令「此後，海軍大隊必不遠出」[118]。就這樣，自豐島海戰之後，北洋海軍艦隊出航巡弋的範圍不斷收縮，從大同江口縮至鴨綠江口，隨後鴨綠江口亦不准前往了。從而，北洋艦隊基本處於「持重不出」[119]的狀態中了。

海軍的活動屢加限制，北路陸軍也進展緩慢。原來，在北路大軍剛剛進入朝鮮北部，衛汝貴率領的先頭部隊到達義州時，李鴻章在頻頻接到光緒帝催促北路加緊進軍的電諭後，於六月二十五日（七月二十六日）他在給衛汝貴的電報中云：「（光緒帝）電旨屢催進兵，為葉軍南北策應，豈知遠莫能致。」[120]在李鴻章看來，似乎以積極進取之勢，採取南北策應與夾擊戰略是行不通的，公開抗拒光緒帝的諭旨。於是，他只是命衛汝貴及後續部隊「相機前進」[121]。這就是北路軍進展遲緩的一個主要原因。

在對日宣戰之後，光緒帝採取了積極進取的戰略方針，力圖取得抗戰的主動地位。顯然，戰爭又是敵我在時間等方面的一場大競賽，而時間尤為緊要。只有進兵、後援等贏得時間，方能抓住戰機，取得戰爭的主動權，有利於戰爭的進行。而且就當時的內外形勢來說，光緒帝的這一戰略方針也是可取的。然而，由於李鴻章終無鬥志，一味消極，使光緒帝爭取抗戰主動權的努力受到嚴重干擾。

（三）嚴重受挫

在李鴻章竭力抗拒光緒帝的旨意延誤抗戰部署之際，日本侵略者卻加緊了進攻平壤的準備。

其實，到七月九日（八月九日），衛汝貴、馬玉崑、左寶貴及豐升阿各軍主力一萬四千餘人，也已相繼到達平壤。同時，葉志超、聶士成餘部數千人，還在平壤南部牽制部分敵軍。另外，北犯的日軍主力尚在集結中。再者，直到七月二十三日（八月二十三日），據朝鮮平安道閔丙奭密報，「現倭兵盡向平壤，漢城餘倭不過幾百」[122]，日軍在朝的後方依然空虛。顯然，在此期間，仍是中國北路各軍乘機南下爭取主動的有利時機。但是，這時的李鴻章對日本侵略者還是「怕」字當頭，他依舊在左顧右盼猶豫不前。因此，李鴻章對到平壤的各路大軍，又採取了「堅紮營壘」、「先定守局，再圖進取」[123]的消極防禦方針。隨後，他在七月十六日（八月十六日）致總理衙門代奏電中，更明確地提出，「非有勁旅三萬人，前後布置周密，難操勝算」。從而他認為，「目前只能堅紮平壤，扼據形勝，俟各營到齊，後路布妥，始可相機進取」[124]。李鴻章列出如此之多的「進取」條件，從道理上說固然並非均無可取之處，但其核心仍然是個「怕」字。正是在他的這種消極防禦思想指導下，進駐平壤的各軍將領，只在「日督勇丁並朝民於城內外築壘，環炮而守」[125]。眼看著日軍在步步向我逼進。七月二十一日（八月二十一日）葉志超率其殘部退到平壤；七月二十八日（八月二十八日）聶士成與駐平壤大軍會合。直到這時，平壤各軍仍然「漫無布置」。對此，聶士成曾深為「隱切杞憂」，他建議「各軍宜擇要分紮防敵抄襲，悉駐平壤城中非策」[126]。當時，葉志超等雖然表示同意，但卻終未改變。

光緒帝見到李鴻章的七月十六日（八月十六日）電後，於次日在給其電諭中指出，在日軍正向平壤集結的情況下，我軍「若株守以待，未免坐失事機」。故命李鴻章迅速「飭令各軍，相機進取」[127]。在此期間，左寶貴等曾欲遵旨率師南下，但李鴻章仍令平壤各軍按兵不動。因此，是在平壤坐守待敵，還是乘勢出擊奪取戰爭的主動權？越發引起人們的關注。這時，在清廷中樞的翁同龢、李鴻藻，終日焦急地到軍機處查閱電報或奏章，「論時事」[128]、議對策，密切注視著前方的動向。主戰官員禮部右侍郎志銳、御史易俊等，從七月十六日（八月十六日）以來相繼呈摺指責或參劾怯懦將領及貽誤戰機的權貴。易俊在奏摺中，指責李鴻章「一味遷延，希圖轉圜了事」[129]，此言可謂是切中了李的要害。再者，被日本控制起來的朝鮮國王李熙，仍然通過平安道閔丙奭致電清政府，要求「拯救該國危難」[130]。在這種情況下，於七月二十二日（八月二十二日），光緒帝又次電諭李鴻章。他在該電中指出，日本已向平壤加緊「添兵」，因此我軍「自應迅圖進剿，先發制人」；同時飭令「後路」各軍陸續到位。接著光緒帝便發出嚴令：「若遷延不進，坐失事機」，使敵人據守「益固」，「即以軍法從事」[131]。在此，光緒帝把作戰的方針、策略與利害所關又說得一清二楚。當時，日軍正向平壤迂迴，包抄之勢即將形成。但其南部與漢城一帶仍是其軍力的薄弱地區。因此，採取前、後同步起動的策略，乘敵不備，攻其後方，仍是擺脫戰略被動之策。然而李鴻章還是無動於衷。

當葉志超率部退到平壤後，這裡的營伍隨之增多，而且各軍在平時又互不隸屬，因此統一指揮權十分必要。於七月二十五日（八月二十五日），軍機處與總理衙門大臣會議，認為「現駐平壤各軍，營數較多，須有總統大員親臨前敵，調度一切。查葉志超抵韓較早，情形較熟，且歷著戰功，擬請派充總統」[132]。當日請旨，光緒帝立即允准頒諭。葉志超是李鴻章在淮軍中的親信。原在派他率軍赴朝時，「志超不欲行」，後經李鴻章向其交底：去「亦未必便戰，何怯」[133]！在這種情況下，葉志超方「勉強」開赴。後在成歡戰役之前，他得知日軍即將來襲，便帶兵逃往公州。退到平壤後，葉志超又「即行抱病」[134]泡起蘑菇來了。他的所謂「戰功」云云，其實主要是來自成歡戰役後葉志超「鋪張電鴻章，鴻章以聞，獲嘉獎」[135]。這是葉、李搞的一個連環套。於是，逃將變為「英雄」，並曾因此激起西太后的興奮，也使一直注重賞罰分明的光緒帝和一些廷臣蒙在鼓裡。但當這一任命電波傳到平壤軍中，葉志超本人深為「感悚」，惟恐「指揮未協」[136]；同時又使「一軍皆驚」[137]，震動了全軍。原來入朝的清軍，尤其衛汝貴的盛軍，濃厚的官長習氣加上軍紀敗壞，既已在朝民中造成惡劣影響，又在軍內加劇了「兵勇不服」[138]等矛盾。葉志超被任為全軍的總統後，更加重了軍內的混亂，諸將「各存意見，不服調度」[139]等情形越發尖銳。尤其在「軍情至急」之時，頗有些軍事見解的重要將領聶士成，竟突然回國募兵。正如光緒帝在電諭中指出的，「募勇盡可遣員弁代辦，何必自行？」因此他也認為這種不尋常的舉動「難保不另有別情」[140]。遂即命聶速返平壤。特別是葉志超擔任全軍的總統後，他不僅完全執行李鴻章的自我困守方針，而且又大大向後退縮，提出「必四萬餘人始敷分布」，一點兒進取的意思也沒有了。

在日益嚴重的事態面前，光緒帝似乎有所察覺，於八月五日（九月四日），他在給李鴻章的電諭中說：「葉志超前在牙山，兵少敵眾，而詞氣頗壯。今歸大軍後，一切進止，反似有窒礙為難之象」，表露出對葉志超的不滿。進而指出，「不可以全軍重任付之葉志超一人」[141]。說明光緒帝已意識到任命葉志超不當。但在「敵氛已逼」、大敵當前的情況下，他仍以抗敵為重，遂令各軍必須布置「進剿機宜」，「不得以兵未全到，束手以待敵人之攻」[142]。至此，光緒帝依然緊緊把握主攻方向，再次爭取戰爭的主動權。到這時，李鴻章也曾電令葉志超「選精銳」攔截日軍，但又說「我軍未齊，不能劇然前進」[143]。此間，左寶貴曾於八月八日（九月七日）派馬隊赴黃州探敵。隨後他又與衛汝貴、馬玉崑及豐升阿商定，遣精銳七千人到中和迎擊日寇。但到八月十日（九月九日），李鴻章又命葉志超調回出征軍「以顧根本」[144]。就此，一步步地使近二萬大軍困守在平壤孤城。

就在這時，日本侵略軍的增援部隊，先後從釜山、元山及仁川登陸後，陸續與前期侵朝日軍會合，並形成對平壤的「合圍」[145]之勢。至此，光緒帝的積極防禦的戰略方針已完全失去其可行性；他力求避免的「坐以待斃」局面，卻又無情地擺在了面前。

在八月十三日（九月十二日）中日兩軍交火到八月十六日（九月十五日）敵軍發動總攻的戰鬥中，我軍廣大將士，英勇奮戰，頑強反擊，曾使敵人膽寒。堅守大同江東岸的馬玉崑，率兵與敵「肉搏血戰，抵死相撐拒」[146]。這時，連衛汝貴也「持刀於槍彈如雨中，往來督戰」[147]。高州鎮總兵左寶貴及其所部尤為突出。

左寶貴（一八三七—一八九四年），字冠廷，回族，山東費縣人。咸豐六年（一八五六年）投江南軍營，參加鎮壓太平軍。後從欽差大臣僧格林沁鎮壓捻軍，積功升副將。光緒元年（一八七五年），刑部尚書崇實赴奉、吉巡邊，寶貴「奏自隨」[148]，後以功晉記名提督。光緒十五年（一八八九年），授廣東高州鎮總兵，仍留駐奉天。光緒十七年（一八九一年）賞黃馬褂、頭品頂戴，駐瀋陽統奉軍。寶貴治軍「紀律嚴明」[149]。並熱心公益事業，「縣治四境，津梁道路，多寶貴捐廉葺修」[150]，頗得民心。

光緒二十年六月（一八九四年七月），日本在朝撥起戰雲後，寶貴即向盛京將軍裕祿「請自籌防」[151]。隨後，奉命率軍赴朝。到達平壤後，他遵旨與眾將會商擬率軍南下實施南北夾擊，但未得到李鴻章的軍令。到八月（九月）上旬，寶貴又率先派兵出擊中和，旋被葉志超調回據守平壤。至日軍向平壤發動總攻之前，左、葉分歧公開化，「左主戰，葉主退守」[152]。當雙方爭執不下時，左寶貴「怒罵曰：『若輩惜死可自去，此城為吾冢矣！』」[153]誓與平壤城相始終。於八月十六日（九月十五日）日軍總攻時，便集中兵力向城北制高點猛撲。在此據守的左寶貴，身先士卒親臨指揮，與敵展開殊死拚搏，使「倭人死傷無數」[154]。最後，在敵我力量越發懸殊的情況下，已負傷仍堅守陣地的左寶貴，又不幸中彈為國捐軀，實現了自己的鋼鐵誓言。事後，清廷頒諭，以其「忠勇」給予「從優賜恤」[155]。並且光緒帝還為左寶貴親作《御製祭文》，痛曰：「本期痛飲黃龍府，不意難回落日戈。」[156]表露了沉痛的惜念之情。

左寶貴犧牲後，在城內伺機欲逃的葉志超，遂率餘部倉皇逃走，致使無數的士卒慘死在亂軍中，平壤陷落。

對於平壤戰役，連日方發表的《戰報》也不得不承認，當時中國軍隊「激烈應戰，不遺餘力」，而且「兵亦善戰」[157]。清軍敗於平壤，固有多種因由，但李鴻章抗拒光緒帝的積極防禦方針，終無主動的戰略意識，一味被敵人牽著鼻子走，最後只有坐以待斃了。所以在這場對敵我雙方都具有重大影響的戰役中，清軍之慘敗，也可以說是李鴻章的單純「防禦」宗旨的必然結果。

然而，可悲的情景並未到此告終。在平壤戰後第二天發生的黃海大海戰，也是李鴻章一再無視光緒帝的忠告而導演的慘劇在海上的重演。日本海軍自豐島海戰後，為奪取黃海制海權以便「從海上應援陸軍」[158]，也採取了有準備的「進擊」[159]戰略。與其相反，李鴻章為了「保船」，同樣抗拒光緒帝的海、陸軍互相策應的抗戰方針，步步收縮海軍的活動區域，在海上也使自己處於被動地位。這次日本海軍的主力艦傾巢出動，組成龐大的聯合艦隊出擊，正體現了它「決心進擊」中國海軍的意圖。北洋艦隊此次奉命開往大東溝，仍是一次護航行動，「艦隊之任務在掩護船中兵士登陸」[160]。所以它缺乏充分的戰鬥準備。這次海戰，對中國海軍來說，是在完成護航任務後發生的一場被動的遭遇戰。但在海戰中，北洋艦隊除個別貪生怕死的怯懦逃將之外，大多數「將士效死用命，愈戰愈奮，始終不懈」[161]，英勇頑強，誓死如歸。特別是致遠艦管帶鄧世昌的戰績，尤為壯烈。

鄧世昌（一八四九—一八九四年），字正卿，廣東番禺人。從少年時代起，即關心國家的興衰，因而拋棄傳統的科舉仕途「從西人習布算術」[162]。後入福州船政學堂學測量、駕駛。畢業後，任福建水師船艦的大副、管帶。光緒六年（一八八〇年），李鴻章籌建海軍時將其調北洋，並隨丁汝昌出國購艦，開闊了視野。中法戰爭中，世昌毅然隨艦南下防禦。光緒十三年（一八八七年），再次奉命與他人同赴英國帶回訂購的致遠等艦。回國後授提督銜，兼致遠艦管帶。鑑於國家日衰，世昌對人言：「人誰不死，但願死得其所耳！」[163]懷志報效國家。

當中日戰起，進一步激起鄧世昌的愛國熱情。豐島戰後，他曾「憤欲進兵」[164]，但在李鴻章的控制下未能實現。海戰爆發，他在指揮致遠艦官兵奮勇迎戰的同時，又激勵將士：「吾輩從軍衛國，早置生死於度外，今日之事，有死而已！」[165]誓與日寇血戰到底。在浪濤滾滾、硝煙瀰漫的激戰中，他率艦衝鋒在前「獨冠全軍」[166]，相繼「攻毀敵船」。當致遠艦受重傷，且彈藥將盡之際，奉命「開足機輪」衝向敵主力艦「吉野」號，誓與之同歸於盡。不幸，艦體再中魚雷沉沒後，鄧世昌與全艦官兵落入海中時，他又「義不獨生」拒絕援救，決然「自沉」[167]，為國而壯烈犧牲。事後，光緒帝為之「悼惜，追贈總兵，諡忠壯」[168]。後來，他又為鄧世昌親書《御賜碑文》，對其在黃海海戰中「衝鋒則義不顧身」和「終自沉以效死」的英雄氣概，譽為「炳千古而竹帛流光」[169]。

這次海戰，中國北洋艦隊所以亦未發揮出應有的抗敵作用，而且又受到較大損失，正如日人所說：「海軍政略之要，在於占有制海權。而占有制海權，則在於能否採取攻勢運動。清國（即中國——引者）艦隊在作戰伊始，就未能採取攻勢運動，而採取絕對的守勢運動，此乃清國之失算。」[170]此評說，可謂恰恰觸到了李鴻章致命弱點。他出於怯敵畏戰之「絕對的守勢」，既斷送了平壤的抗敵，也束縛了海軍的戰鬥力。

平壤失陷、海戰受重創，使日本侵略者取得了陸、海兩方面的戰爭主動權。相反，中國的抗戰卻陷入全面的被動地位。

抗戰陰影的擴大

（一）扭轉戰局的努力化煙雲

從八月十八日（九月十七日）以來，平壤失守、海戰失利等令人震動的消息相繼傳入清宮，這一切，都使翁同龢等感到「鴨綠一線可危，即渤海亦可危」[171]。從而，加重了他們的危機感。但是，以光緒帝為首的抵抗派的抗戰態度並未動搖。他們在日趨嚴峻的戰爭態勢面前，又不失時機地採取了一些加強本國防禦的重大措施。

在軍事方面，隨著戰爭形勢的急劇嚴重，光緒帝又加緊調兵遣將，極力鞏固與擴大鴨綠江防線，準備狙擊來犯之敵，保衛國土。

原來，在向朝鮮調動援軍時，光緒帝為預防後路，即命主動請戰的黑龍江將軍依克唐阿率軍進駐奉天。到這時，他便諭令依軍向鴨綠江沿線運動，以便與他軍「合力防剿」[172]。同時，光緒帝還諭電李鴻章，調駐守旅順的宋慶率軍與已在大東溝登陸的劉盛休銘軍等部，向「奉省門戶」九連城一帶集結，加強沿江縱深的防禦力量。並電令東三省練兵大臣定安和盛京將軍裕祿，命其派兵「前往鴨綠江，並舉辦鄉團，添募獵戶炮手，隨同防堵」[173]。至此，光緒帝為了抗日衛國，突破了只依靠正規清軍的界限。到八月二十二日（九月二十一日）後，從平壤退下來的各軍相繼回到國內，並奉命加入邊防。至九月（十月）中旬，在奉省東邊道鴨綠江沿線，已集結了七十多營三萬餘人的中國防軍（新組成的鄉團、民勇除外），從而構成了以九連城為中心，左翼伸到長甸、右翼達安東（今丹東）及大東溝的鴨綠江防線。

以上諸軍，除宋慶統轄的毅軍和依克唐阿、劉盛休等部之外，其餘均是從平壤敗退回國的各軍。這些部隊，多已「士卒疲乏，糧械不給（足）」[174]，而且「軍心已渙」[175]。因此，光緒帝採納了翁同龢等抵抗派官員的建議，為了穩定軍心重整軍威，他在催促為這些退回的各軍加緊籌措和運送餉械的同時，又力行賞罰，撤換與調整防軍指揮。從這時起，光緒帝一面頒諭為左寶貴、鄧世昌等所有「力戰陣亡」的將士賜恤、昭功、「立傳」[176]；一面懲處怯懦畏葸之首要。在這方面，光緒帝首先處分了應負全責的李鴻章。事實表明，直到對日宣戰以來，由於李鴻章「並無作戰之氣」，對敵「一味遷延」[177]，已激起朝臣上下的憤怒。就在八月十八日（九月十七日），隨著平壤守軍敗退的消息傳來，在清宮舉行的樞臣會議中，李鴻藻又指責李鴻章「有心貽誤」[178]。顯然，這是並不為重的恰當指控，可是竟又有人企圖維護李鴻章。但翁同龢卻公開表態認為，「高陽（李鴻藻）正論，合肥（李鴻章）事事落後，不得謂非貽誤」[179]，支持了李鴻藻的意見。於是，他們便議定了對李鴻章的處分，並當即擬片進呈光緒帝。其實，此議正符合光緒帝的心意，所以他立即諭內閣宣布：

> 「倭人渝盟肇釁，迫脅朝鮮，朝廷眷念藩封，舉師致討。北洋大臣李鴻章，總統師幹，通籌全局，是其專責。乃未能迅赴戎機，以致日久無功，殊負委任。著拔去三眼花翎，褫去黃馬褂，以示薄懲。該大臣，務當力圖振作，督催各路將領，實力進剿，以贖前愆。」[180]

李鴻章在得知對他的處分後，於八月二十日（九月十九日）以「據實陳奏軍情」的名義上奏光緒帝。在該摺中，他不得不承認，自己「督率無方，罪戾叢積，謗議咎責，實無可辭」。同時又拐彎抹角兒地加以辯解，但也道出了自己的天機。李鴻章說，從「倭事初起」，他就「夙夜焦思，實慮兵連禍結，一發難收」[181]。原來，李鴻章與在十年前中法戰爭時的觀點一樣，到中日戰爭之初，他仍然懷著戰必敗的心態。可見指責他「無戰志」，「有心貽誤」等等，絕非言過之詞。最後，李鴻章在給予他的「薄懲」表示「感激」之餘，又說自己「衰病之軀，智力短淺，精神困憊，以北洋一隅之力，搏倭人全國之師，自知不逮」[182]。顯然，這又是在為自己開脫。所以在此之後，李鴻章對於光緒帝的抗戰諭電，更以敷衍的態度只起個「中轉」作用罷了。但是，他對其「家底兒」北洋海軍卻仍然牢牢地控制不放。原在海戰後的第三天（九月十九日），光緒帝為盡求海陸軍配合以加強沿邊、沿海防禦，即電李鴻章，在命其「查明傷亡士卒，請旨優恤」的同時，又指出「各艦趕緊修復，以備再戰」[183]。至八月二十九日（九月二十八日），光緒帝再次諭電李鴻章，指令「海軍修補之船，須趕緊準備護口迎敵」[184]。當時的北洋艦隊，尚有各種戰艦七艘，另外加上練船、炮艇、魚雷艇共二十隻戰船，如把傷船修復，仍有一定的戰鬥力。但到九月十八日（十月十六日），受傷船隻全部修復（日本的主力艦仍在大修中），九月二十日（十月十八日）丁汝昌便奉李鴻章之命率艦隊駛回威海。此後，「我兵艦束於威海，巡弋所及，西不過登州，東不過成山，……堅伏不出矣」。後當旅順吃緊，丁汝昌曾親赴天津「請以海軍全力援旅順」，但卻遭到李鴻章的嚴詞訓斥：「汝善在威海守汝數隻船勿失，餘非汝事也！」予以拒絕。從而把北洋艦船完全置於威海港區，使它處於「坐斃」[185]之中。

受到處分後的李鴻章，不僅毫無「以贖前愆」的表現，反而更明目張膽地抗拒光緒帝的諭旨。所以如此，是因為他明知在其背後有個巨大的「聖慈」[186]保護傘。可見，對於李鴻章的這種不痛不癢的「薄懲」，也反映了光緒帝的懦弱性。正如翰林院侍讀學士、堅定的抵抗派官員文廷式在八月二十日（九月十九日）的奏摺中所說，李鴻章在前段的抗戰中「罪無可辭，朝廷僅予薄懲，尤未足盡其欺飾之咎」。他進而指出，今後「若仍恃該大臣（即李鴻章——引者）一人調度，必至忿恚棄師，不可收拾」[187]。文氏之說，不失為忠言。

於八月二十二日（九月二十一日），光緒帝頒諭，命四川提督宋慶「幫辦北洋軍務」[188]。實際上，這既是光緒帝為削弱李鴻章之軍權所做的一種嘗試，也是為撤換葉志超而採取的一個步驟。因此，對於權勢和派系頗為敏感的李鴻章，在他得旨後的次日（九月二十二日），便電告葉志超說：「昨已奉旨，派宋慶幫辦北洋軍務，則總統在可有可無之例。」其實，李鴻章在此電中只說出一半兒的話，僅向其親信葉志超通個風，勸他「勿得張皇」[189]。果然，到九月二日（九月三十日），光緒帝便頒諭決定：「除依克唐阿一軍外，所有北洋派赴朝鮮各軍及奉省派往東邊防剿各營，均著歸宋慶節制」[190]，這就等於撤銷了葉志超的總統職。到九月十五日（十月十三日），光緒帝即諭軍機大臣等宣布，「葉志超駐軍平壤，漫無布置」，以致「臨敵潰退。衛汝貴所統盛軍，兵數較多，全行潰散，……葉志超、衛汝貴，均著先行撤去統領，聽候查辦」。同時還在諭中指出，「聶士成向來帶兵尚屬勇往」，故命宋慶「傳旨派令聶士成統帶」葉、衛「所部各軍」[191]。到此，既完全解除了李鴻章的淮軍嫡系的兩大支柱葉志超、衛汝貴之兵權，又重用了善戰將領聶士成，可謂體現了賞罰分明。從中確定了以宋慶為主，依克唐阿為副的遼東防軍總指揮。

宋慶、依克唐阿，均為非淮系的「能戰者」[192]，亦均具「驍將」[193]之稱，而且他們又都有「誓心殺賊（日寇）」[194]的鬥志。但是，尤其被任為多軍總指揮的宋慶，其時他已年過八旬，體力與精力均難以駕馭疆場上的征戰。而且自朝退回的各軍，原來就互不相屬，軍紀廢弛，並且內部矛盾重重，加上由於戰敗潰退更使軍心渙散。因此，未能在朝參戰的宋慶「驟秉節度，多不懌，以故諸軍七十餘營散無有紀」[195]。當時，光緒帝曾寄望於宋慶、依克唐阿，期待他們能「協力同心」，「奮勇齊擊」[196]來犯之敵，捍衛國土。但在實際上卻難以收到激勵將士、密切配合，從而加強軍隊戰鬥力的效果。

光緒帝在加緊集結隊伍、整頓防軍和部署鴨綠江防線之時，他又清楚地意識到，日本侵略者在侵占了平壤和控制了中朝海域之後，勢必又要向中國「深入內犯」。因此又認為，我「威旅門戶及沿邊山海關各口」亦應「嚴密防範」[197]。原在黃海海戰後，光緒帝一再電令李鴻章盡速修復受傷艦隻「以備再戰」，就是為在本國進行全面防禦且做準備的。另外，早在對日宣戰後的七月十五日（八月十五日），湖南巡撫吳大澂請戰被光緒帝批准後，於七月二十六日（八月二十六日）他便率四營湘軍自長沙開往威海。到平壤戰敗後的八月二十五日（九月二十四日），為加強山海關一帶的防禦，吳大澂又奉光緒帝之命，帶軍北上樂亭駐守。前湖北提督程文炳、總兵姜桂題、按察使陳湜、布政使魏光燾等宿將，先後經劉坤一、張之洞等薦舉，均陸續在各地募勇成軍，準備開赴前敵。至此，光緒帝又直接諭電劉、張，命其「催令」程文炳、姜桂題等率軍「迅速遄行」[198]，充實北部的防禦力量。

光緒帝為了鞏固遼東江防和加強北部京畿要地及沿海的防務，在不懈的努力中。雖然他在其中或有不當與疏漏之處，但光緒帝要繼續以自衛戰爭來捍衛祖國領土的決心，卻是堅定不移的。

然而，正當光緒帝在竭盡全力準備在自己的國土上抗擊來犯之敵的關鍵時刻，他又遇到難以擺脫的困擾。

原來，準備為西太后舉行六十壽辰慶典的活動，從光緒十八年（一八九二年）開始啟動後，於當年十二月十五日（一八九三年二月一日），光緒帝即據西太后的懿旨頒諭宣布，他將為此親「率天下臣民臚歡祝嘏」[199]。此後，光緒帝又據西太后的懿旨連連頒諭督促籌備，從而相繼在各方面均做了周密安排。按原計畫，慶典活動從光緒二十年（一八九四年）初開始，到其壽辰正日即當年十月初十日（十一月七日）達到高潮。主要活動是：除了提前進行「恩科」鄉、會試之外，便是重頭戲為西太后上徽號、接受王公文武大臣及各將軍督撫進貢物、自清宮至頤和園沿途點綴景物（統稱「點景」）與設經壇、戲台，「萬壽」正日時皇帝率文武百官到頤和園為太后舉行賀禮，等等。所有慶祝活動，均伴以隆重儀式。事實上，這種「萬壽慶典」，既是西太后炫耀其所謂「聖德」及籠絡人心的時機，也是她藉以肥己的機會。所以這一慶祝活動不僅時間長、規模大，而且其耗費的人力、財力與物力尤為驚人，其中僅「點景」一項，即「耗費實多」[200]。正因為如此，自中日戰起以來，光緒帝和要求集中國力一致抗敵的朝臣，均以不同的方式請停「點景」。因此，後來每當迫於內外壓力，西太后雖曾在表面上做過「應請」的表示，但她並無停辦之意。因此，廷臣又奏請停辦「點景」時，因懾於西太后的淫威，光緒帝也只是違心地示以「請（太后）懿旨辦」[201]而使之不了了之。

西太后周圍的清廷權貴慶親王奕劻、禮親王世鐸等，「皆貪庸寡識」[202]之輩；后黨骨幹、軍機大臣孫毓汶與徐用儀，同樣都看著西太后的顏色行事；而且世鐸、孫毓汶，又是首先被任為主辦「萬壽」慶典的「總辦」[203]。因此，他們對籌辦慶典尤為賣力是不言而喻的。另外，孫、徐勾結；孫毓汶與李鴻章又早有密交。因而，孫毓汶與徐用儀，在清廷內靠皇太后及慶、禮二王；外聯李鴻章，成為頗為霸道的后黨集團勢力。僅自對日宣戰以來，孫、徐便與李鴻章「互相因應」[204]，對光緒帝籌畫與部署抗戰多有干擾。甚至他們為了達到其不可告人的目的，還居然「刪節章奏，隱匿電報」[205]，嚴重地影響了光緒帝了解戰情與主持抗戰。孫毓汶、徐用儀所以如此，無非是惟恐朝廷傾注於戰影響籌備西太后的「萬壽慶典」。

在西太后看來，這一慶典關係著她的所謂「尊嚴」，所以成了「老佛爺」心中壓倒一切的最大心事。在對日宣戰前後，由於西太后懷有僥倖心理的支撐，對此未便再明顯表露。但到八月（九月）中旬之後，隨著「慶辰將屆」206，她便按捺不住了。什麼戰事告急、國家危機、部署抗敵衛國等等，均可置於一旁，其「萬壽慶典」是絕不能有誤的。於是，在平壤守軍與敵展開浴血奮戰，並隨之處於「敗信迭至」的緊急時刻，清宮仍於八月十六日（九月十五日）為西太后舉行了盛大的加徽號典禮。而這則表明，西太后的「萬壽慶典」正式開場了。西太后得意地降懿旨連日「賞聽戲」，致使一些因平壤戰敗而憂心忡忡的朝臣，無奈只得「飲泣」而坐207。接著，到了八月二十六日（九月二十五日），正當光緒帝在全身心地加緊部署邊防之時，西太后又降懿旨以頒諭的方式宣稱：

「本年十月，予六旬慶辰，率土臚歡，同深抃祝。……自大內至頤和園，沿途蹕路所經，臣民報效點綴景物，建設經壇。予因康熙、乾隆年間，歷屆盛典崇隆，垂為成憲。自六月後，倭人肇釁，……刻下干戈未戢，徵調頻煩，……予亦何心侈耳目之觀，受台萊之祝耶！所有慶辰典禮，著仍在宮中舉行，其頤和園受賀事宜，即行停辦。」208

在此，西太后對眾怒所向的「點景」，公然以繼承祖制為名予以公開肯定了。遂即她又以偽善的面孔宣布，把「慶辰典禮」改在宮內舉行，似乎這就是其關心戰事的體現了。至於沒完沒了的慶祝儀式及收受廷臣疆吏的貢物等，均隻字未提。其實，這是西太后在以換湯不換藥的手法，為自己的六十壽辰慶典發布的開場白。

由於西太后為了個人的私欲，在敵軍逼近國門之時又要大肆揮霍，因此到九月十四日（十月十二日），頗有些勇氣的禮部侍郎李文田等，又聯名上奏「請停點景」209。這時，西太后或許感到對此硬壓已無濟於事，遂於次日命世鐸出面傳太后懿旨，聲稱「一切點景俱暫停辦」[210]。事實上，這還是一種騙人的伎倆。直到十月二日（十月三十日），僅據樞臣所見，在「蕉園、錫慶皆有彩殿，北長街皆有點景」[211]。可見西太后的「停辦」云云，仍為一派謊言。在國家處於危難之秋，一朝之大的西太后依然醉心於窮奢極欲之中，而且她的親信官僚，又在為其誤國行徑而推波助瀾。在這種情況下，更使那些關心戰事和國家命運的朝臣為之焦慮。於是，有些愛國官員在思索與醞釀挽救之策。

早在對日宣戰後的七月三日（八月三日），原靠近帝黨的侍郎長麟，了解一些清廷內情便首先奏請「起用恭親王」[212]。

清皇族中老資格的恭親王奕訢，不僅是西太后發動辛西宮廷政變時的得力支持者，又是在同治朝與光緒初年控制軍機處及主持總理衙門的顯赫人物。在光緒十年（一八八四年）被西太后罷官後，從他集唐詩而云「猛拍闌干思往事，一場春夢不分明」[213]來看，奕訢的心情並未就此沉淪。但歷經與西后的權勢之爭而失落的奕訢，此後卻又「閉門思過」[214]，以隱居式的生活而自得。

由於奕訢具有這種特殊的身分與經歷，使一些希望廷內能有制約西太后和左右軍政的人來挽救危局的朝臣，便對他產生了寄託的心情。又因奕訢後來成為西太后的政敵，並由此而失勢；而且西太后的專橫已多有人知。所以要起用他顯然具有重大風險，如果失當則「罪在不測」，從而使這些人又欲言而「不敢言」[215]。況且此前的內外形勢尚非特別明顯。因此，起初當長麟提請起用奕訢時，因未在朝內得到響應而作罷。到八月（九月）中旬，隨著平壤戰敗「警報迭來」，抗日戰事出現越發明顯的頹勢。同時，西太后也隨之為其壽辰慶典拉開場面，又露出其倒行逆施的真面目。值此之際，在南書房行走接觸過廷內樞要的侍講學士陸寶忠，便與直南書房的侍讀學士張百熙私下議論，他們都感到「欲挽艱危，非亟召親貴（即恭親王奕訢——引者）不可」。但陸、張深知此事的難度與面臨的風險，因此他們又經數日籌議，於八月二十七日（九月二十六日），陸、張再「謀」於資歷較深而且敢言的李文田。李文田「忠義奮發，願不避譴責，聯銜入告」216。於是，他們便立即擬摺，並另約其他三人聯合署名呈遞。次日（九月二十七日），翁同龢在書房看到李文田等的這份「聯銜」奏摺時，又觸發了他的同感。為了積極配合這一行動，翁同龢在取得李鴻藻的贊同後，遂即聯合擬摺附議：

> 「臣等伏思恭親王勳望夙隆，曾膺鉅任，前經獲咎，恩准養痾。際此軍務日急，大局可憂，恭親王懿親重臣，豈得置身事外？李文田等所奏各節，不為無見。謹合辭籲懇天恩，可否恭請懿旨，將恭親王量子任用之處，伏候聖裁。」217

此摺遞上之後，翁、李於當日（即九月二十八日）趁帝、后召見時，又共同面奏「請起用恭親王」218。當時，「太后執意不回，雖不甚怒，而詞氣決絕」219，拒絕了這一請求。在此期間，光緒帝每閱一摺，均「必問」翁同龢「可否」220，說明他們之間的關係更加密切了。在這種情況下，翁同龢對有關軍政的重大舉動，無疑也會與光緒帝相通；並且西太后回絕翁、李奏請起用奕訢時「皇上同坐」221。顯然，光緒帝對此亦不能等閒視之。固然此事的原委均在密中，但在當時，光緒帝對奕訢確也「向之殷」222，寄予了期望。因此，光緒帝在與西太后一起召見翁同龢等的當天，又單獨召見了陸寶忠，並向他面授機宜，表示「欲得外廷諸臣協力言之」223。或許通過西太后拒絕翁同龢、李鴻藻及李文田等少數廷臣奏請的事實，使光緒帝越發感到，只有得到更多朝臣的支持，方可促使太后起用恭親王。陸寶忠受命後，便趁熱打鐵，又迅速地串聯了吏部尚書徐桐及翰林科道五十七人，繼續「聯名」呈摺奏請，於是在很短的時間內，便在清宮形成了一個頗似引人注目的、要求起用奕訢的聲勢。當時正在向求和傾斜的西太后，頭腦似乎又冷靜下來，對以前由於「專辦撫局」[224]著稱的恭親王可能產生了一種新的興趣。於是，光緒帝的策略果然奏效。九月一日（九月二十九日），光緒帝奉西太后懿旨頒諭宣布，命恭親王奕訢「在內廷行走」，「管理總理各國事務衙門事務，並添派總理海軍事務，會同辦理軍務」[225]。至此，恭親王奕訢又重新上台了。

策畫鼓動起用奕訢與在此前對李鴻章的處分，有著密切的聯繫，都是以光緒帝為首的清政府抵抗派，為了進一步在清廷上層排除干擾爭取抗戰轉機所採取的重大舉措。然而，對李的「懲處」只不過是一種警告而已，既未絲毫觸動他的權勢，更不可能改變其對敵怯懦的心態。因此直到奕訢被起用後，李鴻章仍然受到廷內外群臣的猛烈抨擊，但在當時光緒帝並未對他再採取更為有力的懲罰措施。翁同龢曾主張「易帥」，他在這期間對李鴻章的一些指責並非出自私見，同樣他也沒有勇氣再向前邁進。為了起用恭親王，光緒帝亦費盡了心機。翁同龢、陸寶忠等對朝政、戰局憂心如焚的廷臣，更是不畏艱險在前場奔波呼號。但是，把振作朝政與扭轉戰局的重望寄於奕訢一人身上，未免是一種天真的幻想；何況這個恭親王「年已老又迭經廢置，……遂因循焉」[226]。他在政治上的銳氣，亦今非昔比了。所以到奕訢復出二十多天之後，在遼東防線頻頻告急之際，清宮仍又演出向西太后「進貢物」[227]的鬧劇。昏暗的清廷依然如故。在這種情況下，光緒帝和原來那些為起用奕訢而賣過力的朝臣，方不得不感到，盼回來的這個恭親王亦「不足恃」[228]。因此，以光緒帝為首的抵抗派，力圖整頓朝政扭轉戰局的願望，又將在侵略者擴大的戰火中化為煙雲。

（二）主和派的得勢

日軍侵占平壤後，它便將整個朝鮮置於其軍事控制下。大東溝海戰後，日本海軍又利用李鴻章的懼戰態勢，使黃海制海權落入其「掌中」[229]。於是，日本侵略者便按照其預定的侵略計畫，把戰火引向中國本土。到九月二十七日（十月二十五日）前後，從鴨綠江上游偷渡後，即迅速搶占了清軍防線的「總根據地」九連城。隨後，安東、寬甸等軍事邊城相繼失陷，鴨綠江防線遂即瓦解。此後不久，鳳凰城、岫岩又先後失守，使清朝的陪都瀋陽和興京皇陵受到直接威脅。與此同時，日本第二軍在花園口登陸後，於十月九日（十一月六日）經激戰攻陷金州，到十月二十四日（十一月二十一日）海軍要塞旅順失陷，並使我無辜百姓二萬來人倒在血泊中，暴露了日本侵略者的凶殘性。至此，遼東與遼南的沿邊重鎮相繼淪失，大片錦繡河山橫遭侵略者的踐踏，無數平民被日寇蹂躪與屠殺。從而錦（州）、山（海關）告急，京津震動，中國的抗戰陷入嚴重的危機之中。

正當日本侵略者踏破國門大舉入侵之際，焦急萬分的光緒帝於十月三日（十月三十一日）召見奕訢、奕劻，欲商應急對策。但上台不久的恭親王竟然不著邊際的大發空談，使光緒帝的召見大為掃興。當日，翁同龢、李鴻藻求見西太后，欲「力陳京師阽危情形」時，她竟另行召見世鐸、奕劻盡言「慶典」事。此時此景，翁同龢也痛心地感到，「時事如此，令人嗟詫」[230]。西太后所以對戰爭的危局無動於衷，是因為她正專注於自己的壽辰慶典，對日態度已發生變化，其注意力正在轉移。

早在平壤失守後，隨著抗戰的不利局面越發明顯，西太后原來對戰爭存有的僥倖心也隨之破滅；同時她的壽辰慶典又日益迫近。於是，西太后的心理重心開始轉向。在光緒帝與抵抗派官員加緊策動起用奕訢時，西太后又以另外一種緊迫感，於八月二十八日（九月二十七日）突然打破常態，公開出面召集了一次樞臣會議。會上，西太后既以冷漠的態度避開翁同龢力陳的戰爭危機局面，又拒絕了翁同龢、李鴻藻要求起用奕訢的奏請。會議的中心竟成為西太后（下簡稱后）與翁同龢（下簡稱翁）進行的一場事關重大的授命對話，據《翁文恭公日記》載：

后：「有一事，翁某（同龢）可往天津面告李某（鴻章），此不能書廷寄，不能發電旨者也。」表明這是一次絕密使命。

翁：「何事？」

后：「俄人喀希尼前有三條同保朝鮮語[231]，今喀使將回津，李某能設法否？」

翁：「『此事有不可者五，最甚者，俄若索償，將何畀之？且臣於此等始未與聞，乞別遣。』叩頭辭者再，不允。」

后：「吾非欲議和也，欲暫緩兵耳。汝既不肯傳此語，則徑宣旨責李某何以貽誤至此！朝廷不治以罪，此後作何收束？……」

翁：「若然，敢不承。」

后：「頃所言作為汝意，從容詢之。」

翁：「『此節只有李某覆詞，臣為傳述，不加論斷。臣為天子近臣，不敢以和局為舉世唾罵也。』允之。」[232]

儘管西太后的話遮遮掩掩，甚至施以謊言。但路人皆知，她是要藉翁同龢之口向李鴻章示意：

可以依靠俄國對日求和了。雖然西太后在當時談和還有點羞羞答答，但她的「主戰」面紗已經撕去。正因如此，翁同龢不願為她承受罵名，一再推辭；但他又不敢過分抗拒西后。結果，在只作「傳述」的條件下，翁同龢接受了這一任命。

九月初二日（九月三十日），翁同龢到天津總督署見到李鴻章時，又接到給他與李鴻章的廷寄一道，命李、喀晤面的詳情由翁同龢「回京覆奏」。這是西太后施展的又一伎倆，既防止翁同龢此行不能盡其意；又表明她對此事的重視，還暴露出西太后也要把翁拉入求和軌道的用心。老謀深算的翁同龢，便以其人之道還治其人之身的辦法對李鴻章說：「出京時，曾奉慈諭（西后之諭——引者），現在斷不講和，亦無可講和。」但同時又說：「喀使既有前說，亦不決絕。今不必顧忌，據實回奏。」他又委婉地傳達了西太后的意圖，對依俄求和開了綠燈。到九月六日（十月四日），翁同龢返回北京向西太后回奏時，他除詳述會見李鴻章的情形外，又「力言喀事恐不足恃」，還說「以後由北洋（李鴻章）奏辦，臣不與聞」[233]。翁同龢在覆命之餘，再次申明不介入依俄求和事。其實，他對此事是持以否定態度的。然而在光緒帝仍加緊主持抗戰的關鍵時刻，翁同龢奉命的天津之行，卻成為西太后的立足點移向對日求和的重要體現。但她的這種願望，也只不過是一廂情願。

這一舉動的全過程，雖然都是在頗為祕密的情況下進行的，然而翁同龢「密赴津沽議撫議」[234]的消息仍然很快傳開。於是，在堅持抗戰的帝黨營壘中，立即產生強烈反響。事實上，從中日開戰以來，妥協勢力的求和企圖從未消失；同時反妥協的呼聲亦未間斷，只是隨著形勢的演變而時隱時現、時起時伏罷了。到這時，與翁同龢關係密切的翰林院修撰張謇，在翁氏回京後的九月七日（十月五日），率先遞上〈推原禍始防患未來請去北洋摺〉，憤怒地譴責了李鴻章一貫

「主和誤國」[235]的可恥行徑。緊接著，志銳出陣；文廷式也聯合翰林三十五人聯銜呈摺，都異口同聲地抨擊議和企圖。但是他們設計的對策，不外乎「聯英伐倭」[236]或「聯英德以禦倭」[237]而已。這些帝黨官員的主張，固然都是立足於抗日，與西太后、李鴻章的依俄求和有著根本的區別，但他們都把自己的命運寄希望於列強，因此均為不切合實際的幻想。

西方列強，首先是在華利益占壓倒優勢的英國，既惟恐「戰爭繼續下去可能損害英國的貿易」[238]；又擔心戰爭擴大有在中國「引起屠殺外人的危險」[239]。因此，從九月八日（十月六日）以來，英國政府便通過外交途徑與德、俄、法、美、義等國政府進行磋商，企圖對中日戰爭組織聯合的促和活動；同時又探詢日本的意向並逼迫中國屈從。其實，英國的目的是出於「自保」[240]，力求避免因日本的大舉入侵而打破列強在華形成的侵略格局；同時又不願挫傷日本。因此，英國提出的促和條件是：列強保證朝鮮「獨立」和中國對日賠款兩項。當時其他列強所考慮的也只是「在朝鮮的政治和商業野心的利益」[241]，而且又對中國各懷鬼胎，彼此間矛盾重重。因而，其他各國政府先後以各種藉口拒絕與英國聯合促和。當時日本侵略者的野心正急劇膨脹，認為「事態尚未達到足以保證在談判上得到滿意的結果」[242]的程度，從而也拒絕了英國的建議。正是在這種情況下，一直在標榜「嚴守中立」的美國政府，後來便逐步插入中日議和交涉。

英國搞的聯合促和活動雖未成功，但它還在單獨行動。九月十五日（十月十三日），英國駐華公使歐格納到總理衙門提出其政府的促和條件，並「限即日定議」。次日，清廷樞臣在商議此事時，孫毓汶、徐用儀氣勢洶洶地「力主應允」[243]，他們揚言，若「不如此不能保陪都，護山陵」。但翁同龢、李鴻藻卻嚴厲地指出，這是英使在「要挾催逼」，並質問孫、徐「何不稱上（光緒帝）意不允以折之？」[244]可是，孫毓汶和徐用儀仍頑固地堅持己見。無奈之下，翁、李又求見西太后力求爭取挽回。然而他們發現「天意已定（此指西太后已決意言和——引者），似不能回矣」[245]。圍繞如何對待歐格納逼和在清廷中樞展開的這場激烈爭論，是堅持抗戰與屈辱求和之爭的首次正面交鋒。結果，以西太后為首的主和勢力占了上風。

由於西太后及后黨骨幹人物步步轉向對日求和，所以他們對抗戰的勢態也就越發冷淡了；而且隨著太后壽辰慶典活動的攤開與戰局的不斷惡化，加上外來迫和風的煽動，這些人的求和活動也加快了步伐。

在這變故一齊湧來的時日裡，清廷統治集團中也呈現一片混亂。時而太后問諸臣「計將安出？」其實她的主意已定；孫毓汶大談「各國調處」；翁同龢堅拒和議。這時，奕劻竟出來請奕訢「督辦軍務」[246]。無論奕劻的用意是什麼，光緒帝卻抓住他的奏請，於十月初五日（十一月二日）頒諭宣布設督辦軍務處，命奕訢「督辦軍務，所有各路統兵大員，均歸節制」[247]。同時，任命奕劻幫辦軍務；以翁同龢、李鴻藻、榮祿、長麟為商辦。另外，命奕訢、奕劻及翁、李、榮、長辦理新設巡防處事宜；又以懷塔布、李文田、汪鳴鑾等主持團防。次日，西太后降懿旨，補授翁同龢、李鴻藻為軍機大臣。在這次對清廷樞要的系列任命中，除尚屬微妙人物奕訢之外，榮祿原為西太后的「寵臣」[248]，後因「被劾納賄」[249]調出京城任西安將軍。此前，他為西太后壽辰「祝嘏」來京，被授為步軍統領留京。其餘除了后黨骨幹，也有帝黨的中堅。無疑這是一種調和的結果。所以如此，顯然是體現了帝、后的不同用意。西太后企圖以任用親信、籠絡重臣的手段來加強求和的陣容；光緒帝力圖以轉移用兵權和設巡防處辦團防來擺脫李鴻章的干擾，堅持抗戰，抵制求和。因此，於事後的十月八日（十一月五日），翁同龢在其日記中記云：「上英爽非復常度，剖決精明，事理切當，天下之福也。」[250]稱讚了光緒帝的決斷。其實，光緒帝尤其是對奕訢的任命，又是一大錯招。

奕訢被提到主管兵事的重要位置後，卻迫不及待地在次日與奕劻、孫毓汶等召見俄、英、法、德、美駐華公使，乞求他們幫助中國尋求「和平」[251]。可以說，這是奕訢在復出後其政治態度的公開亮相。此後，他又繼續沿此軌跡滑行到妥協勢力的一邊。在這嚴酷的事實面前，原本對這個恭親王懷有巨大期望的光緒帝和一些以國難為憂的官員，只得作繭自縛了。

來自清統治集團核心的乞和風，又迅速地波及於下。十月十二日（十一月九日），吉林將軍長順，在他的奏摺中聲嘶力竭地叫嚷中國所有各軍都「不足恃」。長順認為，如再繼續戰下去「大局不堪設想」[252]。言下之意，中國只有對日屈服了。隨後於十月二十日（十一月十七日），陵寢總管聯瑞在聯名致清廷電中說得更加露骨，他們藉口「保全民命」，不分青紅皂白地揚言與「侵擾中國」者言和「自古恆有」。於是，聯瑞等公開要求應「派大臣與之議和定約」[253]。此外，一些患「軟骨」症的內外權勢者也隨聲附和。從而，自上而下搧起的求和陰風陣陣襲來；抗戰形勢日趨嚴峻。光緒帝和抵抗派官員的衛國之志，受到越來越大的壓力。

但是，在戰與和的問題上，這時光緒帝和堅持抗戰的官員卻未被壓服或軟化。

已向日本表示出「善意」[254]的美國政府，在日本侵略軍攻陷旅順的當天（十一月二十一日），它的駐華公使田貝，便奉其政府的訓令到總理衙門表示願為中日戰爭「調處」，並代為清政府擬出求和照會，提出以朝鮮「自主」和「賠償兵費」為條件的停戰建議。次日，又由他致電美國駐日公使譚恩讓他轉達日本外務大臣。對此，日本方面仍表示「不能接受」[255]予以拒絕；但對西太后等人來說，卻對田貝的舉動感到是求之不得的。恰在此刻，光緒帝斷然指出：「冬三月倭人畏寒，正我兵可進之時，而云停戰，得毋以計誤我耶？」[256]表明了抵制求和的嚴正立場。接著於十月二十七日（十一月二十四日），又以旅順失守，光緒帝電諭李鴻章宣布：「該大臣（即李鴻章——引者）調度乖方，救援不力，深堪痛恨。革職留任，並摘去頂戴，以示薄懲而觀後效。」[257]再次懲處了李鴻章。旅順的淪失，李鴻章固然負有不可推卸的責任，但當他正與奕訢稟承西太后的意旨加緊對日求和時，對李鴻章的這種懲處又等於為求和活動潑了冷水。

由於光緒帝在戰、和問題上的態度越發分明，毫不含糊，公開拒絕與主和勢力合流。因此，他便成了西太后推行求和方針的重大障礙。於是，西太后便採取了殺雞儆猴的手法，企圖以此來脅迫光緒帝和削弱抵抗派勢力。從而，使戰、和之爭日趨激化。

就在光緒帝懲處李鴻章後的第三天（十一月二十六日），西太后便出面單獨召開了樞臣會議。在會上，她強行宣布了懲處瑾、珍二妃的懿旨：

> 「本朝家法嚴明，凡在宮闈，從不干預朝政，瑾妃、珍妃永侍掖廷，向稱淑慎，是以優加恩眷，洊陟崇封。乃近來習尚浮華，屢有乞請之事。皇上深慮漸不可長，據實面陳。若不量予儆戒，恐左右近侍藉以為夤緣蒙蔽之階，患有不可勝防者。瑾妃、珍妃，均著降為貴人，以示薄懲而肅內政。」[258]

這一「薄懲」，使瑾、珍二妃連降兩級[259]。懲處的原因，說是「習尚浮華，屢有乞請」，屬於「干預朝政」，而且光緒帝對此又頗為「深慮」。可謂問題嚴重，「罪」有應得了。但到底如何「浮華」、有何「乞請」竟然「干預朝政」？卻無一句明言。

不過，在翁同龢的《日記》中，卻透露了一些瑾、珍二妃獲「罪」的緣由：

十月二十九日（十一月二十六日）「皇太后召見儀鸞殿，先問旅順事，次及宮闈，謂珍瑾二妃，有祈請干預，種種劣跡，即著繕旨降為貴人等因。臣等（翁同龢等——引者）再三請緩辦，聖（西太后）意不謂然。是日，上（光緒帝）未在座，因請問上知之否？諭之『皇上意正爾』。命即退，前後不及一刻也。魯伯陽、玉銘、宜麟皆從中宮乞請，河南巡撫裕寬，欲營求福州將軍未果」260。

西太后以其心腹太監總管李蓮英，搜集到珍妃通過太監（亦稱中宮）賣官的事，利用光緒帝「未在座」向樞臣大加渲染決意懲處瑾、珍二妃，但其矛頭卻是指向光緒帝與帝黨的。三天後，西太后又在儀鸞殿召見樞臣。這時，她又斥責「二妃（主要是珍妃——引者），種種驕縱，肆無忌憚」，並謂「珍妃位下太監高萬枝，諸多不法」，欲與「大獄」擴大事態。對此，翁同龢認為「有傷政體」，奏請將高萬枝「交內務府捕殺之」261罷了。結果不僅殺了高萬枝，還懲處了侍奉珍妃的太監長泰、永祿等人。這次西太后對瑾、珍二妃的懲處，並非止此。

就在處死高萬枝的前一天，西太后又授意特製兩塊禁牌。其一是給瑾、珍二妃立的，上墨書諭旨：

「光緒二十年十一月初一日，奉皇太后懿旨：瑾貴人、珍貴人著加恩准其上殿當差隨侍，謹言慎行，改過自新。平素裝飾衣服，俱按宮內規矩穿戴，並一切使用物件不准違例。皇帝前遇年節照例准其呈進食物，其餘新巧稀奇物件及穿戴等項，不准私自進呈。如有違制，重責不貸。特諭。」262

此諭主要是針對珍妃的。在其中，對珍妃的隨意著裝列為禁條。更嚴重的是，不准二妃在平時向光緒帝呈送物品，企圖切斷他們之間的感情紐帶。讓二妃以「當差」的身分「隨侍」光緒帝「改過自新」，算是皇太后給她們的最大「恩典」了。

另一個禁牌，是賜給隆裕皇后的。上書：

「光緒二十年十一月初一日，奉皇太后懿旨：皇后有統轄六宮之責，俟后妃嬪等如有不遵家法，在皇帝前干預國政，顛倒是非，著皇后嚴加訪查，據實陳奏，從重懲辦，絕不寬貸。欽此。」263

在此，又表現了西太后權威的「神聖不可侵犯」性。藉此事件，她不僅為隆裕皇后出了氣，且把其強為光緒帝妻娶這個侄女皇后的真實目的亮了出來。表面上是肯定皇后具有統轄六宮之責，其實是明確地讓她訪查所謂「在皇帝前干預國政」的行為，亦即監視光緒帝。再次露出西太后在「家事」中隱藏的政治目的。

晚清官場的腐敗，到西太后掌握清朝大權時，已成不治之痼症。「官以錢買，政以賄成」；「一年清知府，十萬雪花銀」，官場無異於市場。據無數時人筆記、文集等大量記載，當時宮廷中，通過王公樞臣以及一些太監走所謂侍奉主子的內線，賣官鬻爵已是盡人皆知的公開撈錢門徑。以辦海軍為名實則修三海、頤和園的報效捐，更使這一醜惡政風大漲。走李蓮英的內線，西太后自然是賣官的最大「老闆」。原為一個宗室遠支的奕劻，便是肯在李蓮英面前大花銀子，打通西太后的關節，方成為清廷之顯要的。在這種背景下，「珍妃蒙混請求光緒帝，私賣官爵」264的事即使屬實，亦不足為奇。而且據清宮太監信修明回憶：「妃嬪在宮，無不艱窘。珍妃很好用錢，又常施惠於群監。近之者無不稱道主子（珍妃）之大方。錢不足用，即想開源之道。」[265]當然乘機賣幾個官缺，即是其「源」了。顯然對她來說，這種事無疑是小巫見大巫了。說到當年（一八九四年）發生的魯伯陽和玉銘買官[266]事件，更主要是反映了清政權的腐敗。

可見，在戰、和之爭的關鍵時刻，西太后抓住珍妃的一些隱私等問題大作文章，並擴大事態。不只是把無辜的瑾妃也連上，而且還加害太監多人，製造了一起宮廷慘案，公然挑起了一場「內爭」。很明顯，西太后「懲處」瑾珍二妃，尤其是珍妃，其用意是儆戒光緒帝和打擊堅持抗戰的帝黨勢力。果然，就在她處罰了瑾、珍二妃和處死太監高萬枝之後，又把矛頭直接指向了志銳。作為瑾、珍姊妹的堂兄，帝黨骨幹志銳，是光緒帝堅持抗戰反對求和的忠實支持者。他不僅已是抵抗派在輿論上的先鋒，後又身體力行勇於參加抗戰實踐。此前，當光緒帝決定設立巡防處，要圍繞北京辦團防準備以禦敵時，志銳指出「京北空虛」，但熱河一帶「獷戶極力」，認為應在此「速辦鄉團」保衛北京。於是，他在十月七日（十一月四日）上奏表示「願效馳驅」[267]，要求親赴熱河募勇辦團練。遂即得到光緒帝的允准，成為帝黨企圖抓武裝的一次嘗試。但當志銳出京後，由於前線越發吃緊，各地頻頻告急，光緒帝又命志銳「回京當差」[268]。當西太后淫威大作、向抵抗派步步施加壓力時，十一月三日（十一月二十九日）她又降懿旨，宣稱「志銳舉動荒唐」，下令「撤志銳回京當差，招募團練均停辦」[269]。顯然，在西太后的心靈中，排除異己、削弱帝黨勢力遠遠重於備戰禦敵。到十一月初八日（十二月四日），她在把奕訢又拉進軍機處的同時，還進而以明升暗降的伎倆命志銳為烏里雅穌台參贊大臣，將其調出北京。而且宣布，撤除滿漢書房，企圖再拔除已成為光緒帝與其近臣議事籌戰的據點。

面對西太后咄咄逼人的攻勢，起初，光緒帝竟步步退卻；懲罰二妃，他「意極坦坦」[270]，聽之任之；調出其得力支持者志銳，也屈從忍讓。但對於撤書房，光緒帝卻不甘讓步了。在西太后下令撤書房的次日（十二月五日），他以「正典學，奈何輒講」為由命奕訢轉告太后，表示「書房不欲撤」[271]，並且光緒帝仍然頻繁地召翁同龢等到書房議事。陰險狡詐的西太后，或許覺得她的舉動太露骨了，所以隨後又對撤書房的事予以鬆動。然而西太后無視國家利益的倒行逆施，卻在廷臣中激起強烈反響。對此，翁同龢認為，在「軍務倥傯」之際，應盡量避免「朝局囂凌」[272]，因此他一再當面予以調解。此外，有的官員在奏摺中指出，光緒帝「過仁慈」，希望他對「廷臣水火」應「分別邪正」。對於這種善意的勸告，光緒帝雖然「許之」[273]，但又無可奈何。當時，御史高燮曾的表現尤為突出。

高燮曾，字理臣，湖北武昌人，曾任職順天府，後任廣西道監察御史。他是「翰林敢言者」[274]，對朝政得失及時政多有直言。當高燮曾得知西太后對堅持抗戰的君臣等大耍淫威時，他立即上奏指責「樞臣不應惟阿取容」，助紂為虐。並嚴厲地指出「挾私朋比，淆亂國是，若不精白乃心，則列祖列宗在天之靈，必誅殛之」[275]。這種揭露與譴責，實際是抨擊了西太后的暴虐行徑，而且一針見血切中要害。因此西太后視高摺為「離間」，揚言「必加辯駁」[276]。但經翁同龢等樞臣的解圍，方得以平息。在此當中，反應更為激烈的是御史安維峻。

安維峻（？—一九二六年），字曉峰，甘肅秦安人。光緒六年（一八八〇年）進士，以庶吉士授翰林院編修，光緒十九年（一八九三年）轉任福建道監察御史。安維峻也是翰林院少有的「敢言者」[277]。於十二月初二日（十二月二十八日），在他進呈的奏摺中，首先尖銳地痛斥李鴻章「不但誤國，而且賣國」，並憤怒宣告「欲食李鴻章之肉」以解天下臣民的深切大恨。隨後，安維峻又以滿腔的怒火，揭露了「和議出自皇太后，太監李蓮英實左右之」的醜聞。接著他還大膽地質問：「皇太后既歸政皇上，若仍遇事牽制，將何以上對祖宗，下對天下臣民？」[278]在此，安維峻說出了衆臣欲言而不敢言的話，而且愛憎分明，義正詞嚴，對西太后禍國的醜惡嘴臉暴露得淋漓盡致。他的這份奏摺，猶如一把利劍直刺西太后的最痛處，她豈能容忍！因此，光緒帝「慮為后（即西太后——引者）知，將置維峻重典」[279]。遂命將其奏摺封存，並在當日把安維峻革職發往軍台，避免了一場血案。安維峻「以言獲罪，直聲中外，人多榮之」[280]。這是對他充滿愛國豪情的果敢行動的一種慰藉。

西太后拉過來奕訢加強了妥協勢力之後，又採取了一系列陰謀手段，削弱了以光緒帝為首的抵抗派力量。於是，她便按其既定的妥協方針，加速了對日求和的進程。

註釋

1 《皇太后六旬慶典》，第一函，第一卷，中國第一歷史檔案館藏。

2 西太后四十歲壽辰時，日本以「琉球事」侵我台灣，一八七九年日本吞併琉球。此處，章氏似以此為比喻。

3 〔英〕菲利浦·約瑟夫著，胡濱譯《列強對華外交》，第四〇頁。另在〔美〕泰勒·丹涅特著，姚曾廙譯的《美國人在東亞》一書裡也記有，早在一八七二年十一月下旬，美國公使德朗從東京發出的報告說：「日本行將著手一個最有野心的軍事計畫，……即以對華作戰相威脅。」

4 張蓉初譯《紅檔雜誌有關中國交涉史料選譯》，

一九五七年三聯書店出版，第七頁。

5 〔日〕東亞同文會編，胡錫年譯《對華回憶錄》，一九五九年商務印書館出版，第一三三頁。

6 故宮博物院編《清光緒朝中日交涉史料》，叢刊《中日戰爭》(二)，第五八三頁。

7 劉侃《犢鼻山房小稿》，叢刊《中日戰爭》(五)，第二〇六頁。

8、31 梁啟超《戊戌政變記》，第五八頁。

9 小橫香室主人《清朝野史大觀》，第二卷，《清宮遺聞》，第一〇頁。

10 左舜生輯《中國近百年史資料初編》，第四八一頁。

11 同6，叢刊《中日戰爭》(二)，第六二六頁。

12、95 同6，叢刊《中日戰爭》(三)，第四〇頁。

13、30 同6，叢刊《中日戰爭》(二)，第六二三頁。

14 同6，叢刊《中日戰爭》(二)，第六二四頁。

15 翁同龢《翁文恭公日記》，甲午六月十四日。關於光緒皇帝主戰思想的由來，羅惇曧在其《中日兵事本末》中說，當時「樞臣翁同龢握大政，修撰張謇其門生最親者也，力主戰……乃決備戰」。在胡思敬的《國聞備乘》一書裡也說：「及東事發，咸起言兵（即說張謇「言兵」——引者注），是時（李）鴻章為北洋大臣，海陸兵權盡在其手；自以海軍弱，器械單，不敢開邊釁。孝欽（西太后）以舊勳倚之，（張）謇等僅恃（翁）同龢之力不能敵也。於是（文）廷式等結志銳密通宮闈，使珍妃進言於上，且獻奪嫡之謀。妃日夜慫恿，上為所動，兵禍遂開。」（叢刊《戊戌變法》(四)，第二七六頁）據上所說，光緒帝決意主戰，似乎完全出自翁同龢及張謇、文廷式等人的策動。翁同龢與光緒帝關係密切，在思想等方面他對光緒帝頗有影響；珍妃與光緒帝更為親近，並且她也有些見識，這都是事實。翁同龢、張謇、文廷式、志銳均屬帝黨成員，在甲午中日戰爭時又都是主戰派的中堅。但對於決定關係國家大局的對外戰事，也絕不能否認光緒帝本身的因素。張謇之子張孝若在《南通張季直先生傳記》一書裡說：「當時光緒帝自己有要戰的決心……主戰的原動和慫恿，絕不是出自翁公（同龢），更不是出自我父（張謇）。」再參照翁同龢的記載及聯繫在中法戰爭中光緒帝的態度及其以後的思想趨向等情，筆者認為，光緒帝決意抗戰，雖不能排除翁同龢等帝黨官員的影響以及珍妃的串通，但主要還是出自光緒帝自己的意向。後來的事實，也得到有力的證明。

16 同6，叢刊《中日戰爭》(二)，第五七七頁。
17、129 同6，叢刊《中日戰爭》(三)，第四一頁。
18 張之洞《張文襄公全集・電牘》，叢刊《中日戰爭》(五)，第二頁。
19 同6，叢刊《中日戰爭》(二)，第五七五頁。
20 張之洞《張文襄公全集・電牘》，叢刊《中日戰爭》(五)，第三頁。
21 同6，叢刊《中日戰爭》(三)，第一五四頁。
22 同6，叢刊《中日戰爭》(三)，第五五頁。
23 張蓉初譯《紅檔雜誌有關中國交涉史料選譯》，一九五七年三聯書店出版，第三四頁。
24 同6，叢刊《中日戰爭》(二)，第五六二頁。
25、27 〔英〕菲利浦・約瑟夫著，胡濱譯《列強對華外交》，第四九頁。
26 同6，叢刊《中日戰爭》(二)，第五九四頁。
28 同6，叢刊《中日戰爭》(二)，第五九〇頁。
29 同6，叢刊《中日戰爭》(二)，第五八二頁。
32 黃鴻壽《清史紀事本末》，一九二一年文明書局版(下同)，第五六卷，第九頁。
33 朱壽朋編《光緒朝東華錄》(三)，總第三四六五頁。
34 王芸生《六十年來中國與日本》，大眾報館出版部一九三二年版(下同)，第二卷，第二二二頁。
35 《德宗實錄》，第三四一卷，第三六六-三六七頁。
36 《德宗實錄》，第三四一卷，第三七〇頁。
37 《德宗實錄》，第三四二卷，第三七三、三七四頁。
38 同6，叢刊《中日戰爭》(二)，第五八二、五八三頁。
39、58、61、204 同6，叢刊《中日戰爭》(三)，第三七頁。
40 《李文忠公全書・電稿》，《寄朝鮮成歡交葉提督》。
41 《李文忠公全書・電稿》，《覆葉提督》。
42、50 翁同龢《翁文恭公日記》，甲午六月二十一日。
43、44 同6，叢刊《中日戰爭》(三)，第三頁。
45 《李文忠公全書・電稿》，《寄丁提督》。
46 同6，叢刊《中日戰爭》(二)，第五九七頁。
47 同6，叢刊《中日戰爭》(二)，第五八四-五八五頁。
48 翁同龢《翁文恭公日記》，甲午六月初四日。
49、87 同6，叢刊《中日戰爭》(三)，第五二頁。
51 同6，叢刊《中日戰爭》(二)，第六四一頁。
52 同6，叢刊《中日戰爭》(二)，第六四二頁。
53 同6，叢刊《中日戰爭》(二)，第五八六頁。
54 同6，叢刊《中日戰爭》(二)，第五九九頁。
55 同6，叢刊《中日戰爭》(三)，第六〇頁。
56 同6，叢刊《中日戰爭》(二)，第六二四-六二五頁。

57 同6，叢刊《中日戰爭》(二)，第六〇六－六〇七、六〇八頁。

59 朱壽朋編《光緒朝東華錄》(三)，總第三四四一頁。

60 關於清政府決定對日公開宣戰，主要是誰起的作用？在中日關係緊張之初，西太后也曾表示過「主戰」的意向，但在實際上她又很快地縮了回去。為了準備回擊日本軍國主義者的戰爭威脅，在六月十四日（七月十六日）光緒帝站出來公開主戰，積極籌畫戰備。此後隨著日本侵略者越形囂張，光緒帝的主戰態度也越發堅定。最了解光緒帝思想情況的翁同龢，在他的《日記》中記述：到六月二十日（七月二十二日）日軍衝擊朝鮮皇宮前夕，形勢極度緊張，光緒帝命翁同龢等樞臣「閱」準良要求「宣戰、封港、調遣」的奏摺，說明到這時光緒帝已傾向宣戰了。六月二十五日（七月二十七日）當光緒帝得知日軍偷襲中國運兵船的消息後，便決意「必當宣戰及布告各國」。正當此時，李鴻章又連續來電，說俄、英要對日採取「勒令撤兵」的行動，要求「稍緩」對日宣戰。實際上，俄、英兩國還是在虛張聲勢，很快又銷聲匿跡了。另在《國聞備乘》等資料中也說，對日宣戰的決定是出自光緒帝。可以認為，七月初一日（八月一日）清政府被迫決定對日宣戰，奮起自衛，起決定作用的是光緒帝和抵抗派官員。

62、66、106、116《德宗實錄》，第三四四卷，第四〇二頁。

63 趙爾巽等《清史稿》（四二傳），第一二七二三頁。

64、193《日清戰爭實記》，叢刊《中日戰爭》(一)，第二四八頁。

65《伊克唐阿致盛宣懷函》，《盛檔・甲午中日戰爭》下，第一六七頁。

67《德宗實錄》，第三四四卷，第四〇七頁。

68 朱壽朋編《光緒朝東華續錄》，第一二卷，第五頁。

69 趙爾巽等《清史稿》（四一傳），第一二五五二頁。

70 沃丘仲子《近代名人小傳》，第二五八頁。

71《德宗實錄》，第三四四卷，第四〇五頁。

72 同6，叢刊《中日戰爭》(三)，第三四頁。

73 同6，叢刊《中日戰爭》(三)，第四七、四八頁。

74《德宗實錄》，第三四四卷，第四〇〇、四〇二頁。

75《德宗實錄》，第三四四卷，第四〇三頁。

76《德宗實錄》，第三四四卷，第四〇五、四〇九頁。

77〔日〕大久平治郎《光緒帝》，明治三十五年東京橫山會社出版，第七頁。

78〔法〕A・施阿蘭《使華記》，中文譯本（下同），第一三頁。
79、220、250 翁同龢《翁文恭公日記》，甲午十月初八日。
80 閔爾昌《碑傳集補》，第一卷，第九頁。
81《清史列傳》，中華書局平裝本，第五七卷，第四五一三頁。
82 李宗侗、劉鳳翰《李鴻藻先生年譜》，下冊，第六八四頁。
83、104、107《德宗實錄》，第三四四卷，第三九八頁。
84 見〔法〕A・施阿蘭《使華記》，第一五頁。
85、86《德宗實錄》，第三四二卷，第三八二頁。
88 王芸生《六十年來中國與日本》，第二卷，第三九八頁。
89 張蓉初校譯《有關中日戰爭文件》，叢刊《中日戰爭》(七)，第三八一頁。
90 同上，第二七八頁。
91《日清戰爭實記》，叢刊《中日戰爭》(一)，第二二七頁。
92 同89，第二七九頁。
93 中國歷史研究社《東行三錄》，第一五五頁。
94 翁同龢《翁文恭公日記》，甲午七月十六日。
96、108《德宗實錄》，第三四五卷，第四一三頁。
97《德宗實錄》，第三四二卷，第三八一頁。
98 姚錫光《東方兵事紀略》，叢刊《中日戰爭》(一)，第一九頁。
99〔日〕陸奧宗光《蹇蹇錄》，中文譯本（下同），第七九頁。
100《李文忠公全書・電稿》，第一六卷，第五三頁。
101 中國歷史研究社《東行三錄》，第一五一頁。
102〔日〕陸奧宗光《蹇蹇錄》，第九〇頁。
103《德宗實錄》，第三四三卷，第三九〇頁。
105《德宗實錄》，第三四四卷，第四〇一頁。
109《德宗實錄》，第三四四卷，第三九九頁。
110 趙爾巽等《清史稿》（四二傳），第一二七二七頁。
111 姚錫光《東方兵事紀略》，叢刊《中日戰爭》(一)，第六四頁。
112《冤海述聞》，叢刊《中日戰爭》(六)，第八五頁。
113、121《李文忠公全書・電稿》，第一六卷，第三二一頁。
114 同6，叢刊《中日戰爭》(三)，第七三頁。
115 李鴻章《校閱海軍竣事摺》，《李文忠公全書・奏稿》，第七八卷，第一三—一四頁。
117《李文忠公全書・電稿》，第一六卷，第四四頁。

118《李文忠公全書・電稿》，第一六卷，第四六頁。

119《日清戰爭實記》，叢刊《中日戰爭》(一)，第二三一頁。

120《李文忠公全書・電稿》，第一六卷，第三〇頁。

122《李文忠公全書・電稿》，第一六卷，第五四頁。

123《李文忠公全書・電稿》，第一六卷，第四五頁。

124《李文忠公全書・電稿》，第一六卷，第四八頁。

125 姚錫光《東方兵事紀略》，叢刊《中日戰爭》(一)，第二〇頁。

126、137 聶士成《東征日記》，叢刊《中日戰爭》(六)，第一三頁。

127《德宗實錄》，第三四五卷，第四一四頁。

128 李宗侗、劉鳳翰《李鴻藻先生年譜》，下冊，第六九五頁。

130《德宗實錄》，第三四五卷，第四一七頁。

131《德宗實錄》，第三四五卷，第四一七、四一八頁。

132 同6，叢刊《中日戰爭》(三)，第五九頁。

133 沃丘仲子《近代名人小傳》，第三四九頁。

134 趙爾巽等《清史稿》（四二傳），第一二七三〇頁。

135 在成歡戰役之前，日本便將漢城通往中國的電報線路破壞，電訊中斷。但有關戰爭的消息，仍通過其他渠道傳到天津李鴻章官署。對日宣戰後，李鴻章仍據傳聞連續向總理衙門報告「葉軍勝仗」、「葉軍又捷」、「葉軍連獲勝仗」等假情況，幾乎把葉志超說成是英雄。因而，得到西太后的嘉獎。直到七月十日（八月十日），才在翁同龢的《日記》中記云：「此事（葉軍獲勝等假情況——引者）津（指李鴻章——同上）早知，而北洋（亦指李——同上）不電。」（翁同龢《翁文恭公日記》，甲午七月初十日）可見李、葉在此的合謀。其實，葉志超是個不戰而逃的敗將。

136《李文忠公全書・電稿》，第一六卷，第五九頁。

138 中國歷史研究社《東行三錄》，第一六四頁。

139、140、141、142《德宗實錄》，第三四六卷，第四三二頁。

143《李文忠公全書・電稿》，第一七卷，第三頁。

144《李文忠公全書・電稿》，第一七卷，第八頁。

145《日清戰爭實記》，叢刊《中日戰爭》(一)，第二三五頁。

146 姚錫光《東方兵事紀略》，叢刊《中日戰爭》(一)，第二一頁。

147 同6，叢刊《中日戰爭》(三)，第二五七頁。

148 趙爾巽等《清史稿》（四二傳），第一二七〇九頁。

149、151 沃丘仲子《近代名人小傳》，第三七三頁。
150 趙恭寅監修《瀋陽縣志》，第九卷，人物，第四頁。
152 易順鼎《盾墨拾餘》，叢刊《中日戰爭》(一)，第一〇九頁。
153 趙恭寅監修《瀋陽縣志》，第九卷，人物，第三頁。
154 姚錫光《東方兵事紀略》，叢刊《中日戰爭》(一)，第二二頁。
155 《德宗實錄》，第三四七卷，第四五九頁。
156 王蘄新《為左忠壯公書衣冠墓門坊》，轉引自戚其章《甲午戰爭史》，第一二三頁。
157 《日方記載的中日戰史》，叢刊《中日戰爭》(一)，第二三六頁。
158 《日方記載的中日戰史》，叢刊《中日戰爭》(一)，第二三九頁。
159 《日方記載的中日戰史》，叢刊《中日戰爭》(一)，第二三二頁。
160 張蔭麟譯《泰萊甲午中日海戰見聞記》，叢刊《中日戰爭》(六)，第四三頁。
161 李鴻章《大東溝戰狀摺》，《李文忠公全書·奏稿》，第七九卷，第八頁。
162、164 趙爾巽等《清史稿》（四二傳），第一二七一一頁。
163 《番禺縣續志》，第二三卷《鄧世昌傳》。
165 徐珂《鄧壯節陣亡黃海》。
166 蔡爾康譯《中東戰紀本末》，叢刊《中日戰爭》(七)，第五五〇頁。
167 李鴻章《大東溝戰狀摺》，《李文忠公全書·奏稿》，第七九卷，第九頁。
168 沃丘仲子《近代名人小傳》，第三七四頁。
169 此碑存於山東榮成縣龍鬚 始皇廟之後殿。
170 〔日〕川崎三郎《日清戰史》，第七編（上），第一九頁。
171 翁同龢《翁文恭公日記》，甲午八月二十一日。
172 《德宗實錄》，第三四七卷，第四六〇頁。
173 均見《德宗實錄》，第三四七卷，第四五一頁。
174 聶士成《東征日記》，叢刊《中日戰爭》(六)，第一四頁。
175 同6，叢刊《中日戰爭》(三)，第一四四頁。
176 《德宗實錄》，第三四七卷，第四五二頁；朱壽朋編《光緒朝東華錄》(三)，平裝本，總第三四六二頁。
177 同6，叢刊《中日戰爭》(三)，第四〇、四一頁。
178、218 李宗侗、劉鳳翰《李鴻藻先生年譜》，下冊，第七〇〇頁。

179 翁同龢《翁文恭公日記》，甲午八月十八日。
180 《德宗實錄》，第三四七卷，第四四七頁。
181 《李文忠公全書・奏稿》，第七八卷，第六一頁。
182、186 《李文忠公全書・奏稿》，第七八卷，第六二頁。
183、197 《德宗實錄》，第三四七卷，第四五〇頁。
184 《德宗實錄》，第三四八卷，第四七〇頁。
185 姚錫光《東方兵事紀略》，叢刊《中日戰爭》(一)，第六九、七〇頁。
187 同6，叢刊《中日戰爭》(三)，第一〇五頁。
188 朱壽朋編《光緒朝東華錄》(三)，總第三四六頁。
189 《李文忠公全書・電稿》，第一七卷，第二六頁。
190 朱壽朋編《光緒朝東華續錄》，第一二二卷，第一頁。
191 朱壽朋編《光緒朝東華錄》(三)，總第三四七四頁。
192、194 同6，叢刊《中日戰爭》(三)，第三六四頁。
195 趙爾巽等《清史稿》(四二傳)，第一二七一八頁。
196 《德宗實錄》，第三四七卷，第四六一頁。
198 《德宗實錄》，第三四七卷，第四五三頁。
199、203 《皇太后六旬慶典》，第一函，第一卷《諭旨》，中國第一歷史檔案館藏。
200 同6，叢刊《中日戰爭》(三)，第五六頁。
201、209 翁同龢《翁文恭公日記》，甲午九月十四日。
202 蕭一山《清代通史》，下卷，第一一六三頁。
205 叢刊《中日戰爭》(三)，第三八頁。有關這方面的情況，在翁同龢的《翁文恭公日記》中亦時有流露。如該《日記》的甲午七月十三日載，「俞（余）聯沅摺則云，電報匿不以聞，又多改易，劾譯署（孫毓汶及徐用儀又均為譯署大臣，並是主要的起擬與轉呈電旨者——引者）蒙蔽。」翁氏《日記》的七月十七日又云：「是日辦奏件，孫（毓汶）、徐（用儀）兩公不肯動筆，……余（翁）與李公（鴻藻）亦相顧不發。」翁、李與孫、徐，在處理「奏件」問題上產生了矛盾。另外翰林院侍讀學士文廷式也說，「朝鮮兵事初起時，凡有要電，均由譯署、樞廷酌改而後進御」，並謂「凡督撫條陳電達總署（即譯署——引者）者，總署或奏、或不奏、或改易字句而後奏，悉由王大臣一二人主之」（文廷式《聞塵偶記》）。種種情況表明，說孫毓汶、徐用儀擅自刪匿有關戰事的奏章及電報，當非為捕風捉影之說。
206 《德宗實錄》，第三四七卷，第四六三頁。
207 陸寶忠《陸文慎公（寶忠）年譜》，第六七頁。
208 同206，另見《皇太后六旬慶典》，第一函，第一卷《諭旨》，中國第一歷史檔案館藏。

210 翁同龢《翁文恭公日記》，甲午九月十五日。

211 翁同龢《翁文恭公日記》，甲午十月初二日。

212 翁同龢《翁文恭公日記》，甲午七月初三日。

213 文廷式《聞塵偶記》，《近代史資料》，一九八一年第一期，第四六頁。

214 沃丘仲子《近代名人小傳》，第七一頁。

215 吳慶坻《蕉廊脞錄》，第四九頁。

216 均見陸寶忠《陸文愼公（寶忠）年譜》，第六八頁。

217、221、232 翁同龢《翁文恭公日記》，甲午八月二十八日。

219 金梁《近世人物志》，第四六頁。

222、226、228 文廷式《聞塵偶記》，《近代史資料》，一九八一年第一期，第五二頁。

223 葉昌熾《緣督廬日記鈔》，第七卷，第七頁。

224 金梁《近世人物志》，第四五頁。

225《德宗實錄》，第三四八卷，第四六九頁。

227 翁同龢《翁文恭公日記》，甲午九月二十二日。

229《日清戰爭實記》，叢刊《中日戰爭》(一)，第二四三頁。

230 翁同龢《翁文恭公日記》，甲午十月初三日。

231 原於光緒十二年（一八八六年）中法戰爭後，就朝鮮巨文島事件，李鴻章與當時的俄使拉德仁在天津議定了共同「保護」朝鮮的備忘錄（後來中方未簽字）。於此前七月二十三日（八月十三日），李鴻章在致總理衙門的電報中，提到即將來華的俄使喀希尼又言及此事。這時西太后的話即由此而發。

233 翁同龢《翁文恭公日記》，甲午九月初六日。

234 葉昌熾《緣督廬日記鈔》，第七卷，第八頁。

235 張孝若《南通張季直先生傳記》，第六〇頁。

236 翁同龢《翁文恭公日記》，甲午九月初九日。

237 同6，叢刊《中日戰爭》(三)，第一三六頁。

238〔英〕菲利浦・約瑟夫著，胡濱譯《列強對華外交》，第五三頁。

239 孫瑞芹譯《德國外交文件有關中國交涉史料選譯》，第一卷，第二頁。

240 孫瑞芹譯《德國外交文件有關中國交涉史料選譯》，第一卷，第七頁。

241〔美〕泰勒・丹涅特著，姚曾廙譯《美國人在東亞》，第四二三頁。

242〔日〕陸奧宗光《蹇蹇錄》，第一〇六頁。

243 李宗侗、劉鳳翰《李鴻藻先生年譜》，下冊，第七〇三頁。

244 翁同龢《翁文恭公日記》，甲午九月十六日。

245 李宗侗、劉鳳翰《李鴻藻先生年譜》，下冊，第七〇四頁。

246 翁同龢《翁文恭公日記》，甲午十月初四日。

247 《德宗實錄》，第三五一卷，第五三五頁。

248 沃丘仲子《近代名人小傳》，第一二八頁。

249 趙爾巽等《清史稿》（四一傳），第一二三七三頁。

251 〔法〕A・施阿蘭《使華記》，第三五頁。

252 同6，叢刊《中日戰爭》，第一九七頁。

253 同6，叢刊《中日戰爭》，第二一九頁。

254 〔日〕陸奧宗光《蹇蹇錄》，第一一一頁。

255 〔日〕陸奧宗光《蹇蹇錄》，第一一二頁。

256 翁同龢《翁文恭公日記》，甲午十月二十五日。

257 《德宗實錄》，第三五二卷，第五六〇頁。

258 朱壽朋編《光緒朝東華續錄》，第一二二卷，第二三頁。

259 清制，后妃等級為八等：皇后、皇貴妃、貴妃、妃、嬪、貴人、常在、答應。

260 翁同龢《翁文恭公日記》，甲午十月二十九日。

261 翁同龢《翁文恭公日記》，甲午十一月初二日。

262 未見文獻記載。此據故宮博物院實物之文。

263 據故宮博物院實物之文。

264 商衍瀛《珍妃其人》，《文史資料選輯》，第九十二輯。

265 信修明《老太監的回憶》，第二四頁。

266 據惲毓鼎的《崇陵傳信錄》載：「一日，龢淞太道缺員，樞臣列單請簡。上海道兼管海關，膏腴甲天下，上命授魯伯陽，且申之曰：『是李鴻章所保。』樞臣聞命，相顧錯愕，遍稽舊籍，始得其人，嘗以微勞列保案，李（鴻章）所奏也。先是魯以道員需次金陵，制府及司道皆輕之。魯頗不平，乃輦巨金輸倖門，期必得斯缺。既有成說，揚揚意得甚，預誇示同僚，咸嗤其妄，命下果然。……玉銘，乃一木廠商人，『通內營進』，授四川鹽茶道，引見時，稱讀過《三字經》、《百家姓》，又不會寫字，被光緒帝罷斥。」

267 《德宗實錄》，第三五一卷，第五二七頁。

268 《德宗實錄》，第三五三卷，第五七一頁。

269 金梁《近世人物志》，第三三六頁。

270 翁同龢《翁文恭公日記》，甲午十一月初一日。

271 翁同龢《翁文恭公日記》，甲午十一月初九日。

272、275、276 翁同龢《翁文恭公日記》，甲午十一月初四日。

273 翁同龢《翁文恭公日記》，甲午十一月初七日。
274 沃丘仲子《近代名人小傳》，第一九五頁。
277、279 沃丘仲子《近代名人小傳》，第一七四頁。
278 朱壽朋編《光緒朝東華錄》(三)，總第一五一六頁。
280 金梁《光宣列傳》，第二三三卷，第四頁。

第五章　乙未之辱

屈辱議和

（一）求和被拒

西太后向光緒帝和堅持抗戰的官員大施淫威的過程，也是她放手推行求和方針的重要階段。其間，奕訢扮演了舉足輕重的角色，他以頗有權威性的老親王身分，聚結清廷內外的主和官僚，稟承西太后的旨意竭力在前場主持求和活動。至此，奕訢已成為主和派的支柱，表明清統治集團中的妥協勢力已占據了明顯的優勢。因此，進入光緒二十一年（一八九五年），以光緒帝為首的抵抗派的力量進一步削弱，其處境越發艱難。清政府抗戰的敗局，已成為難以扭轉之勢。復出不久的恭親王奕訢，在甲午年十月（一八九四年十一月）初與奕劻等召見五國駐華公使請求列強調停中日戰爭，就是把西太后的對日求和方針從醞釀推向實施所採取的具體步驟。接著在當年十月十三日（十一月十日），他便派總理衙門大臣張蔭桓密赴天津，向李鴻章傳達西太后的「須亟籌救急之方」[1]的旨意，並開始商討遣使求和事宜了。李鴻章確也是個辦「議款」的老手，他在十月十六日（十一月十三日）致奕訢函中說，如「劇由我特派大員往商，轉慮為彼輕視」[2]。認為，應先派天津海關稅務司英人德璀琳赴日試探。李鴻章的這一主張，被奕訢採納，從而演出一場派外國人赴日探和的插曲。

稍後，奕訢又按照西太后的意圖，仍緊緊地抓住美使田貝這條渠道。於十月二十五日（十一月二十二日），通過田貝及駐日美使譚恩，向日本轉達了清政府提出的議和條件。此舉，便成為「中國政府直接向日本政府提出媾和條件的第一步」[3]，揭開了向日本侵略者求和的帷幕。

在此期間，日本的最高決策者，通過駐外使節進一步了解到，隨著其侵華戰爭的擴大，西方列強對戰爭後果的「疑懼」[4]也越發強烈。於是從十月（十一月）下旬以來，他們便改變了一味拒和的態度，分別採取了軟、硬兼施的兩手策略。對歐美列強，放出要與中國談和的風聲，企圖以此來緩解列強各國的擔心；對於中國，繼續採取攻勢，力求在軍事壓力下逼迫清統治者屈服。同時，日本侵略者也意識到，勒索中國的「媾和談判的時機遲早必會成熟」[5]。因此，到這時，他們對清政府的求和也不完全拒絕了。不過，對於僅以李鴻章的名義派德璀琳赴日探和的舉動，日本統治者從一開始就把它視為「私人」間搞的一齣「兒戲」，未予理睬。在此之前，由於美、日之間對中日戰爭的收場問題有過某種默契，所以日本侵略者對此時美國駐華、日公使的居間串通，卻引起了重視。故於十一月一日（十一月二十七日）日本政府作為對十月二十五日（十一月二十二日）由田貝電譚恩轉達清政府建議的答覆，又經譚恩與田貝向清政府提出一項備忘錄。在其中，日方雖然又拒絕了清政府提出的朝鮮「自主」與對日賠款兩項議和條件，但卻明確提到，「中國政府如真誠希望和平，可任命具備正當資格之全權委員」與日本代表「會商」[6]。到此，日本當權者終於為議和談判敞開了一條縫隙。當時，正向光緒帝施加壓力的西太后，似乎從這件備忘錄中得到一粒寬心丸。於是她便抖起精神，在十一月初八日（十二月四日）單獨召見奕訢等「商遣使請和事」[7]。同日，西太后又授奕訢為軍機大臣，進一步表明她對這個恭親王的再度器重，從而加強了妥協勢力的陣容。

西太后急切求和，其主要目的是希望早日罷兵息戰。按照慣例，兩國交兵，尤其在和談期間理應停戰，美使田貝即如此主張。當時，翁同龢也認為「停戰即在派全權之中，全權即派，戰必自停」[8]。但是，欲把清統治者置於絕境的日本當權派，卻對此一再搪塞，拒不鬆口。另外，求和的代價，又是西太后等越發感到不托底的難題。因此，當她決心派出全權代表時，又命奕訢通過田貝再予試探。然而，野心勃勃而又極為狡詐的日本侵略者，既惟恐過早暴露議和條件可能引起西方列強的干涉，又不願在清朝統治者屈服之前洩漏其天機。所以經日本首相伊藤博文和外相陸奧宗光的議定，對談判條件採取了絕對保密的方針，使清政府的試探一再碰壁。

這時，西太后及奕訢、李鴻章等，雖已決心求和，卻又不甘心對日完全屈從。於是，他們又企圖在談判地點等問題上爭些有利於自己的地位，避免「為所要挾」[9]。然而，不力爭改變自己在戰場上的被動處境，只企圖以乞求敵人的讓步來擺脫被要挾的處境，顯然同樣是徒勞的。因而西太后在談判地點等問題上的要求，也被日方一一駁回。於是，他們既要求和，只有被日本侵略者牽著鼻子走了。到十一月二十四日（十二月二十日），按照日方的要求，西太后命奕訢請田貝致電譚恩，將清政府以總理衙門大臣張蔭桓及湖南巡撫邵友濂為全權代表赴日會商的任命，轉告日本政府。隨後，日本方面在十一月三十日（十二月二十六日）的回電中，除籠統地說他們也將任命兩名全權代表之外，卻單方面宣布以廣島為會議地點。至於會議時間，聲稱當中國全權代表到達廣島後「盡速通知」[10]。很明顯，這豈是要議和？而是在向清政府下達指令。

此期間，在受著內壓與外逼之中的光緒帝，並未動搖其初衷。對內，他盡力避免內爭；對外，依據戰局的變化，光緒帝在不時地「問軍務處有何布置」[11]之外，仍直接主持對敵的反擊與防務。

由於旅順失守後，山海關內外及北部沿海各口越發吃緊，並且京津亦受到日益嚴重的威脅。

因此，光緒帝在極力調動「各省兵勇北上」[12]以加強京畿防務的同時，還相繼電諭李鴻章、裕祿等，命轉戰遼南與遼東的宋慶、依克唐阿、聶士成等將領「同心協力」保衛「遼瀋」[13]；諭令山東巡撫李秉衡迅速「派兵嚴密防守」[14]北洋海軍基地威海衛；命駐守樂亭的吳大澂在山海關一帶準備禦敵；並命管轄江南沿海的各督撫「一律嚴防，勿稍鬆勁」[15]。此外，在籌措軍餉和運送武器裝備等方面，光緒帝也不遺餘力，一再命戶部及李鴻章、署南洋大臣張之洞等認真籌辦；並且為了進一步激勵廣大將士奮勇抗敵，他又加緊了對一些臨陣「退縮」將領的懲處。十二月初二日（十二月二十八日），光緒帝在處理了安維峻抨擊西太后事件的同時，又降諭任命兩江總督劉坤一為欽差大臣，宣布「所有關內外防剿各軍均歸節制」[16]。這是一項頗有震動性的重大措施。

劉坤一（一八三〇—一九〇二年），湖南新寧人。早年從道員劉長佑率領的湘南楚勇，配合曾國藩的湘軍在湖南、江西一帶與太平軍作戰。咸豐九年（一八五九年），劉長佑任廣西巡撫後，劉坤一接統其全軍。此後十餘年間，他又一直是在鎮壓太平軍、天地會等農民運動的戎馬生涯中度過的。劉坤一由於在鎮壓農民運動中，剿撫兼施「累戰皆捷」[17]，從而步步升遷，先後被授予知州、道員、布政使、廣西巡撫。同治十三年（一八七四年）命署兩江總督；次年（光緒元年）升任兩廣總督；光緒五年（一八七九年）調任兩江總督；兼南洋通商大臣，成為屬於湘系的顯赫疆臣。劉坤一升任兩廣總督後，既贊成設廠造船炮，又把學習外國視為「變華為夷」[18]，似屬洋務派的右翼。在十九世紀七〇至八〇年代邊疆危機時，他認為日本「終為我患」，沙俄也將「為我勁敵」[19]。因此，劉坤一支持加強海防，又擁護左宗棠收復新疆，也主張援越抗法。但其思想比較保守，時而以「老成」[20]自居。

光緒二十年（一八九四年）夏，當日本侵略者把戰爭強加給中國之後，在朝內外要求抗敵的呼聲迅速高漲時，向以「謙謹，不敢先人」[21]的劉坤一，也日益明顯地向抵抗派靠攏。此後，他除了遵旨在江南加強江海防務之外，又積極地為抗戰獻計獻策。他提出對日應採取「持久」的戰略主張，的確不失為有識之見。同時，他還接連向光緒帝推薦武才宿將支持抗戰。因此，光緒帝在「軍務緊要，統帥需人」[22]的時刻，任命其為欽差大臣統率關內外各軍亦可謂事出有因。另在淮軍節節敗退的情況下，這也反映了「舉國望湘軍」[23]的意願。然而，此時以西太后為首的清廷實力派已把對日的重心移向罷戰求和，並又正式派出議和的全權使臣。至於軍事，當時「內則督辦軍務（宋慶——引者），外則北洋大臣（李鴻章——引者），皆有節制全軍之權」[24]；況且在原來赴前的清軍中即已派系林立矛盾重重。因此，光緒帝在不改變原清軍指揮系統的前提下，只企圖再增設一個欽差大臣來統率全軍以扭轉戰局，這勢必更會使統兵大員之間「彼此心存迴護」，互相「掣肘」[25]，乃致造成事與願違的結果。正由於劉坤一「深知此中情形」[26]，所以他對光緒帝的任命，懇辭不成，勉強受命後，又遲遲未能赴任。對此，翁同龢也認為劉坤一「無親兵，以孑身護末職之將，亦難事也」[27]，因此，不能把未及時赴任之責完全歸結在劉坤一一人身上。

旅順失守後，與以西太后為首的主和派形成鮮明對照的是，身處困境中的光緒帝仍堅持抗戰的走向。在此期間，他採取的一些整軍備戰措施，雖仍然不無欠妥之處，但對西太后等一意孤行地對日求和無疑起著一種牽制作用。

光緒二十年十二月初十日（一八九五年一月五日），恭親王奕訢帶領張蔭桓陛辭時，光緒帝特降諭旨云：

「奉慈禧……皇太后懿旨，張蔭桓、邵友濂現已派為全權大臣，前往日本會商事件。所有應議各節，凡日本所請，均著隨時電奏，候旨遵行。其與國體有礙及中國力有未逮之事，該大臣不得擅行允諾。懍之！慎之！」[28]

這道諭旨，確認了西太后對張蔭桓、邵友濂的任命，其實也認可了對日議和。但指出議和要以維護「國體」和堅持「國力」為前提，並特別強調，張、邵對議及各項應慎重對待「候旨遵行」，體現了以國家利益為重的原則。從此議和方針來看，說明光緒帝已明知日本將大肆勒索，但他仍立足於戰。光緒帝就在接見張蔭桓的同時，又諭令劉坤一整軍出征。當他得知遼陽知州徐慶璋召集民團「誓與紳民固守」時，即於十二月十一日（一月六日）命盛京將軍裕祿對徐「傳旨嘉獎」[29]。在當時，西太后對議和亦非無所顧忌，但她卻以「和」字當頭。顯然，這種議和方針的提出，仍可視為帝、后之間互相妥協的結果。

隨著對日求和活動的演進，反對屈辱求和的呼聲又日趨活躍。原在西太后按照日本侵略者的要求準備派全權代表赴日議和時，御史王鵬運便上奏痛陳「勿為和議所誤，仍宜修戰備」[30]。隨之便是光緒帝任命劉坤一為欽差大臣欲重整軍威；清政府派出的議和使臣陛辭後即將赴日。因此從一月初以來，在戰、和交錯，國家的命運處於十字路口的緊急時刻，更牽動了那些炎黃赤子之心。在此期間，由於國內形勢的變化越加複雜尖銳，所以一些憂國之臣也不再籠統地拒和了。他們開始議論怎樣議和及應在什麼條件下議和的問題。給事中洪良品即指出，「兩國相爭，終歸一和」，但在敵國得勢時議和，對方「勢必多所要挾，令我難從」[31]。御史高燮曾也認為：「夫和何嘗非是哉？」但和有「實和」與「屈服」之分。他指出，「償費予地」之和是「屈服也」，「至遣使詣倭，尤傷國體」。高燮曾說，惟有立足於戰，使「敵知我志在必戰，則和亦易成」[32]。於是，他們大聲疾呼反對棄戰而求和，都趨向一致地主張應「以戰為和」[33]。這些官員的呼號，反映了一切維護民族尊嚴和國家權益的人的心聲。

張蔭桓，字樵野，廣東南海人。同治二年（一八六三年）納資為知縣，效力於山東軍營。其間，因在剿捻與治理黃河中「出力」，被山東巡撫丁寶楨器重，薦至道員，加按察使銜。光緒十年（一八八四年）奉旨來京「蒙恩召見」[34]，賞三品卿銜，命值總理衙門。其人「精敏」[35]，又「有文采，熟海疆情形」[36]，故於光緒十一年（一八八五年）奉命出任駐美、西、祕三國大臣。光緒十六年（一八九〇年）回國後，任總理衙門大臣，遷戶部左侍郎。

直至甲午戰爭時，張蔭桓在清廷任職時間不久，他與帝、后兩黨均未形成特殊的集團關係。不過，或與其為人「精敏」和曾駐外有關，張蔭桓的思想比較開通，並有在官場處事的本領。因此尤其在戰爭中，他既與翁同龢等往來密切，成為翁獲得戰爭情報的一個主要的傳送者；又取得西太后等人的信任，接連委以機要使命。但在其從命的過程中，亦往往存有己見。

張蔭桓在得到使日議和的授命時，對敵我的態勢已有所了解，感到「此行原無把握」[37]。其實他在私下已流露出「此行非其意」[38]。後在廷臣抨擊一味求和的聲浪中，張蔭桓向帝、后辭行，於十二月十一日（一月六日）離京踏上使日的旅程。當他在赴滬與邵友濂會合的過程裡，於通州接翰林院學士準良書，奉勸其勿「以一身任天下之怨」[39]；到塘沽時吳大澂又建議他「展緩行期，以俟捷音」[40]。特別是在他抵達上海時，見「匿名揭帖遍布通衢」，更使其感到「人心思奮，具見同仇敵愾之誠」[41]。本來張蔭桓對此行就心存異議，後來又經友臣和統兵大員的勸說，並受到上海民眾「人心思奮」的觸動，更加重了他對赴日的疑慮。於是，當張蔭桓到滬與邵友濂會合後，便以「會商」為由按兵不動了。

到十二月十九日（一月十四日），光緒帝命宋慶、依克唐阿和李秉衡等在遼瀋及威海衛加緊準備反擊日寇時，為了摸清日本侵略者的「貪吻之所出」，授意翁同龢等擬電旨促張、邵出行。正當此刻，西太后卻藉口「上（光緒帝）未嘗啟知」[42]，拒不准發。反而她卻命翁同龢立即擬旨諭令劉坤一進駐山海關、敦促吳大澂速赴前敵，擺出一副要戰的架式。其實，這是西太后企圖以此來擺脫輿論的壓力，搞的一個小動作。果然事隔一天，她又面孔還原，表示可降旨令張、邵「起身」[43]赴日了。十二月二十三日（一月十八日），命張蔭桓等「剋日出洋，毋庸另候諭旨」[44]的電諭發出。

張蔭桓在十二月二十四日（一月十九日）接此電諭後，又經候船，至光緒二十一年正月初一日（一月二十六日），他與邵友濂等二十餘人自上海東渡。張蔭桓出國前在給清廷的奏摺中說，處於「敵焰方張」之下議和，對手勢必「多方要挾」。並進而指出，「和議之難易，必視戰事之利鈍為轉移」。於是張蔭桓懇請朝廷「飭下關內外統兵大員，一意籌戰，力求實效，勿以臣等之行意存觀望」[45]。他清楚地認識到，辦外交及與敵議和要以實力為後盾。因此，張蔭桓切望國內的抗戰能有所轉機，指出不要因為他們的出行而動搖軍心。在當時，西太后等人確有竭力乞和之心，但又不便明示；光緒帝和關心國家命運的官員與將領及其他愛國之士，卻是與張蔭桓的這種心情相通的。因此，在光緒帝的面諭和國書中，授予張、邵的使命是與日方代表「會商妥結」[46]。

但是，日本當權派意在使中國統治者徹底屈服，然後以受降者的身分前來任其宰割。為此，他們在加緊準備侵犯威海的同時，又極力為和談製造障礙。當中、日議和的安排就緒之後，日本統治者又強調清政府派出的議和代表，必須具備獨立做出決定的職位與權力。並且，日本決策者對此又堅持不放。直到中國議和代表抵日後，他們仍認為「以張、邵等人擔當媾和的重要任務，不能不令人懷疑中國是否承認自己處於戰敗者的地位，而有真正停止戰爭的誠意」。因此，在開議之前，日方代表伊藤博文和陸奧宗光便經密議認定，「詳細觀察目前國內外形勢，不能不說媾和的時機尚未成熟」[47]，即已做出拒絕此次談和的決策。原來，在上年十二月他們便得到清政府任命張蔭桓、邵友濂為議和全權代表的正式通知，並明確地指出了他們的身分，日方終未提出疑義。但時到此刻，日本方亮出底牌，並以此作為拒絕和談的依據。顯然，這是蓄意要搞一場外交訛詐，作為與其軍事行動相配合的一種強硬手段。因此，當張蔭桓、邵友濂等到達日本後，聲稱堅持外交「平等」的日本當權派，竟「不准」中國代表向本國政府「發密電」，甚至國內「來電亦留難不交」[48]，對中國代表的正常外交活動加以百般的刁難與限制。後在開議的次日（二月二日），伊藤、陸奧無視張蔭桓的據理辯駁，便以所謂的「委任權甚不完備」[49]為藉口，對中國代表採取了如同驅逐的卑劣手段，表示不准張、邵在日停留。至此，西太后的求和迎頭碰壁；光緒帝試探敵情的意圖也隨之落空。於是，更加嚴酷的局面便擺在了他們的面前。

（二）難解的「憤悶」

正月初十日（二月四日），當清廷得到張蔭桓、邵友濂在日「被拒」的消息時，翁同龢認為此事「近於辱」[50]感到不是滋味兒。奕訢、孫毓汶等，又惟恐議和「決絕」[51]而驚慌不已。正在此間，又頻頻傳來威海告急的電波。

原來，日軍在侵占我旅順之後，便進而把其侵略矛頭指向山東威海衛。

威海衛，位於山東半島入海的尖端，與旅順隔海相望，是北洋海軍總部所在地。它原與旅順軍港如同一把張開的巨鉗，拱衛著京、津海路的出入口，具有重大戰略地位。尤其在旅順失守後，李鴻章又把北洋艦隊集中於此，所以威海衛的得與失對敵我雙方都利害攸關。

正因如此，日本侵略者占據旅順後，為了進而實現其摧毀北洋海軍和對我京、津造成「扇形」軍事威懾之勢的蓄謀，他們在繼續向我遼東半島縱深推進的同時，又極力準備進犯威海衛。當日本統治者擺出要與清政府舉行和談的架式時，從其國內調來的第二師團已開向山東半島海域，並進入攻擊狀態。

清政府早在對日宣戰之後，為了抗擊日軍的北犯，在大力組織朝鮮狙擊戰時曾把防禦縱深延至遼東。但是，光緒帝又很快發覺山東沿海的防務亦甚「緊要」[52]。於是，他在極力部署朝鮮狙擊戰和加強遼東防線的同時，又對山東沿海的防務引起重視。對此，光緒帝採取的一項重要措施是，於當年七月十六日（八月十六日）調李秉衡任山東巡撫。

李秉衡（一八三〇—一九〇〇年），字鑑堂，奉天海城人。初入貲為縣丞，升任知縣。此後，在直隸及山西歷任知州、知府。李秉衡為官較為清廉，體察民情。任內每遇災情均設法安撫災民，因此獲得「北直廉吏第一」[53]之稱譽。中法戰爭期間，升任廣西按察使，代理廣西巡撫。其間，他以節儉和緊縮開支籌集糧餉支援各軍抗法，並創設醫局為將士治療傷病，對抗法戰爭做出過貢獻，曾受到朝廷的獎勵。戰後，對於法國侵略者欲違約入龍州「通商」，他認為此將「貽患於無窮」[54]，極力抵制法國侵略勢力向我國廣西擴張。光緒二十年四月（一八九四年五月），奉命代安徽巡撫，旋被調撫山東。

當時，光緒帝對李秉衡寄予了厚望，命其赴任前進京接受召見。於七月五日（八月二十六日）李秉衡在陛見後出京時，光緒帝又讓他在「路過天津時，面晤李鴻章，察其精神氣體如何，有無衰病情狀，據實覆奏」[55]，充分體現了光緒帝對李秉衡的信任。但山東半島的要害之區威海衛，其「所駐水陸各營，係歸北洋（李鴻章——引者）調遣，而威〔海衛〕為山東境地」，並且山東沿海的陸防歷來薄弱「極宜布置周密」[56]。顯然，這種軍政隸屬的不統一，又勢將給李秉衡的籌防帶來困難。不過，他並未辜負光緒帝的期望，在其到任後仍懷著「殫竭愚忱」[57]的決心而盡力籌防。為此，李秉衡從九月二日（九月三十日）起親赴登州、煙台、威海衛巡視。最後駐在煙台，直接督辦海防。

旅順失守後，光緒帝在給李鴻章的電諭中指出：「旅順既失，恐倭將併力以圖威海。」命李鴻章與李秉衡應「嚴密防守」[58]。並且光緒帝也清楚地看到，如威海衛再淪失，將直接「震動畿疆」[59]，對京、津會構成更為嚴重的軍事威脅。所以，隨後他一邊向山海關、遼瀋防線調集重兵和加強統帥力量；一面又向李鴻章、李秉衡通報日軍向山東沿海竄犯的動向，加緊籌畫威海保衛戰。直到光緒二十年十二月二十一日（一八九五年一月十六日）在敵軍大舉侵犯的前夕，光緒帝在給李鴻章等的諭電中又明確指出：「探聞倭兵將由成山登岸，似非虛語。」因此，他再次命李鴻章、李秉衡必須立即「分飭各將領晝夜偵探，防其以小船載兵，乘隙登岸」[60]。後來的事實表明，光緒帝的這一預見確非虛言。到張、邵使日之後，光緒帝仍密切注視著遼東與山東兩半島的敵我態勢。

日本侵略者進犯威海，其在軍事上的險惡用心也越發明顯。因此於十二月十七日（一月十二日），光緒帝在電諭李鴻章時即認為，日本「圖犯威海，意在毀我戰艦，占我船塢」[61]，企圖摧毀我北洋艦隊。顯然，光緒帝的這一判斷也是符合實際的。清政府耗費巨資，歷經十餘年建起的這支近代海軍，朝廷上下無不關注。自中日戰起，光緒帝即視「海軍為國家的第一要務」，為繼續加強北洋艦隊，他竭盡了全力。至此，光緒帝又斷然指出：「敵兵撲犯，必乘我空隙之處，威海左右附近數十里內，尤為吃緊。」因此他命李鴻章、李秉衡應「飛飭各防軍晝夜梭巡，實力嚴防」62。再次強調海、陸整體防禦的重要性。但自十二月下旬（一月上旬）以來，由於敵人加緊經海路向成山、榮成灣一帶竄犯，使威海的南翼增大了壓力，並對威海軍港有形成包抄之危。面對這種嚴重局面，光緒帝再次電諭李鴻章，他在深切表示「第念海軍戰艦數已無多，豈可稍有疏失」之後，遂告誡，「若遇敵船逼近，株守口內轉致進退不能自由。」從而命李鴻章要「設法調度，相機迎擊，以免坐困」63。在敵人欲從陸路抄襲威海軍港的情況下，「尚堪一戰」的北洋艦隊仍坐守於港內，既不利於海、陸整體防禦；又可能使艦隊陷於困境。光緒帝的這一防禦方針雖然未必完全妥切，尤其是威海的防軍隸屬不一，從而造成互不協調。但在當時，光緒帝主張海、陸軍配合，主動禦敵的抗戰思想，卻不無可取之處。然而，李鴻章依舊固守為保船而「保船」的消極宗旨，繼續指令海軍提督丁汝昌「務須保全鐵甲兵輪」64，拐彎抹角兒地限制艦隊出港。直到日軍在榮成灣登陸，軍港南岸守軍正與敵「苦戰」之際，焦急萬分的光緒帝再次電諭李鴻章時說：「我海艦雖少，而鐵甲堅利，則為彼所無。與其坐守待敵，莫若乘間出擊，斷賊歸路。威海一口，關係海軍甚重。」65這可謂又是語重心長的一種勸告。大敵當頭，尚有一定戰鬥力的北洋艦隊，豈可無視疆土淪失和友軍流血而坐視不動！而且在當時敵軍的主力尚集中於榮成灣，其海上運輸多為「商船」。因此如我海軍「乘間出擊」，起碼可以打亂敵人的陣勢，為全面反擊創造條件。顯然，處於國門又面臨有被敵夾擊之危的海軍艦隊，這是可行的「奮力保全」之策。但李鴻章還是不以抗戰的大局為重，他在接到上述電諭的次日仍然致電丁汝昌命其設法「保全鐵艦」66，致使艦隊的處境越發被動，並繼續影響著整體防禦力量的發揮。戰局在急劇惡化。

日本侵略軍於十二月二十五日（一月二十日）在榮成灣登陸並在攻陷榮成後，到正月七日（二月一日）便相繼侵占了威海衛軍港的南、北幫炮台，對困守於劉公島的北洋艦隊形成包圍後便發起攻擊。在包圍與反包圍的激戰中，中國艦隊與炮台守軍除了一些貪生怕死之徒臨陣逃脫之外，廣大將士進行了頑強的抵抗，曾接連打退敵軍的進攻。但戰機已失，全線崩潰。光緒帝不願重蹈的覆轍，又無情地擺在了威海守軍的面前。至正月十八日（二月十二日），處於絕境又誓不降敵的丁汝昌，在降將及一些洋員的圍逼之下自殺。尚存的艦艇與基地的重要設施均落入敵手，隨即威海衛失陷。至此，北洋艦隊全軍瓦解，李鴻章的「保艦」宗旨也徹底破產了。

在此間，屢遭諸臣參劾和光緒帝斥責的海軍提督丁汝昌，憂心如焚，竭盡了全力。他在硝煙瀰漫、炮聲隆隆中奔波於海、陸軍將領間斡旋、策畫；他欲突破重圍親自「督戰」；他為了避免艦艇、炮台資敵費盡心機；面對群奸他一身正氣，以死相爭。最後，在生與死的關頭，他終於實現了「以身報國」[67]之志。丁汝昌作為李鴻章屬下的北洋海軍統帥，其在甲午戰爭中的功與過固可各有評說，但他最終在敵人面前堅守了民族氣節，卻是無可否認的。

冰凍三尺，非一日之寒。威海衛保衛戰的慘敗與北洋艦隊的覆沒，充分暴露了這個王朝的病原之深，其嚴重後果尤為痛心。

帝黨首領、主戰派砥柱軍機大臣翁同龢，對張、邵使日與被拒已激憤不已；接著又是威海之戰的連續潰敗，直至劉公島失守及北洋艦隊的毀滅。這一連串猶如雪上加霜的沉痛事件，使他越發感到「憤悶難言」[68]「焦灼」不安。

陰鬱的氣氛籠罩清宮，光緒帝在正月十五、十六日（二月九、十日）連續召見樞臣時，他懷著深沉的憂憤心情對諸臣說：「時事如此，戰和皆無可恃，言及宗社，聲淚並發。」這時，翁同龢也「流汗戰慄，罔知所措」69，他們都陷入了「憤極愧極」70的悲憤之中。此時此刻，這對君臣的心境無疑是沉重而複雜的。

直到威海失陷前，光緒帝與翁同龢等抵抗派官員，為了組織抗敵，多少日夜宵衣旰食。光緒帝頒發的道道抗戰諭旨和一系列禦敵之策，一到李鴻章那裡就走形變樣，甚至拒不執行，直接破壞了抗戰。連法國駐華公使施阿蘭在後來也認為，「李鴻章應對這次戰爭（甲午中日戰爭——引者）的失敗負直接責任」71。為此，光緒帝曾先後兩次處分李鴻章，並又採取過其他措施力圖改變「戰守之事而任於（李鴻章）一人」72的局面。但結果，光緒帝的願望均變為泡影，李的權勢一直安然無恙。所以如此，也正如施阿蘭所說，是由於李鴻章始終得到西太后「包庇袒護」73的結果。那時，西太后已把其精力重心轉向對日求和，因此善下「和棋」的李鴻章更在她的心目中增加了分量。正因如此，對西太后和李鴻章無能為力的光緒帝，在威海衛失陷、北洋艦隊覆沒後，雖又降諭憤怒地指出「北洋（李鴻章——引者）創辦海軍，殫盡十年財力，一旦悉毀於敵，墮防縱寇，震動畿疆」，對抗戰和國家都造成巨大危害。然而，他卻只是表示：「李鴻章專任此事，自問當得何罪？」74在此，連對李鴻章的象徵性處分也沒有了。顯然，這又是光緒帝的違心退卻。因此，面對如此「糜爛」的危局，光緒帝既「憤」又「愧」是可以想見的。然而，他雖痛苦反省，但卻難以自解。

（三）被迫就範

威海衛保衛戰的瓦解和北洋艦隊的毀滅，的確又使清政府在戰略上遭到更加沉重的打擊。面對如此嚴峻的事態，光緒帝與翁同龢均陷入憂憤交加而束手無策的困境。以西太后為首的主和派，竟猶如驚弓之鳥完全沉於失敗主義的泥潭。他們認為，到此已別無出路，只有屈從日本侵略者的「權宜一策」[75]了。

原來，日本統治者拒絕與張、邵和談的事發生後，在西方列強中立即產生了反響。從廣島和談流產時起，密切注視著日本動向的俄、德、法等國，又展開了「交換對華時局之意見」[76]。它們都從維護各自的在華利益與圖謀出發，在加緊籌畫對策。當時，氣焰囂張的日本侵略者，在向我威海衛伸出毒手時，卻又越發「害怕外國干涉」[77]。於是，他們為了避免列強的「干涉」，覺得也需要盡快收場了。況且，其對威海衛的侵略竟又連連得手。在這種情況下，當伊藤博文出面正式拒絕與張、邵和談後又聲稱，日本「不拒絕再開談判」[78]，為重開「和談」留下了活口。到一月十四日（二月八日），在日軍侵占劉公島和摧毀北洋艦隊的前夕，日本政府便通過美國駐日、駐華公使向清政府傳來了所謂的「意見」。在其中說：「若中國政府果有誠意希求和平，派遣位高望重、攜有正式全權委任狀之全權委員前來日本時，日本政府在任何時期均可同意重開和談。」[79]顯然，日本侵略者在即將解除清政府的主要軍事力量北洋海軍，並將造成控制旅、威和進而威脅京津的嚴重局面的情形下才說這番話的。為了通過「議和」來迫使清政府就範，他們在放出接受和談的風聲之後，又通過美國駐日、駐華公使提出了「議和」的先決條件。正月十六日（二月十日），美國駐華公使田貝，便依據日本的要求向清統治集團傳信稱，「須另派十足全權，曾辦大事、名位最尊、素有聲望者方能開講」[80]。隨後，又提出「非有讓地之權者不必派來」[81]。至此，日本侵略者果真要以軍事壓力通過「議和」來宰割中國了。

降心已定的西太后，在得到田貝傳來的信息時，經與奕訢及孫毓汶、徐用儀等密商，遂於正月十八日（二月十二日）在光緒帝召見廷臣之後，她又拋開光緒帝單獨召集了樞臣會議。在會上，西太后斷然指出：「田貝信所指自是李某（即李鴻章——引者），即著伊去，一切開復，即令來京請訓。」這時，恭親王奕訢進言：「上（光緒帝）意不令來京，如此恐與早間所奉諭旨不符。」[82]西太后聽到此話，大發肝火。她揚言：「我自面商；既請旨，我可作一半主張。」[83]就這樣，對這個關係著國家命運的重大問題，西太后又專橫地按照日本侵略者的無理要求，「決派李鴻章為全權赴日談和」[84]。並且她為了使其專斷盡快變為既成事實，遂命其心腹孫毓汶擬旨廷寄李鴻章。次日，完全體現西太后意圖的諭旨出籠。諭曰：

「李鴻章勳績久著，熟習中外交涉，為外洋各國所共傾服。今日本來文隱有所指，朝廷深為至計，此時全權之任，亦更無出該大臣之右者。李鴻章著賞還翎頂，開復革留處分，並賞還黃馬褂。作為頭等全權大臣，與日本商議和約。……李鴻章著星速來京請訓，切毋刻遲。」[85]

李鴻章自同治九年（一八七〇年）任直隸總督掌管清政府的外交以來，對外即以一味的「力保和局」[86]為宗旨。他在與外國侵略者辦交涉中一貫採取妥協方針，即使在中法戰爭時中國處於有利的條件下，他仍然與法國侵略者簽訂了屈辱的條約。李鴻章在經辦外交的二十多年中，通過他使國家權益受到累累損傷。在此次中日戰爭中，他從盲目依靠外力到畏敵怯懦給抗戰造成的危害更是有目共睹。這麼個連民族氣節都沒有的可憐蟲，在此卻被裝扮成一個「勳績」卓著的外交家，並被正式任命為清政府的「議和」全權代表，從而解除了光緒帝對他的所有處分，為李鴻章承受此任鋪平了道路。而且，西太后還堅持讓他迅速來京「請訓」。請訓，本是清廷遣使出國的一般慣例，但西太后對此卻懷有不可告人的目的。與此同時，又在諭中任命前雲貴總督王文韶署理直隸總督，以便使李鴻章傾心於使任。

西太后強行任命李鴻章為對日議和的全權代表，是清政府主和派變為投降派的重要表現。當西太后確定了對日的投降方針，並在做出派遣適應日本需要的全權使臣的決定時，老奸巨猾的西太后深知，這樁事將有蒙受「千古罪人」的巨大風險。於是，她便聲稱「今日強起，肝氣作疼，左體不舒，筋起作塊」[87]，託病躲入深宮。其實，這是西太后為與讓李鴻章來京「請訓」相配合所採取的一種惡毒手法。她企圖以此來逼迫光緒帝投入由她設下的陷阱，以便在日後把賣國的罪名加在光緒帝身上。

李鴻章接到任命出使的諭旨後，經過幾天的觀望與準備，於正月二十八日（二月二十二日）自天津來到北京。

這次出使日本意味著什麼？李鴻章心裡明白。同時他也知道，議和的關鍵「尤在讓地一層」[88]。並且在李鴻章看來，如果「中國不割讓給日本一塊土地，就沒有簽訂和約的可能」[89]。然而，在「割讓」國土的問題上，他也並非無所顧及。因此，李鴻章到北京的主要目的，是等待帝、后的「訓諭和接受權力」[90]。作為一朝之大又是此事決策者的西太后，原來堅持要與李鴻章「面商」。但到此時，她竟聲稱「感冒」[91]不出面了。已陷入進退維谷之中的光緒帝，既不敢違抗皇太后的決定，又不甘承擔賣國的罪名。所以他在無可奈何之下，於李鴻章到京的當天接見了他。接見中，光緒帝除了問問其「途間安穩」之外，對於「議約」事只是輕描淡寫地帶過去了。這時，李鴻章似乎有點按捺不住了。於是，他便以一副正人君子的面孔單刀直入地言曰：「割地之說不敢擔承，假如占地索銀，亦殊難措，戶部恐無此款。」並又裝腔作勢地高談什麼「割地不可行，議不成則歸耳」[92]。其實，李鴻章又在擺出一副為難的情態企圖先拿一把，以便為下一步向光緒帝要價作伏線。這時，翁同龢態度鮮明地認為：「但得辦到不割地，則多償（賠款——引者）當努力」，主張寧可多賠款也不割地。但孫毓汶、徐用儀卻公開為李鴻章組成了啦啦隊，竭力鼓譟「不應割地，便不能開辦」。這夥人純屬民族敗類，均以「和」為快，因此極力迎合李鴻章。他們為了換取苟安的和局，不惜出賣國家的神聖領土。從而在這場攤牌之爭中，堅決維護國土的翁同龢，竟成了主降派的障礙。於是，在光緒帝召見結束後，李鴻章面對諸臣，竟採取向翁同龢「將軍」的手法企圖發難，提出讓翁與他同去議和。對此，翁同龢說：「若余曾辦過洋務，此行必不辭。今以生手辦重事，胡可哉？」[93]給予委婉地回絕了。

在李鴻章到京當天光緒帝的召見中，圍繞「割地」問題展開了這場爭論時，公開交鋒的雖然只是李、翁和為李幫腔的孫、徐，西太后躲在幕後沒有公開露面，光緒帝在場卻未明確表態，但他們都通過自己的代言人表明了各自的觀點與立場。然而，作為兩大主角的帝、后，既未公開表態更無明確的授權，因此李鴻章的目的尚未達到。隨後，光緒帝又連續召見了李鴻章，但均屬應酬，仍未滿足李的要求。

於是，在此後的一些時日裡，明知此任推卸不了的李鴻章，為了減輕在即將議和中的壓力，他又接二連三地走訪與會見了俄、法、德等國駐華公使，企圖求助於西方列強的「支持」[94]。當然，利用列強與日本之間的矛盾，盡量為自己爭取些有利的地位亦是不應忽視的。但是，李鴻章卻為此居然低三下四地美化敵人伊藤博文，並洩漏了「中國方面的許多祕密」[95]；又在居心叵測的外使面前，暴露了其奴才相。當時，西方列強對日本步步擴大侵華的確懷有越發強烈的「疑慮」[96]，但列強各國主要是在「尋取它自己的利益」[97]，它們絕不會支持中國。因此，李鴻章在外使身上雖然費盡了心機，但終未從各國公使那裡得到「切實相助語」[98]。他依靠列強的希望，又一次落空。

李鴻章深知，「關係之重」的割地問題，將是他參加中日「議和」的最大難關。因而，他為了在日後遭到國內人們反對時找到託詞，便堅持「請訓」，而且硬要光緒帝的「面諭」，頗有非得到明確的「讓地」授權誓不罷休的架式。為此，他在北京賴著不走。與會見各國公使的同時，又終日與孫毓汶、徐用儀等密謀，並竭力策動恭親王奕訢，企圖聯合起來向光緒帝施加壓力。其實，孫毓汶「必欲以割地為了局」[99]，他的賣國立場十分露骨；而「恭親王亦贊成割地」[100]。所以，在李鴻章與樞臣辯論「割地」問題時，他也為李「竭力周旋」[101]。當二月一日（二月二十五日）光緒帝再次召見李鴻章時，在奕訢的支持下，李鴻章就「割地」等問題進行了面奏，意欲要求授權。實際上，李的主張與西太后的意圖並無牴觸，但此事卻又極為敏感。因此，當西太后得知此事後，在次日她竟板起面孔聲稱，「任汝（李鴻章——引者）為之，毋以啟予也」[102]。西太后為了逃避歷史罪責，對李鴻章的授權要求便採取了這種圓滑手法給予避開了。但是，光緒帝更不願充當她的犧牲品。因此，在一天後的二月四日（二月二十八日），光緒帝就日方通過田貝提出給李鴻章的國書應改為西文時，對奕訢說：「此藉事生波矣。汝等宜奏東朝（西太后——引者），定使臣（李鴻章——引者）之權」，把授權事理所當然地轉給了西太后。但西太后聞之，立即以其心腹、太監總管李蓮英傳話，說什麼皇太后「昨日肝氣臂疼腹瀉不能見，一切遵上（光緒帝）旨可也」[103]。她又把有關授權、議和事一股腦兒的都推給了光緒帝。至此，在清廷統治集團的核心中，圍繞對李鴻章的授權問題展開的持續性爭論，已捅到王朝的頂點，而且已經僵持起來了。

在這種情況下，已筋疲力盡的光緒帝，出於無奈，做了有保留的讓步，命恭親王奕訢向李鴻章傳達了他的「面諭」，表示授予「商讓土地之權」[104]。顯然，這只是一種非正式的間接授權，與李鴻章的要求頗有距離。同時，這種授權也比較含糊，不夠明確。因此，李鴻章對此並不滿足。於是，他在得到這一授權之後，又迫不及待地跳出來向光緒帝具摺上奏。在此奏摺中，李鴻章首先似乎在代表日本侵略者說話，說什麼議和「注意尤在割地。現在事機緊迫，非此不能開議」。接著，他又以威脅的口氣揚言，如不割地，「議和」不成，日本將「照舊進兵，直犯近畿，又當如何處置？」甚至他還居然歪曲歷史事實，為其堅持割地的賣國立場製造歷史依據。大談割讓疆土之事「古所恆有」[105]，竭力鼓吹「割地」有據，「讓土」有理。隨後，慶親王奕劻等后黨官僚，也都出來為李鴻章捧場。這些人，竟公開採取了以西太后壓光緒帝的手法，「公請懿旨促鴻章行」[106]。他們在二月七日（三月三日）上奏的公摺中，與李鴻章唱的是同一個腔調，叫嚷議和「所最注意者，惟在讓地一節，若駁之不允，則都城之危即在指顧」。在此，奕劻等人同樣認為，似乎中國只有束手投降任日宰割了。從而他們還編造了一個所謂的「宗社為重，邊徼為輕」[107]的謬論，又為割地、投降製造了「理論」依據。

另外，當時的英、俄等列強，其間雖有矛盾，但在對待中日戰爭的問題上，卻採了一致的步調。它們為了各自的在華利益與企圖，均「對中國施以壓力，強迫中國接受」[108]日本的侵略要求，力圖促使這場戰爭盡快結束。

來自內外的壓力，又都沉重地落在光緒帝的身上。二月初七日（三月三日），光緒帝命軍機大臣「密寄」上諭予李鴻章，諭曰：

「李鴻章奏，……據稱倭人注意尤在讓地一層，事機緊迫，非此不能開議。擬就形勢方域斟酌輕重，力與辯爭。此外所求，非止一端，並當相機迎拒等語。此次特派李鴻章與日本議約，原係萬不得已之舉，關係之大，轉圜之難，朝廷亦所洞鑑。該大臣膺茲巨任，惟當權衡於利害之輕重，情勢之緩急，通籌全局，即與議定條約。」[109]

這件以引述李鴻章日前所奏的要點加上帝之授意而形成的上諭，主要是體現了光緒帝對李之使任的理解，也可以認為是對李鴻章要求授權的一種默認，而且這是以正式的上諭出現的。因此，李鴻章似乎覺得這是可以接受的。另外，此前西太后的「任汝為之」的示意，加上連日來通過奕訢、奕劻等親貴的活動，無疑李鴻章也摸透了西太后的底數。於是，在二月初八日（三月四日）李鴻章向光緒帝進行了簡短的「請訓」[110]，第二天，他便離京回津準備赴日「議和」去了。

在日本馬關進行的「議和」談判中，日本軍國主義者狂妄的侵略野心和蠻橫的帝國主義嘴臉暴露無遺，李鴻章作繭自縛的狼狽相也表露得淋漓盡致。這種所謂的「議和」，是在清政府軍戰敗的條件下，在由日本侵略者所設置的框子裡進行的。

在清宮，光緒帝依然處於不能完全自主的狀態中。有關議和事宜，由「軍機大臣孫毓汶、徐用儀實主之」[111]。而且，孫毓汶始終把持著向李鴻章「秉筆」電文的權力。通過他的手，體現主降派意圖的電報頻頻飛往馬關。議和的進程，勢將被日本侵略者所左右。

按照國際慣例，交戰國雙方在議和時理應停戰。李鴻章了解這一情況，在赴日前即謀求議和時實行「休戰」。到二月二十四日（三月二十日），中、日代表開始在馬關議和時，李鴻章還正式提出一件備忘錄，要求在議和之前先議定雙方休戰事宜。此事，不管李鴻章的主觀動機如何，這是一項合情合理的要求，議和不能在炮口下進行。其實，日本的全權代表伊藤博文和陸奥宗光也明知，在議和前實行停戰是「各國普通之慣例」。然而，當時的日本統治者正在實施其擴大侵略的計畫。就在三天後的二月二十七日（三月二十三日），日軍便開始侵犯澎湖，為其進一步侵占我國領土台灣做準備。因此，他們便故意提出停戰必須讓日軍占領大沽、天津、山海關並解除各處中國武裝等「嚴厲的條件，使其（清方——引者）無法接受」[112]，企圖以此阻撓停戰。很明顯，如果實現了這些條件，等於把都城北京置於日本侵略者的囊中。對此，有的外國駐華公使獲悉後也認為，與其接受這些條件莫如「中國繼續抗戰」，「應當拒絕這些條件」[113]。但當清廷得此電告後，孫毓汶以總理衙門的名義在給李鴻章起擬的電旨中，雖對日本提出侵占京東要地等條件也認為是「要挾過甚」，卻又表示為「使和議不致中梗，應飭該員（李鴻章——引者）盡力為之」[114]。這就等於給李在此問題上做出妥協留下活口。李鴻章畢竟是一個久經宦海的清朝顯要疆臣，他仍然未敢完全順從於對手。但是，正當李鴻章與伊藤博文對此問題爭執不下欲予擱置時，李鴻章遇刺。面對違犯國際公法刺傷使臣的重大事件，日本侵略者既惟恐由此引發歐洲列強的干涉；又怕清政府以此為由撤使中止談判。於是，他們為了緩解氣氛，在三月初三日（三月二十八日）陸奧宗光表示接受停戰。三月五日（三月三十日），兩國全權代表正式簽訂了《停戰協定》。

這個所謂「無條件」的停戰協定，其實施範圍只限於奉天、直隸和山東，把澎湖、台灣排除在外。而澎湖剛被日軍侵占，日本的下一步侵略目標就是台灣。所以，在停戰協定中明顯地體現了日本侵略者的這一險惡用心。然而，對於這樣充滿明槍暗箭的「停戰」條款，正在日本養傷的李鴻章得知後竟「流露出十分高興的神情」，並對日本天皇「表示感謝」[115]。從而，充分暴露出他所潛伏的要求停戰的陰暗心理。三月初六日（三月三十一日），當清廷樞臣就停戰協定商討向李鴻章發電旨時，翁同龢對「停戰節目，止（只）停奉、直、東三處，而台、澎不停」表示「可恨已極」，認為難以接受。但「秉筆」電文的孫毓汶，卻「直欲以海疆（台、澎——引者）拱手讓人」[116]。后黨骨幹孫毓汶，竟公然與李鴻章內外勾結，屈從於敵。

當議和進入談判和約的實質階段後，已決意對日降服的李鴻章，在三月初七日（四月一日）看到了日方亮出的勒索清單，令他不禁目瞪口呆了。在其中除規定朝鮮「自主」之外，巨額的賠款，台灣與奉南的「讓地」，包括了兩大片領土和南北遼闊的海疆，此外還有「通商」等一系列特權。由於日本要價過高，特別是「讓地」與賠款兩條，更是大大超出了主降派的預料，所以使李鴻章也慌了手腳。但當他冷靜之餘，似乎又回到其「角色」中來了。不過要因此承擔彌天大罪，他還缺乏這種膽量，仍「不敢擅允」[117]。於是，李鴻章便將日方提出的這些議和條件電達清宮，把「球」踢給了朝廷。

三月初九日（四月三日），清廷收到李鴻章的和約條件電之後，朝廷上下，一片譁然。連日來，在前場的樞臣圍繞著「讓地」問題再次展開了激烈的論爭，而爭論的核心又回到戰與和的問題上。當時，翁同龢針對原來李鴻章與孫毓汶及奕訢等企圖以台灣換和局的預謀，「力陳台不可棄」。認為如放棄台灣，將「從此失天下人心」。在群臣之中，除李鴻藻與翁持有同見之外，餘者皆大談「陪都（瀋陽）重地，密邇京師，孰重孰輕，何待再計！」主張棄台保奉。在三月初十日（四月四日），孫毓汶竟揚言「戰字不能再提！」此時以病唯唯的奕訢，立即執孫之手稱「是」[118]；而慶親王奕劻與禮親王世鐸遂即到奕訢處商電旨。這些主降派的幹將，緊密配合，力圖實現原與李鴻章的合謀。從而，圍繞以「讓地」為主的議和條件，使清廷統治集團核心中的戰、和之爭又再度激化，並形成了一場守土與讓地的尖銳鬥爭。

到此地步，光緒帝與西太后在公開場合卻都表現反常。在清廷接到李鴻章報告議和條件電的次日，當翁、孫就「讓地」與戰、和問題進行激烈爭論時，光緒帝雖未公開表態，但對議和卻流露出欲求「速成」[119]的意向。的確，當時的內外形勢，較前有了變化。在清廷統治集團的內部，主降勢力已越發明顯地占據了控制局面的地位。當時，不甘與主降派合流的翁同龢與李鴻藻（已年老體衰），雖時而出面周旋一番，但在主降勢力的包圍之中，他們「亦不敢盡其辭」[120]。至於被皇太后和后黨權貴夾在其中的光緒帝，他更已無能為力。尤其是議和已就，勢難逆轉。另外，原來光緒帝對遼東一線的反擊戰曾寄予厚望，他為此做出過巨大的努力。但隨著清廷的轉向加上軍內存在的諸多弊端，劉坤一統率的湘、楚、皖各軍，除在局部取得點轉機，在整體上不僅未改變戰局，反而又連續戰敗、失地。到議和開場前，遼陽以南的重鎮、要地已基本均淪為敵手，使錦、山暴露在日本侵略者的面前。在這種情況下，出於對嚴酷現實的證實或懷有對未來的計議，希望盡快戰息和成，似可理解。但如何在不損傷王朝「元氣」的條件下使議和速成？光緒帝又確無良策。

與此時光緒帝的態度又形成一種反差的是，三月十四日（四月八日），在樞臣就「保台」還是「保奉」之爭達到不可開交的程度時，恭親王奕訢傳西太后的懿旨聲稱：「兩地皆不可棄，即撤使再戰亦不恤也。」[121]這個從乞和到求降醜劇的導演者西太后，到此，其態度似乎又強硬起來了。當然即使已決意降敵的西太后，當她感到尚未完全碰壁時，也未免還存有一點兒幻想或僥倖心理。但當降局已定時，西太后說出此話的主要用意，無非是給他人聽罷了。這同樣是嫁禍於人的伎倆。

在此之間，李鴻章在日本確也施以各種招數與伊藤、陸奧進行討價還價。但對手的態度越發驕橫，甚至向中方下達了最後通牒，李鴻章已被逼到絕路。與此同時，李鴻章又在致總理衙門電中，不時地宣揚「停戰期迫」、「日由廣島運兵」，甚至說日本已「預備兵馬糧械齊足，必欲分道直攻北京」[122]，極力渲染緊張氣氛。同時，來自總理衙門電的語氣也步步降調。在三月十九日（四月十三日），李鴻章收到由孫毓汶起擬的電旨云：「倘事至無可再商，應由該大臣（李鴻章——引者）一面電聞，一面即與定約」，並又命其「放心爭論」[123]。從中表明，清廷對議和條件的態度在逐步軟化。不過，隨著議和內容的洩漏，在列強中又引起波動。因此，日本侵略者為了減少外來的干預，對賠款數額和其他次要條件做了一些讓步，但在主要方面仍咬住不放。到三月二十一日（四月十五日），總理衙門又向李鴻章發來電旨，無可奈何地說：「如竟無可商改，即遵前旨（即四月十三日電旨——引者）與之定約。」[124]至此，清廷已被迫完全就範了。於是，李鴻章在接此電旨之後，又據奕劻等炮製的「宗社為重，邊徼為輕」的賣國謬論，於三月二十三日（四月十七日），在創喪權辱國新紀錄的《馬關條約》上簽了字。同時，又根據日方的要求，規定條約經兩國皇帝批准後，於四月十四日（五月八日）在中國煙台互換正式生效。從而，歷經近九個月的中日甲午戰爭，便以中國被迫簽訂屈辱和約而告終。

蒙辱批約

（一）難言之隱

李鴻章在日本馬關簽訂了中日「和約」（即《馬關條約》）之後，於次日（四月十八日）便率團乘船回國了。當他剛踏上國土大沽，就立即派出專人，命其攜帶條約文本星夜兼程直趨北京。李鴻章本人由此回到天津署邸後，表面稱病不出，實際他在密切地注視著清宮的動向，盡快使條約得到光緒帝的批准並按時互換生效，成為當時李鴻章的最大心事。

在北京清宮的后黨骨幹、投降派官僚孫毓汶與徐用儀等，早已與李鴻章串通在一起以速降為快。原在三月二十二日（四月十六日），當他們從李鴻章自日本的來電中得知次日即將簽約時，都來了精神，立即湊在一起謀畫策應。到三月二十七日（四月二十一日），李鴻章派出的專人將《馬關條約》文本送到清宮後，孫毓汶、徐用儀便迫不及待在第二天即「捧約逼上（光緒帝）批准」[125]。原來光緒帝已對「倭人要挾無厭」氣憤至極，並且當時在場的翁同龢又「力爭請緩」，李鴻藻還連連叩頭要求緩批，尤其是連日來已疏爭不斷。從而光緒帝便鼓起勇氣，由「遲疑」到「不允」[126]，頂住了孫、徐的迫批。

孫毓汶、徐用儀逼迫批約的無恥行徑敗露後，《馬關條約》的真相也隨之大白於天下。於是，空前喪權辱國的約款，深深地刺傷了中國各階層人們的民族感情。舉國上下為之震撼，拒絕呼聲此伏彼起。

早在《馬關條約》簽訂前後，一些關心國家命運的朝臣和其他憂國之士，出於對「和談」的不安及有關割地、賠款等傳聞，已就馬關議和產生了日益強烈的反響。僅自簽約前的三月二十一日（四月十五日）以來，翰林院代編修丁立鈞、給事中余聯沅、褚成博及總理衙門章京等成批的清廷官員，均紛紛上奏。他們既憤怒譴責日本侵略者的狡詐與貪婪，又進一步揭露李鴻章等人的「媚敵之心」[127]，對流傳中的屈辱條款表露了無比憤慨和深重憂慮。吏部給事中褚成博，在三月二十二日（四月十六日）的奏摺中，對傳說的割地、賠款極為憤怒。他指出，對於貪狡的日寇，「我欲弭釁而適啟無窮之釁，欲偷安而並無一日之安。薄海內外，凡有血氣者，皆知為萬不可行」。他堅信，「聖（光緒帝——引者）心既已堅定，衆志自克成城」[128]。從而褚成博要求光緒帝宣示天下，激勵將士，整飭戎行，繼續抗爭。在祖國將被宰割之際，要求堅持抗戰的呼聲又重新活躍起來。主持山東防務、參與過威海保衛戰的山東巡撫李秉衡，在聞知和約條款後便「憂憤填膺」，他立即於三月二十一日、三月二十二日（四月十八、十九日）連續電奏朝廷，強烈反對割讓遼、台。李秉衡在三月二十一日（四月十八日）電中說，如此割地「則天下大勢不堪設想，萬萬不可曲從」[129]。他在次日的奏摺裡又對此前的抗戰挫敗進行反思，以事實駁斥了「戰必敗」的謬論。從而建議「皇上乾綱獨斷，如彼族（日本——引者）要挾過甚，則絕其和議，勿為虛聲所恫喝，勿為浮議所搖惑」。應統一指揮，任用得力將領，嚴明紀律，拒和再戰。並且李秉衡還懷著激憤的心情莊重表示：「臣雖老憊，願提一旅之師，以伸積憤，即捐糜頂踵亦所不惜。」[130]當時，李秉衡作為一名地方的撫臣，在緊要時刻也向光緒帝積極獻策並傾吐了拒約抗敵的決心。在此之時，帝黨官員文廷式，又把約款「錄之遍示同人」[131]。於是，隨著《馬關條約》內容的廣泛傳開，反對這一屈辱和約的聲浪亦日益高漲，在全國上下迅速形成了一場聲討《馬關條約》的怒潮。自王公貝勒、部院大臣、科道翰林到督撫將軍、前敵將領及各省舉人學子等，都「痛心疾首」地投入這一鬥爭的洪流中了。沉寂的中華大地，頓時均沸騰起來了。在光緒帝拒絕孫毓汶、徐用儀迫批馬約的次日（四月二十三日），翰林院編修李桂林等八十三人聯銜呈文，對於「所定條約」進行了怒斥。他們從保存「國脈」出發，極力反對割讓遼、台，主張拒絕批約以便「審議詳籌」[132]。同日，侍講張仁黼等亦憤起奏陳：「近日都下人情洶懼，奔走駭汗，轉相告語，謂所有條款，皆扼我之吭，制我之命，阻我自強之路，絕我規復之機，古今所未有，華夷所未聞。」對《馬關條約》表露了沖天之恨。國家與民族的危難，卻又激發了愛國之士的覺醒。張仁黼等在該奏摺中還指出：「天下大事當與天下共謀之，西國議院人人得抒其所見，是以廣益集思，馴躋富疆；從未聞大計大議，摒棄群策，惟持此二三臣祕謀臆決，而遂能計出萬全者也。」[133]在尖銳、嚴酷的中外鬥爭實踐中，出於憂國之心、救亡之忱，使一些官員也逐步擴大了視野，增強了對國家的責任感。接著，內閣大學士額勒和布等，又為侍讀奎華等一百五十五名內閣官員代奏抗議馬約的條陳摺。其中在揭露日本侵略者「藉端要挾」等罪惡行徑的同時，又一針見血地指出，訂立「割台灣、割遼東」的條款，如同昔六國被秦所滅，是由於六國「君臣苟求旦夕之安，不顧滅亡之禍」[134]的結果。在此，他們不僅痛斥了日本侵略者和投降派權貴，也鞭撻了光緒帝。連日來，包括一些王公在內的各級官員繼續上奏，「有請廷議者，有駁條款者，有劾樞臣者」[135]，總之「言者大率謂和約當毀」。對此，翁同龢雖然表示不完全贊成，但他卻感到「公論不可誣，人心不可失」[136]。隨後，翁同龢等在代表南、北兩書房肄業生的奏請摺中，「懇皇上明降諭旨，駁罷和議，以款夷之費籌兵，以乞和之恥激將，嚴賞罰，振紀綱，扼要以圖亡，持久以待之」[137]。顯然，這種態度與主張同主戰諸臣的呼聲及要求，在拒約這一基點上完全一致。當然，他們的具體見解並非完全相同。在此奏摺中提出「持久以待之」的思想，與先前劉坤一認為對日應採取「持久」的戰略主張相吻合，是其可貴之處。同時，署兩江總督張之洞也接連致電朝廷，指出「和約」使「神人共憤，意在吞噬中國」[138]，同樣強烈要求廢約。但他提出完全依靠列強廢約的建議，是不可取的。

清軍中的各級將領，更是「一聞和約，義憤塡胸」[139]。遼東前線的清軍將領得知和約後，立即「環集帳前涕泣求戰」[140]。一些天來，諸將「號泣諫言，願決死戰，不肯以寸土與人」[141]。幫辦軍務宋慶，在四月初一（四月二十五日）的電奏中，對日本侵略者迫使簽約「索巨款，復思侵地」亦無比憤慨。他在認真總結了抗戰以來的失敗教訓之後，又提出救急之策，並發出「願與天下精兵捨身報國」[142]的誓言。當時率兵鎮守遼瀋的黑龍江將軍依克唐阿，也會同裕祿電奏朝廷反對《馬關條約》。隨後他在四月初三（四月二十七日）的奏摺中，又「情迫意切」地表示，為了重整抗敵「雖粉身碎骨亦所甚甘」[143]。固然，在整個的抗戰中清軍接二連三地戰敗、失地，這些將領固有其責，因此他們之中的多數人均受到朝廷的處分。但這種局面的造成，卻是源於清政權的腐敗與主和勢力的斷送，致使廣大將士「不能殺敵致果」。在此期間，無論是李秉衡還是宋慶都提出應「慎簡將帥」，統一兵權，顯然這涉及到清政府的病源。事實上，除了李鴻章的親信都領葉志超等人之外，依克唐阿、聶士成、宋慶等「皆倭人所畏」[144]，都有堅決地抗敵之志，而且作戰亦為英勇。時至此刻，面對奇恥大辱，他們即使從身為將領的使命出發，要求整軍再戰的熱情也是可佳的。

受害尤深的台灣省，早在李鴻章簽訂只停北不停南的所謂《停戰協定》時，即激起台民的「憤駭」[145]。後當割台消息傳來，台灣「男婦老少痛哭憤激，不甘自外於中國」[146]。在三月二十三日（四月十七日）李鴻章簽約的當天，台灣巡撫唐景崧接連三次致電總理衙門，指出對於割台「萬民憤駭，勢不可遏」，認為「此約斷不可從」[147]。到三月二十五日（四月十九日），唐景崧收到主降派官僚發來的「總理衙門電」，宣布將「交割台灣」和要求當地官民限期「內渡」[148]。

當此電傳布後，「台民不服閉市，紳民擁入署，哭聲震天」[149]與此同時，台灣愛國志士丘逢甲又沉痛地向朝廷呈文聲討和約。

丘逢甲（一八六四—一九一二年），字仙根，台灣苗栗人。光緒年進士，授工部主事。因其不喜仕途，返台先後在台南、嘉義書院講學。簽訂《馬關條約》的消息傳來後，他對「以台讓日大憤」[150]，遂於三月二十四日（四月十八日）寫出向朝廷的呈文，請台撫唐景崧代奏。丘逢甲在文中對「和議割台」同樣怒火滿腔，認為「讓台」是對「列聖」的背棄。他為了維護國土台灣，宣告「桑梓之地義與存亡，願與撫臣（唐景崧）誓死守禦」[151]。這件充滿血與淚的呈文電到達清宮時，立即使翁同龢羞愧地感到「無面目立於人世」[152]。

在京城，前來應試的各省舉人，成為揭露和聲討《馬關條約》的中堅。自三月二十八日（四月二十二日）以來，繼廣東、湖北數十名舉人上書拒約，其他各省舉人也都在積極串聯籌議救亡之方，並相繼通過都察院向光緒帝上書。連日去都察院的路上「衣冠塞途」，足見「士氣憤勇」[153]的豪壯情景。

在《馬關條約》簽訂後的短短期間內，反對這一屈辱「和約」的愛國浪潮迅速席捲神州。一切具有民族情感的人們，共同發出了一個氣壯山河的呼聲——廢約。正當這時，遠東上空亦起風雲。

自中、日議和以來，西方列強更密切地注視著日本的動向。當日方的議和條件披露（李鴻章在馬關期間隨時將議和情況通報歐美各強國）後，對於割遼一節，立即引起極欲在遠東奪取一個「立足點」的德國的「憂慮」[154]。並且這又與沙俄向遠東擴張的計畫發生衝突；法國也有進一步染指中國的企圖（在歐洲它又與沙俄結盟）。侵華勢力最大的英國亦非對日毫無顧慮，但它另有圖謀。在這種情況下，特別是俄、德、法三國當政者感到，日本割據遼東的「危險不僅在威脅中國，而且也威脅著西方各國在中華帝國的既得地位、事業和各項利益」[155]。因此它們便結成聯盟，在《馬關條約》簽訂後的三月二十九日（四月二十三日），俄、德、法三國通過外交渠道正式向日本政府發出「勸告」。要求其放棄遼東半島，並派出海軍艦隊施加壓力。從而，發生了俄、德、法三國干涉「還遼」事件。

光緒帝在「連日疏爭者不絕」的推動下，尤其是看到反對割台的呼聲「萬口交騰」[156]，使他越發覺得「台割則天下人心皆去，朕何以為天下主？」[157]其「意頗為動」[158]。即在此時（四月二十三日），徐用儀向光緒帝透露了他從俄使喀希尼處得知的三國干涉「還遼」事。光緒帝似乎又從中感到一種鼓舞，他遂即「乾綱一振，氣象聿新」，在當即命孫毓汶等往見喀希尼「傳感謝之意」[159]的同時，又「意欲廢約頗決」[160]。

顯然，廢約意味著再戰。而再戰又與西太后的意圖相悖，並且關係著大局，光緒帝對此還不敢自行決斷。因此在四月初一日（四月二十五日），他命樞臣偕同慶親王奕劻「請見皇太后面陳和戰事」，並將近日的有關奏摺一併呈遞給太后。但西太后當即以太監傳懿旨聲稱：「今日偶感冒，不能見，一切請皇帝旨辦理。」[161]把決定和、戰的難題又推給了光緒帝。其實她的主意未變，仍在幕後操縱。而處於為難之中的光緒帝，為了摸清再戰的可能性和欲從廷外爭取支持力量，於當日（四月二十五日），向握有關內外軍政大權的欽差大臣劉坤一及署直隸總督王文韶發出電諭，徵求他們的意見。諭曰：

「新定和約條款，劉坤一、王文韶諒皆知悉。讓地兩處，賠款二萬萬，本皆萬難允行之事，而倭人恃其屢勝，堅執非此不能罷兵；設竟決裂，則北犯遼瀋，西犯京畿，皆在意中。連日廷臣章奏甚多，皆以和約為必不可准，持論頗正，而於瀋陽、京師兩地，重大所關，皆未計及。如果悔約，即將決戰；如戰不可恃，其患立見，更將不可收拾。……惟目前事機至迫，和戰兩事利害攸關，即應立斷。著劉坤一、王文韶體察現在大局，安危所繫，及各路軍情戰事，究竟是否可靠，各抒所見，據實直陳。」[162]

光緒帝在等待劉、王回奏的期間，圍繞廢約再戰在清宮的鬥爭仍在激烈地進行著。

劉坤一在中、日開戰之初，即主張以「持久」戰略對付日本侵略者。到日軍侵入遼東，攻陷旅順，中國的抗戰越發危急時，這種「持久」的思想主張又引起一些人的重視。到此，在聲討《馬關條約》的怒潮中，隨著要求廢約再戰的呼聲日益強烈，有些官員又從中外戰史中探索「持久以敝敵之法」。當時，文廷式即認為「不顧戀京師則倭人無所挾持」[163]，把「持久」與遷都聯繫起來了。河南道監察御史易順鼎在其獻策摺中也指出，日本是越國圖遠，既不敢深入中國內地，又「不能持久」。而中國「地大物博，餉足兵多」，可以持久以待之。因此，他認為，要廢約必須堅持抗戰；要繼續抗戰只有持之以久；要持久必須「以遷為戰」[164]。從而又進一步把廢約、遷都與開展「持久」戰結合在一起了，而以遷都進行「持久」戰作為達到廢約目的的手段。翁同龢等代兩書房肄業生的奏摺，基本體現了這種思想主張。事實上，光緒帝決欲廢約時，也接受了「西遷」[165]之策。隨後，他所以在和、戰問題上徵求劉坤一、王文韶的意見，主要是反映了光緒帝的以戰廢約的意向。

顯然，這種「持久」戰略，並不是建築在發動和依靠人民群衆之上的人民戰爭戰略，實際上他們也不可能提出這種思想見解。在文廷式等人的思想中，其「持久」的主張還包括消極固守的涵義。然而，當民族矛盾已成為主要矛盾，國內各階層人們已形成同仇敵愾、一致對敵的局面的時候，光緒帝及翁同龢試圖利用「人心」所向，力爭以長期堅持抗戰來達到廢約的目的，無疑是值得肯定的。

何況，當時的日本侵略者也已「筋疲力竭」，它的財源以及軍事物質（資）的供應已相當枯竭[166]。清政府通過駐日公使王之春也探知，「倭財竭疲甚，必難久」[167]。特別是日本的兵源已明顯不足，原在其集中兵力侵犯威海時，它從國內調來的號稱「精銳」師團，就已「內有四十內外人，非盡精銳」[168]。這說明日本正面臨徵兵的難題。侵略者已是強弩之末，它除了正在集中力量要侵占我國台灣之外，已無力再進行全面的侵華戰爭了。因此，如中國以己之長，在遼闊的國土內堅持長期抗戰，在客觀上是有可能的。很明顯，當時的關鍵是朝廷的決策者是否都有此遠見與膽略。

然而，清廷的實權仍然操在以西太后為首的主降派手中。這些人只求「旦夕之苟安」，根本不顧臣下的呼聲與正當要求。光緒帝雖對廷臣的奏請認為是「持論頗正」意欲採納，翁同龢的態度也向這方面靠攏，但他們在群奸之中又孤掌難鳴。在劉、王回奏之前，當樞臣議論遷都時，「翁尚書（同龢）主遷，孫尚書（毓汶）則主和」，兩人對此曾爭於養心殿。後來，孫毓汶聲稱「豈有棄宗廟社稷之理。翁亦不敢盡其辭」[169]。在四月初三日（四月二十七日），由於廷臣的奏請和舉人的上書越發踴躍，西太后經與奕劻策謀裝腔作勢地表示，「外論（要求廢約再戰的奏疏與輿論——引者）如此，只可廢約議戰」。但當光緒帝欲順水推舟「宣布」她的這個「廢約議戰之懿旨」時，西太后的親信奕劻竟又以一個「權威」者的面孔出來反駁，說什麼光緒帝是在發「誑語」。同時孫毓汶也與奕劻「相和」，哭哭咧咧地叫嚷：「戰萬無把握，而和則確有把握」[170]。本來是光緒帝在傳達西太后的懿旨，竟又引起一場風波。「以和約事徘徊不能決，天顏憔悴」[171]的光緒帝，遂即親自向西太后「敷陳西遷之議」，力求全力爭取廢約。但是，西太后聽罷竟冷冷地說「可不必」，接著她又揚言「和戰之局汝主之，此（指遷都——引者）則我主之」[172]。顯然如不遷都，再戰就失去了前提，廢約便無從談起。其實，西太后是拒絕了遷都之議。

四月初六日（四月三十日）晨，劉坤一、王文韶的回奏電到達清宮。

劉坤一以欽差大臣統率關內外各軍之後，不僅未扭轉遼東抗戰的頹勢，反而又接連戰敗失地。因此直到這時，他受到的非議不斷，不滿的傳聞紛紜。劉坤一是在軍、政均陷入積重難返的困境中接任帥職的，對其功與過，尚應做出全面和深層次的考查。當時，連了解些軍情的袁世凱也說，劉坤一督師後的清軍所以仍然接連敗退，主要「在於軍制冗雜，事權分歧，紀律廢弛，無論如何激厲〔勵〕亦不能當人節制之師」[173]。此言，在一定程度上說出了清軍連續戰敗的癥結。而這又是劉坤一難以改變的。

至此，劉坤一在回奏電中，首先表示強烈反對馬關和約。接著，明確指出，現在是「宜戰不宜和，利害輕重，事理顯然」。隨後他具體分析了敵我態勢。劉說，我軍尚有一批「得力」戰將，除在關內外備有十餘萬大軍，在沿海還部署大批「游擊之師」，特別是廣大將士「一聞和約，義憤填胸」，激發了高昂的鬥志，完全可以「堅忍苦戰」。相反，敵人是「遠道來寇，主客之形，彼勞我逸」，而且新來日軍「多以老弱充數，餉亦不繼」。劉坤一做出的上述判斷，基本是符合實情的。隨即他又強調了「持久」的戰略主張，指出「持久二字，實為現在制日要著」。最後表示「坤職在兵戎，宗社所關，惟有殫竭血誠，力任戰事，此外非所敢知」[174]。當然，就劉坤一來說，他對當時的宮中內幕也不會一無所聞。因此，他在最後又留了個活口。

王文韶，字夔石，浙江仁和人。咸豐進士，歷任郎中、湖北安襄鄖荆道、按察使、湖南布政使、巡撫等職，光緒十五年（一八八九年）授雲貴總督。曾因在鎮壓捻軍中頗為得力，督師的左宗棠和時任湖廣總督的李鴻章「皆薦其才」[175]，稱他為「中外難得之員」[176]。光緒二十年（一八九四年）初，西太后以值六旬慶典賞戴花翎，給予優敘。當年九月（十月）初奉召來京，受命幫辦北洋事務，又成為李鴻章的得力助手。次年春李鴻章赴日議和前，以其署直隸總督、北洋大臣。王文韶既得到李鴻章和西太后的器重，恭親王奕訢又「素賞其能」[177]。連當時的法國駐華公使施阿蘭也說：「王文韶是恭親王的朋友和受寵者之一。」[178]成為后黨的一員幹將。王文韶所以扶搖直上，又由於他為宮圓滑，故有「柔媚無風節，罕持正義」[179]之評說。到此關鍵時刻，王文韶雖在回奏電中也聲稱，事前曾與劉坤一「晤商」過，並謂其彼此「意見大略相同」。但其回電的內容與傾向，卻與劉電大相逕庭。他在電文裡固然也表示了對和約之憤和願遵旨之意，並又提出聶士成等軍「必可一戰」（此話在光緒帝的電諭中已提到——引者）。但其語鋒一轉便針對光緒帝的指令說：「究竟是否可靠，臣實不敢臆斷。」把光緒帝急切要聽到的意見給予避開。接著王文韶又以含沙射影的手法力陳：「現在事可勝不可敗，勢成孤注。」其傾向已十分明顯。最後，他只以建議「軍機大臣、督辦軍務處、總理衙門通盤籌議，請旨定奪」[180]，結束其回奏。顯而可見，這件空洞的回奏電，既是對光緒帝之命的敷衍塞責，也隱約地否定了以戰廢約的意向。他最終把球又踢給清廷樞臣和皇上，其用意當然可想而知了。

主降派權貴似乎有所預料。孫毓汶已為光緒帝擬好批約後向群臣的宣示詞。而且原來請病假的奕訢又露面了，並對孫擬的宣示詞示以「為是」。他們要利用劉、王的回電之機，強行「定和戰之議」[181]了。即在四月六日（四月三十日）上午，奕訢出面（無疑已得到西太后的授意），在他的王府召來了軍機大臣翁同龢、李鴻藻及孫毓汶、徐用儀和步兵統領太后之親信榮祿等，「商討」和、戰之事。會商中，直接集中在劉、王兩電上。對於劉坤一的覆電，主降派官僚抓住其中的「一二活字」大作文章，他們斷章取義地說，劉之覆電雖言「可戰」卻「非真有把握」[182]。說到王文韶的電覆，孫毓汶便得意地狂笑曰：「我說如何！」面對如此情景，翁同龢、李鴻藻在「相顧失色」之餘，已無可奈何了。於是，「批准之議已定矣」[183]。事後，光緒帝雖就孫毓汶擬的所謂宣示詞，怒斥他「奉養有闕，不能稍展微忱」[184]，但也無濟於事了。

到四月八日（五月二日），以西太后為首的主降派，似乎認為條件已經具備，到了向光緒帝最後攤牌的時刻。對此，河南道監察御史易順鼎[185]在其《盾墨拾餘》一書中，提供了一些值得重視的情節。他記述道：

「初八日（五月二日），恭邸（奕訢）銷假（太后命其此日銷假——引者），四小樞（恭親王奕訢、慶親王奕劻、軍機大臣孫毓汶、徐用儀四人——引者）劫之上（光緒帝），合詞請批准。上猶遲疑，問各國回電可稍候否？（這是光緒帝又為爭取點迴旋餘地試圖以等待俄、德、法三國的回電來擺脫逼簽——引者）濟寧（孫毓汶）堅以萬不可恃為詞，恭邸無語，乃議定。眾樞在直立侯，上繞殿急步約時許，乃頓足流涕，奮筆書之。……初九日（五月三日），和約用寶。」[186]

就這樣，光緒帝懷著極為沉重的難言之隱，被迫批准了屈辱的《馬關條約》。隨後，他與自己的唯一信臣翁同龢，也只能以「相顧揮涕」[187]來傾瀉自己的滿腔憂憤了。

（二）換約的苦衷

原來，中、日議和代表草簽《馬關條約》時，即已據日方要求確定，此條約經兩國皇帝批准後，於四月十四日（五月八日）雙方代表在中國煙台互換（即換約）生效。

光緒帝雖然被迫批約，但仍在尋求得以挽救的機遇。同時，內外臣工和舉人、士大夫的救亡鬥爭出現了新的勢頭。一些憂國之士在繼續控訴馬約、抨擊降臣和要求廢約再戰的同時，又積極為挽救危局而獻計獻策。在批約的前一天（五月一日），都察院左都御史裕德等，即上奏向光緒帝提出「申明公法」、「借助鄰國」、「團結台民」、「請交廷議」、「激勵將士」、「堅持定見」

等六條挽救之策。希望光緒帝堅持「西遷」，「勿為所搖」，並對軍政進行整頓。這些廷臣認為，「根本既固，勝算必操」[188]。隨後，福州將軍慶裕和兵部主事方家澍、朱梁濟及山西舉人常曜宇等，亦相繼遞上摺文提出各種「挽回」的建議。救亡運動在繼續向前推進。光緒帝在批約的當天，總理衙門即「奉旨」請田貝轉電日本政府，提出「現聞俄、法、德三國與日本商改中日新約，須候定議。十四日換約之期太促，擬暫緩十數日，再行互換，望即轉商」[189]。這時，光緒帝力圖通過美國駐華公使田貝從中斡旋，爭取緩期換約，希望能從三國干涉的結果中得到某種轉機。與此同時，光緒帝也做了按期換約的準備。於當日任命二品頂戴道員伍廷芳與道員聯芳為換約使臣，但卻命其到煙台後「候旨遵行」[190]。採取了待機而行的姿態。

然而在此前後，三國干涉事件出現了變化。當初，日本統治者不甘心使將要到口的肥肉丟掉，企圖抵制三國干涉。但鑑於軍事上他們已無力與三國對抗，於是日本的決策者經過在外交上的窺探和反覆商討，於四月初七日（五月一日）向三國表示接受「勸告」。隨後它們之間又經過一番討價還價，日本決定採取「對俄、德、法三國完全讓步，但對中國一步不讓」[191]的方針。後於四月十一日（五月五日），日本政府便正式通知俄、德、法三國政府，宣布日本決定放棄遼東半島。但要求「在退還領土以前要互換（《馬關條約》）批准書」，並要「償付日本一筆補加賠款」[192]。在此，日本把中、日交換《馬關條約》批准書也作為與三國協議的一項條件，無疑是企圖首先使《馬關條約》生效，然後再以從條約上得到的遼東半島與三國作交易和另行勒索中國。至於俄、德、法三國聯合發動干涉「還遼」事件，它們的目的並「不是對中國的利益的考慮」[193]，這些國家關心的是「自己的攫奪品」[194]。所以，當德國外交大臣馬沙爾得知日本做出退還遼東半島的決定時，他立即於四月十二日（五月六日）致電其駐華公使紳珂。電中說，中國「皇帝不欲批准（指互換——引者）條約。我說批准是絕對不可避免的；如果不批准，我們將聽中國自己決定其命運」[195]。隨後，在華的德使紳珂便改變腔調促使中國換約。原來出於「自為計」[196]勸說中國不要急於批約的俄使喀希尼，到這時對換約的態度也向後退縮了。

其實，俄、德、法三國對日本做出如此妥協的決定已基本心滿意足了。因為這既阻遏了日本在遠東的擴張，尤其對俄有利；又為他們在日後對中國的索求留下了口實，可謂達到了一箭雙鵰的目的。在剩下的還遼條件等問題上，尤其是沙俄與日本尚有分歧，但也無關緊要。由於日本對三國的妥協開始奏效，使它即將擺脫一場危機。所以，日本統治者對中國更強硬起來了。當伊藤博文收到田貝轉來的清政府要求延緩換約電時，他當即給李鴻章回電宣稱，「無論因何情況，互換批准必不能緩」[197]，斷然拒絕了清政府的要求。接著，伊藤又繼續電促換約，並命其換約專使伊東己代治來華赴煙台。在天津的李鴻章也與其同步運作，他既與伊藤保持聯繫，又極力為伍廷芳出使做準備，可謂是費盡了心機。

這時的光緒帝與翁同龢，對日本反對延期換約已經清楚，並也得知一些三國的反應，但就俄、德、法三國對日態度的變化還並不完全了解。因此四月十二日（五月六日），當翁同龢獲悉在「還遼」問題上俄、日仍在交涉時，他提議應直接照會日本堅持延期換約。但翁同龢的主張又立即遭到孫毓汶、徐用儀的強烈反對。當時孫毓汶大叫，如果延期換約，「日人必破京師，吾輩皆有身家，實不敢也」。對此翁同龢厲聲反駁說：「我亦豈不知愛身家，其如國事何？」[198]在此，進一步暴露了孫毓汶之輩主降的醜惡嘴臉。他們的爭論持續到次日時，翁同龢又與到場的諸臣展開論爭，進而達到白熱化的程度，致使「聲徹戶外」[199]。結果，翁同龢的激昂申辯，竟被投降派權貴的叫嚷聲所淹沒了。

帝、翁欲待三國干涉結果再相機而行的策略，在日方和內部降臣的竭力抵制下而受阻了。從而，他們又無可奈何地準備利用換約的機會，隨同朱筆批文，另加「暗言遼事，明告台（灣）難交」的兩附件，一併交給日方代表，以備在此後與日本交涉時作為依據。為此，光緒帝當即命總理衙門大臣以此擬成兩件照會，電達李鴻章轉交伍廷芳。照會之一是：[200]

「中國政府為照會事，前由頭等全權大臣李奏請批准換約一摺，奉旨依議。該衙門知道，惟聞俄、法、德三國現與日本商改中日新約（即『暗言遼事』——引者），將來如有與此約（《馬關條約》——引者）情形不同之處，仍須隨時修改，欽此。」

照會之二：

「中國政府為照會事，前接美國田大臣（即美國駐華公使田貝——引者）覆信述貴國政府云：按期互換和約最為緊要，如謂因俄、法、德三國所商改之事，若係須照辦者，互換以後較未換以前更為容易等語，與中國之意相同。屆時如有改易情形，自須另立專條，以資遵守。再，現在台灣各色人等，萬分驚擾，勢將變亂，互換以後，應將台灣一事重為慮及，另作辦法（即『明告台灣難交』——引者）。」[201]

據與清廷樞臣聯繫頻繁的法國駐華公使施阿蘭記述，當時的光緒帝與翁同龢等，「直到最後一分鐘還存在著不安與懷疑」[202]。上述兩照會，無疑是體現了他們的「不安」與「懷疑」的兩大突出點；同時也包含了光緒帝及翁同龢君臣的深重苦衷。

到四月十四日（五月八日）規定換約的當天，光緒帝在最後時刻召見樞臣時，徐用儀手持德國駐華公使紳珂的來函聲稱，「不換約則德國即不能幫」；孫毓汶等人則說「各國均勸換」，並揚言「若不換則兵禍立至」。同時，駐俄使臣徐景澄的來電又報告俄外交部傾向換約。至此，慶親王奕劻與恭親王奕訢，也分別在前場和幕後為孫、徐等人捧場助威。當然這些人傳達的各國態度並非虛言，而且這時列強促使換約的意圖也十分明顯。對此，翁同龢雖曾左攔右擋力求緩解，但他也不得不承認已是「覆水難收」了。最後哀嘆，「窮天地不塞此恨矣！」[203]在這種情況下，光緒帝亦無選擇的餘地了。於是他只得「幡然定計」[204]，遂即「催令即刻電伍廷芳，如期換約」[205]。這時，他所有的只是兩件空頭照會了。但是，即使這兩件空文，在伍廷芳接到電旨後，即於當日晚十時許與日本代表伊東己代治在煙台換約時，雖然幾經周折交予對方，最後還是給退回來了。到此，屈辱的《馬關條約》正式生效了。留給光緒帝的只是一場猶如噩夢般的悲痛記憶。

但是，光緒帝仍然遺恨未消。直到當年六月九日（七月三十日），李鴻章入京時，光緒帝還當面斥責他「身為重臣，兩萬萬之款從何籌措；台灣一省送予外人，失民心，傷國體」[206]。

光緒帝反對《馬關條約》，但這一屈辱條約又是經其親手批准並在他的指令下換約生效的。這一活生生的歷史矛盾現象，既體現了外敵及內奸的險惡與無恥，又反映了光緒帝的虛弱；更集中地暴露了在西太后控制下的清政權已徹底腐朽。

綜觀光緒帝在甲午戰爭中的表現及其思想脈絡，充分地體現了他力圖有所作為但又無法擺脫封建專制桎梏的矛盾心態。由於光緒帝懷有一定的進取心，所以他對外來侵略具有較強烈的反抗性。作為一個中國君主，從維護其「社稷」出發堅決抵抗侵略，這在當時的歷史條件下，顯然是反映了中華民族不甘屈服於外國侵略者的民族氣節，其愛國性是鮮明的。所以，在甲午中日戰爭期間，帝、后之間的矛盾與鬥爭，在性質上已超出了統治集團內部爭權奪勢的派系之爭，成為如何對待侵略者與侵略戰爭的兩種不同立場的對立。然而，光緒帝堅持的反侵略立場，又與其在清廷所處的實際地位（傀儡地位）極不協調。而且他的支持者，也多是些不操實權的文職官員。其使命與實力的反差，不僅限制了他的作用的發揮，而且也影響了事態的發展。另外，他這個皇帝即是封建專制制度的產物，從而光緒帝亦無勇氣擺脫這一陳腐的桎梏。因此，他與他的支持者，在對內、對外的鬥爭中，雖曾基本站在正義的一邊，但其鬥爭結果又都在這個王朝的框架裡被消磨了。

甲午中日戰爭，是年輕的光緒帝自「親政」以來所經歷的一場最大的中外戰爭風暴。在此過程中，侵略者的凶殘與貪婪和清王朝的虛弱與腐朽均暴露無遺。這一切，對頗有進取心的光緒帝來說，與許多同時代的民族精英一樣，從中受到了極為強烈的觸動與刺激。因此，中日甲午戰爭又成為光緒帝思想變化的轉折點。

註釋

1 姚錫光《東方兵事紀略》，叢刊《中日戰爭》(一)，第七九頁。

2 王芸生《六十年來中國與日本》，天津大眾報社一九三二年版（下同），第二卷，第二二八頁。

3 〔日〕陸奧宗光《蹇蹇錄》，第一一二頁。

4 〔日〕陸奧宗光《蹇蹇錄》，第一一七頁。

5 〔日〕陸奧宗光《蹇蹇錄》，第一一一頁。

6 〔日〕陸奧宗光《蹇蹇錄》，第一一三頁。

7 李宗侗、劉鳳翰《李鴻藻先生年譜》，下冊，第七一二頁。

8 翁同龢《翁文恭公日記》，甲午十一月十三日。
9 中國歷史研究社《東行三錄》，第一九九頁。
10 〔日〕陸奧宗光《蹇蹇錄》，第一一四頁。
11 翁同龢《翁文恭公日記》，甲午十一月初五日。
12 〈電諭北洋大臣李江西鴻章前調省兵勇著再趕前進〉，《宮中電報檔》，中國第一歷史檔案館藏。
13 《德宗實錄》，第三五二卷，第五六四頁。
14、58 《德宗實錄》，第三五二卷，第五六一頁。
15 《德宗實錄》，第三五二卷，第五七四頁。
16 〈內閣奉上諭劉坤一著受為欽差大臣節制關內外各軍〉，《諭旨彙奏》，第六〇二卷，中國第一歷史檔案館藏。
17 《清史列傳》（十五），中華書局平裝本，第四六四六頁。
18 《劉坤一遺集》，第四冊，第一七六四頁。
19 《清史列傳》（十五），中華書局平裝本，第四六四七頁。
20 《劉坤一遺集》，第四冊，第一七七三頁。
21 〈御史高爕曾奏請飭下劉坤一恪遵諭旨以一事權摺〉，《軍機處錄副》，中國第一歷史檔案館藏。
22 《德宗實錄》，第三五五卷，第六一八頁。
23 文廷式《聞塵偶記》，《近代史資料》，一九八一年第一期，第三七頁。
24、26 《左庶子戴鴻慈奏為倭情叵測請益加戰備迅赴戎機摺》，《軍機處錄副》，中國第一歷史檔案館藏。
25 《內閣學士祥霖奏為請飭下劉坤一宋慶合力督軍及時進剿摺》，《軍機處錄副》，中國第一歷史檔案館藏。
27 翁同龢《翁文恭公日記》，甲午十二月二十日。
28 《德宗實錄》，第三五五卷，第六二四頁。
29 《電諭盛京將軍裕祿徐慶璋如果守城得力著先行嘉獎》，《宮中電報檔》，中國第一歷史檔案館藏。
30 翁同龢《翁文恭公日記》，光緒甲午十一月十七日。
31 《洪良品奏請將議和條款發交六部九卿翰詹科道公議摺》，《軍機處錄副》，中國第一歷史檔案館藏。
32 故宮博物院編《清光緒朝中日交涉史料》，叢刊《中日戰爭》(三)，第二九六、二九七頁。
33 《章京李舜賓條陳時務八條呈文》，《軍機處錄副》，中國第一歷史檔案館藏。
34 中國第一歷史檔案館藏《光緒年間官員履歷單選載》，《歷史檔案》，一九八五年第一期，第二三頁。
35 趙爾巽等《清史稿》（四一傳），第一二四三六頁。

36 金梁《近世人物志》，第二八九頁。

37 同32，叢刊《中日戰爭》(三)，第二八七頁。

38 葉昌熾《緣督廬日記鈔》，第七卷，第一〇頁。

39、41《清季外交史料》，第一〇五卷，第一八頁。

40、45《清季外交史料》，第一〇五卷，第一九頁。

42 翁同龢《翁文恭公日記》，甲午十二月十九日。

43 翁同龢《翁文恭公日記》，甲午十二月十一日。

44《德宗實錄》，第三五七卷，第六四五頁。

46《清季外交史料》，第一〇三卷，第三頁。

47〔日〕陸奧宗光《蹇蹇錄》，第一二一頁。

48《清季外交史料》，第一〇六卷，第四頁。

49、78〔日〕陸奧宗光《蹇蹇錄》，第一二四頁。

50 翁同龢《翁文恭公日記》，乙未正月初十日。

51 翁同龢《翁文恭公日記》，乙未正月十二日。

52《德宗實錄》，第三四四卷，第四〇九頁。

53 趙爾巽等《清史稿》（四二傳），第一二七六五頁。

54《李忠節公奏議》，第四卷，第四頁。

55《德宗實錄》，第三四五卷，第四二三頁。

56《清季外交史料》，第一〇三卷，第一頁。

57《李忠節公奏議》，第五卷，第四頁。

59、74《德宗實錄》，第三五九卷，第六七四頁。

60《德宗實錄》，第三五七卷，第六四三頁。

61、62《德宗實錄》，第三五六卷，第六三六頁。

63《德宗實錄》，第三五六卷，第六三六頁。

64《李文忠公全書・電稿》，第一九卷，第四四頁。

65 同32，叢刊《中日戰爭》(三)，第三四四頁。

66《李文忠公全書・電稿》，第一九卷，第四五頁。

67 同32，叢刊《中日戰爭》(三)，第五二二頁。

68 翁同龢《翁文恭公日記》，乙未正月十四日。

69、80 翁同龢《翁文恭公日記》，乙未正月十六日。

70 翁同龢《翁文恭公日記》，乙未正月初九日。

71、73、178〔法〕A・施阿蘭《使華記》，第四一頁。

72 同32，叢刊《中日戰爭》(三)，第五二頁。

75、85 朱壽朋編《光緒朝東華錄》(四)，總第三五四〇頁。

76 孫瑞芹譯《德國外交文件有關中國交涉史料選譯》，第一卷，第一〇頁。

77、89 林樹惠譯《田貝論中日戰爭》，叢刊《中日戰爭》(七)，第四九一頁。

79〔日〕陸奧宗光《蹇蹇錄》，第一二七頁。

81 翁同龢《翁文恭公日記》，乙未正月二十七日。

82 翁同龢《翁文恭公日記》，乙未正月十八日。在此，光緒帝究竟因何不同意讓李鴻章來京請訓？如前所述，在甲午戰爭中，由於李鴻章對敵怯懦而斷送抗戰的行徑已彰明昭著。因此，他一再受到光緒帝和內外愛國官員的譴責與抨擊。御史安維峻，曾直截了當地痛斥李鴻章「不但誤國，而且賣國」。此前，光緒帝亦曾因其在抗戰中的過錯（實為罪行），先後兩次明降諭旨給予處分，這即是奕訢所說的「早間所奉諭旨」。事實上，當時的李鴻章，已因畏敵誤國而聲名狼藉了。顯然，以這麼個被敵人所歡迎的軟骨頭為議和的全權代表，是一切維護民族尊嚴與國家利益的人所難以接受的。因此筆者認為，光緒帝不同意李之來京，是對西太后任命其為議和全權代表的一種抵制。

83、87 翁同龢《翁文恭公日記》，乙未正月十八日。

84 李宗侗、劉鳳翰《李鴻藻先生年譜》，下冊，第七一六頁。

86 《清史列傳》（十五），中華書局平裝本，第四四五五頁。

88、104《李文忠公全書·奏稿》，第七九卷，第四七頁。

90〔法〕A·施阿蘭《使華記》，第四二頁。

91、92、93 翁同龢《翁文恭公日記》，乙未正月二十八日。

94〔法〕A·施阿蘭《使華記》，第四五頁。

95〔法〕A·施阿蘭《使華記》，第四四頁。

96〔日〕陸奥宗光《蹇蹇錄》，第一二九頁。

97 孫瑞芹譯《德國外交文件有關中國交涉史料選譯》，第一卷，第一二頁。

98 翁同龢《翁文恭公日記》，乙未二月初一日。

99 翁同龢《翁文恭公日記》，乙未正月三十日。

100 李宗侗、劉鳳翰《李鴻藻先生年譜》，下冊，第七一七頁。

101 葉昌熾《緣督廬日記鈔》，第七卷，第一二頁。

102 翁同龢《翁文恭公日記》，乙未二月初二日。

103 翁同龢《翁文恭公日記》，乙未二月初四日。

105《北洋大臣李鴻章奏為遵旨奉使日本議和預籌商談方略摺》，《軍機處錄副》，中國第一歷史檔案館藏。

106 姚錫光《東方兵事紀略》，叢刊《中日戰爭》(一)，第八三頁。

107《李文忠公全書·奏稿》，第七九卷，第五〇頁。

108〔英〕菲利浦·約瑟夫著，胡濱譯《列強對華外交》，第六一頁。

109 朱壽朋編《光緒朝東華續錄》，第一二四卷，第一三頁。

110 翁同龢《翁文恭公日記》，乙未二月初八日。在此，翁同龢記云「今日上（光緒帝）見李鴻章不過一刻，語極簡，又獨對，不與樞臣同見可異也」。光緒帝在當時究竟向李鴻章說了些什麼？尚未見其他可靠的佐證。但是，據在當時與李鴻章保持密切聯繫的法國駐華公使施阿蘭記述，李鴻章經過最後一次覲見光緒帝，使他得到了「包括割讓領土在內的一切必要的權力」，而且這又是通過「頒發和擬就涵義明確的上諭」實現的（〔法〕A・施阿蘭《使華記》，中譯本，第四三頁）。因此，筆者認為，在李鴻章請訓中，光緒帝似乎只談到「密寄」上諭的內容，或加上一些應酬話，並未給予明確的割地等授權。由於此上諭特殊，內容敏感，尤其李鴻章已與奕訢等權貴串通，因此光緒帝為避免干擾，故採取了「獨對」的方式。

111、158 姚錫光《東方兵事紀略》，叢刊《中日戰爭》(一)，第八七頁。

112 〔日〕陸奧宗光《蹇蹇錄》，第一三三頁。

113 〔法〕A・施阿蘭《使華記》，第四八頁。

114 《李文忠公全書・電稿》，第二〇卷，第二四－二五頁。

115 〔日〕陸奧宗光《蹇蹇錄》，第一三九頁。

116 翁同龢《翁文恭公日記》，乙未三月初六日。

117 《李文忠公全書・電稿》，第二〇卷，第三二頁。

118 翁同龢《翁文恭公日記》，乙未三月初十日、十二日。

119 翁同龢《翁文恭公日記》，乙未三月初十日。

120、163、169 文廷式《聞塵偶記》，《近代史資料》，一九八一年第一期，第五一頁。

121 翁同龢《翁文恭公日記》，乙未三月十四日。

122 《李文忠公全書・電稿》，第二〇卷，第三四頁。

123 《李文忠公全書・電稿》，第二〇卷，第三八頁。

124 《李文忠公全書・電稿》，第二〇卷，第三九頁。

125、126、160、170 易順鼎《盾墨拾餘》，叢刊《中日戰爭》(一)，第一二六頁。

127 同32，叢刊《中日戰爭》(三)，第五八二頁。

128 同32，叢刊《中日戰爭》(三)，第六〇四頁。

129 《清季外交史料》，第一〇九卷，第七頁。

130 同32，叢刊《中日戰爭》(四)，第八、一一頁。

131 文廷式《聞塵偶記》，《近代史資料》，一九八一年第一期，第五二頁。

132 同32，叢刊《中日戰爭》(四)，第一頁。

133 同32，叢刊《中日戰爭》(四)，第五、六頁。

134 同32，叢刊《中日戰爭》(四)，第一二頁。

135、157、159 翁同龢《翁文恭公日記》，乙未三月二十九日。

136 翁同龢《翁文恭公日記》，乙未三月三十日。

137 同32，叢刊《中日戰爭》(四)，第二二頁。

138 《清季外交史料》，第一一〇卷，第三頁。

139 同32，叢刊《中日戰爭》(四)，第四三頁。

140 《清季外交史料》，第一一〇卷，第一一頁。

141 劉侃《犢鼻山房小稿》，叢刊《中日戰爭》(五)，第一九二頁。

142 《清季外交史料》，第一一〇卷，第一頁。

143 《清季外交史料》，第一一〇卷，第一三頁。

144 王芸生《六十年來中國與日本》，第二卷，第三八六頁。

145 俞明震《台灣八日記》，叢刊《中日戰爭》(六)，第三八一頁。

146 同32，叢刊《中日戰爭》(四)，第一三頁。

147 《台灣唐維卿中丞電奏稿》，叢刊《中日戰爭》(六)，第三八四頁。

148 俞明震《台灣八日記》，叢刊《中日戰爭》(六)，第三八五頁。據《翁文恭公日記》，乙未三月二十四日載，在接到唐景崧的四月十七日三封電報後，「連日因台事與同官爭論」。顯然，翁、李（鴻藻）堅決反對割台；孫（毓汶）、徐（用儀）已與李鴻章密議了讓台之謀。當時翁氏與誰「因台事」爭論？不言而喻。另在隨後唐景崧又發來的電報中說，有關割台事只此「總署一電（即四月十九日「總理衙門電」），並無電旨」（叢刊《中日戰爭》(六)，第三八五頁）。因此筆者認為，這一宣布割台的《總理衙門電》，似是正在急於迫使光緒帝批約的孫、徐等主降派官僚，利用其秉筆電文的特權，未請旨而擅自發出的。

149 《台灣唐維卿中丞電奏稿》，叢刊《中日戰爭》(六)，第三八五頁。

150 沃丘仲子《近代名人小傳》，第四〇六頁。

151 《清季外交史料》，第一〇九卷，第五頁。

152 翁同龢《翁文恭公日記》，乙未三月二十五日。

153 康有為《康南海自編年譜》，第三〇頁。

154 孫瑞芹譯《德國外交文件有關中國交涉史料選譯》，第一卷，第二二頁。

155 〔法〕A・施阿蘭《使華記》，第五三頁。

156 《德宗實錄》，第三六五卷，第七六九頁。

161 翁同龢《翁文恭公日記》，乙未四月初一日。

162 《德宗實錄》，第三六五卷，第七六六頁。

164 王芸生《六十年來中國與日本》，第二卷，第

三八五、三八六頁。

165 張之洞《張文襄公全集・電牘》，叢刊《中日戰爭》(五)，第一一四頁。

166 契羅爾《遠東問題》，一八九六年出版，轉引自〔英〕菲利浦・約瑟夫著，胡濱譯《列強對華外交》，第一〇八頁。

167 張之洞《張文襄公全集・電牘》，叢刊《中日戰爭》(五)，第一〇七頁。

168 《李文忠公全書・電稿》，第一九卷，第四〇頁。

171 翁同龢《翁文恭公日記》，乙未四月初四日。

172 易順鼎《盾墨拾餘》，叢刊《中日戰爭》(一)，第一二二六、一二二七頁。

173 《袁世凱秉李鴻藻》，李宗侗、劉鳳翰《李鴻藻先生年譜》，下冊，第七二六頁。

174 《清季外交史料》，第一一〇卷，第一七頁。

175 趙爾巽等《清史稿》(四一傳)，第一二三七五頁。

176 《清史列傳》(十六)，中華書局平裝本，第五〇六三頁。

177、179 沃丘仲子《近代名人小傳》，第一四八頁。

180 同32，叢刊《中日戰爭》(四)，第四二頁。

181 翁同龢《翁文恭公日記》，乙未四月初六日。

182、184 翁同龢《翁文恭公日記》，乙未四月初七日。

183 易順鼎《盾墨拾餘》，叢刊《中日戰爭》(一)，第一二二七頁。

185 易順鼎（一八五八—一九二〇年），字仲碩，又字實甫，湖南漢壽人。其人「奇慧」（蔡冠洛《清代×百名人傳》，下冊，第一八二八頁），善詩文。光緒三年（一八八七年）中舉人，歷任江蘇布政使、廣東欽廉道、河南道監察御史。亦為清廷科道中的一名「言人人所欲言，言人人所不敢言」（邵鏡人《同光風雲錄》，第二五四頁）者。在甲午戰爭中，堅定主戰抗日，曾為劉坤一幕友，對清廷軍政內幕做過一些考查。

186 易順鼎《盾墨拾餘》，叢刊《中日戰爭》(一)，第一二二七—一二二八頁。

187 翁同龢《翁文恭公日記》，乙未四月初八日。

188 同32，叢刊《中日戰爭》(四)，第五三、五四、五五頁。

189、197 《李文忠公全書・電稿》，第二〇卷，第四三頁。

190 《德宗實錄》，第三六五卷，第七七二頁。

191 〔日〕陸奧宗光《蹇蹇錄》，第一六五頁。

192 〔英〕菲利浦・約瑟夫著，胡濱譯《列強對華外交》，第一一〇頁；另見〔法〕A・施阿蘭《使華記》，第五六頁。
193〔英〕菲利浦・約瑟夫著，胡濱譯《列強對華外交》，第一〇五頁。
194 孫瑞芹譯《德國外交文件有關中國交涉史料選譯》，第一卷，第二六頁。
195 孫瑞芹譯《德國外交文件有關中國交涉史料選譯》，第一卷，第四五頁。
196 梁啟超《飲冰室專集》之三，第六〇頁。
198 康有為《康南海自編年譜》，第三一頁。
199 翁同龢《翁文恭公日記》，乙未四月十三日。
200 翁同龢《翁文恭公日記》，乙未四月十二日。
201《李文忠公全書・奏稿》，第二〇卷，第四七頁。
202〔法〕A・施阿蘭《使華記》，第五七頁。
203、205 翁同龢《翁文恭公日記》，乙未四月十四日。
204 曹和濟《津門奉使紀聞》，叢刊《中日戰爭》(一)，第六一頁。
206 翁同龢《翁文恭公日記》，乙未六月初九日。

第六章　何去何從

困惑

（一）難嚥的苦果

中、日雙方代表在煙台完成《馬關條約》的互換手續使之生效後，光緒帝隨即頒布朱諭。諭中，他在沉重地吐露其無限「苦衷」和希望「天下臣民皆應共諒」之外，又殷切期望「君臣上下惟當艱苦一心，痛除積弊，……務期事事核實，以收自強之效」[1]。

在受到重創並蒙辱締約後，光緒帝力求奮起「自強」固然是可取的。然而屈辱之「和」不僅未給中國帶來任何鬆緩，反而日本統治者通過這場侵略戰爭給中國造成的深重災難，卻隨著戰爭的結束而日益加深。按照《馬關條約》的規定，要立即兌現的割台與即將支付的巨額賠款，在清廷便成為光緒帝和所有關心國家前途的廷臣最難下嚥的兩大苦果。

日本侵略者迫於三國干涉決定放棄遼東之後，對我國台灣卻緊緊地咬住不放。當《馬關條約》互換生效後，日皇即任命其海軍軍令部部長樺山資紀為台灣總督兼侵台軍司令，準備迅速占領台灣。與此同時，伊藤博文致電李鴻章，要求清政府速派大員與樺山會晤辦理交接台灣手續，並聲稱不得「延宕」[2]。四月二十日（五月十四日），李鴻章將此消息電達清廷時，光緒帝欲「責李鴻章審處台事」，但徐用儀等投降派官僚竟「喧然若大敵將至」[3]，嚇得驚惶失措，恨不得立即交出台灣了事。

光緒帝出於維護「人心」與「國體」，從議和到批約及換約的全過程中，他與翁同龢等堅決反對割台並為此而竭盡心力。直到換約之後，他仍然深感「現惟台事極為棘手」[4]不忍割棄台灣。原在換約後的四月十七日（五月十一日），光緒帝頒布欲「自強」朱諭的同時，又據台灣巡撫唐景崧的請款要求，電諭張之洞「先行籌撥五十萬兩，陸續解往（台灣）應用」[5]。後於四月十九日（五月十三日），光緒帝又應唐景崧的請求，諭軍機大臣電寄張之洞，命其「再撥奧槍一萬支，設法解往」台灣；並指出「惟和約已定，此時運解軍械，務宜慎密」[6]。在《馬關條約》生效後，光緒帝又向台灣密撥軍餉和槍枝是有其特殊用意的。原在批約前的四月初五日（四月二十九日），他便從唐景崧的來電中得知，台灣紳民提出在《公法會通》中規定「割地須商居民能順從與否」，並堅定表示「台民誓不從倭」[7]。光緒帝在批約前所以遲遲不決，這也是主要的原因之一。到這時，他便試圖通過在暗中支持台灣軍民抗日，再以國際公法的有關條款為據來維護國土台灣。與此同時，翁同龢、李鴻藻更明確地主張，命駐俄公使許景澄「請俄、德、法三國保護台灣」[8]。於是，許景澄等駐歐公使和在歐洲籌款的專使王之春，都奉朝廷之命做爭取俄、德、法等國的工作。另外，奕劻等總理衙門大臣，也在北京走訪外國駐華公使。他們以「台灣百姓不願歸日本，立將變亂」[9]為由，請列強對日施壓，希望台灣也能「像遼東和南滿一樣，免被日本所併吞」[10]。顯然，在中、日換約後，光緒帝及翁同龢等，又都希望列強的干涉也能在台灣重演。

事實上，英國雖對日本在華的擴張存有戒心，但它又始終「強調日本正好可以作為對抗俄國的平衡力量」[11]。所以，原來它既力圖控制日本的這次侵華戰爭，又不願挫傷日本，因而，英國未參加俄、法、德的對日干涉。《馬關條約》簽定後，對於割台英國商界曾認為有「威脅著由香港到上海的生命線」[12]的可能。然而，英國政府並未改變其對日的基本態度，更不願為中國的台灣而採取行動。西班牙從維護菲律賓的殖民勢力出發，有染指台灣的圖謀。但還不敢單獨動作，而且它正與日本進行祕密交易。法國對台灣也別有企圖，不過它是三國聯盟的成員，若另有大舉還受到一定的制約。德國早已企圖在中國奪取一個所謂「穩固的據點」[13]，但又認為當時的條件尚未成熟。因此，它主張三國干涉不應超出只限於遼東半島的原定「行動計畫」[14]，力求穩定「現狀」以待時機。沙俄僅注重與其有利害關係的割遼問題。對於台灣，只求海峽能繼續保持「歐洲船隻之自由通行」[15]即可，這一點又是日本容易接受的。總之，當日本統治者已決定基本接受三國的「還遼」要求和在中、日換約之後，俄、法、德三國政府都極力避免再與日本「糾纏不休」[16]。因此，它們的干涉正在收場。其他國家又不願介入。到四月二十三日（五月十七日），許景澄來電云：「俄覆絕台事。」[17]同日，法使施阿蘭通知奕劻等人，對於台灣法國「不便出而干預」[18]，並將向在法的王之春下逐客令。德國也向清政府表明了與俄、法同樣的態度。四月二十四日（五月十八日），關於「台灣事，三國皆覆絕」[19]。至此，光緒帝及翁同龢等維護台灣的努力已到了山窮水盡的地步。

在這種情況下，光緒帝不得不懷著「深為焦慮」[20]的心情，在萬般無奈之下於四月二十四日（五月十八日）命李經方赴台辦理交割手續。此事，無疑是一件露骨的賣國行徑。因此，把它交給「應該對於這次悲慘的戰禍負責」[21]的李鴻章之子、後又代其父任馬關「議和」全權代表的李經方，是完全恰當的。在當時，李鴻章又是一個堅持交割台灣的主持者。他在四月二十五日（五月十九日）致總理衙門電中還揚言：「條約既經批准互換，斷無違約不交之理。」[22]但在任命交割專使的問題上，李鴻章竟採取了嫁禍於人的手法，企圖扯李經方逃避賣國罪責。故於當日，他在接到光緒帝的任命電諭時立即再電總理衙門，聲稱李經方「自馬關隨同回津後，因憂勞成疾，病勢沉重，回南就醫，……斷難勝此艱巨（之任）」[23]。從而提出，應命台撫或閩督派員前往「籌辦」[24]。對於李鴻章的這種無恥伎倆，光緒帝更是怒不可遏，他隨即於次日諭電李鴻章時指出：「李經方隨同李鴻章赴倭派為全權大臣，同訂條約。回津後尚未覆命，何以劇行回南？」從而光緒帝在譴責李鴻章父子「藉病推諉」和「飾詞卸責」的卑劣企圖之後，仍命李經方應顧及全局「迅速前往，毋得畏難詞避」。至此，光緒帝方命台灣「文武各員內渡」[25]。於是，「李氏父子想逃避這一富有危險性的差使的一切企圖終歸無效」[26]。五月十日（六月二日），在台灣海面的日艦上，李經方與日本侵略者代表樺山資紀完成了交接台灣的骯髒勾當。就此，光緒帝和所有竭力維護國土台灣的朝臣，不得不痛苦地吞下這一苦果。然而，與祖國共命運的台灣愛國同胞，卻以不屈的頑強鬥爭回答了日本侵略者。

《馬關條約》規定，清政府須在本約批准互換後六個月開始支付戰爭賠款。第一次五千萬兩，另加贖遼費（不包括威海衛占領費）即共達八千萬兩。僅此數目，便相當於清政府一年的財政總收入。而且，由於戰爭的消耗加上其他耗費，清政府的財政已陷於枯竭。因此，只就第一次賠款來說，朝廷要在幾個月內籌齊就是一大超重的難題，何況還要連續支付其餘的多數賠款及日軍占領費。顯然，清廷在戰後籌措巨額賠款的重擔，又壓在了光緒帝的身上。正因如此，原在批約之前光緒帝就沉重地感到，只是二萬萬戰爭賠款即「萬難允行」[27]。

要籌集如此之巨的白銀，在對百姓已「搜括既盡」的情況下，似乎只有大舉外債。而這種漏脯救飢、鴆酒止渴的辦法，又勢必造成「禍亦及之」[28]的後果。因此，起初光緒帝和一些朝臣對此疑慮重重。但是如不按期支付對日賠款，不只是日本拒不撤兵，就是另加的利息更難承受。於是，清廷統治者只得走這條借外債之路了。在中日換約的次日（五月九日），光緒帝不得不命奕訢、奕劻及翁同龢等組成「辦理借款事宜」[29]的專門班子，又通過駐外公使在國外展開了借款活動。

在處於弱肉強食的年代，中國對外借款，帝國主義列強卻頗感興趣，因為這正是它們進一步爭奪侵華權益和獲取暴利的一個契機。所以在中日戰爭尚未完全結束時，歐洲列強各國便爭先恐後地向清政府承攬借款，從而也加劇了它們之間的矛盾。原來，在干涉日本時組成的三國聯盟本是同床異夢，尤其是法、德之間在亞爾薩斯—洛林問題上的結仇至此未消，所以它們的聯合十分脆弱。當日本政府決定接受三國的「還遼」要求後，俄、德、法都認為「干預」已基本告成，應該到了自己索取報酬「獲得利益」[30]的時候了。於是，三國聯盟也隨之走向分裂。恰是在此背景下，當初由於在京的赫德居間串通，英國便捷足先登與法、德組成三國銀行團，加緊與清政府展開貸款交涉。當此消息傳出後，俄國財政大臣維特得知英國牽頭的貸款交涉「尚未做出任何決定」[31]時，便以干涉「還遼有功」為藉口，向清政府駐俄公使許景澄表示，關於貸款事「應先商俄國方見交誼」[32]。並且，俄使喀希尼也因此事在總理衙門大發雷霆。終因俄國帶頭發起的三國干涉事件「幫」了清統治者一把，因此包括翁同龢在內的清廷大臣均感對俄「豈能拂之」[33]！但清統治者又不願得罪法、德兩國，試圖不把它們排除在外。然而，俄、英是老對手；俄、法、德之間又出現新矛盾正在重新組合。於是，俄、法便互相利用聯合在一起，搶到對華借款的機會。不過在貸款談判中，俄財政大臣維特曾提出「由俄國家擔保」[34]等條件。其實對於貸款利息、折扣等問題，翁同龢等都在疑慮，尤其是對俄國「擔保」的條件，他們明知其中有詐，但經一再交涉俄方又不接受。不過，最後還是迫於無奈，於閏五月十四日（七月六日），中國駐俄公使許景澄與俄、法銀行團代表，在俄京聖彼得堡簽訂了由俄「擔保」並附有嚴格政治、經濟條件的《四釐借款合同》。這是在甲午戰後清政府的第一次大借款。這次借款，雖然暫且使清政府度過第一期對日賠款的難關，但俄、法卻以貸款附加的條件等「把中國置於它們的政治和金融的控制之下」[35]。因此，對於由俄「擔保」和貸款折扣等條件，光緒帝及翁同龢一直積憤於心。

另外，英、德兩國並未就此放棄利用貸款來敲詐中國的企圖。此後，它們又利用清政府繼續支付對日賠款等時機，以更為苛刻的條件，先後兩次與清政府簽訂了貸款《合同》。從而，使中國的國家權益進一步淪喪。

甲午戰爭後的對外大借款，尤其是在前期，在中國方面固然主要是出於清政府之所需。但對光緒帝和翁同龢等朝臣來說，卻是明知其有險但又不得不為之的被迫之舉。顯然，割台與對日賠款，都是甲午侵略戰爭給中國帶來的最為急切的惡果。作為頗有生氣的一國之君光緒帝，對此的確均難以下嚥！在此之後，他仍不時地念念「兩萬萬之款從何籌措；台灣一省送予外人，失民心，傷國體」。可見，這給光緒帝留下了多麼深重的傷痕！

（二）撥開面紗的「友邦」

那些在戰爭中對華蒙著「友邦」、「中立」等面紗的西方列強，到戰後紛紛露出了自己的原形。半個多世紀以來，清王朝統治下的中國，在西方列強的侵略擴張和蠶食掠奪之下已遍體鱗傷，陷入半封建半殖民地的泥潭。不過，在甲午戰爭前，大清帝國還保持著一個東方大國的軀殼。但經過這場戰爭，卻使這個「連根基都在動搖的帝國最陰暗的祕密與腐朽都赤裸裸地暴露出來了」[36]。這在弱內強食的時代，勢必更招致列強的侵略與宰割。

日本軍國主義者通過這場侵略戰爭，亦奪取了一系列侵華特權和空前巨大的戰爭賠款，並且割占了具有重要戰略地位的中國領土台灣及其附屬島嶼。從而，使它在中國取得了與其他列強平起平坐的侵略地位，打破了老牌的西方列強已在中國形成的侵略格局。無疑，這又將刺激列強的對華貪欲。所以在甲午戰後，帝國主義列強對中國的侵略與爭奪也更加劇烈了。正如中國民主革命先行者孫中山於光緒二十年（一八九四年）在《興中會章程》中所作的預示：

「近之（指甲午中日戰爭——引者）辱國喪師，翦藩壓境，堂堂華夏，不齒於鄰邦，文物冠裳，被輕於異族。……方今（甲午中日戰爭後期以來——引者）強鄰環列；虎視鷹瞵，久垂涎於中華五金之富、物產之饒，蠶食鯨吞，已效尤於接踵，瓜分豆剖，實堪慮於目前。」37

孫中山預見的嚴酷情景，在甲午戰爭剛一結束，便很快在中國出現了。戰後對於日本取得的侵華權益（除割地、賠款之外），西方列強都利用片面最惠國待遇特權「一體均霑」了。然而，侵略者終究是欲壑難填的，他們為了維護和擴大自己在華的侵略權益，又均趁中國之危，通過誘騙、訛詐或施以各種壓力，從各個領域展開了爭奪控制中國的大競賽。其來勢之猛及對中國危害之深，都是前所未有的。

在當時，搶先下手的，正是在戰爭中打著「中立」的幌子或在後來又蒙上「維護」中國之面紗的俄、英、法等列強。尤其是俄、法兩國，它們通過取得戰後第一次對華貸款權，得到一些在政治、經濟上控制中國的侵略權益之後，又從南、北兩端向中國伸出了擴張的魔爪。

原在中日戰爭爆發後，法國就企圖在「中立」的掩護下，把其侵略勢力從越南伸入中國雲南和兩廣。但在中日的戰爭形勢尚未完全明朗之前，法國政府只是以其駐華公使施阿蘭做些準備和試探。到清政府戰敗屈辱簽約之後，法國在與俄國聯合起來爭奪對華貸款權的同時，又以作了「有利於中國的干預」（即「干涉還遼」——引者）[38]為口實，訓令施阿蘭向清政府提出其已準備就緒的無理要求。其中，在有關劃分中越邊界的問題上，翁同龢等也感到「中國受虧不小」[39]。但在當時，由於光緒帝及翁同龢等正為割台和籌措一期賠款而弄得焦頭爛額，並且俄、法、德三國仍為「還遼」的贖金數目在與日本討價還價。因此，包括光緒帝在內的清廷統治者，在處於手忙腳亂中既無力又不敢得罪法國。並且，施阿蘭也抓住了清廷統治集團的虛弱心理，又以威脅停止貸款等向清政府施壓。正是在這種情況下，五月二十八日（六月二十日），奕劻、徐用儀代表清政府與法使施阿蘭簽訂了《中法續議商務專條》附《中越邊界會巡章程六條》。從中，法國不僅取得了在我國雲南及廣西中越邊境開埠、設領、免稅通商等特權，還通過這個邊界章程使中國喪失了一些領土。同時又規定：「將來在雲南、廣西、廣東開礦時，可先向法國廠商及礦師人員商辦，……至越南鐵路……接至中國境內。」[40]據此，法國隨後便取得了自同登至我國廣西龍州的鐵路建造與經營權。在當時，代表法國與清政府代表談判與簽約的法使施阿蘭也承認，這個專條與章程，是在甲午戰爭剛剛結束時，清統治者尚處於「重重困難和惶恐不安」[41]的狀況下實現的。無疑，這又是明顯的落井下石。從此，法國便把它的侵略勢力從越南伸入到我國西南。

此後，在當年十一月（十二月），德國外交大臣馬沙爾，又向中國公使提出「或租或借，允劃一地」[42]為其東來兵船「儲煤」的侵略要求；接著英國也亮出欲在我國廣西西江開埠的圖謀。其他列強亦虎視眈眈將接踵而起。從而「瓜分豆剖」之勢，已在日益顯露。

在此期間，沙俄正極力推行向遠東擴張的龐大計畫。為此，它從光緒十七年（一八九一年）開始興建橫跨歐亞的西伯利亞大鐵路，到甲午戰爭結束時已修到外貝加爾，接近中國。當時，俄國統治集團經過激烈爭論，俄皇採納了財政大臣維特等人的意見。他們認為，使西伯利亞鐵路穿過我國東北抵達海參崴，既可縮短路程、節省費用、加快速度，更能「促進俄國在滿洲政治及經濟地位的加強」。並且，又有利於實現其向中國東北及遠東「擴張」[43]的戰略目標。於是，當三國干涉迫使日本就範後，沙俄的真面目也逐步顯露。從當年六、七月（七、八月）份以來，俄國在非法地派出人員到我國東北勘測線路的同時，維特又打著「防日」的旗號，以所謂「私論」的方式，向中國駐俄公使許景澄「勸我造路與彼（即俄之西伯利亞鐵路——引者）接連」[44]。其實，維特明知清政府「未必有款，又無熟悉工程之人」[45]，根本無力在邊陲自建鐵路。顯然，這是他為把西伯利亞鐵路修進中國東北在向清政府試探。到八月二十六日（十月十四日），俄使喀希尼便奉其本國政府之命正式照會總理衙門，說什麼西伯利亞鐵路將與「滿洲地方興造鐵路相接」。並以此為由，表示俄國「須預先」派人四起到中國東北「內地查勘」，要求予以「照料」[46]。至此，俄國便公開暴露出要使其西伯利亞鐵路穿過我國東北的擴張企圖。

光緒帝從總理衙門得到此奏後，遂於九月二日（十月十九日）電諭徐景澄曰：

「俄派員四起分赴東三省勘路，雖以與我接路為辭，實有借地修路之勢。此事原委，許景澄曾經函述，諒已了然。現在俄外部何以不與該大臣面商，劇欲興辦？至中國辦法，惟有自造鐵路，在中俄交界與彼相接，方無流弊。著許景澄即將此意先與俄外部說明，總期勿損己權，勿傷交誼。」[47]

可見，光緒帝在維護國家主權的問題上毫不含糊。而且，他對此採取「勿損己權，勿傷交誼」的原則，也是鄭重的。與此同時，奕訢等人雖也意識到，如允許俄國把西伯利亞鐵路伸進我國東北境內，則「東三省必為俄所蠶食」[48]。但是，他們對俄的叵測居心既不敢抵制，又提不出可行的對策。

實際上，從甲午中日戰爭以來，尤其是在俄國帶頭發動干涉「還遼」事件後，在朝廷上下確也出現了明顯的親俄傾向。

光緒帝在後來陷入困境，出於對日抗爭，曾對沙俄等列強產生過一定的幻想。但就其在戰爭的全過程中（特別是前期）的基本對外態度來說，尤其對俄是存有戒心的。然而，西太后基於私欲，當她決意對日求和時，就把希望寄於俄使喀希尼身上。另外，此後沙俄對中、日的動作，也基本反映了西太后的意圖。特別是經三國干涉迫使日本放棄遼東而形成的和局，更投合了西太后的苟安心理。所以，從此她的對外態度便越發向俄傾斜。至於李鴻章，更明顯親俄。早在中日戰前，他就重於依俄。當日本侵略者燃起戰火之後，李鴻章又把抗日的立足點放在聯俄上。就此，他曾遭到光緒帝的嚴詞訓斥。當李鴻章赴日議和前在北京等待授權密訪各國公使時，據法使施阿蘭記述，當時李鴻章與外使「會談最頻繁的」是他和俄使喀希尼，而且「這些會談都是最推心置腹的」[49]。無疑，李鴻章與俄使喀希尼的密切關係，主要非為個人間的交往。《馬關條約》互換生效，他在西太后包庇下進京「入閣」後，其對俄態度並未改變。顯然李鴻章親近於俄，既是他適應西太后的需要，也與其懼外心態相關。於此期間，在一些廷臣和封疆大吏中也明顯地出現了要求「聯俄」的趨向。侍郎許應騤，在六月六日（七月二十七日）的奏摺中即認為「日患方殷」，請求「聯俄以資控制」[50]。劉坤一也同樣諫言「聯俄拒倭」。頗有影響的署兩江總督張之洞，於六月十八日（八月八日）上奏朝廷，主張在「中日情勢為尤切」的目前，中國應與俄「立密約以結強援」[51]。固然，他們的這種要求與主張，還主要是出於「拒日」而提出的自衛策略。但是，這又都是從假象中產生的幻想，表明三國干涉和戰後貸款播下的迷霧，的確蒙蔽了一些清朝當權者。

不過，對於俄國要在我東北境內造鐵路的圖謀，清廷統治者卻始終未予應允。恰在此間，駐俄公使許景澄從聖彼得堡傳來消息，說於次年五月俄皇舉行加冕典禮，提出中國應準備致賀。恰於九月二十二日（十一月八日）簽訂了《遼南條約》，中國正式收回遼東，所以清政府對俄的賀禮更不能怠慢。十一月十三日（十二月二十八日）光緒帝降諭任命正在歐洲的布政使王之春為專使，並備以國書和厚禮，令其屆時前往「致賀」[52]。表明光緒帝與清政府對於這件事是頗為重視的。

但可謂醉翁之意不在酒，沙俄統治者在此事上卻另有企圖。因此，當俄使喀希尼得知光緒帝的上述任命後卻大為不滿。他模仿著此前日本侵略者曾對中國施展過的陰謀手段說：「皇帝加冕，俄國最重之禮也。故從事斯役者，必國中最著名之人，有聲譽於列國者方可。王之春人微言輕，不足當此責。可勝任者，獨李中堂（鴻章）耳。」[53]與此同時，御史胡孚宸也出來幫腔，上奏聲稱俄君加冕「宜派李鴻章前往」[54]致賀。喀希尼之言的用心一目了然。但是，要再通過李鴻章來損害中國，已深受其害的光緒帝當然不願使之重演。同時，在有些正義感的朝臣中也難以通過。因此，改派李鴻章赴俄問題，便在清廷統治集團的核心中卡住了。恰是在這種情況下，西太后出面了。到光緒二十二年十二月二十七日（一八九六年二月十日），光緒帝無奈「宣懿旨，命李鴻章出使俄國，以邵友濂為副」[55]。接著，按照西太后的旨意，既授予李鴻章欽差頭等出使大臣的頭銜，還賞給其子李經述三品卿銜作為隨員。隨後在李鴻章的奏請下，又把已受到舉國譴責的李經方也拉入該使團中。於是，這個光怪陸離的「李記」使團又被裝扮起來了。行前，由於李鴻章使俄的消息傳開，後經英、法等國的要求，又命李在歸途中另訪其他歐美各國。

其實，讓李鴻章參加俄皇加冕禮，是俄廷統治集團精心設置的一個別有企圖的圈套。因此，當李鴻章於三月中（四月末）到達俄國，在給他安排了簡單的致賀儀式後，這個陰謀的策畫者、俄財政及外交大臣維特與羅拔諾夫，便與李鴻章從聖彼得堡到莫斯科與之進行了一系列祕密會談。

在此過程中，俄皇及維特與羅拔諾夫打著「防日」和「幫助」[56]中國的旗號，以誘迫與賄賂[57]的手段軟化、收買了李鴻章。光緒二十二年四月二十二日（六月三日）李鴻章與俄方祕密地簽訂了《中俄禦敵互相援助條約》，即《中俄密約》。其中，除規定在戰時其兵船可開進我國的所有口岸之外，突出地訂有「中國國家允於中國黑龍江、吉林地方，接造鐵路以達海參崴」[58]的條款。到此，沙俄極欲在我國東北接造鐵路向這裡擴張侵略勢力的企圖，通過李鴻章簽訂的《中俄密約》實現了。這個嚴重損害中國領土與主權的密約，又擺在了光緒帝的面前。

光緒帝自始就反對沙俄在我國領土上修建鐵路，堅持「勿損己權」，對《中俄密約》執意「不肯畫押」。然而，李鴻章的靠山西太后，竟於北京在喀希尼的誘惑與威脅下而「迫帝畫押」。最後，光緒帝被迫在無奈之下「揮淚批准」[59]了《中俄密約》。但與此形成鮮明對照的是，當光緒帝悲憤不已之時，西太后的親信奕劻與俄使喀希尼交換密約批准書後卻在彼此舉杯「互祝」[60]。

甲午戰爭給光緒帝留下的累累傷痕尚未癒合，又給他增添了新的創傷。原欲奮起「自強」的光緒帝，卻又陷入深深的困惑之中。

勵精圖治雪國恥

（一）康有為策動變法圖強

甲午戰爭帶來的奇恥大辱，既深深地刺傷了華夏子孫的民族感情，也進一步喚發了人們的覺醒。戰後，除了朝廷上下那些希圖苟安者「以為和局已定，泄沓相仍」[61]而外，隨著大規模戰爭的過去和新危機的到來，一切關心國家前途與命運的人們都從不同的角度在痛定思痛：深受欺凌的中國應向何處去？反映新興資產階級和愛國知識階層要求的維新之士康有為，奮起設計救國方案。他力圖以西方發達國家為模式，通過變法維新全面改造國家，把衰弱、落後的中國納入近代化發展軌道，引向富強。在災難日深的歲月，康氏的革新圖強方案具有強勁的吸引力，逐步成為戰後奏起的圖強曲的主旋律。

康有為（一八五八—一九二七年），原名祖詒，字廣廈，號長素，廣東南海人（故又稱南海先生）。康氏先輩「為粵名族，世以理學傳家」[62]，歷代多為士人。其祖父贊修是道光舉人，曾任連州主持州學的訓導。父達初，為江西補用知縣，後丁憂歸里，「授徒於鄉」。因此康有為自述：他的家世「實以教授世其家」[63]。同治七年（一八六八年，有為十歲）其父去世後「家計驟絀，僅用一婢，老母寡居」[64]。在其家庭環境的薰陶下，有為自幼便接受嚴格的傳統教育。光緒二年（一八七六年），受學於提倡經世致用的粵中大儒朱九江門下，逐步成為一個「博通經史」[65]的舊式學者。此後，他又對道、佛等書潛心涉獵，始「探求事事物物之本原」[66]。於是，面對「世亂方棘，民生多艱」的社會現實，遂有「攬轡澄清之志」[67]，欲以天下為己任。光緒五年（一八七九年）後，康有為在參加科舉考試之餘，先後遊歷、考察了香港、上海和各地的名勝古蹟和風土人情。尤其對於港、滬的考察，使他「益知西人治術之有本」，從而「大講西學」[68]，萌發了學習西方以革新祖國的念頭。中法戰爭期間，目睹了清王朝的腐敗。隨著「國勢日蹙」，進一步激發了他的憂國之忱。光緒十四年（一八八八年）冬，康有為趁到京城應試上書清廷（即《上清帝第一書》）。當中，他在陳述了「外患日逼」的嚴重形勢後，痛斥了朝野上下無視「大廈將傾」，只圖「嗜利而藉以營私」的劣風。從而，向光緒帝和皇太后提出了「變成法，通下情，慎左右」[69]

的革新主張。但因頑臣的阻撓，這些意見未得上達。不過，康有為的愛國之心並「未灰」[70]。事後他出京南歸，自光緒十六年（一八九〇年）起便在廣州致力於辦學授教。在此期間，康有為一反舊式的傳統教育，以培養維新人才為其宗旨。因此，他以「中外之故，救中國之法」[71]為講學的主要內容。在歷經三年多的艱辛耕耘之後，終於培育出一批思想開闊、力求進取的青年高才生，其中的梁啟超等尤為突出。

梁啟超（一八七三—一九二九年），字卓如，號任公，廣東新會人。常年來，其家人「棲於山谷，族之伯叔兄弟，且耕且讀，不問世事」。祖父維清只是個秀才，父寶瑛屢試不第，在鄉里當私塾先生。由於「家貧」[72]，當初，啟超只是在家中接受其父的啟蒙教育，後到當地私塾受教於一些名師。啟超聰慧，有「神童」[73]之稱，九歲便對經史詩賦頗有所得，並踏上科舉之途。光緒十五年（一八八九年）十六歲中舉，主考官李端棻喜其才，「以妹許」之。翌年入都經上海，得見西書「心焉好之」[74]。光緒十七年（一八九一年）投於康有為門下，成為康的得意門生。

這些高才生，均才華出衆，思想敏銳，後來多成為康有為的得力助手或是維新運動的骨幹。

康有為講學期間，又在梁啟超、麥孟華的「助編」下，寫出並刊行《新學僞經考》。此書如同「思想界之一大颶風」[75]，使專制制度的理論基礎和守舊勢力的思想堡壘受到猛烈衝擊。隨後寫出的《孔子改制考》一書，又借用孔子的權威為變法更新提供了歷史依據。

光緒二十一年（一八九五年）之春的北京，深沉的陰影籠罩了明媚的春色。正在這裡參加全國舉人會試的康有為，敏銳地得知《馬關條約》的屈辱內容時尤感沉痛。他在立即命梁啟超聯合廣東舉人上書拒和的同時，面對群情激憤的廣大舉人感到「士氣可用」。康有為與梁啟超又「分託朝士鼓（動）」[76]，很快憤起的一千多名各省舉人集會，議定發動一場聲勢浩大的上書請願運動，即「公車上書」。於是，康有為在其學生梁啟超、麥孟華等的協助下，以強烈的愛國激情奮筆疾書一天二夜，寫出洋洋一萬八千餘字的《上清帝第二書》，亦稱《萬言書》。

其中，康有為以冷靜的頭腦，既重視挽救目前之危，又高瞻遠矚地向光緒帝獻出其救國大計。康有為首先警告朝廷：「割地之事小，亡國之事大，社稷安危，在此一舉。」[77]這既表露了他對國家前途的深切憂慮，又告誡光緒帝已到認真對待的時候了！如何挽救危亡以救國？康有為提出了以「下詔鼓天下之氣，遷都定天下之本，練兵強天下之勢，變法成天下之治」[78]為中心的一整套對策。前三條是康有為從策略的角度概括了一些愛國官員和將領要求廢約再戰的主張，康氏將其均視為「權宜應敵之謀」。最後的「變法成天下之治」，他稱其為「立國自強之策」。其實這是該上書的核心，也是康有為從戰略的高度托出的振興祖國之革新方案。在此，他先以戰略家的目光提出革新治國的指導原則，即「今之為治，當以開創之勢治天下，不當以守成之勢治天下；當以列國並立之勢治天下，不當以一統垂裳之勢治天下」。要開創便不能墨守成規，必須「更新百度」[79]變法維新，全面革新古老的中國。接著，康有為規畫了維新的舉措和要達到的目標。原來，他即認為中國所以戰敗受辱任日宰割，根本原因在於「國力弱」[80]。因此，康有為在「立國自強之策」中提出「富國」、「養民」及「教民」三建議。他力求以西方強國為樣板，效法維新致強的日本等國，大力發展近代工、商、農、礦、鐵路、交通、教育、金融、郵政等事業。而且在發展近代企業方面，康有為從創造更多、更精的社會財富以增強國力出發，主張仿照德、英等國「宜縱民為之，並加保護」。批判洋務派「禁吾民製造，是自蹙其國」[81]。他認為，只有如此才能實現其夢寐以求的願望，把中國引向富強。顯然，在興辦新式企業上，康氏的主張與洋務派的方針形成了反差，體現了他們的不同走向。同時，康有為又特別指出「國以民為本，不思養之，是自拔其本」。而養民的關鍵又在於教民。他說：「考泰西之所以富強，不在炮械軍兵，而在窮理勸學」，「才智之民多則國強，才智之民少則國弱。」[82]從而，康有為又把發展近代教育、提高民衆的文化素質視為使國家走向富強的重要條件。他強調，惟有國家富強，使中國立於世界強國之林，才能「大雪國恥，耀我威稜」[83]。但是，康有為的革新思路並未到此而止。他又看到，有關振興的舉措在外國行之有效而在中國卻往往行不通，其故何在？對此康有為指出：「中國大病，首在壅塞，……皆上下隔塞，民情不通所致。」又把其改革之矢指向清朝的政治領域，而且認為這是中國的「病」源。他還一針見血地說：「皇上僅寄耳目於數人」的治國方式，「遂致有割地棄民之舉，皇上何樂此獨尊為哉？」公開抨擊了封建專制制度，也鞭撻了光緒帝。從而康有為向光緒帝建議，應由士民自下而上「公舉」那些「博古今、通中外、明政體、方正直言之士」為「議郎」。在此，他把舊官議郎賦予新意，以其作為皇帝的「顧問」，隨時「上駁詔書，下達民詞。凡內外興革大政，籌餉事宜，皆令會議於太和門，三占從二，下部實行」，給與實權。顯然，這是康有為力圖改變封建專制制度而提出的大膽設想。在康氏看來，彷照西方國家「政由議院」的模式，先在清廷政體上進行這種改革，既可使朝廷的專斷受到一定的制約，又能為光緒帝增添切實的助力。並由此便可改變君與臣、官與民的隔絕，保證變法維新的推行。從而，即能「合四萬萬人之心以為心，天下莫強焉！」[84]

《上清帝第二書》，是康有為在甲午戰敗受辱的強烈刺激下，使其醞釀數年之革新中國的思想主張形成體系走向成熟的集中體現。在其中，他從革新原則及在經濟、政治、社會與文化教育等各方面，為使古老的中國走向近代化而進行了較為完整的規畫。因此，這時的康有為，既成為新興資產階級和一切希望祖國昌盛的人的代言人，又是新時代的呼喚者。然而，舉人群起的愛國行動，卻引起投降派官僚的仇視。孫毓汶等人惟「恐人心洶洶，將撓和局」[85]，遂對舉人們採取了分化、瓦解等卑鄙手段加以「阻撓」[86]。另因舉人的發動日，恰是光緒帝被逼批約之時，致使這次預見的愛國運動被扼殺於搖籃中。雖然此番上書仍未上達，但其內容卻輾轉「遍傳都下」[87]，在北京產生了強烈反響，為戰後反侵略反賣國的救亡鬥爭注入新的推動力。

「公車上書」未成之後，康有為會試及第，被授予工部主事。但他仍心繫國事無意做官，尤其當《馬關條約》互換生效後，康有為看到朝野上下依然麻木不仁，終日「熙熙，苟幸無事」在粉飾太平。因而，他越發對國家的前途和命運感到「憂懼」[88]。於是，康有為針對換約後的局勢，對《萬言書》做了部分調整。在幾乎原封未動地保留「立國自強之策」的同時，又給予了充實，形成一份一萬六千餘字的新上書，即《上清帝第三書》。

《上清帝第三書》，康有為於五月初六日（五月二十九日）請都察院代呈後終於奏效，遞到了光緒帝的手裡。不過，康有為並未就此止步。他為了趁熱打鐵促使光緒帝奮起變法革新，又於閏五月初（六月末）寫出力言變法「緩急先後之序」[89]的《上清帝第四書》。這份材料，幾經周折，終未遞上。但從中卻使康有為認識到，「變法本原，非自京師始，非自王公大臣始不可」[90]。看到如不衝破朝臣的守舊思想壁壘，也打不開通向光緒帝之路。當然，任何國家的全面改革，均是社會的系統工程，離不開政權力量。康有為從踏上維新救國之路起，就是沿著爭取朝廷最高當權者的支持這一途徑向前推進的。所以他在第四次上書受挫後，便又從「開風氣」著手，把其爭取對象擴展到朝臣士大夫上面了。為此，在六月末至七月初（八月份），康有為與梁啟超創辦了面向「朝士大夫」的《萬國公報》（後改名為《中外紀聞》）。接著，他又聯絡一些京官等各方之士籌畫組建了社團強學會以「厚」其力。

在此期間，康有為接觸到帝黨首領、軍機大臣翁同龢，並且他們在變法的迫切性等問題上取得了共識，是康爭取朝廷上層的重大成果。關於翁、康的接觸，康有為在其《自編年譜》中談到創辦《萬國公報》時記云：「時翁常熟（同龢）以師傅當國，憾於割台事，有變法之心，來訪不遇，乃就而謁之。常熟謝戊子（一八八八年）不代上書之事，謂當時實未知日本之情，此事甚慚云。乃與論變法之事，反覆講求，自未至酉，大洽，索吾論治之書。時未知上（光緒帝）之無權，面責常熟，力任變法，推見賢才，常熟乃謂：『與君雖新見，然相知十年，實如故人，姑為子言，宜密之。上實無權，太后極猜忌，……自經文芸閣（文廷式）召見後，即不許上見小臣，即吾之見客，亦有人窺門三巡數之者，故吾不敢見客，蓋有難言也。』吾乃始知宮中事，然未其深。」[91]

任帝師二十年的軍機大臣、戶部尚書翁同龢，在甲午戰爭的驚濤駭浪中又充分驗證了他是光緒帝「眷倚極重」[92]的信臣，他們君臣之間始終風雨同舟，患難與共。因此，戰爭帶來的恥辱，也使翁同龢受到了強烈的刺激。尤其是割讓國土台灣，更觸動了他的「治國安民」的傳統觀念，加深了危機感。從而翁同龢的思想發生變化，萌發了「更敝政，圖富強」[93]的念頭，致使對康有為的變法主張竟大為「驚服」[94]了。民族的災難與處境的日艱，也使原來抵制任何變革的頑人翁同龢變得「先後判若二人」[95]。他在戰後康有為大力鼓動變法圖強的時刻，主動走訪康氏並非出於偶然。當然，尤其在改革的走向上，他們的立足點卻非完全相同。但在國難日深之際，懷有強烈危機感並力圖更張以求存，卻成為康、翁走到一起的思想紐帶。因此，經與康有為晤談，翁同龢的更張之念又得到了新的啟動。進而使他在清廷樞臣中成為一個「省悟大局」，意識到「非變法難以圖存」[96]的開明人物了。

由於翁同龢既與光緒帝關係密切，他又在清廷朝野聯繫廣泛，所以康、翁的融洽晤談，是康有為繼第三次上書皇帝之後，在爭取以皇權推行變法的道路上取得的又一重大進展。

（二）統治營壘中的新動向

在清廷統治集團的核心成員中，翁同龢在戰後思想發生深刻變化或可亦謂與帝黨處境有關。但在清政府戰敗蒙辱和隨之群強緊逼、國勢益衰的情況下，確在清統治營壘中又分離出一些官員、士大夫，他們在深感「時勢所逼」之下，也紛紛起來「急求雪恥之方」[97]。從而在清統治層的內部，又興起一股「競言自強之術」[98]的熱潮。

在其中，應首推順天府尹胡燏棻。

胡燏棻（？—一九〇六年），字芸楣，安徽泗州人。同治十三年（一八七四年）進士，選庶吉士，補天津道。光緒十六年（一八九〇年）天津水災，燏棻盡力賑濟災民，督治南、北運河，使「民猶及種麥」[99]，穩定了民心。光緒二十年（一八九四年）中日戰起，為西太后六十壽辰「祝嘏入京師，留管北洋軍餉」[100]。當年冬，由於抗戰吃緊，經軍機大臣翁同龢、李鴻藻奏請命其練兵。光緒二十一年（一八九五年三月），燏棻「按照西法」[101]，在天津小站練新軍十營。同時，又參預了向西方採購軍隊裝備等事宜。在練兵和採購軍備的過程中，接觸了一些西方強國的新事物。《馬關條約》簽訂前夕，向朝廷提出「聯俄、英」以抵日之「策」[102]。隨後調任順天府尹。

當「公車上書」的影響激盪京城之時，繼康有為呈遞《上清帝第三書》，胡燏棻於五月十七日（六月九日）進呈了《條陳變法自強事宜摺》。摺曰：

「五帝殊時，不相沿樂；三王異世，不相襲禮。蓋窮變通久，因時制宜之道。……日本一彈丸島國耳，自明治維新以來，力行西法，亦僅三十餘年，而其工作之巧，出產之多，礦政、郵政、商政之興旺，國家歲入租賦，共約八千餘萬元，此以西法致富之明效也。……反鏡以觀，得失利鈍之故，亦可知矣。今士大夫莫不以割地賠費，種種要挾為可恥。然時勢所逼，無可如何，則惟有急求雪恥之方，以坐致強之效耳。昔普法之戰，法之名城殘破幾盡，電線、鐵路處處毀裂，賠償兵費，計五千兆佛蘭克，其數且十倍今日之二萬萬兩。然法人自定約後，上下一心，孜孜求治，從前弊政，一體蠲除，不及十年，又致富強，仍為歐洲雄大之國。……今中國以二十二行省之地，四百餘兆之民，所失陷者不過六七州縣，而謂不能復仇洗恥，建我聲威，必無是理。但求皇上（光緒帝）一心振作，破除成例，改弦更張，咸與維新。事苟有益，雖朝野之所驚疑，臣工之所執難，亦毅然而行之；事苟無益，雖成法之所在，耳目之所習，亦決然而更之。實心實力，行之十年，將見雄長海上，方駕歐洲。舊邦新命之基，自此而益鞏，豈徒一雪割地賠費之恥而已。……縱觀世運，撫念時艱，痛定思痛，誠恐朝野上下，高談理學者，狃於清議，鄙功利為不足言。……今日即孔孟復生，捨富強外亦無治國之道，而捨仿行西法一途，更無致富強之術。」103

在當時的清朝政界，胡燏棻較早地擺脫了只是為雪恥的單純復仇傾向。他較為切實地分析了內外形勢，看到了國家的衰弱。因此在其奏摺中也明確指出，中國只有「仿行西法」走維新「致富強」之路。並且認為，除此而外別無他途。就此出發點而言，胡摺與康有為的《上清帝第三書》有異曲同工之妙。而且在向西方強國學習的問題上，胡燏棻的態度更為鮮明而堅決。這又表明，他比一般要求更張的官員士大夫高出一籌。然而，胡氏學習西方的維新觀，卻只限於「首在籌餉，次在練兵。而籌餉練兵之本原，尤在敦勸工商、廣興學校」[104]。把政治領域的改革排除在外，這是康、胡維新觀的明顯區別。所以如此，顯然是來自他們的不同處境和在認識上的差異。不過，在敦勸工商方面，胡燏棻同樣批駁了洋務派的「窒礙」政策，主張「勸立公司，准民間自招股本」[105]，力求振興社會經濟。說明，他並非要完全重蹈洋務派的覆轍。總之，胡燏棻也把中國的衰弱視為戰敗受辱的癥結。從而他強烈要求化悲憤為力量，「按著西法」力行變法維新，以期「國富民強」[106]。胡氏的圖強主張，也在一定程度上反映了當時中國的迫切要求，亦不失為有識之見。

在此前後，其他一些朝士也相繼為更新圖強獻計。侍讀學士準良在閏五月十六日（七月八日）的奏摺中認為，面對「強鄰環伺，隱患方長」的嚴峻形勢，「採西法」廣修鐵路，既可以建立「致富始基」，又是「自強進步，誠安危大局之樞紐」[107]。給事中褚成博雖然是個不穩定的「縱橫者」，但在當時他也具摺指出，甲午之戰的慘敗使「中國數十年泄沓欺飾之局，至此始徹底破露」。他說，李鴻章等歷經多年、耗費巨資「步武泰西」製造、設學，但仍被島國日本打得「全局糜爛」。褚成博認為，所以如此是由於因循固結「不得其人」造成的。因此他主張，「欲求變法，先宜變心。非群才共濟，則良法皆成具文」[108]。強調仿行西法，必須首先破除積習、更新觀念。顯然，這也是變法維新的一大課題。原維新人士陳熾（時為軍機處章京），是康有為的友好，也與翁同龢相近。戰後，他除了積極向朝廷獻「善後」之策而外，又支持翁氏更張求存。後來，陳熾還大力協助康有為籌建強學會並被推為該會的「提調」[109]，直接投身於組織變法維新的實際活動中。

這些官員士大夫提出的「自強之術」，雖然彼此看問題的角度不同、內容各異，但學習西方革新圖強以求存，卻是其共同的出發點。正因如此，來自清廷統治層的圖強呼聲，便與康有為的變法維新要求相呼應，形成日益高漲的圖強熱。並且隨著民族危機的不斷深化，一些要求革新圖強的官員士大夫又陸續向康有為靠攏，有的即投身於維新運動之中了。

在圖強熱不斷升溫之際，清統治集團的陣容也發生了明顯的變動。西太后兩大支柱之一洋務派頭面人物的變化尤為迅速。原來的洋務派首領李鴻章早已聲名狼藉，遭到「朝野上下的唾罵」[110]。到戰後當他辦完「交割」台灣的賣國勾當，在西太后的包庇下調進清宮，命其「入閣辦事」並委以出使歐美之後，李鴻章便只是在總理衙門「閒居」[111]，並從此失掉了他的「北洋」地盤。因而，李鴻章在清王朝的勢力和影響便大大削弱了。而且通過甲午戰爭的實踐又使越來越多的人看到，李鴻章搞的那套「自強」新政，並「不知其本，故仍無補於國勢之孱弱」[112]。他那顯赫一時的「自強」術，也遭到人們的唾棄。於是，後起的洋務派顯要人物劉坤一、張之洞（一八九五年末奉旨各回原任），便成了這一政治勢力的繼承者。

在對外態度方面，劉坤一、張之洞與李鴻章有明顯區別。當然在對待錯綜的中外關係中，劉、張的表現亦不盡同，但其基本的對外態度卻有別於李鴻章。早在十九世紀八〇年代初，中國為收回伊犁與俄交涉時，對於崇厚誤國簽約，張之洞以更強硬的態度「論奏其失，請斬崇厚，毀俄約」[113]。到中法戰爭時，張之洞「建議當速遣師赴援」[114]，主張在堅持抗戰的前提下與法談判。在甲午中日戰爭期間，張之洞、劉坤一又都站在清廷主戰派一邊。為了籌畫戰守與支援抗戰，劉坤一提出克敵制勝的良策；張之洞也多有積極性的建議，並且他們均為抗戰做出自己的努力。尤其是劉、張又都抵制屈辱求和，反對《馬關條約》。因此，到戰後他們的聲望均有所提高，成為顯赫東南的封疆大吏。

固然，無論是李鴻章還是劉坤一、張之洞，他們的思想並不閉塞，甚至均是西方近代科技、武備的崇拜者。然而這些人的西學觀，是以維護專制制度和自己的地方勢力為轉移的。在甲午戰後國內政治風雲變幻莫測之時，他們都懷著各自的不同目的企圖插足強學會。但當維新熱潮衝擊到清王朝和封建守舊勢力的根基時，又都退回到原地與頑固勢力維護著聯合的格局。表明在複雜的近代中國，這個處於變化中的地方實力派，其政治性格也具有多樣性與矛盾性。

西太后的另一大支柱后黨官僚群，到戰後它的陣容也發生了變動。從而，又導致清廷統治集團核心成員的改變。

原在戰爭中一味追隨西太后、勾結李鴻章，死心塌地地推行對日妥協投降方針的軍機大臣孫毓汶、徐用儀，既早已激起光緒帝的痛恨又為「輿論所攻」[115]。於是到光緒二十一年六月中旬（一八九五年八月上旬），他們先後被迫退出軍機處和總理衙門。同時，以翁同龢、李鴻藻添補了孫、徐在總理衙門留下的空缺。不過，恭親王奕訢卻控制了總理衙門。接著，西太后的親信榮祿，從步兵統領升任兵部尚書兼總理衙門大臣，進入清廷中樞。稍後，惟西太后之命是從的官僚王文韶，受命正式替換李鴻章為直隸總督兼北洋大臣。京畿要地、北京門戶的管轄權，又落入王文韶的手中。從而后黨官僚群得到調整與充實，他們和奕訢進一步控制著清廷的樞要。

翁同龢進入總理衙門，固然體現了光緒帝的意願，但主要是西太后為了穩定其統治集團的陣腳所採取的一種手段。李鴻藻雖在甲午戰爭中亦站在主戰派一邊，在籌畫戰事等方面與翁同龢多有配合，但到戰後他又更明顯地向后黨官僚傾斜。在六月十一日（八月一日）光緒帝召見樞臣議及御史王鵬運呈摺彈劾徐用儀時，李鴻藻竟與奕訢站在一起「當即力言」[116]，說什麼徐用儀並「無劣跡」[117]，公然為這個臭名昭著的奸臣進行辯護。並且，此人在思想上也頗為守舊，與后黨官僚相通。當時的奕訢，抑或對西太后尚有不夠服帖之處，但其腳根兒卻已紮在了西太后的一邊。此後，他更無「開濟之效」[118]，完全成為一個清王朝的看家老手了。由西太后扶植起來的榮祿，年輕氣盛且為人狡詐，他既痛恨孫毓汶、李鴻章；又與翁同龢勢不兩立。榮祿原在被授予步兵統領之後，即在私下中傷翁同龢「奸狡性成」，稱其為「偽君子」[119]，並洩漏光緒帝曾為支持翁的主張而命其不准「掣肘云云」[120]，又流露出他對光緒帝的不滿。所以榮祿進入清廷樞府，既加強了后黨的力量，又為西太后增添了一個得力謀士。至於原后黨骨幹，更是些只圖高官厚祿、終日養尊處優的昏庸之輩。年已七十八歲的大學士徐桐，雖對「天朝至上」的虛渺觀念或已淡薄，但其盲目的虛驕心理卻仍十分牢固。在西方列強國勢日盛正稱雄世界之際，他還坐井觀天「惡西學如仇」[121]，視任何「洋器」均猶如洪水猛獸。此前，徐桐主持翰林院時，即「戒所屬毋用洋貨、服洋藥」[122]，抵制一切新事物，仍在自我封閉。

到甲午戰後，在朝野內外興起維新圖強熱時，王文韶等曾以向強學會捐資企圖渾水摸魚；其他后黨權貴又在重重築防，竭力阻擋維新潮流。於是，這些后黨官僚便圍繞西太后形成了頑固勢力的核心，一切抵制變法維新的頑人都紛紛向其靠攏，又為維新運動投下了深沉的陰影。當強學會成立之初，后黨官僚徐桐便極為恐慌，欲聯合他人進行「劾奏」[123]。接著於當年末，曾受榮祿賞識、並慣於以「權要意言事」[124]的御史楊崇伊，便跳出來呈摺彈劾強學會「植黨營私」，要求予以「嚴禁」[125]。顯然，這也是有來頭兒的。隨即清廷下令，先後將在京、滬建起的鼓動變法與團結維新人士的據點強學會查封，使康有為「開新之風」的努力又受到挫折。然而，在「國人敵愾心頗盛」[126]的當時，頑固派還不敢把此事做絕，遂將北京強學會改為「官書局」，專門翻譯西方書刊。固然這個「宮書局」已改變了強學會的宗旨，但它仍然是個傳播西方新信息的窗口。表明，原來那森嚴的思想輿論壁壘既然已被愛國熱潮衝開，便難以再完全彌合了。同時，清統治階層的分化和新、舊勢力的重新組合，仍在繼續中。

（三）圖治中的波折

甲午戰爭中的風風雨雨，使年輕的光緒帝猶如經歷了一場痛楚深長的噩夢——侵略者的蠻橫與凶殘；西太后及李鴻章的誤國，堂堂天朝竟被一個「彈丸島國」打得一敗塗地，以致受盡屈辱與宰割。這些怵目驚心的嚴酷事實，對於原本一心要抗敵的光緒帝來說，顯然是難以承受的。所以「自甲午、乙未兵敗地割，求和償款，皇上日夜憂憤」[127]。戰後，面對列強在乘人之危而「合以謀我」[128]的嚴重局面，更使光緒帝「憤外難日迫」，深感「國勢阽危」[129]，加劇了他的「憂危之心」[130]。從而光緒帝「求治頗急」[131]，意識到如不奮起勵精圖治，更張以求強，將使「社稷難資保守」[132]。把國家的興衰與清皇朝的存亡，緊密地聯繫在一起了。曾於光緒二十九年（一九〇三年）在清宮留居八九個月之久，為西太后畫相的美國人卡爾女士回憶說，光緒帝在親政之初，「自己並無所主張，而對於中國將來之進步，亦漠不關心。……中日一戰而後，中國割地賠款，莫大之恥辱，光緒帝如夢初覺，慨然以發憤自強為己任。故中日戰前與戰後之光緒帝，不啻判若二人。」[133]的確，甲午、乙未戰敗蒙辱，光緒帝受到前所未有的強烈觸動，從而促使其思想開始發生變化。所以甲午中日戰爭，確實成為光緒帝思想轉化的分水嶺。歷史事實表明，甲午戰爭給中國造成的巨大衝擊波，既促進了社會各階層人們的覺醒，也激起了光緒帝的奮發精神。

原在李鴻章於日本簽訂《馬關條約》的當天，也是光緒帝心情最為沉重之時。翁同龢將陳熾的《庸書》和湯震的《危言》，向光緒帝「進呈御覽」[134]。這兩部書，都是在甲午戰前維新人士陳熾、湯震為挽救自中法戰爭以來不斷加重的國家危機，宣傳「採西法而變通」[135]、倡導變法維新的著作。

陳、湯在其書中，於要求收回利權、興工商和發展近代文化與教育事業的同時，又都發出希望實現「合君民為一體，通上下為一心」[136]的呼聲。《庸書》與《危言》，均是早期的維新人士為革新落後的中國在呼風喚雨之作。

早在光緒帝典學期間，翁同龢曾向他介紹過這些書籍，並引起光緒小皇帝的興趣。但到此危難時刻，光緒帝又對這兩部宣傳變法維新的書產生興趣，無非是在尋求新的出路。到《馬關條約》互換生效後，光緒帝在向天下臣民頒發的朱諭中，便明確提出要「痛除積弊」、「詳籌興革」、發憤「自強」了[137]。至此，他已產生了改弦更張以圖強的願望。但是，在此期間，每當光緒帝向樞臣商詢更張圖強時，除翁同龢而外，其餘的頑臣均以「祖宗成法不可改，夷法不足效」等謬論給予駁回。致使光緒帝感到悲憤已極，每每「痛哭而罷」[138]。從而，已被「割台」、賠款等弄得「天顏憔悴」而陷入困惑之中的光緒帝，在如何奮起圖強的問題上，似乎又被拖入迷途。恰恰是在這時，他於五月十一日（六月三日）得到康有為的《上清帝第三書》時「覽而喜之」[139]，使光緒帝頗為興奮。緊接著，光緒帝閱過胡燏棻的〈變法自強事宜摺〉，又對其「嘉許之」[140]，同樣亦給予了高度的重視。康之上書與胡的奏摺，猶如給在困惑之中的光緒帝注入了興奮劑。激起其共鳴，受到鼓舞。隨後，翰林張百熙要求薦舉「專門人才」[141]的奏片，以及其他朝臣疆吏籲請更張雪恥的奏疏，也相繼遞到了光緒帝的面前。

這些來自朝廷內外要求更張、圖強與雪恥的呼聲，又給光緒帝的「興革」、「自強」思想以新的推動。於是，他逐步採取了試探性的更張舉措，連續降諭求才。指出：「為政之要，首在得人」。命各部院堂官及各地將軍督撫，對於具有真知灼見、器識宏通、才猷卓越、究心時務、體用兼備者，隨時「保奏」；並對於精通天文、地輿、算法、格致、製造諸學的專門人才，亦應「各舉專長，俾資節取」[142]。顯然，光緒帝要求的人才，均是面向近代社會之所需。這本身就是一項重大改革。

重新抖擻起精神的光緒帝，為了把舉朝上下的各級臣屬都調動起來，以便使他們均能齊心協力更張圖強，他在試行興革的同時，又於閏五月二十七日（七月十九日）鄭重地頒諭全國：

「自來求治之道，必當因時制宜，況當國事艱難，尤應上下一心，圖自強而弭隱患。朕宵旰憂勤，懲前毖後，惟以蠲除痼習，力行實政為先。疊據中外臣工條陳時務，詳加披覽，採擇施行，如修鐵路、鑄鈔幣、造機器、開礦產、折南漕、減兵額、創郵政、練陸軍、整海軍、立學堂，大抵以籌餉練兵為急務，以恤商惠工為本源，皆應及時舉辦。至整頓釐金、嚴核關稅、稽查荒田、汰除冗員各節，但能破除情面，實力講求，必於國計民生兩有裨益。著各直省將軍督撫，將以上諸條，各就本省情形，與藩、臬兩司暨各地方官悉心籌畫，酌度辦法，限文到一月內，分析覆奏。當此創鉅痛深之日，正我君臣臥薪嘗膽之時。各將軍督撫受恩深重，具有天良，諒不至畏難苟安，空言塞責。原摺片均著抄給閱看，將此由四百里各諭令知之。」[143]

光緒帝在此諭中，雖然僅僅提出了一個粗略的「自強」方案，對於破除「痼習」只是做了一定的提示，但卻開宗明義地指出，求治之道必須「因時制宜」，要依據不同的時期和情況採取適宜的治國方策。並又明確提出，力求通過除弊更張達到「自強而弭隱患」的目的。所以，此諭實際是一動員令，號召君臣上下協力同心發憤圖強，其鮮明的導向是除舊更新。同時，光緒帝還在諭中指出，已把一些要求變法維新的摺片（實際包括康有為的第三書）發下，供各級屬臣參閱。

顯然，光緒帝的此舉與其通常的頒詔不同，這次還具有徵詢臣下意見的用意。說明他對如何更張圖強，仍在試探與摸索之中。

光緒帝的自強諭及遵旨發出的上書、奏片相繼下達後，在事實上，便把對變法維新的醞釀納入朝廷的議事日程。顯然，這也符合康有為的迫切要求。大致從當年六月至七月（八月）以來，一些希望國家復興的廷內外各級官員先後呈摺，從不同角度表露了對更張圖強的態度。詹事府左庶子戴鴻慈，在光緒帝頒布自強諭不久便上奏指出，面對「強鄰眈視，伺間隙以相陵」的嚴重局面，絕「非苟安玩愒之時」，確應奮起更張以求強。但他認為，「若積習不除，即變通終無自強之效」[144]。無疑，這正是自強諭的弱點，也是光緒帝尚難明言之處。因此，他強調更張應從除弊入手。表明，戴鴻慈對光緒帝的圖強號召採取了積極支持的態度。在此之間，帝黨或與帝黨關係密切的官員，也以獨奏或與他人聯銜具摺的方式，相繼上疏為變法更新進言獻策。王鵬運在其奏摺中也批判過去辦的「洋務」只是「徒襲虛名，全無實際」。接著，他便就康、胡的主張指出：「立國未有不富而能強者。」從而王鵬運建議，應「合力講求護商便民之策」[145]。帝黨官員文廷式，在他的奏疏裡又進一步闡發了康有為的「富國」、「養民」思想。他說，此前「所言西法皆枝葉，其本在富國養民」。文廷式同樣主張，應仿照歐洲各國提倡科學種植，大力發展近代農業。他認為，只要「力除積弊，刻刻以養民為念，則國富豐財之本計已隱寓其中」[146]。很顯然，文廷式也把養民視為富國之本。

在國家危機日益深重、連清王朝的統治基礎都在發生動搖之時，對於「圖強」（或謂「自強」），甚至包括一些頑固派官僚在內的多數朝臣疆吏，都已是可以接受的了。但是如何圖強，圖什麼強？老洋務派搞了三十多年的「求強」、「求富」，已被人們所摒棄。那麼，圖強的新路又在哪裡？

這仍是一個關係著中國應向何處去的尖銳問題，又突出地擺在了人們的面前。康有為的《上清帝第三書》和胡燏棻的〈變法自強事宜摺〉，都明確地指出，惟有切實地向西方發達國家學習，通過變法維新使衰弱的中國走向富強，才是當時中國的唯一出路。而且胡燏棻更以鮮明的語言強調：「捨仿行西法一途，更無致富強之術。」同時，康有為又指出，還應仿照西方國家改變中國的封建專制制度，把向西方學習提到一個新的層次。在「要救國，只有維新，要維新，只有學外國」的十九世紀末葉，康、胡等的主張無疑反映了當時中國的客觀要求。但在封建傳統觀念和因循守舊勢力還根深柢固的近代中國，要仿照西方國家來革新中國，便成為一個頗為敏感的課題。因此，在就更張圖強的議論中，應不應該向西方強國學習的問題，便日益明顯地凸顯出來了。

正企圖插足強學會的王文韶，在被實授直隸總督兼北洋大臣不久，便向光緒帝聲稱：「凡鐵路、機器、開礦、治軍諸務，均可以西法為宗，則造就人才，尤當以學堂為急。」[147]他所說的學堂，是指李鴻章為培養洋務人才由盛宣懷創辦的北洋學堂。王文韶認為，繼續辦好這所學堂似乎就夠了，並且他所謂的「以西法為宗」，也主要是在其限定的範圍內，引進些西方的軍事器械及生產建造技術罷了。顯然，王文韶還要沿著老洋務派的足跡走下去。正因如此，日後他又與榮祿一起鼓譟所謂「富強之道，不過開礦、通商、練兵、製械，其他大經大法，自有祖宗遺制，豈容輕改」[148]。對於頑固派官僚而言，這或許也是一種進步，因為他們畢竟要在一定的範圍內採用些「西法」了，但這要以維護其祖宗給留下來的「大經大法」為前提。所以這種進步，也僅是向洋務派靠近些而已。修補和強化其統治機器，仍是其根本目的。後起的洋務派新貴張之洞，他在向西方學習的問題上，卻比王文韶等頑固官僚主動些了。在此期間，當張之洞及劉坤一接到康有為請求資助強學會的函件時，他們也「各捐五千金」[149]以示支持。與此同時，張之洞在給光緒帝的覆奏摺裡又說，甲午戰爭所以日勝我敗，是由於日本仿照西國「變法」使其「國勢日強」[150]的結果。他也看到，學習西方是更張致強的重要途徑。從而張之洞指出：「不知外洋各國之所長，遂不知外洋之可患。拘執者狃於成見，昏庸者樂於因循，以致國勢阽危幾難補救，延誤至此實可痛心。」[151]他抨擊了不思進取盲目排外的愚昧心理，強調應學習各國之長。然而，張之洞說的向西方學習，也只限於編練陸海軍和造鐵路、製槍炮、設學堂、興工商等。對於康有為的變科舉要求，他則認為「茲事甚大，未易更張」[152]。所以，在向西方資本主義強國學習方面，洋務派與一些頑固派官僚的根本立足點是一致的，都是以維護清王朝的專制統治為轉移的。顯然，這與康有為、胡燏棻力求以西方為「師」，把衰弱落後的中國納入近代發展軌道是有方向性區別的。在甲午戰後新顯露出來的袁世凱，在這方面顯得似乎更為激進些。

袁世凱（一八五九—一九一六年），字慰亭，河南項城人。二十一歲以親眷關係投於淮軍吳長慶所部，後隨軍入朝接任商務委員。光緒十一年（一八八五年）中法戰爭後，因其得到直隸總督李鴻章的器重，授三品銜，任為清政府駐朝代表總理交涉通商事宜。到光緒二十年六月（一八九四年七月上旬），當日本統治者按其預謀向朝鮮大舉增兵，使中日關係急劇緊張之際，袁世凱卻「遽欲下旗回國」[153]，並通過李鴻章謀求調回。對此，光緒帝曾立即諭電李鴻章指出：「現在倭韓情勢未定，袁世凱在彼可以常通消息，且與各國駐韓使臣商議事件，……毋庸調回。」[154]予以拒絕。但此後又經李鴻章的接連奏請，在日本侵略者燃起甲午戰火之前，終於將袁調回國內。中日戰爭爆發後，李鴻章只是在後方給袁一些臨時性的委任。然而到光緒二十一年（一八九五年）初清政府對日求和時，袁世凱竟無功受祿，獲得浙江溫處道的頭銜，但竟滯京不赴任所。當時，胡燏棻已在天津附近的小站練起新軍十營。對此，袁越發眼紅。於是，從當年四月（五月）以來，他便頻繁地活動於翁同龢、李鴻藻等清廷大員之間，一再進陳「整軍之策」[155]。當初，翁同龢對袁世凱的印象是「此人開展而欠誠實」[156]。但時隔不久竟使翁氏改變了對袁的看法，又認為「此人不滑，可任」[157]。可見袁世凱善於鑽營的本領。當康有為等籌建北京強學會時，他又以一個「發起人」的身分「首捐金五百」[158]，極力裝扮自己。於六月十二日（八月二日），正在探索更張圖強的光緒帝召見了袁世凱，並降旨將其「交督辦軍務大臣差委」[159]，為他謀取新軍的編練與統轄權鋪平了道路。隨後，袁世凱便以「遵奉面諭」的名義向光緒帝進呈了洋洋萬餘言的覆奏摺。在其中，他也在大談「因時制宜」與「更張」、「求富強」的同時，又極力鼓吹「講求西法」，並批駁了「拘守舊規，罔思改轍」[160]等守舊觀念。但袁世凱向光緒帝獻出的「參用西法」以求富強的建議，卻未超出「設學」、「育才」及「練兵」、「籌餉」的範圍；並且他在要求培養各種新式人才的同時，又認為科舉制已是「成法斷無一時刪除之理」[161]。固然，袁世凱也意識到「參用西法」更張求富強已是「天下大勢」。但他主張向西方學習的立足點與基本套路，仍和張之洞及一些頑固派官僚如出一轍。只不過袁說得更加透徹些了。在此，袁世凱所以有如此「開展」的表現，無疑又與他企圖進一步撈取政治「資本」有關。

在此期間，大講「理學」[162]的河南布政使額勒精額，在對光緒帝的圖強諭覆奏中揚言，只要堅守以綱常倫紀為核心的儒家道統，似乎中國便可固若「金城湯池」無敵於天下了。同時他把西方國家的所有事物均視為「無用之玩物」予以一概排斥，將更張變法誣為「變亂」。因此，額勒精額拚死反對造鐵路、辦廠礦、設學堂等幾乎所有的革新主張。他咬牙切齒地質問：「中國士大夫侈談富強，敢鄙我孔孟，誠不知是何居心？」[163]與此同時，又有人更明確地宣稱，朝廷只要「自潔吏治」，今後「不必專講富強，而富強之基已立矣」[164]。這種人認為，過去搞的「洋務」已使國家走向富強，似乎再言富強便是多餘的了。另外，還有人既意識到「法無久而不變」之理，但卻認為效法西方是「捨己從人」，會「添一新奇之弊」[165]。對向西方學習變法更張懷有重重疑慮和恐懼。

光緒帝在清統治層中發起的這場關於更張圖強的議論，一直延續到光緒二十二年（一八九六年）春。在國家危難日深的歲月，奮起圖強，已成為關心國家命運的官員士大夫的共同心聲。因此，他們當中的一些人，向西方強國學習變法更張，多從不同的角度給予了積極響應。洋務派新貴和一些頑固派官僚，也都程度不同地感到再原封不動走老路已經行不通。甚至企圖投機的袁世凱也標榜起「變法」、「求強」來了。那種仍以虛幻的愚昧觀念，竭力反對學習西方變法圖強的叫嚷，固然體現了守舊勢力的極端頑固性，但卻不得人心。變法圖強，已是人心所向。然而，是圖國家之強，還是為了維護清王朝的統治地位？在這個要害的問題上，卻形成了尖銳的對立。辯論中，雖然頑固派與洋務派的觀點以其權勢占據了上風，但通過這場官方大辯論，卻使從甲午戰後興起的學習西方變法圖強的吶喊聲，響徹整個清朝統治層。從而，進一步促進了統治營壘的分化，為變法維新高潮的到來在思想上做了一定的準備。

從光緒二十二年（一八九六年）以來，經群臣對更張圖強的議論，越發感到「事機日迫」的光緒帝，雖仍認為「目下欲圖自強，自以修明武備為第一要義」[166]。表明到這時他的圖強思想，還未超出洋務派和一些頑固派官僚的圖強觀。但是，由於光緒帝有日益強烈的憂患感，所以在此後隨著民族危機的不斷深化及一些朝臣的維新傾向越發明顯，他的圖強思想也在繼續向前演進。但恰在此時，剛剛吹進些生氣的清宮又起陰雲。

甲午戰爭的屈辱和局，對於西太后來說，她似乎大有慶幸之感。因此，隨著戰爭的結束，西太后又終日在頤和園「或棹扁舟以游於湖，或聽戲為樂」[167]，什麼國家的安危、民族的興衰，依然統統沒有放在她的心上。面對日本侵略者的猖狂宰割和列強的乘機勒索，深陷困境中的光緒帝在奮起探索更張；而西太后竟無視朝廷的危難，在其當年的壽辰期間大肆揮霍之後，又沒完沒了地命舉朝重臣陪她「聽戲」，還「大宴親貴與群臣」[168]，仍在花天酒地地粉飾太平。

圖強的辯論在朝內外繼續進行中，光緒帝頻頻召見樞臣，籌議實施日理萬機，可西太后卻深懷疑忌。光緒二十一年（一八九五年）末，她故技重演，先將傾向圖強的帝黨官員汪鳴鑾及長麟革職，再次挑起矛頭直指光緒帝的「黨禍」。

汪鳴鑾，字柳門，浙江錢塘人。原以進士授翰林院編修，後歷督陝甘、江西、山東、廣東學政，遷內閣學士，繼任工部侍郎。在馬關議和朝內議論割台時，汪鳴鑾「力爭，謂海疆重地，不可棄」[169]，維護了光緒帝反對割台的嚴正立場。戰後，又與翁同龢一起積極支持光緒帝的圖強意願，每當被召見時，汪「奏對尤切直」[170]，得到光緒帝的信任。長麟，滿洲鑲藍旗人，時任戶部右侍郎。長麟「素亢直」[171]，原為奕訢的「倚用之人」[172]，後又靠近光緒帝。當時，一些后黨頑固官僚為參劾強學會和抵制帝、翁意欲圖強已展開密謀，有人竟在「暗中譖於太后」[173]。於是，為預防西太后等阻撓圖強，汪鳴鑾、長麟便將此事「為帝言」[174]。當西太后聞知此情便勃然大怒，隨即迫使光緒帝降諭，以所謂「屢次召對，信口妄言，跡近離間」[175]的罪名，將汪鳴鑾、長麟一併革職。時隔不久，又宣布以「太后懿旨，撤（毓慶宮）書房」[176]，解除翁同龢的帝師之任，其實是拔除了帝、翁會面議事的場所。此後，仍繼續擴大事態。

寇連材，原是個頗得西太后信任的青年太監，他曾被西太后作為心腹，派去以「伺候皇上」為名，實則使之「監督（光緒帝）行止，偵探近事」[177]。但通過實踐，寇連材逐步對驕奢誤國的西太后感到不滿；相反，卻對不能自主的光緒帝產生同情。就是這樣一個終年服役於深宮的年輕太監，後來也被甲午戰敗國勢日危激起強烈的民族義憤所深深觸動。在戰後，他「終日（憂）慮」，感到「若日後再有別國生事，當如何也？」於是，寇連材在光緒二十二年二月（一八九六年三月），「冒死」向西太后跪諫，提出為「安天下」要求「按才」為國立嗣、封王[178]等十條建議。這一行動，完全是寇連材的一種善意勸告，流露出作為一個中國人的愛國情懷。但西太后卻認為這是寇連材「受人（即受帝黨官員——引者）指使」[179]的「叛逆」行為而火冒三丈，遂即命內務府於二月十六日（三月二十九日），將寇連材殺害。接著又大搞株連，將接近光緒帝的「內侍」多人分別發遣、處死，製造了一起轟動京城的大血案。

在寇連材被殺害的次日，西太后又以楊崇伊的「無實據」指控，藉口「語多狂妄」[180]等將帝黨官員、侍讀學士文廷式革職，並把他立即逐出北京。

文廷式，學識淵博，在文人士大夫中頗有影響，是帝黨僅剩下的一名在前場支撐大局的中堅。他在戰後既為光緒帝的圖強竭誠獻策，又為推動舉人上書和協助康、梁等創建強學會而盡力。因此，文廷式的革職被逐，震動朝野，有的士大夫便由此嘆曰：「鉤黨之禍近在眉睫，明哲之士所當深戒。」[181]給有識之士帶來了巨大的精神壓力。從罷黜汪鳴鑾、長麟和解除翁同龢的帝師任職到殺寇逐文，帝黨受到毀滅性的打擊，使其基本陷入了瓦解的狀態。尤其「自是變法之議中止」[182]，康有為懷著沉重心情出京南歸，使光緒帝的圖治探索，剛剛打開局面又出現了巨大的波折。然而，變法革新，已成為不可逆轉的時代潮流。光緒帝的艱難探索也在繼續進行中。

註釋

1、137《德宗實錄》，第三六六卷，第七八一頁。
2《李文忠公全書・電稿》，第二○卷，第五七頁。
3 翁同龢《翁文恭公日記》，乙未四月二十日。
4 朱壽朋編《光緒朝東華錄》(四)，總第三五九五頁。
5、6《德宗實錄》，第三六六卷，第七八三頁。
7《德宗實錄》，第三六五卷，第七六九頁。
8、29 李宗侗、劉鳳翰《李鴻藻先生年譜》，下冊，第七二八頁。
9 故宮博物院編《清光緒朝中日交涉史料》，叢刊《中日戰爭》(四)，第一○九頁。
10〔法〕A・施阿蘭《使華記》，第八八頁。
11〔英〕伯爾考維茨著，江載華，陳衍譯《中國通與英國外交部》，第二一三頁。
12〔英〕伯爾考維茨著，江載華，陳衍譯《中國通與英國外交部》，第二一五頁。
13〔英〕菲利浦・約瑟夫著，胡濱譯《列強對華外交》，第五五頁。
14 孫瑞芹譯《德國外交文件有關中國交涉史料選譯》，第一卷，第四一頁。
15 孫瑞芹譯《德國外交文件有關中國交涉史料選譯》，第一卷，第五三頁。
16〔法〕A・施阿蘭《使華記》，第五五頁。
17 翁同龢《翁文恭公日記》，乙未四月二十三日。
18《清季外交史料》，第一一二卷，第五頁。
19 翁同龢《翁文恭公日記》，乙未四月二十四日。
20《德宗實錄》，第三六六卷，第七八九頁。
21〔美〕馬士著，張匯文等譯《中華帝國對外關係史》，第三卷，第五四頁。
22 朱壽朋編《光緒朝東華錄》(四)，總第三六○○頁。
23《李文忠公全書・電稿》，第二○卷，第六一頁。
24《李文忠公全書・電稿》，第二○卷，第六二頁。
25《德宗實錄》，第三六六卷，第七九○頁。
26〔美〕馬士著，張匯文等譯《中華帝國對外關係史》，第三卷，第五四－五五頁。
27《德宗實錄》，第三六五卷，第七六六頁。
28 叢刊《中日戰爭》(四)，第一二頁。

30、38〔法〕A·施阿蘭《使華記》，第六〇頁。
31〔俄〕羅曼諾夫《俄國在滿洲》，第八一頁。
32《清季外交史料》，第一一一卷，第一一頁。
33翁同龢《翁文恭公日記》，乙未閏五月初二日。
34楊儒輯《俄事紀聞》，第二冊，電一一。
35〔英〕菲利浦·約瑟夫著，胡濱譯《列強對華外交》，第一一七頁。
36〔法〕A·施阿蘭《使華記》，第四四頁。
37《孫中山選集》，人民出版社一九五六年版，上卷，第一九頁。
39翁同龢《翁文恭公日記》，乙未五月二十七日。
40黃月波等編《中外條約匯編》，商務印書館一九三六年版，第一二〇頁。
41〔法〕A·施阿蘭《使華記》，第六四頁。
42《清季外交史料》，第一一九卷，第五頁。
43張蓉初譯《紅檔雜誌有關中國交涉史料選譯》，第一七七頁。
44、46《清季外交史料》，第一一八卷，第一頁。
45《許文肅公遺稿》，第八卷，第五四頁。
47《德宗實錄》，第三七六卷，第九一〇—九一一頁。
48《清季外交史料》，第一一八卷，第三頁。
49〔法〕A·施阿蘭《使華記》，第四三頁。
50《清季外交史料》，第一一六卷，第五頁。
51《清季外交史料》，第一一六卷，第三五頁。
52《德宗實錄》，第三七九卷，第九六四頁。
53、111梁啟超《中國四十年來大事記》（一名《李鴻章》），《飲冰室專集》之三，第六〇頁。
54《清季外交史料》，第一一九卷，第二五頁。
55翁同龢《翁文恭公日記》，乙未十二月二十七日。
56《清季外交史料》，第一二一卷，第五一頁。
57見〔俄〕羅曼諾夫《帝俄侵略滿洲史》，中譯本，第八九頁。
58《清季外交史料》，第一二二卷，第二頁。
59印鸞章《清鑑綱目》，第九卷，第六九八頁；另見梁啟超《飲冰室專集》之三，第六三頁。
60蕭一山《清代通史》下卷，第一三三一頁。
61、97、105沈桐生輯《光緒政要》，第二一卷，第一六頁。
62梁啟超《康有為傳》，《戊戌變法資料》(四)，第七頁。
63康有為《康南海自編年譜》，第二頁。
64康有為《康南海自編年譜》，第五頁。
65趙爾巽等《清史稿》（四二傳），第一二八三〇頁。
66梁啟超《康有為傳》，《戊戌變法資料》(四)，第八頁。

67 張伯楨《南海康先生傳》，第七－八頁。

68 康有為《康南海自編年譜》，第一二、一三頁。

69 康有為《上清帝第一書》，湯志鈞《康有為政論集》，上冊，第五五、五七頁。

70 康有為《南海先生詩集》，《戊戌變法資料》(四)，第三三六頁。

71 康有為《康南海自編年譜》，第二三頁。

72 梁啟超《三十自述》，王子堅《時人自述與人物評傳》，經緯書局一九三五年版，第一六〇、一六一頁。

73 梁啟超《梁啟超年譜補充資料》，《戊戌變法資料》，第一七五頁。

74 湯志鈞《戊戌變法人物傳稿》，上冊，第一八頁。

75 梁啟超《清代學術概論》，《戊戌變法資料》(一)，第四三六頁。

76、86 康有為《康南海自編年譜》，第三〇頁。

77 康有為《上清帝第二書》，湯志鈞《康有為政論集》，上冊，第一一四頁。

78 康有為《上清帝第二書》，湯志鈞《康有為政論集》，上冊，第一一六頁。

79 康有為《上清帝第二書》，湯志鈞《康有為政論集》，上冊，第一二二頁。

80 康有為《中日和約書後》，湯志鈞《康有為政論集》，上冊，第一三七頁。

81 康有為《上清帝第二書》，湯志鈞《康有為政論集》，上冊，第一二四頁。

82 康有為《上清帝第二書》，湯志鈞《康有為政論集》，上冊，第一二六、一三〇、一三一頁。

83 康有為《上清帝第二書》，湯志鈞《康有為政論集》，上冊，第一三五頁。

84 康有為《上清帝第二書》，湯志鈞《康有為政論集》，上冊，第一三四、一三五、一一九、一三五頁。

85、89 徐勤《南海先生四上書雜記》，《戊戌變法資料》(三)，第一三二頁。

87 張伯楨《南海康先生傳》，第三四頁。

88 中國第一歷史檔案館《康有為第三次上清帝書原本》，《歷史檔案》，一九八六年第一期，第四〇頁。

90 康有為《康南海自編年譜》，第三三頁。

91 同上。另在梁啟超的《戊戌政變記》第二頁中又說，甲午戰後康、翁會面時，康「極陳列國並爭，非改革不能立國之理。翁反覆詢詰，乃益豁然」。但是，關於康、翁的面會，在翁氏的《日記》中卻毫無反映，成為引人注目的疑點。早期，金梁曾提出：翁同龢罷歸後出於「顧忌」，對其《日記》有「改易」的跡象（金梁《近世人物志》，第一六頁）。多年來，此說已得到史學界的重視。近年，孔祥吉在其所著《康有為變法奏議研究》一書中，又對此做了進一步考證。此見固可成說，但就其時康氏的處境看來，早在上年八月，即有廷臣彈劾康的《新學偽經考》「詆毀前人，煽惑後進」（《德宗實錄》，第三四四卷，第三九九頁）。翁同龢也曾對康之此書感到「驚詫不已」（翁同龢《翁文恭公日記》，甲午五月初二日）。戰後，由於康有為接連上書鼓動變法，更為守舊官僚徐桐等「大臣所側目」（張伯楨《南海康先生傳》，第四〇頁）。給事中余聯沅劾康鼓吹變法是「惑世誣民」（趙爾巽等《清史稿》（四二傳），第一二八三〇頁）。至此，康有為又成為守舊勢力攻擊的主要目標。並在康、翁晤談時，就有人在外監聽。在這種情況下，翁同龢在其《日記》中迴避與康氏的接觸事是可以想見的。

92 翁同龢《翁文恭公日記》，甲午十月初八日。

93、95 沃丘仲子《近代名人小傳》，第一二四頁。

94、182 梁啟超《戊戌政變記》，第二頁。

96、127、132、138 蘇繼祖《清廷戊戌朝變記》，《戊戌變法資料》(一)，第三三〇頁。

98、128、166《德宗實錄》，第四一二卷，第三八六頁。

99《戊戌變法資料》(四)，第二頁。

100 沃丘仲子《近代名人小傳》，第三〇二頁。

101 朱壽朋編《光緒朝東華續錄》，第一二四卷，第一五頁。

102 翁同龢《翁文恭公日記》，乙未三月二十二日。

103 沈桐生輯《光緒政要》，第二一卷，第一五—一六頁。

104 沈桐生輯《光緒政要》，第二一卷，第一五頁。

106 沈桐生輯《光緒政要》，第二一卷，第二三頁。

107 準良《富強之策鐵路為先摺》，《軍機處錄副》，中國第一歷史檔案館藏。

108 褚成博《保薦人才宜摒除私見摺》，《軍機處錄副》，中國第一歷史檔案館藏。

109 康有為《康南海自編年譜》，第三四頁。

110 曾士莪《書翁李相國傾事》，《國聞周報》，第一二卷，第一七期。

112《清鑑輯覽》，第二六卷，第九頁。

113、114 趙爾巽等《清史稿》（四一傳），第一二三七七頁。

115《清鑑輯覽》，第二六卷，第三頁。

116 李宗侗、劉鳳翰《李鴻藻先生年譜》，下冊，第七三四頁。

117 翁同龢《翁文恭公日記》，乙未六月十一日。

118 文廷式《聞塵偶記》，《近代史資料》，一九八一年第一期，第四〇頁。

119 榮祿《致陝西巡撫鹿傳霖札》，李宗侗、劉鳳翰《李鴻藻先生年譜》，下冊，第七一一頁。

120 榮祿《致陝西巡撫鹿傳霖札》，李宗侗、劉鳳翰《李鴻藻先生年譜》，下冊，第七一二頁。

121 趙爾巽等《清史稿》（四二傳），第一二七五〇頁。

122 沃丘仲子《近代名人小傳》，第一三一頁。

123、149 康有為《康南海自編年譜》，第三五頁。

124 沃丘仲子《近代名人小傳》，第一七五頁。

125 《德宗實錄》，第三八一卷，第九八六頁。

126、158 梁啟超《飲冰室合集·文集》之二九，第一頁。

129 惲毓鼎《崇陵傳信錄》，《戊戌變法資料》(一)，第四七五頁。

130 《戊戌變法資料》(二)，第一八七頁。

131 徐沅《檐醉雜記》，《戊戌變法資料》(四)，第三一八頁。

133 〔美〕卡爾女士《慈禧寫照記》，中譯本，上海中華書局一九一七年版，第一五七—一五八頁。

134 翁同龢《翁文恭公日記》，乙未三月二十三日。

135 湯震《危言》，《戊戌變法資料》(一)，第一七七頁。

136 陳熾《庸書》，《戊戌變法資料》(一)，第二四五頁。

139 康有為《康南海自編年譜》，第三二頁。

140 印鸞章《清鑑綱目》，第六九〇頁。

141 《南書房翰林張百熙請飭督撫薦舉人才片》，《軍機處錄副》，中國第一歷史檔案館藏。

142 朱壽朋編《光緒朝東華續錄》，第一二八卷，第二頁。

143 《德宗實錄》，第三六九卷，第八三七—八三八頁。

144 戴鴻慈《敬陳管見用備採擇摺》，《軍機處錄副》，中國第一歷史檔案館藏。

145 王鵬運《外患日深，人心漸異，請速講求商務以維大局摺》，《軍機處錄副》，中國第一歷史檔案館藏。

146 文廷式《條陳民事宜摺》，《軍機處錄副》，中國第一歷史檔案館藏。

147 朱壽朋編《光緒朝東華續錄》，第一二九卷，第五頁。

148 費行簡《慈禧傳信錄》，《戊戌變法資料》，第四六八頁。

150 《清季外交史料》，第一一六卷，第二五頁。

151 《清季外交史料》，第一一六卷，第三一頁。

152《清季外交史料》，第一一六卷，第三三頁。
153《李文忠公全書・電稿》，第一六卷，第三頁。
154《德宗實錄》，第三四二卷，第三七六頁。
155 李宗侗、劉鳳翰《李鴻藻先生年譜》，下冊，第七二五頁。
156 翁同龢《翁文恭公日記》，乙未閏五月二十九日。
157 翁同龢《翁文恭公日記》，乙未八月十一日。
159《德宗實錄》，第三七〇卷，第八五二頁。
160、161 袁世凱《遵奉面諭謹擬條陳事件恭呈》，《軍機處錄副》，中國第一歷史檔案館藏。
162 金梁《近世人物志》，第二八八頁。
163 額勒精額《遵議各處條陳時務摺》，《軍機處錄副》，中國第一歷史檔案館藏。
164 曹志清《慎簡人才以固治本摺》，《軍機處錄副》，中國第一歷史檔案館藏。
165 廖壽豐《變法有漸正本為先恭摺》，《軍機處錄副》，中國第一歷史檔案館藏。
167〔英〕濮蘭德、白克浩司《慈禧外紀》，中譯本，第一二三—一二四頁。
168 李宗侗、劉鳳翰《李鴻藻先生年譜》，下冊，第七四〇頁。
169 閔爾昌《碑傳集補》，第五卷，第一〇頁。
170 趙爾巽等《清史稿》（四一傳），第一二四三〇頁。
171 梁啟超《戊戌政變記》，第一四七頁。
172 湯志鈞《戊戌變法人物傳稿》，上冊，第一四二頁。
173 蘇繼祖《清廷戊戌朝變記》，《戊戌變法資料》（一），第三三〇—三三一頁。
174 沃丘仲子《近代名人小傳》，第一五六頁。
175 朱壽朋編《光緒朝東華續錄》，第一三〇卷，第五頁。
176 李宗侗、劉鳳翰《李鴻藻先生年譜》，下冊，第七四四頁。
177 小橫香室主人《清宮遺聞》，上海中華書局一九二六年版，第九三頁。
178 均見《歷史檔案》，一九八四年第四期。
179 梁啟超《戊戌政變記》，第一一一頁。
180《德宗實錄》，第三八六卷，第三五、三六頁。
181 葉昌熾《緣督廬日記鈔》，第七卷，第二六頁。

第七章　不做亡國之君

救亡

（一）圖強求存的凝聚力

在甲午中日戰爭之後，那些憂國之士最為擔心的險惡局面，到光緒二十三年（一八九七年）冬居然出現了。

原在俄、法、德三國策畫干涉「還遼」時，就企圖趁機在中國搶占「儲煤站與軍港」[1]的德國，經過兩年多的窺探與謀畫，到當年十月（十一月）便以兩名德國傳教士在山東鉅野被殺為藉口，公然派出艦隊侵占了我國山東膠州灣。次年二月四日（一八九八年三月六日）迫使清政府簽訂了《膠澳租界條約》，把其侵略勢力伸向整個山東。

在德國侵占膠州灣之後，沙俄的外交大臣穆拉維也夫即聲稱：「德國人占領膠州灣，給我們（俄國——引者）提供了一個有利的機會，去占領中國的一個港口。」[2]果然，在德軍侵占膠州灣之後的十一月二十二日（十二月十五日），沙俄便擅自派艦隊開進我旅順港；並於次年三月六日（一八九八年三月二十七日）強迫清政府訂立了《旅大租地條約》。就此，俄國繼以《中俄密約》把其侵略勢力伸入我東北北部之後，又通過這個「租地條約」租占了旅順大連灣和向此修築中東鐵路支線等特權。從而，便把中國整個東北均置於其魔爪之下。接著，其他列強也紛起效尤，進而在中國掀起了一場惡浪滾滾的爭奪獨占區和畫分勢力範圍的瓜分狂潮。於是，彌天的烏雲籠罩了我中華大地，自甲午戰後日益加重的民族危機達到了怵目驚心的程度。因此，救亡圖存，便成了中華民族最為緊迫的使命。

在亡國大禍迫在眉睫的緊急關頭，維新派領袖康有為，又發出圖強求存的吶喊聲。

原來，康有為於光緒二十一年（一八九五年）秋南歸之後，相繼發生的查封強學會和接連打擊帝黨官員及殺害寇連材等事件，使他感到在西太后「壓制更甚」的情況下變法確有其難。所以，康有為又繼續從事著述、講學及到港、澳等地考察了解外情，力求在思想理論與人才方面為變法打下更堅實的基礎。另外，鑑於中國人口衆多而且災難日深，原在甲午戰爭爆發前後，他又產生了通過對外移民「以存吾種」[3]的念頭。至此，康氏的這一想法又突出出來了，並為此進行了多方聯繫。光緒二十三年（一八九七年）冬，正當他到北京繼續聯繫移民問題時，發生了德國侵占膠州灣事件。

德占膠州灣後，激憤滿懷的康有為，便立即活動於各級官員與士大夫中籌畫救亡之策。與此同時，他又針對德占膠州後的險惡局面，奮起寫出《上清帝第五書》。在這當中，康有為沉重地指出，德國侵占膠州之後，「瓜分豆剖」已「漸露機牙」；並說此間「萬國報館議論沸騰，咸以分中國為言」[4]。在此危亡繫於一髮之際，他急迫要求「及時變法，圖保疆圉」[5]；而且強調「圖保自存之策，捨變法外別無他圖」[6]。從而，鮮明地舉起了圖強救亡的旗幟。接著，康有為慷慨激昂地忠告光緒帝：如仍然「苟且度日，因循守舊」，不奮起變法圖強，「恐自爾之後，皇上與諸臣求為長安布衣而不可得矣！」[7]同時，他還就變法的步驟、革新要點等進一步作了陳述。但是，這份充滿愛國激情的奏摺，於當年十一月上旬（十二月初）康有為請其任職的工部代遞時，該部堂官竟以言詞過激「不肯代遞」[8]，使其一片血誠的報國之志再次受阻。於是，他在無奈之下又欲南歸繼續從事變法的宣傳、組織工作。恰在此時，已與康有為有過接觸的翁同龢，於一月初四日（十二月十二日）出面告予康「上（光緒帝）意拳拳」，勸其「萬不可行」[9]。希望他繼續留在北京。

翁同龢，在甲午戰爭後已產生了強烈的危機感，意欲改弦更張，並因此與康有為進行了接觸，而且取得了共識。到膠州事件發生後，他又進而感到這是「最憾最辱之事」，憤然嘆息道：「何時雪此恥耶？」[10]至此，翁同龢對於變法求存更有了緊迫感。正因如此，在此期間他首先向光緒帝「力薦（康）有為」[11]，認為其人「才堪大用」[12]。當翁同龢了解到光緒帝尤為急欲變法和得知康有為將要出京時，他便出面對其加以挽留。結果，正是在翁氏的勸阻下，康有為「遂不獲歸」[13]。於是，救亡圖存的使命感，又進一步把翁同龢與康有為吸引在一起了。

自從「德人占據膠州，上益憂懼」[14]。光緒帝的心情已十分沉重，當俄國陳兵旅順並提出租占旅大等無理要求時，光緒帝遂怒不可遏。在帝、后與樞臣商討此事時，他即「面責恭邸（奕訢）及合肥（李鴻章），謂汝等言俄可恃，與定約（指《中俄密約》——引者），輸以大利。今約期未半，不獨不能阻人之來分，乃自渝盟索地，密約之謂何？」對於光緒帝這一義正詞嚴的斥責，奕訢、李鴻章竟然回答說：「若以旅大與之，密約如故。」對此無視國土與主權的胡言濫語，光緒帝聞之更為「大怒」。然而，這時的西太后又顛倒黑白地訓斥光緒帝：「此何時，汝（光緒帝——引者）乃欲戰耶？」[15]居然為奕訢、李鴻章的妥協立場張目。圍繞俄占旅大在清廷中樞裡展開的這場針鋒相對的辯論，即充分暴露了西太后、奕訢及李鴻章一夥，對國家危機仍麻木不仁的可卑心態，也表露了光緒帝以國家命運為憂的急迫心情。其實，自甲午戰後直到德占膠州、俄據旅大以來，光緒帝的「憂國之忱」和「發憤之志」已越發強烈。當膠州事起，康有為在呼籲變法救亡；翁同龢便將康「奏薦」與帝。接著，在翁同龢勸阻康有為離京時，以「敢言」而著稱的兵部給事中高燮曾，又以康「學問淹長，熟諳西法」奏請予以「召對」。顯然，高的公開奏請，又給光緒帝採取接見任用康有為的行動提供了機會。因而，他在見到高燮曾的奏片後，便立即以批覆的方式命總理衙門大臣「酌覆辦理」[16]。到光緒二十三年十二月二十四日（一八九八年一月十六日），光緒帝在召見樞臣議論「時事」時，即明確地吐露了「以變法為急」[17]的心意。至此，「上（光緒帝）念國勢阽危，毅然有改革之志。知康有為伉直敢言，又因大學士翁同龢之請，欲擢用之」[18]，準備召見康有為。

原來，早於當年元旦，一些頑固派官僚已將翁同龢向光緒帝「保薦康有為」的情況「密告恭邸（奕訢）」[19]。所以到這時，已成為看家老手的奕訢，便以祖師爺的架式聲言：「額外主事（康有為——引者）保舉召見，非例也，不可無已。先傳至總理衙門一談，果其言可用，破例亦可，否則作罷論」[20]。恰是在奕訢的阻撓下，光緒帝只得命總理衙門大臣「隨時接見康有為，詢問天下大計，變法之宜，命令如有所見及有著述論政治者，由總理各國事務衙門進呈」[21]。

光緒二十四年正月初三日（一八九八年一月二十四日），李鴻章、翁同龢、榮祿及刑部尚書廖壽恆、戶部左侍郎張蔭桓，在總理衙門西花廳接見了康有為。其時，李鴻章雖然仍為文華殿大學士，但他依舊無實權還是寄於總理衙門。榮祿，在甲午戰爭後由步兵統領升任兵部尚書兼總理衙門大臣之後，到光緒二十二年五月（一八九六年六月）又得到大學士的榮耀。在光緒二十三年（一八九七年）他雖曾主張「設武備特科，參酌中西兵制，造就人才」[22]，也鼓吹了一陣兒所謂的「新政」，但卻明顯的是為修補清王朝的統治機器。固然榮祿與那些閉著雙目走路的老頑固派官僚有一定的區別，然而他作為西太后的親信，在政治上堅決維護專制制度的頑固立場並未改變。這次接見康有為，在實際上榮祿是居於領頭兒的地位。因此接見中，他企圖左右導向，控制場面，從而與康有為展開了一場短兵相接的論爭。接見的情況如下：

榮：「祖宗之法不能變。」

康：「祖宗之法，以治祖宗之地也，今祖宗之地不能守，何有於祖宗之法乎？即如此地為外交之署，亦非祖宗之法所有也。因時制宜，誠非得已。」

廖：「如何變法？」

康：「宜變法律，官制為先。」

李：「然則六部盡撤，則例盡棄乎？」

康：「今為列國並立之時，非復一統之世，今之法律官制，皆一統之法，弱亡中國，皆此物也。誠宜盡撤，即一時不能盡去，亦當斟酌改定，新政乃可推行。」

翁：「問籌款。」

康：「日本之銀行紙幣，法國印花，印度田稅，以中國之大，若制度既變，可比今十倍。」「於是陳法律、度支、學校、農商、工礦政、鐵路、郵信、會社、海軍、陸軍之法，並言日本維新，仿效西法，法制甚備，與我相近，最易仿摹，近來編輯，有《日本變政考》及《俄大彼得變政記》，可以採鑑焉。至昏乃散，榮祿先行。」23

對康有為，以大臣接見代替光緒帝召見顯然降低了規格。並因此使光緒帝欲經召見「擢用」康有為的意圖未能實現，而且還阻止了帝、康之間的直接面談。這對加速變法來說，固然是不利的。但在當時，變法的阻力主要在以西太后為首的頑固派方面。因此，一些當朝大臣接見一個未上任的小臣康有為，此事的本身又是對清王朝「成例」的一種突破。無疑，防線既已被衝開，便難以再完全彌合。並且康有為利用這一不同尋常的機會與場合，當面把西太后之親信、頑固派權貴榮祿抵制變法的謬論駁得體無完膚；同時還乘機向一些有代表性的重臣宣傳了變法維新。從而，對在一定程度上孤立頑固派和爭取朝臣等方面均起到了一些不容忽視的作用。顯然，這又為光緒帝站出來公開主持變法，也提供了一定的必要條件。原來，廖壽恆與其兄浙江巡撫廖壽豐相似，均曾為官「敢作為」[24]，卻對變法存有疑慮。但在此之後，廖壽恆便「視諸臣為後進」，認為他們對革新「尤不能有所指陳」[25]，思想發生變化，靠近了光緒帝與康有為。因此，「有為遞書遞摺，及有所傳旨，多廖壽恆為之」[26]。他對促進光緒帝與康有為的結合也起到一些有益的作用。

已有「改革之志」的光緒帝，為了盡快與康有為溝通，加速準備推行變法的進程，他在此時又抓住時機順水推舟地採取了兩項斷然措施：其一，在諸臣接見康有為之後的當天，翁同龢便將康之「言入奏」[27]於帝。於是，當光緒帝得知康有為在被接見中有薦書的表示時，便不失時機地立即命總理衙門大臣「呈進工部主事康有為所著《日本變政考》、《俄皇大彼得變政考》（記）等書」[28]。其二，在大臣接見康有為之後的第六天（一月二十九日），光緒帝又諭令總理衙門大臣，進一步明確重申「自後康有為如有條陳，即日呈遞，無許阻格，並命康有為具摺上言」[29]。正是在光緒帝的諭令之下，此後不久，原被工部堂官拒遞的康有為之《上清帝第五書》，由總理衙門大臣遞到光緒帝的面前[30]。在國家處於危在旦夕之此刻，對國家前途已憂心忡忡的光緒帝，看到康有為的這份對祖國充滿一片熱誠的奏摺，又被其深深地打動了。尤其當他看到「求為長安布衣而不可得」的話語時，光緒帝「肅然動容」，並以此對軍機大臣曰：「非忠肝義膽，不顧死生之人，安敢以此直言陳於朕前乎！」遂即有的大臣也對此「嘆息」之久[31]。從而，光緒帝興奮地「嘉納之」[32]。在對待這一奏摺的態度上，亦可見光緒帝與頑臣形成了多麼鮮明的對照。不久，康有為提出關於變法方案的《上清帝第六書》，也於光緒二十四年一月八日（一八九八年一月二十九日）順利地由總理衙門進呈給光緒帝。至此，終於給康有為向光緒帝呈遞書、摺開通了道路。於是，在圖強救亡的征途上，大大地增進了光緒帝與康有為的聯繫。

（二）舉目看世界

自光緒二十三年（一八九七年）冬以來，光緒帝在群魔亂舞中毅然堅定起來的「改革之志」，固然已經歷了一段痛苦、曲折的過程，但有關改革的方向與途徑等問題，他還仍然處於繼續摸索之中。

光緒帝在甲午戰爭後產生的更張圖強的願望，也只不過是憤於戰敗受辱，感到此後如不改弦更張「社稷難資保守」。因此，他力求通過除弊圖強「使這種恥辱不再發生」[33]。顯然，這還基本是出於一種憂國雪恥之憤。而且在當時，光緒帝要改革的思想武器，亦無非是《易經》裡的「窮則變，變則通」或「因時制宜」等傳統的變異觀，還缺乏時代的氣息。所以在此期間，每當一些頑臣「以祖宗成法不可改，夷法不足效」的謬論來抵制其更張圖強的思想時，他往往因無力反駁而痛哭作罷。此後，光緒帝雖曾從康有為的《上清帝第三書》與胡燏棻等的奏摺中受到啟示，獲得鼓舞，並為進一步徵詢臣下意見深入探索圖強之路，組織了上下臣屬的議論，然而在演成的這場大辯論中，不僅受到一些權貴、頑臣的竭力干擾，後來又遭到西太后的破壞。因此直到德國侵占膠州灣時，光緒帝更張圖強的思路，依舊停留在「以修明武備為第一要務」的地步。顯然，尤其在中國已與世界潮流形成巨大反差的情況下，不把目光移向新的時代，任何改革只能是原地旋轉，與國家進步無補。因此康有為特別強調，圖強必須以「開創」的姿態面向「列國並立之勢」，否則便是「空疏愚陋，謬種相傳」[34]，重蹈宋、明覆轍。

事實上，自鴉片戰爭以來，在西方世界早已進入近代時期而中國仍未擺脫中世紀桎梏的年代，中國人的覺醒，從一定意義上說，似可認為是從林則徐、魏源認識到應「師夷之長技」開始的。此後，包括太平天國農民運動領袖洪仁玕在內的一些中國人，都陸續從外國尋求富強之道。到十九世紀七〇至八〇年代，要求學習西方以振興祖國的呼聲，便形成了一股新的社會思潮。甲午中日戰爭後，在空前喪權辱國的刺激下，來自朝內外的這種要求，又迅速地匯集成激盪全國的時代潮流。

在此之前，洋務派官僚曾倡導過「西法」，並進行了一些具有開創性的建設，而且它起到一定的啟蒙作用也是無可否認的。但是，正如梁啟超所說的，這些「言西法者，不過稱其船堅炮利製造精奇而已。所採用者，不過炮械軍兵而已。無人有知學者，更無人知有政者」[35]。在甲午中日戰爭的實踐中已經驗證，從外國引進的先進軍備也不能孤立地發揮作用。因而，只在陳腐守舊的軀體上栽植些西方先進的軍兵技藝，除可在一定程度上修補統治鏈條和增強派系勢力而外，既不能使國家強盛，更談不上革新中國。到甲午戰爭後，一些有識之士相繼抨擊洋務派的「西法」觀的確體現了一些中國人的認識水平的提高。不過從思想上來說，洋務派還具有一定的「開放」性。總之，在甲午戰爭前，絕大多數「朝士皆恥言西學，有談者詆為漢奸」[36]，把自己完全封閉起來。因此，因循守舊、不求進取的惰性仍牢牢地纏繞著朝野上下。至於在清王朝最上層的當國者之中，從進入近代時期的道光皇帝以來，沒有一個勇於放下他們自以為「天朝至上」的空架子，起來了解些世界發展形勢，認真對照一下本國的現實，對國家進行些切實的更新。因而，他們一個接一個眼睜睜地看著國家日益衰落，任人欺凌與宰割。如說在這方面有所突破，是從處於特定的歷史條件與環境中的光緒帝開始起步的。

原來，在被迫簽訂《馬關條約》時陷入困境中的光緒帝，便對陳熾、湯震傳播西學的《庸書》與《危言》引起重視。甲午戰後，當他產生了圖強的念頭以來，在傾心閱覽「競言自強之術」的奏疏、探索除弊更張的過程中，光緒帝的目光又繼續向外延伸。然而，由於他處於與世隔絕的深宮，所以帝師翁同龢又在這方面起了特殊的作用。

戰後兼任總理衙門大臣的翁同龢，由於亦意欲圖強，並且他很快會見了康有為，從中了解到「列國並爭」之勢，使他開闊了眼界。此後，翁同龢利用接見外國人的機會又獲得一些外情。因此，翁氏在其乙未年九月（一八九六年十月）間的《日記》中，留下了「記李提摩太語」、「記歐格訥語」[37]的記載。李提摩太是來華已久的英國傳教士，他從「先引導上等人入道」[38]著手，竭力交結當權的上層人物。並且李提摩太又打著「興中國」的旗號，通過辦刊、編書等宣揚「西學」、「西法」，企圖把中國納入英國的懷抱。甲午戰後北京興起圖強熱時，他來京既向翁同龢遊說，又接觸康有為加入強學會。翁同龢雖然認為李提摩太是個「說客」[39]，對其提出帶有明顯政治目的建議給以駁回。但要變法圖強的翁同龢及康有為等，卻又對他產生了較大的幻想。至於歐格訥，為英國駐華公使。他大談「重振」[40]中國云云，卻在極力維護英國的侵華利益。其實，當時列強各國認為，在中國「支持一個它們所能威脅、控制的儒弱政府，自是最為有利」[41]，絕不願中國走向強盛。不過，李提摩太、歐格訥等在施放煙幕時，也未免透露一些列強各國的動向，這對翁同龢等人來說，抑或有所啟益。因此，在光緒帝渴望了解外情之初，對世界形勢一知半解的翁同龢，便「備以康（有為）之言達皇上，又日以萬國之故，西法之良，啟沃皇上」[42]。與此同時，曾出使過外洋的官僚張蔭桓，也不自覺地扮演了一個「啟誘聖聽」的角色。每當光緒帝聽其講述「歐美富強之機」時，均「喜聞之」，並對張「不時召見」[43]。到德占膠州灣和群強掀起瓜分中國的驚濤駭浪時，以變法為急的光緒帝更「喜歡看新書」[44]了。到光緒二十四年正月二十四日（一八九八年二月十四日），他曾經主動向翁同龢「索」求，得到了黃遵憲的《日本國志》一書[45]。

黃遵憲，廣東嘉應州（今梅縣）人，字公度。光緒二年（一八七六年）順天鄉試舉人，次年被任為駐日公使館參贊。八〇年代後，又歷任駐美國舊金山總領事、駐英使館二等參贊等。在多年的駐外期間，黃遵憲「皆舉其職」[46]。在困難的情況下，為維護國家尊嚴與華僑利益而竭盡其力。他回國後，於光緒二十二年（一八九六年）秋在上海與前來宣傳變法的康有為相識。此後，彼此「朝夕過從，無所不語」[47]，關係日益密切。後又與梁啟超、譚嗣同等維新人士交結，亦熱中於變法維新。光緒二十三年（一八九七年），補湖南長寶鹽法道，署湖南按察使。黃遵憲使日期間即悉心研究日本明治維新史，光緒十三年（一八八七年）完成《日本國志》一書。《日本國志》，在當時是一部難得的、詳細介紹日本明治維新前後政治、經濟、軍事及社會風俗等情況的書籍。因此，光緒帝通過對這部書的細心閱覽，又使他獲得了巨大的啟益。隨後，光緒帝又被康有為等介紹外國情況的書籍吸引住了。

康有為從立志於革新祖國以來，就關心世界各國的動向，注意搜集有關外國情況的資料。他在光緒二十二年（一八九六年）秋自北京回到廣東之後，在繼續從事講學、著述及運籌變法的同時，又通過到港、澳、滬等地考察與辦報，不惜重金廣泛購置各國書刊。到光緒二十三年（一八九七年）「所得日本書甚多」[48]，並命其長女同薇譯出，遂撰寫了《日本書目志》。當康有為到京後很快投身於救亡運動時，他在奮起寫出「抗論」德占膠州的《上清帝第五書》並呈遞受阻後，又得到光緒帝急於變法的消息。於是康有為認為，在「皇上憂勞時變，亟籌自強」[49]之時，採取繼續上書與著書進呈並舉的辦法，似乎對推動光緒帝奮起變法更為有利。因此，他在被總理衙門大臣接見時，便向諸臣提出已編輯了《日本變政考》與《俄大彼得變政記》兩書，可供皇上「採鑑」。其實，至此帝、康的心情已經相通。所以當翁同龢把上述情況入奏之後，立即引起光緒帝的重視，遂命總理衙門大臣速將康之兩書等「呈進」。原來，康有為被總理衙門大臣接見後，首先遞上了《應詔統籌全局摺》（即《上清帝第六書》），提出「以俄大彼得之心為心法，以明治之政為政法」，要求「取鑑於日本之維新」[50]進行變法。為與此相配合，他日夜奮戰加緊「繕寫」《日本變政考》及《俄大彼得變政記》兩書。由於康有為認為俄國通過彼得改革而成為「由弱致強」[51]的典型，所以他力圖先把此書遞上。隨後，總理衙門大臣於三月初三日（三月二十四日）將其進呈給光緒帝[52]。後於三月二十三日（四月十三日），經光緒帝催索，總理衙門又把康有為的《日本變政考》及李提摩太編譯的《泰西新史攬要》（又稱《泰西新政摘要》）、《列國變通興盛記》（又稱《各國振興記》）等書代予呈進[53]。光緒帝得到這些新書如獲至寶，「置御案日加披覽」[54]。在其中，他特別對康有為介紹日本明治維新的《日本變政考》一書感到尤「而善之」[55]。到此，光緒帝在閱讀了黃遵憲的《日本國志》而後，又經攻讀康之此作，受到更大的啟示。因而，通過認真閱覽這些介紹各國革新致強的書籍，樣板的力量使光緒帝受到更深刻的影響。對其變法圖強思想的發展，起到了不容忽視的促進作用。

三年前，日本還是令人憎恨的侵略國家。但到此時，在極欲變法圖強的一些中國人眼裡，它又變成了「先生」，這也是一種歷史的辯證法。視野逐步擴展中的光緒帝，在追求光明未來的道路上仍繼續向前邁進。在此期間，他又通過各種途徑「大購西人政書覽之」[56]，而且對於「考讀西法新政之書，日昃不遑」[57]。在此，光緒帝對康有為等介紹外國社會、政治及改革等情況的書籍產生了濃厚的興趣。所以直到四月初七、初八日（五月二十六、二十七日）的二天中，竟因光緒帝再次命翁同龢繼續進呈康之書，君臣之間引起了一場頗動感情的爭論。情況如下：

四月初七日（五月二十六日）：

帝：「命臣（翁同龢），康有為所進書，令再寫一份遞進。」

翁：「與康不往來。」

帝：「何也？」

翁：「此人居心叵測。」

帝：「此前何以不說？」

翁：「臣近見其《孔子變（改）制考》知之。」

四月初八日（五月二十七日）：

帝：「又問康書。」

翁：「對如昨。」

帝：「發怒詰責。」

翁：「傳總署（即總理衙門——引者）令進。」

帝：「不允，必欲臣詣張蔭桓傳知。」

翁：「張某（蔭桓）日日進見，何不面諭？」

帝：「仍不允。」「退乃傳知張君（蔭桓）。」[58]

就帝、翁這場爭執的本身來說，由於翁同龢支持光緒帝更張圖強，尤其他又較早地接觸和推薦康有為，因此已使頑臣「忌而惡之」[59]。到此，在清廷統治集團的核心中，翁同龢成了頑固派攻擊的主要目標。在這種情況下，翁同龢對康有為的表現的確有些微妙的變化，從而引起光緒帝的費解與不滿。然而，在變法即將啟動的關鍵時刻，這又是個關係大局的問題。但從中可見，康有為介紹外國情況的書，已在光緒帝的心目中占據了重要位置。

平心而論，在十九世紀末葉的中國，尤其對處於封閉狀態的光緒帝來說，加上語言文字上的限制，他還不可能看到更多的「新書」，特別是「西書」。然而，在這種特定的歷史環境中，急於變法求存並頗有些進取心的光緒帝，即使獲得一點兒動人的新情況或一滴之新見，也有可能使他頓開茅塞，收到「一石激起千重浪」的效果。

正在專心探索變法圖強之道的光緒帝，經細心閱讀這些介紹外情的新書，進一步開闊了眼界「於萬國之故更明」[60]。從而，他開始觸到了世界發展的脈搏，思想認識有了明顯的提高。於是，光緒帝深有感觸地說：「現在外洋各國是今非昔比的，都強起來了！」[61]很有些進取心的光緒帝，在有了新的認識的基礎上，其視野也在不斷擴大。他逐步擺脫了「天朝至上」等虛渺觀念，進而以中外對比的目光來觀察中國的現實了。這時，光緒帝深深地感到，中國「一切落後，什麼事都趕不上外國，怎麼好和人家（指外國——引者）辦交涉呢？」[62]同時，他又以頗為憤慨的心情鄙視那些庸官，「對於西洋思想是從沒有給予過適當的注意的，而且對於世界的進步也漠不關心」[63]。並且，這時的光緒帝還斥責在清廷身居高位的頑臣，平時只「知在無味虛面（即在接見外使時糾纏封建禮節等——引者）上用心，到了大節割地賠款事，即一籌莫展」[64]。此外，他又對那些「昧於域外之觀」、終日渾渾噩噩的士大夫們也投以輕蔑的目光。顯然，這時光緒帝的思想境界，已與頑固派和一些洋務派官僚的精神狀態形成了鮮明的對比。至此，在進入近代以來的帝王中，他第一個認識到自己落後，並與世界強國比較找出差距（即使多麼膚淺）。在這種情況下，光緒帝感觸良深地看到，「西人皆日為有用之學，我民獨日為無用之學」[65]。從而他便在憤慨之下，對其原來視為「治國」法寶而日夜攻讀的經書等，以「皆無用之物，命左右焚之」[66]。固然，光緒帝的這一舉動，同樣未免具有一定的偏頗。然而，這卻是出於要棄舊更新的進取行為。表明在光緒帝的思想中，已越發明顯地加大了與封建傳統觀念的離心力，對其原來奉為至寶的「祖宗之道」產生了懷疑。

由於光緒帝舉目看世界，接觸了一些新的事物、新的思想。到光緒二十四年（一八九八年）的春、夏之交，他的思想變化發生了一個新的飛躍，越發偏離了傳統觀念的軌道，公開與頑固派堅持的「祖宗成法不可改，夷法不足效」的守舊立場對立起來了。於是，光緒帝清楚地認識到，面對「各國環處，凌迫為憂」的形勢，衰弱、落後的中國「非實行變法，不能立國」[67]。並且，他對改革的方向與途徑也日趨明確了。因此，光緒帝意識到，必須順應世界大勢，「假日本為嚮導，以日本為圖樣」[68]，像日本明治維新那樣學習西方強國變法革新。到此，光緒帝的除弊更張思路，已與康有為的變法圖強構想進一步合拍了。這以後，他們在仿照西方維新圖強以求存的思想基礎上，越發緊密地結合在一起了。

變革之前夜

（一）維新派群體的結成

隨著國家與民族危機的加劇，光緒帝的更張圖強思想在迅速向新的境界演變；與此同時，康有為與梁啟超也加快了推動變法的步伐。因此，到光緒二十四年（農曆戊戌年，一八九八年）初，一切渴望祖國復興的愛國之士，均集聚在康有為高舉的變法圖強的旗幟下了。早在這一年一月末，在總理衙門大臣接見康有為之後，光緒帝又隨即頒發諭令為康氏進呈書、摺鋪平道路。顯然這是具有重大意義的舉措，表明他已決意變法求存，並公開向維新派靠攏了。

面對這種新態勢，康有為便把組織變法維新的著重點，首先放在籌畫變法的一些切實問題上了。

康有為在此後相繼遞上了《上清帝第六書》、《上清帝第七書》，以及於隨後進呈的《俄大彼得變政記》與《日本變政考》兩部書中，除對變法的步驟等提出建議之外，主要是要求光緒帝仿照俄國「以君權變法」[69]，「取鑑於日本之維新」[70]推行新政。這就是其所謂的「以俄大彼得之心為心法，以日本明治之政為政法」。從而，康有為明確地為中國變法維新提供了兩個樣板。

籌款，原在康有為被大臣接見時，翁同龢便提出了如何籌款的事。其實，當時清政府僅在向日本支付甲午賠款的問題上，已被壓得喘不過氣來，如再籌措變法所需的巨款確是一大難題。對此，康有為曾產生先向外借款的設想，但他又很快感到「借款艱難」，而且還易於帶來受制於人的後果，於是康又在為此而籌畫他策。在這種情況下，一些又從統治營壘中分化出來支持變法的官員，便相繼出面協助康有為代予遞摺。在其中，御史宋伯魯便是突出者之一。

宋伯魯（一八五三—一九三二年），字芝棟，陝西醴泉人。光緒十二年（一八八六年）進士，以庶吉士授翰林院編修，後被任為山東道監察御史。宋伯魯與御史楊深秀關係密切，並為官敢言，「彈劾不避權貴」[71]。甲午戰後，由於國勢日衰，傾向振作更張。德占膠州與瓜分之禍更激發了他的憂國之忱，遂與康有為、梁啟超「相交」[72]，成為「言諸新政最多」[73]的維新派盟友。

宋伯魯在為康有為代呈的《請統籌全局摺》中，提出在「百廢俱興」之際，「莫若募開一大公司，集款數萬萬，准其開辦各省鐵路礦務」[74]，為變法之興舉廣開財源。此後，宋伯魯便進一步參預了變法維新。

自德占膠州、俄據旅大之後，康有為便力圖「既上書求變法於上，復思開會振士氣於下」[75]，欲從上、下兩方面推動變法。當他對「上」又逐步打開些局面後，便側重於「下」，試圖集結人才、調動社會力量促進維新。早在德占膠州之初，康有為曾企圖以其本省人組織粵學會「續強學會之舊」[76]，但在守舊勢力的干擾下未能實現。隨後，經其在京官士大夫及前來應試的各省舉人中聯絡、推動，到當年二月（三月），宋伯魯與楊深秀等首開關學會於北京。

楊深秀（一八四九—一八九八年），字漪村，山西聞喜人。「少穎敏」[77]，博學多才。光緒十五年（一八八九年）進士，歷任刑部主事、郎中，於是年初授山東道監察御史。深秀為人「敦品勵學，為士林所敬服」[78]，並「以氣節自勵」[79]，在知識界頗負眾望。當德、俄相繼伸出瓜分我國的毒手時，他對祖國的命運亦深為憂慮，不時地找康有為「來談」[80]。遂即便與宋伯魯一起為康有為代遞奏疏，積極支持變法維新。

在康有為的影響與推動下，宋伯魯、楊深秀等帶頭在北京開關學會，鼓動變法求存。接著，內閣中書楊銳又開蜀學會，中書林旭開閩學會等。通過這些學會，使「京師大夫，頗相應和」[81]，在北京產生了較大影響。於是，康有為便準備在此基礎上組織全國性的保國會。正當康有為在北京忙得不可開交之際，梁啟超等來到京城。

原於光緒二十一年（一八九五年）秋康有為南下仍留在北京的梁啟超，在京、滬強學會被查封後，應汪康年之邀到上海共同創辦《時務報》。汪康年，字穰卿，浙江錢塘人，舉人出身。曾應湖廣總督張之洞之請，任其孫的家庭教師，又充任湖北自強學會編輯、兩湖書院史學齋分教習。光緒十八年（一八九二年）入京會試，中進士「內閣中書」[82]。遂棄官赴杭州辦學，後回湖北。甲午戰後目睹國家衰危，自勵「非變法不足以圖存，非將教育、政治一切經國家治人民之大經大法，改弦易轍，不足以言變法」[83]。遂向張之洞告辭，去上海參與組建強學會。強學會被查封後，又在此基礎上與黃遵憲等創辦時務報館，並邀請梁啟超前來主持《時務報》。汪康年力倡「中國宜伸民權，重公理，尙創作而賤安閒，尙改革而賤守常」[84]。他實已成為江南倡導變法改革的主力，對在東南傳播革新思想起到一定的積極作用。

梁啟超到上海後出版的《時務報》，即「以變法圖存為宗旨」[85]，刊載中外大事與評論時政得失等。梁啟超宣傳變法維新的《變法通議》等文章均先後發表於該報，都產生了較大反響。從而「梁名大著，與師（康）有為合稱『康梁』」[86]。《時務報》也成為「以提倡變法為主」[87]的江南重要輿論園地。光緒二十三年（一八九七年）初，梁氏又來到澳門，與康有為之弟康廣仁合辦《知新報》及大同書局，把變法維新的聲音傳播到祖國南疆。當年冬，在膠州事件發生前，梁啟超應支持變法維新的湖南巡撫陳寶箴、學政江標之請，到湖南長沙時務學堂任中西學總教習。他遂與當地維新人士、新任湖南長寶鹽法道黃遵憲和候補知府譚嗣同等，會合在一起。

譚嗣同（一八六五—一八九八年），字復生，湖南瀏陽人。他出身於官宦家庭，但在多災多難的社會環境中，卻從少年時代起便胸懷「大志」[88]。因而，譚嗣同與其同齡者不同，「鄙科舉」[89]，注重經世致用，探求西方近代科學知識，要求進取。後遠離家鄉到新疆入巡撫劉錦棠幕，繼而為「察視風土，物色豪傑」[90]，又踏遍新疆、陝甘、東南沿海和大江南北、黃河之濱。甲午中日戰爭後，空前的國難，更激發了譚嗣同的愛國熱忱。從而，他進一步「提倡新學」，積極探索救國之道。當其得知康有為鼓動變法圖強時，便懷著敬仰的心情長途跋涉來京「謁南海（康有為）」[91]。但因是時康已離京南下，故與在京的梁啟超「始交」[92]，並經梁的介紹，他對康有為的思想主張「感動大喜躍，自稱私淑弟子」[93]。從此，譚嗣同便違父命，對為其入貲的江蘇候補知府拒不赴任，遂集聚在康、梁高舉的變法維新的旗幟下，踏上了拯救祖國的航程。此後，他繼在南京撰寫向封建倫理道德挑戰的《仁學》一書，在開闢了一條反封建主義的新戰線之後，又返回湖南，與黃遵憲等一起開展了轟轟烈烈的宣傳及組織變法維新的活動。

梁啟超的到來，又使譚嗣同等增加了一大助力。從而，他們便協力推動了湖南維新運動的進一步發展，而且又集結了一些維新之士。

在此期間，經嚴復等人的拓展，北部天津也成為傳播西方文化思想與宣傳變法圖強的活躍之區。

嚴復（一八五四—一九二一年），字幾道，福建侯官（今閩侯）人。嚴復在青少年時代所走的道路亦與眾不同。光緒二年（一八六六年）他十二歲成為福建船政學堂的首屆學員，翌年留學英國學海軍。他在英期間雖然學軍，卻潛心研讀了一些西方社會科學的名著，成為一個對西方文化思想有較深探索的近代知識青年。光緒五年（一八七九年）學成回國，次年被調到天津水師學堂任總教習。光緒二十一年（一八九五年）《馬關條約》簽訂後，他對甲午戰敗割地賠款「腐（痛）

心切齒，欲致力於譯述以警世」[94]。當北京興起變法圖強熱潮之後，嚴復主動致信請教梁啟超，又在天津《直報》上刊文「倡變法之議」[95]。其實，他已加入康、梁行列，投入宣傳變法之中。與此同時，他還開始譯述英人赫胥黎的《天演論》等著作。這時期，嚴復從西方介紹過來的「進化論」等思想學說，使當時的維新之士獲得了新的啟益。光緒二十三年（一八九七年），嚴復與夏曾佑在天津合辦《國聞報》，與在上海辦起的《時務報》南北呼應，成為北方宣傳變法維新和傳播西學的陣地。

與此同時，在全國，以「開民智救國難」為號召的報刊也出現了「風起雲湧」[96]之勢。救亡求存的吶喊聲響徹全國。

正當此刻，梁啟超也來到北京，他為協助康有為組建保國會而「贊畫奔走」[97]竭盡其力。三月二十七日（四月十七日），保國會的成立大會終於在北京召開。在保國會《章程》中宣告：「本會以國地日割，國權日削，國民日困，思維持振救之」；並明確地提出保國會以「保國、保種、保教」為宗旨；以「激厲（勵）憤發，刻念國恥」[98]為己任。號召四萬萬同胞，皆應發憤以「救天下」[99]。從而參加者頗為踴躍，上自京官士大夫，下至來京應試的各省舉人「凡數百人」，開創了歷代王朝從未有過的「士大夫，不奉朝旨毅然引國事為己任」[100]的先例，充分體現了人們的一片「愛國之心」[101]。

顯然，康有為在「求變法於上」取得明顯的成效之後，又聯絡各方之士在民間組建保國會，無疑這是他為「振士氣於下」，力圖調動社會力量推動變法所採取的一大重要步驟。因此，保國會的出現，標誌著對變法維新的宣傳組織，已開始引向社會。

然而，守舊勢力卻對此惶恐不安，他們遂即掀起一股攻擊保國會的逆流。而且來勢洶洶，大有欲將保國會置於死地的架式。

原來，康有為在此次來京後活動變法救亡時，一些守舊之徒便出來造謠生事，致使「謗言益作」[102]，極盡其搗亂、破壞之能事。當保國會成立之後，這些人又串通別有用心的京官，在變本加厲地大搧陰風的同時，又對保國會下了毒手。繼御史黃桂鋆、李盛鐸先後呈摺攻擊保國會之後，御史潘慶瀾又以「聚衆不道」[103]的罪名上奏彈劾康有為與保國會。這時，力「阻變法」[104]的軍機大臣剛毅，還氣勢洶洶地喧嚷「將查究會（即保國會——引者）中人！」[105]就此，頑固派上下配合，向保國會與康有為發起了猖狂的圍攻。

在保國會與康有為受到猛烈攻擊，將要展開的變法維新面臨嚴重威脅之時，已在救亡圖存的道路上與維新派走到一起的光緒帝，對於企圖阻撓變法的頑固派官僚剛毅要「查究」保國會的叫囂，他針鋒相對地指出：「會能保國，豈不大善，何可查究耶？」[106]有力地批駁了剛毅那別有用心的讕言，大煞了頑固分子的囂張氣焰，從而維護了保國會及康有為。對此情形，在閏三月二十九日（五月十九日）的《國聞報》上給予了迅速地報導。其中云：頑臣對保國會與康有為的彈劾，「朝廷（光緒帝——引者）知其無他，而又垂諒其事之出於公也，不果罪」[107]。固然，光緒帝還未能完全制止住頑固勢力的破壞活動，加上保國會成員複雜，他們各自入會的目的並非完全一致，因此在頑固派的壓力之下，保國會存在不久便被迫自動解散了。但是，在關鍵時刻，光緒帝能為保國會伸張正義，表明他對變法求存的勇氣也明顯地增強了。

圍繞保國會所展開的這場激烈鬥爭，是在甲午戰後進行的變法與反變法之爭的繼續與深化。其實，這是新、舊勢力於緊要關頭在思想政治領域裡展開的一場公開交鋒，並且這又直接關係著變法維新能否進行。

保國會夭折了，但在國家危亡岌岌之時，保國會本身就頗具號召力與吸引力；加上康有為、梁啟超的切實而深入的宣傳，既激發了人們的愛國熱情，又喚起了公衆的覺醒。當康有為在會中發表演講，「聲氣激昂」地痛述國家之危，動員同胞「奮起救天下」時，在場的聽衆中竟有「為之下淚者」[108]，大大地觸動了炎黃子孫的民族感情。在保國會成立之後，有人在《國聞報》上刊文指出：「苟無民何有國，苟無國何有君，國者君與民之公稱。」從而該文作者認為，要打破「一國之治皆出於君」的傳統觀念，應「君民相與」[109]，共同奮起救中國。因此，他響亮地提出，廣大民衆亦應有「治國」的責任感。顯然，在當時這是一種可貴的思想苗頭。從而，越來越多的人關心祖國的興衰與存亡了。進而，又擴大了變法維新的影響。事實上，作為一種新的政治力量——以學習西方通過革新把衰危的中國引向富強以救亡圖存為奮鬥目標的維新派群體，到此基本形成。與此相反，那些無視國家之危向盡心救國的康有為等施放明槍暗箭的守舊之輩，他們的醜態，也在此過程中得到充分暴露，其處境越發孤立。正如當時又有人在《國聞報》上的揭露：在列強蜂起宰割中國時，「強盜（指列強——引者）入室，大火燒門，有壯者（康有為等）荷戈持鑼，大聲疾呼。而同室之人（指守舊之徒——同上），不惡盜賊，不救大火，而反仇荷戈持鑼之人」[110]。對於這後種人，文章作者予以了無情的鞭撻。

所以通過這場鬥爭，保國會雖然解散，但卻使變法圖存的呼聲進一步深入人心。此後「各省志士紛紛繼起，自是風氣益大開，士心亦加振厲，不可抑遏矣」[111]。於是，康有為在一些愛國官員的密切配合下，又在為推行變法新政而加緊籌畫方策；光緒帝也信心百倍地在力爭維新之日的到來。

（二）「決意變法」

到光緒二十四年四月中（一八九八年五月下旬），內外大勢越發明朗。帝國主義列強瓜分中國的猙獰面目已經大白於天下，繼德占膠州、俄據旅大，英國又以政治訛詐手段將我國富饒的長江流域納入其勢力範圍，並還強「租」威海衛；法國出兵廣州灣；日本要求福建及其沿海不得割讓他國。從而，怵目驚心的瓜分局面日益形成，亡國大禍已壓在中國人的頭上。同時，國內維新派宣傳、組織的變法救亡運動，也「附之者日衆」，成了「不可抑遏」之勢。

在此存亡攸關之時，光緒帝也從思想到行動上均已站在變法求存的一邊，並其鬥爭魄力也在迅速增強。於是，他要衝破一切阻力「決意變法」[112]了。但不操實權的光緒帝，要公開支持維新派把變法維新付諸實施，必須突破最大的一關，即從清王朝在實際上的最高主宰者、頑固勢力的總後台西太后手裡收回權力。

當時，西太后雖然「仍靜居於頤和園」，然而其雙眼卻一直盯著紫禁城。她的心腹，軍機大臣世鐸、剛毅及榮祿等，隨時將朝內的動向「傳達於（西）太后」[113]。而且西太后又以李蓮英派出大批親信太監，作為其耳目分布於宮內的各個角落嚴密「監視」光緒帝的行動。如果他們發現「異常」，李蓮英便「唆其太監報告於太后」[114]。此外，光緒帝還要遵循西太后給他立下的「家規」，仍必須按時到頤和園向太后「請安」。尤其是，「皇帝每遇國事之重要者，必先秉商太后，然後降諭」[115]實行。至此，西太后依然通過各種途徑，牢牢地控制著清廷，操縱著光緒帝。

顯然，光緒帝的變法求存之志日益堅定，但其受制於人的處境卻毫無改變。他要公開支持變法維新，猶如在以西太后為首的清王朝實權派（即頑固派）掌心中「玩火」，隨時都有被毀滅的危險。然而，沉重的「憂國」之心和強烈的圖強求存之志，驅使著光緒帝甘願在這條險峻的道路上向前邁進。正如梁啟超揭示當時光緒帝的內心活動：

「蓋以坐聽西（大）后之縱肆守舊，地必盡割，而國必偕亡。與其亡國而為軹道之降、煤山之續，既喪國辱身，貽謗千古；不如姑冒險而變法。幸則猶可望收政權而保國土；不幸亦可大開民智，而待之將來，中國或可存一線焉。」116

梁啟超的判斷，似可認為道出了當時光緒帝的基本心態。正是在這種情況下，四月初（五月）下旬，清宮發生了一起具有較大震動的事件，即恭親王奕訢病危致死。

奕訢，自甲午復出後，不僅在當時整頓朝政和推進抗戰方面「無所建白」117，相反，卻成為西太后推行妥協投降方針的主力。戰後，他在晉升為軍機首座之後，竟又成了清王朝的看家老手，竭力抵制變法維新，不時地在光緒帝面前大談「祖宗之法不可變」118的陳詞濫調，反對變法革新。在光緒二十四年（一八九八年）初，奕訢又以祖師爺的架式阻撓光緒帝召見康有為。當其病重之時，還對前來探視他的光緒帝「張目語曰：『聞有廣東舉人（指康有為——引者）主張變法，當慎重，不可輕信小人。』」119直到最後他在留下的《遺摺》中，仍然有所指地「勸帝凡事皆謹遵太后之意旨而行」120。可謂奕訢抵制變法直到其終。原來，由於恭親王奕訢是道光帝僅存之一子，並在清廷「久裹密勿」，其地位既至尊而又顯要。因此，他在朝中「大臣多以夙望，群小不得妄進，德宗（光緒帝）亦有所憚」121。顯然，到這時，奕訢又已在清廷統治集團中取得了權勢凌人的顯要地位。他既成為光緒帝變法的一大攔路虎，又為西太后維持局面的一個頭面人物，其「於改革及廢立（對光緒帝的廢立——引者）皆有大關鍵」122。因而奕訢在病重時，光緒帝及西太后均數次「親臨看視」[123]，但其彼此的心情並非完全相同。恰是在奕訢病危的四月初（五月下旬前幾天中），一向對西太后望而生畏的光緒帝，卻以其前所未有的勇氣，通過西太后的親信、當時在實際上主持清廷日常政務的慶親王奕劻，讓他轉告西太后：「我不能為亡國之君，如不與我權，我寧遜位。」[124]

在歷史上，統治集團內部派系之爭的激化，從來不是完全孤立的歷史現象。在此之前的多年裡，光緒帝與西太后之間的矛盾與鬥爭，時起時伏從未間斷。在甲午中日戰爭期間及戰後，帝、后之間曾幾度形成水火，並出現過有利於光緒帝收權的局面，但均未發生過公開索權的事。即在兩年前的光緒二十二年（一八九六年），西太后下令殺害寇連材欲挑起黨爭時，文廷式曾「請上收大權」，但光緒帝「搖手囑勿言」，他仍無此決心。但到光緒二十四年四月初（一八九八年五月末）此事終於發生了。所以如此並非偶然，除帝、后長期存在糾葛的歷史背景之外，其直接導因是由他們在如何對待國家危機的問題上的分歧與對立激化促成的，也是光緒帝決意變法的結果。無疑這種鬥爭的結果，必然關係著當時中國的去向。可以說，無論光緒帝要權的主觀動機如何，他為了不做亡國之君、支持和推行變法維新，而毅然向清王朝黑暗腐朽勢力的總代表西太后收權，無疑這更是跳出派系之爭的正當舉動。因為此權要得有理，具有無可否認的正義性。如說他要以此「來擺脫自己的傀儡地位」，這也是對國家、對民族大有裨益的。

西太后這個視權如命的「女皇」，到此已控制清王朝達三十多年之久。但在權勢問題上，她從未真心退讓過。光緒帝大婚期間，西太后標榜的「歸政」云云，已被其自己的實際行動戳穿了。現在光緒帝真要收權，在她看來這當然是大逆不道的行為。因此，當西太后得知光緒帝要權的事時，她立即暴跳如雷地揚言：「他（光緒帝——引者）不願坐此位，我早已不願他坐之。」[125]不過在當時，不僅京城內外業已「沸騰」起來，而且救亡圖存已成為社會的主旋律。就是在清廷內部也不平靜了，一些愛國官員相繼投入鼓動變法圖強的行列。面對這種「風滿樓」的局面，對於陰險狡詐的西太后也不能不形成一種不可忽視的壓力。而正當她處於心煩意亂之時，恭親王奕訢於四月初十日（五月二十九日）死去。奕訢之死，既使西太后失去一大支柱，又使她的統治陣勢失去了平衡，頓時陷入一片慌亂之中。但西太后畢竟是「久經權場」的老手，經與奕劻策謀，她表示「由他（光緒帝——引者）去辦，俟辦不出模樣再說」[126]。遂即奕劻便奉西太后之命轉告光緒帝：「皇上欲辦事，太后不阻也。」[127]很明顯，西太后的這種「讓權」，即是她被迫採取的一種權宜之計，也是給光緒帝設下的一個新圈套。同時又說明，光緒帝收回的權力，是有限的。當然，無論如何，光緒帝畢竟從西太后口中得到可獨自「辦事」的承諾，並有第三者為見證，這又不能不對西太后產生一種約束力。

在歷史上的偶然事件之中，卻又往往包含著必然性。至此，光緒帝利用奕訢病危至死的時機，從西太后那裡得到的這種有限之「權」，顯然是由於各種矛盾交織、激化所促成的。同時，也是光緒帝多年來力求進取、順應潮流、堅持以國家前途為重，歷經曲折的鬥爭所取得的一種結果。雖然結果頗為有限而又充滿險阻，但卻為他在其一生中做出最為顯赫的政績，提供了一定的活動舞台。

註釋

1 孫瑞芹譯《德國外交文件有關中國交涉史料選譯》，第一卷，第八八頁。

2 《維特回憶錄》，中譯本，第二卷，第一三三頁。

3、8、76、80 康有為《康南海自編年譜》，第三九頁。

4 朱壽朋編《光緒朝東華錄》(四)，總第四〇一八頁。

5、18、21 朱壽朋編《光緒朝東華錄》(四)，總第四〇一七頁。

6 朱壽朋編《光緒朝東華錄》(四)，總第四〇二二頁。

7 朱壽朋編《光緒朝東華錄》(四)，總第四〇一九頁。

9、13 康有為《南海先生詩集》，《戊戌變法資料》(四)，第三四二頁。

10、17 翁同龢《翁文恭公日記》，丁酉十二月二十四日。

11 沃丘仲子《近代名人小傳》，第一二四頁。

12、19、59 蘇繼祖《清廷戊戌朝變記》，《戊戌變法資料》(一)，第三三二頁。

14、43、125、126 蘇繼祖《清廷戊戌朝變記》，《戊戌變法資料》(一)，第三三一頁。

15 康有為《康南海自編年譜》，第四四頁。

16 《傑士上書匯錄》附《總署代奏呈文》，北京故宮圖書館藏。

20 王慶保、曹景郕《驛舍探幽錄》，《戊戌變法資料》(一)，第四九二頁。

22 朱壽朋編《光緒朝東華續錄》，第一四二卷，第一一頁。

23 康有為《康南海自編年譜》，第四二—四三頁。

24 沃丘仲子《近代名人小傳》，第一二二頁。

25 胡思敬《戊戌履霜錄》，《戊戌變法資料》(一)，第三五九頁。

26 湯志鈞《戊戌變法人物傳稿》，下冊，第二四六頁。

27 康有為《康南海自編年譜》，第四三頁。

28、32 朱壽朋編《光緒朝東華錄》(四)，總第四〇二四頁。

29 朱壽朋編《光緒朝東華錄》(四)，總第四〇二六頁。

30 康有為的《上清帝第五書》究竟是否遞給了光緒帝？史學界說法不一。康有為自己說，當他寫出此奏摺請工部代遞時，「工部長官淞溎讀至『恐偏安不可得』語，大怒，不肯代遞」（《康南海自編年譜》，第三九頁）。一些學者多取此說。但是，朱壽朋在將此奏摺收入《光緒朝東華錄》時說，到光緒二十四年初（一八九八年初），總理衙門「以光緒二十三年十一月間，康有為抗論德據膠州亟宜變法自強呈請工部堂官代奏之書進」（朱壽朋編《光緒朝東華錄》(四)，總第四〇一七頁）。梁啟超憶云，康有為去年（一八九七年）十一月上於工部之書（第五書）至今年（一八九八年）「始得達御覽」（梁啟超《戊戌政變記》，第一〇頁）。在《傑士上書匯錄》附件中亦有記載，總理衙門於光緒二十四年（一八九八年）二月，將工部主事康有為的抗論德據膠州條陳（即《上清帝第五書》）「照錄恭呈御覽」（《傑士上書匯錄》附《總理各國事務衙門代奏工部主事康有為條陳五件》，北京故宮圖書館藏）。固然進呈此奏摺的確切時間尚待考查，但在光緒帝諭令此後對康的「條陳」要及時「呈遞」之後，康有為的《上清帝第五書》亦由總理衙門進呈給光緒帝。

31 梁啟超《戊戌政變記》，第一〇頁。

33 《戊戌變法資料》(三)，第五一八頁。

34 湯志鈞《康有為政論集》，上冊，第一二二頁。

35 梁啟超《戊戌政變記》，第二三頁。

36 梁啟超《戊戌政變記》，第二一頁。

37 翁同龢《翁文恭公日記》，乙未九月初九日、九月十四日。

38 湯志鈞《戊戌變法人物傳稿》，下冊，第二六九頁。

39 翁同龢《翁文恭公日記》，乙未九月初九日。

40 翁同龢《翁文恭公日記》，乙未九月十四日。

41 〔美〕泰勒・丹涅特著，姚曾廙譯《美國人在東亞》，第五五一頁。

42 梁啟超《戊戌政變記》，第二頁。

44、62 張元濟《戊戌政變的回憶》，《戊戌變法資料》(四)，第三二四頁。

45 翁同龢《翁文恭公日記》，戊戌正月二十四日。

46 閔爾昌《碑傳集補》，第一三卷，第一二頁。

47 康有為《人境廬詩集序》，轉引自湯志鈞《戊戌變法人物傳稿》，上冊，第一七七頁。

48 康有為《康南海自編年譜》，第三七頁。

49 康有為〈《俄大彼得變政記》呈請代奏摺〉，《傑士上書匯錄》附《總理各國事務衙門代遞工部主事康有為條陳五件》，北京故宮圖書館藏。

50 康有為《上清帝第六書》，湯志鈞《康有為政論集》，上冊，第二一三頁。

51 康有為〈《俄大彼得變政記》呈請代奏摺〉，《傑士上書匯錄》附《總理各國事務衙門代遞工部主事康有為條陳五件》，北京故宮圖書館藏。

52 總理衙門大臣〈據請代奏摺〉，《傑士上書匯錄》附《總理各國事務衙門代遞工部主事康有為條陳五件》，北京故宮圖書館藏。

53 翁同龢《翁文恭公日記》，戊戌三月二十三日。

54、60 梁啟超《戊戌政變記》，第一五頁。

55、102、103 康有為《康南海自編年譜》，第四六頁。

56、66 梁啟超《戊戌政變記》，第一五五頁。

57 梁啟超《戊戌政變記》，第一五二頁。

58 翁同龢《翁文恭公日記》，戊戌四月初七、初八日。

61、63《字林西報周刊‧與皇帝的談話》，《戊戌變法資料》(三)，第五〇九頁。

64 蘇繼祖《清廷戊戌朝變記》，《戊戌變法資料》(一)，第三五〇頁。

65《戊戌變法資料》(二)，第二五頁。

67 黃鴻壽《清史紀事本末》，第六六卷，第一頁。

68《傑士上書匯錄》，轉引自孔祥吉《戊戌維新運動新探》，第二四四頁。

69 康有為《上清帝第七書》，湯志鈞《康有為政論集》，上冊，第二一八頁。

70 康有為《上清帝第六書》，湯志鈞《康有為政論集》，上冊，第二一三頁。

71《續編醴泉縣志稿》，轉引自孔祥吉《康有為變法奏議研究》，第一八六頁。

72 湯志鈞《戊戌變法人物傳稿》，上冊，第一三三頁。

73 梁啟超《戊戌政變記》，第九一頁。

74 湯志鈞《康有為政論集》，上冊，第二三八頁。

75 梁啟超《記保國會事》，《戊戌變法資料》(四)，第一一六頁。

77 趙爾巽等《清史稿》(四二傳)，總第一二七四三頁。

78 蘇繼祖《清廷戊戌朝變記》，《戊戌變法資料》(一)，第三四八頁。

79 閔爾昌《碑傳集補》，第一〇卷，第二四頁。

81 梁啟超《記保國會事》，《戊戌變法資料》(四)，第四一六頁。

82 唐文治《汪康年》，《戊戌變法資料》(四)，第八六頁。

83 汪詒年《汪康年年譜》，《戊戌變法資料》(四)，第二〇四頁。

84 汪康年《汪穰卿筆記》，章伯鋒、顧亞主編《近代稗海》，第十一輯，第三三五頁。

85《汪穰卿先生傳記》，丁文江、趙豐田編《梁啟超年譜長編》，第五三頁。

86 湯志鈞《戊戌變法人物傳稿》，上冊，第二〇頁。

87 戈公振《中國報學史》，商務印書館一九二七年版，第一四一頁。

88 趙爾巽等《清史稿》（四二傳），第一二七四六頁。

89 湯志鈞《戊戌變法人物傳稿》，上冊，第二九頁。

90 梁啟超《譚嗣同傳》，《戊戌變法資料》(四)，第五〇頁。

91 陳乃乾《譚嗣同年譜》，《戊戌變法資料》(四)，第一八〇頁。

92 梁啟超《三十自述》。

93 梁啟超《戊戌政變記》，第一〇六頁。

94 王蘧常《嚴復年譜》，《戊戌變法資料》(四)，第一八三頁。

95 湯志鈞《戊戌變法人物傳稿》，上冊，第六五頁。

96 戈公振《中國報學史》，商務印書館一九二七年版，第一二六頁。

97 丁文江、趙豐田編《梁啟超年譜長編》，第一一〇頁。

98 《保國會章程》，《戊戌變法資料》(四)，第三九九頁。

99 《戊戌變法資料》(四)，第四一〇頁。

100、106、107、109 梁啟超《書保國會題名記後》，光緒二十四年閏三月二十九日《國聞報》。

101 《戊戌變法資料》(四)，第三九八頁。

104 沃丘仲子《近代名人小傳》，第一三四頁。

105、106、108 梁啟超《記保國會事》，《戊戌變法資料》(四)，第四一七頁。

110 《聞保國會事書後》，光緒二十四年四月初六日《國聞報》。

111 梁啟超《戊戌政變記》，第八一頁。

112 蘇繼祖《清廷戊戌朝變記》，《戊戌變法資料》(一)，第三三三頁。

113、114、115 〔英〕濮蘭德、白克浩司《慈禧外紀》，中譯本，第一二四頁。

116 梁啟超《戊戌政變記》，第一四七頁。

117 文廷式《聞塵偶記》，《近代史資料》，一九八一年第一期，第五二頁。

118 《戊戌變法資料》(二)，第一九頁。

119 胡思敬《戊戌履霜錄》，《戊戌變法資料》(一)，第三五八頁。

120 〔英〕濮蘭德、白克浩司《慈禧外紀》，中譯本，第一二八頁。

121 魏元曠《魏氏全書》，《戊戌變法資料》(四)，第三一〇頁。

122 梁啟超《戊戌政變記》，第六二頁。

123《德宗實錄》，第四一八卷，第四七四頁。

124 康有為《康南海自編年譜》，第四六頁；另在蘇繼祖的《清廷戊戌朝變記》中亦云：「今（一八九八年）春，（光緒帝）乃謂慶王曰：『太后若仍不給我事權，我願退讓此位，不可作亡國之君。』」（《戊戌變法資料》(一)，第三三一頁）但此事究竟發生在何時？康有為在其《自編年譜》第四六頁中說，這是光緒帝在讀到《日本變政考》之後，已「決意變法」時通過奕劻向西太后表示的。蘇繼祖在《清廷戊戌朝變記》裡記云，光緒帝「決意變法之時，四月初（五月下旬）間」（《戊戌變法資料》(一)，第三三三頁）。顯然，蘇繼祖說光緒帝「決意變法」的主要依據，是光緒帝向西太后要「事權」。此說，又與康有為之言完全符合；並參照當時的內外形勢，光緒帝採取這一斷然舉動也是合情合理的。當然他利用的時機，是恭親王奕訢病危的五月下旬前幾天。筆者取於此說。

127《戊戌變法資料》(二)，第一九頁。另在英人濮蘭德、白克浩司合著的《慈禧外紀》（中文譯本）第一二九頁中亦云，光緒帝在六月十一日頒布《明定國是詔》之前，曾親往頤和園請示西太后時，她對帝說：「凡所施行之新政，但不違背祖宗大法，無損滿洲權勢，即不阻止。」

第八章　變法更新繪宏圖

頒詔定國是

（一）變法的啟動

奕訢死後，康有為立即上書翁同龢，建議應「亟變法，勿失時」[1]。與此同時，他或許也得知光緒帝收權的事。因此，從奕訢死後的四月初（五月末）以來，原欲南歸又留在北京的康有為，便在一些支持變法的官員協助下，一面為革新積極獻策；一面加緊敦促光緒帝頒詔定國是。他力求以公開宣布變法為國策的方式，作為推行變法新政的開端。

康有為原在《上清帝第二書》中提出的「乞皇上下詔鼓天下之氣」，還僅是為了達到廢約的目的，尚未把「下詔」與變法直接聯繫起來。此後，在他寫的《上清帝第四書》裡，即提出變法如同求醫，應像先「講明病證（症）」一樣「尤以講明國是為先」[2]。在此，康有為不但把要求光緒帝頒詔定國是與變法聯繫起來，而且還將其視為變法的首要條件。到德國侵占膠州灣後，康有為在遞上的《上清帝第五書》中，又進一步指出，變法必須「明定國是，與海內更始」[3]。至此，康有為雖然仍把明定國是視為變法的重要步驟，但是他已將其作為舉國變法的起點了。接著，康有為在其《應詔統籌全局摺》（即《上清帝第六書》）中，與明確提出應仿照日本明治維新進行變法而向光緒帝獻出三「要義」時，便將「大誓群臣以定國是」[4]列為其首。

經過圍繞保國會展開的激烈鬥爭，雖然已使無視國家之危的頑人越發不得人心，但隨著光緒帝日益加大支持變法的力度，一些開明的愛國官員也迅速向維新派靠攏。從而，頑固派猶如狗急跳牆，其干擾活動亦更加囂張，而且他們的矛頭更明確地集中於變法的關鍵人物身上了。當時，不僅康有為早已成了內外守舊勢力攻擊的中心目標，支持光緒帝變法的軍機大臣翁同龢也「頻被劾」[5]，使其在清廷中的處境越發困難。甚至由於僅僅曾向光緒帝介紹一些外洋情形的侍郎張蔭桓，也被頑臣誣為「漢奸」[6]。一時間，射向變法的明槍暗箭一齊襲來，致使黑白混淆、是非顛倒，嚴重干擾了變法的推行。在此逆風狂撲的時刻，康有為曾幾度憤然意欲回歸；身在朝廷中樞的翁同龢也只得力求「自保」。在此之間，因受命續進康之書而發生的帝、翁口角，便是翁同龢慌恐心態的一種表現。此外，他還企圖「聽任」康有為離京以解其困。所以如此，抑或體現了這個學者式的高官翁同龢，在面對嚴重政治風險時產生了動搖，但卻充分表明當時守舊勢力之猖獗。

不過，由於康有為看到通過光緒帝變法的時機已經到來。於是，他更加急迫地希望光緒帝盡快頒詔定國是，來排除干擾啟動變法維新。從而，進一步提高了明定國是的重要性。正是在這種情況下，康有為於四月初（五月末六月初）相繼寫出數份請定國是的奏摺，從四月十三日（六月一日）起分別由支持變法的官員楊深秀等，陸續進呈給光緒帝。

在由監察御史楊深秀遞上的《請告天祖誓群臣以變法定國是摺》中，便充分地表達了康有為的意圖。其中云：

「奏為決行變法，請上告天祖，大誓群臣，以定國是而一人心……

竊自東事敗後，近者膠、旅繼割，國勢陵夷，瓜分日聞，幾不國矣。所以至於此者，一統閉關之治，與列國競爭之治，若冬夏冰炭之相反、水陸舟車之異宜也。今我國處競爭之新世，而行閉關之舊法，安得不危敗乎？夫秋扇必捐，堂蓑無用，五月之裘難披，岸上之船不住，物之公理也。禮以時為大，而孔子時聖，逆天不祥，違時必敗，若當變不變，必有代變之者矣。與其人為變之，何如己自變之之為安適……

比年以來，皇上有意變法，而盈朝洶洶，不可向邇，親貴抗違，耆舊力諍，群僚面從而後言，舉政始行而中廢。乃至奉旨發議，乃推延而不議；明詔施行，乃東閣而不行。人心眾論，緝緝仳仳。譬行船駕駛，宜定方針，乃船主指之於南，而舵手推之於北，以此而求登彼岸，不亦難我！

臣愚竊竊憂之，又竊反覆為皇上計之，若令守舊不變，而土地可保，宗社無恙，可長此終古也，則臣愚亦謂勿變也。然守舊不變之危敗，成事已見矣。故徇守舊親貴之意，則宗社土地不保，試問守舊親貴，與宗社國土孰重乎？皇上受祖宗之付託，為國民所託命，愛宗社土地而保之乎？抑愛守舊親貴而保之乎？但以此比較，皇上今之行政若何，可以立斷矣。故今茲大變百度，非皇上乾綱睿斷不可，即皇上能奮乾綱，而非大舉誓禮，明定國是，昭是聖意，俾萬眾回首，改視易聽，不足以一人心而定步趨也。

日本明治之初，決行變法，大集群臣，以五事誓於太廟。蓋變法者必行之途徑階級也。皇上上法滕文公、魏文帝之英明，外採俄彼得、日本明治之政術，乞明詔天下，擇日齋沐，大集群臣，無小無大，誓於天壇太廟，亦如日本以五事上告天祖，採萬國之良規，行憲法之公議，御門誓眾，決定國是，以變法維新，為行政方針，有違此誓，罰茲無赦。若行此乎，雷霆震厲，萬物昭蘇，人心乃一，群疑乃釋，然後群臣恪恭震動，同奉聖意，力行維新，天下更始，新政之行，當如流水，……」[7]

翰林院侍讀學士徐致靖，又在四月二十日（六月八日）遞上康有為的《請明定國是疏》。徐致靖，字子靜，江蘇宜興人，寄籍順天（今北京）宛平。光緒二年（一八七六年）進士，以庶吉士授翰林院編修，累遷侍讀學士。致靖為人「廉靜寡欲，無意仕宦」[8]，較為正直。甲午中日戰爭後，在國家危難益深之際「憂外患日迫」[9]，遂在北京興起圖強熱的影響下亦傾向變法求存。後因與康有為在京新搬進的居處相近，從而彼此「往來辯難無虛日」[10]，其間的關係日益密切。值此，在康有為急須助力之時，徐致靖亦加入請定國是的行列。

在他出面代康有為呈遞的《請明定國是疏》中，康除強調中國「萬不能復守秦漢以後一統閉關之舊」[11]，必須適應世界的發展形勢之外，又指出「泰西諸國為政，亦未嘗無新舊之分，然皆以見諸實事為斷，無以空言聚訟，敷衍塞責者，蓋亦慮夫衆喙繁興，國是莫定，進退失據，坐誤事機」[12]。從而強烈要求，通過明定國是分明是非「力行新政」。

從上可見，康有為所以如此急切地要求光緒帝頒詔明定國是，其意圖是學習日本明治維新並鑑於中國守舊勢力之強，力求以皇帝的權威來肯定變法維新。而且主張以此作為國家的「行政方針」，公布於天下。康有為認為，如此似乎就可以排除「群疑」，擺脫守舊勢力的干擾與阻撓，收到「人心乃一」、統一思想的效果。這樣一來，便可使上下群臣有所遵循而「力行」變法新政了。顯然，至此康有為又進而把光緒帝的明定國是，視為具有戰略意義的變法誓師之舉。固然，在此康有為有把具有深刻社會根源的政治鬥爭簡單化的傾向。但在當時，這卻對促使變法高潮的到來起到重大作用。

（二）頒詔定國是

當光緒帝迫使西太后做出一定程度的讓步，從其手中取得有限的權力之時，又相繼看到楊深秀、徐致靖請求詔定國是的奏疏。遂即他經與翁同龢等相商，決意採納楊、徐的奏請，頒詔定國是，推行變法新政。但是，在要採取這一重大舉動之前，光緒帝又親往頤和園向西太后做了請示。

西太后畢竟是一個頗有些政治手段的清王朝「太上皇」。而且由於她「已許不禁皇上辦事，未便即行箝制」[13]。因此，這時的西太后便採取了「放長線釣大魚」的手法，準備等待時機再下毒手。另外，她也或許感到，楊深秀、徐致靖要求定國是的奏請，並未對其構成威脅。於是，西太后不僅在表面上說楊、徐請定國是之奏「良是」；並還裝模作樣地表示「今宜專講西學，明白宣示」[14]。擺出同意光緒帝之主張的姿態。在這種情況下，光緒帝從頤和園返回清宮的當天，即光緒二十四年（戊戌年）四月二十三日（一八九八年六月十一日），便不失時機地向群臣頒布了《明定國是詔》，正式向中外宣告進行變法維新。詔曰：

「數年以來，中外臣工講求時務，多主變法自強。邇者詔書數下，如開特科，裁冗兵，改武科制度，立大小學堂，皆經再三審定，籌之至熟，甫議施行。惟是風氣尚未大開，論說莫衷一是，或託於老成憂國，以為舊章必應墨守，新法必當擯除，衆喙嘵嘵，空言無補，試問今日時局如此，國勢如此，若仍以不練之兵，有限之餉，士無實學，工無良師，強弱相形，貧富懸絕，豈真能制梃以撻堅甲利兵乎？

朕惟國是不定，則號令不行，極其流弊，必至門戶紛爭，互相水火，徒蹈宋明積習，於時政毫無裨益，即以中國大經大法而論，五帝三王，不相沿襲，譬之冬裘夏葛，勢不兩存，用特明白宣示，嗣後中外大小諸臣，自王公以及士庶，各宜努力向上，發憤為雄，以聖賢義理之學，植其根本，又須博採西學之切於時務者，實力講求，以救空疏迂謬之弊。專心致志，精益求精，毋徒襲其皮毛，毋競騰其口說，總期化無用為有用，以成通經濟變之才。

京師大學堂為各行省之倡，尤應首先舉辦，著軍機大臣，總理各國事務王大臣，會同妥速議奏，所有翰林院編檢，各部院司員，大門侍衛，候補候選道、府、州、縣以下官，大員子弟，八旗世職，各省武職後裔，其願入學堂者，均准入學肄業，以期人才輩出，共濟時艱，不得敷衍因循，徇私援引，致負朝廷諄諄告誡之至意，特此通諭知之。」[15]

光緒帝頒布的《明定國是詔》，既是採納了以康有為為首的資產階級維新派的迫切要求，又通過了西太后的「關口」。這就決定了，它的內容必然帶有矛盾的印痕。在「國是詔」中，既指出今後必須「博採西學」，並又強調採西學「毋徒襲其皮毛，毋競騰其口說」，必須腳踏實地地認真提倡。可見在向西方學習的問題上，「國是詔」比康有為代楊深秀、徐致靖起擬的奏摺強調得尤為突出。但在同一詔書裡，卻又說仍要「以聖賢義理之學，植其根本」，顯然這是前後矛盾的。不過似應看到，在十九世紀末葉，即使在那些強烈地追求進取、希望學習西方振興祖國的先進人物之中，在如何學習西方的問題上，仍然處於探索階段。當時，就是站在時代潮流前列的康有為，在其變法維新的思想中亦夾雜著濃厚的封建糟粕。光緒帝與樞臣議定「國是詔」時，翁同龢認為「西法不可不講，聖賢義理之學尤不可忘」[16]。既體現了其牢固的傳統觀念，也反映了當時人學西方的認識水平。顯然，我們不能要求這時期的人們就必須解決好採用「西學」與繼承本國歷史遺產的關係問題；再說，光緒帝（而且他的思想尚處於繼續演化的過程中），還不能完全擺脫傳統觀念的羈絆，更是可以理解的。何況西太后已經有言在先，推行變法新政，必須以「不違背祖宗大法」為前提。在這種情況下，如果光緒帝不打出「聖賢」的旗號，即有使變法在剛要起步時又會遇到麻煩的可能，以致影響變法維新的大局。在《明定國是詔》頒布之前，光緒帝與翁同龢等對其進行再三斟酌，其用意無非是出於慎重。因此，在這個宣布變法的「國是詔」中，具有些新舊矛盾的內容，顯然無可厚非。

其實，從《明定國是詔》的中心內容及其基本思想傾向來看，它尤其與楊深秀代康有為呈遞的請定國是摺一脈相承、緊相呼應。在這個詔書裡，也鞭撻了那些「以為舊章必應墨守，新法必當擯除」的因循守舊勢力；並以同樣尖銳的語氣道出：「今日時局如此，國勢如此」，無非是那些「空言無補」的守舊之徒造成的。從而，光緒帝在這裡還以與康有為用的相似比喻，針對性鮮明地鄭重指出：「即以中國大經大法而論，五帝三王，不相沿襲，譬之冬裘夏葛，勢不兩存。」這就清楚地闡明了「變」是不可違抗的必然趨勢。於是，詔令「嗣後中外大小諸臣，自王公以及士庶，各宜努力向上，發憤為雄」，力行變法圖強。同時又提出，今後上下諸臣「不得敷衍因循，徇私援引」，阻撓新政。就這樣，光緒帝把推行變法維新提到清政府的施政「宗旨」和基本國策的高度。

當然，康有為力求以此來排除頑固勢力抵制變法的企圖及光緒帝對上下頑臣的忠告，並不可能由此改變他們抵制變法的立場。但是，光緒帝頒布的《明定國是詔》，既然宣告以變法為國策，並通過群臣公諸於世，這一鄭重舉動的本身，勢必對所有仇視變法的人形成一種約束力。此後，除西太后之外（一般情況下她也不無顧忌），任何人反對變法維新都失去了「合法」性。從而，在一定的範圍內，為光緒帝推行變法新政提供了條件與保證。可以說《明定國是詔》的頒布，是以康有為為首的維新派及光緒帝，在推動變法的過程中，歷經反覆、曲折的醞釀與鬥爭，所取得的具有里程碑意義的重大進展。它反映了人心之所向。因此，當宣布變法的「國是詔」頒下，首先在社會輿論界產生了強烈反響。認為「諭旨（即《明定國是詔》——引者）如日月之照臨通國人民，如再不奮起向學，是真不知高厚而有負生成矣！」[17]極大地激發了人們的奮發精神。正如康有為所指出的：「奉明定國是之諭，舉國歡欣。」[18]山東道監察御史宋伯魯亦云：《明定國是詔》頒下，「臣民捧讀感泣，想望中興」[19]。梁啟超說得更為具體，他指出：光緒帝「召軍機全堂下此詔書，宣示天下，斥墨守舊章之非，著託於老成之謬，定水火門戶之爭，明夏葛冬裘之尙，以變法為號令之宗旨，以西學為臣民之講求，著為國是，以定衆向，然後變法之事乃決，人心乃一，趨向乃定。自是天下嚮風，上自朝廷，下至人士，紛紛言變法，蓋為四千年撥舊開新之大舉，……一切維新，基於此詔，新政之行，開於此日」[20]。梁啟超對頒布《明定國是詔》的評說，或有過分渲染之處。然而，光緒皇帝依照康有為等人的要求，把變法維新作為基本國策公開詔示群臣，布告天下，使那些希望祖國振興的人們看到了希望，受到鼓舞。在群頑環繞的朝廷中，光緒帝採取這一斷然舉動，的確猶如披荆斬棘，對在清朝統治層衝開因循守舊的壁壘，把變法維新付諸實施，起到無可否認的決定性作用。事實上，以康有為為首的資產階級維新派發動的變法維新運動，從宣傳、組織到進入實際推行階段，恰恰是通過光緒帝頒布《明定國是詔》實現的。光緒帝的這一舉動，是他在支持變法維新的道路上，邁出的決定性一步。

（一）西太后圖謀設「防」

原來，當光緒帝決意採納楊深秀等出面要求頒詔定國是的奏請時，西太后似乎也意識到變法之勢已不可阻擋。並且她的親信亦有預感，如果光緒帝公開頒詔變法，他們抵制革新的活動將更會受到限制。於是，西太后及其心腹、親信們，便加緊密謀防範措施了。據蘇繼祖的《清廷戊戌朝變記》載，在光緒帝頒布《明定國是詔》的前夕，西太后與其親信權貴即展開了構築「防線」的密謀：

「四月二十日（六月八日）西太后召見慶邸（即奕劻）、榮相（榮祿）、剛相（剛毅），詢及皇上近日任性亂為，要緊處汝等當阻之。同對曰：皇上天性，無人敢攔。剛伏地痛哭，言奴才婉諫，屢遭斥責。太后又問，難道他自己一人籌畫，也不商之你等？榮、剛皆言曰：一切只有翁同龢能承皇上意旨。剛又哭求太后勸阻。太后言，俟到時候，我自有法。」[21]

從當時這些人的思想和活動情況來看，蘇繼祖的這些記載應當說是反映了一定的事實。另外梁啟超也有所透露，他說自「歸政」以來已「不見臣工」的西太后，到此又開始「見大臣」[22]了。與西太后等此次密謀緊相響應的是，於四月二十二日（六月十日），榮祿被授予大學士「管理戶部事務（時戶部尚書是翁同龢——引者）」[23]；授予剛毅為協辦大學士調任兵部尚書。從而既進一步提高了后黨兩大骨幹的地位，又擴大了西太后核心班底的權勢。各種跡象表明，圍繞頒布《明定國是詔》，西太后等人確實加緊了密謀活動。通過他們的精心策畫，一個阻撓和準備破壞變法維新的周密陰謀，便在頒詔後的幾天內公開出台了。

就在光緒帝頒布《明定國是詔》後的第五天，即四月二十七日（六月十五日）的一天裡，西太后又「勒令上（光緒帝）宣布」[24]了三道諭旨和一個任命。

諭旨之一，以所謂「漸露攬權狂悖」的「罪」名，將協辦大學士、戶部尚書翁同龢革職並即趕回原籍。諭稱：「協辦大學士戶部尚書翁同龢，近來辦事，多未允協，以致衆論不服，屢經有人參奏。且每於召對時，咨詢事件，任意可否，喜怒見於詞色，漸露攬權狂悖情狀，斷難勝樞機之任。本應查明究辦，予以重懲，姑念其在毓慶宮行走有年，不忍遽加嚴譴，翁同龢著即開缺回籍。」[25]

諭旨之二規定，嗣後凡有賞項或補授文武一品及滿漢侍郎之臣工（梁啟超及他人多說是補授二品以上之大臣），均須具摺後再到西太后前「謝恩」。各省將軍、都統、督撫、提督等官，亦須一體向皇太后「具摺奏謝」[26]。

諭旨之三，提前宣布，於當年秋光緒帝「恭奉」西太后，由「火車路巡幸天津閱操」[27]。

一個任命是，同時將王文韶調進清廷樞府，任榮祿「暫署直隸總督」[28]。

大學士、軍機大臣、戶部尚書翁同龢，此前，他已是連任帝師近二十年之久的帝黨首領。然而，直到甲午中日戰爭時，面對西太后接連挑起矛頭指向光緒帝的黨爭，翁同龢為了避免「朝局囂淩」以便穩定內部一致對敵，他力主「宜靜攝之，毋為所動」[29]，在帝、后之間竭力調和。但為堅持抗戰及維護國土台灣，在與外敵、內奸進行艱苦的鬥爭與周旋中，他卻與光緒帝緊密配合、患難與共，充分體現了其君臣之間的情誼。中日戰爭後，當光緒帝欲奮起圖強時，在清廷統治集團的核心中「輔翊皇上，籌畫新政，僅其（翁同龢——引者）一人」[30]。與此同時，在后黨頑固派官僚的嚴密監控下，他還是最早接觸與向光緒帝推薦康有為的第一個清廷大員。在促進帝、康走向結合共同推動變法的過程中，翁同龢起到了無與倫比的重要作用。因而，在清廷統治集團裡，他又成為光緒帝決心變法的一大支柱。

固然，久經宦海的文人高官翁同龢，他也具有封建官僚的一些習性是不言而喻的。在朝野內外，翁同龢有自己的關係網，也有其對立面。不過，直到甲午戰爭後期，西太后對他還時而委以重任，表明他們之間的關係尚未達到緊張的程度。但到戰後，由於翁同龢支持變法圖強，並首先向光緒帝保薦康有為。因此，朝內的守舊大臣便對其「皆忌之」[31]。在其中，早已視翁同龢為「僞君子」[32]、與其勢不兩立的西太后之頭號親信榮祿，首先成為反翁的主力。此外，「頑固之首」[33]、軍機大臣剛毅與極為仇視變法的大學士徐桐，亦「集矢於（翁）同龢」[34]。這些人及其追隨者，不斷在「暗中譖於太后，謂翁（同龢）取悅於皇上，妄想改變成法」[35]。因而已對翁同龢存有戒心並重於「猜疑」[36]的西太后，便進而對翁氏日益「惡之」[37]。在光緒二十二年初（一八九六年二月），她下令撤書房及罷翁同龢值毓慶宮，實為西太后向翁發出的一種警告。

到光緒二十四年（一八九八年）初，當光緒帝與康有為走向結合、加緊推動變法的跡象日趨明顯時，惶恐不安的頑固派官僚繼續大肆造謠中傷翁同龢。此時，這些人又對光緒二十三年（一八九七年）末康有為來京大作文章，鼓譟這是翁同龢「所引，將樹朋黨以誘皇上變法」[38]。於是，朝廷內外的守舊勢力在極力攻擊康有為的同時，西太后與其親信亦把翁同龢視為眼中釘肉中刺。從而，一些頑臣便公開跳出來參劾翁同龢。

面對守舊勢力的猖狂進攻，翁同龢曾企圖在表面上以拉大與光緒帝及康有為的距離，來改變其受攻擊的處境。但是，以西太后為首的頑固派，已把他與帝、康及變法緊緊地拴在一起了。而且，他們在尚不敢直接觸動光緒帝的情況下，便把翁作為在朝內打擊的明靶子。因此，當變法維新已成不可逆轉之勢時，竭力謀畫對變法構築新「防線」的西太后一夥，便加緊策畫除掉翁同龢「以警」[39]光緒帝的陰謀了。原在光緒帝頒詔定國是之前，西太后與其親信官僚密謀時，榮祿、剛毅揚言「只有翁同龢能承皇上意旨」，其中即充滿著「殺機」。遂即西太后在加固其核心班底時，命新授予大學士之榮耀的榮祿「管理戶部事務」，也是為頂替翁同龢做準備的。至此，除翁之謀已定。隨後，當光緒帝去頤和園向西太后請示頒布「國是詔」一事時，西太后在不得不表示同意此詔之餘，又提出了「必去翁同龢」[40]的條件。當時的光緒帝，或是由於過分興奮，抑或出於其他考慮，對此未加可否便匆匆回宮了。

很清楚，在變法維新開始推行的時刻趕走翁同龢，這就等於切斷了光緒帝的臂膀和他的活動渠道，使其「失所倚」[41]，進一步把光緒帝孤立起來。所以，當光緒帝果真得到指令革職翁同龢的懿旨時，他頓時「驚魂萬里，涕淚千行，竟日不食」[42]，陷入萬分的悲傷之中。翁同龢被罷官的次日，他在離京前於宮門和光緒帝相遇時，帝「回顧無語」，翁亦頗感「黯然如夢」[43]。事已至此；這對君臣的心情，顯然都不是用言語可以表達的。在光緒帝頒布推行變法新政的詔書墨跡未乾之時，西太后就把他在內部的積極支持者除掉。無疑，這猶如冷水澆頭，對變法革新事業不能不是一個極為沉重的打擊。

與此同時，西太后又重新攬過對重要官員的賞賜和授任權，從而限制了光緒帝任用新人推行變法的活動餘地。西太后對其班底做了調整，以填補翁同龢的空缺，把頑固官僚王文韶調入清廷中樞，加強了她在清中央的實力陣容。將其嫡系親信榮祿安插在顯要的直隸總督位置上，並以他來統轄警衛京津的北洋三軍，為其進一步鞏固了後盾。提前放出準備於當年秋讓光緒帝「陪」她到榮祿轄區閱兵的空氣，又是設下的一大陷阱。總之，這些都是西太后對光緒帝推行變法所設置的重重「防線」，也是她向光緒帝發出的個個危險信號。

梁啟超認為，西太后在這時迫不及待地採取這一系列的措施，是「篡廢之謀」。這種說法，顯然不能認為是捕風捉影。十分明顯，西太后在大變革的關鍵時刻採取這一連串的行動，實際是企圖控制和準備扼殺變法維新（包括迫害光緒帝）所做的周密部署。這四者互相關聯，構成了一個巨大陰謀。

事實表明，在光緒帝發布《明定國是詔》，開始進行變法維新之時，以西太后為首的封建頑固派也未坐視。不過，光緒帝是站在了時代潮流的正面，並且他又已經把變法納入了正常的施政軌道。在這種情況下，陰險狡詐的西太后及其親信們，還不敢立即冒天下之大不韙公開對變法維新大下毒手。他們寧願把線拉得長一點兒，「俟到時候」再算「總帳」，似乎這對他們更為有利。然而，這卻又給光緒帝推行變法新政，提供了一定的時空。

（二）召見康有為

當西太后接連大放明槍暗箭，在對變法維新層層設卡築防之際，已決意變法圖強的光緒帝，卻並未在這咄咄逼人的氣氛中有所退縮。相反，他要以其得到的有限「事權」與時空，毅然把變法維新付諸實施了。

在變法新政剛剛起步推行的時刻，盡快實現光緒帝與康有為的會面，共商變法圖強大計，是關係著這場變法能否沿著維新派指向推進的一大關鍵。早在當年初，已對變法越發迫切的光緒帝，即欲召見康有為。但在當時，由於受到恭親王奕訢等人的阻撓未能實現。至此，特別是在帝、康之間起橋梁作用的翁同龢被革職逐出北京之後，在開始變法之初，盡快打破光緒帝與維新派之間的人為屏障尤為緊要。恰恰是為適應變法形勢發展的需要，在四月二十六日（六月十四日），翰林院侍讀學士徐致靖上奏「保薦」康有為等維新人士。徐致靖的奏請，光緒帝得見後深為「大悅」[44]。他立即抓住這一時機，諭令「工部主事康有為、刑部主事張元濟，著於本月二十八日預備召見。湖南鹽法長寶道黃遵憲、江蘇補用知府譚嗣同，著該督撫送部引見。廣東舉人梁啟超，著總理各國事務衙門查看具奏」[45]。著名的維新人士，幾乎均已列入光緒帝準備召見的計畫中，在《明定國是詔》頒布後的第六天，即四月二十八日（六月十六日），光緒帝便按其日前的安排，首先召見了康有為與張元濟。

這次被召見的康有為、張元濟，都是數不上流的「小人物」。而且康有為早已成了以西太后為首的頑固勢力的眼中釘。很明顯，光緒帝同時召見康有為和張元濟兩人，不過是為了減少頑固派的「疑忌」而做出的精心安排。尤其令人回味的是，光緒帝召見這兩人的地點，並未在遠離西太后的紫禁城裡，而是選在西太后眼皮底下的頤和園仁壽殿。如上所說，這時正是西太后放出四支毒箭的第二天，當時的緊張氣氛是可以想見的。並且光緒帝召見康有為，又是以西太后為首的頑固派最為敏感的事。在如此的情勢中，只能說明，光緒帝的這種安排，無非是力圖把他的召見盡可能使之染上堂堂正正的色彩，以便盡量避免西太后等人的「猜忌」。

在新政伊始之際，光緒帝親自召見資產階級維新派領袖康有為，的確具有特別的重要意義。在召見過程中，光緒帝的態度和表現如何，又是考察他的變法走向等問題的重要依據之一。故此，將康有為在其《自編年譜》中復記的與光緒帝之對話[46]就要部分錄下：

「二十八日早入朝房，……吾入對，上（光緒帝）問年歲出身畢，吾即言：『四夷交迫，分割洊至，覆亡無日。』上即言：『皆守舊者致之耳。』吾即稱：『上之聖明，洞悉病源，既知病源，則藥即在此，既知守舊之致禍敗，則非盡變舊法與之維新不能自強。』

上言：『今日誠非變法不可。』吾言：『近歲非不言變法，然少變而不全變，舉其一而不改其二，連類並敗，必至無功……』上然之。

吾乃曰：『今數十年諸臣所言變法者，率皆略變其一端，而未嘗籌及全體，又所謂變法者，須自制度、法律先為改定，乃謂之變法。今所言變者，是變事耳，非變法也。臣請皇上變法，須先統籌全局全變之，又請先開制度局而變法律，乃有益也。』上以為然。

吾乃曰：『臣於變法之事，嘗輯考各國變法之故，曲折之宜，擇其可施行於中國者，斟酌而損益之，令其可施行，章程條理，皆已備具，若皇上決意變法，可備採擇，但待推行耳。……』上曰：『然，汝條理甚詳。』吾乃曰：『皇上之聖既見及此，何為久而不舉，坐致割弱？』上以目睨簾外，既而嘆曰：『奈掣肘何？』

吾知上礙於西（太）后無如何，乃曰：『就皇上現在之權，行可變之事，雖不能盡變，而扼要以圖，亦足以救中國矣。惟方今大臣，皆老耄守舊，不通外國之故，皇上欲倚以變法，猶緣木以求魚也。』

上曰：『伊等（指守舊權貴——引者）皆不留心辦事。』對曰：『大臣等非不欲留心也，奈以資格遷轉，至大位時，精力已衰，又多兼差，實無暇晷，無從讀書，實無如何，故累奉旨辦學堂，辦商務，彼等少年所學皆無之，實不知所辦也。皇上欲變法，惟有擢用小臣，廣其登薦，予以召對，察其才否，皇上親拔之，不吝爵賞，破格擢用，……其舊人且姑聽之，惟彼事事守舊，請皇上多下詔書，示以意旨所在，凡變法之事，皆特下詔書，彼等無從議駁。』上曰：『然。』對曰：『昨日聞賞李鴻章、張蔭桓寶星，何不明下詔書。』上一笑。『自割台後，民志已離，非多得皇上哀痛之詔，無以收拾之也。』上曰：『然。』吾乃曰：『今日之患，在吾民智不開，故雖多而不可用，而民智不開之故，皆以八股試士為之。學八股者，不讀秦漢以後之書，更不考地球各國之事，然可以通籍累致大官，今群臣濟濟，然無以任事變者，皆由八股致大位之故。……』上曰：『然，……』對曰：『上既知八股之害，廢之可乎？』上曰：『可。』對曰：『上既以為可廢，請上自下明詔。勿交部議，若交部議，部臣必駁矣。』上曰：『可。』上曰：『方今患貧，籌款如何？』……乃略言：『中國鐵路礦務滿地，為地球所無，若大舉而籌數萬萬，遍築鐵路練民兵百萬，購鐵艦百艘，遍開郡縣各種學堂，水師學堂船塢，則一舉而大勢立矣，但患變法不得其本耳。中國地大物博，藏富於地，貧非所患也，但患民智不開耳。』於是言譯書、遊學、派遊歷等事，每終一事，稍息以待上命，上猶不命起，……因謝保國會被劾，上為保全之恩，上皆點頭稱是。又條陳所著書及教會事，久之，上點首云：『汝下去歇歇。』又云：『汝尚有言，可具摺條陳來。』乃起出，上目送之。」47

這時光緒帝對康有為的召見，對他們兩人來說，都有著迫切的需要。而這種需要，又直接關係著變法維新的走向等重大問題。在召見過程中，康有為充分地利用了這一難得的機會，又進一步向光緒帝面陳了在列強圍逼之下，只有奮起變法方可求存的道理。同時也為光緒帝籌畫推行變法新政的具體方針、步驟，以及應變的主要內容和變法方式等等。

在頤和園和光緒帝的周圍，早已布滿了西太后的耳目。就在光緒帝接見康有為的時候，西太后的心腹榮祿，也突然來到頤和園的仁壽殿。而且他還搶先一步，向光緒帝「面劾」康有為「辯言亂政」[48]。榮祿在此刻出現在光緒帝面前，無非是企圖通過繼續攻擊康有為的變法維新主張，來達到離間光緒帝和康有為的目的，同時也是對光緒帝施加的一種壓力。因此，在召見康有為的過程裡，光緒帝還不斷地注意「簾外」的動向，並不時地流露出為難的神情。有人說，當時的光緒帝「惴惴如防大敵」[49]，顯然是道出了當時光緒帝面對的實際情形。或者是出於顧忌，在他們的對話當中，光緒帝的談吐不多。儘管如此，對於康有為提出的所有就變法維新的看法和建議，光緒帝都一一地表示了肯定和贊成的態度。諸如變法方可圖存、守舊必致誤國，以及應該果斷地廢除「八股之害」等緊要問題，光緒帝的態度同樣是明確而堅定的。事實上，光緒帝通過這次與康有為的面談，他們在變法的必要性等重大問題上，取得了完全的一致。

帝、康的對話，突出了如何對待守舊勢力的問題。在這方面，光緒帝鑑於自己的實際處境，的確表露出無可奈何的苦衷。實際上，擺在他面前阻撓變法的勢力既頑固而又強大，這是活生生的事實。對此，就康有為來說，他也是無法迴避的。在對話之初，康有為曾一再強調必須「全變」。但當光緒帝談到因充塞宮廷的權臣「多因循守舊，罰不及衆」[50]而感到苦惱時，他也不得不改變主意，又提出「就皇上現在之權，行可變之事，雖不能盡變，而扼要以圖」的「漸變」方針。至於在守舊官僚充斥朝廷的情況下，應依靠哪些人變法？康有為也只得面對現實，建議「皇上欲變法，惟有擢用小臣，廣其登薦，予以召對，察其才否，皇上親拔之，不吝爵賞，破格擢用」。與此相應的是，為了避開守舊官僚對變法的抵制和干擾，康有為又要求光緒帝「凡變法之事，皆特下詔書」，採取公開推行的方式。但又怎樣處理新、舊勢力之間的關係？他只得從實際出發，向光緒帝建議「勿去舊衙門而惟增置新衙門，勿黜革舊大臣而惟漸擢小臣，多召見才俊志士，不必加其官，而惟委以差事，賞以卿銜，許其專摺奏事足矣。彼（守舊）大臣向來本無事可辦，今但仍其舊，聽其尊位重祿，而新政之事，別責之於小臣，則彼守舊大臣既無辦事之勞，復無失位之懼，怨謗自息」[51]。康有為認為，這樣似乎就可以排除干擾順利地進行變法革新了。此後，光緒帝也確實是按照這一方針、策略推行變法新政的。

從光緒帝與康有為議定的變法方略來看，固然具有對守舊勢力妥協的因素。然而，在新舊力量對比懸殊的特殊環境中，要革新古老的中國，對根深柢固的守舊勢力在一定的條件下做某種程度的妥協，也是不可避免的。十分明顯，他們準備做出的這種讓步，其根本的立足點，還是為了推進變法維新事業。因此，帝、康議定採取這種具有妥協氣味的對策，既有其現實性，也有策略性。

原在當年初，康有為被總理衙門大臣接見後，光緒帝便乘機予康「具摺上言」權。至此，光緒帝在召見康有為之後的當天，又命其「在總理各國事務衙門章京上行走」[52]。顯然，這既是光緒帝出於任用康有為參與變法的意圖，也是作為帝、康議定的變法方略的體現。但是，按康有為的推動變法中所處的實際地位和作用來說，授予他較高的銜位是順理成章的事。其實，在光緒帝準備向康「賞官」時，榮祿與剛毅又串通一氣竭力阻撓。對此，光緒帝曾力圖通過徵詢樞臣的意見來排除這種干擾。當時，已傾向變法的軍機大臣廖壽恆認為應授予康有為五品卿銜。於是，榮祿、剛毅看到硬頂已無濟於事，遂又企圖對康「予微差以抑之」[53]。無疑，榮祿與剛毅多是反映西太后的意圖的。因此，光緒帝在「嗟嘆再三」[54]之後，為了避免由此引起更大的風波，才又不得不按著康有為的主張做出這一決定。但從另外一個角度看來，正如梁啟超所說：「康有為以主事（被）召見，已為咸豐以來四十餘年未有之創舉。若以主事專摺奏事，尤為國朝曠典所無。」[55]鑑於當時的特定情況，對於已成為頑固派勢力衆目睽睽的維新派領袖康有為，關鍵不在於銜位的高低，而在於是否使他取得籌畫變法新政的必要條件。何況剛剛還被權臣榮祿指為「辯言亂政」的人，現在竟被光緒授任。就此而言，這也的確是一「創舉」。

光緒帝通過召見康有為，在進一步統一了思想認識的前提下，又共同議定了推行變法新政的方針、策略及步驟、方式等具體事宜，並擺脫了頑固勢力的糾纏。從而，維新派領袖康有為，在與光緒帝從變法思想到具體方策均達成一致的前提下，又通過已在清廷取得的合法地位與奏事權，便在事實上得到了左右變法維新的必要條件。因而這又為光緒帝推行的變法新政，納入維新派鋪設的革新軌道提供了保證。所以在此之後，光緒帝發布的變法維新詔令，也就越發明顯地展現出新的面貌。

（三）近代化藍圖的繪製

到光緒二十四年（一八九八年）之夏，多年來被西太后壓抑但又力圖有所作為的光緒帝，終於被變法圖強的滾滾洪流推到了歷史的前台。顯然，從變法圖強的使命與光緒帝自身的境況來說，這種局面的出現，似乎是一種很不協調的歷史安排。但是，這卻深刻地體現了歷史發展的合理性。

光緒帝從頒布《明定國是詔》和召見康有為與其共商變法大計以來，資產階級維新派的革新建議和其他一些圖強要求，都通過他發布的詔書像雪片一樣飛向全國上下。於是，在短短的二、三個月內，便在清王朝的政治思想界捲起了「除舊更新」的洶湧波濤。到此，從甲午中日戰爭後興起的奮發圖強的救亡運動，迅速形成激盪全國的革新高潮。衰弱落後、任人欺凌的近代中國，迎來了一場前所未有的變革洗禮。這一革新熱潮，雖然首先是在清王朝統治階層的內部展開的，但其影響卻很快地衝破了這個王朝的政界圍堰，成為十九世紀末葉中國政治生活中的軸心。

如以光緒二十四年四月二十三日（一八九八年六月十一日），光緒帝頒布《明定國是詔》正式宣告推行變法新政為起點，到當年八月六日（九月二十一日），西太后發動宮廷政變宣布變法維新為非法的「百日維新」期間，光緒帝先後發布有關革新的各種詔令，計約一百八十條左右[56]。按一百零三天計算，平均每天頒發一・七條，最多者，如在七月二十七日（九月十二日）的一天之中，即頒發了十一條維新諭旨，可見這場變法維新的來勢何其迅猛！這種盛況的出現，當然是以康有為為首的維新派客觀反映振興祖國以求存的時代要求所促成的，但是它也體現了光緒帝「深觀時變，力圖自強」[57]的急迫心情。

為了展示這場變法的場面，以觀其改革的深度與廣度，茲將光緒帝先後頒發的變法維新詔令，舉其要者分類列下：

1. 選拔、任用「通達時務」和有志於維新的人才

四月二十三日（六月十一日），諭各直省督撫保薦品學端正、通達時務，無論官職大小數人，以備「考驗」通使各國。

四月二十四日（六月十二日），諭令宗人府在該王公貝勒中，選拔「留心時事，志趣向上者」聽候任用。

五月初九日（六月二十七日），降諭重申，「用人一道，最為當務之急」。要求各大臣等「尤須舉賢任能」，罷斥「瞻顧因循」者。

五月二十五日（七月十三日），諭「以廣登進而勵人才」，命三品以上京官及各省督撫學政，

在三個月內各舉人才數名，隨請隨試，「用副朝廷側席求賢至意」。

同日，令京外人員保薦精專製造及駕駛聲、光、化、電諸學之才，考驗得實，因才器使。

六月十二日（七月三十日），命劉坤一、張之洞，立即飭令維新人士黃遵憲、譚嗣同來京引見。

七月十三日（八月二十九日），諭命通達時務的維新人士楊銳、劉光第、嚴復、林旭等，一體預備召見。

七月二十日（九月五日），授楊銳、劉光第、林旭、譚嗣同四人四品卿銜，在軍機章京上行走，參與新政事宜。

七月二十二日（九月七日），命各直省督撫，留心訪察，如有通達時務勤政愛民之員，隨時保送引見，以備錄用。

八月初一日（九月十六日），為採用西法，振興中國商務，推廣製造，電諭出使各國大臣，在寓居外國的華僑中，無論士商工匠，選其可用者，隨時送回國內「以備任使」。

2. 變通科舉，發展近代教育，提倡出國遊學

四月二十三日（六月十一日），命籌辦京師大學堂。所有各部院司員及候補、候選道、府、州、縣各官之子弟等，願入學堂者「均准入學」。

四月二十四日（六月十二日），為「開通風氣」，選派宗室王公出國「遊歷」。

五月初二日（六月二十日），諭總理衙門議設礦務學堂，並現有學堂一律增設礦務學。擬由各省督撫選派「年幼聰穎學生」赴日本學習礦務。

五月初五日（六月二十三日），諭令自下科為始，科舉鄉會試及生童歲科考試，廢除八股文，

一律改試策論。

五月十二日（六月三十日），令將經濟歲舉歸併正科，同樣改試策論。

五月十五日（七月三日），頒諭宣布，為「廣育人才講求時務」，參用西方學規正式創辦京師大學堂，派孫家鼐管理大學堂事務。

五月二十二日（七月十日），諭各省、府、廳、州、縣之大小書院及民間的祠廟，「一律改為兼習中學西學之學校」。省會設高等學校；郡城設中等學校；州縣設小學校。各地方捐辦之義學、社學，也一併「中西兼習」。各地紳民如能捐建學堂，給予獎勵，「實力振興」教育。

五月二十五日（七月十三日），頒諭重申，各省士民「捐辦學堂各事，給予獎勵」，准予對上述士民「給予世職實官虛銜」，「鼓勵人才，不靳破格之賞」。

六月初一日（七月十九日），公布科舉新章，鄉會試仍分為三場：一場試歷史及清代政治；二場試時務策；三場試四書五經。並決定，「嗣後一場考試，均以講求實學實政為主，不得憑楷法之優劣為高下」。

六月十五日（八月二日），諭令從同文館和各省學堂選派學生「出洋遊學」。並宣布，各部院「如有講求實務願往遊學人員」，亦可一併咨送。

六月十七日（八月四日），以期與京師大學堂「相輔而行」，大力造就新式人才，諭令京師廣立小學堂。

七月初二日（八月十八日），命各省督撫，從各學堂中挑選「聰穎學生，有志上進」者去日本留學。

七月初三日（八月十九日），頒諭正式宣布，「各項考試，改試策論」，並廢朝考之制。又決定「一切考試詩賦，概行停罷」，「造就人才，惟務振興實學」，以期使天下翕然嚮風，講求經濟。

七月初五日（八月二十一日），命駐外使臣，在國外華僑集居各埠設華僑學堂，兼學中西文字「以廣教育」。

七月十四日（八月三十日），再次頒諭宣告，開辦「學堂造就人才，實為急務」，命切實勸導。

七月二十四日（九月九日），准設醫學堂，「考求中西醫理」，發展近代醫學事業。

七月二十七日（九月十二日），命改各省中小學堂的任教職稱為教習。

同日，諭令，獎勵試辦速成學堂，逐步推廣，以期盡速「收效」。

八月初二日（九月十七日），諭准「推廣遊學辦法」。應請，准令「紳富之家，各選子弟」送往外國就學。各生畢業後回國「引見錄用，以期選拔真才」。

八月初四日（九月十九日），應請，命內務府，將該處官房撥給順天府設立中學堂，並准予在順天府屬各州縣選拔學生就學，以便「廣育人才」。

3. 改革行政規制，裁減機構、冗員，整頓吏治以利民生

六月十一日（七月二十九日），為改變各衙門堂官司員藉繁瑣之舊則例「因緣為奸，舞文弄法」，故命將各衙門舊制中「實多窒礙者，概行刪去，另定簡明則例」。

六月十五日（八月二日），電諭伍廷芳「博考各國律例」，擬製條款，送總理衙門「覆辦」。

六月二十三日（八月十日），再諭各臣工，強調「捨舊圖新」之關要，嚴斥「墨守舊章」阻撓改革庶政之言行。

七月十四日（八月三十日），指令各督撫，認真清理吏治，杜絕「種種殃民之事」，以利「民

生」。

同日，因「舊制相沿」，造成國家各級機構重疊，冗員充塞。詔令裁撤中央的詹事府、通政司、光祿寺、鴻臚寺、太僕寺、大理寺等衙門；地方督、撫同城的湖北、廣東、雲南三省巡撫；閒置的東河總督；不辦運務的糧道及無鹽場的鹽道均予裁併。至於其他應裁、減、歸併的機構和官員，命大學士、六部及各省督撫，陸續「切實」議定辦理。同時申明，各級官員「不准藉口體制攸關，多方阻格，並不得以無可再裁，敷衍了事」。

七月十六日（九月一日）指令已裁撤的詹事府、通政司、光祿寺等衙門的一切事宜，均併歸內閣六部分辦；歸併的具體事項，由大學士及六部尚書、侍郎於五日內具奏。

七月十七日（九月二日），諭令所有各衙門，均當依照吏部、戶部刪定的則例辦理「以歸劃一」。

七月二十四日（九月九日），為使無官職的「通才」參與議政，准予作為定制設散卿、散學士之職。

七月二十五日（九月十日），再次諭令大學士和六部尚書，侍郎及各省督撫，對尚未進行裁、減、歸併的事宜，盡速切實籌議。

八月初五日（九月二十日），指令各省督撫，「必當以吏治民生為重」，不得出於私，濫任州縣等官吏。

4. **鼓勵所有臣工與士民上書言事，廣開言路**

六月十五日（八月二日），諭大小臣工廣泛言事「以備採擇」；並宣告，「士民」有上書言事者，由都察院呈遞，「毋得拘牽忌諱」。

七月十六日（九月一日），命將極端阻撓主事王照條陳言事的禮部尚書懷塔布、許應騤等交部議處，並命嗣後代遞條陳，原封呈進，堂官不得拆開。

七月十七日（九月二日），降諭宣布，「士民有上書言事者，亦應按原封進呈」，並「隨到隨遞，不准稽壓，倘有阻格，即以違旨懲處」。

七月十九日（九月四日），頒朱諭宣告，禮部尚書懷塔布、許應騤及侍郎堃岫、徐會澧、溥頤、曾廣漢等六堂官，因一再阻撓主事王照言事予以革職。同時決志，由於王照「不畏強禦」勇於進言，給予嘉獎，賞三品頂戴，以四品京堂候補，激勵言事。

七月二十七日（九月十二日），為進一步衝破守舊勢力的阻格，連降兩諭，命將推行新政之諭旨和鼓勵上書言事的詔令一併照樣抄錄，懸掛各省督撫衙門大堂，以期「家喻戶曉」，破除「壅隔」。

七月二十八日（九月十三日），電諭各省督撫及藩臬道府官員，凡有上書言事者，均可自行專摺具奏「毋庸代遞」；州縣等官言事者，仍由督撫將原封呈遞；士民有上書言事者，由本省道府隨時代奏。對於所有奏疏「均不准稍有抑格，如敢抗違或別經發覺，定將該省地方官嚴行懲處」。

5. 提倡譯書、辦報，據實倡言

五月初十日（六月二十八日），諭令籌款興辦譯書局。

五月十五日（七月三日），授梁啟超六品銜，管理譯書局事務。

五月十八日（七月六日），准予奏請，在南洋公學內設立譯書院，翻譯各國書籍。

五月二十九日（七月十七日），准將上海時務報改為官報。

六月初八日（七月二十六日），正式改上海時務報為官報，命康有為督辦其事。同時宣布，各報自「應以臚陳利弊，開廣見聞為主，中外時事，均許據實倡言，不必意存忌諱，用副朝廷明目達聰，勤求治理」。

六月二十二日（八月九日），諭令各省督撫，積極籌撥銀款資助官報。重申各報館立說「總以昌明大義，抉去壅蔽為要義，不必拘牽忌諱，致多窒礙」。

六月二十九日（八月十六日），諭令，對於梁啟超主辦的譯書局，要立足於「經久之計」，必須「寬籌經費」速見成效。

七月初十日（八月二十六日），准梁啟超所請，在上海設立翻譯學堂，承認學生出身，編譯之書籍報紙一律免稅。

七月二十七日（九月十二日），准請作為上海官報之續，在京城設立報館，翻譯新報，並提倡各地「官紳士民」，一律舉辦，以期開風氣而擴見聞。

6. 振興農、工、商及交通郵政等事業，獎勵發明創造給予專利

四月二十四日（六月十二日），諭申「商務為富強要圖，自應及時舉辦」。命各省會設商務局，公舉「殷實紳商，派充局董」。

五月初八日（六月二十六日），命盛宣懷立即「興工趕辦」蘆漢鐵路，並命承辦各員加速開辦粵漢、寧滬各鐵路。

五月十六日（七月四日），諭令各地方官勸諭紳民，兼採中西各法振興農業；並倡導設立農

學會，翻譯外國的農學諸書。

五月十七日（七月五日），頒諭宣布，為鼓勵私人發明製造，各省士民著有新書、創行新法、製成新器確有「實用者」，給予獎勵，並「准其專利售賣」。有興造槍炮者「給予特賞，以昭激勵」。

五月二十四日（七月十二日），頒布獎勵振興工藝章程十二條。

五月二十五日（七月十三日），為發展工商，頒布經濟特科六條。

同日，籌辦中國通商銀行，諭令應以「振興商務」為本。

五月二十六日（七月十四日），諭令各直省將軍督撫，嚴飭各該地方官，「務須體察商情，盡心保護」。嚴禁胥吏勒索商賈，凡有鋪商倒閉、虧空，「應即訊明查追斷還」。

同日，諭：「振興商務，為富強至計，必須講求工藝，設廠製造始足以保我利權。」

六月初七日（七月二十五日），諭稱，中國地大物博，極宜講求製造「不致利權外溢」。命先在沿海、沿江一帶試辦商務局、商會及出版商報，促進設廠興工，逐漸推廣。

六月十一日（七月二十九日），諭令總理衙門事務大臣，「鼓勵」各省商辦鐵路、礦務。

六月十五日（八月二日），諭各省督撫「認真勸導紳民，兼採中西各法」，振興農政。

同日，宣布於京師設礦務鐵路總局，各省開礦、築路事宜「俱歸統轄」，大力推廣開礦、築路。

六月二十三日（八月十日），諭云在「強鄰環伺」之下，欲使商務流通「隱杜覬覦」，只有廣開口岸。命沿江、沿海、沿邊各將軍督撫咨商總理衙門詳定節目，在口岸「不准劃作租界，以均利益，而保事權」。

同日，應楊深秀奏請津鎮（江）鐵路招商承辦，諭令礦務鐵路總局督辦王文韶、張蔭桓「酌覆辦理」。

七月初五日（八月二十一日），宣布在京師設立農工商總局，各直省設分局，總理全國各省農工商事宜。各省府、州、縣皆辦農務學堂，廣開農會，創辦農報，購置農器。「考求新法」，改革和發展農工商業。

七月十五日（八月三十一日），為使農工商總局「以持久遠」，命端方等認真籌辦經費。

七月二十三日（九月八日），再次指令各省督撫積極籌集款項，迅設局所，廣興機器製造「以擴利源而資民用」。

七月二十五日（九月十日），命胡燏棻籌款興辦京西煤礦至盧溝橋的運煤鐵路。

七月二十六日（九月十一日），諭令通商口岸及出產絲茶省份的督撫，迅速籌設茶務學堂及蠶桑公院，大力發展供出口的絲茶業，以阜民生而保利權。

同日，諭令將與各國簽訂的通商約章匯編成書，以備酌改和遵行。

同日，對黃思永建議鐵路礦務由國家設立公司任聽外國商人入股一事。降諭指出，「現時國家不特無此財力，且流弊百出」，未予採納。

七月二十七日（九月十二日），為便於「商民」，「以廣流通」，諭令裁撤驛站，在京師和各省、府、州、縣廣設郵政總局與分局。

七月二十八日（九月十三日），再次頒諭重申「農務為中國大利根本」，必須參用西法，購置機器、多設農會、廣出農刊、講求農學，「勸富民集資」切實興辦，發展新式農業。又強調，為維護「中國利權」，對於商務之大宗絲茶，亦應「廣置機器，推廣種植製造，以利行銷」。

7. 整改民事，命旗民自謀生計，改革財政

六月二十六日（八月十三日），康有為上摺請禁止天下婦女纏足，命各督撫等推行。

七月二十日（九月五日），諭稱「國家振興庶務，尤以通達民隱為先」。指令各省、州、縣及時清理各種積案，嚴禁各級官吏「藉端訛索」百姓，「以除積弊而恤民隱」。

同日，為改變京師道路泥濘、溝渠壅塞，命工部會同管理河道大臣等，修整疏通京師街道、溝渠。

七月二十二日（九月七日），為制止地方官吏通過發行「昭信股票」而「苛派擾民」，命在民間現辦之「昭信股票」立即停止，「與民休息」。

七月二十三日（九月八日），鑑於過去遇到災荒，只以撥款救濟，致使經辦官吏「侵漁冒領，弊竇百出」，災民得不到「實惠」。諭令仿效外國加以改革，實行「以工代賑」，既可「養贍窮民」，又能振興工業。

七月二十九日（九月十四日），詔准八旗人「各習四民之業」，自謀生計。並指令，改訂旗民「徙戶開屯計口授田成案」。

同日，命兩江、湖廣、浙江各督撫，徹底清理已成虛懸的衛所屯田舊制，改行徵稅，以充國用。

同日，諭令各海關制訂約章，嚴禁興安嶺一帶金砂及各省制錢流入外洋。

同日，鑑於釐金行久，「遂致弊端叢集」，「徒滋紛擾」，命予整頓並令戶部速籌「興利除弊」之策。並云「理財之道，取之農不若取之商，用吏役不若用士人」，以達「裕國阜民」之效。

八月初一日（九月十六日），為仿照外國「豫籌用度之法」，命戶部編製每年的財政預算表，按月刊報，公之於天下。

8. 整建陸、海軍，以期富國強兵

五月初九日（六月二十七日），諭令軍機大臣及督辦軍務王公大臣等，參用西法編練軍隊。

五月二十一日（七月九日），諭令對八旗及綠營練勇進行裁併，汰弱留強、仿照西方兵制，各將軍督撫，切實裁兵整軍。力行保甲，整頓釐金，嚴杜中飽，以達富國強兵。

六月初十日（七月二十八日），頒諭重申，「力求振作，思禦外侮，則整軍經武，難再視為緩圖」。再次責令各將軍督撫，剔除中飽，集中財力，「添設海軍、籌造兵輪」。

六月二十三日（八月十日），諭稱，欲整建水師，以達「制勝」之效，「必以學堂為根本」。諭令南、北洋大臣及沿海各將軍督撫，應設各類專門學堂「預備人才」。

七月十四日（八月三十日），責成專辦之員，出洋採辦軍火。

七月十七日（九月二日），命兵部妥議改訂武科事宜。

七月二十一日（九月六日），惲毓鼎奏請於京師設武備大學堂，指令孫家鼐妥議。

八月初一日（九月十六日），應請，諭令劉樹堂，將據實削減河工之款「創辦海軍」。[58]

通常所說的「百日維新」，顯然只是這場變法維新運動的初期階段。在此期間，如梁啟超所說，「因皇上無權，不敢多所興舉」[59]。這就是說，當時光緒帝是按照他召見康有為時，康提出的「就皇上現在之權，行可變之事」逐步改革的方針進行的。因此這期間光緒帝頒發的革新詔令，諸如廢八股改試策論；興學、出洋造就與選拔「通達時務」的新式人才；發展近代農工商及交通、郵政等事業；獎勵發明創造、倡譯外國書刊、淘汰腐敗的綠營兵和編練新式陸海軍以及編造財政預算、修整京師道路等方面的革新措施，都是採納或是以康有為的建議為基礎制訂頒詔推行的。

當然，其他官員提出的革新要求，光緒帝也採取了兼收並蓄的態度。不過，就是在這些官員當中，如山東道監察御史楊深秀和宋伯魯、翰林院侍讀學士徐致靖、江西道監察御史王鵬運等人，他們呈遞的一些改革奏疏，或是為康有為「代遞」的，或是「命受」於康有為上呈的。至於其他官員提出的革新建議，也基本上沒有超出維新派主張的範圍。因此，光緒帝推行的這些維新措施，「大多為康有為先生之政治主張」[60]。而且康有為自己也證實，在戊戌維新當中，「皇帝已經採取了很多我的奏摺中的建議」[61]。

另外，在光緒帝推行的改革措施中，如設廠、開礦、興商、修築鐵路、編建近代海軍以及辦學、譯書等等，曾是洋務運動時期進行過的內容。引進「西學」，也是洋務派官僚早就提倡過的。但是人們知道，所有這些又都是近代中國人要搞近代化所離不開的。顯然，不能把從事這些事業的活動都一概鑲在洋務運動的框子裡。前曾說過，以李鴻章為首的老洋務派，搞了些有限度的近代建造，卻是緊緊服務於封建統治的。到這時，後起的洋務派官僚張之洞，對「西法」、「西學」喊得更響亮了。可是，他仍然認為「今朝政清明」[62]，好像封建統治制度根本沒有改革的必要。從而張之洞針對維新派和光緒帝的變法改革，提出了一個所謂「可變」與「不可變」的嚴格界限。張之洞認為：「夫不可變者倫紀也，非法制也；聖道也，非器械也；心術也，非工藝也。」[63]即是說，在他看來可以仿效外國加以變通的，只不過是「法制」（統治方式）、「器械」、「工藝」之類；至於專制主義的道統及其政治體制，那是完美無缺的，絕不可以棄而變之。另一個後起的洋務派官僚劉坤一，也對維新派宣傳的西方資產階級的「平等、民權」說，斥之為「傷理害道」[64]。對在當時的西方政治學說，他表露了切齒之恨。顯而易見，張之洞、劉坤一等洋務派大官僚的「西學」觀，與頑固派官僚榮祿、王文韶提出的「富強之道，不過開礦、通商、練兵、製械，其他大經大法，自有祖宗遺制，豈容輕改」的觀點是同出一轍的。他們都把借用「西法」、引進「西學」限定在一個固定的框框之中，惟恐專制制度及其思想基礎受到衝擊。

如前所說，光緒帝是在甲午慘敗之後，出於「憂國傷時」，對傳統觀念產生了懷疑，感到不得不另尋出路。他在了解到一些國外的情況之後，便又萌發了仿照西方強國來革新中國的願望。當光緒帝在被歷史的潮流推到變法維新的前台以來，其胸懷得到了進一步的擴展。於是，一方面，光緒帝深切地感到，在當時的形勢下，要維新必須「講求時務，勿蹈宋明積習」[65]，不應再走回頭路了。另方面，他又看到，只有那些「昧於域外之觀者」，才「不知西國政治之學，千端萬緒」[66]，意識到要學習外國的領域十分廣闊。因此光緒帝在《明定國是詔》裡就強調指出，必須「博採西學」、「毋徒襲其皮毛」。可以說，這種思想是對洋務派有限度地引進「西法」、「西學」的一種批判性的發展。因此，他在採取或準備採取的各方面的改革措施中，都貫穿了向西方強國學習的線索，而且又把這種學習提到了國策的高度。所以如此，固然除了其個人探索之外，主要是體現了維新派的啟導作用。但從根本上來說，還是反映了時代的必然趨勢。其實，在這一學習的過程中，是要模仿先進的資本主義國家來改造落後的中國；還是只圖栽植一些西方強國的「皮毛」技藝以維護自己的統治地位？已越來越明顯地成為近代中國各階層人們學習外國的兩種不同走向。應當說，這時的光緒帝已經被納入了前者的行列。

正因如此，就光緒帝明詔推行的改革措施來看，無論其廣度和深度，都遠遠地超出了洋務運動學西方的程度。光緒帝不僅大力提倡仿效外國在中國發展近代工、礦、交通、商務、郵政及編練陸海軍和辦學、譯書等；還把效法西方的改革擴展到農業、財政、思想輿論、社會風情、民政吏治以及政治規制等各個方面。有些改革，如裁撤綠營兵、廢棄驛站，尤其是取締八旗人的寄生制等等，都是直接觸犯其「祖制」的變革措施。

以前，洋務派官僚曾在福州、天津等地創辦過新式學堂，也派出一些人出國留學。李鴻章等在上海的江南製造局設立了翻譯館，譯出一些西方近代數理礦務等科學著作，對國內外都曾產生過一定的影響。但是所有這些，都是在幾個洋務派大官僚牢牢的控制下，僅僅是為他們從事的洋務事業（主要是為辦海軍）服務的，根本沒想到把它們推廣到全社會。因此，江南製造局翻譯館譯出的西書，三十餘年來僅銷售一萬三千來本[67]。可見，這種譯書，並非為滿足社會之需。

康有為以及梁啟超，要模仿日本的明治維新來革新中國，從而對培養各種新式人才都極為重視。光緒帝也「以為改革之事，全賴人才，故首注意教育」[68]，並把發展近代教育視為變法維新之「急務」[69]。同時，他也以此作為學習外國的重要途徑。事實上，光緒帝進行的變法改革，就是以創辦京師大學堂作為其開端的。

此後，光緒帝在改革科舉考試制度的同時，又接連頒發了大量諭旨，採取「獎勵」等各種方式，指令全國各地廣泛設立新式的高、中、小學堂「中外兼習」。甚至他為了克服經費的困難以便盡速推廣，又鼓勵各地私人「自行籌款」創辦速成中學。此外，光緒帝還頻繁指令在國內各地設立礦務、農學以及醫學等專業學校，培養各種專門人才。與此同時，光緒帝並反覆降旨，號召上自宗室王公下至各地的「聰穎學生」，都可到日本等國考察就學。他把派出員生出洋考察、學習，列為變法維新的重要內容。翻譯西書，光緒帝也不是僅僅立足於吸取外國的先進技藝，他還試圖「藉以考證政治得失」[70]，把仿照外國的改革擴展到政治領域（實際有些改革已經涉及到政治方面了）。光緒帝在十分重視發展近代工、商、交通和編練新式軍隊之外，又大力提倡「參用西法」振興中國的農業；「仿用西法」發展中國的絲、茶業；模仿西方各國「預籌用度之法」[71]編製財政預算，以及「仿西法」修整京師道路[72]。同時，光緒帝還參照各國的情況倡導在各地設立商會、農會和蠶桑公院等群衆性團體；鼓勵「士民」上書言事；出版各種報刊「臚陳利弊，開廣見聞」，給人們一定的結社和言論自由；以及整頓吏治、改革民政、採取與民休息的政策等等。所有這些，都是在洋務運動中所不可想像的。從而足見，這次改革已具有較為廣泛的社會性。也表明光緒帝在仿照外國來改革中國的道路上，已走出了相當可觀的一段路程。

並且，光緒帝的這種向外學習，依然體現了挽救民族危機和維護國家、民族權益的鮮明特色。他在推行變法新政的過程中，除繼續提醒人們注意列強環伺的嚴重局面之外，還反覆強調了「近來中國利權，多為外人所奪」[73]的嚴酷現實。從而他指出，「講求工藝，設廠製造，始足以保我利權」[74]；發展商務、開發礦藏和振興農業、絲茶業等，亦應以防止「利權外溢」[75]。為此，光緒帝申明，在發展商務開拓商埠時，要「詳定節目，不准劃作租界，以均利益而保事權」[76]。僅據上述事實即可說明，光緒帝學習外國的基本立足點，還是為了「以強中國」。

當然，從光緒帝推行的這些革新措施的整體來說，仍然是側重於引進西方先進生產技術、近代交通設備、商品流通方式和培養與此相適應的新式人才等。但也不可否認，光緒帝卻在極欲改變中國的落後面貌。正如馬克思所說：

「隨著新生產力的獲得，人們改變自己的生產方式，隨著生產方式即保證自己生活的方式的改變，人們也就會改變自己的一切社會關係。手推磨產生的是封建主為首的社會，蒸汽磨產生的是工業資本家為首的社會。」[77]

顯然，康有為與光緒帝均未明確提出在中國發展資本主義的主張（其實他們也不知道這一概念）。然而，在進行的這種較為廣泛的改革中，亦非設有不可導向資本主義的高牆壁壘。恰恰相反，如果光緒帝能夠沿著這條改革道路走下去，必將給在掙扎中發展的中國資本主義以新的推動，產生他可能想像不到的社會變革。可以認為，光緒帝依據維新派的要求，仿照日本明治維新制訂的這一系列維新改革措施，是在繪製著一幅近代中國第一個力圖通過國家政權力量付諸實施的、較為全面系統的近代化藍圖。

因此，在變法新政推行的過程中，當革新的「詔書每下，薄海有識之士，皆感激零泣，私相勸奮」[78]。於是，有的官員即在其奏摺中興奮滿懷地指出：「朝廷變法自強，舉行新政，此乃中國圖存之命脈。」[79]又有人為之歡呼：「皇上（光緒帝）發憤自強，雷厲風行，破數百年積習之弊，造四萬萬蒼生之福。」[80]因此，一切渴望國家復興的人們，均從變法維新之中看到了祖國的光明未來。從而，當變法進行之際，便在一些地區出現了「爭言農商之學，爭譯農商之書，……上行下效，風氣大開」[81]的新局面。

隨著變法新政的推行，在沉睡已久的神州大地上空，依稀可見未來希望之光。

註釋

1 康有為《康南海自編年譜》，第四六頁。

2 康有為《上清帝第四書》，湯志鈞《康有為政論集》，上冊，第一五二頁。

3 康有為《上清帝第五書》，湯志鈞《康有為政論集》，上冊，第二〇七頁。

4 康有為《上清帝第六書》，湯志鈞《康有為政論集》，上冊，第二一三頁。

5、8、18 康有為《康南海自編年譜》，第四七頁。

6、31 蘇繼祖《清廷戊戌朝變記》，《戊戌變法資料》(二)，第三三一頁。

7 湯志鈞《康有為政論集》，上冊，第二五六—二五七頁；另見《戊戌變法資料》(二)，第二〇六—二〇八頁。

9 趙爾巽等《清史稿》（四二傳），總第一二七四〇頁。

10 閔爾昌《碑傳集補》，第六卷，第一二頁。

11 湯志鈞《康有為政論集》，上冊，第二五八頁。

12 湯志鈞《康有為政論集》，上冊，第二五九頁。

13、24、30、38、42 蘇繼祖《清廷戊戌朝變記》，《戊戌變法資料》(一)，第三三二頁。

14、16 翁同龢《翁文恭公日記》，戊戌四月二十三日。

15 《德宗實錄》，第四一八卷，第四八二頁。

17 《申報》，光緒二十四年四月二十八日。

19 國家檔案局明清檔案館《戊戌變法檔案史料》，第三頁。

20 《戊戌變法資料》(二)，第一九頁。

21 《戊戌變法資料》(一)，第三三二頁。

22 《戊戌變法資料》(二)，第二一一、二一二頁。

23 朱壽朋編《光緒朝東華錄》(四)，總第四〇九三頁。

25、26 《德宗實錄》，第四一八卷，第四八四頁。

27、28、52 《德宗實錄》，第四一八卷，第四八五頁。

29 翁同龢《翁文恭公日記》，甲午十一月初四日。

32 叢刊《中日戰爭》(四)，第五七六頁。

33 〔英〕濮蘭德、白克浩司《慈禧外紀》，中譯本，第一二三頁。

34 印鸞章《清鑑綱目》，第七二〇頁。

35 蘇繼祖《清廷戊戌朝變記》，《戊戌變法資料》(一)，第三三〇—三三一頁。

36 康有為《康南海自編年譜》，第三三頁。

37 胡思敬《戊戌履霜錄》，《戊戌變法資料》(一)，第三五九頁。

40 〔英〕濮蘭德、白克浩司《慈禧外紀》，中譯本，第一二九頁。

41 胡思敬《戊戌履霜錄》，《戊戌變法資料》(一)，第三六五頁。

43 翁同龢《翁文恭公日記》，戊戌四月二十八日。

44 惲毓鼎《崇陵傳信錄》，《戊戌變法資料》(一)，第四七五頁。

45 朱壽朋編《光緒朝東華錄》(四)，總第四〇九六—四〇九七頁。

46 西太后發動政變，康有為逃出北京後，在他與香港出版的《中國郵報》的代表談話裡，曾較詳細地談到他被召見時與光緒帝的對話內容，此談話刊載在一八九八年十月七日的《中國郵報》上。從康氏《自編年譜》之復記與香港《中國郵報》刊載的帝、康對話內容來看，基本意思是相似的。只是《中國郵報》刊載的對話加上了一些康有為的理解和認識，並有些對話外的情況。從敘述方式和行文而言，《自編年譜》中的復記感到尤為真切。此外，在梁啟超的《戊戌政變記》和胡思敬的《戊戌履霜錄》等著述中，也記載了一些光緒帝召見康有為時的對話內容，但這些記載都不完整。

47 康有為《康南海自編年譜》，第四八—五〇頁。

48 康有為《康南海自編年譜》，第四八頁。

49 胡思敬《戊戌履霜錄》，《戊戌變法資料》(一)，第三七七頁。

50、54 胡思敬《戊戌履霜錄》，《戊戌變法資料》(一)，第三七四頁。

51 朱壽朋編《光緒朝東華錄》，總第四〇九七頁。

53 康有為《康南海自編年譜》，第五一頁。

55 梁啟超《戊戌政變記》，第一五三頁。

56 以往有的論者說，光緒帝在此期間「公布了幾十道新政詔書」；多數學人認為，光緒帝頒布了「一百多道」變法上諭。在通稱的「百日維新」當中，往往對於一項改革，光緒帝即頒布了幾道詔令。有些詔令通常雖就一事而發，但其具體的針對性卻又各不相同。筆者據《德宗實錄》，《光緒朝東華錄》等，按光緒帝頒布的有關維新詔令條次統計為一八四條。但終因頭緒繁雜，這一統計數字抑或有誤。但筆者認為，在「百日維新」期間，光緒帝頒發的改革維新詔令，最少不低於一八〇條次。

57 國家檔案局明清檔案館《戊戌變法檔案史料》，第一六四頁。

58 據《德宗實錄》、《光緒朝東華錄》，並參照段昌同編《戊戌百日維新運動大事表》，經對照、考核與整理而成。

59 《戊戌變法資料》(二)，第五二頁。

60 康同家《康有為與戊戌變法》，台灣版，第九三頁。

61 《戊戌變法資料》(三)，第五〇六頁。

62 張之洞《張文襄公全集》，第二〇二卷，第二六頁。

63 張之洞《張文襄公全集》，第二〇三卷，第一九頁。

64 《劉坤一遺集》，第五冊，第二二三〇頁。

65 《德宗實錄》，第四二二卷，第五三三頁。

66 《德宗實錄》，第四二五卷，第五七九頁。

67 梁啟超《戊戌政變記》，第二二頁。

68 《戊戌變法資料》(二)，第五三頁。

69 《德宗實錄》，第四二四卷，第五五九頁。

70 《德宗實錄》，第四二三卷，第五四〇頁。

71 《德宗實錄》，第四二六卷，第五九一頁。

72、73 《德宗實錄》，第四二五卷，第五八六頁。

74 《德宗實錄》，第四二〇卷，第五〇九頁。

75 《德宗實錄》，第四二一卷，第五一七頁。

76 《德宗實錄》，第四二三卷，第五三四頁。

77 《馬克思恩格斯選集》，第一卷，第一〇八頁。

78 國家檔案局明清檔案館《戊戌變法檔案史料》，第八八頁。

79 《戶部候補主事聶興搢奏》，《軍機處錄副補遺·戊戌變法卷》，中國第一歷史檔案館藏。

80 《為通籌進款以蘇貧困富強之機呈請代奏摺》，《軍機處錄副補遺·戊戌變法卷〉，中國第一歷史檔案館藏。

81 《戊戌變法資料》(二)，第八七頁。

第九章　崎嶇的維新之路

艱難的起步

（一）設制度局之議的擱淺

面對被列強宰割瓜分的衰弱中國，要奮起革新圖強，的確極大地激發起中華兒女的自信心。隨著變法詔令的頻頻頒布，在社會上迅速形成一股民族自強的熱潮。然而，當變法革新剛剛起步，便遇到來自頑固勢力的巨大阻力。

原於當年一月初（一月末），康有為在進呈《上清帝第六書》（即〈應詔統籌全局摺〉）要求盡快變法時，他即強烈地意識到「今之部寺，皆守舊之官，驟予改革，勢難實行」[1]。因此康有為認為，如在這種情況下進行變法維新，勢必會出現「皇上（光緒帝）行之而大臣撓之，才士言之而群僚攻之」的局面。顯然，這對全面推行變法新政極為不利。從中他又看到，所以如此，是由於清王朝的統治體制陳舊所造成的。於是，康有為向光緒帝建議，進行變法除應像日本維新那樣必須「大誓群臣」、先定國是之外，為了使變法維新得以順利進行，還要改革清王朝的統治體制。為此，他要求「設制度局於內廷，選天下通才十數人，入直其中，王公卿士，儀皆平等，略如聖祖（康熙帝）設南書房，世宗（雍正帝）設軍機處例。皇上每日親臨商榷，何者宜增，何者宜改，何者當存，何者當刪，損益庶政，重定章程，然後敷布施行，乃不謬紊」。康又進而指出，以制度局總攬變法之「綱」[2]，在清中央作為主持變法維新的中樞。另在京師設法律、度支、學校、農、工、商、鐵路、郵政、礦務、遊會、陸軍、海軍等十二局「分其事」[3]，作為制度局的專業機構。同時康有為還提出，向來「一省事權，皆在督撫，然必久累資勞，乃至此位，地大事繁，年老精衰，舊制且望而生畏，望其講求新政而舉行之，必不可得」[4]。因此他認為，還應在每道設一民政局，每縣設一民政分局，「妙選通才」於其中，「准其專摺奏事，體制與督撫平等」[5]，在地方「督辦」[6]新政事宜，直接推行變法新政。

康有為請設的制度局，是把它作為在清中央協助光緒帝主持變法維新的最高機關。「十二局」是其所屬的分門別類的辦事部門。在各地設立民政局和民政分局，是作為貫徹新政措施的地方機構。如此上下隸屬，構成了一個與原來清王朝統治體制相平行的、專門主持和推行變法新政的機構體系。

顯然，以皇帝的權威公開頒詔定國是，確定以變法維新作為朝廷的施政總方針，實為解決定向問題。而請設制度局、「十二局」與民政局，是康有為提出的第一項重大政治改革措施。而這一改革，又是直接關係著變法新政能否順利推行的關鍵之所在，更有重大的實際意義。因此，康有為把頒詔定國是與設制度局，均視為既有聯繫又有區別的兩項保證變法得以順利進行的戰略性舉措。

這裡，不擬對康有為提出這一主張的由來和演變等作全面、系統的評說，但從中可以清楚地看到，這一建議絕非僅僅是為資產階級維新派「爭取參政權」，其主要的目的，是為了排除上自內廷下至地方的清王朝實權派的干擾，為推行變法新政提供組織上的保證。在這裡，既正視於現實，又力求進取，如果這一建議付諸實現，必將大大有利於變法新政的推行。

當光緒看到康有為的第六書時，他便對請設制度局一事引起了重視。不過在當時，確定以變法為治國方針的《明定國是詔》尚未頒布，而且這一建議的落實，勢必牽動清王朝的統治體制，觸及到各級官吏的切身權勢，尤其西太后更勢難容忍。因而，光緒帝「蓋知西后之相忌，故欲藉衆議以行之」，遂當即「飭下總理衙門議行」[7]。從中可見，他同意開設制度局的意向是明確的。在這時，還未被革職的翁同龢也「欲開制度局」，並主張命康有為「直其中」[8]，主持制度局事宜。此外，已經傾向變法維新的御史楊深秀、宋伯魯、王鵬運和翰林院侍讀學士徐致靖等人，亦「皆以制度局為然」[9]。他們對於設立制度局，同樣均持以積極的支持態度。然而，西太后的心腹們，卻對此堅決抵制。慶親王奕劻等頑臣，在接到命其「妥議」的諭旨之後，他們立即回奏聲稱，康有為要求設制度局及「十二局」之請「事關創制」。這些人預感到他們的統治地位將因此受到威脅，從而對光緒帝的指令予以「搪塞」。直到《明定國是詔》頒布以後，這些控制軍機處及總理衙門的權臣，對請設制度局之事仍然拒不議行。於是，光緒帝又連續降旨，敦促總理衙門大臣「速議覆奏」[10]。迫於光緒帝的一再催促，到五月十四日（七月二日），西太后的親信、總理衙門大臣奕劻等人再次聯名上奏，對康有為請設制度局和「十二局」的建議硬與原來的六部相套。遂以所謂「成憲昭垂，法制大備」、「我朝庶政分隸六部」為由，認為「不必另開制度局」[11]，把康有為的這一建議公然駁回。因而光緒帝在「震怒」之下，緊接著於五月十七日（七月五日）又命軍機處和總理衙門大臣覆議。幾天之後，慶親王奕劻一夥聯合具摺，他們叫嚷康之請是「變易內政，事關重要」[12]，把康有為請設制度局與「十二局」的要求再度頂了回來。就此，這些手握清廷實權的頑臣，既駁回了康有為的建議，也拒絕了光緒帝的指令。顯而易見，他們之所以敢於這樣明目張膽地「屢次抗拂上意」，當然還是由於西太后在後面支撐的緣故[13]。

正由於設立制度局、「十二局」與民政局，對於推動與抵制變法維新的人來說都至關重要。所以在康有為提出這一建議之後，它便成為新舊勢力鬥爭的焦點。在一段期間裡，雖然它一再遭到頑固派官僚的拚命抵制，但光緒帝並未因此而灰心，他一直在為促其實現而竭盡全力。不過當光緒帝感到，僅以降旨催促議行已不能奏效之後，迫於無奈，他又召見總理衙門大臣張蔭桓，當面責之曰：「汝等盡駁康某（有為）之奏，汝等欲一事不辦乎？」[14]他企圖爭取一下這個有點新見識的頑固派官僚。可是，光緒帝的這一新的嘗試，結果也照樣落空了。到五月二十五日（七月十三日），當光緒帝看到奕劻等人繼續抗拒議行的奏摺時無比氣憤，當即採取了最為嚴厲的手段，以「朱批」命「軍機大臣，會同總理各國事務衙門王大臣，切實籌議具奏，毋得空言搪塞」[15]，向頑固派權貴發出了強硬的命令。於是，圍繞是否設立制度局及「十二局」的問題，新舊勢力之間的鬥爭達到了空前尖銳的程度。至此，在光緒帝於內廷和群頑拚力周旋的同時，康有為與梁啟超又在廷外聯合楊深秀、宋伯魯等，以連續呈摺的方式進一步大造請設制度局的輿論。

在對立的雙方已經公開僵持起來的時候，頑固派官僚也在不斷變換手法加以抵制。一方面，有的軍機大臣在內廷大叫：「開制度局，是廢我軍機也，我寧忤旨而已，必不可開。」狂妄地叫嚷要頑抗到底；另方面，他們又繼續製造流言蜚語煽動說：康有為要求設立制度局、「十二局」和民政局就是「盡廢內閣六部及督撫、藩臬司道」，掀起了一場軒然大波。從而使「京朝震動，外省悚驚」[16]。在這一片喧囂聲中，剛被西太后納入軍機處的頑固派官僚王文韶，顯得尤為陰險。他說，對於設立制度局及「十二局」等「上（光緒帝）意已定，必從康言，我全駁之，則明發上諭，我等無權矣，不如略敷衍而行之」[17]。光緒帝要採納康有為的建議設立制度局，這已是顯而可見的事實。不過他明明知道西太后對此「相忌」，因此若下明詔強行設立，必然要與西太后發生直接的對抗。這對開始不久的變法維新事業來說，必然會產生更加嚴重的影響。但在光緒帝已與頑臣對峙起來的情況下，王文韶為了預防光緒帝有被迫下明詔的可能，主張採取欺騙的手法來達到扼殺制度局的目的，不能不說明他的用心更加險惡。就這樣，王文韶的主張，便很快地得到了頑固派官僚們的贊同，一個新的陰謀遂即「定議」。

到六月十五日（八月二日），在西太后的得力親信、軍機大臣世鐸等人出面上呈的一份奏摺中，對於議設制度局、「十二局」和民政局等提出了一個所謂的「變通辦法」[18]。可以說，這就是他們「定議」的那個新陰謀的集中體現。在這個「變通辦法」中，世鐸等人在表面上裝扮成對光緒帝的旨意「不敢執守成見」的樣子。實際上，這些人卻採取了偷梁換柱的手法，對康有為的建議進行了徹頭徹尾的竄改：以讓光緒帝從原來的部院當中挑選有「才識，深信其忠誠者」，「聽候隨時召見」、「以備任使」的辦法來取代制度局；他們主張，只要在京師另設附屬於總理衙門的「礦務鐵路總局」，以其統理光緒帝先後頒諭在各地創辦學校、廣興鐵路、商務、選派「司員出洋遊歷」和編練軍隊及整頓武備等等，似乎就等於實現了「『十二局』以任其事」；以在各地「整飭吏治」，「核實舉劾」等來代替民政局[19]。十分明顯，經過這麼一「變通」，康有為請設制度局、「十二局」與民政局等系列建議，「皆成為虛文矣」[20]。在此還應看到，世鐸等頑固派官僚提出的這個「變通辦法」，又是以迎合康有為的要求和順應光緒帝之旨意的面目出現的，給它蒙上了層具有欺騙性的偽裝。從而，使光緒帝與康有為均感到無可奈何。

康有為請在廷內、京城與各地設制度局及「十二局」與民政局的要求，是他通過對中外政治狀況的探索與考察，而提出的既有強烈現實意義又頗具遠見的第一項重大改革措施。它的實施，將直接關係著變法維新進行的全局。另外，這也是康有為鑑於「泰西政論，皆言三權（即「議政」、

「行政」、「司法」三權——引者）」[21]的情況，意欲改革清朝專制體制爭取「議政」權的一種嘗試。正因如此，圍繞康的這一建議，在清廷統治集團中引起持續四個月之久的一場激烈鬥爭。在此過程中，光緒帝為了促其實施，以其力之所及盡到了最大的努力。康有為、梁啟超及其他一些支持變法的官員，也為實現這一改革而全力以赴。然而，光緒帝及康有為等，終未衝開清王朝的頑固堡壘。最後，這個變法維新的首項重大改革之議，被頑固派弄得面目皆非，其實是流產了。

（二）廢八股的激烈衝突

當初，依據康有為的要求，為了議設制度局、「十二局」與民政局，的確牽動了光緒帝的巨大精力。但當這一改革議案被頑固派官僚緊緊拖住，使之遲遲難以議決時，卻未纏住光緒帝的手腳。

他從五月初（六月下旬）起，又按照康有為等維新派人士之請，開闢了一條新的改革戰線，廢八股改試策論，向在文化教育界相沿已久的科舉制度發起了衝擊。同時，光緒帝又試圖以此作為新的突破口，把變法革新的戰線全面拉開。從而，革新與守舊的鬥爭也就廣泛地展開了。

八股，從明代沿襲至清末，文體越發陳腐，它已成了在文化教育界束縛人們的思想、維護封建專制統治的工具。維新派要學習西方資本主義強國把中國引向近代化發展道路，勢必也要觸及到封建主義的文化思想領域。因此，維新派人士在宣傳、組織變法維新的過程中，即把八股取士視為「禁錮」人們思想的精神枷鎖，甚至認為它是中國「致弱之根源」[22]。於是，他們大聲疾呼，要求廢除八股，並把它作為變法圖強的一個不可缺少的重要環節。實際上，這是資產階級維新派為衝破封建主義思想藩籬所採取的一個重要步驟。

原在光緒二十四年四月（一八九八年五月），為請設制度局和要求頒詔定國是而忙碌不已的康有為，又通過御史楊深秀上書請廢八股。但卻遭到頑固派官僚的竭力反對，而且當時光緒帝又在爭設制度局，對此無暇兼顧，因而此請未得行。到光緒帝頒詔定國是的前夕，梁啟超又聯合百餘名舉人「連署上書請廢之」[23]，結果未能上達。後在康有為被光緒帝召見時，他進而當面向光緒帝指出了八股之害，認為「今日之患，在吾民智不開」，「而民智不開之故，皆以八股試士為之」。從而，康有為強烈要求廢除這一積弊。光緒帝亦出於仿效西方強國力行革新圖強，對康有為的這一要求先後以「然」、「可」，表明了他對此請的贊成與支持態度。

於是，康有為在被光緒帝召見結束後，立即將其已擬好的請廢八股之奏摺經改動又另抄一份，請御史宋伯魯代呈。次日（六月十七日），康、宋便將此同一內容的上疏相繼呈遞給光緒帝。康有為在其《請廢八股試帖楷法試士改用策論》原摺中，於進一步陳述了八股的由來、演變及其種種弊端的同時，又明確地指出：「今變法之道萬千，而莫急於得人才；得人才之道多端，而莫先於改科舉；今學校未成，科舉之法，未能驟廢，則莫先於廢除八股矣。」[24]當時，康有為或又從經「部議」設制度局之事中吸取了教訓。因此，他再予強調，希望光緒帝在廢八股時，「勿下部議，特發明詔，立廢八股」[25]。宋伯魯代呈的《請改八股為策論摺》，又以康熙帝曾實行策論試士為據，亦請光緒帝「特下明詔，永遠停止八股」[26]。至此，康有為與宋伯魯緊密配合，向在封建時代教育界的精神枷鎖八股發起總攻。

已在議設制度局的問題上吃到「部議」苦頭的光緒帝，在看到康有為、宋伯魯請廢八股的奏摺後，便採納了他們的建議和要求「即令樞臣擬旨」[27]。決心要按照康、宋之請，以不經「部議」直接頒諭的方式廢除八股。但是，光緒帝的這一果斷舉動，又當即受到頑臣、禮部尚書許應騤的

「多方阻撓」[28]。對此，御史楊深秀、宋伯魯遂即聯合具摺，彈劾許應騤「阻撓新政」[29]，給予了迎頭回擊。並且光緒帝亦因許應騤「阻撓科舉（即阻撓廢八股——引者）」而對其「惡」之，欲予以「罷斥」[30]。但由於群頑互相庇護，剛毅等一再為許「乞恩」說情。在這種情況下，光緒帝似為擺脫其糾纏，遂應請以命許應騤「明白回奏」[31]而作罷。當許應騤反對廢八股的囂張氣焰暫被煞住，剛毅又跳出來以「祖制，不可輕改」為由，仍企圖利用「部議」加以阻止。對此，已得到廷臣有力配合的光緒帝，便直截了當地對剛毅指出：「部臣據舊例以議新政，惟有駁之而已，吾意已決，何議為！」[32]予以駁回。這時，頑固透頂的西太后之信臣剛毅，真是一計不成又生一計，他又搬出其後盾來要挾。揚言「此事重大」，讓光緒帝必須先向西太后「請懿旨」[33]而後行。事態的發展，又集中在這個皇太后的身上了。為了衝破阻力迎刃而上頒詔廢八股，光緒帝不得不再振起精神，親自到頤和園來過西太后這一「關」了。作為清王朝的老練權術家西太后，在玩弄伎倆方面她確比剛毅等「高明」些。在尚未觸動其權位的條件下，她還不願出面干預。而這正是光緒帝之所求，於是他便來了個趁熱打鐵，在其回宮後遂於五月初五日（六月二十三日）頒發了上諭，宣布：「自下科為始，鄉會試及生童歲科各試，向用四書文（即八股文——引者）者，一律改試策論。」[34]至此，以康有為為首的維新派，在文化教育領域裡的一項迫切的革新要求終於取得了成果。同時也是光緒帝在推行變法新政的過程中，所贏得的一大政績。固然，它的取得已充滿了尖銳、曲折的新舊之爭，然而這場鬥爭風波，尚未就此平息，明槍過後又有暗箭襲來。

原來，康有為在其《請廢八股試帖楷法試士改用策論摺》中，在要求「罷棄八股試帖楷法取士，復用策論」的同時，也意識到此舉可能遇到守舊群臣的「阻撓」。並鑑於當時「學校未成」的現實，故提出「科舉之法，未能驟廢，則莫先於廢棄八股」的主張。他認為，在當時只要先廢除八股改試策論，「以其體裁，能通古證今，會文切理，本經原史，明中通外，猶可救空疏之宿弊，專有用之問學。」[35]可見，在康有為的這個奏摺中亦提出還要「本經原史」。在這裡仍留有一條長長的舊尾巴。

光緒帝在五月初五日（六月二十三日）頒發的廢除八股改試策論的上諭裡，也指出：「至士子為學，自當以四子六經為根柢，策論與制義（制義亦即八股文——引者）殊流同源，仍不外通經史以達時務，總期體用兼備。……毋得競逞博辯，復蹈空言，致負朝廷破格求才至意。」[36]從此內容看來，更似乎新舊混雜。但是，光緒帝在此所說的前提，與康有為之見完全一致。是指在廢八股改試策論之後，新式學堂尚未廣泛建立起來的情況下，一般生童還應照舊學習四書五經，並以此打好基礎，進一步做到「通經史以達時務」。就此而言，這又可視為一種從舊到新的過渡性措施，是與康有為所說的「本經原史，明中通外」相呼應的。至於「體用兼備」之說，顯然又涉及到如何處理古與今、「中學」與「西學」的關係問題，而這個複雜的問題又是當時人還不可能給予解決的新課題。稍後，洋務派官僚張之洞，在其《勸學篇》一書中明確地提出了所謂「舊（或中）學為體、新（或西）學為用」[37]的口號。實際上他的這個主張的側重點，還是放在「舊學」之上的。張之洞認為，如果不以「中學」為體，「其禍更烈於不通西學者」[38]。同時，他又把專制制度及其思想基礎和整套的封建倫理道德，均籠統地視為永恆不變的「聖道」。可見張之洞的「中體西用」說，是有其鮮明的政治傾向的。而光緒帝所說的「體用兼備」，卻是為了「通經致用」，「以勵實學」[39]，其側重點是「以達時務」和為了「破格求才」。因此，光緒帝的思想意向是出於進取，力求改革。顯然，不能籠統地把它與張之洞提出的「舊學為體，新學為用」相提並論。無疑，光緒帝頒發的廢八股改試策論的上諭，其根本意圖是為了面向中外現實。廢除虛渺的育人導向，培養「通達時務」的新式人才，以適應推進變法維新事業的需要。因此，這個上諭，在基本上是體現了康有為的要求。

八股文體，固然只是一種考試作文章的形式，策論也不是康有為和光緒帝的獨創，在康熙年間就曾一度改試過策論。但是康有為以及光緒帝提倡的策論，卻給它賦予了時代的新內涵。力圖以此促使人們擺脫「聖賢」的迷惘，起來注重「時務」、吸取新思想，為變法維新掃除障礙。而這一變革，無疑既觸犯了廣大守舊文人的世襲「領地」，也衝破了統治者的「愚民」政策。因此，當光緒帝甩開剛毅等頑臣的竭力糾纏，毅然頒布了廢除八股改試策論的詔旨以後，清王朝上下的守舊勢力又氣焰囂張地進行反撲。在清廷，御史文悌披掛上陣攻擊康有為。文悌，滿洲正黃旗人，原以筆帖式任戶部郎中，曾為河南知府，後改為御史。文悌「心術詭詐」[40]，而且「好譽沽直」[41]，慣於沽名釣譽。到此，他與許應騤等頑臣密結，不時地監視與刺探康有為及楊深秀、宋伯魯等的言行。當光緒帝頒布了廢除八股改試策論的上諭之後，其又與許應騤密謀，於五月二十日（七月八日）遞上《嚴參康有為摺》。在其中，文悌既將其鬥爭矛頭主要對向康有為，同時又指向了光緒帝以及楊深秀、宋伯魯等。他在擺出似以「算總帳」的架式，誣告康有為此前成立保國會是「名為保國，勢必亂國」之後，竟聲嘶力竭地叫嚷康有為「欲將中國數千年相承大經大法，一掃亂絕」[42]。還說什麼廢八股改試策論是「盡棄名教」，並與黃桂鋆等人相串通，欲謀聯名上奏「翻國是，復八股」[43]。接著，禮部尚書許應騤又勾結剛毅，企圖通過攻擊康有為向光緒帝施加壓力，以達到反攻倒算的目的。與此同時，那些醉心於通過「八股取士」的階梯，以圖爬進統治階層的「守舊之徒」，也以為捨八股「無所為學」。覺得「一旦改革，失所憑依」，便亦紛「起而力爭之」[44]。甚至直隸（今河北）的一些守舊文人，為了死抱著八股取士這塊「敲門之磚」不放，居然要以「行刺」

的野蠻手段殺害康有為[45]。為回擊守舊勢力的猖狂反撲，康有為便支持楊深秀、宋伯魯具摺上奏，要求光緒帝對抗拒改革之徒採取堅決的反擊措施。在這尖銳的鬥爭面前，光緒帝仍然旗幟鮮明地站在維新派一邊。他迅速降諭「再責舊黨」，並「怒」斥了文悌的反撲活動欲將其革職。之後又因剛毅再三求情，乃令文悌「回原衙門行走」[46]。按文悌的職務，這種處置實「與革職無異」，從而再次大煞了頑固守舊勢力的囂張氣焰。此後，對廢八股改試策論持以反對態度的人，感到再公開對抗已無濟於事了。於是他們又採取各種陰謀伎倆企圖盡量沖淡這一改革的影響。

恰恰是在這種背景之下，洋務派官僚張之洞便急忙遞上了一個《妥議科舉新章摺》。張之洞在這個奏摺中，雖表示同意廢八股改試策論，但又打著維護「聖道」的旗號，極力宣揚「四書五經道大義精，炳如日月，講明五倫，範圍萬世，聖教之所以為聖，中華之所以為中，實在於此」[47]的說教。在這裡，張之洞以要求將考試「三場先後之序互易」[48]的手法，企圖提高四書五經的地位來沖淡策論，以維繫清朝統治者的思想鏈條。

如前所說，在洋務派官僚中，尤其在對外態度方面，張之洞也有其個性。並且，他亦大談「西學」。其對變法維新的思想表現，更為複雜。因而，光緒帝在六月一日（七月十九日）所發布的一個上諭中，表示同意張之洞「將三場先後之序互易」的要求。就這一點來看，光緒帝似乎是加大了向張之洞的傾斜度。但是，他並未因此而取消考試策論，反而又強調和補充了康有為的要求，宣布今後「一切考試，均以講求實學實政為主，不得憑楷法之優劣為高下，以勵碩學而黜浮華」[49]。

顯然，這項改革的道路，同樣是坎坷不平的。經過了一段曲折的過程，到七月初三日（八月十九日），光緒帝終於頂住了來自各方面的干擾和壓力，又回到了原來的軌道。於是，他再次頒發上諭鄭重宣告：「各項考試，改試策論，一洗從前空疏浮靡之習」；同時又決定，過去的「朝考一場，著即行停止」；並且「一切考試詩賦，概行停罷，亦不憑楷法取士」[50]。至此，康有為等維新派人士，在這方面的第一步改革建議，可謂全部實現了。

以上改革，固然僅僅是有關科舉考試制度方面的一些革新，但其影響卻遠遠地超出了考場的範圍。由於廢除八股「專試策論，海內人士，乃恍然今是而昨非，莫不爭自濯磨，以求通達時務」[51]，在社會上產生了巨大反響。首先，在社會輿論界，當人們看到光緒帝的廢八股改試策論詔時，「恭讀之餘，不禁額手稱慶曰：『此我中國由衰而盛，由弱而強之大轉機也！』」[52]進而社會上的「縉紳、士庶、田夫、市儈以及識字婦女、學語小兒，莫不交口而讚曰：『八股無用、八股無用噫！』」[53]可見，廢除八股已深得人心。梁啟超也說，當廢八股改試策論的詔書頒下，「海內有志之士，讀詔書皆酌酒相慶」。又說：「八股既廢，數月以來，天下移風，數千萬之士人，皆不得不捨其兔園冊子帖括講章，而爭講萬國之故及各種新學，爭閱地圖，爭講譯出之西書。」使人們的「耳目既開，民智驟進」[54]。社會風氣，亦隨之發生了明顯變化。

當然，僅從廢除八股文體的本身來說，似乎只是形式上的改變。但是，事物的形式和內容是不能絕然分開的。在十九世紀末葉令人窒息的中國文化思想界，通過這種改革，畢竟把束縛人們思想的精神鏈條砸開了一環。使人們可以比較自如地思考些新問題，吸進點兒新鮮空氣了。何況由原來一味拘於古「聖」，只許圍著古人的說教作文章，改為注重「實學」、面向現實的策論，也當然涉及到考試內容的變化。這一切，對於在當時關心祖國前途的人們來說，無疑是一種莫大的激勵。進而在社會上促使更多的人擺脫陳習，起來探索和尋求新知識、新思想，導致社會風氣的改變。因此，梁啟超把廢八股改試策論譽為「維新第一大事」[55]是有道理的。顯然這是百日維新中的一大業績。

然而這一開創性業績的取得，卻歷經了重重周折與險阻。並且，在光緒帝最後頒詔定制以後，直到八月（九月），身為重臣的兩廣總督譚鍾麟仍然「故出八股題」[56]。他的這種抗拒改革的行為，雖然又受到了光緒帝的嚴詞訓斥，但卻從中告訴人們，在貫徹這項改革的過程中亦非順利。

步履維艱的征程

（一）盤根錯節的反對派勢力

光緒帝在推行變法新政之前，雖然已從西太后那裡得到可「辦事」的承諾。但在實際上，到其主持變法維新之後，他依舊處於「上扼於西后，下扼於頑臣」[57]不能完全自主的狀態中。並且自甲午中日戰爭以來，光緒帝在清廷的堅定支持者相繼被西太后除掉；志銳被發遣，文廷式遭革職，繼而翁同龢又被逐出清宮，使原來就十分脆弱的帝黨基本瓦解。另外，原在帝、后之間尚能起些緩衝作用的軍機大臣李鴻藻，也於光緒二十三年六月二十五日（一八九七年七月二十四日）死去。到這時，雖然又有如御史楊深秀、宋伯魯及翰林院侍讀學士徐致靖等人積極支持光緒帝變法維新，但他們都是職位較低的文職官員，起不到參與決策的作用。再沒有出現像翁同龢那樣的人物了。在清廷中樞，已幾乎都是清一色的西太后親信和頑固官僚。因此，光緒帝在清廷統治集團中的處境更加孤立。對於這種情況，光緒帝自己是十分清楚的。所以他在召見康有為時，就流露出惟恐頑臣「掣肘」的苦衷。因而，接受了康有為提出的必須另外「擢用小臣」的建議。光緒帝在頒布《明定國是詔》之後，便接連降諭指出，要「切實圖維，用人一道，最為當務之急，尤須舉賢任能」[58]。此後，他又連續頒諭，指令上自京官下至督撫學政，都要迅速推舉「通達時務」又「志趣向上者」隨時「引見」，以備錄用。光緒帝力圖通過選拔、任用有志變法維新的人來改變自己被孤立的處境。又想在學習外國的過程中以廣設學堂、派員出國遊學的途徑，再於全國造就一批基礎力量。然而，守舊勢力根深柢固，光緒帝要實現這一願望談何容易！所以在事實上，仍然造成以「舊人」「委以新政」[59]的局面。

在清中央，那些手握實權的頑固派大臣，鑑於其統治地位的危機，對於栽植一些外國的皮毛技藝並不是絕然反對的。但是，他們都惟恐變法運動脫韁危及其所謂的「祖制」，因為這是維護他們統治地位的護身符。在光緒帝頒布《明定國是詔》時，西太后即對她的心腹官僚奕劻、剛毅、榮祿等人交了底，並向他們發出了暗示：對光緒帝變法的「要緊處」，要力行「阻之」。隨後，他們便採取了一系列的防範措施。當變法剛剛起步時，在光緒帝的身邊，便設下了層層圍扼變法維新的明碉暗堡。

至於全國各地的督撫等地方實力派人物，只有如湖南巡撫陳寶箴等個別人還有些進取的志向，尚能遵旨進行一些興舉。

陳寶箴（一八三一—一九〇〇年），字右銘，江西義寧州（今修水）人。陳寶箴原以舉人從湘軍將領席寶田治軍，後以「功」保知府。歷任浙江、湖北按察使，在甲午中日戰後的光緒二十一年八月（一八九五年九月），升任湖南巡撫。值此，陳寶箴憤於國難日迫，遂意欲「創興」[60]。自光緒二十三年（一八九七年）以來，他就積極響應光緒帝的圖強號召，率先在湖南聯合傾向變法圖強的學政江標等，在當地「提倡振興之法」[61]。陸續在湖南開辦礦務、設置電報與輪船，並為「講求實學」，支持維新之士譚嗣同等在長沙創辦中外兼習的時務學堂。後又請梁啟超前來講學，宣傳變法培養新式人才。由於陳寶箴、江標等「皆以『變法開新』為己任」[62]，所以，他們不僅聚結了一些維新力量，還使湖南走在全國各地維新之前。

光緒帝頒詔定國是之後，陳寶箴仍繼續在湖南「力行新政」[63]，保薦人材「銳意整頓」[64]。雖然他曾迫於守舊勢力的「脅制」與「恫嚇」，在興舉中有過波折，但在全國各地的變法維新中其尚可稱為一個出衆者。至於多數地方官吏，皆是些「龐然自大」、「貪劣昏庸者」。他們只圖謀取「高爵厚祿」，「置國事於不問」[65]，終日「如夢如醉」，花天酒地、養尊處優。這些人，對於頻頻而下的新政詔令「置若罔聞」，無動於衷[66]。另外，有很多人還在地方製造事端，公開阻撓維新措施的貫徹，甚至有些地方官吏居然「藉新政以擾民」[67]。在其中，身為封疆大吏的兩廣總督譚鍾麟，就是一個透頂的守舊官僚。譚鍾麟，湖南茶陵人。咸豐進士，歷任御史、知府等，光緒元年（一八七五年）任陝西巡撫。期間，因得到陝甘總督左宗棠的器重，經左薦舉「遂膺疆寄」。後調任浙江巡撫，升為陝甘總督，繼任侍郎、尚書，光緒二十一年（一八九五年）調任兩廣總督。此前，他在逢災賑濟等方面尚且有些作為，尤其在撫浙期間重建文瀾閣並「延文儒校刊群籍」，從而「治聞一時」[68]。但其思想極端守舊，為官「惟知奉行例案」[69]。而且後來他又受到西太后的賞識，於光緒二十年（一八九四年）初降「懿旨賞加太子少保銜」[70]。變法維新展開後，譚鍾麟對光緒帝頒發的大量變法詔令，不僅長時間毫無動作，且又「無一字覆奏」，一直「置若罔聞」[71]，死心塌地對抗「變法」[72]。因此，他的頑固態度，直接干擾了東南門戶的維新進程。另外，就是以「新人物」著稱的洋務派官僚、湖廣總督張之洞，在新政進行的緊要時刻，他拋出了《勸學篇》[73]打出維護「聖道」的旗號，以糾偏、闢「邪說」[74]的面目，對資產階級維新派的主張大肆抨擊，極欲把變法維新運動引向更加溫和的軌道。與張之洞相通的另一個洋務派大官僚兩江總督劉坤一，在變法進行中與張之洞、譚鍾麟相呼應，也在暗中抱定，凡是光緒帝「責成各督撫者，可辦辦之，否則靜候參處」[75]。對變法維新採取了觀望、放任的態度。當時已失去實力地盤的老洋務派首領李鴻章，其內心並非毫無改革之意，但由於他已聲名敗壞，只是在西太后的庇護下寄於清廷總理衙門。這個洋務派大官僚，為了收買人心和給自己打圓場，有時在暗地裡向康有為傳遞點小話，搞點小動作，但其維護清王朝統治地位的基本立場和態度依然如故。總之，在來勢迅猛的這場大變革面前，洋務派官僚以一種「新人物」的面孔，懷著複雜的心態游動於新、舊勢力之間。但在政治上，他們卻與封建頑固派始終保持著聯盟關係，體現了這個新勢力的特有性格。正因為這些人具有半「土」（在當時這是其基本方面）半「洋」的特點，所以他們在朝野便具有一種特殊的影響力。尤其是劉坤一、張之洞，他們不僅都是現實中的地方實力派人物，而且又共同控制著富饒的長江流域。因此，其態度與動向，勢必影響著變法維新運動。

在當時，像張之洞這樣的疆臣大吏可算為「有聞於時」的「佼佼」者，尚且對變法維新投以保留、輕蔑、牴觸甚至仇視的目光。從全國上下手操大小實權的官僚心理狀態來說，梁啟超把它分為三種類型：「其一懵然不知有所謂五洲者，告以外國之名，猶不相信，語以外患之危急，則曰此漢奸之危言聳聽耳，此一種也；其二則亦知外患之可憂矣，然自顧已七八十之老翁矣，風燭殘年，但求此一二年之無事，以後雖天翻地覆，而非吾身之所及見矣，此又一種也；其三以為即使吾及身而遇亡國之事，而小朝廷一日尚在，則吾之富貴一日尚在，今若改革之論一倡，則吾目前已失舞弊之憑藉，且自顧老朽不能任新政，必見退黜，故出死力以爭之。」從而他指出：「全國握持政柄之人，無一人能出此三種之外者。」[76]可見，通過這些人來推行變法新政，如同與虎謀皮。至於來自社會上因循守舊的傳統習慣勢力，更是怵目驚心。因此，當光緒帝按照維新派的指向推行變法新政時，從一起步就遇到了來自各方面的重重阻力，被籠罩在深沉的陰影之中。而且隨著變法改革的深入，它所遇到的阻力也越來越大。

（二）變法新政全面受阻

光緒帝在向科舉制度發起挑戰，斷然廢除八股改試策論之後，又力圖把文化教育方面的改革進一步推開。原來，早在光緒帝頒詔定國是的前後，他便頻頻「降旨諭令各省開辦學堂」[77]，主張大力發展新式教育。當變法正式開始後，光緒帝又一面繼續諭令廣泛創辦各種新式學堂；一面命各省選派聰穎學生出國遊學，作為培養人才的另一途徑。在其促使之下，經總理衙門交涉，日本方面亦表示對中國留學生給予「從優相待」[78]，只等中國學生前往。然而，清廷樞臣卻由於「厭言新政，請緩行」[79]。並且大多數各地的督撫亦對此漠不經心，一再「延緩」[80]。就連湖廣總督張之洞這個「新人物」，也出來指責光緒帝倡導辦學育人是「求之於倉卒，尤不樹林木，而望隆棟」[81]的過激行為，對之投以冷漠的目光；兩廣總督譚鍾麟等頑固官僚，居然公開予以抵制。對於這樣一個有關國家與民族興衰的大計，也遭到反對派勢力的漠視與抗拒。面對如此情形，光緒帝堅定不移，屢頒「嚴旨」[82]，於五月十五日（七月三日）終於辦起京師大學堂；命吏部尚書、大學士孫家鼐為管學大臣，主管京師大學堂事務。

孫家鼐，字燮臣，安徽壽州（今壽縣）人。咸豐進士，授修撰，從此致仕清廷。光緒四年（一八七八年），受命與翁同龢授讀於毓慶宮。後任內閣學士及工、戶、兵、吏部侍郎，並歷任學政與主考官等，升工部尚書。光緒二十二年（一八九六年）初，北京強學會被查封後命其管理官書局。光緒二十四年五月（一八九八年六月），以吏部尚書賞協辦大學士。光緒帝頒布《明定國是詔》變法啟動後，遂被命為管學大臣、主管京師大學堂的籌建。

孫家鼐為人「簡約斂退，閉門齊居」[83]，思想閉塞、抱殘守缺。因此，其「當官碌碌」[84]，固能「恪謹奉職」，但卻「無所表見」[85]。早在甲午日本肆意啟釁時，朝議主戰，而孫家鼐卻「力言釁不可啟」[86]，力求維持現狀。戰後，在康有為鼓動變法和一些朝臣士大夫亦爭言自強之際，他又「獨以為是」[87]，對變法圖強採取了保留與觀望的態度。孫家鼐與康有為素有過從，並承認其「才華甚富」，卻又認為康有為「學術不端」，變法主張「誕妄」[88]。尤其對維新派宣傳的「民權」、「平等」思想，他認為這是「破三綱等不經之說」[89]，與之勢不兩立。固然，孫家鼐對創辦學堂、倡導「西學」並無牴觸，且曾為此而盡其力。但卻認為變法應「次第施治，謀定後動」，主張緩變，仍在竭力「鞏固皇室，維護專制」[90]。在光緒帝頒詔定國是後，他有向維新傾斜的趨向，然而其在政治上的立足點還依然站在頑固派一邊。

籌建京師大學堂之議，原於光緒二十二年七月（一八九六年八月）由刑部左侍郎李端棻奏請後，當時管理官書局的孫家鼐即意欲將其附於官書局，並為大學堂制訂了「以中學為主，西學為輔；中學為體，新學為用」[91]的宗旨。這比張之洞在《勸學篇》中提出的「舊學為體，新學為用」口號既提前兩年多又更為明確。說明在這一問題上，他與洋務派的觀點是同出一轍的。因此，在創辦京師大學堂之初，一些維新之士和部分官員曾主張請康有為任總教習，而且孫本人亦曾前往「面請」。但隨後他又惟恐其管學大權旁落，反而「大怒」[92]於康。其實是反映了他與康在政治觀點上的嚴重分歧。在守舊勢力包圍中而且經費難籌、中小學堂尚未廣泛建起的情況下，創辦一所「統轄各直省學堂」的最高學府固非易事。

顯然，這一開創之舉，由一個尚徘徊於新、舊之間而且為官平平的人來承辦，勢必又增加了不利因素。這種狀況的形成，亦是光緒帝還不能完全擺脫舊勢力的一種體現。正因為如此，決定創辦京師大學堂之後，長時處於籌議之中，進展十分緩慢。至於諭令在各地創辦各式學堂，亦由於遇到各方面的阻力而舉動寥寥。所以光緒帝頒發的大量興學育人詔旨，在實際上也多成為具文。

在經濟方面的改革，照樣是阻力重重。固然從甲午戰敗之後，在清朝統治階層當中，主張設廠、開礦、築路、興商的人確實多起來了。可是如前所說，那些頑固派權貴的目的，也僅僅是為維護其統治而欲開闊財源罷了，並不是要以此來改造整個社會。洋務派官僚確實是「西學」的積極倡導者，然而如張之洞仍在竭力強調所謂「官權」的重要性。在他看來，「華商素鮮鉅資，華民又無遠志」，好像中國商民根本沒有創辦工商的能力。因此，張之洞認為，要開礦設廠、發展工商，離開「官權」必然「無益」[93]。張氏之此見，固然反映了近代中國在資本積累方面的一些特點，但他限制商辦工兩，卻是有礙於國家富強。事實上，張之洞還是在繼續維護「官辦」或「官督商辦」的老路；並且他的這種觀點，在洋務派中是有代表性的。

資產階級維新派，強烈要求仿照外國發展近代農、工、商、交通等事業，其目的是力圖以此來改造衰弱的中國。因此他們特別強調「商辦」或「民辦」，力求普及，為民族資本主義的發展開闢道路。

光緒帝在經濟方面的改革，雖然也基本是通過其原來的國家機構及各級官吏來推行的，但是，他對民間著書、製器和商辦工、礦、交通、商業等卻給予了充分的重視。在推行變法新政初期的五月十七日（七月五日），光緒帝即頒諭號召破除「舊習」，宣布「各省士民著有新書，及創行新法，製成新器，果係堪資實用者，允宜縣賞以為之勸」。並且又決定，凡「所製之器，頒給執照，酌定年限，准其專利售賣」[94]。此後，他又多次降諭「獎勵」「各省士民著書製器」。同時還諭令各省將軍督撫「嚴飭各該地方官，務須體察商情，盡心保護」商賈[95]。當他得知粵人愛國華僑張振勳在煙台創辦釀酒公司、道員吳懋鼎在天津籌款設廠製造時，便頗為關注。

張振勳（一八四〇或一八四一—一九一六年），字弼士，廣東大埔人。張振勳自幼「家貧」，為了謀生，於咸豐六年（一八五六年）飄洋過海到了時稱「南洋」的荷蘭屬地巴達維亞（今印尼雅加達）。他在此艱辛創業，後來成為一個「南洋巨富」[96]。張振勳在國外致富之後，仍對「振興祖國實業，尤具熱忱」[97]。因此，從光緒十七年（一八九一年）起，張振勳就利用回國探親之便，到山東煙台考察葡萄的種植情況。到甲午中日戰爭後，他便在國難日深之際於煙台籌辦「張裕釀酒公司」。

吳懋鼎，安徽人。早年曾為上海匯豐銀行副買辦，後在洋務運動期間被李鴻章任為道員，督辦關內外鐵路。他從光緒二十三年（一八九七年）起在天津籌資建毛織廠。變法新政推行後，吳懋鼎便積極地向光緒帝建議「在中國各地籌辦商會」[98]，參預了變法維新。

當時光緒帝認為，中國人建廠製造，既可「不致利權外溢」；又能「漸開利源」。於是，他當即命直隸總督榮祿令張振勳、吳懋鼎「切實籌辦以收成效」；並責成榮祿將辦理情形「隨時奏報」[99]。在六月十一日（七月二十九日），光緒帝對宋伯魯提出「各省舉辦鐵路礦務，官不如商，亟宜及時鼓勵」的建議，給予了明確而及時的支持。後來，光緒帝又採納康有為的要求，指令在民間停辦「昭信股票」。實際上，這是「以惠民困」[100]，為了促進民間農工商業的發展而採取的另一項具體措施。

總之，光緒帝對「士民」發明製造給予獎勵，授予專利權；對於向資本家轉化的「官紳」和一些上升的商人力行保護。說明他對私人投資發展近代農工商交通事業，採取了鼓勵的政策。

同時，光緒帝又據康有為等人的建議，在六月六日（七月二十四日）降諭指出：「振興商務，為目前切要之圖。……泰西各國，首重商學，是以商務勃興，稱雄海外。」從而命劉坤一、張之洞「揀派通達商務、明白公正之員紳，試辦商務局事宜。先就沿海沿江如上海、漢口一帶，查明各該省所出物產，設廠興工，使製造精良，自能銷路暢旺，日起有功。應如何設立商學、商報、商會各端，暨某省所出之物產，某貨所宜之製造，並著飭令切實講求，務使利源日闢，不會貨棄於地，以期逐漸推廣，馴致富強」[101]。可見，光緒帝的此諭令，說得十分明確，即要大力發展近代工商業。到六月十五日（八月二日），光緒帝又以康有為的《請興農殖民以富國本摺》的奏請，為了統一「倡導」與「振興」農、工、商業，決定在京師設農工商總局。命各省、府、州、縣「一體認真舉辦」[102]。然而，在經濟改革方面，亦由於光緒帝所走的道路與維新派的主張脈脈相承，因而它便超出了頑固派和洋務派設下的界限。正是由於這種緣故，在經濟改革的過程中，光緒帝不僅與頑固派也與洋務派發生了正面的衝突。因此，直到在北京設立了農工商總局之後的七月十三日（八月二十九日），對於光緒帝要求先在長江流域一帶試辦商務局大興工商的一系列改革詔令，張之洞一直在「觀望」；劉坤一也「藉口部文未到，一味塞責」；兩廣總督譚鍾麟對此更是「置若罔聞」。他們都一致的既無行動又不回覆。至於距北京近在咫尺的直隸總督、西太后的親信官僚榮祿，更是靜坐「遲玩」[103]，蓄意頑抗。尤其是，這些地方的權勢者雖一再受到光緒帝的「詰責」[104]，但他們卻仍然「藉詞宕延」[105]，無動於衷。這些身居要職、高唱「西學」、「西法」的洋務派官僚和也曾鼓吹過「開礦」、「製械」的榮祿等人尚且如此，其他地區（除湖南的陳寶箴略有動作之外）的情況，更是可以想見的了。

康有為為發展近代工商業排除障礙，曾極力要求廢漕運、裁釐金。對此，遇到的難題更為複雜。梁啟超說，本來康有為提出的「請裁漕督」的建議，「上（光緒帝）知而決行之」[106]；在其他材料中也說康有為要求「裁釐金」等「帝皆嘉納之」[107]。光緒帝在頒發的許多上諭中，也一再指出過「釐差，勒索工商」[108]，釐金「弊端叢集」[109]，則多次諭令要「整頓釐金，嚴杜中飽」[110]。關於廢漕，光緒帝後來又降諭指出，「漕督一缺，究竟是否應裁」，命兩江總督、江蘇巡撫「詳議具奏」[111]。在這期間，光緒帝已經清楚地知道釐金危害工商的嚴重「弊端」，可是他只提出「整頓釐金」；對於廢漕，他在後來的態度似乎也不明朗了。

其實，康有為提出這兩項建議都在七月（八月末），已經到了「百日維新」的末期。這時光緒帝已經發現西太后「不願將法盡變」[112]，正在策畫絞殺變法維新的陰謀。他們之間已進入了「決戰」階段。當時，光緒帝確已無力兼顧「其他」[113]了。再者，漕運「宦豎旗人，多食於此」[114]。因此，廢棄漕運牽動頗大。釐金，雖已「積弊日深」，但由於新開財路的改革均未見成效，所以它卻仍是清政府的重要財源之一。而且在這期間，一方面清政府的「帑藏奇絀」；另方面，還要大加興舉，「需餉浩繁」[115]。顯然，光緒帝所以未能斷然廢漕、裁釐，除反映了他在當時還缺乏果斷性之外，也有其切實之難。

此外，光緒帝為了挽救國家的危亡，力圖把中國引向「富國強兵」的道路，又頻頻頒諭指出：「思禦外侮，則整軍經武，難再視為緩圖。」[116]故命各地將軍、督撫應迅疾整頓武備，對海陸各軍「裁弱留精」，仿照外國「勤加訓練」以成「勁旅」。可是，各將軍、督撫亦無視光緒帝的「諄諄，仍復掩飾支吾，苟且塞責」，「不肯實力奉行」[117]。從而，光緒帝的軍事改革與整建計畫，也未得到切實的貫徹和實施。

光緒帝要整頓吏治，杜絕「吏胥因緣為奸，舞文弄法」，命所有衙門刪減繁瑣的治事「規則」，另訂新章。結果，各衙門「藉口無例可援，濫引成案」[118]加以抵制。甚至有些地方督撫，竟藉口整頓吏治而營私舞弊。因此，到六月末（八月初）光緒帝又就此降諭嚴肅指出：「朝廷於整頓吏治，不啻三令五申，乃各省大吏，往往粉飾因循，於所屬各員，不肯認真考察，以致賢者無由各盡其長；不肖者得以自匿其缺，甚至案關吏議，尚不免巧為開脫。誤國病民，皆由於此。著各省督撫，嗣後於屬員中，務當詳加考核。……振刷精神，秉公舉劾，以期吏治日有起色。」[119]但各地方官依然對此置若罔聞。

另方面，已實施改革的廢八股改試策論等，兩廣總督譚鍾麟仍在圖謀復舊；其他地區的守舊勢力也在伺機反撲。新、舊勢力之間的對立與鬥爭，在日益加劇。

大量事實表明，光緒帝推行的變法新政，在反對派勢力越發強烈的干擾與抵制下，出現了全面的頹勢。

（三）在進退之間

進入六月末（八月），變法維新已明顯地處於十字路口上：是堅持原定方針衝破阻力把變法維新推向前進，還是就此止步向後退縮？事實上，光緒帝是毅然地選擇了前者。於是，他為了頂住守舊勢力對變法的阻撓，從而扭轉新政出現的「頹勢」，在六月二十三日（八月十日）又鄭重降諭，再次向內外臣工做了有針對性的動員與宣示。諭曰：

「目今時局艱難，欲求自強之策，不得不捨舊圖新。前因中外臣工半多墨守舊章，曾經剴切曉諭，勗以講求時務，勿蹈宋明積習，諄諄訓誡，不啻三令五申，惟是朝廷用意之所在，大小臣工恐尚未盡深悉。現在應辦一切要務，造端宏大，條目繁多，不得不裒集眾長，折衷一是。遇有交議事件，內外諸臣，務當周諮博訪，詳細討論，毋緣飾經術，附會古義；毋固執成見，隱便身圖。倘或面從心違，希冀敷衍塞責，致令朝廷實事求是之意愆其本旨，甚非朕所深望於諸臣也。總之，中國現在病在痿痺，積弊太深，諸臣所宜力戒。即如陳寶箴自簡任湖南巡撫以來，銳意整頓，即不免指摘紛乘。此等悠悠之口，屬在縉紳，倘仍隨聲附和，則是有意阻撓，不顧大局，必當予以嚴懲，斷難寬貸，……。當此時事孔棘，毖後懲前，深維窮變通久之義。創辦一切，實具萬不得已之苦衷。用再明白宣諭，爾諸臣其各精白乃心，力除壅蔽，上下以一誠相感，庶國是以定，治理蒸蒸日上。朕實有厚望焉。」120

在此，光緒帝首先力圖以重申國是的方式，通過勸導、忠告與表彰在推行變法新政中有所舉動的湖南巡撫陳寶箴，來促使上下臣屬振起精神，齊心協力地投入變法維新中來。接著，到七月中（八月下旬），他又連續頒旨，語重心長地告誡其臣下「務當洗心革面」121，「力矯疲玩積習」。希望他們能「一心一德共濟時艱」122，把變法新政推向前進。然而，光緒帝這些苦口婆心的勸告和尖銳訓斥，對於那些大大小小的守舊或心懷他意的各級官吏來說，猶如對牛彈琴，依然無效。

光緒帝決心要「發憤為雄，勵精圖治」革新祖國。到七月中（八月底），變法新政以迅雷之勢推行了兩個多月。在這期間，雖有一定的建樹，特別是在社會上極大地鼓舞了人們的奮發精神。但一系列重要的改革：有些尚未公開推行就被扼殺；有的被改頭換面使原議走形；多數既經頒諭推行但卻未能得到切實貫徹。變法維新，面臨著嚴峻的考驗。

兩個來月變法維新的曲折歷程，越發清楚地表明，這個王朝上自西太后下至各級擁有大小實權的絕大多數官吏，無論是頑固派還是洋務派，他們的確都從不同的角度站在了維新運動的對立面，構成了一個益為頑固的強大反對派勢力。從而，使新舊營壘越發分明，他們之間的矛盾和鬥爭，也就越形尖銳激烈了。

早在推行變法新政之初，光緒帝和康有為，曾對頑固派權貴抵制變法的危險性有所預料。因此，光緒帝在康有為的啟示與促進下，原想通過設立制度局、選用「通達時務」和有志維新的人士（即康有為所說的「擢用小臣」）輔政的辦法，來避開守舊勢力的干擾；以大力創辦各種學堂和鼓勵出國留學培養新式人才的途徑，在地方培育一層基礎力量。但是，議設制度局，歷經周折，還是流產了；辦學育人，一方面遠水不解近渴，另方面也很不順利，成效甚微；選用人才，光緒帝也同樣付出了力量，頒發了大量「選賢任能」的諭旨，採取了一系列相應的措施。然而從一開始，他自己就陷入重圍而難以舉足。

對於左右變法維新方向的康有為，起初光緒帝因看到「西后與大臣忌康既甚」，未敢公開委以重任，只讓他在幕後籌畫變法事宜。但後來仍然是「舊黨皆側目於康」[123]，進而「謗言益甚」[124]。尤其榮祿等西太后的親信大官僚的氣焰益形囂張，他們利用一切機會，既猛烈攻擊康有為，又陰險地中傷光緒帝。這時，就連腳踏兩隻船的吏部尚書、大學士、主管京師大學堂的孫家鼐，也在議請大學堂總教習的問題上極力排擠康有為。於是，在變法陷入危機之時，康有為又成了內外反對派勢力詆毀、排擠的首要目標。鑑於這種情形，據康有為自己說，一些友好和同情他的人，「皆為我危，勸我勿預政事」[125]。就在這攻康的火藥味日濃的情況下，光緒帝既「不敢多召見」[126]，更不便把康有為納入清廷要樞。到六月初八日（七月二十六日），光緒帝迫於「不得已之苦衷」[127]，作為一種「保全」[128]措施，任命康有為到上海督辦官報。但當時康有為正忙於編寫準備進呈光緒帝的《波蘭分滅記》和《英德變政記》等書，或許還有其他原因，故未成行。

原來，光緒帝在準備召見康有為的同時，赫赫有名的另一個維新派領袖人物梁啟超也引起了他的重視，命總理衙門先予「察看」以備召見。此後，還是由於頑固派官僚的作梗，拖到五月十五日（七月三日），光緒帝才得以召見梁啟超。梁啟超自己說，他以「布衣」被破例召見，亦足見光緒帝對他的器重。在當時，由於梁啟超已成為與康有為齊名的維新派核心人物，因而光緒帝的此舉亦引起了頑固勢力的恐懼。光緒帝通過召見，也只是授予梁啟超六品銜，命其辦理譯書局事務，未能加以高位。應當說，這還是迫於以西太后為首的頑固派的強大壓力的結果[129]。但從一種策略的角度來看，在此特定的境況中，光緒帝讓康有為、梁啟超主持負有「開通民智」[130]使命的兩大官辦輿論陣地，也可謂此「職任不為不重」[131]。不過從變法維新的全局來說，作為推動與籌畫變法的兩大支柱康有為、梁啟超，均終未在清中央取得發揮更大作用的應有位置。這對整個變法維新事業而言，又不能不認為是一大損失。顯然，所以造成這種不正常的局面，主要原因還是在於新舊力量對比懸殊，當然也與光緒帝虛弱無力有關。

光緒帝在四月二十五日（六月十三日）宣布準備先後召見康有為和梁啟超之時，經徐致靖的推薦，又命湖廣總督張之洞、兩江總督劉坤一將著名的地方維新人士、湖南長寶鹽法道黃遵憲及江蘇候補知府譚嗣同「送部引見」[132]。可是，就在他做出這一決定的當天，在清中央即有御史黃均隆出來「參劾」黃遵憲、譚嗣同等人[133]。隨後，湖南的一些「守舊黨」人，也「妄造謠言」，惡毒地誹謗黃遵憲、譚嗣同等人的維新活動[134]。尤其是作為兩湖地區的最高長官張之洞，已對譚嗣同等在湖南等地宣傳、組織變法的活動認為「其偏尤甚」[135]，心懷反感。所以，他與劉坤一遲遲不予引送，也是有其用心的（當然亦與黃、譚患病有關）。一個多月過去了，仍然未見人影。恰在這時，由於變法新政遇到越來越大的阻力而陷入困境，光緒帝正在爭取助力以扭轉危局。因而在此之間，他諭令「保舉人才」的次數增多，召見亦更為頻繁了。在其中，光緒帝對準備召見尤為著名的黃遵憲、譚嗣同的決定，更是毫無動搖。到六月十二日（七月三十日），他又電諭張之洞、劉坤一及湖南巡撫陳寶箴，氣憤地指出：「湖南鹽法長寶道黃遵憲、江蘇候補知府譚嗣同，前經諭令該督撫送部引見」——言下之意是指責他們，為何長時拒不引送又不回奏。於是光緒帝便嚴詞責令劉坤一、張之洞、陳寶箴「即行飭令該二員（即黃遵憲、譚嗣同——引者）迅速來京，毋稍遲延」[136]。事實說明，光緒帝在力圖任用地方維新人士的問題上，同樣遇到了來自各方面的阻力。

在用人的問題上，固然，我們不能要求光緒帝對於形形色色的人物都能做出本質上的分辨，制訂出明確的任人標準。他只是從表面上看，是否「通達時務」和有否維新的表現來決定任取。不過，這樣一來，就不可避免地使一些心態複雜的人物也受到任用。這除了在任命管學大臣上有所體現之外，後在七月初五日（八月二十一日）於北京設立主持全國農工商改革事務的農工商總局時，光緒帝又委任直隸霸昌道端方及候補道徐建寅、吳懋鼎等督理其事（當然光緒帝並未召見他們）。從一方面來看，端方，係舉人出身，號稱「通人」，曾「附保國會」[137]，似乎他與變法維新還有些聯繫；徐建寅是近代中國著名科學家徐壽之子，懂得一些近代科學知識，並曾「頗遊外國」[138]，可算為一個「通達時務」的人；吳懋鼎，在這時正於天津創辦了一個商辦工廠[139]，而且他還為新政建議，更可以說是個既「通達時務」又從事製造者。從另方面來說，這三個人又都是頑固派官僚剛毅、裕祿、王文韶的「私人」[140]。其實，他們對變法維新並未完全具有誠意。這種情況的出現，同樣既暴露出光緒帝的弱點，但主要是反映了當時的複雜情景。不過，在選拔人才方面，光緒帝還是有一個大的界限的。那些支持或傾向變法的官員向他推薦的人，基本都予採納，力求召見任使。相反，在當時，如西太后的頭號親信、反對變法維新的大官僚榮祿，先後曾向光緒帝推薦三十餘人，但「無一召見，無一用者」。康有為說，曾有「要人」告訴他：「我請皇上召見榮祿凡三次矣，上未嘗一召見之。」[141]這或許具有帝、后矛盾的因素，但也不可否認，光緒帝對於明顯的、心懷叵測的薦舉還是有警覺的。而且，這對維護變法新政顯然是必要的。然而從總體來說，光緒帝任用的人還是比較複雜的，這對變法帶來的消極影響也是不可否認的。

另外，特別是在「山高皇帝遠」的地方，有許多官吏又利用光緒帝讓「保舉」人才的機會，出於各自的企圖「濫保私人」[142]。他們趁機安插心腹，與其「同出一氣」[143]狼狽為奸。再如兩廣總督譚鍾麟，竟公然違抗光緒帝的指令，對「全省有談時務者，不委差使」[144]，明目張膽地抗拒光緒帝的旨意。對於以上種種違旨營私的卑劣行徑，光緒帝曾多次降諭予以嚴詞訓斥，甚至還鄭重宣告，各種「濫保」行為「一經查出，定將原保大臣，從嚴懲處」[145]。但是，對於那些以西太后為靠山或懷有私自企圖的各級官吏來說，光緒帝的這種諭旨，豈能放在他們的眼裡！實際上，光緒帝指令保舉人才的諭旨，竟成了一些權勢者「營私牟利」、網羅黨羽的藉口。就這樣，光緒帝以及康有為，要盡力在清廷上下扶植維新力量的迫切願望，也未能實現。因此，舉朝上下新舊力量對比懸殊的局面不僅毫無改變，反而更加突出了。籠罩在變法維新上的陰影越發濃重。光緒帝力圖排除障礙推進變法維新的努力，又完全化為泡影。

註釋

1 朱壽朋編《光緒朝東華錄》(四)，總第四〇二八頁。

2、21 康有為《上清帝第六書》，湯志鈞《康有為政論集》，上冊，第二一四頁。

3 康有為《上清帝第六書》，湯志鈞《康有為政論集》，上冊，第二一三、二一四頁。

4、5 康有為《上清帝第六書》，湯志鈞《康有為政論集》，上冊，第二一六頁。

6 湯志鈞《康有為政論集》，上冊，第二一六頁。康有為另在其《自編年譜》中說，各道、縣設民政局、民政分局，是為了「舉行地方自治」。《清鑑輯覽》第二六卷亦云，康有為要求在各地設民政局、民政分局是為舉行「地方自治」。其實，所謂「地方自治」，在當時還主要是為了排除地方官吏的干擾，通過民政局與分局在地方「以治新政」。

7 梁啟超《戊戌政變記》，第七一頁。另在《清鑑輯覽》第二六卷第一〇頁中也說，對於康有為請「開制度局以定規模，設『十二局』以治新政，立民政局以地方自治（即在地方自行新政——引者）」等建議，光緒帝「皆嘉納之。然以見制太后，無權不能劇行，欲藉群臣之議以定之」。在其他材料中也有類似的記載。

8 康有為《康南海自編年譜》，第四三頁。

9 康有為《康南海自編年譜》，第五七頁。

10、13 梁啟超《戊戌政變記》，第七一頁。

11 國家檔案局明清檔案館《戊戌變法檔案史料》，第七頁。

12 《德宗實錄》，第四二〇卷，第五〇八頁。

14 梁啟超《戊戌政變記》，第一八頁。

15 國家檔案局明清檔案館《戊戌變法檔案史料》，第九頁。

16、17 均見康有為《康南海自編年譜》，第五八頁。

18 國家檔案局明清檔案館《戊戌變法檔案史料》，第一〇頁。

19 國家檔案局明清檔案館《戊戌變法檔案史料》，第一〇、一一頁。

20、124、138、140 康有為《康南海自編年譜》，第五九頁。

22、23、54 《戊戌變法資料》(二)，第二五頁。

24 湯志鈞《康有為政論集》，上冊，第二六八頁。

25、35 湯志鈞《康有為政論集》，上冊，第二七一頁。
26、44 國家檔案局明清檔案館《戊戌變法檔案史料》，第二二六頁。
27、33、57 康有為《康南海自編年譜》，第五一頁。
28、43、45 康有為《康南海自編年譜》，第五二頁。
29、31《德宗實錄》，第四一九卷，第四八八頁。
30 康有為《康南海自編年譜》，第五二、五三頁。
32《戊戌變法資料》(二)，第二五頁。另在康有為的《自編年譜》第五二頁中亦有一段類似的記載：當光緒帝「即令降旨」宣布廢除八股時，剛毅「請下部議」。對此，光緒帝當即反駁說：「若下部議，彼等必駁我矣。」給予拒絕。隨後剛毅又辯云：「此事重大，行之數百年，不可遽廢，請上（光緒帝）細思。」於是光緒帝厲聲曰「汝欲阻撓我耶？」可見，在清廷統治集團的核心中，對此的鬥爭何其激烈！
34《德宗實錄》，第四一九卷，第四九〇頁。
36《德宗實錄》，第四一九卷，第四九一頁。
37 張之洞《張文襄公全集》，第二〇三卷，第九頁。
38 張之洞《張文襄公全集》，第二〇二卷，第二七頁。
39《德宗實錄》，第四一九卷，第四九〇、四九一頁。
40 康有為《康南海自編年譜》，第五三頁。
41 沃丘仲子《近代名人小傳》，第三〇九頁。
42 均見《戊戌變法資料》(二)，第六八四、六八五頁。
46《德宗實錄》，第四二〇卷，第五〇二頁。
47 張之洞《張文襄公全集》，第四八卷，第二頁。
48、81 張之洞《張文襄公全集》，第四八卷，第五頁。
49《德宗實錄》，第四二一卷，第五一三頁。
50《起居注冊》，光緒二十四年七月初三日，中國第一歷史檔案館藏。
51 國家檔案局明清檔案館《戊戌變法檔案史料》，第一〇〇頁。
52《申報》，光緒二十四年五月十二日。
53《申報》，光緒二十四年六月十九日。
55 梁啟超《戊戌政變記》，第二六頁。
56、108《德宗實錄》，第四二五卷，第五八五頁。
58《德宗實錄》，第四一九卷，第四九二頁。
59、64、143 國家檔案局明清檔案館《戊戌變法檔案史料》，第一八二頁。
60 胡思敬《陳寶箴》，《戊戌變法資料》(四)，第八〇頁。
61 國家檔案局明清檔案館《戊戌變法檔案史料》，第二四三頁。
62 湯志鈞《戊戌變法人物傳稿》，上冊，第一七一頁。

63《清鑑輯覽》，第二六卷，第一〇頁。

65 國家檔案局明清檔案館《戊戌變法檔案史料》，第一八四頁。

66 國家檔案局明清檔案館《戊戌變法檔案史料》，第一八三頁。

67 國家檔案局明清檔案館《戊戌變法檔案史料》，第八八頁。

68《清史列傳》（十六），第四八五四頁。

69、72 沃丘仲子《近代名人小傳》，第二一七頁。

70《清史列傳》（十六），第四八五五頁。

71、105《德宗實錄》，第四二三卷，第五四九頁。

73 關於張之洞的《勸學篇》，於「百日維新」中期的六月初七日（七月二十五日），在以光緒帝的名義頒布的一個上諭中說「本日翰林院奏，侍講黃紹箕呈進張之洞所著《勸學篇》。據呈代奏一摺，原書內外各篇，朕詳加披覽，持論平正通達，於學術人心，大有裨益。著將所備副本四十部，由軍機處頒發各省督撫學政各一部，俾得廣為刊布，實力勸導，以重名教而杜卮言。」（《德宗實錄》，第四二一卷，第五一七頁）此後於七月初六日（八月二十二日）又頒一諭，命總理衙門將《勸學篇》「排印三百部」。《勸學篇》加上它的《序》近五萬字，說在一天內（實際不夠一整天）即「詳加披覽」，顯然是不現實的。從前一個上諭的行文來看，對《勸學篇》的吹捧之詞似應來自翰林院的奏摺。另外，在光緒帝頒布的所有維新詔令中，也沒有「勸導」重名教的內容。黃紹箕是張之洞的親信，甲午戰後也曾參與過強學會。但在戊戌政變後，此人不但未受到任何牽連，反而被西太后提拔為左春坊左庶子，又被任為京師大學堂總辦。黃紹箕所以在政變後受到西太后的特殊恩典，不能不與他在維新中「進呈」《勸學篇》有關。從各種情況判斷，與在頒詔定國是後西太后曾迫使光緒帝降諭罷黜翁同龢或為相似，如說這個吹捧《勸學篇》的上諭是出自西太后的旨意，當是合乎情理的。

74 張之洞《抱冰堂弟子記》，《戊戌變法資料》(四)，第二三〇頁。

75《劉坤一遺集》，第五冊，第二二一九頁。

76 梁啟超《戊戌政變記》，第六九、七〇頁。

77、78《德宗實錄》，第四二三卷，第五三八頁。

79、82 趙爾巽等《清史稿》（四一傳），第一二四四一頁。

80《德宗實錄》，第四二三卷，第五四四頁。
83 閔爾昌《碑傳集補》，第一卷，第一五頁。
84 沃丘仲子《近代名人小傳》，第一四二頁。
85、87、88 閔爾昌《碑傳集補》，第一卷，第一七頁。
86 趙爾巽等《清史稿》（四一傳），第一二四三九頁。
89 佚名《孫家鼐年譜》，《戊戌變法資料》(四)，第二一〇頁。
90 湯志鈞《戊戌變法人物傳稿》，上冊，第一六五頁。
91 孫家鼐《議復開辦京師大學堂摺》，《戊戌變法資料》(二)，第四二六頁。
92 康有為《康南海自編年譜》，第五五頁。
93 張之洞《張文襄公全集》，第二〇二卷，第二三頁。
94《德宗實錄》，第四二〇卷，第五〇〇頁。
95、99《德宗實錄》，第四二〇卷，第五〇九頁。
96《商埠志》，汪敬虞《中國近代工業史資料》，第二輯，下冊，第九九三頁。
97《南洋華僑通史》，汪敬虞《中國近代工業史資料》，第二輯，下冊，第九九四頁。
98《商埠志》，汪敬虞《中國近代工業史資料》，第二輯，下冊，第九七〇頁。
100 康有為《康南海自編年譜》，第六〇頁。
101《德宗實錄》，第四二一卷，第五一七頁。
102《德宗實錄》，第四二三卷，第五四〇頁。
103 朱壽朋編《光緒朝東華續錄》，第一四七卷，第五頁。
104 胡思敬《戊戌履霜錄》，《戊戌變法資料》(一)，第三七六頁。
106、114《戊戌變法資料》(二)，第八二頁。
107 印鸞章《清鑑綱目》，第八三三頁。
109、115《德宗實錄》，第四二五卷，第五八七頁。
110、117《德宗實錄》，第四二〇卷，第五一〇頁。
111《德宗實錄》，第四二五卷，第五七五頁。
112《戊戌變法資料》(二)，第九一頁。
113《戊戌變法資料》(二)，第九二頁。
116《德宗實錄》，第四二一卷，第五二〇頁。
118《德宗實錄》，第四二一卷，第五二一頁。
119《德宗實錄》，第四二一卷，第五二四頁。
120 朱壽朋編《光緒朝東華錄》(四)，總第四一五四頁。
121《德宗實錄》，第四二四卷，第五五二頁。
122《德宗實錄》，第四二四卷，第五五八頁。
123〔英〕濮蘭德、白克浩司《慈禧外紀》，中譯本，第四四頁。
125 康有為《康南海自編年譜》，第五六頁。

126、128 梁啟超《戊戌政變記》，第一九頁。

127、131《戊戌變法資料》（二），第九七頁。

129 光緒帝因何未授梁高銜？曾有論者亦以此認為是帝與維新派政見分歧的體現。王照說，是由於召見時，梁之「口音差池，彼此不能達意」所致（《戊戌變法資料》（二），第五七三頁）。梁氏自云，他被召見時，光緒帝又「命進呈所著《變法通議》，大加獎厲（勵）」（《戊戌政變記》，第二八頁）。梁操粵音，有些話聽不清或為事實。但謂因此而影響授銜，似把問題簡單化了。另據考查，除梁啟超的《變法通議》受到光緒帝稱讚之外，在推行變法新政期間，梁奏請撥款資助譯書局和請設譯書學堂等建議，帝均採納並都頒諭實施了。再說，辦報、譯書是梁之所長；康有為亦曾請宋伯魯代奏，要求「飭卓如（梁啟超）專辦報」（《康南海自編年譜》，第五六頁）。因此，僅以授銜難以說明「政見」如何。據當時情況，帝對梁啟超的任用，亦為揚其所長。授予較低銜位，主要是為避免頑固派的「疑忌」。

130〔英〕濮蘭德、白克浩司《慈禧外紀》，中譯本，第一三九頁。

132《德宗實錄》，第四一八卷，第四八三—四八四頁。

133《戊戌變法資料》（二），第二〇頁。

134 梁啟超《戊戌政變記》，第二〇頁。

135 張之洞《張文襄公全集》，第一五五卷，第二〇頁。

136、142、145《德宗實錄》，第四二一卷，第五二三頁。

137 費行簡《近代名人小傳》，第二〇六頁。

139《商埠志》，汪敬虞《中國近代工業史資料》，第二輯，下冊，第九七一頁。

141 康有為《康南海自編年譜》，第五六、五七頁。

144 朱壽朋編《光緒朝東華續錄》，第一四七卷，第二五頁。

第十章　轉機

攻勢

（一）向頑固據點衝擊

當籠罩在變法征途之上的陰影日益深沉之際，作為這場變法維新運動的發動者和組織者康有為，也對這種危急日深的局面產生了失望情緒。他感到，「上（光緒帝）既無權，必不能舉行新政，不如歸去」。在康有為看來，只要再重新準備三年，「然後議變政，救中國，未晚也」[1]。顯然，康有為的這種看法並非毫無所據，況且他的維新救國之志亦未因此而動搖，後來還是留在北京繼續為推進變法新政而盡力。不過，康在當時產生了知難欲退的消極念頭，卻是不足取的。相形之下，光緒帝的表現竟與康有為形成了反差。表明在這場新舊之爭中又使他經受了更加深刻的磨練，其思想認識和鬥爭毅力都得到了明顯的提高和加強。同時在此複雜、激烈的鬥爭過程中，光緒帝仍然未放棄從各方面來吸取力量與鬥爭經驗。

約在七月初（八月中旬），當光緒帝看到康有為進呈的《波蘭分滅記》一書時，對在該書中痛言「波蘭（被）俄、奧（實際還有普魯士——引者）分滅之慘，士民受俄人荼毒之酷，國王被俄人控制之害，守舊黨遏抑之深，……卒以割亡」等可悲的情景時，他當即為之「唏噓感動」[2]，並因其深為動情而「垂涕濕紙」[3]。於是，光緒帝或是出於感慨的心情，立即賞給康有為

「編書銀二千兩」[4]以示獎勵。隨後在七月十二日（八月二十八日），康有為又以上《謝恩摺》的方式，痛陳了波蘭被俄國及奧地利、普魯士瓜分的歷史教訓。他從中指出，「時變之急，分割之苦，新政變而不變，行而未行之無益，制度局不開，零星散雜之無裨」等變法若半途而廢的嚴重後果。光緒帝看到後，更「大」為「感動」[5]。在變法維新遇到嚴重挫折的時刻，光緒帝又從上述等情況中獲得了新的激發力。因此，他進而抖起精神，要以一種力挽狂瀾的氣魄向反對派勢力採取攻勢了。看來，光緒帝決心要以有力的反擊舉動來衝開頑固派的道道「防線」，排除障礙，打開局面。

原在變法之前康有為即指出，清廷中的「部寺，率皆守舊之官」[6]。其實，光緒帝更清楚，他曾痛斥廷臣均「老耄守舊」，而集聚守舊之臣的衙門又多是些只耗費供奉而無事可辦的「閒曹」[7]。而且從變法以來，這些衙門基本均成為頑固官僚策畫反變法活動的據點。至於地方的衙署，又都變為一些悠閒官吏養尊處優之所。於是，自七月中旬（八月末）以來，光緒帝便從裁撤閒散機構與冗員入手，向舉朝上下的頑固守舊勢力發起了攻勢。從而給已處於衰萎狀態中的變法新政，帶來了一線生機。

七月十四日（八月三十日）光緒帝頒諭宣布，將清廷中的詹事府、通政司、光祿寺、鴻臚寺、太僕寺、大理寺等衙門「即行裁撤」。這些衙門裁撤後，一些事務併入有關的禮、兵、刑各部。並把督撫同城的湖北、廣東、雲南三省巡撫及閒置的東河總督、不辦運務的糧道、無鹽場的鹽道，也一併裁掉。同時還宣布，對於其他上下的冗員也要「一律裁撤淨盡」。為此，光緒帝又在這個上諭中嚴正指出，內外諸臣都「不准藉口體制攸關，多方阻格，並不得以無可再裁，敷衍了事」。進而他還下了死命令，無論在廷諸臣還是封疆大吏，誰要在這項改革中夾帶私情「推諉因循，空言搪塞，定當予以重懲，絕不寬貸」[8]。

對於清王朝上下那重疊臃腫的機構和龐大的官僚群來說，光緒帝裁撤這幾個閒散的機構和冗員似乎是微不足道的。然而在當時，清王朝上下所有的統治機構和職官設置，在封建頑固派看來均為「祖制」，是神聖不可侵犯的。尤其在專制時代，機構與官、官與勢、勢與榮華富貴都是緊緊地聯繫在一起的，誰要觸犯於它，就等於挖了那些官僚們的祖墳，他們是絕不會善罷干休的。而且被裁、併的清廷衙門，都是些沿襲「舊制」為皇室而設的官僚機構。因此光緒帝先向它們「開刀」，充分體現了他要反擊守舊勢力的堅強決心和毅力。也正因此，在其採取和推行這一系列改革措施的過程中，所遇到的阻力也是前所未有的。但對於來自頑固官僚的種種刁難，光緒帝並未「獲聽」，還是堅持實行了。因此，光緒帝的這一異乎尋常的改革舉動，連康有為也對之感到有些突然。他說：「吾向來論改官制，但主增新，不主裁舊。」堅持採取較為緩和的新、舊「共處」方針。或許由於康有為在這方面持見溫和，則在當時有的守舊官僚曾請他出面「諫止裁官」。事實上，康有為對光緒帝的這一果斷行動還是深為欽佩的，認為這是「變政勇決」[9]之所為。梁啟超也覺得，在當時的情況下「裁官為最難之舉」[10]。由此可見，這時光緒帝的革新魄力已大為增強。再就這次被裁的地方官來說，廣東巡撫許振禕，即是一個「老耄貪庸」之輩。他在廣東與頑固官僚、兩廣總督譚鍾麟「同出一氣」，營私受賄，為非作歹。變法維新開始後，「自奉到（新政）詔書未嘗舉行一事」[11]。從廣東巡撫的情況亦可窺見一斑。顯然，光緒帝所以採取這一斷然措施，與其說是為了節省「冗費」，這或許是原因之一，莫如認為其主要目的，是以此來打擊頑固勢力和拔除一些守舊官吏的活動據點。正因如此，當光緒帝裁撤閒散衙門與冗員的諭旨一頒出，即使「舊臣抱向隅之泣」[12]，發出一片悲鳴。時到此刻，光緒帝在維新改革的道路上，已顯示出自己的主見和一定的勇氣了。從此，他的一些改革行動便開始走在了康有為的前面。這時的光緒帝所以發生了如此明顯的變化，實在可謂是不得已而為之。

僅隔一天，到七月十六日（九月一日），光緒帝又不失時機地抓住禮部堂官許應騤等阻撓王照上書言事的事件，強化了對頑固派的攻勢。

原在六月十五日（八月二日），光緒帝即應康有為等人的要求頒諭宣布，各「部院司員，有條陳事件者，著由各堂官代奏，士民有上書言事者，著赴都察院呈遞，毋得拘牽忌諱，稍有阻格」[13]。不過在此後的一段時間裡，由於光緒帝正傾力與反對派勢力周旋於其他方面的改革，無暇以更多的精力兼顧此事（同時也和他的思想認識有關）。到這時，由於反對派阻撓新政的矛盾突出了，並隨著光緒帝的思想認識進一步提高，才引起了他對此問題的重視。而且到這時，光緒帝又力圖以此作為直接打擊頑固勢力囂張氣焰的重要突破口。

王照（一八五九—一九三三年），直隸寧河（今屬河北）人。字小航，出身進士，後任禮部主事，在清廷本是一個無足輕重的小官。王照「性勇直」[14]，甲午中日戰後，既傾向變法圖強，又對光緒帝懷有同情感。至此，在光緒帝發出鼓勵上書言事的諭旨後，他出於響應「求言」，具摺請光緒帝到日本等國遊歷並抨擊了守舊官僚之「謬」，開了「人所不敢開之口」[15]。

王照是禮部的官員，遵照六月十五日（八月二日）光緒帝的指令，他便請求禮部尚書懷塔布、許應騤予以代遞。王照的這一建議，無論其用意如何及要求光緒帝出國考察的時機是否適宜，但對增進光緒帝的見識，推動國內的維新改革，顯然都是有益的。但由於他把鬥爭矛頭明顯地指向了頑固勢力，因此，頑固透頂的懷塔布、許應騤見之便如臨大敵，他們當即粗暴地將其奏摺擲回不予代呈。隨後，王照復請禮部侍郎堃岫、溥頲代遞。其實，堃岫、溥頲與懷塔布、許應騤都是一個鼻孔出氣的頑固官僚，照樣給予頂回。於是王照在氣憤之下，親自帶摺到禮部大堂，在面責懷塔布、許應騤等人阻撓上書言事的違旨行為之後，又憤怒地表示，如禮部堂官仍拒不為代遞，就親自到都察院請求代呈。由於矛盾的蓋子已被揭開，懷塔布、許應騤惟恐不好收拾，才「不得已乃允其代奏」[16]。可是，他們在向光緒帝代呈王照的奏摺時，卻又夾進私「貨」，將其串通擬就的奏疏一併呈上。懷塔布、許應騤在他們的奏疏裡，一方面，以「日本素多刺客」，恐「置皇帝於險地」為藉口，說「不敢代遞」[17]，為自己抗拒諭旨的行徑進行辯解；另方面，這兩個頑臣又以反咬一口的卑鄙伎倆，控告王照「乃敢登堂咆哮」[18]，要求光緒帝必須對其給予「懲治」[19]。

光緒帝在見到王照和懷塔布等人的奏摺後，是非鮮明，態度堅定，遂於七月十六日（九月一日）頒諭明確宣示：

「朝廷廣開言路，本期明目達聰，邇言必察。前經降旨，部院司員有條陳事件者，由各堂官代奏，毋得拘牽忌諱，稍有阻格。誠以是非得失，朕心自有權衡，無煩該堂官等鰓鰓過慮也。若如該尚書（懷塔布——引者）等所奏，輒以語多偏激，抑不上聞，即係狃於積習，致成壅蔽之一端，豈與前奉諭旨，毫無體會耶[20]？懷塔布等均著交部議處。此後各衙門司員等條陳事件，呈請堂官代遞，即由各該堂官將原封呈進，毋庸拆看。王照原呈，著留覽。」[21]

光緒帝通過頒發此諭，重申了鼓勵各級司員均可上書言事的方針。從而澄清了是非，為王照上書伸張了正義，也抓住了懷塔布等頑固官僚的黑手。

當光緒帝既然已把頑臣懷塔布等抗旨的罪證拿到，他便抓緊不放了。原來，已吃透「部議」

苦頭的光緒帝，這時又提出「議處」，只不過是要試探一下其他頑臣的反應而已。果然，清廷中的頑固派官僚確實沒有對此坐視。就在光緒帝授命擬旨，要對禮部頑臣進行最後懲處的時刻，頑固派老官僚徐桐等，便迫不及待地出來以「應議」奏稱：「查律載，應奏而不奏者杖八十，係私罪，降三級調用。」[22]顯然，老奸巨猾的徐桐等人，又想借助清廷舊律以歪曲事實的手法，盡力為其同夥減輕罪責。然而，光緒帝並沒有聽他們的這一套，仍按自己的既定方針，以前所未有的膽略和勇氣，於七月十九日（九月四日）斷然頒出朱筆諭，鄭重宣布：

「朕近來屢次降旨，戒諭群臣，令其破除積習，共矢公忠，並以部院司員及士民，有上書言事者，均不得稍有阻格。原期明目達聰，不妨芻蕘兼採，並藉此可覘中國人之才識。各部院大臣，均宜共體朕心，遵照辦理。乃不料禮部尚書懷塔布等，竟敢首先抗違，藉口於獻可替否，將該部主事王照條陳一再駁斥，經該主事面斥其顯違詔旨，始不得已勉強代奏。似此故為抑格，豈以朕之諭旨為不足遵耶！若不予以嚴懲，無以儆戒將來，禮部尚書懷塔布、許應騤、左侍郎堃岫、署左侍郎徐會澧、右侍郎溥頲、署右侍郎曾廣漢，均著即行革職。至該部主事王照，不畏強禦，勇猛可嘉，著賞給三品頂載，以四品京堂候補，用昭激勵。」[23]

就這樣，光緒帝在頑固派權臣徐桐等還沒反過手來的時候，就以迅雷不及掩耳之勢，對懷塔布、許應騤等禮部六堂官來了個一窩端；同時又對敢於抗暴言事的主事王照加官晉爵。幹得何等乾淨、俐落！

事實上，光緒帝一舉罷免禮部六堂官，既不是出於一時的感情衝動，亦非偶然。原來，禮部尚書懷塔布、許應騤及左右侍郎「均太后黨，阻撓變法甚力」[24]。懷塔布為官有年，「得孝欽（即西太后——引者）寵最專」[25]，是與榮祿並稱的西太后「兩寵臣」[26]之一。他仰承西太后旨意，竭力維護「舊制」[27]，思想極為守舊。許應騤更是個「庸妄狂悖」之輩，他雖出自翰林卻「素以不學名，語言甚鄙」[28]，為人粗俗。至於其政治態度尤為頑固，他在平時就「痛詆西學，遇有通達時務之士，則疾之如仇」[29]，極端仇視新事物。早在康有為於北京開保國會號召保國、保種、保教時，他就夥同御史文悌，出來彈劾與攻擊康有為及保國會。可見，許應騤也是個反對變法維新的老手。自從光緒帝發布《明定國是詔》推行變法新政以來，在絞殺設制度局之議和抵制廢八股改試策論等重大改革事件上，許應騤、懷塔布都夥同其他頑固官僚耍陰謀、放暗箭，竭盡其搗亂破壞之能事，為變法新政設置了一系列障礙。為此，他們曾受到楊深秀與宋伯魯等官員的抨擊，也得到光緒帝的訓斥。但是，其與變法維新相對立的立場不僅毫無改變，反而更變本加厲了。實際上，在懷塔布、許應騤等把持下的禮部，已成為清廷的一個針插不進、水潑不進的頑固堡壘；也成了頑固官僚策畫破壞變法新政的黑據點。所以，光緒帝對懷塔布、許應騤等「惡之久矣！」[30]顯然，至此將這夥頑固官僚全部革職，是衝破阻力解除變法危機之急需，其嚴正性是顯而可見的。當然光緒帝採取這一斷然舉措，猶如虎口拔牙。既突出的顯示了他日益增強的革新勇氣，也暴露出其在鬥爭策略上的弱點。總之，如果說，光緒帝裁撤一些閒散機構和冗員，還只是打擊頑固勢力的「外圍戰」！那麼，他這次把禮部六堂官一網打盡，可以說是在政治上觸到了以西太后為首的頑固派的要害部位。在變法維新處於十字路口的關鍵時刻，光緒帝繼拔除了一些頑固官吏藉以窩藏自己的「領地」之後，又連續採取了這一更為果斷的舉動。從而，既大滅了反對派勢力的威風，又使「維新者無不稱快」[31]。因此，罷免禮部六堂官，可謂是在推行變法新政期間發生的、對新舊勢力都有巨大震動的一起具有特別重要意義的事件。對變法維新運動來說，通過這一事件，使在維新中排除干擾的鬥爭取得一大頗有影響的成果；進而，也為變法打開了新局面。

（二）改組禮部設新政四卿

據梁啟超說，光緒帝在罷免禮部六堂官之後，他已深知「守舊大臣與己勢不兩立，有不顧利害、誓死以殉社稷之意，於是益放手辦事」[32]。在胡思敬的《戊戌履霜錄》中也有這樣一段記述，大致在禮部六堂官被革職之後，當光緒帝照例到頤和園向西太后「問安」時，西太后面責光緒帝：「九列重臣，非有大故，不可棄；今以遠間親，新間舊，徇一人（似指康有為——引者）而亂家法，祖宗其謂我何？」對此，光緒帝斬釘截鐵地回答說：「祖宗而在今日，其法必不若是；兒寧忍壞祖宗之法，不忍棄祖宗之民，失祖宗之地，為天下後世笑也。」[33]

把光緒帝在這期間的言行表露對照起來可以清楚地看出，至此他確實已被反對派勢力逼迫得橫下了一條心。為了不失去「祖宗之民」，維護「祖宗之地」，以免給「天下後世」留下罪名。寧可玉碎不為瓦全，甘願「壞祖宗之法」，也要將變法新政推行下去。而且他的這種決心，竟然達到敢於向歷來對之望而生畏的「老佛爺」西太后公開攤牌的程度。因此，當他罷掉禮部的頑固官僚之後，果真又「不顧利害」地向變法縱深推進了。

就在罷禮部堂官事件發生後的第二天，即七月二十日（九月五日），光緒帝未經西太后允許便不停頓地降諭宣告：任命署漢軍都統裕祿、倉場侍郎李端棻署禮部尚書；內閣學士壽耆、原詹事府少詹事王錫蕃署禮部左侍郎；翰林院侍讀學士徐致靖、原通政司通政使薩廉署禮部右侍郎（以上六人的新任官職於九月七日經請西太后實授。同日又補任內閣學士闊普通武為禮部左侍郎）。

更換官員，當然要按照清廷的慣例進行。而且尚書與侍郎屬於二品以上的高級官員，對於這些職官的任用權已被西太后重新攬去。正如梁啟超所說，光緒帝「無授二品官之權，須請命太后也」[34]。很明顯，他要使這一任命得到西太后的批准，在對這些新任官員的搭配上自然要動些腦筋。光緒帝任命的七個禮部尚書、侍郎之中，李端棻，字苾園，貴州貴筑（今貴陽）人。同治二年（一八六三年）中進士，累擢學政、御史、內閣學士、刑部侍郎，後調任倉場侍郎。李端棻「學問淵雅，性情篤厚」[35]，長年擔任鄉試考官，累操「文柄」。其人「喜獎拔士」，在廣東擔任主考官時，「賞梁啟超才，以從妹妻之，自是頗納啟超議，娓娓道東西邦制度」[36]。他與梁啟超在思想上互有影響，關係甚密。在推行變法新政後，李端棻積極支持康有為、梁啟超以及譚嗣同的變法活動。尤其在翁同龢被革職逐出京城，切斷了光緒帝與康有為溝通的一條主要渠道時，他挺身而出向光緒帝推薦康有為。此外，在興學、譯書、辦報和派員到外國學習、考察等方面，也多有建議。李端棻是唯一的一個「二品以上大臣，言新政者」[37]。徐致靖從清廷統治營壘中游離出來以後，亦加入了為康有為代遞奏摺的行列。特別是在協助康有為敦促光緒帝頒詔定國是、推動變法的重大舉動上，同樣做出過積極貢獻。變法維新開始後，他也是一個在清廷官員中推薦康有為的人。另在議設制度局和廢八股改試策論等改革中，徐致靖均站在維新派一邊，成為改革的促進者。在推行變法新政之風風雨雨的歷程裡，他一直與維新派為伍，使康有為倚為「知己，一日三往叩謝」[38]。所以，在變法維新期間，徐致靖亦是康有為與維新派的得力助手和可靠同盟者之一。王錫蕃雖官位較低，但他常為康有為代呈奏議，「頻言新政」[39]。內閣學士闊普通武，滿族正白旗人。在變法洪流的推動下，後來他也力主「捨舊圖新」，建議「仿泰西設議院」[40]。在滿族高官當中，闊普通武是唯一的一個與康有為等維新派人士關係密切、支持變法維新者。總之，以上四人，可謂是維新或支持維新的官員。至於其他三人，基本都是守舊勢力方面的人物。不過，壽者與薩廉，既不屬於西太后的親信，而且在變法期間亦未見他們有多麼明顯的反革新活動。這當中只有裕祿頗有些來頭。裕祿在同光年間歷任安徽巡撫及湖廣與兩江總督、盛京將軍等要職。在其任總督期間，廷議修建盧漢鐵路時，他卻「力陳不可」，思想守舊。後在甲午中日戰爭中，因其轄地半失「數被議」[41]，受到參劾。其時「德宗（光緒帝）將罷之，榮祿說於孝欽（西太后），強帝調之福州兼理關稅」[42]。裕祿正是曾得到西太后以及榮祿的庇護，方未丟掉烏紗帽。可以說，他是受到過西太后信任的一個頑固派官僚。光緒帝把這樣一個原欲將其罷職、後又得到西太后庇護的人任為禮部尚書，顯然是有其特殊用意的。但在這新任的七個禮部堂官當中，有四人（占多數）基本是站在維新派方面、支持或傾向維新變法的官員。就此安排，對於沒有任用二品以上高官權力的光緒帝來說，無疑也是一果敢之舉。其實，在當時的情況下，就光緒帝而言，在將禮部六個頑固派官僚一舉革職之後，又立即任用新人，其意義尤為不可忽視。由此表明，這時的光緒帝不僅敢於罷掉阻撓變法新政的高級官員，即使是西太后的親信，也勇於另擢用他人。這種果斷舉動體現的敢作敢為之氣概，無疑將起到扶正壓邪的作用。

事實上，光緒帝在繼裁撤閒散機構、冗員和罷黜禮部六頑臣之後，又及時地改組禮部，換上了基本有利於變法維新的官員，這便有力地打擊或震懾了抵制變法的反對派勢力，為扭轉新政的危機局面創造了有利條件。

果然，光緒帝在改組禮部的當天（九月五日），又經分別召見降諭宣布：「內閣侍讀楊銳、刑部候補主事劉光第、內閣候補中書林旭、江蘇候補知府譚嗣同，均著賞加四品卿銜，在軍機章京上行走，參預新政事宜。」[43]至此，一個「輔新政」[44]的最高參謀班子，也在光緒帝的身邊建立起來了。

光緒帝為這個「輔佐維新」的最高參謀班子所選用的四個人（一般所說的戊戌四卿），當然也各有各自的特點和不同的經歷與不同的社會聯繫，但他們卻有其明顯的共性。

楊銳（一八五七—一八九八年），字叔嶠，四川綿竹人。初「受學其兄」，十九歲應童子試為諸縣之「冠」[45]。後在張之洞督學四川時「奇其才」[46]，受「獎拔」，又繼續在其門下受業。此後多年，隨張之洞「任奏牘文字，佐幕府」[47]。光緒十五年（一八八九年）考中舉人，授內閣中書（後任內閣侍讀），從此，便任官於京城。但由於張之洞「愛其謹嚴」，所以直至其到京任職之後，他們之間仍保持著密切的聯繫。可是，當《馬關條約》簽訂後，楊銳「益慷慨談時務」，並與康有為「過從極密」。從而，當康有為、梁啟超在北京為深入宣傳與組織變法維新、籌畫建立強學會之際，他「起而和之，甚力」。後在強學會被頑固派封禁，維新人士將遭鎮壓，氣氛越形緊張的時候，楊銳又「奮然率諸人以抗爭之」。到光緒二十三年（一八九七年）末，康有為再來北京，遂抗議德占膠州加緊推動變法時，楊銳仍然「日與謀」。並且，他還利用自己身為清廷官員的便利條件，又在給事中高燮曾面前「極稱」康有為。高燮曾「疏薦康（有為）先生，君（楊銳）之力也」。光緒二十四年（一八九八年）春，康有為在北京準備開保國會期間，他又率先署名加入該會為會員[48]。

劉光第（一八五九—一八九八年），字裴村，四川富順人，家境「奇貧」[49]。其人在家讀書刻苦，學之有成。光緒九年（一八八三年）考中進士，被授任刑部候補主事。為官後，劉光第仍「閉戶讀書」，是一個能詩賦善書法、注重「實學」的「博學」者[50]。他為人較為「廉潔」[51]，不媚權勢，除與其本省人楊銳相近而外，不善交往。在甲午中日戰爭後，劉光第亦鑑於「時危民困，外患日迫」，產生了「虛懷圖治」[52]的思想要求。後在康有為開保國會時，他也「翩然來為會員」[53]。

其人亦為文人官員，「性端重」，公開表露無多。

林旭（一八七五—一八九八年），字暾谷，福建侯官（今閩侯）人，在四卿當中數其年輕。林旭也可謂才華橫溢，本省鄉試第一名。他於光緒二十一年（一八九五年）到北京應試時，正值《馬關條約》簽訂。為了反對屈辱條約挽救國家危機，林旭亦「發憤上書，請拒和議」[54]。當他被任為內閣侯補中書之後，繼續投身於救亡運動之中。康有為、梁啟超創立強學會鼓動變法圖強時，林旭也「奔走其間」[55]。此後，便頻繁接近康有為、梁啟超議論「國事」，對康之「所論政教宗旨，大心折」，遂拜其為師。光緒二十四年（一八九八年）春，他在北京首先倡立閩學會，與其他各省在京人士相繼成立的學會緊相呼應，推動變法圖強運動的發展。在開保國會時，林旭又是「會中倡始董事」[56]。恰是在此期間，到天津任直隸總督的榮祿，欲聘請林旭入其幕府。為此，林旭特地請教康有為「問可就否」？康有為說：「就之何害，若能責以大義，怵以時變，從容開導其迷謬，暗中消遏其陰謀，亦大善事也。」[57]於是，林旭便應聘入榮祿幕府，直到被光緒帝召見任用時止。

譚嗣同在光緒帝宣布推行變法新政以來，他在地方從事維新活動頗為積極。當光緒帝一再指令引進召見黃遵憲、譚嗣同時，由於張之洞對譚懷有偏見，加上頑固勢力的干擾，故未及時北上。後來黃遵憲受命出使日本（實際因病未能成行）；譚嗣同懷著對「國事大有可為」[58]的熱望，應召入覲。遂被授予四品卿銜，委以輔佐新政。

在四卿當中，楊銳與洋務派官僚張之洞的個人關係頗為密切，早年即從張之洞門下就學，後又在其幕中多年。當然，張對楊銳的思想不無影響。或許與此有關，他在被光緒帝委任之後，一方面，當其獲悉家兄死去的「凶耗」時，鑑於任事緊急不忍回歸；另方面，他又對譚嗣同等人存有某種異見，感到「積久恐漸不相能」[59]。表明楊銳與譚嗣同等，起碼在有關變法等問題上存有分歧。劉光第，書生氣十足，抑或還有其他緣故，後來對變法的形勢產生疑慮。他既感於「聖恩高厚，急切不忍去」[60]，又抱著「於政事，無新舊畛域」之分[61]的折衷態度。並且，劉光第還時而思欲「歸田」，幻想躲避新舊勢力的「互爭」[62]。可見，楊銳、劉光第二人，在輔理新政期間其思想並不穩定。並且對於這些清況，當時的光緒帝似乎還難以深入覺察。不過，劉光第在緊要關頭，還確曾表現了一定的獻身精神[63]。譚嗣同、林旭，對於變法新政事業卻是始終堅定不移的。尤其譚嗣同，經過尖銳鬥爭的錘鍊，終成為一個激進的維新志士。後來，在康有為的心目中重譚、林而輕劉、楊，是不無其源的。但這四個人，在甲午中日戰後國勢阽危的情況下，又都產生了程度不同的救亡思想；並在康有為與梁啟超宣傳、組織變法維新的過程中，亦均有某種積極的作為。除譚嗣同最為突出之外，楊銳、林旭的表現也較為明顯。就此而言，他們都可稱為「通達時務」，又與維新運動有緣。顯然，這是符合光緒帝的任人原則的。再者，譚嗣同一直活躍在變法維新的第一線。他在地方雖曾遭到一些守舊人物和權勢者的忌視，可是卻沒像康有為、梁啟超那樣成為舉朝上下所有對立勢力攻擊的焦點。其餘三人，在光緒帝正式推行變法新政以來，均再沒有突出的維新活動了。這些情形，抑或成為光緒帝任用他們輔佐新政的原因之一。康有為在其《自編年譜》中提出了這樣一個情況，他說：「時李苾園（端棻）尚書奏薦（康有為——引者）甚力，上以忌西后未敢顯然用，故用譚、林、楊、劉代之，上之意極苦矣。」[64]康有為的這段記載，也可作為考查光緒帝任用四卿時思想狀態的線索。說到任用四卿的主要緣由，還是因為，楊銳、劉光第二人，是由在地方貫徹變法詔令最為得力的湖南巡撫陳寶箴出面推薦的[65]；譚嗣同是光緒帝熟知的維新官員徐致靖所保；林旭乃康有為的弟子，故而「信之」[66]。對於這方面的情況，康有為說，光緒帝曾於事後在命林旭傳給他的一份「密諭」中做了具體的說明：「用林旭，以其奏摺稱（康有為）師，知為吾門生。上之用譚嗣同，以其與我同為徐學士（致靖）及李苾園尚書所薦，皆吾徒也，故拔入樞垣。楊（銳）、劉（光第）為楚撫陳寶箴所薦，而陳寶箴曾薦我；楊漪川（深秀）又曾保陳寶箴，上亦以為皆吾徒也，而用之。」[67]由此可見，光緒帝是把楊、劉、林、譚四人，均視為維新派方面的人而予以信任和提拔重用的。

由於光緒帝把楊銳、劉光第、林旭、譚嗣同均作為自己可信的人，而選入其身邊參預新政。所以他在頒諭宣布任命之後，又向他們分別授予朱筆諭，命其「凡有所見，及應行開辦等事，即行據實條陳」；並又強調指出：「萬不准稍有顧忌欺飾。」[68]其用意，顯然是讓四卿放手經理變法新政，而且給予了充分的信任。因此梁啟超說，此後「所有新政奏摺，皆令閱看，諭旨皆特令撰擬……以國政繫於四卿，名為章京，實則宰相也」[69]。這是對四卿的地位和作用的具體概括。另外，原來「皇上欲大用康（有為）先生，而上畏西后，不敢行其志」[70]。致使光緒帝與康有為等維新派人士雖近在咫尺，但卻猶如隔著萬重山，彼此難以相通。而今，在光緒帝身邊終於有了一個輔佐自己的班子，便於貫徹個人的意圖了。因此正如康有為所說，自此以後「上意有所欲傳，吾有所欲白，皆藉譚、林通之」[71]。從而，自翁同龢被革職後，在光緒帝和維新派之間，又重新架起了一座互通的「橋梁」。這又為光緒帝的變法繼續沿著維新派的指向推進，提供了新的保證。可見，到此光緒帝採取這一前所欲為而不敢為之的重大舉措，就等於宣告他要衝破重重阻力「欲行大改革」[72]了。並又從中表明，經過複雜、劇烈的反擊頑固勢力鬥爭的錘鍊，到這時，光緒帝不僅增強了革新的勇氣和毅力；而且也豐富了鬥爭策略。這些可貴的進步，又集中地體現於他在政治上亦走向成熟。

如上所說，在這期間，光緒帝是把反擊頑固守舊勢力、排除變法障礙和聚結力量推進改革結合進行的。就在他改組禮部及組建「輔佐」新政班子之後，緊接著於七月二十二日（九月七日）降諭宣布，對寄於總理衙門的老洋務派首領李鴻章和昏庸腐敗的宗室官僚敬信，「均著毋庸在總理各國事務衙門行走」[73]，把他們一併趕出清廷中樞。

李鴻章的誤國行徑，早已為光緒帝所痛恨。他寄於總理衙門之後，不僅繼續迎合西太后推行屈辱外交，而且對維新派亦「深惡而痛疾之」[74]。光緒二十四年（一八九八年）初其參預接見康有為時，便公開反對康提出的「變法律、官制」的主張。不過李鴻章鑑於自己的狼狽處境，後來也主要是採取在暗中密告或唆使他人作打手的伎倆，來與康有為和維新派作對。所以對維新派和變法事業來說，李是藏在清廷樞府中的一大暗釘子。身為戶部尚書、總理衙門大臣的敬信，是個張口「滿洲舊事」和久沉於「歌曲」、「茶棚」[75]中的庸腐官僚。顯然，光緒帝此舉，實際是作為鏟除變法障礙的組成部分，又踢開了兩塊絆腳石。無疑，這也同樣是打在反對派勢力身上的兩大悶棍。同時，對來自守舊勢力方面的反撲，他也採取了更加堅定的態度予以無情地回擊。也就是在此期間，有些守舊官僚打著籌集軍餉的幌子，反覆奏請繼續實行「捐官」的弊政。對此，光緒帝毫無所動，憤怒地指出：「一面裁官，一面捐官，有此政體否？勿多言！」[76]堅決地給予駁回。再有，湖南的劣紳（舉人）曾廉竟又羅織「罪名」，上疏誣告梁啟超在湖南時務學堂講學時宣傳的民權、自由說是「大逆不道」，惡狠狠地「請殺康有為、梁啟超」。光緒帝見其奏摺後，便當機立斷，命譚嗣同對曾廉的奏摺「按條駁斥」[77]。在新、舊鬥爭又出現反覆的時刻，光緒帝一面回擊守舊勢力的挑戰，一面保護康有為、梁啟超等維新派人士。事實充分說明，這時的光緒帝，在變法革新的征途上，的確已展現出前所未有的新姿。

向改革的縱深推進

（一）鼓勵天下臣民上書言事

光緒帝在大煞了頑固勢力的囂張氣焰，改組禮部和建起輔佐新政的參謀班子之後，確又以一種新姿態向改革的縱深推進了。

首先，光緒帝依照並發揮了康有為的思想主張，決心加大鼓勵天下臣民上書言事的力度。他企圖以此把這場變法維新引向民間，進一步擺脫上下守舊勢力的干擾，為變法新政開創新局面。

原來，康有為在其《上清帝第二書》中即指出：「中國大病，首在壅塞」，從而造成「上下隔塞，民情不通」[78]，窒息著國家。後來，他在光緒二十四年一月（一八九八年一月底）進呈的《上清帝第七書》裡，又進而陳言「中國敗弱之由，百弊叢積，皆由體制尊隔之故」[79]。康有為認為，這種「上下隔塞」與皇帝獨尊於上的局面，對中國的危害最大。其實，這是專制制度所帶來的一大不可克服的弊端，使皇帝及其上下臣屬與廣大民眾始終處於時緩時緊的對立狀態中。在中國漫長的帝王時代，統治階層內部等級森嚴，舉國的平民百姓更是既沒有絲毫的政治地位，亦無對國事的發言權。因此，正如康有為所說，這就造成皇帝「獨尊」於上；全國「雖有四萬萬人，而實俱棄之」。君與臣、君臣與民「皆隔絕」。在康看來，這種「力」的分解，便使國家日衰。為了消除這一大弊端，康有為、梁啟超等維新派人士，又從西方借來「民權」、「平等」等論說為思想武器。他們在強烈要求光緒帝「開民智」、「通下情」和打破文化教育界束縛人們思想的八股枷鎖之同時，又強調「讓天下士民，皆得上書」[80]，給予議論國事的權力。康有為的這種思想主張，固然主要是為了推動變法維新，但也具有改變「隔絕」體制（即封建專制制度）的欲望。

在正式開始變法之初，光緒帝依據康有為等維新人士的要求，狠抓教育及派員出國遊學等方面的改革，「亦係開通（閉塞）風氣，因時制宜之舉」[81]。接著，他在把變法維新全面鋪開的過程中，在文化思想領域裡，與堅持廢八股打破這條精神鎖鏈的同時，又進一步採取了以「開民智」為目標的政策。六月（七月）間，光緒帝命將上海《時務報》改為「官報」，委派康有為「督辦」其事時，他便明確地指出，創辦各種報刊應以「廣開見聞為主」[82]。從而，把「開民智」列為變法維新的一項突出任務。

六月末（八月初），當新、舊勢力之間的鬥爭日益激化時，光緒帝在不斷加強反擊守舊勢力的鬥爭中，便越發重視了廣大臣民的上書言事，並將此視為「開民智」的一大途徑。因此，他在六月十五日（八月二日）諭令各部院司員條陳事件時，也提出「士民有上書言事者，著赴都察院呈遞，毋得拘牽忌諱，稍有阻格」[83]。後當禮部頑臣阻撓王照上書事件發生後，光緒帝於七月十六日（九月一日）降諭，重申鼓勵各部院司員條陳事件的旨意，並命將懷塔布等「交部議處」。緊接著，於次日（九月二日）他再次頒諭，又專門宣示了保護「士民」上書言事的宗旨：

「前經降旨，士民有上書言事者，著赴都察院呈遞，毋得拘牽忌諱，稍有阻格。嗣後都察院凡接有條陳事件，如係封口呈請代奏，即著將原封進呈，毋庸拆閱。其具呈到院者，即將原呈封進，不必另行抄錄，均著隨到隨遞，不准稽壓，倘有阻格，即以違旨懲處。」[84]

至此，光緒帝進一步把「士民」與各級官吏上書言事擺在同等的地位上了，並都給予切實的保護。而且對於「士民」上書，還特別地規定一條，即命都察院必須「隨到隨遞，不准稽壓」。

在此還應指出，對於所說的「士民」，在光緒帝的心目中並沒有嚴格的界限。事實說明，到這時，光緒帝已把鼓勵「天下人」上書言事提到了相當重要的地位，並且他又把鼓勵人們上書言事和打擊頑固勢力緊緊地結合在一起了。

在光緒帝處理完禮部事件並配備了輔佐新政的核心班子，又要大展宏圖之時，在七月二十七日（九月十二日）的一天裡，先後頒布了兩道意義重大並深有影響的上諭。其一曰：

「國家振興庶政，兼採西法，誠以為民立政，中西所同，而西人考究較勤，故可以補我所未及。今士大夫昧於域外之觀者，幾若彼中全無條教，不知西國政治之學，千端萬緒，主於為民開其智慧，裕其身家……。朕夙夜孜孜，改圖百度，豈為崇尚新奇，乃眷懷赤子，皆上天之所畀，祖宗之所遺，非悉使之康樂和親，朕躬未為盡職，加以各國環處，陵（凌）迫為憂，非取人之所長，不能全我之所有。朕用心至苦，而黎庶猶有未知，職由不肖官吏，與守舊之士大夫，不能廣宣朕意，乃反胥動浮言，使小民搖惑驚恐，山谷扶杖之民，有不獲聞新政者，朕實為嘆恨。今將變法之意，布告天下，使百姓咸喻朕心，共知其君之可恃，上下同心，以成新政，以強中國，朕不勝厚望。著查照四月二十三日以後（即頒發《明定國是詔》以後——引者），所有關乎新政之諭旨，各省督撫均迅速照錄，刊刻謄黃，切實開導。著各州縣教官，詳切宣講，務令家喻戶曉。各省藩臬道府，飭令上書言事，毋事隱默顧忌。其州縣官，應由督撫代遞者，即由督撫將原封呈遞，不得稍有阻格，總期民隱盡能上達，督撫無從營私作弊為要。此次諭旨，並著懸掛各省督撫衙門大堂，俾眾共觀，庶無壅隔。」

在同日發布的另一道上諭中，又重申：

「振興庶務，首在革除壅蔽，當（經）諭令各衙門代遞事件，毋得拘牽忌諱。……第恐大小臣工，狃於積習，不能實力奉行。用再明白宣諭，以後各衙門有條陳事件者，次日即當呈進，承辦司員稍有抑格，該部院堂官立即嚴參懲辦，不得略予優容。所有六月十五日、七月十六日諭旨，七月十九日朱諭，七月十七日及二十四日交片諭旨（即所有鼓勵天下臣民上書言事和處理禮部事件等諭旨——引者），均令各衙門錄寫一通，同此件諭旨，一併懸掛，俾得怵目驚心，不致復萌故態，以示朕力除壅蔽之至意。」[85]

兩道上諭，構成了一個整體。在其中，光緒帝首次公開批駁了守舊勢力的愚昧觀念。並以前所未有的明確態度指出，被列強「陵（凌）迫」的中國「非取人之所長，不能全我之所有」，強調必須學習外國之長變法圖強。為此，他便進而把目光集中於下，號召全國各個角落的「黎庶」、「小民」，應理解其「變法之意」，起來支持新政。於是，光緒帝著重重申了鼓勵天下民眾上書言事的宗旨，而且要求做到「家喻戶曉」，並為此採取了具體的保證措施，充分地表露了他的誠意。遂即光緒帝殷切期望「上下同心，以成新政，以強中國」，傾吐了一腔希望祖國昌盛的心願。同時，光緒帝還試圖「為民立政」，意欲通過鼓勵下層黎民上書言事，使「民隱盡能上達」，以期「革除壅蔽」。到此，他把實現變法的目標與爭取廣大民眾的支持聯繫在一起了。顯然，這是其政治思想的一種明顯的昇華。

在專制烏雲籠罩大地，連統治階層中的下層官吏亦無奏事權的年代，光緒帝竟在大張旗鼓、堅定不移地鼓勵與保護廣大平民上書言事，顯然這又是一大創舉。因此，康有為說，光緒帝頒發此諭「是我請臣民上書之說，乃始行」[86]；梁啟超又將該詔譽為「國朝（即清朝——引者）第一

的條件下發布的、推進變法維新的宣言書與動員令。

詔書」[87]。可見這種評說並不為過。可以認為，光緒帝的戊戌七月二十七日（九月十二日）諭，既大大地發展了《明定國是詔》，又增強了其透明度，提高了號召力。其實亦可認為，這是在新的條件下發布的、推進變法維新的宣言書與動員令。

事實上，光緒帝鼓勵天下臣民上書言事的詔旨相繼下達後，即使「海內臣民，莫不歡欽興起」[88]。從而，在舉朝上下的中下層官吏和各地民衆中迅速形成了一個上書議變法的熱潮。僅在八月中（九月中、下旬）的幾天內，通過各衙門呈遞的各種封奏，即有「一日多至數十件者」[89]，在社會上產生了強烈反響。在其中，既有廷內各部院的下級官員；又有府、州、縣地方官吏和舉人、讀書生員等，甚至一些所說的「漁人」、「野民」也獲得了向皇帝上書的權力[90]。這些原來無人理睬、尤其是那些毫無社會地位的貧苦百姓，到這時他們也以無比激奮的心情，在破天荒地通過上書向皇帝吐述自己的境遇和議起國家興衰得失來了。戶部主事（原無上書權）寧述俞，在其呈文中，提出應保護本國工商業，要求「理財裕國以圖自強」[91]的建議。貴州大定府畢節縣拔貢周培棻，上書在稱讚「皇上以大有為之君，值如萬難措手之時」奮起變法圖強的同時，又尖銳地指出：「當皇上之身，而變法不能遂，中國四萬萬人民尚可望室家之樂，埋骨之所哉？」[92]他愛憎分明地表達了關心祖國命運的讀書人，對變法的期望和對破壞者的憎惡。江西吉水縣舉人黃文珏、夏士藩、劉應愷等呈文，在揭露當地「稅契浮徵，積弊病農」的種種弊端之後，要求江西巡撫應「認真查辦，以蘇民困」[93]。又有的強烈主張改變由外人控制中國海關的制度，希望由「本國官員」管理關稅以護「國體」（浙江紹興府山陰縣舉人何壽章呈）；還有人要求仿照泰西「設立議院上下相通」（鑲白旗蒙古生員誠勤呈），等等。並且有些地方文童，還積極的為變法之興舉而「捐款」[94]，以自己的實際行動，為變法維新事業而盡力。

在此期間，湖北漢水「漁人」陳錦奎，在其呈摺中既揭露了地方官吏「巧取豪奪，民不聊生」之弊，又要求朝廷將沒收的這些「中飽巨款」，放在修建學堂房舍、書樓等及「支援火車應用」[95]。另在大興縣采育司河津營村「野民」高清如、梧文成的《上書》裡，亦痛斥了「貪官趨於利祿」的可恥行徑。從而，他們竟能以「草野一介之細民，而妄議天下之大事」[96]了。顯然，所有這種情狀，都是在中國專制時代所不可想像的事。

就在舉國廣大下層民衆踴躍上書議論國事民生、為變法維新而奮起進言之際，又引起反對派勢力的恐懼與仇視。早在光緒帝開始頒諭鼓勵天下士民上書言事時，洋務派官僚張之洞，就對此大唱反調。他說什麼「變法者，清廷之事也，何為而與士民言？」[97]強烈反對讓社會民衆參預變法維新。也就是在此期間，朝廷中的一些頑固派權貴，又抓住一些平民百姓因不懂官方呈文的規矩，在上書裡稱「皇上」不抬頭等漏洞大作文章。他們煞有介事地叫嚷，說這是「變亂祖法，自稱開創，置祖宗於何地者」！在這些頑固官僚看來，稱「皇上」未抬頭也是大逆不道的行為。於是，他們怒氣沖沖地要加罪於這些上書的人。但是，光緒帝對於這樣的平民上書卻只是「一笑置之」；並對頑臣說：「當廣開言路之時，不必有所譴責以塞之。」[98]對此，他採取了充分理解與寬容的態度，從而頂住了頑固派官僚的惡意挑動，保護了百姓上書。從中表明，光緒帝鼓勵「士民」上書言事是出於誠意。在此期間，他的確採取了「廣開言路」、給人民群衆一定的言論自由的政策。在這方面，光緒帝也與頑固派及洋務派官僚形成了鮮明的對照。

在光緒帝大力倡導和強有力地推動下，隨著變法圖強進一步深入人心和民衆思想的日趨活躍，變法新政出現了新的生機。

（二）籌議政體改革

當光緒帝力圖通過大刀闊斧地鼓勵天下臣民上書言事，把變法維新引向社會之時，他又乘勢要把改革向更深的層次推進。七月二十四日（九月九日），光緒帝在廢寢忘食地「披覽章奏」中，應徐致靖代康有為進呈的奏摺之請，降諭宣布：「古有侍從之臣，皆妙選才能以議庶政。現當朝廷振興百度，自應博採眾論，廣益集思，以期有裨政治。著照所議（即徐代康進呈的奏摺之建議——引者）酌置三、四、五品卿；三、四、五、六品學士各職，遇有對品卿缺，並翰林院衙門對品缺出，即由吏部一體開單，請旨錄用，以備獻納。仍著按品給予俸祿。」[99]這就是所說的「散卿」、「散學士」。實際上，此乃康有為在改革官制方面的一種應變舉措。在當時，他出於推進變法維新之急需，為了加強輔佐光緒帝的力量，又鑑於帝的任官權限，因而採取了這種變通措施。同時，這也是康有為避免守舊勢力的抵制，原與光緒帝議定的「只增新不裁舊；擢用人員，只委差事不加官」的任人方針之體現。是時光緒帝採納此議，決定增設「散卿」、「散學士」，也是運用的一種策略（可以不經西太后批准，自行裁定）。固然，這只是一種非正式的過渡性的官員，但可對其委以「差事」，並能逐步實授。這種官員與四卿的明顯區別又在於，「散卿」、「散學士」的名額，可以無限制的擴大，並可逐漸作為正式官員安排到各衙門當中。很明顯，這一不得已的任官措施，從變法維新事業的整體來說，亦將為更多的新人（當然包括維新人士）參預清廷改制，又開闢了一條較為寬闊的途徑。從未來而言，又可以逐步改變清廷舊臣一統天下的局面。所以，它既有明顯的可行性，又具有較為深刻的政治改革意義。

幾乎與此同時，光緒帝又在醞釀採取兩項直接改革清政權的重大舉措。

其一，即是準備模仿西方資本主義國家，設立「議院」。資產階級維新派在宣傳與組織變法時，曾把「興民權」、「設議院」，作為變法維新的重要內容與目標。但是，從光緒帝頒布《明定國是詔》宣告變法以來，康有為、梁啟超等，鑑於守舊勢力根深柢固，並看到變法維新步履維艱的現實，便放棄了這一主張。不過在推行變法新政的過程中，內閣學士闊普通武在七月初三日（八月十九日）遞上的奏摺中，又提出請仿泰西設立議院的主張。隨後，鑲白旗蒙古生員誠勤也提出了這一要求。闊普通武的具體建議是，「請設立上下議院，無事講求時務，有事集群會議，議妥由總理衙門代奏，外省由督撫代奏。可行者，酌用；不可行者，置之。事雖議於下，而可否之權仍操之自上，庶免泰西君民爭權之弊」[100]。可見闊普通武要求設立的這種議院，只不過是一種輔助皇帝的諮詢機構。它僅有議事的義務，但沒有任何否決權，更起不到立法作用。然而在專制時代，在朝廷設立這麼一種評議國事的常設機構，對於皇權至上的清廷，無疑也是一種較大的改制。特別是這一建議的要點，又在於選用議員的條件上。闊普通武說：「惟議院之人實難其選，必須品端心正，博古通今，方能識大體，建高議。此泰西議員，必由學堂出身者，一取其學貫中西，一信其風有操守，亦防弊之深意也。」[101]按照這種標準，顯然是為維新派和其他新人物進入上、下議院，提供了有利的條件。所以這一改革，雖然還基本是停留於形式上的改變，但也涉及到變革清王朝統治體制的問題。不言而喻，這種議院，在當時的中國，畢竟是一個具有「民主」氣息的新事物，也可以說它是一種「興民權」的低級形式。正因如此，當這一改革主張提出之後，便遭到了一切維護專制體制的人的拚命反對。張之洞在其《勸學篇》中，竟以罵街的口氣對「興民權」、「設議院」之說進行了惡毒的攻擊；湖南的守舊勢力也藉此來誹謗維新派人士。一時間，反對設議院，又成為攻擊變法的集中點。從來自反對派勢力的強烈反應中，也可見設議院問題所具有的分量。

對於設立議院，光緒帝無疑是有個認識過程的，也勢必會有一個思想醞釀階段。可能就在其醞釀的過程中，逐漸「決欲行之」。而大學士孫家鼐竟出來說：「若立民權，君無權矣。」光緒帝卻斬釘截鐵地指出：「吾欲救中國耳，無權何害！」[102]他堅定地表示，寧願大權旁落也堅持這一改革。

到了七月下旬（九月中旬），當光緒帝在政治領域進行雷厲風行的改革時，他對設議院的態度也越發堅定了。但在這時，康有為鑑於「今守舊盈朝」，認為設議院「萬不可行，上然之」[103]乃作罷。但是，光緒帝卻未因此而放棄設議院的念頭。他在接受了康有為的建議後仍然表示，「待後數年乃行之」[104]。表明，到這時光緒帝對設議院的態度仍未動搖。而這種堅定性，顯然是來自對變法維新的決心和對世界大勢的認識。

其二是，議定開懋勤殿以議制度。說起光緒帝決定開懋勤殿的由來，在《康南海自編年譜》中有這樣一段較詳細的記載：

「於時（康有為勸止光緒帝設議院後——引者）復生（譚嗣同）、暾谷（林旭）又欲開議院，吾以舊黨盈塞，力止之。而四卿亟亟欲舉新政，吾以制度局不開，瑣碎拾遺，終無當也，故議請開懋勤殿以議制度，草摺令宋芝棟（宋伯魯）上之，舉黃公度（黃遵憲，時因病未出國——引者）、卓如（梁啟超）二人。王小航（王照）又上之，舉幼博（康廣仁）及孺博（麥孟華）、二徐併宋芝棟。徐學士（徐致靖）亦請開懋勤殿，又竟薦我。復生、芝棟召對，亦面奏請開懋勤殿。上久與常熟（翁同龢）議定開制度局，至是得諸臣疏，決意開之。乃令復生擬旨，並云：康熙、乾隆、咸豐三朝有故事，飭內監捧三朝聖訓出，令復生查檢，蓋上欲有可據以請於西后也。……是日擬旨樞垣傳出，京師咸知開懋勤殿矣，是日七月二十八日（九月十三日）也。」[105]

關於開懋勤殿的用意，除康有為說「以議制度」之外，梁啟超又作了具體說明。他說：

「上既廣採群議，圖治之心益切，至七月二十八日，決意欲開懋勤殿選集通國英才數十人[106]，並延聘東西各國政治專家，共議制度，將一切應興應革之事，全盤籌算，定一詳細規則，然後施行。」[107]

另據王照記述，當開懋勤殿事宜議定之後，康有為前來見他時「面有喜色」，並向他透露，開懋勤殿初用的「顧問官」，「業已商定」[108]，其中，包括了康有為和梁啟超[109]。

原在六月上中旬（七月中、下旬）之間，當請設制度局的建議因遭到頑固派官僚的拚命抵制而難產時，康有為、梁啟超等在為此繼續爭取實現之際，又在籌畫補救措施了。此間，梁啟超受康之命為李端棻草擬了一件奏摺，在其中提出「一曰御門誓群臣；二曰開懋勤殿，以議制度；三曰改定六部之則例；四曰派朝士歸辦學校」[110]等四條要求。這是準備為在請設制度局建議被否決後，再要求採取有利於變法維新的補救辦法。但當李端棻將此摺於六月初六日（七月二十四日）遞上後，尤其對請開懋勤殿以議制度的要求，慶親王奕劻與大學士孫家鼐等權貴，又頗為敏感地力予「阻之」[111]。從而，這一新建議又遭厄運。進入七月下旬（九月），光緒帝大力反擊守舊勢力和極力動員中下層官吏與民眾支持變法，表明其「圖治之心益切」。在此情況下，康有為等維新派人士、特別是剛被任為「四卿」之中的譚嗣同、林旭，均受到鼓舞，進一步激起其革新熱情。

因此，在他們準備設議院的努力被康有為勸阻後，又當即重新議起開懋勤殿之事。與此同時，極欲大舉新政的光緒帝，也對此頗為贊同「決意開之」。

懋勤殿，位於清宮內的乾清宮西廊，原是一所供清朝歷代皇帝「燕居念典」[112]的宮殿，到同治以後便已逐漸虛廢。自從議設制度局流產、擬開議院作罷以來，經康有為等維新派人士的多時籌議、醞釀，到此又在譚嗣同、林旭的推動下，光緒帝決意要重開懋勤殿。其實，這是想用舊瓶裝新酒的辦法，以設「顧問官」的方式把康有為、梁啟超等維新派的領袖、骨幹人物集聚起來，組成一個最高的籌畫、指導變法維新的核心班子。雖然對康有為等人和光緒帝來說，要開懋勤殿都想使之起到制度局的作用，但從其組成人員和賦予它的使命來看，開懋勤殿、設「顧問官」，既與他們設計的「議院」不同，也較原議的制度局有所區別。這個班子不僅包括了維新派領袖康有為、梁啟超，而且還具有了一定的獨立議定權，顯然這是為適應當時光緒帝要大舉新政的需要而設計的。尤其是這次準備開懋勤殿，從驀議到決定，根本沒有通過原來的王公大臣，而是由光緒帝和維新人士單獨議定的。所以，無論從哪個角度來說，決定開懋勤殿，必將大大加強變法維新的最高指揮力量，為把變法繼續向前推進提供了重要的保證。當然，這也將在一定程度上，改變了清王朝的施政體制。顯然，它具有更加明顯的政治改革意義。表明變法到此已在新的深度和更高的層次上運作了。可是，就在光緒帝於次日到頤和園擬向西太后「秉請」開懋勤殿及推進變法等事宜時，發現有變。於是，他為籌畫應急措施，便匆忙地返回紫禁城了。從而開懋勤殿之事，便因此而付之流水。

自七月初（八月末）以來，光緒皇帝以破釜沉舟之勢，在維新改革的征途中採取的一系列重大舉動和措施，都基本是在政治領域中進行的，從而把這場變法維新引入新的境界。歷史事實說明，在當時要改變落後的中國面貌，無論是出於自覺還是不自覺，都必然要觸及到社會的核心部位。這是在激烈進行中的變法與反變法、維新與守舊鬥爭發展的必然結果。正是在此尖銳、複雜的鬥爭實踐中，堅持革新的光緒帝，其思想才得到了新的昇華。到此期間，他不僅增長了鬥爭的勇氣和才幹，而且在嚴酷現實的逼迫和時代潮流的導發下，又使其在思想中隱伏的政治離心傾向得到進一步的伸展。光緒帝在這期間採取或準備採取的一些帶有民主色彩的措施，顯然不是偶然的，可是，正當光緒帝在以新的姿態向一個新的境界邁進時，不料一場大禍正從天而降。

註釋

1 康有為《康南海自編年譜》，第五六頁。

2、4 康有為《康南海自編年譜》，第六〇頁。

3 湯志鈞《康有為政論集》，上冊，第三四五頁「說明」。

5、14、18、86 康有為《康南海自編年譜》，第六一頁。

6 湯志鈞《康南海政論集》，上冊，第二一四頁。

7、8《德宗實錄》，第四二四卷，第五五七頁。

9、64 康有為《康南海自編年譜》，第六三頁。

10 梁啟超《戊戌政變記》，第四八頁。

11 國家檔案局明清檔案館《戊戌變法檔案史料》，第一八二頁。

12 國家檔案局明清檔案館《戊戌變法檔案史料》，第一八一頁。

13、83《德宗實錄》，第四二一卷，第五二四—五二五頁。

15、16、19、30 梁啟超《戊戌政變記》，第四四頁。

17 湯志鈞《戊戌變法人物傳稿》，上冊，第一四七頁。

20 梁啟超說，此論在這裡的原擬文是，「豈與前奉諭旨視為無有耶？」（《戊戌政變記》，第四四頁）原意是斥責懷塔布等無視諭旨的抗上行徑。但在此諭頒發之前，經「剛毅再三請改」，乃改為「毫無體會」四字。可見，懷塔布等壓制上書言事，並非是孤立的事件。

21《德宗實錄》，第四二四卷，第五六〇—五六一頁。

22 朱壽朋編《光緒朝東華續錄》，第一四七卷，第一三頁。

23《德宗實錄》，第四二四卷，第五六五頁。

24 印鸞章《清鑑綱目》，第七一三頁。

25 費行簡《近代名人小傳》，第二〇〇頁。

26 沃丘仲子《近代名人小傳》，第一四〇頁。

27 湯志鈞《戊戌變法人物傳稿》，下冊，第二一九頁。

28 轉引自湯志鈞《戊戌變法人物傳稿》，下冊，第二二〇頁。

29〔英〕濮蘭德、白克浩司《慈禧外紀》中譯本，第一三四頁。

31 梁啟超《戊戌政變記》，第七二頁。

32 梁啟超《戊戌政變記》，第七三頁。

33《戊戌變法資料》(一)，第三七六頁。在這裡，從西太后說的「九列重臣，非有大故，不可棄」的話看來，顯然是指光緒帝對禮部六堂官革職而言。查《德宗實錄》、《光緒朝東華錄》及《起居注冊》，光緒帝罷免禮部六堂官之後，最早一次到頤和園向西太后「問安」，是在此事件發生後的第三天，即七月二十一日，壬申（九月六日）。西太后在清宮中的耳目眾多，幾乎在宮廷中發生的每件事，她都無不迅即得知。從種種情況判斷，西太后與光緒帝的這次對話，可能即在九月六日這次光緒帝到頤和園時發生的。

34、37 梁啟超《戊戌政變記》，第四六頁。

35 陳夔龍《夢蕉亭雜記》，第一卷，第一六頁。

36 趙爾巽等《清史稿》（四二傳），第一二七三九頁。

38 閔爾昌《碑傳集補》，第六卷，第一二頁。

39《戊戌變法資料》(二)，第七八頁。

40、100 國家檔案局明清檔案館《戊戌變法檔案史料》，第一七二頁。

41 趙爾巽等《清史稿》（四二傳），第一二七五五頁。

42 費行簡《近代名人小傳》，第二〇五頁。

43《德宗實錄》，第四二五卷，第五六七—五六八頁。

44、69《戊戌變法資料》(二)，第七五頁。

45 閔爾昌《碑傳集補》，第十二卷，第五頁。

46 趙爾巽等《清史稿》（四二傳），第一二七四四頁。

47 閔爾昌《碑傳集補》，第十二卷，第一一頁。

48 均見梁啟超《戊戌政變記・楊銳傳》。

49 閔爾昌《碑傳集補》，第十二卷，第三頁。

50、53 梁啟超《戊戌政變記・劉光第傳》。

51、52 趙爾巽等《清史稿》（四二傳），第一二七四五頁。

54、56、57 梁啟超《戊戌政變記・林旭傳》。

55 閔爾昌《碑傳集補》，第十二卷，第二七頁。

58 轉引自湯志鈞《戊戌變法人物傳稿》，上冊，第三六頁。

59、68 楊銳《楊參政公家書》，《戊戌變法資料》(二)，第五七二頁。

60、62 劉光第《在京與厚弟書》，《戊戌變法資料》(二)，第五七〇頁。

61 閔爾昌《碑傳集補》，第二卷，第三頁。

63 如在輔理新政期間，當光緒帝命譚嗣同批駁湖南守舊黨人曾廉上書請殺康有為、梁啟超時，因此批文還要進呈給西太后。所以譚在批駁之餘，為「保康、梁之忠」又立字表示，如查證曾廉的誣告屬實，甘願自己「請先坐罪」。在此緊要時刻，與譚嗣同在同班理事的劉光第，也毅然署名立言「亦請先坐罪」。對於這種情形，也使譚嗣同「大敬而驚之」（梁啟超《戊戌政變記・劉光第傳》）。

65 關於推薦楊銳，梁啟超在《戊戌政變記・楊銳傳》中說，原來張之洞「欲薦之，以門人避嫌，乃告湖南巡撫陳公寶箴薦之」。在《碑傳集補》等材料中，亦有與此相似的記述。當然，公開出面推薦給光緒帝的卻是陳寶箴。關於劉光第，本來陳「寶箴未嘗與光第相見，光第亦無求於寶箴」。不過，陳寶箴之子陳三立了解劉光第，由此「寶箴知之，遂舉以入宮」（閔爾昌《碑傳集補》，第十二卷，第九頁）。總之，光緒帝任用楊銳，固然是反映了張之洞的心意，但卻不是出自楊銳與張之洞的關係。

66 梁啟超《戊戌政變記》，第四七頁。

67、90、98 康有為《康南海自編年譜》，第六二頁。

70 閔爾昌《碑傳集補》，第二卷，第一九頁。

71 康有為《康南海自編年譜》，第六二—六三頁。

72 閔爾昌《碑傳集補》，第十二卷，第一九頁。

73 《德宗實錄》，第四二五卷，第五七一頁。

74 湯志鈞《戊戌變法人物傳稿》，下冊，第二三七頁。

75 沃丘仲子《近代名人小傳》，第一一九頁。

76 蘇繼祖《清廷戊戌朝變記》，《戊戌變法資料》(一)，第三四一頁。

77 梁啟超《戊戌政變記》，第二〇頁。另參見蘇繼祖的《清廷戊戌朝變記》與《唐南海自編年譜》等。

78 湯志鈞《康有為政論集》，上冊，第一三四頁。

79 湯志鈞《康有為政論集》，上冊，第二一九頁。

80 康有為《上清帝第六書》，湯志鈞《康有為政論集》，上冊，第二一三頁。

81 《德宗實錄》，第四一八卷，第四八三頁。

82 《德宗實錄》，第四二一卷，第五一八頁。

84 《德宗實錄》，第四二四卷，第五六四頁。

85 《德宗實錄》，第四二五卷，第五七九-五八一頁。

87 梁啟超《戊戌政變記》，第五二頁。

88 國家檔案局明清檔案館《戊戌變法檔案史料》，第一四六頁。

89 《德宗實錄》，第四二五卷，第五七四頁。

91 國家檔案局明清檔案館《戊戌變法檔案史料》，第四九頁。

92 國家檔案局明清檔案館《戊戌變法檔案史料》，第八八頁。

93 《江西吉水縣舉人黃文玨、夏士藩、劉應愷等呈文》，《軍機處錄副補遺．戊戌變法卷》，中國第一歷史檔案館藏。

94 《清單》，《軍機處錄副補遺．戊戌變法卷》，中國第一歷史檔案館藏。

95 《湖北漢水漁人陳錦奎敬陳郡國利病摺》，中國第一歷史檔案館藏，轉引自孔祥吉《戊戌維新運動新探》，第二六八頁。

96 《大興縣采育司河津營高清如栝文成野民報德書》，中國第一歷史檔案館藏，轉引自孔祥吉《戊戌維新運動新探》，第二六九頁。

97 張之洞《張文襄公全集》，第二〇三卷，第一九頁。

99 《德宗實錄》，第四二五卷，第五七三頁。

101 國家檔案局明清檔案館《戊戌變法檔案史料》，第一七三頁。

102 《不忍》，第五冊，「藝林」，第二頁。另在康有為的《請君民合治滿漢不分摺》中亦云：是時孫家鼐對帝言：「若開議院，民有權而君無權矣。」光緒帝云：「朕但欲救中國耳，若能救民，則朕雖無權何礙。」(《戊戌變法資料》(二)，第二三七頁)

103 康有為《康南海自編年譜》，第六三頁。關於光緒帝同意設議院的事，在楊銳被光緒帝拔用後寫的一封家信裡也有透露。他在信中說：「現在（九月十三日）……日言議政院（即議院——引者），上意頗動。」（《戊戌變法資料》(二)，第五七二頁）梁啟超在《戊戌政變記》第一五七頁裡也有記載：對設議院，「我皇上乃自欲開之，……後以臣下（康有為——同前）言民智未開，守舊太多，開議院則益阻撓新政，上乃悟」。至於說此事發生在何時，據筆者所見的資料均無確載。不過，康有為在其《自編年譜》中說，他建議光緒帝不設議院，是在「禮部六堂易人」之後。另據多種材料說明，從七月二十八日（九月十三日）以來，因議院不開，光緒帝又與維新派人士議開懋勤殿之事了。據此判斷，康有為請停設議院，似在七月二十八日（九月十三日）左右。

104 梁啟超《戊戌政變記》，第一五七頁。

105 康有為《康南海自編年譜》，第六四—六五頁。

106 關於計畫在懋勤殿中設置的人數，有關材料說法不一。在王照的《關於戊戌政變之新史料》中說，議決開懋勤殿之初，決定用「顧問官十人」（《戊戌變法資料》(四)，第三三二頁）。徐珂輯的《清稗類鈔》第二冊「帝德類」又云，擬開懋勤殿以「八人特制」。梁啟超說數十人。看來，當時開懋勤殿雖已議定，但任人等事尚未取得完全一致的意見。因此，各家之說互異。

107 梁啟超《戊戌政變記》，第七三頁。

108 王照《關於戊戌政變之新史料》，《戊戌變法資料》(四)，第三三二頁。

109 見徐珂輯《清稗類鈔》，第二冊，「帝德類」，第三九頁。

110 康有為《康南海自編年譜》，第五七—五八頁。

111 康有為《康南海自編年譜》，第五八頁。

112 惲毓鼎《崇陵傳信錄》，《戊戌變法資料》(一)，第四七七頁。

第十一章　變法夭折

新、舊勢力的殊死搏鬥

（一）頑固派的「謀變」

光緒帝與維新派在向變法的深層次迅猛推進之際，也是以西太后為首的封建頑固派加緊策畫絞殺變法新政的陰謀之時。從七月底到八月初（九月上旬），變法維新之光衝破重重迷霧又將閃爍其絢麗光彩的時刻，滾滾的烏雲卻以更加凶猛之勢緊緊壓來。

在七月中旬（八月底）之前，光緒帝主要在文化教育及經濟領域中進行改革。在此過程中，雖然已引起了頑固勢力的強烈牴觸，但從總的形勢來說，新、舊之間的對立尚未達到你死我活的尖銳程度。但自此以後，當光緒帝把改革步步深入地推進到政治領域以來，情形便不同了。就在裁撤一些閒散衙門和冗員之後，一些守舊官僚便藉此大肆造謠生事、興起風作起浪來了。他們別有用心地叫嚷，「有尚書則侍郎為冗，有郎中則員外為冗，凡額外主事員外郎中，無兼差而食俸尚淺者，皆可回籍候資」[1]。從而「訛言一夕數驚，皆惴惴不自保」[2]。至於那些丟了官的「失業」者，更是懷恨在心，時在伺機反撲。因此在這時，已使「朝野震駭」[3]，驚動了守舊營壘。進入七月底（九月），光緒帝又加大了反擊頑固派官僚的力度，一舉罷免禮部六堂官，並將李鴻章、敬信逐出總理衙門，把鬥爭矛頭明顯地指向了西太后的班底。遂即又改組禮部、任用維新人士、大力鼓勵天下臣民上書言事，邁開「大行改革」的步伐。這些針針見血的重大革新舉措，更使「守舊大臣，人人危懼」[4]，新、舊勢力之間的矛盾與對立達到空前激化的地步。

其實，光緒帝在將禮部六堂官革職之後，為了穩定局面以便大力推進改革，曾於七月二十三日（九月八日）降諭申明，要對裁員措施在堅持改革的前提下予以調整。他在諭中說：「現在裁撤各衙門，業經分別歸併，所有各該衙門裁缺各官，未便聽其閒散。現當振興庶務，規畫久遠，應於鐵路礦務總局、農工商務總局酌設大小官員額缺，以備將來量才任使。」[5]然而，死心塌地抗拒變法的頑固派官僚，卻不以光緒帝的緩和措施為然。他們抓住裁冗員和罷頑臣的事不放，變本加厲地展開了破壞變法的陰謀活動。

頑固官僚懷塔布，在被光緒帝罷官後更是惱羞成怒，他迅速拉攏了向為「孝欽（西太后）倚之」[6]的后黨骨幹、內務府大臣立山，與其密往天津向榮祿通風報信，並與之進行「要商」[7]，策畫陰謀。

西太后的「親信」榮祿，在光緒帝頒布「明定國是詔」宣告變法之後，被授予署直隸總督，又很快得到文淵閣大學士的榮耀，並遂即被實授直隸總督兼北洋大臣。與此相應的是，號稱北洋三軍的董福祥甘軍、聶士成武毅軍及袁世凱新建陸軍，亦皆置於他的控制之下。從而，這個西太后的頭號親信、為人狡詐的榮祿，便扶搖直上成為「身兼將相，權傾舉朝」[8]的后黨顯貴。至此，他既經理清廷的外交，又手握拱衛京津的軍政大權，成了清王朝炙手可熱的實力派權勢者。當然，在甲午中日戰爭後榮祿也看到，再以原封不動的舊方式來維護清王朝的統治已不可能，遂也唱起「自強」的調子，認為應開礦、設廠。到光緒二十三年十二月（一八九八年一月初），他奏請「設武備特科」，提出要「參酌中西兵制，造就人才」[9]。但是，對於清王朝的所謂「大經大法」，榮祿卻對之奉為神明，絕不允許改動。隨後，他在與其他總理衙門大臣接見康有為時，便以祖師爺的架式聲稱「祖宗之法不能改」，堅決反對變法維新。當變法正式開始後，榮祿又認為：「姑俟其（指光緒帝——引者）亂鬧數月，使天下共憤，罪惡滿盈，不亦可乎？」[10]他與西太后同樣都對變法懷著待機再下毒手的圖謀。所以在推行變法新政的過程中，榮祿一方面與光緒帝「對著幹」，另方面便對頻頻而下的變法詔令一味「遲玩」[11]，蓄意抗拒。因而使光緒帝越發不滿，並予以斥責。時到而今，榮祿從懷塔布等頑人口中聽到的情況，似乎恰是他希望得到的「天下共憤」的事態。

在此前後，內務府的頑固官僚還跑到頤和園「環跪后（即太后——引者）前，謂上（光緒帝）妄變祖法，請訓政」[12]，他們又迫不及待地請求西太后出面扼殺變法維新。而且懷塔布之妻，又以在頤和園侍奉「宴遊」的便利條件，向西太后「哭訴」光緒帝的所謂「盡除滿人」[13]等「罪狀」，對光緒帝和變法新政加以惡毒的詆毀。

在頒布《明定國是詔》之前，西太后允許光緒帝變法革新的確「非其誠意」[14]，她在起初給光緒帝變法定下以不違背所謂的「祖制」為限，就是設下的一大埋伏。在其心目中，專制體統是「盡善盡美」的，絕不允許他人更動，至於其權勢地位更是神聖不可侵犯的。所以，在光緒帝推行變法新政的前期，西太后除了利用其親信頑臣出面加以左攔右擋之外，又時時以其遍布於清宮的「耳目」，在密切注視著光緒帝的一舉一動。她一直在等待時機，準備藉口「收拾局面」來撲滅變法，重新公開操政。到七月中、下旬（九月上旬），西太后等待的時機終於到來了。

在七月上旬（八月末）以前，光緒帝在文教與經濟領域中推行的改革，在西太后看來似乎還可以容忍，因為尚未直接觸及到她的統治基礎。但自從進入七月下旬（九月）以來，由於光緒帝步步加強了對頑固勢力的打擊並公開任用維新人士，這對西太后來說是絕對不能容忍的。特別是光緒帝無情地罷免了禮部頑固大臣，進而又觸到了西太后的「禁區」。因為其「左右大臣，皆由（西）太后拔用」[15]的班底骨幹；而懷塔布等又是為「太后所信任」[16]的心腹。所以罷免這些頑臣，更使西太后按捺不住了。至此，她似乎感到其統治地位已受到嚴重威脅，覺得光緒帝的行動已經越「軌」了。就此，光緒帝反擊頑固派官僚抵制變法的行動，對其首要予以應有的懲處，在西太后看來均成了「亂家法」的叛逆行為。懷塔布等人被革職和任用四卿之後，她據其親信與「耳目」的密報，在頤和園警告光緒帝不要「以遠間親、新間舊」云云，實際上也是向光緒發出的一種信號，表明她的「忍耐」已到限度，要下手來「收拾局面」了。

一些頑臣和懷塔布之妻的誣告與中傷，對西太后的緊張心情猶如火上加油。她遂即將懷塔布「召赴頤和園詳詢本末」[17]，在進一步掌握了事態的詳情之後，其出面絞殺變法的決心便日趨形成。有的時人云：「戊戌變政，首在裁官」[18]，可謂道出了一個主要導因。頗有施展陰謀手段經驗的西太后，到此即派懷塔布「奉太后密諭」[19]，頻繁地活動於京津之間。這時，懷塔布作為西太后的密使，便與榮祿展開了緊鑼密鼓的謀變策畫。

經過幾天緊張地串通和密謀，到七月二十八日（九月十三日）前後，在光緒帝與維新人士正興致勃勃準備開懋勤殿之時，西太后與榮祿在向光緒帝和變法新政下毒手的問題上，也已完全溝通。於是，他們便進入發動政變的準備階段。榮祿密調聶士成的武毅軍進入天津；命董福祥的甘軍移駐北京城西南的長辛店，便是加緊準備政變的軍事部署。與此同時，他們又大肆渲染讓光緒帝到天津「閱兵」的氣氛[20]。至此「西后意定」[21]，決心要以發動政變來絞殺變法維新了。黑雲壓城，北京內外的形勢急劇緊張。

（二）挽救新政的日日夜夜

原在以西太后為首的頑固派加緊策畫絞殺變法的陰謀之前，康有為等維新派人士，鑑於西太后等蓄謀廢光緒帝的「天津閱兵期迫」，在籌議推進改革的同時，也在商討預防措施了。當時，康有為特別擔心的是，如光緒帝仍然不操兵權，「恐不及事」。為此，他連日擬摺，請光緒帝以「仿日本立參謀本部」的辦法，「選天下虎羆之士，不二心之臣於左右，上（光緒帝）親擐甲胄而統之」[22]。在康有為看來，光緒帝只要選中親信將領，似乎便可抓住兵權以備不測了。此外，康有為還擬請改以維新紀年「以新天下耳目」等。但在其中最為突出的一項，就是請光緒帝速抓兵權。為此，康有為等維新之士原想拉甘軍首領董福祥，但結果並不理想；又試圖打武毅軍首領聶士成的主意，又終以聶為「一武夫」亦不可靠。於是，他們認為只有袁世凱「擁兵權，可救上者，只此一人」[23]。從而，在康有為的主持下，首先由徐致靖於七月二十六日（九月十一日）呈摺，以「禦侮」為名請對袁世凱「破格特簡，隆其權位」[24]，予以召見重用。接著，譚嗣同又以密摺「請撫袁以備不測」[25]。就此，康有為等維新人士都力圖把袁世凱拉過來，以備在天津「閱兵」時「以兵衛」光緒帝[26]。無疑，這純為預防性的應急措施。不過在變法的緊要關頭，使光緒帝注意抓兵權的確意義重大。但康有為等擬定抓兵權的方式和挑選的依靠對象，顯然只不過是一廂情願而已。

對此奏請，光緒帝「皆然之」[27]，予以採納，並迅速在當日「電寄榮祿，著傳知袁世凱即行來京陛見」[28]。在此，光緒帝做出這一決策顯然具有很大的盲目性，同時他通過榮祿「傳知袁世凱」，固然既合乎程序或又有盡量減輕「驚動」的用意，但這又是一大失策。因為在對立的雙方正處於殊死搏鬥的前夕，如此做法，就等於向對手傳遞了自己也在行動的信息。不過，狡詐、陰險的袁世凱，得旨後卻在觀察動向，並未及時起程赴京。

到七月二十八日（九月十三日），當西太后已與榮祿串通，正決心要向光緒帝和變法新政下毒手之際，光緒帝仍在躊躇滿懷地準備開懋勤殿以便大舉新政。看來，這時的光緒帝尚不知西太后、榮祿已對變法張開了羅網。第二天（九月十四日），光緒帝到頤和園向西太后「問安」，並準備利用這一機會請示開懋勤殿事宜（或者還想趁便了解一些動向）。正是在他與西太后的對話中才發現，「太后神色迥異尋常，自知有變」29。因此，光緒帝對開懋勤殿的事沒敢談吐，就急忙準備採取應急對策了。在此後的幾天裡，光緒帝與維新派為挽救變法新政，便在半公開半隱密的狀態中，與以西太后為首的頑固派展開了殊死的激烈較量。

其實，光緒帝在此次到頤和園向西太后請安之前，從譚嗣同、徐致靖等推薦袁世凱的奏請中，似乎已覺察到面對的險情。無疑，這是他採納此議並立即傳令袁世凱進京以備召見的心態。不過，通過這次向西太后請安，卻進一步使光緒帝意識到事態的嚴重性，並加劇了危機感。於是，光緒帝在七月二十九日（九月十四日）發現西太后表現異常，便懷著頗為焦急的心情，在次日（九月十五日）返回清宮後，立即召見了楊銳，並讓其帶出兩件密詔。

其中，光緒帝在給康有為的密詔中說：

「朕惟時局艱難，非變法不足以救中國，非去守舊衰謬之大臣，而用通達英勇之士，不能變法。而皇太后不以為然，朕屢次幾諫，太后更怒。今朕位幾不保，汝康有為、楊銳、林旭、譚嗣同、劉光第等，可妥速密籌，設法相救，朕十分焦灼，不勝企望之至。」30

給楊銳的密詔內容是：

「近來朕仰窺皇太后聖意，不願將法盡變，並不欲將此輩老謬昏庸之大臣罷黜，而登用英勇通達之人，令其議政，以為恐失人心。雖經朕屢次降旨整飭，而並且有隨時幾諫之事。但聖（西太后）意堅定，終恐無濟於事。即如十九日之朱諭（即罷禮部六堂官之朱諭），皇太后已以為過重，故不得不徐留之，此近來實在為難之情形也。朕亦豈不知中國積弱不振，至於阽危，皆由此輩所誤，但必欲朕一早痛切降旨，將舊法盡變而盡黜此輩昏庸之人，則朕之權力，實有未足。果使如此，則朕位且不能保，何況其他？今朕問汝，可有何良策，俾舊法可以漸變，將老謬昏庸之大臣盡行罷黜，而登進英勇通達之人，令其議政。使中國轉危為安，化弱為強，而又不致有拂聖意。爾等與林旭、譚嗣同、劉光第及諸同志等妥速籌商，密繕封奏，由軍機大臣代遞，候朕熟思審處，再行辦理，朕實不勝緊急翹盼之至。」[31]

光緒帝在這兩份密詔裡，均傾吐了希望國家走向強盛的救國心願；表露了他與西太后在政治見解與對變法態度的主要分歧；也道出了其深切的苦衷和焦急心情。但從兩密詔的語氣和提出的要求來看，兩者卻截然不同。給康有為的密諭說得急切，主要是命康有為等「妥速密籌，設法相救」，發出了緊急求救的呼號。至於光緒帝的呼救要求，印證稍後他懇求樞臣「保全新政，朕死無憾」[32]的話看來，並非只是求救其本人。應當說，主要還是希望挽救變法新政。康有為在變法中的實際地位和作用及與其關係，光緒帝最為清楚，這不是楊銳等所能比擬的。當變法處於危難之際，他將挽救新政的重任寄望於康，當然是順理成章的事。但在給楊銳的密詔裡，口氣就較為緩和了，大部分內容具有解釋的意味。發出的要求，也只是讓楊銳等四卿，「籌商」既堅持緩和變法又不違背西太后意圖的良策，沒有提出求救的要求。而且光緒帝又在此密詔中指出，楊銳等籌議的對策，仍按通常的辦法由軍機大臣代遞封奏。因此從機密性來說，兩者也顯然有異。所以出現這種區別，可能與此前楊銳的表現已引起光緒帝的疑慮有關。據說，就在此次光緒帝召見楊銳向他述說情由時，楊銳竟推託說，「此陛下家事，當謀之宗室貴近，小臣懼操刀而自割也」，流露出畏懼的神情。於是光緒帝以斥責的口吻對之曰，「爾胡然」[33]，遂拿出手諭命其出。事實上也正如此，楊銳帶出密詔後，由於「震恐，不知所為計」[34]，猶豫了兩天多，才將予康的密詔轉給康有為。

在事態日益惡化之時，陷於束手無策之中的光緒帝，又按照徐致靖、譚嗣同等的建議準備召見袁世凱了。

袁世凱，的確是一個靠鑽營發跡的野心家。他在甲午中日戰爭剛一結束，通過活動李鴻藻、翁同龢等清廷大員，從胡燏棻手中挖來在天津小站的練兵權之後，便在原有的基礎上，於此仿照外國繼續練起新軍來了。到戊戌變法時，袁接練的新軍（即「新建陸軍」）已擁有相當實力。在變法之初，由於形勢尚不明朗，他又在觀風使舵、兩面三刀，大搞投機活動。在康有為、梁啟超成立強學會宣傳變法維新的時候，他見京朝士大夫等紛紛入會，自己也想迎合風頭以便撈取政治資本。從而，他寄給強學會五百金以示「贊助」。在變法新政推行以後，當其摸到西太后等權貴仇視變法時，他又「日短帝（光緒帝）於太后之前」[35]，向西太后獻諛。時到此刻，袁世凱接到光緒帝的召見令後，同樣懷著不可告人的企圖在七月二十九日（九月十四日）來到北京，住法華寺，準備接受召見。

八月初一日（九月十六日），光緒帝在頤和園的毓蘭堂接見了袁世凱。在這首次接見中，光緒帝只是對他做了一些試探性的詢問，沒談什麼實質性問題。可是袁世凱卻乘機奏云：「九月有巡幸大典，督臣榮祿飭臣督率修理操場，並先期商演陣圖，亟須回津料理，倘無垂詢事件，即請訓（返回天津——引者）。」[36]光緒帝與天津「閱兵」及其對榮祿的態度，袁世凱顯然並非無所覺察。可謂他說這些話，既有向光緒帝透露頑固派動向的企圖，從中討好的意思，也有要以此來探詢光緒帝意下的用心。但這時的光緒帝，可能認為還不便直接表露自己的意圖，遂以先給予禮遇的方式對其進一步試探。所以在接見後，光緒帝便立即頒諭宣布，以「袁世凱，辦事勤奮，校練認真」的名義，授予侍郎候補銜，命其「專辦練兵事務，所有應辦事宜，著隨時具奏」[37]。實際上，光緒帝這是按照康有為等的建議，採取的一種迫不得已的辦法，企圖把手握兵權的袁世凱拉到自己一邊來。當時，只是一個直隸按察使的袁世凱，其政治嗅覺卻甚為靈敏，他很快就察覺到了光緒帝的用意。因此，在其被召見和受到封賞之後，即對前來祝賀的人說：「以無寸功，受重賞，絕不為福」[38]，意識到可能要承擔風險。於是，袁世凱又馬不停蹄地走訪了剛毅、王文韶、裕祿等人，力圖和這些后黨的達官顯貴們拉上關係。對於袁世凱的這些心懷鬼胎的祕密活動，光緒帝當然並不了解。於是次日（九月十七日），再次以接受「謝恩」的方式召見了他。在第二次召見時，光緒帝就進一步對他說，「人人都說你練的兵、辦的學堂甚好，此後可與榮祿各辦各事」[39]。言下之意，就是光緒帝讓袁世凱在今後可以不受榮祿的節制，自行其是了。到此，光緒帝便點出了召見與重用袁世凱的意圖。當然，袁世凱更是心領神會。其實，他既不願為走投無路的光緒帝鋌而走險，更不會為變法新政而賣力。所以袁世凱在向光緒帝「謝恩」之後，又一頭扎進了西太后的砥柱之一、慶親王奕劻的官邸。當時，恰值天空濃雲密布大雨傾盆，正好襯托了他們的陰暗勾結。

光緒帝雖然對袁世凱給予了如此之重的賞賜和寄予了莫大的期望。可是直到這時，他連一點兒即使是口頭上的支持表示也未得到。光緒帝似乎茫然不知所措了。相形之下，西太后一夥策畫「政變」的活動已成路人皆知的事實。連日來，在天津榮祿的督署府和在北京頤和園門前，一些負有特殊使命的人川流不息，猶如鬧市。特別是有些頑固派官員又聯名上疏，要求光緒帝出面「請太后訓政」。在這種情況下，光緒帝遂「知事局已敗」40，不得不把希望寄於未來了。於是，光緒帝在第二次召見袁世凱的當天（九月十七日），一方面，他以公開頒諭的方式說：

「工部主事康有為，前命其督辦官報局，此時聞尚未出京，實堪詫異。朕深念時艱，思得通達時務之人，與商治法。聞康有為素日講求，是以召見一次，令其督辦官報。誠以報館為開民智之本，職任不為不重。現籌有的款，著康有為迅速前往上海，毋得遷延觀望。」41

另方面，光緒帝又召見了林旭，命其將一份親筆密諭傳給康有為。諭云：

「朕今命汝督辦官報，實有不得已之苦衷，非楮墨所能罄也。汝可迅速出外，不可遲延。汝一片忠愛熱腸，朕所深悉。其愛惜身體，善自調攝，將來更效馳驅，共建大業，朕有厚望焉。」42

一個明詔、一個密諭，說的是一件事。但前者是一派官樣文章，看來主要是說給他人聽的。後者可謂語重心長，既對康有為表露了深切的關懷，又對他寄予了無限的期望。如對任命康有為督辦官報一事，在明詔中說的是理應如此，但在密諭裡卻談「實有不得已之苦衷」，表露的心情截然不同。種種情況表明，在密諭裡說的話，可謂是光緒帝的肺腑之言。光緒帝為了使康有為迅速地離開北京，既送給密諭又發出這樣的明詔。其用意，顯然是給康有為的離京造成正常赴任的樣子，避免引起頑固派的懷疑，有利於他的行動。至於光緒帝為何讓康有為迅速離京？後來，康有為在西太后發動政變前夕出逃到香港時，他在與外國報界發表談話時說，「皇上命我出外覓人保護君國」，並有「英為天下最公道之邦」云云。同時他並未諱言，說這是其「意欲親近英國」[43]之言，非為光緒帝的原意。如前所說，在此之前光緒帝給康有為的第一道密詔，其主要目的是鑑於「朕位幾不保」，命康有為「設法相救」，挽救變法新政。但此密諭，卻是催促康有為迅速出京。顯而易見，這前後兩個密諭，實際是反映了程度不同的嚴重事態和光緒帝的思想變化。可以認為，光緒帝寫第二道密諭時的思想狀態，是在看到「事局已敗」，意識到此次變法大勢已去，並將主要著眼點放在未來上面了。希望以後有朝一日，再重建維新「大業」。所以這第二份密諭，也不完全是消極思想的產物。應當說，光緒帝到這時命康有為盡快離開危險的北京，其首要的用意是為了保存維新派實力，以備讓康在「將來更效馳驅」。在這裡，既集中地體現了光緒帝的政治抱負，也反映了他與康有為的關係具有較為牢固的思想基礎。

林旭在得到光緒帝的這個親筆密諭之後，立即來到康有為的住處。但因康外出，故未及時送到。

幾天來，新、舊勢力雙方：一邊在向光緒帝、維新派及變法新政步步收攏絞索；另一邊，仍在千方百計地挽救變法新政。他們之間的鬥爭，已達到白熱化的程度。

八月初三日（九月十八日），光緒帝先後通過楊銳和林旭帶出的密諭，康有為同時看到後悲憤不已。他立即擬摺，表示「誓死救皇上」和告知光緒帝將於近日「起程出京」。遂即康有為在委託林旭代遞此摺之後，又將梁啟超、譚嗣同、康廣仁等召來「經畫救上之策」。這些軟弱無力的維新人士，面對急劇嚴峻的事態都「哭不成聲」[44]，當即均陷入了手忙腳亂的地步。在這時，早已看到「今日中國能鬧到新舊兩黨流血遍地，方有復興之望」[45]的譚嗣同，態度堅毅，豪氣凜然。在他的鼓動下，議定了一個策動袁世凱「殺榮祿，除舊黨」的對策[46]。榮祿，既是西太后的頭號親信，又是手握軍政大權的實力派頑固官僚的中堅。剛毅、懷塔布、許應騤等守舊大臣（懷、許雖已被革職），均仍是變法維新的嚴重障礙。正是這些人，又成為西太后策畫政變絞殺變法的主力。顯然除掉他們，對於粉碎頑固派的陰謀計畫，解救光緒帝和挽救變法新政，都是不無作用的。但是，維新派人士卻把實現這一重大決定的希望，完全壓在了陰險的袁世凱身上，這又暴露了他們自身的虛弱性。

當時，以康有為為首的資產階級維新派議定的這一對策，固然只是一種鋌而走險的行動，然而就是持反對態度的王照，也拿不出妙方良策。於是，他們為了營救光緒帝和挽救變法新政，譚嗣同帶著大家的重託，於當日（九月十八日）夜密訪了袁世凱。在他們的密談中，譚嗣同用盡一切辦法進行鼓動和說勸，但袁世凱總是躲躲閃閃不作正面回答。最後，譚嗣同在無奈之下，只要求袁世凱做到「誅榮某（榮祿）、圍頤和園」[47]兩項。並說：「今日之事如不諾，則以手槍擊公（袁世凱——引者）後，我亦自盡。」[48]至此，當譚嗣同要與他以死相對時，袁世凱才不得不表示：「殺榮祿乃一狗耳。然吾營官皆舊人，槍彈火藥皆在榮祿處，且小站去京二百餘里，隔於鐵路，慮不達事洩，若天津閱兵時，上馳入吾營，則可以上命誅賊臣也。」[49]就這樣，維新派人士經過苦心籌畫，拿出來的這一最後之「絕招」，也只是得到了這麼個模稜兩可的口頭許諾。當譚嗣同歸來，康有為、梁啟超等得知夜訪袁世凱的情況後，他們也已意識到「袁不能舉兵」[50]。在這無情的事實面前，這些維新之士便完全陷入了無能為力的困境。康有為不得不準備盡快出京了。

挽救變法新政的努力，已到了山窮水盡的地步。

政變

（一）西太后的陰謀得逞

當維新派為營救光緒帝和挽救變法新政已走進死胡同的時候，以西太后為首的頑固派，卻憑藉著封建政權的力量，把絞殺變法改革的鎖鏈拉緊了。

原於八月初二日（九月十七日），榮祿在做好了發動政變的軍事部署之後，便「嗾楊崇伊，請太后復出聽政」[51]。這個慣於渾水摸魚的楊崇伊，「揣知太后意」之後，便在榮祿的指使下，串通老資格的后黨骨幹人物慶親王奕劻，將「請太后再臨朝」的密疏「轉達頤和園（西太后——引者）」[52]。在此之際，連西太后的心腹太監總管李蓮英，也出來「跪請西后訓政」[53]，就這樣，西太后的親信、爪牙們，又在為她重新出來「訓政」加緊做輿論等方面的準備。恰在這時，榮祿對光緒帝召見和封賞袁世凱越發不安。因此，還摸不底細的榮祿，為了牽制袁世凱並為發動政變散布煙幕，於八月初三日（九月十八日）在繼續製造各國兵艦開到大沽口的緊張空氣的同時，又通過電報和派出專人赴京敦促袁世凱迅速「回防」[54]。但袁世凱在當時因有自己的打算，故藉口等待「請訓奉旨」[55]未及時回津。所以在頑固派加緊準備發動政變的緊要時刻，由於榮祿等作賊心虛，又圍繞袁世凱加入了這麼一個小小的插曲。但總的來說，到這時西太后發動政變的準備已基本就緒，她可以隨時動手了。

正當西太后按其預謀待機向光緒帝、維新派大下毒手的時候，她得知了尤為使其疑懼的、光緒帝將接見伊藤博文的新動向。

直到西太后發動政變後的幾天裡，在日本駐華代理公使林權助致其本國外相的電報中還說：「皇帝陛下（即光緒帝——引者）及康派之意圖雖尚不清，但無疑將對滿洲派不利。」[56]他仍然認為，中國圍繞變法維新所展開的搏鬥，只是清朝內部派別的衝突。事實說明，帝國主義列強都不願看到一個獨立富強的中國出現[57]。因此，它們為了維護自己的侵略權益，對中國政局的任何變化都十分敏感。早在變法運動剛剛興起之際，具有政治企圖的英國傳教士李提摩太，就千方百計地企圖打進中國的變法中來，以便加以操縱。由於他具有一定的迷惑力，曾使一心要學習外國的康有為和意欲奮起圖強的翁同龢，甚至光緒帝，都對其產生過幻想。甲午中日戰後，日本帝國主義更是野心勃勃地要把中國納入它的勢力圈裡，對中國懷有突出的「興趣」。在變法運動進入高潮時，日本軍政界不僅利用其駐華公使館密切監視中國的變法動向，還派出負有特殊使命的人到中國活動。正是在如此的背景之下，在變法維新的末期，下野不久的日本前首相伊藤博文，便以所謂「私人遊歷」的身分，打著「與中國政府共籌東亞安全之策」[58]的幌子來到中國。伊藤博文於七月二十六日（九月十一日）到天津；七月二十九日（九月十四日）進入北京。當時，正是新、舊力量進行最後較量的緊張時刻。

伊藤博文參與過日本明治維新，他到中國後，確也以「維新名臣」自居，到處對維新改革發表議論。他還表示，對中國正在進行的改革「甚為欣幸」[59]，把自己裝扮成「支持」和「同情」中國變法改革的模樣。歷史的複雜性就是這樣地呈現在人們的面前：伊藤博文，本是在甲午中日戰爭中侵略和掠奪中國的禍首，但到這時，在力圖仿照外國革新祖國的一些中國人眼裡，他竟然又成了一個頗有吸引力的人物。自從其進入中國以來，有些清政府的官員，亦紛紛「奏請皇上留伊藤在北京用為顧問官，優以禮貌，厚其餼廩」[60]。在伊藤博文到達北京的當天，宗人府主事陳懋鼎，又奏請光緒帝「召見日本伊藤博文以顯敬賢睦鄰之實意」[61]。甚至有的人還在奏摺中提出：「我即效彼圖自強，不妨消釋前嫌，共保同種。」[62]這種情形的出現，既體現了當時一些中國人希望學習外國圖強的急迫心情；也反映了他們在認識上的歷史局限。

當時，已處於山窮水盡之中的光緒帝和康有為等維新派人士，在這個突然到來的「不速之客」伊藤博文身上，似乎又看到了一線希望之光。就在伊藤博文到達北京後的第三天（九月十六日），康有為即到日本公使館訪見，請他勸說西太后「回心轉意」[63]，企圖請求伊藤博文來幫助挽救變法危局。緊接著於次日（九月十七日）夜，張蔭桓通過在其宅邸宴請伊藤博文，議定於八月初五日（九月二十日）伊藤「入覲」光緒帝。顯然，張蔭桓出面與伊藤博文做出的這一決定，也體現了光緒帝的意圖。

幾天來，光緒帝或是又為了解頑固派方面的新動向，到頤和園向太后「問安」的次數也較前頻繁了。在八月初三日（九月十八日）光緒帝從頤和園返回紫禁城之前，西太后已告訴他預定在八月初六日（九月二十一日）回宮。所以，光緒帝回到清宮後便「代傳懿旨」，準備到時迎接皇太后。可能就在光緒帝離開頤和園之後，西太后得到了光緒帝在八月初五日（九月二十日）接見伊藤博文的消息。從而她大生其疑，認為光緒帝要「勾外國謀我」[64]。於是，西太后為了「監視皇上見伊藤」[65]，或有另外的企圖，她便提前於八月初四日（九月十九日）連夜返回清宮[66]。據日本駐華使館說，西太后回到清宮時，榮祿也「於同日化裝潛回北京」[67]。榮祿在這時突然來京，顯然不是與西太后還宮的巧合。伴隨榮祿的到來，又是十營聶士成的武毅軍開進京城。

西太后臨時改變原定主意，匆忙在夜間返回清宮意味著什麼？看來光緒帝的心裡是有數的。所以他在這時對樞臣說：「朕不自惜，死生聽天，汝等肯激發天良，顧全祖宗基業，保全新政，朕死無憾。」[68]光緒帝說這一席話時的心境很明顯，這就是：一方面，他意識到自己已處於危境；另方面，仍在想盡一切可能力爭使變法新政得以保存。而且光緒帝為了保全變法新政，寧肯把個人的生死置於一邊。可見，這與他在此前給康有為的第二道密諭表露的心情是一致的。然而，他想「激發」那些頑臣出來維護變法新政，同樣也只不過是一種幻想罷了。

西太后回宮與榮祿的到京，似有欲採取重大舉動的架式。不過，西太后明白，如立即公開地向一國之君大動其手，可能引起「各國環集」。於是，他們確在「不動聲色」[69]之中向光緒帝下手了。首先，在清廷內部以「上（光緒帝）病」為名對其監控起來[70]。此外，西太后或是出於同樣的考慮，她為避免產生突然的震動，尤其是已預定光緒帝接見伊藤博文的事，既關係著兩國關係，又已在京城傳開；至於最後召見袁世凱，也在預定之中。對這兩件事，西太后還未便予以強行制止。

既然處於如此狀態，光緒帝也只得在西太后的監控下，仍然屆時接見伊藤博文和最後一次召見袁世凱了。

在西太后回宮的第二天，即八月初五日（九月二十日），光緒帝便按預先的安排於勤政殿接見了伊藤博文。原來，光緒帝準備在這次接見時，與伊藤博文進行一次詳談，深入地了解一下日本明治維新的情況，並擬給予較優厚的禮遇。但時到此刻，自己已身不由己，並在接見時西太后就坐在簾後監聽。在這種異常的情況和氣氛之中，對光緒帝來說，這一接見也只能變成一種過場了。雖然如此，也可以從中窺見一些當時光緒帝的心情與意向。光緒皇帝（簡稱帝）與伊藤博文（簡稱伊）的對話情況如下：

當伊等進入勤政殿之後，帝一一賜坐。

伊：「外臣此次來華，係私自遊歷，非因公事，茲蒙陛下召見，深荷隆恩，不勝榮幸。陛下近日變法自強，力圖振作，將來中國富強之業可立而待，外臣不勝欽佩，此實東方盛事，外臣歸國述與敝國皇帝知之，當必異常歡悅，願陛下永保盛業長享景福。」

帝：「久聞貴侯大名，今得晤語，實為萬幸。」

伊：「敬謝陛下褒辭。」

帝：「貴侯於何日起程？」

伊：「於一月前就道，曾在朝鮮句留旬餘。」

帝：「一路平安否？」

伊：「蒙陛下福庇，一路平安。」

帝：「貴侯起程時，貴國大皇帝想必玉體康健？」

伊：「陛辭時，敝國皇帝甚為康健。」

帝：「貴國自維新後，庶績咸熙皆出自貴侯手定，各國無不景仰，無不讚美，朕亦時佩於心。」

伊：「承陛下虛譽，外臣何以克當，敝國政務皆由朝廷擘畫，外臣惟靖供職守，為所當為如是而已，今蒙過譽，益用歉懷。」

是時，上（光緒帝）與侍立之某大臣耳語移時，又問曰：「貴國與敝國同洲，相距較近，我中國近日正當維新之時，貴侯曾手創大業，必知其中利弊，請為朕詳晰言之，並祈與總署王大臣會晤時，將何者當興，何者當革，筆之於書，以備觀覽。」

伊：「敬遵寵命，他日猥承總署王大臣下問，外臣當竭其所知以告。」

帝：「但願嗣後兩國友誼從此益敦。」

伊：「比來兩國人民交涉日益加密，故邦交必能因之愈固。」

帝：「貴侯擬在中國盤桓幾時？」

伊：「原擬句留兩禮拜之時，據目下意見，尚須多留七八日。」

帝：「先時貴侯至中國係在何年？」

伊：「十四年前初詣京師，嗣後曾至上海及南省各處。」

帝：「現擬再往何處？」

伊：「現擬至上海一行，再往長江遊歷。」

帝：「朕願貴侯一路平安。」

伊：「敬謝陛下厚恩。」71

在光緒帝與伊藤博文的對話中，光緒帝說的大部分內容多是寒暄之詞。如說其要者只有兩點：一是要求伊藤博文對中國的維新改革提出意見以備參考；二是表示希望發展中、日兩國友誼。從當時光緒帝的狀況來看，如前所述，一方面他已看到西太后等就要對這場維新改革下毒手了，個人以及維新人士都陷於險境；另方面他對變法維新的志向並未動搖。由此可以認為，光緒帝接見伊藤博文，是基於對維新改革仍懷著堅定信念和對伊藤博文產生幻想的結果。在對話當中，伊藤博文表示願意協助變法和希望中國「富強」云云，只不過是要把中國納入其所謂的「東亞安全」範圍的政治圈套。從中國方面來說，要學習外國，就必然要與外國打交道。但是不排除侵略，也就無從談起中日友誼。光緒帝希望發展中日「友誼」，顯然是包括兩層涵義：一是想通過伊藤博文建立中日之間的聯繫；另是幻想從日本方面得到一些幫助。不過，他想借助外力，卻不是為其個人尋求出路，更不是乞媚於外國。他的主要目的，正如參加接見的人所說，「觀皇上之問，可知維新之意無時或去諸懷」[72]，還是為了維護當下的變法新政和準備將來重建維新「大業」。在當時特定的歷史條件下，作為光緒皇帝來說，對通過維新迅速強盛起來的日本產生一定的幻想，是可以理解的。

光緒帝在接見伊藤博文的當天（九月二十日），又按預先的決定第三次召見了袁世凱。因為在這次召見時，新、舊勢力的鬥爭結局已趨明朗。所以，已經看出政局趨向的袁世凱在說了些離間光緒帝和維新派的話以後，光緒帝「無答諭」[73]，只是授予袁世凱一道「於天津閱兵時，倘有他變，命以兵衛聖躬」的密諭[74]，即令其退下。

就在光緒帝接見伊藤博文和袁世凱的時候，隨著大批武毅軍的到來，已使京城轟動，人心惶惶，政變的烏雲已經覆蓋了北京城。在這種情況下，康有為為了營救光緒帝，又走訪了李提摩太，想通過他能得到英、美駐華使節的支援。但在當時這些侵略者均「各懷二心」[75]，都已先後離開了北京，使康有為所做的最後努力又化為泡影。鑑於大勢已去，康有為就在當天（九月二十日），懷著沉重的心情離京出走了。隨後，梁啟超也在日人的「護送」下逃出京師。

時到此刻，陰險狡猾的袁世凱，既看透了新舊勢力鬥爭的結局，又摸到了維新派的底細。這在他看來，似乎又到了「立功」的絕好時機。於是，袁世凱在這次被召見之後，便於當日立即乘火車趕回天津，接著他就把在北京得到的「詳細情形備述」給榮祿[76]。隨即，榮祿連夜赴京，又將光緒帝給袁世凱的密諭和譚嗣同要圍頤和園等情況，迅速地轉告給西太后[77]。

到這時，榮祿的「祕密」情報，從總體形勢來說，對西太后已沒有多大的實際價值了。然而，這卻是她迫切需要的。西太后正是以此為口實，於八月初六日（九月二十一日）晨，趁光緒帝「入中和殿，閱禮部擬祀社稷壇秋祭文[78]，甫出殿，即有侍衛太監及榮祿之兵一隊，稱奉太后命，引帝入西苑內之瀛台」[79]。從此，光緒帝被囚於瀛台涵元殿，完全失去了行動自由。緊接著，西太后便按照事先與榮祿等頑固派官僚的謀畫，於當日，即以光緒帝的名義頒諭宣布，自「今日（八月初六日——引者）始」，仍然由西太后「訓政」[80]。從而，終止了光緒帝的「親政」。到此，西太后發動的戊戌政變終於展開。「訓政」後的西太后以所謂「結黨營私，莠言亂政」的罪名，將維新派領袖工部主事康有為「革職」；命步軍統領衙門捉拿維新派志士，康有為之弟康廣仁「交刑部，按律治罪」[81]。同日，還降諭對維新官員宋伯魯羅織罪名，宣布將其革職「永不敘用」[82]。實際上，這就等於宣布變法維新為非法。到此，光緒帝推行的變法新政，只進行了一百零三天，在其處於步步深入的關鍵時刻，便被以西太后為首的封建頑固派絞殺了。

（二）不可泯滅的業績

光緒帝推行的變法新政，在近代中國史上猶如曇花一現，僅僅推行了一百零三天，便被以西太后為首的封建頑固派扼殺了。然而，光緒帝在此之間所開創的歷史業績，卻是不可磨滅的。並且，從中提供給人們值得深思的歷史課題，也是頗為豐富而深刻的。

甲午中日戰爭後，在國家災難與民族危機均空前深重的刺激下，已在戰爭中蒙受了巨大恥辱的光緒帝，遂即產生了圖強雪恥的念頭。隨後，在舉朝上下興起的圖存熱潮的促進下，經康有為的推動和影響，他的思想進而發生了日益深刻的變化。從光緒帝在戰後的思想和政治態度演變趨向及其行動軌跡來看，他的確順應了救亡圖存、改變中國落後地位的時代要求，把康有為等宣傳、組織和發動的變法維新運動付諸實踐，並試圖通過己手在近代中國史上繪製一幅較為全面、系統的近代化圖案；後在尖銳、激烈的革新與反革新的鬥爭過程中，光緒帝又以自己的實際行動表明，他堅定地站在了資產階級維新派一邊，並始終沿著維新派的指向和時代趨勢不斷地向前推進。他在清廷政壇上的主要活動，是與戊戌維新相始終的。因此，光緒帝也就當之無愧地成為這場變法改革的實際推行者和「百日維新」的公開領導者。從這個特定的意義上來說，也可謂沒有光緒皇帝，也就無從談起「戊戌變法」。

以「百日維新」為高潮的戊戌變法運動，成為近代中國人民逐漸覺醒過程中的一個不可缺少的重要環節，在近代中國復興史的長河中占有其應有的歷史地位。顯然，這也與光緒帝在其中的重要作為分不開的。孫中山先生後來曾說，戊戌維新後「革命運動之得到大步邁進，還得感謝光緒皇帝。在他未被慈禧太后幽禁以前，曾准許千百年輕人離開中國，旅行世界，觀摩歐洲風俗習尚，學習其文物制度，這些十九感染了革命思想，……當他們回國以後，很快就發生全國性的影響力」[83]。在這裡，孫中山先生早已明確地肯定了光緒帝變法改革所具有的深遠意義。

愛國主義作為中華民族在漫長的歷史中形成的「一種偉大的凝聚力和向心力」，往往是超階級超時空的。光緒帝在改革的征途中所表現出來的那種堅定性，固然有各種因素，但歸根結柢還是源於對祖國的「向心力」。維新派，當然並非以其成員的個人出身而言的。如果說，它是在甲午中日戰後特定的歷史條件下形成的，以仿照西方資本主義強國來革新中國、進而挽救民族危機為目標的一個鬆散的政治派別——反映了新興資產階級和一切愛國者的要求。那麼對於實際推行並公開領導這一革新運動的光緒帝，說他是一個維新皇帝理所當然。近代改良思想家容閎曾預言，後人對光緒帝「必將許其為愛國之君，且為愛國之維新黨」[84]，不能認為這是毫無道理的。

一個皇帝怎能與資產階級代表人物結合在一起呢？實際上，這並不是歷史的誤會，而是有其時代的必然性。光緒帝起來變法改革的十九世紀末葉，世界上的一些主要資本主義國家，其經濟和國力均得到更大的發展與增強。就當時的中國來說，一方面半殖民地地位越發深化，而且面臨被帝國主義瓜分的嚴重威脅；另方面，中國自身不僅已經有了資本主義的經濟成分，而且階級關係也進一步發生了新變化，中國已不是大一統的時代了。但從總的形勢來說，中外比較，先進與落後、國力的強與弱越發突出了。對比的鮮明和時代的變異，也使人們（除了頑固分子之外）的思想不會繼續固定在舊有的框子裡了。當光緒帝宣布推行變法新政以後，御史宋伯魯也上奏指出，在當時要變法自強，必須「曉然於天道之變，古今之殊」。他認為，「中國之在大地為數十國中之一國，非復漢、唐、宋、明大一統之時，其為治，當用諸國並立流通比較之法，不能用分毫一統閉關臥治之舊」[85]。一個支持變法的清政府愛國官員亦認識到，在當時要治理國家，必須看到時代的變化、順應世界潮流。光緒帝原在宣布變法的《明定國是詔》裡即強調指出，「五帝三王，不相沿襲，譬之冬裘夏葛，勢不兩存」，肯定應因時而變。所以他在推行變法新政期間，便把仿照西方強國放在了突出的位置上。而且在向西方學習方面，光緒帝堅定地邁出了較大步伐。顯然，這並非出於感情的衝動與好奇，而是體現了時代的制約。無疑，光緒帝與以康有為為首的維新派結合起來，也是時代所促成的。事實上，為了挽救或復興自己的祖國，不同階層的人走到一起，在中外歷史上亦不乏其例。

然而，光緒帝終究未能成為一個真正的封建王朝的叛逆者。他痛恨那些「老謬昏庸」的守舊官僚群，義無反顧地堅持走變法維新之路。在改革中，光緒帝對頑固守舊勢力進行了堅決、無情地反擊；並乘勢大力鼓勵天下臣民上書言事，採取了一系列具有一定民主色彩的開放性舉措，充分體現了其所具有的開明性。但是，他卻始終沒有與封建頑固勢力的總根子西太后徹底決裂的勇氣。直到變法末期，當光緒帝意識到西太后等已把繩索套在自己的脖子上了，可是，他還在極力尋求既堅持變法又「不致有拂聖意」的所謂「良策」。從中反映了光緒帝在政治上的矛盾性，表明他仍然處於由舊到新的轉化過程中。

原來，亦受到西方列強侵略的日本，通過一八六八年開始的明治維新走上了資本主義發展道路，國勢日強。但三十年後，以日本明治維新為榜樣的中國戊戌變法卻失敗了，使中國失去了一次走向近代化道路的時機，確實發人深思。

中國和日本這兩次相類似的維新所以出現了不同的結果，除了兩者具有不同的內外背景等因素之外，也有其深刻的社會根源。

日本，如果從七世紀中葉的大化改革開始過渡到封建社會時計起，到一八六八年的明治維新，也有一千二百多年的封建社會史。但是，日本封建社會的結構，直到明治維新前，基本是封建領主制。其天皇主要是「封建領主權力的宗教權威」[86]，作為「全國最高的精神上的統治象徵」[87]。所以日本封建化的突出表現是在宗教方面。因此，趨向改革的一些「藩國」（尤其是西南部的強藩），通過十九世紀五〇到六〇年代上半期的「搗幕」運動，推翻德川幕府，建立了以改革派武士為主的中央政府。之後他們就比較容易通過天皇推行改革。

中國的封建時代，長於日本將近一倍。因此，「皇權至上」的專制政體、經濟（既分散又統一的小農經濟）結構和為其服務的封建思想，都發展得極為牢固。固然，在我國漫長的封建時代曾創造出大量著稱於世的古代文明，但另方面，「由於長期封建社會的影響和千百年來小農經濟的局限，使得保守的惰性相沿成習」[88]，這也是十分突出的。

甲午中日戰爭後，在中國的朝野內外，確實湧現了一批要求仿照西方強國來革新祖國的人；在推行變法新政期間，光緒帝又力求通過廣設學堂和鼓勵出國遊學等各種途徑，來培養「通達時務」的新式人才。然而，在守舊「惰性」的集中體現者和「皇權」的實際代表者西太后，及以她為首的封建頑固勢力的竭力阻撓、壓制之下，使這支革新力量始終沒有成長起來，並在最後被扼殺了。對此，一些熱心於變法維新的人，後來出自其親身的感受亦不得不痛苦地承認，「中華守舊者阻力過大，積成痿痹，商之不理，嚇之不動」[89]。為此而使他們抱以終天之恨。因此，僅以中國資本主義發展的程度低和資產階級力量弱等，來說明戊戌維新的失敗是不夠的。

光緒帝在改革過程中出現曲折，與這場維新夭折一樣，除了說明他和維新派自身具有種種弱點及局限之外，更主要的是體現了一場歷史的悲劇。通過維新運動的興衰，深刻地揭示了在帝國主義控制下的近代中國，守舊勢力尤其盤根錯節，如若進行任何改革，其道路亦不會是平坦的。

因此，光緒帝與維新派人士，在戊戌變法中建立的業績不可泯滅；從這次變法夭折中給我們留下的深刻教訓，也是十分可貴的。

註釋

1 胡思敬《戊戌履霜錄》，《戊戌變法資料》(一)，第三六八頁。

2 胡思敬《戊戌履霜錄》，《戊戌變法資料》(一)，第三六九頁。

3 陳夔龍《夢蕉亭雜記》，第一卷，第一六頁。

4 印鸞章《清鑑綱目》，第八三六頁。

5 《德宗實錄》，第四二五卷，第五七二頁。

6 沃丘仲子《近代名人小傳》，第一三九頁。

7、16、19 蘇繼祖《清廷戊戌朝變記》，《戊戌變法資料》(一)，第三四一頁。

8 梁啟超《書十二月二十四日偽上諭後》，《戊戌變法資料》(三)，第三八頁。

9 《德宗實錄》，第四一三卷，第四〇五頁。

10 轉引自湯志鈞《戊戌變法人物傳稿》，下冊，第二一三頁。

11 朱壽朋編《光緒朝東華續錄》，第一四七卷，第五頁。

12、25、53 康有為《康南海自編年譜》，第六六頁。

13、52 惲毓鼎《崇陵傳信錄》，《戊戌變法資料》(一)，第四七六頁。

14 〔英〕濮蘭德、白克浩司《慈禧外紀》，第一四〇頁。

15、33 胡思敬《戊戌履霜錄》，《戊戌變法資料》(一)，第三七七頁。

17 蘇繼祖《清廷戊戌朝變記》，《戊戌變法資料》(一)，第三三九頁。

18 陳夔龍《夢蕉亭雜記》，第二卷，第一五頁。

20 預定在當年秋讓光緒帝「陪同」西太后到天津「閱操」(即「閱兵」)一事，除康有為、梁啟超等均有記述之外，也已載入《德宗實錄》，看來確有此議。就狡詐陰險的西太后來說，必要時把光緒帝調出北京，在她的心腹榮祿控制的地盤，「以兵力」廢掉光緒帝並非毫無可能。再說，當時榮祿大舉向天津增兵，也不是無所用心的。

21、34、44、49、50 康有為《康南海自編年譜》，第六七頁。

22、23、27 康有為《康南海自編年譜》，第六五頁。

24 國家檔案局明清檔案館《戊戌變法檔案史料》，第一六四頁。

26、32、64、65、68 蘇繼祖《清廷戊戌朝變記》，《戊戌變法資料》(一)，第三四五頁。

28《德宗實錄》，第四二五卷，第五七九頁。

29 蘇繼祖《清廷戊戌朝變記》，《戊戌變法資料》(一)，第三四三頁。

30《戊戌變法資料》(二)，第九二頁。另在蘇繼祖的《清廷戊戌朝變記》中，亦載有此密詔的全文。但個別用字，卻與前者略有不同（見《戊戌變法資料》(一)，第三四三頁）。關於此密詔（包括給楊銳的密詔）帶出的時間，有者謂七月二十八日（九月十三日），多數資料稱七月二十九日（九月十四日）。但《邸報》載，光緒帝召見楊銳是在七月三十日（九月十五日），並參照有關情況，筆者採用是說。另外，近些年來，有的同仁對此密詔的真實性又提出質疑，認為是康有為逃往日本後偽造的。在此，僅就此說的由來略作考查。這是當時逃亡日本的王照，與康在政見上的分歧激化時，說帝給康有為的密詔是「康所偽作」。但同時他又確認，「朕位今將不保，爾等速為計畫，保全朕躬，勿違太后之意」，確是光緒帝發出密詔時的「實在情形」（王照《關於戊戌政變之新史料》，《戊戌變法資料》(四)，第三三二頁）。然而，明確說出帝位已「不保」和提出設法「保全朕躬」之意，恰是予康密詔的要點。在同時給楊銳的密詔中，對此兩點竟含糊其詞，實際並未明確提出。可見王照之說，本身即自相矛盾。因此，如說給康之密詔是「偽詔」，尚需確證。

31《戊戌變法資料》(二)，第九一－九二頁。

35 佚名《袁世凱》，《戊戌變法資料》(四)，第一〇二頁。

36、38、39 袁世凱《戊戌日記》，《戊戌變法資料》(一)，第五四九頁。

37《德宗實錄》，第四二六卷，第五九一頁。

40 蘇繼祖《清廷戊戌朝變記》，《戊戌變法資料》(一)，第三四四頁。

41《德宗實錄》，第四二六卷，第五九二頁。

42《戊戌變法資料》(二)，第九七頁。

43 梅影《戊戌政變珍聞》，《人文月刊》，第七卷，第十期，第六頁。

45 譚嗣同《致歐陽中鵠書》，《戊戌變法資料》(二)，第五六七頁。

46 康有為《康南海自編年譜》，第六七頁。關於當時維新派議定的應急對策，在英人濮蘭德、白克浩司的《慈禧外紀》中說得比較具體。其中說：「定義殺榮祿於天津督署內，既殺之後，即調新軍（袁世凱的新建陸軍——引者）一萬人星夜入都，圍頤和園，同時拿剛毅、裕祿、懷塔布、許應騤諸人入刑部監獄。」」（《慈禧外紀》，第一四三頁）這裡未說對西太后的處置。康有為原在九月十四日與畢永年密談時似有「廢后」之念，但隨後已放棄。在胡思敬的《戊戌履霜錄》裡記載了康、譚計議時的情況。當時譚嗣同主張：「招袁世凱入黨，用所部新建陸軍，圍頤和園，以兵劫太后，遂錮之。」康有為說：「母后固若是其可劫耶？」認為「劫」西太后不妥。於是譚嗣同又說「此兵諫也」（《戊戌變法資料》(一)，第三七七頁）。另在譚嗣同密訪袁世凱時，曾道出要「圍頤和園除老朽」的意圖（袁世凱《戊戌日記》，《戊戌變法資料》(一)，第五五三頁）。顯然，這是譚的個人主張。再參照其他材料說明，當時譚嗣同的思想比較激進，他確有圍頤和園劫西太后的想法。但康有為等卻對此持保留態度。不過在「殺榮祿除舊黨」的問題上，除王照等個別人表示反對外，在維新派人士當中基本是一致的。

47 袁世凱《戊戌日記》，《戊戌變法資料》(一)，第五五一頁。

48 張一麐《新太平室集》，第八卷，第二五頁。

51 李希聖《庚子國變記》，《義和團》(一)，第一一頁。

54 蘇繼祖《清廷戊戌朝變記》，《戊戌變法資料》(一)，第三四五頁。並參見袁世凱的《戊戌日記》，《戊戌變法資料》(一)，第五四九-五五〇頁。

55 袁世凱《戊戌日記》，《戊戌變法資料》(一)，第五五〇頁。

56 日本外務省編《日本外交文書》，第三一卷，第一冊，第六七三頁。

57 參見〔美〕泰勒・丹涅特《美國人在東亞》，第五五二頁。

58 轉引自湯志鈞《戊戌變法人物傳稿》，下冊，第二八七頁。

59 《戊戌變法資料》(三)，第四一〇頁。

60 《戊戌變法資料》(三)，第四〇七頁。

61 王芸生《六十年來中國與日本》，第三卷，第二二四頁。

62 國家檔案局明清檔案館《戊戌變法檔案史料》，第一一三頁。

63 湯志鈞《戊戌變法人物傳稿》，下冊，第二八八頁。

66 通常論者，均認為西太后是於九月二十一日（八月初六日）從頤和園返回清宮發動政變的。近年來，孔祥吉等同志亦對此提出新見。由於西太后返回清宮的時間與何時發生戊戌政變緊密相關，所以深明此問題頗有必要。其實，在《起居注冊》（中國第一歷史檔案館藏）光緒二十四年八月初四日條中有明確記載：「上（光緒帝）詣瀛秀園（即清宮西苑）門跪接……皇太后還儀鑾殿。」另在《德宗實錄》第四二六卷第五九五頁中也記云：光緒二十四年八月乙酉（初四日），「上詣瀛秀門外，跪接……皇太后還西苑駐蹕」，在《光緒朝東華續錄》第一四八卷第三頁裡亦載：八月「乙酉（初四日），上詣瀛秀園門恭迎……皇太后還宮」。在這些清朝檔案與官書中，均已一致證實，西太后於光緒二十四年八月初四日（一八九八年九月十九日），已從頤和園回到清宮。

67 日本外務省編《日本外交文書》，第三一卷，第一冊，第六七三頁。另據當日的天津報紙透露，原定「榮祿初六日驗看兵輪，忽傳諭改期」（《戊戌變法資料》(一)，第三四五頁）。榮祿在天津的活動計畫突然改變，或與他臨時祕密進京有關。

69 國家檔案局明清檔案館《戊戌變法檔案史料》，第四八〇頁。

70 據久任起居注官的惲毓鼎記述，西太后回到清宮後，即「召上怒詰曰：『我撫養汝二十餘年，乃聽小人（指康有為——引者）之言謀我乎？』上戰慄不發一語，良久囁嚅曰：『我無此意。』太后唾之曰：『癡兒，今日無我，明日安有汝乎？』遂傳懿旨，以上病不能理萬幾為辭，臨朝訓政」（惲毓鼎《崇陵傳信錄》，《戊戌變法資料》(一)，第四七六頁）。另在費行簡的《慈禧傳信錄》裡亦云，當西太后在八月四日「突然」還宮訓斥光緒帝之後，即「遷帝慈寧左偏，令幹奄十六人輪番守之」（《戊戌變法資料》(一)，第四六六頁）。當然，對此宮闈之祕，他人難以確知其詳。但據有關記載和情況表明，西太后回宮後即先將光緒帝監控起來似為可信。到此，可謂西太后已將政變的帷幕拉開。有些學人提出，按原來的九月二十一日政變來說，應將政變時間提前。此見固然不無道理，但作為一場政變，此時尚未達到西太后的基本政治目的。她在這時採取的一些強制手段，還是在其核心中祕密進行的。

71 光緒二十四年九月十六日《昌言報》轉載日本《梅爾報》刊登的《伊侯覲見時問答》（《戊戌變法資料》(三)，第四四六-四四七頁）。另在王芸生的《六十年來中國與日本》一書第三卷中，又從《續伊藤博文祕錄》裡引錄了這一問答。兩者除個別地方在用語上有出入之外，基本內容相似。

72 《戊戌變法資料》(三)，第四四七頁。

73、76 袁世凱《戊戌日記》，《戊戌變法資料》(一)，第五五三頁。

74 《戊戌變法資料》(一)，第三四五頁。究竟有此密諭否？在政變後，榮祿說「袁世凱曾奉密詔」；梁啟超也說有此事（見《戊戌政變記》第六五頁）。不過，西太后及一些頑臣卻以此大肆渲染，說諭中有「廢后」的內容，企圖以此來羅織迫害光緒帝的「罪名」，其實這是捏造。

75 〔美〕泰勒•丹涅特《美國人在東亞》，第五五二頁。

77 關於榮祿向西太后告密的情形眾說不一。袁世凱在其《戊戌日記》中說，他回津向榮祿告密後，「越四日，榮相（榮祿）奉召入都」（《戊戌變法資料》(一)，第五五三頁）。把榮祿去京推遲到政變結束之後，並說是「奉召入都」。顯然，這是袁世凱有意的編造。在黃鴻壽的《清史紀事本末》第六六卷第四頁裡說：「世凱至津，榮祿即乘專車抵京。」胡思敬的《戊戌履霜錄》記載，袁世凱回津「輸其情於榮祿，榮祿大懼，遣人變服齎蠟書，馳告奕劻，奕劻言於太后」（《戊戌變法資料》(一)，第三七八頁）。在費行簡的《慈禧傳信錄》中亦云，榮祿在聽過袁世凱的密告之後，連夜「自乘火車微服入京」，向西太后告密（《戊戌變法資料》(一)，第四六六頁）。固然各家的說法在細節上有所出入，但其基本點均一致說明，榮祿在得到袁世凱的密告之後，便立即於八月初六日（九月二十一日）前，將袁世凱提供的祕情轉告給了西太后。

78 中國第一歷史檔案館收藏的《起居注冊》，在八月初六日（九月二十一日）亦記載：「上（光緒帝）詣中和殿閱視祝版。」

79 黃鴻壽《清史紀事本末》，第六六卷，第四頁。據費行簡的《慈禧傳信錄》等記述，西太后提前還宮後，經對光緒帝訓斥，只是將其臨時監控起來，尚未囚於固定的地點。除已刊行的有關資料外，在中國第一歷史檔案館收藏的《起居注冊》中，亦有下列記載：八月初四日，帝「駕還養心殿」；八月初五日，帝「駕還養心殿」；八月初六日，帝「駕還涵元殿（瀛台）」。總之，從有關資料和各種情況顯示，光緒帝似於光緒二十四年八月初六日（一八九八年九月二十一日），在西太后的指使下，囚於西苑瀛台涵元殿。

80、81、82《德宗實錄》，第四二六卷，第五九八頁。

83 The Strand Manazint，第四三卷，第二五五頁。

84 容閎《西學東漸記》，《戊戌變法資料》(四)，第二二六頁。

85 國家檔案局明清檔案館《戊戌變法檔案史料》，第三頁。

86〔日〕井上清《日本現代史》，第一卷，第二四頁。

87 萬峰《日本近代史》，第六頁。

88 習仲勳《發揚「五四」光榮傳統做最富有創造精神的新一代——在紀念五四運動六十周年大會上的講話》，一九八四年五月四日《人民日報》。

89 國家檔案局明清檔案館《戊戌變法檔案史料》，第一五頁。

第十二章　壯志未酬

身陷逆境

（一）是非顛倒的逆流

西太后囚禁光緒帝，宣布由她「訓政」，下令向維新人士「開刀」，表明她發動的戊戌政變告成。

就在清廷宣布西太后「訓政」的次日（九月二十二日），步軍統領衙門奉命派出的大批武裝「官弁」，即在紫禁城、西苑與頤和園等處加強了「巡邏」與「巡緝」[1]。這時的清廷，便以赤裸裸的高壓政策，對維新人士和支持及參與過變法的官員展開了大規模的殘酷鎮壓，並大搞「連坐」[2]，致使一些關心國家興衰的人亦驚恐惶惶。與此同時，又開始向光緒帝推行的變法新政展開了全面的反攻倒算。

僅在此後的一些天裡，已經被迫先後出逃的維新派領袖康有為、梁啟超，被列為「首犯」到處查拿。其他維新之士和一些曾支持或與變法有過某種聯繫的各級官員，除康廣仁已下令被捉拿、宋伯魯被革職之外，譚嗣同、林旭、劉光第、楊銳、楊深秀、徐致靖、李端棻及陳寶箴、張蔭桓、王錫蕃、張元濟等一大批人，也均先後被逮捕、被革職、被流放、被查抄。甚至，早在變法之前已被革職逐出北京的原帝黨官員文廷式，也被清廷命劉坤一等將其「密飭訪拏押解來京」[3]，還要大加其罪。從而，使原來的維新中心京師頓時陷入一片恐怖之中。就是在此陰風惡浪漫捲的時刻，八月十一日（九月二十六日），朝廷以光緒帝的名義頒諭宣布：

「原為當此時局，冀為國家圖富強，為吾民籌生計，並非好為變法，棄舊如遺，此朕不得已之苦衷，當為天下臣民所共諒。……所有現行新政中裁撤之詹事府等衙門，……不若悉仍其舊。至開辦時務官報，及准令士民上書，原以寓明目達聰之用。……嗣後凡有言責之員，自當各抒讜論，以達民隱而宣國是，其餘不應奏事人員，概不准擅遞封章，以符定制。時務官報，無裨制體，徒惑人心，並著即行裁撤。大學堂為培植人才之地，除京師及各省會業已次第興辦外，其餘各府、州、縣議設之小學堂，著該地方官斟酌情形，聽民自便。其各省祠廟不在祠典者，苟非淫祠，著一仍其舊，毋庸改為學堂。……如通商惠工，重農育才，以及修武備濬利源，實係有關國計民生者，即當切實次第舉行。其無裨時政而有礙制體者，均毋庸置議。……」4

自從政變後，西太后的暴虐行徑，已在廣大官民中「議論紛騰」，使「民情頗覺惶惑」5。因此，西太后在大肆搜捕維新人士和愛國官員的過程中，又以光緒帝頒諭自省的方式，企圖一為緩解日益浮動的「民氣」以求穩住政變後的局面；二又以光緒帝的名義廢除新政的一些主要改革措施。在其中特別強調，已被光緒帝裁併的詹事府、通政司、大理寺等衙門「照常設立，毋庸裁併」6；時務官報立即停辦；嚴禁士民上書等。原來，在科舉中廢除八股改試策論，曾是光緒帝力排干擾在文教戰線上取得的一大改革業績。可能與此有關，接著西太后便直降懿旨宣布，「嗣後鄉試會試及歲考科考等，悉照舊制，仍以四書文（即八股文——引者）、試帖、經文、策問等項，分別考試」[7]，恢復八股試士。至此，光緒帝在推行變法新政期間所進行的重要改革，幾乎全被取締了。尤其是光緒帝在政治思想領域裡推行的開放性政策被廢除，繼而把統治的鏈條又重新拉緊，使人們剛剛獲得的一點對國事的發言權也被剝奪了。不過，在當時的歷史條件下，西太后也畢竟不可能再原封不動地按照老一套的辦法來維護自己的統治了。其所謂通商、惠工、重農、育才及修武備之類仍可繼續進行，就是企圖使光緒帝推行的變法維新再退回到不觸動其統治基礎的洋務運動的老路上去。從中進一步表明，變法維新與洋務運動本是在兩股道上跑的車。八月十三日（九月二十八日），譚嗣同、林旭、楊銳、劉光第、楊深秀、康廣仁等「戊戌六君子」便倒在血泊中，為振興祖國而慷慨地獻出了自己的生命。

由於西太后原擬通過當年秋天津「閱操」要達到的陰謀企圖到此已基本實現。所以在殺害「六君子」之後的次日（九月二十九日），她便授命宣布撤銷天津「閱操」的安排。同時又降諭宣稱，對參與和有助於政變的聶士成之武毅軍、袁世凱的新建軍及董福祥的甘軍各予賞銀「以示體恤」[8]。就在猖狂捕殺維新人士和對變法大翻其案時，西太后又調整了她的班底。從而，既使在策畫與發動政變中立了「功」的頑固官僚獲得升遷，也使那些因抗拒變法而丟了官的頑臣又重新戴上頂戴花翎。原在政變後的八月十日（九月二十五日），西太后便把榮祿召進京師，遂即授予軍機大臣主管兵部事務並仍統轄北洋三軍。在屠殺譚嗣同等維新人士的當天，授裕祿為直隸總督兼北洋大臣；命被光緒帝革職的懷塔布為都察院左都御史兼總管內務府大臣。另又整頓禮部，任啟秀為該部尚書。啟秀，滿洲正白旗人，同治時進士，歷任工部侍郎、總管內務府大臣等。其為官「不學」[9]，思想守舊，被頑固派大官僚「徐桐所賞」[10]。在變法末期，由於他也參與了策畫政變陰謀，因而得到西太后的賞識，不久又使其進入軍機處。經此調整，一些惟西太后是從的頑固守舊官僚重新得勢。與這些昏庸腐敗之輩在彈冠相慶形成鮮明對照的是，愛國者被屠殺、被通緝；光緒帝也成了一個失去自由的階下囚。

在這毛骨悚然、是非顛倒的時日裡，西太后已把康有為、梁啟超等維新人士視為與其不同戴天的死敵，大興冤獄。與此同時，光緒帝也成了彌天的「罪人」，西太后必欲將其置於「死地」方可罷休。

事實上，從政變的當天起，西太后就為迫害光緒帝在羅織罪名，因而連續對他進行圍攻和訓斥（實為審訊）。在蘇繼祖的《清廷戊戌朝變記》裡，較為詳細地記述了在政變當天光緒帝被圍攻的情形。當時西太后把奕劻等一大群頑臣召集於便殿，令光緒帝跪於案旁，並置竹杖於座前，特設了這麼個殺氣騰騰的場面。於是，西太后即對光緒帝聲嘶力竭地咆哮：「天下者，祖宗之天下也，汝何敢任意妄為！諸臣者，皆我多年歷選，留以輔汝，汝何敢任意不用！乃竟敢聽信叛逆蠱惑，變亂典刑。何物康有為，能勝於我選用之人？康有為之法，能勝於祖宗所立之法？汝何昏瞶，不肖乃爾！」這就道出了她所以對光緒帝恨之入骨的癥結。接著西太后便面向頑臣道出了自己的心機：「以為我真不管，聽他（指光緒帝——引者）亡國敗家乎？我早已知他不足以承大業，不過時事多艱，不宜輕舉妄動，只得留心稽察管束；我雖人在頤和園，而心時時在朝中也。……今春奕劻再四說，皇上既肯勵精圖治（此指於當年春，光緒帝讓奕劻轉告西太后『我不能為亡國之君，如不與我權，我寧遜位』一事——引者），謂我亦可省心。我因想外臣不知其詳，並有不學無術之人，反以為我把持，不許他放手辦事，今日可知其不行矣。」隨後她又怒氣沖沖地訓斥光緒帝：「變亂祖法，臣下犯者，汝知何罪？試問汝祖宗重，康有為重？背祖宗而行康法，何昏瞶至此？」[11] 從而，西太后便把「離經叛道」、「變亂祖法」等滔天罪名都加在了光緒帝的頭上。

並且她又以倒打一耙的伎倆，把光緒帝指為「亡國敗家」的禍首，真是顛倒黑白無所不用其極。不過，在西太后發狂之時，也暴露了她原來許諾光緒帝變法的虛僞。

在當時，光緒帝已被置於「被告」的位置上，完全控制在西太后的手中了。雖然如此，光緒帝亦未向西太后及其幫凶們完全屈服。其時，他面對張牙舞爪的群頑仍以委婉的口氣說：「是固自己糊塗，洋人逼迫太急，欲保存國脈，通融試用西法，並不敢聽信康有為之法也。」[12]不言而喻，在當時情況下，這是對西太后的誣蔑之詞的一種反駁；誰在禍國，事實俱在。然而新、舊勢力鬥爭的結局既已分曉，光緒帝也只是有口難分辯了！

接著，在殺害了譚嗣同等「六君子」之後的八月十四日（九月二十九日），西太后似為配合捉拿康有為、梁啟超進一步消除變法影響，又利用光緒帝的名義來攻擊康、梁誣蔑變法維新。因此，在她的授意下，炮製了一個所謂的「朱筆諭」。其中云，原來「主事康有為，首倡邪說，惑世誣民。而宵小之徒，群相附和，乘變法之際隱行其亂之謀，包藏禍心潛圖不軌。……康有為實為叛逆之首，現已在逃。著各直省督撫一體嚴密查拏，極刑懲治。舉人梁啟超與康有為狼狽為奸，所著文字，語多狂謬，著一併嚴拏懲辦」[13]。於是，在第二次訓斥光緒帝時，西太后便命廖壽恆將此諭旨「呈與皇上，皇上轉呈太后閱畢，仍遞交皇上。皇上持此旨目視軍機諸臣，躊躇久之，始發下」[14]。此時此刻，這件事對光緒來說，確實是一個極為尖銳的難題。而當時的光緒帝既已被剝奪了表達自己意志的權力，更無力阻擋西太后的倒行逆施。因此，他目視頑臣的「躊躇」，只能理解是對西太后等人所表露的一種沉默的義憤。

西太后在加緊鎮壓維新人士和毀棄變法成果的同時，對光緒帝的迫害也在步步升級。到八月中（九月末），她又把群臣召集於便殿，對光緒帝進行第三次審訊。在這時，西太后將在光緒帝的寢宮、書房和康有為的原住所搜來的奏文稿等拿出來，「逐條」地逼迫光緒帝認「罪」。隨即她又以光緒帝「不敢認」，仍把他押解到瀛台的涵元殿。並下令在平時撤除瀛台與岸上連接的唯一通道板橋，命李蓮英選派親信太監輪番監管。光緒帝的處境越發惡化了。從此以後，光緒帝不僅已被剝奪了執政權，失去了行動自由，而且還不時地經受西太后的無端訓斥。他完全陷於「欲飛無羽翼，欲渡無舟楫」[15]與世隔絕的悲慘境地了。實際上，至此光緒帝確已變成了一個不帶枷鎖的囚徒。

這時的西太后，力圖切斷光緒帝與外界的一切聯繫，而且不擇手段。所以在政變後的幾天之內，她就把過去侍奉光緒帝的太監「或處死，或發往軍台，無一存者」[16]。在此之間，西太后對光緒帝摯愛的珍妃也未放過。對她施以刑杖，撤去簪環，將其囚於偏僻的鍾粹宮後北三所，並給她立下一條規矩，再「不許進見」[17]皇上。另外，又進而以「串通是非，不安本分」等罪名，對原奉侍珍妃的六名太監，亦均給予了「板責」、「枷號」等處分。而且西太后還責令所有太監，今後不准為珍妃傳遞事件，如有違者，「查出即行正法，絕不姑容」[18]。就此，珍妃也如同一個犯人，另由西太后派出的宮女進行監管。其被囚處，「門自外鎖，飯食自檻下送進」[19]，並且每天還得忍氣吞聲地跪著聽從來人的「數罪」[20]，備受欺辱。由於平時珍妃頗得光緒帝喜愛，而且他們彼此在思想志趣等方面亦有相近之處，尤其是光緒帝在朝中的境況，又與她息息相關，因此，有的資料記述，「德宗之變法，妃（即珍妃——引者）實有以贊助之」[21]。珍妃的侄女唐海炘在其回憶中也說：「一八九八年，珍妃支持戊戌變法，她常通過我父親（即志錡——引者）把宮中一些密事告知維新黨人。」[22]現在雖然還拿不出有關此事的更多確證，但據以上材料，再參照珍妃的思想性格比較開朗等情況，說她支持光緒帝變法是不足為奇的。但是這種支持，也無非是出自在感情上的共鳴，或盡點為妻的情分罷了。顯然，那些無辜的太監和珍妃都受到株連，也是西太后迫害光緒帝的組成部分。

在此後的日子裡，光緒帝身陷囹圄慘不堪言，他的親人珍妃也「窘苦備至」[23]，受盡折磨。就這樣，光緒帝不僅在政治上的理想、作為受到橫暴的摧殘，就是在人身和生活方面也備受欺凌；即使夫妻之間亦是「積不相能」[24]。在這種情況下，光緒帝在平時，也只是「日書項城（袁世凱）名以志其憤」[25]。在表面上，他雖已被懾於西太后的淫威之下了，但對出賣變法維新者，光緒帝卻始終懷恨在心。後來，在個別太監出自同情感的幫助下，光緒帝曾不只一次地在月夜中偷偷地來到囚禁珍妃的地方。然而，他們隔著被緊緊鎖著的門窗，每次也只能互相抒發些各自的悲憤情懷罷了[26]，真可謂「咫尺天涯」，欣酸交加。

（二）廢立之謀

西太后在發動政變時囚禁光緒帝，並非其本意。其實，她原欲在當時即將其一舉「廢之」[27]。同時，個別隨風轉舵的朝臣，為了迎合西太后的心意，也在此時鼓譟「皇上得罪祖宗，當廢」的濫調。對此叫嚷，當然西太后聞之是「心喜其言」[28]了。然而，要公開廢黜一國之君非同小可，這勢必要產生頗大反響，甚至會在內外引起波動。因此，西太后「未敢」立即採取廢帝之舉，便將光緒帝囚於瀛台。至此，光緒帝已成為「階下囚」，其支持力量也已完全潰散，他在政治上遭到了毀滅性的打擊。不過在西太后看來，只要光緒帝仍然占據著國君的寶座，似乎就是對她的威脅。因此，其廢帝的企圖並未消除。

顯然，要廢黜光緒帝，必然還要立一個新皇帝，「廢」與「立」緊密相連。但對西太后來說，先將光緒帝廢掉，即是此事的焦點，而且難度最大。為此，她採取了製造輿論先在內外進行試探的伎倆。自政變以來，西太后在大肆捕殺維新人士的腥風血雨中沒完沒了地「審訊」光緒帝，便是先在朝廷內部給其羅織罪名，進而為廢帝提供依據的舉動。幾乎與此同時，於八月初十日（九月二十五日），已被西太后直接控制了的清廷便頒諭宣稱：「朕（光緒帝）躬自四月以來，屢有不適，調治日久，尚無大效。京外如有精通醫理之人，即著內外臣工切實保薦候旨，其現在外省者，即日馳送來京，毋稍延緩。」[29]接著，又在西太后的授意下「令太醫捏造脈案」[30]，並定時公布於外，極力製造光緒帝「患病」的氣氛。在此之間，清廷還把這一情況通報給駐京的外國使館及密電各督撫。西太后企圖利用這種手法，為其廢掉光緒帝製造藉口和以此來觀察外界的反映。但當政變發生，「訓政」上諭的頒發，光緒帝在朝廷中的活動驟然消失，已使那些對變法維新寄予希望的人們感到驚疑。到此，在清廷為光緒帝「求醫」的上諭頒布後，越發使人思索：從四月以來還在雷厲風行地頒詔變法的光緒帝，為何突然「病」得連太醫都不可醫治的程度？更使人們為之震驚。從而，種種傳聞和議論蜂擁而起，西太后的廢帝陰謀亦隨之被人識破。首先，便在國內引起一場風波。當光緒帝有「病」的消息傳開後，工商人士經元善等，立刻與一些在上海的華僑聯名致電西太后。

經元善，字蓮山，浙江上虞人。他十七歲時即「服賈於滬」[31]，開始在上海經商。數十年來，他懷著使國家「振興富強」[32]的願望，歷經波折，成為聞名上海的一大商人。並且經元善在積極從事公益事業中，既擴大了聯繫，又獲得了較高的社會地位。當光緒帝推行變法新政時，他深受鼓舞。至此，經元善便聯合國內外工商界人士，在給西太后的電文中，直截了當地提出「請保護聖躬（即光緒皇帝——引者）」[33]的要求。實際上，這是對西太后蓄謀廢帝的一種公開挑戰。鑑於這種情況，就連原先在基本上站在變法對立面的洋務派官僚張之洞、劉坤一，也不敢公開支持西太后的暴虐行徑了。以「老成」相標榜的張之洞，對西太后發來的試探密電「依違不劇答」[34]，採取了觀望的態度；劉坤一覆信給榮祿卻說：「君臣之義已定，中外之口難防，坤一為國謀者以此，為公謀者亦以此。」[35]當然，劉坤一說這些話的用意是為了穩定局面，在根本上也是為西太后和榮祿著想的，但他對廢帝卻投了反對的一票。而且在劉坤一、張之洞的影響下，東南其他一些督撫，對廢帝的態度也趨向曖昧。特別是處於關鍵地位的榮祿，政變後他已成為在西太后之下的一個一手遮天的人物。其實，榮祿既不願有違於太后的意圖，又不希望因廢立皇帝（尤其立新帝）而打破已形成的清廷權力格局。因此，在廢立皇帝的問題上，後來他的態度有所改變。遂與劉坤一等「益相親」，又「謀阻廢立」[36]了。榮祿傾向保留光緒帝的虛名，是為避免發生新的權力之爭。所以，逐漸他對廢立之事也不那麼賣力了。

另外，原在西太后發動政變，隨著光緒帝的蹤跡之消失，也已在列強各國駐華使館和人員當中引起了關注。早在變法維新期間，英、美、日等國在華的一些人，曾在光緒帝、原帝黨官員和維新派身上做過一些打算。但從這些國家的政府來說，當時尚未對中國的變法維新形成確定的方針。當變法維新運動被絞殺，隨之而來的是頑固派的全面復舊活動。到這時，列強各國的在華勢力才越發強烈地感到，西太后的復舊有可能使中國「回復到四十年前排斥外國人的時代」[37]的危險。對比之下，他們認為還不如支持光緒皇帝出來建立一個較為開明的清政府，似乎對其更為有利。於是列強各國才對光緒帝產生了特別的「興趣」。尤其是在得到光緒帝「患病」的消息後，英、日等駐華公使一再要求進見光緒帝，力圖摸清其「病情」與下落。同時，英國駐華公使竇納樂和日本駐華代理公使林權助，都頻繁地向其本國政府電告政變後的中國政局和光緒帝的情況，加緊策畫對策。在此期間，英國在華的輿論工具《字林西報》等，連續發表抨擊西太后和讚揚光緒帝的文章。其國內的《泰晤士報》駐京記者，也不斷發回報導光緒帝的消息。並且，一些外國的兵艦亦駛進中國沿海進行示威性的游弋。關於光緒帝的去向問題，又在列強方面產生了強烈反響。事實說明，從戊戌政變後，一些帝國主義國家，出自維護它們在華的侵略利益的需要，的確想在光緒帝身上下點賭注。

由於西太后「看到國內輿論人情的反抗」[38]，特別是看到其親信榮祿等在廢帝態度上的變化；一些地方實力派督撫亦未響應，這些情況，都使她不能無所思。而列強方面的動向，西太后尤為不敢輕視。因此，她經與榮祿再度密謀，感到不得不暫且收斂一下廢帝活動。遂議定，在加強囚禁光緒帝的同時，仍繼續以利用其名義號令天下的辦法，再徐圖計議。正是在此內外形勢的壓力下，在此後一年來的期間裡，她除了嚴密囚禁光緒帝之外，再未敢大肆進行廢帝活動了。西太后的廢立之謀，到此告一段落。

但是，光緒帝在朝廷中即使只剩下一個空名，但他仍如一個「魔影」在困擾著西太后的心神。在她的心坎上，康有為、梁啟超固然是其兩大不共戴天之敵，但他們畢竟遠在天涯；而光緒帝卻在自己的身旁，似乎是她的直接隱患。因此，在西太后的心中，光緒帝一日不去，似乎她就時刻不得安寧。到光緒二十五年（一八九九年）冬，西太后看到外界對廢立皇上的反響有所平緩，從而其廢帝之念又重新湧上心頭。正是在這種情況下，以前曾兩次想「承大統」而未得到[39]的端郡王載漪、「久廢在私第」[40]但又野心勃勃的承恩公崇錡、「覬政地綦切」[41]之大學士徐桐，以及另一個別有用心的啟秀等人，摸透了「太后之意」[42]。因此，這些人都想利用廢立皇帝的機會，以撈取更大的權勢和尊榮。恰恰是基於這種緣故，載漪等人便勾結在一起「日夕密謀」[43]，極力策畫廢立活動。顯然，他們的這種活動是正中西太后下懷的。但是，已在這件事上碰過壁的西太后，到此未再迅速表態，而是故技重演，仍採取了利用他人之口表達己意、然後再出面定局的伎倆。

於是，當經載漪、崇綺、徐桐等人謀定，遂由崇綺、徐桐擬就請求廢立的奏疏以後，他們為了壯大聲勢，又拉最受西太后寵信的實權派官僚榮祿署名。企圖讓他領頭，搞聯名奏請。從而，「換皇上」的風聲，又轟動了宮廷。

榮祿原是一個廢帝的主謀者之一。不過如前所述，頗為奸詐的西太后的頭號「大紅人」榮祿，鑑於兩江總督劉坤一等的活動，其「廢立」態度有所改變。尤其是對立新皇帝，他又惟恐由此激起朝內的爭權風波，以致危及自己的已有權勢；同時，對列強的反映更有所顧忌。因此，這時榮祿既不願立即廢掉光緒帝，更不主張立新帝。但對此，他又不便公開表露，以免得罪西太后。從而榮祿對崇綺、徐桐的再三鼓動，沒有給予明確回應。只是到光緒二十五年十一月二十九日（一八九九年十二月三十一日），榮祿才親自與西太后密商大計。在惲毓鼎的《崇陵傳信錄》中，記述了他們的密謀：

榮祿首先若無其事地問：「傳聞將有廢立事，信乎？」

西太后先是故作鎮靜地說：「無有也。」緊接著她又表示：「事果可行乎？」企圖乘機試探榮祿。

榮祿：「太后行之，誰敢謂其不可者？顧上（光緒帝）罪不明，外國公使將起而干涉，此不可不慎也。」

西太后：「事且露，奈何？」

榮祿：「無妨也，上春秋已盛，無皇子，不如擇宗室近支子，建為大阿哥（即皇儲——引者），為上嗣，兼祧穆宗（已故同治皇帝——同上），育之宮中，徐篡大統，則此舉為有名矣。」

西太后沉思片刻道：「汝言是也。」[44]

就這樣，他們便在祕密之中議定了以立皇儲的辦法，來逐步替代光緒帝的主意。顯然，這對榮祿來說，一方面，對西太后的已被卡住的廢立之謀，可起到為之圓場的作用；另方面，又能緩解皇位之爭。而且如此較為隱密，似乎還可以減輕對外界的影響。因此，當時西太后、榮祿均以為這是一個萬全之計。原來，在清代前期康熙皇帝在位時，曾在宗室內因爭皇儲互相傾軋幾乎演成彼此火拼。因此，康熙帝到其末年，為避免重演這種紛爭，作為「家法」頒立了「永不建儲之諭」[45]。但到此時，這個把「祖制」、「家法」視為命根子的「老佛爺」西太后，為了達到自己的卑鄙目的，也居然要把他們的「家法」扔掉了。

經過一段時間的物色，又由於載漪善於獻媚、鑽營，取得了西太后的「歡心」[46]。因此，他的兒子溥儁（時年十五歲）被選中了。到光緒二十五年十二月二十四日（一九〇〇年一月二十四日），西太后就把王公大臣們召集於儀鑾殿，向他們公布了以光緒帝的名義頒發的硃諭，正式宣布立「端郡王載漪之子溥儁繼承穆宗毅皇帝為子」，以備在將來承繼「大統」[47]。並定於明年正月初一日（一九〇〇年一月三十一日），為立溥儁為大阿哥舉行典禮。接著，溥儁便被接入清宮，闢弘德殿為其書房。從此，這個終日以玩犬為樂的花花公子溥儁，便成了事實上的新皇上。光緒皇帝在清朝政壇上，只是暫且留下一個空名而已了。

溥儁被立為實際上的皇帝，當然其父載漪也就因之而身價百倍。同時，為此賣過力的崇綺被任命為溥儁的師傅；徐桐受命照料弘德殿事宜，都受到了西太后的特殊封賞。

其實，西太后和榮祿的如意算盤又打錯了。當立大阿哥的上諭公布後，繼「都中人心大為震動」[48]，上海、湖北等地的廣大紳商士庶也都「人心沸騰」，紛紛起來揭露西太后的這種行徑是「名為立嗣，實則廢立」的陰謀。人們不約而同地發出：「我皇上二十五年勵精圖治，深入人心」，甘願與君共「存亡」[49]的怒吼聲。當時，上海各界一千二百多人「合詞電奏」強烈反對立大阿哥；湖北官紳五十多人親赴北京「拚命力爭」[50]；甚至南洋各埠和美國舊金山等地的華僑，聞訊之後亦均「異常譁憤」，接連電達總理衙門「諫阻此事」[51]。事實說明，通過維新變法，光緒皇帝的影響確已遍及海內外。與此同時，英、日、美等國的駐華公使，也紛紛表示要出面「干預」，各國兵船先後自上海北駛。從而，在國內外又激起了一場來勢迅猛的大波瀾。次年初，清廷正式立大阿哥時，一些國家的公使又拒不致賀，不斷向西太后施加壓力。對於來自國內人民中的抗議，當然西太后有辦法對付，但列強的抵制，她雖然極為憤怒，卻又無可奈何。總之，這種來自不同方面反對廢棄光緒帝的強烈反響，的確對西太后的廢帝活動產生了不容忽視的牽制作用。她雖然立起了大阿哥，但卻遲遲不敢進而廢掉光緒帝。當然，光緒皇帝的可悲處境，並未因此而有絲毫的改變。

存亡之秋

（一）在險惡的政治陰謀中

正當西太后在狂暴地倒行逆施之際，已燃燒在直、魯交界等地的義和團反侵略鬥爭星火卻在迅速蔓延，預示著淤積在廣大勞動人民心中的對侵略者的深仇大恨，即將猛烈地迸發出來。繼挽救民族危機的變法維新運動失敗之後，在中國廣闊的土地上又出現了「山雨欲來風滿樓」的局面。

西太后對來自人民群衆中的反抗鬥爭從不手軟，「剿」、「撫」兼施，也是她對付人民鬥爭的慣用伎倆。不過，在光緒二十六年四月（一九〇〇年五月）以前，在西太后看來，這種人民群衆的反抗鬥爭還只不過是「散賊」、「股匪」，尚未構成對她的嚴重威脅。而已成為其死敵的康有為、梁啟超還「逍遙法外」；被她視為眼中釘的光緒帝仍占據著皇上的位置，這一切，不能不引起她極大的關注。因此，她依然醉心於朝廷中的權位之爭。

但到了當年五六月間，義和團的反帝烈火已燃燒到中外反動勢力的心臟地區京、津一帶。同時，帝國主義列強也劍拔弩張。這時，一方面，列強的駐華公使在越發蠻橫地迫使清政府鎮壓義和團；另方面，其各國政府正在加緊策畫，要對中國人民的反侵略鬥爭進行武裝干涉了。從而，內外矛盾錯綜交織，形勢急劇緊張。

由於內外形勢出現了日趨複雜的尖銳局面，所以西太后也就不得不面對這種現實了。不過在複雜的局面中，她向來均以對其皇太后統治地位的威脅程度，來決定對策的。

在六月上旬之前，西太后因在廢立皇帝的問題上，對列強各國產生的怒火仍未平息；並且她越發感到，這一牽動其心的懸案所以遲遲不能完全落實，其癥結還在於列強的干預。與此同時，義和團的事又突出出來了，而且這還需要其迅速做出決斷。因此，正如當時控制中國海關的總稅務司、英人赫德所說：「中國朝廷（實為西太后——引者）處於進退兩難的地位，如不鎮壓義和團，則各國使館將以採取行動（聯合出兵鎮壓——同上）相威脅；如準備鎮壓，則這一強烈的愛國組織將轉變為反抗清朝的運動。」[52]的確，如果清政府採取堅決鎮壓措施，有可能迫使義和團轉向「抗清」，這也確是西太后的一大顧慮。她所以在四月十五日（六月四日）派出刑部尚書趙舒翹等出京「宣撫」團民，說明西太后對義和團還處於舉棋不定的狀態中。顯然，這又為義和團民大批進入北京城，在客觀上提供了有利條件。不過，這時的西太后，雖對外使懷有強烈的怒氣，但她依然沒有與列強對抗的膽量。在五月初四日（五月三十一日），英、俄、美、法、日等國的侵略軍先遣隊三百多人所以進入北京，是因為得到西太后「准該兵來京」[53]的。五月二十日（六月十六日），當西太后召集群臣商討對策時，她還旨令發布上諭：「著榮祿速派武衛中軍得力隊伍，即日前往東交民巷一帶，將各使館實力保衛，不得稍有疏虞。」[54]直到西太后決定要對列強同時宣戰的最後時刻，她還是「執定不同洋人破臉的」[55]。在當時，西太后曾向天津、北京調集了一些軍隊，但其目的又是為了準備「攻剿拳民」[56]，根本不是準備抵抗侵略的措施。此後，由於八國聯軍不斷向大沽口海域集結，無疑這又給她加重了壓力。另方面，反帝鬥志日益高昂的義和團群衆，也加速向天津、北京推進，進一步使西太后陷入「剿撫兩難」的困境。在這樣的情況下，西太后似乎認為，已到拿定主意、決定對策的時候了。

其實，當義和團反侵略鬥爭的烈火燃至京津之際，在如何對待義和團的問題上，清廷統治集團發生了新的分裂。其間，在他們當中，軍機大臣榮祿、吏部侍郎許景澄、總理衙門大臣袁昶、聯元等，均主「剿」。端郡王載漪、莊郡王載勳、貝勒載濂、大學士徐桐、軍機大臣剛毅、刑部尚書趙舒翹等人竭力主「撫」。在主「剿」派中，如許景澄，多年任駐法、德、俄、奧等國公使，了解外情；榮祿、聯元等在總理衙門任職中，也多與外使打交道。其中，雖然多為原頑固派官僚，但他們的思想並非完全閉塞。這些人，基本是從維護清王朝出發，主張堅決鎮壓義和團。後者，以原來不得志的滿洲貴族為中心，載漪即是大阿哥之父。他們與一些居心叵測的原頑固官僚勾結在一起，形成一個為滿足其私欲的陰謀集團。正當西太后有意在義和團上打主意而又猶豫不定時，載漪「頗怙攬權勢，正覬國家有變，可以擠擯德宗（光緒帝），而令其子速正大位」[57]。企圖利用義和團反侵略鬥爭的混亂時機，完成皇帝的廢立，來爭奪權勢。同時，經管溥儁學習事務的大學士徐桐、吏部尚書剛毅、刑部尚書趙舒翹以及貝勒載濂等人，也都各懷鬼胎，在觀風使舵，「竭力阿附」西太后。恰是通過這些人的鼓譟，似如熱鍋上螞蟻的西太后更「意已為動」[58]。不過西太后清楚地知道，如若採取利用義和團的計謀非同小可，其中有著極大的風險，尤其對列強她更不敢輕舉妄動。因此，西太后既要準備壓下賭注，又想為以後可能出現的不測之局留下嫁禍於人的藉口。正是出於這種卑鄙的用心，西太后在準備做出陰謀決策時，居然聲稱，「此國家大事，當問皇帝」[59]，又要把已被囚禁起來的光緒帝拉出來表態。

五月二十日（六月十六日），西太后於儀鑾殿召集、主持的御前會議，便是她要公開施展一個前所未有的重大政治陰謀的起點。到會的除大學士及六部九卿之外，受西太后之命，光緒皇帝也出場了。實際上，對西太后召集這次御前會議的用意，一些人是有所覺察的。所以在會上，圍繞著戰、和及如何對待義和團等重大問題，群臣紛起陳詞，展開了激烈的爭論。曾出使過外國的吏部侍郎許景澄，想先發制人當即進言，他認為：「中國與外洋交數十年矣，民教相仇之事，無歲無之，然不過賠償而止。惟攻殺使臣（指於六月十一日，日本使館書記生杉山彬因接應外國侵略軍被董福祥的甘軍士兵所殺——引者），中外皆無成案。今交民巷使館，『拳匪』日窺伺之，幾於朝不謀夕，倘不測，不知宗社生靈，置之何地？」太常寺卿袁昶更明確地說：「釁不可開，縱容『亂民』，禍至不可收拾，他日內訌外患，相隨而至，國何以堪？」[60]太常寺少卿張亨嘉，也持以同見。這些人之所言，都是從敵視人民反抗鬥爭和維護清王朝出發的。主張對義和團應繼續堅持「剿」的方針，鎮壓不了就「設法解散」[61]，不同意利用義和團對外開戰。對於他們的這些議論，已心中有數，但尚未拿定主意的西太后沒有公開表態。不過，她對反戰者卻有傾向地以「目懾之」。從而，載漪、載濂兄弟等人便會意地奢談起「人心不可失」的闊論來了。他們竟冠冕堂皇地說：「義民可恃，其術甚神，可以報雪仇恥」；載濂甚至殺氣騰騰地建議，「時不可失，敢阻撓者請斬之」[62]。蠻橫地煽動利用團民對列強宣戰。

或許是鑑於這場鬥爭事關緊要，已被剝奪了執政、議事權的光緒帝，也未失時機地表明了自己的態度。他說：「人心何足恃，祇益亂耳。今人喜言兵，然自朝鮮之役，創鉅痛深，效亦可睹矣；況諸國之強，十倍於日本，合而謀我，何以禦之？」[63]他進而明確地指出「斷無同時與各國開釁（之）理」[64]。

在這次的御前會議上，西太后沒有公開做出決定。說明她在當時雖已有了傾向，但尚未最後形成定見。再從這次議論的情況看，野心家的主張還未取得明顯的優勢。但是，載漪並未因此而甘敗下風，他抓住了西太后內心活動的癥結，在這次會後的當天，即唆使「軍機章京連文沖僞造」了一個以「請太后歸政，廢大阿哥」等為內容的所謂「外交團照會」，並連夜派人通過榮祿把它傳到了西太后手裡。這一辦法果然奏效，對西太后猶如火上澆油。她看到僞照立即火冒三丈，大發雷霆地說：「彼族竟敢干預我家事，此能忍，孰不能忍！外人無理至此，予誓必報之。」[65]到這時，西太后才真要對帝國主義列強翻臉了。因此，她於次日（六月十七日），再次召開了御前會議，企圖利用「會議」來施展她的政治手腕了。

在這次的御前會議上，因光緒帝仍在場（當然這也是出自西太后的安排），所以，西太后又不得不暫且自我心虛地按捺住心頭的怒火。她在委婉地宣布了僞照（沒說「歸政」及「廢大阿哥」的內容）後即表示：「今日之事，諸大臣均聞之矣，我為江山社稷（對她來說，這顯然是欺人之談——引者），不得已而宣戰，顧事未可知，有如戰之後，江山社稷仍不保，諸公今日皆在此，當知我苦心，勿歸咎予一人。」[66]西太后說這些話的用意十分明顯，那就是她既要壓寶，又不想承擔由此可能產生的嚴重後果，充分暴露了這個政治賭徒的醜惡靈魂。在這樣的氣氛中，得意洋洋的載漪，又施放了一陣子利用義和團民「以赴國家之難」[67]的五彩泡沫。看來，一個重大的政治陰謀即將形成。

可能就是在這種情況下，光緒帝更為急切地感到「國命安危，在此一舉」[68]。當時他幾乎忘掉了自己的處境，以豁出來的氣勢又進一步闡述了自己的見解和主張。他認為，「戰非不可言，顧中國積衰，兵又不足恃，用『亂民』以求一逞，寧有幸乎？」又說：「『亂民』皆烏合，能以血肉相搏耶？且人心徒空言耳，奈何以民命為兒戲？」[69]光緒帝還進而指出：「忠義之氣，虛而不實，況未經訓練，一旦臨陣，槍林彈雨之中，徒手前敵，其能久恃乎？是以不教民戰，直是棄之。」[70]很清楚，光緒帝的如是之說，是直接針對西太后和載漪等人而來的。可是，老奸巨猾的西太后，沒有從正面給予反駁，卻想通過對光緒帝將軍的辦法來套他的口氣。故問曰：「為今之計將安出？」這時，光緒帝也毫不含糊地道出了他的見解：「寡不可以敵衆，弱不可以敵強，斷未有以一國，能敵七八國者。為今之計，惟有停戰議和為上策，其次則遷都。」正當光緒帝說到遷都時，一個緊緊追隨西太后的貝勒立即跳出來，當面歪曲光緒帝準備抗戰的原意，指責這是畏敵潛逃。對此光緒帝也未讓步，他又據理反駁說：「朕豈惜一身，然如太后及宗廟何？且古未有京城糜爛如此，尚能布置一切者。」[71]在遭到光緒帝的有力批駁後，這個無言以對的貝勒遂「拂衣徑逕出」。由於在這次御前會議中仍存有尖銳的分歧，尤其西太后尚未得到可在日後為逃脫罪責的藉口。因此，她雖已亮出其底牌，但卻仍未公開做出決定。

因為在第二次御前會上，對壘的雙方仍然爭執不下，從而，西太后沒敢立即做出最後的決斷。但是對她來說，既然主意下定，就要頑固地走下去了。

五月二十二日（六月十八日）舉行的第三次御前會議，從一開始，西太后以及載漪等人就專橫地控制了場面。載漪提出圍攻「使館」，西太后當即「許之」[72]；總理衙門大臣聯元說出點不同意見，他們就予以頂回。在這時，權臣榮祿，實際也是從維護西太后的統治地位著想，怕她倉卒鑾幹造成不可收拾的後果，也不同意對外宣戰，主張保護外國使館。看來，西太后對其心腹的勸告也聽不進去了。於是，她懷著不可告人的目的，又問光緒帝：「聖意如何？」在這種情況下，「聖（光緒皇帝）顏悲戚，默然頗久，似乎欲言而不敢言，後云以應請太后允從榮祿所請，使館不可攻，洋人亦應送津，惟是否有當，出於太后聖裁，非朕所敢做主者也。」[73]既然事態如此，光緒帝似乎只得藉榮祿之見再重新表示一下自己的態度了。其所謂由「太后聖裁，非朕所敢做主」云云，無非是不讓西太后抓住以後出亂子時再嫁禍於自己的藉口。看來，他只能做到這一步了。其時，后黨官僚協辦大學士王文韶，也憂慮「何以善其後」，請求「三思」。可是西太后依然大為反感，竟以「手擊案罵之」[74]。就這樣，西太后等人的陰謀決策便強行通過。鑑於這種情形，光緒帝無可奈何地拉住許景澄的手沉重地說：「兵端一開，朕一身不足惜，特苦天下蒼生耳。」

他要求許景澄再出面「設法救之」[75]。但是，當這一情景被西太后發現後，她竟厲聲強令光緒帝「放手，毋誤事」[76]。到此，這個清廷主宰者的凶相又畢露無遺[77]。看來，她要決心下賭注了。在此關係到國家存亡的緊要時刻，光緒帝未計前嫌，散會時他對榮祿言：「我兵全不可恃，事宜審慎，好在兵權全在你手。……不宜浪開釁。」[78]他又企圖通過榮祿來勸說皇太后，切勿對外宣戰。其實，這已無濟於事了。

在連續召開御前會議之後，西太后又觀察了一下內外的動向，並經其單獨召集會議進一步策畫，遂於五月二十五日（六月二十一日）便正式頒布了對列強同時宣戰的上諭。在諭中表示，要與列強各國「一決雌雄」，改稱「團匪」為「義民」，命各省督撫將其「招集成團，藉禦外侮」[79]。至此，一貫無視國家與民族利益和極端仇視人民反抗鬥爭的西太后，曾幾何時，現在她竟然要「聯團抗洋」、向列強各國宣戰了。

西太后為何如此一反常態，決意與列強抗衡？實際上，這正是體現了她以私欲為核心而陰險、狡詐的特性。前已有述，在五月上旬（六月中旬）之前，西太后對來自列強及義和團兩大不同的壓力，在權衡對策時尚處於猶豫不定的狀態中。對於列強，她既有在廢立皇帝問題上的積怨，後來又因外使逼迫鎮壓義和團過急而加重了反感（當然前者是主要的）。但對帝國主義各國，西太后還的確不敢輕易「翻臉」。高舉「滅洋」旗幟的義和團民，這時僅在京師一帶即已「處處皆是」。從而使其越發感到，如果對其大力「剿之，則即刻禍起肘腋」[80]，他們自己亦有被迅速埋葬之危。加上去涿州「宣撫」團民的趙舒翹等於五月二日（六月九日）返京後的蓄意回奏，更加重了西太后要在義和團上打主意的意向。其實，這就是她舉行御前會議的基本心態。但是西太后又明知，她要下的是一步大大的險棋。而且，西太后從來均把自己的罪責藉口轉嫁在別人身上。因此，在她看來，能於事後做其替罪羔羊的人，還只能是掛名皇上的光緒帝。顯然，西太后舉行的御前會議，所以又把已被剝奪了執政、議事權的光緒帝召來，同樣又是企圖讓其上鉤的一大陰謀。實際上，這也是她召開御前會議的另一個不可告人的主要目的。

光緒帝自從他參與清廷政事以來，在其所經歷的中外戰爭中，出於反抗侵略維護朝廷，歷來均在清廷統治集團中站在主戰的一邊。到此，經過甲午中日戰爭和戊戌變法錘鍊過的光緒帝，確又展現出一種新的精神面貌。

當時，光緒帝或已意識到西太后召開御前會議的用心。但在有關國家大局等一些重要問題上，他卻未顧及個人的處境與安危，仍利用得到的這點有限發言權「侃侃而談」[81]，盡力表述自己的見解和主張。

當然，對於義和團，光緒帝是站在了它的對立面，並對其懷有明顯的偏見。不言而喻，他雖然遭到皇太后的打擊又處於被禁的地位，但還畢竟占著皇帝的位置。因此，光緒帝看不到人民群衆中蘊藏的巨大反帝力量，對之持以蔑視的態度，是可以想見的。事實上，在敵視人民鬥爭這一基點上，他與西太后並無本質的區別。

光緒帝之見，是基於認識到列強在「合而謀我」這一總的前提下，依據「中國積衰」、敵我力量對比懸殊，並鑑於甲午中日戰爭「創鉅痛深」的教訓，認為「寡不可以敵衆，弱不可以敵強」。反對同時與八國開戰，主張只有議和。固然在八國侵略軍已氣勢洶洶撲向中國的情況下，即使與敵議和，亦將給國家和人民帶來巨大損害。然而，這卻能使中國取得一定的主動地位。於是光緒帝強調，以團民「徒手前敵」根本抵擋不住列強侵略軍。在此，他雖然說了些蔑視團民的話，但又道出了一個實情。義和團反侵略的正義性及其英勇之氣、愛國之情和它對敵所起到的巨大威懾作用，都是抹殺不了的。不過，由於其本身所具有的種種嚴重弱點，加上他們還是孤軍奮戰，所以義和團的鬥爭，還的確不能把帝國主義侵略者趕出中國。進而光緒帝又有所指地說：「奈何以民命為兒戲！」甚至他又一針見血地指出，把未經「訓練」的徒手團民推到「槍林彈雨」的戰場「直是棄之」，如此等等。可以認為，這是光緒帝在憤怒尖銳地揭露與痛斥西太后一夥的險惡用心。

總之，在當時的那種特定的情況下，光緒帝的「侃侃而談」，其實是從力圖維護朝廷（國家）與「民命」的大局出發的。他與西太后及載漪等人的出發點，是截然不同的。這就是他們主戰、主和分歧的焦點。正因如此，連續的御前會議，並未達到西太后的一個主要目的，她連一根稻草也未撈到。但是，由外交使團僞照激起的「火氣」[82]，西太后又終究抑制不住。於是，她便在載漪等野心家的大肆煽動下，不顧一切地橫下一條心，與洋人宣戰。

就此，西太后一夥，無視內外大勢；不做認真的抗戰部署；不計可能給國家和民族帶來何等嚴重後果，孤注一擲，向八個帝國主義國家同時宣戰。因此，正如《清史紀事本末》作者所說，這純粹是西太后「以快其私憤」[83]的巨大冒險之舉。同時她還有以此轉移人民群衆的鬥爭鋒芒進而暗算義和團的惡毒用心。實際上，西太后的對外宣戰，確是她以廣大團民和整個國家與民族的根本利益為賭注的一場政治大賭博。在八國聯軍禍亂中華之後的多年裡，許多人均把西太后斥之為國內的「庚子禍首」，顯然是不無道理的。

在近代中國抗擊外來侵略的鬥爭中，由於內外形勢複雜，各種因素多有變化。所以的確不能簡單地以主戰、主和來判斷愛國或賣國。

正因為西太后等的「宣戰」陰謀越發明顯，所以當光緒帝得知這個所謂的「宣戰」上諭即將頒布時，他又懷著極為沉痛的心情說：「可惜十八省數萬萬生靈，將遭塗炭。」[84]在國家與民族又將蒙受深重災難之際，已身陷囹圄的光緒帝，仍在心繫祖國與民衆的命運。

（二）國難與親恨

由於西太后的對外宣戰包藏禍心，所以她在宣戰時唱了一陣兒「招集團民禦侮」等高調和採取了一些小動作之外，也就很快露出了原形。就在西太后等一夥陰謀家、野心家，企圖利用義和團民仇恨侵略者的愛國義憤及其自身弱點，而大肆煽動盲目排外的同時，清政府又以制訂「團規」和派大學士剛毅、莊郡王載勳統轄義和團等手法，來控制廣大團民的反抗鬥爭。並頒諭命「載勳等嚴加約束」義和團群衆，對所謂「藉端滋事之『匪徒』，驅逐淨盡」[85]。於是，一些團民遂即被殺。在西太后等人利用、欺騙和控制之下，既給義和團反帝愛國運動蒙上層層陰影而把它引向歧途；又使義和團的成分越發複雜，加速了這個戰鬥群體的分化和瓦解，尤其大大地削弱了義和團的銳氣。特別是，當八國聯軍大舉侵入，義和團廣大愛國群衆和部分清軍在與強敵展開浴血奮戰、處於抗擊敵軍的緊急時刻，西太后與載漪等人還按其預謀，演出了幕幕干擾抗戰的醜劇。當時，他們企圖利用一些被欺騙的義和團群衆加害光緒帝，仍在進行廢帝活動。繼載漪在義和團民中煽動「殺一龍（光緒帝）」的活動之後，五月二十九日（六月二十五日），載漪、載勳一夥又帶領六十餘名義和團民闖到光緒帝臨時居住的寧壽宮門。這些人，口稱尋找「二毛子」，「大聲呼譟，請皇帝出宮，群呼殺洋鬼子徒弟，殺洋鬼子朋友」，欲對光緒帝下毒手。甚至大阿哥溥儁也仗勢欺人，當面「呼帝為鬼子徒弟」[86]，對光緒帝肆意污辱。由於野心家載漪、載勳兄弟的這種活動過分拙劣，在宮中亦引起混亂。因而西太后便以二十來個義和團的大小頭目作為犧牲品，把他們殺掉來掩人耳目。

尤有甚者，在對外宣戰的上諭墨跡未乾之時，西太后就通過各種渠道向其帝國主義主子連連遞送秋波，真是「處處都留著餘地」[87]。這時，她除了在北京不斷向外使獻殷勤之外，又於宣戰後的第九天，即六月初三日（六月二十九日），便通過駐外使節向列強各國政府解釋其所謂的「苦衷」。說什麼「朝廷非不欲將此種亂民（即指義和團群衆——引者）下令痛剿，而肘腋之間，操之太蹙，深恐各使保護不及，激成大禍」[88]。這就是向帝國主義者交了底。接著，西太后即以奴才的臉譜、乞求的口氣向列強各國政府說：「且中國（實為西太后——引者）即不自量，亦何至與各國同時開釁，並何至持『亂民』以與各國開釁。此意當為各國所深諒。」[89]原來，此前在清廷統治集團舉行御前會議時，光緒帝即鑑於敵我力量對比懸殊，一再指出不應同時與列國開戰。而當時的西太后，竟氣壯如牛似地非要蠻幹下去。時曾幾何，現在的西太后卻把此話以求饒的口吻向帝國主義者道出了。相同的話，在不同的時間與場合、說給不同的人聽，當然體現了說者的不同用意。其效果，固然亦會有異。幾天之後，西太后控制下的清政府，繼以遞交「國書」的鄭重方式，再次向俄國、日本以及英國政府表示，希望彼此在共同對付中國「亂民」的前提下，「暫置小嫌，共維全局」[90]。到此，西太后的奴相便暴露無遺。她公開向帝國主義者表明：寧肯叛賣國內人民，也絕不願切斷與其主子的連線。在國內軍民正與帝國主義侵略軍進行殊死搏鬥的時刻，西太后的這種言行，無疑在事實上即已構成了一種出賣國家和人民的罪行。不過，這時的帝國主義侵略者已經緊緊地咬住中國，他們豈肯輕易鬆口。

歷史事實驗證，西太后的對外宣戰，在她的骨子裡還主要是為了對內——消滅義和團實現其廢立之謀。在這期間西太后的所作所為，同樣還是圍繞著她的統治地位這條基線在左右擺動的。正因為西太后根本沒有聯合義和團抗擊侵略者的誠意，所以她不僅沒有全力組織抗戰，反而還想方設法、或明或暗地在破壞各地軍民的反侵略鬥爭。致使八國侵略軍於六月十八日（七月十四日）攻陷天津，接著又長驅直入，七月二十日（八月十四日）犯至北京城。到此，西太后便完全成了一個輸光了的賭徒，要倉皇地逃跑了。

當西太后準備攜帶其心腹臣屬離京出逃之際，光緒帝曾請求留下，準備「親往東交民巷向各國使臣面談」[91]，以求議和。他產生這種想法，固然與其對西方列強存有幻想有關。但應當說，當時光緒帝的主要目的，還是力圖在爭取議和，盡量減輕國家損害的同時，乘機擺脫西太后的控制，重執朝政，以便繼續推行其變法新政。然而，狡詐透頂的西太后也當即意識到，「帝留之不為己利」[92]，遂即拒絕了他的要求，決意也要把光緒帝帶走。不僅如此，當八國聯軍兵臨城下，西太后在倉皇出逃的前夕，她又命太監二總管崔玉貴（桂），把亦被禁錮近兩年的無辜的珍妃推到寧壽宮外的井中害死[93]。珍妃，時年僅二十四歲。

上已有述，在西太后準備逃跑時，光緒帝曾有意留京。另據有關資料記載，當珍妃從北三所被「召」出後，她也提出「帝應留京以鎮人心」[94]的要求。此事確否，可待進一步考查。不過，自從政變之後，光緒帝與珍妃曾時有在密中會面的機會。在此之前，其彼此之間趁便溝通一點心情，亦在情理之中。另外，在西太后已知光緒帝有留京之念的情況下，她又向珍妃下毒手，絕非只是其凶殘性的暴露。要清除一切有助於光緒帝東山再起的苗頭，以穩住自己的統治地位，是西太后的要害所在。正因如此，後當《辛丑條約》簽訂，西太后回到北京保住其女皇寶座之後，她又以另一副面孔於光緒二十七年十一月二十九日（一九〇二年一月八日）降「懿旨」宣稱：「上年（實為一九〇〇年——引者）京師之變，倉卒之中，珍妃扈從不及，即於宮內殉難，洵屬節烈可嘉。加恩著追贈貴妃位號，以示褒恤。」[95]可見，在其皇太后權位保住之後，西太后又掛起羊頭賣狗肉了。

光緒帝得知珍妃被害的噩耗之後，「悲憤之極，至於戰慄」[96]，在其思想感情上又受到極大挫傷。事實上，這也是西太后施展的殺雞給猴看的伎倆。當然，「穎敏」的光緒帝會從中意識到，似乎自己也只有服服貼貼地順從西太后的擺布了；否則，個人的生命亦同樣操在她的手中。因此，國難、親仇以及其有志不得伸的積怨，均一併壓在了他的頭上。從此，光緒帝更猶如失去「靈魂」，「變成完全像木頭人一樣」。無疑，這正是其悲憤至極的心態之集中體現。

西太后在出逃之前，即授予李鴻章全權，命其迅速來京承辦乞降事宜。當她於七月二十一日（八月十五日），挾持光緒帝、帶著其臣屬逃走之後，又一直與李鴻章保持著密切的聯繫。她寧願只要保住自己的女皇寶座，就不惜一切來取得帝國主義的寬恕。八月十四日（九月七日），西太后等跑到山西太原附近時，她又派出慶親王奕劻回京「會同」李鴻章辦理投降事宜。並同時頒諭宣稱：「此案初起，義和團實為肇禍之由，今欲拔本塞源，非痛加剗除不可。」[97]至此，西太后便徹底地現出了原形，她把罪責一股腦兒地都推到了義和團群眾身上，將自己洗得一乾二淨。隨後，便在許多地區出現了中外反動武裝聯合鎮壓義和團的局面。到了光緒二十六年十二月二十六日（一九〇一年二月十四日），逃到西安的西太后，看到她的統治地位又得到帝國主義列強的確認。便降諭公開宣布，甘願進一步採取「量中華之物力，結與國之歡心」[98]的徹底賣國方針。西太后為了滿足帝國主義的侵略欲望，決心拍賣國家和民族的一切權益。光緒二十七年七月二十五日（一九〇一年九月七日），經西太后批准，清政府的全權代表奕劻、李鴻章便在《辛丑條約》上簽了字。清廷與帝國主義侵略者的奴、主關係，便在中國人民的血泊中進一步確定了。而中國人民所得到的卻是一具更為沉重的奴役枷鎖。由此，又把我中華民族拖入更為苦難的深淵。

到這時，西太后「宣戰」的真實涵義也就隨之而昭然於天下了。於是，在《辛丑條約》簽訂後的八月二十四日（十月六日），西太后又挾帶光緒帝自西安返京。到光緒二十七年（一九〇二年一月七日），她便踏著人民的血跡回到了北京的清宮。從此，西太后又在帝國主義的卵翼下，繼續其萬惡的統治。

飲恨而終

（一）傾吐宿願「振興中國」

光緒帝苦心締造的變法圖強事業，被以西太后為首的頑固勢力毀滅了，「然其改造中國之觀念，並未因此而消滅」[99]。有人說，當光緒帝被囚禁以後，在他的「心底上，始終確認那些新政的策畫是絕對合理的，絕對可以推行的。但須等到老佛爺（西太后）撒手西歸（即死去——引者）的時候，他一定就可以很順利地幹一番」[100]。的確，在戊戌政變後，光緒帝革新祖國的願望並未消失。他只不過在西太后的強大壓力下，把它埋藏在心裡罷了。在義和團運動期間，光緒帝所以反對向列強宣戰，以及後來又欲留京以便擺脫西太后的控制。除了為抵制西太后的禍國陰謀之外，又因為他始終懷有待機重建維新「大業」的緣故。當然，光緒帝沒有成功。但其維新圖強之志，在此之後仍未動搖。即使在光緒帝被西太后挾持出走的途中，他終日鬱鬱寡言，說明在其心中還存有種種難言之隱。然而，光緒帝深懷的滿腔憂國之憤和強烈的圖強之念卻依然時有表露。在當時，光緒帝每到一地總好獨自「坐地作玩耍，尤好於紙上畫成大頭長身各式鬼形無數，仍拉雜扯碎之。有時或畫成一龜，於背上塡寫項城（即袁世凱——引者）姓名，黏之壁間，以小竹弓向之射擊，即復取下剪碎之，令片片作蝴蝶飛，蓋其蓄恨於項城之深」[101]。在這裡，光緒帝畫的那些各式「鬼形」，如果說可能是比作破壞變法維新的大小頑固派權勢者，這只是出於推測，但他痛恨袁世凱卻是確鑿無疑的。這時的光緒帝所以如此，既表明他對袁世凱在戊戌政變中的出賣行徑仍深惡痛絕之外，也反映出他還在懷念變法維新的往事。光緒帝採取這種動作，無非是在抒發自己的鬱憤之情。直到光緒二十七年八月末至九月中（一九〇一年十月），當光緒帝又被西太后帶著自西安返回北京之際，他還在設想回京以後能夠繼續「大行新政」[102]呢！但是，光緒帝的這一念頭，同樣只不過是一種幻想罷了。

翌年初，光緒帝在隨從西太后從西安回到北京時，當他沿途看到被帝國主義聯軍蹂躪後的慘景，便使其立刻感到一種不能形容的恥辱。進而，光緒帝「見外患日逼，大局垂危，宵旰憂勞，遂攖心疾」，不斷地自言自語：「外國人如此鬧法，怎麼了？怎麼了？」[103]又激起他深深的憂思。按照《辛丑條約》的規定，僅就清政府向列強各國的賠款而言，即達創紀錄之巨。當時以中國四萬萬人口計算，從剛生下來的娃娃到尚有一息的老人，平均每人承擔一・一兩多白銀；如加上利息便人均二・四兩多了。當時，清政府國庫空虛，全國廣大勞苦群衆更是掙扎在飢寒交迫的死亡線上。即使在這種情況下，西太后仍舊沉醉於窮奢極欲之中。而且她為了粉飾其建築在人民的血與淚之上的罪惡統治，到京不久，又下令籌集款項修建被八國聯軍破壞了的正陽門城樓。但光緒帝卻認為：「何如留此殘敗之跡，為我上下儆惕之資！」[104]這個被敵炮火摧毀了的城樓，既已變成八國聯軍侵華的罪證，也是西太后等禍國行徑給京城帶來的傷痕。它確也具有啟示後人不忘國恥的作用。

西太后及光緒帝，在庚子事件後回到北京時，其在心情和表現上形成的反差，可以說是體現了他們對當時的國難和國家的未來所懷有的不同心態。

如前所述，戊戌政變後，已被剝奪了一切權力、變成囚徒般的光緒帝，竟然成了一個在國內外頗有影響力的人物。直到庚子事件發生後，一些帝國主義國家出自它們的需要，仍在關注著光緒帝的去向。在中國人當中，那些希望通過變法維新來振興祖國的人，對光緒帝的不幸遭遇更深為同情。至於流亡到日本的康有為、梁啟超，於光緒二十五年五月（一八九九年六月）在日本成立了「保皇會」，打起了保衛光緒帝（即「保皇」）的旗號。他們所以又把光緒帝高高地抬出來，除具有在感情與理想上的聯繫之外，在實際上康、梁也主要是為適應在新形勢下的政治需要。他們力圖以此作為繼續推行改良路線，以抵制日益發展中的民主革命運動服務。到光緒二十六年（一九〇〇年庚子年）夏，在義和團反帝愛國運動進入高潮、八國聯軍大舉侵入中國及西太后在施展政治陰謀之際，康有為、梁啟超企圖利用國內空前動盪的局面，策動唐才常等回國發起營救光緒帝的活動。唐回國後，即運動會黨（後來又想爭取洋務派官僚張之洞的支持）成立「自立會」、組織自立軍，準備在長江中游一帶發動反清的武裝運動。在這時，唐才常等便在國內揭起了「討賊勤王」的旗幟，並以讓「光緒帝復辟」[105]作為起事的「宗旨」之一。由於這些人仍站在廣大勞動人民的對立面要另起爐灶，所以他們的失敗同樣是不可避免的。與此同時，已把立足點轉移到革命方面的章太炎，認為唐才常「一面排滿一面勤王，既不承認滿清政府，又稱擁戴光緒皇帝，實屬大相矛盾」[106]。從而，章太炎為反對「保皇」、力爭實現推翻清王朝的政治目標，把光緒帝也列為革命的對象，當然是可以理解的。除此之外，在當時正與英國進行政治交易中的劉坤一等，也想利用光緒帝的名號來與英國等列強搞「東南互保」。十分明顯，這些內外的各種勢力對光緒帝採取的不同態度，除了在社會一般人中具有感情因素之外，其他無不懷有各自的政治目的。而這種情況的出現，只能說明光緒帝影響的擴大。

由於光緒帝的影響不斷擴大，既給西太后增加了對光緒帝存在的威脅感，又對她產生了較大的牽制作用。因此，西太后的「廢帝」棋子更不敢輕易落下了。事實上，隨著國內外形勢的演變，光緒帝既成為西太后的一大政敵，也變成了她的一個不可缺少的政治籌碼；再說，西太后原來準備取代光緒皇帝而立起來的大阿哥溥儁，自從被接入宮內以後，在她的庇護下其行為越形不經。就是溥儁在隨同西太后逃到西安期間，他仍然「頑劣日甚，時與宦官等私出冶遊，甚至在宮中拔取皇后之簪珥以為戲樂」[107]，在宮內時而激起風波。尤其是在光緒二十六年末（一九〇一年二月），西太后為了滿足帝國主義提出的「懲凶」要求，以便盡快完成新的賣國交易來保住自己的地位，又採取了「捨車馬保將帥」的手法，把她原來的追隨者載漪、載瀾等也給予了「懲治」。於是在西太后看來，載漪已經沒有用了，那麼他的兒子溥儁，在清廷也就失去了存在的價值。此外，劉坤一、張之洞等地方實力派官僚，也越發感到光緒帝的名位不可棄，並為此而反覆向西太后疏通。正是鑑於上述各種緣由，西太后在從西安返京的途中，於一九〇一年十一月三十日光緒二十七年十月二十日，降懿旨頒諭宣告：「已革端郡王載漪之子溥儁，前經降旨立為大阿哥，……宣諭中外。慨自上年『拳匪』之亂，肇釁列邦，以致廟社震驚……。推究變端，載漪實為禍首，得罪列祖列宗。既經嚴譴，其子豈宜膺儲位之重。……自應更正前命，溥儁著撤去大阿哥名號，立即出宮。」[108]就此，西太后藉「懲治」載漪之名廢去了大阿哥。其實，這是她在內外不斷增強的壓力下，不得不放棄其原來的「廢立」企圖。從而，西太后改變了手法，又以光緒帝作為純粹的傀儡，繼續牢牢地控制著清廷。當西太后一九〇二年初回到北京後，為了進一步給自己裝潢門面，在表面上「稍給」光緒帝一些行動「自由」。每當其臨朝或有接見事宜時，也把光緒帝拉去作為陪襯；凡是發布政令繼續利用光緒帝的名義。但是，西太后對光緒帝的「監視仍嚴」[109]。在此後的多年裡，光緒帝不僅依舊對朝政根本沒有發言權，就是在平日的言行也照樣受到嚴密的監視和控制。特別是西太后惟恐光緒帝與外界發生聯繫，又命其親信太監嚴戒外人「跟皇帝說話」[110]。庚子事件以後，光緒帝的皇位雖然保住了，但他的實際處境並未改變。事實上，光緒帝完全成了西太后的一個會說話的工具。原來，西太后在逃到西安期間，當她看到與帝國主義列強進行的一場空前的賣國交易即將有緒，為了掩飾其賣國求榮的醜惡嘴臉，改變一下統治方式，籠絡浮動不安的那些在向資產階級轉化中的上層人士，尤其是想給帝國主義露一手，以便博得其主子的信賴。於是，在光緒二十六年十二月初十日（一九〇一年一月二十九日）頒諭宣布，她也要起來「改弦更張」、利用「西法」，採取「補救」[111]措施了。那麼怎樣「改」和如何「補救」呢？西太后在這個諭旨裡說得也很明白，那就是「世有萬祀不易之常經，無一成不變之治法，……不易者三綱五常，昭然如日星之照世；而可變者令甲令乙，不妨如琴瑟之改弦」[112]。這就清楚地道破了西太后高唱的改革論調，不過是張之洞之《勸學篇》的翻版，還是洋務運動的那一套。因此，她在此後四五年間進行的這種改革，除了為帝國主義列強掠奪中國的礦藏、進一步控制中國的財政等大開綠燈之外，確也加上了一些新的花樣兒，如獎勵商辦實業、廢除科舉等等。在經濟、文化領域採取了一些較為寬鬆的措施，對社會的發展具有一定的積極作用。但對於專制體制和維繫它的思想鏈條，還是拉得緊緊的。從而可見，西太后推行的這種改革，確是洋務運動在新條件下的繼續。其根本的目的，是為了適應帝國主義的需要和「修補」她的專制統治軀體。至於較之戊戌維新，可謂有進（如廢科舉制）有退（在政治思想上仍嚴密封鎖）。尤其在目的與導向上，兩者截然不同。總之，從二十世紀開始以後，隨著民主革命運動的勃興，西太后進行的這種改革，越發明顯地露出了它的欺騙性。對於西太后的改革，光緒帝是有自己的看法的。光緒二十九年（一九〇三年），他曾在私下向對其懷有同情感的德齡[113]說：「我不信太后有力量有本領能夠改變中國的情形。就是太后有本領，也不情願做。恐怕離真正改革的時候遠得很呢！」[114]到光緒三十年（一九〇四年），光緒帝又對德齡言：「你說勸太后推行新政，我沒有看見什麼效驗。」[115]當然，光緒帝對西太后的改革持以否定態度，是出於他對西太后頑固劣性的認識。其實，就在西太后「更張」期間，光緒帝每天都抽出一定時間堅持「閱視時憲書」[116]，表明他依然有著自己的追求。

從上可見，直到這時，光緒帝與西太后在政治見解上仍然存在著相當大的距離。他們都要改革，但其所走的道路和想以此達到的目標卻大相逕庭。所以西太后在販賣自己的貨色時，卻又不忘詆毀康有為、敲打光緒帝和誣蔑變法維新。因此，每當她在發布「更張」詔令之前，總要逼迫「皇上先自罵兩句，曰：『康有為之變法，非變法也，乃亂法也；夫康有為一小臣耳，何能尸變法之名？』」[117]就這樣，光緒帝對西太后的假改革，卻又不得不被迫說些違心的話[118]。

當時的光緒帝，為什麼對西太后仍如此屈從？從光緒二十九年至光緒三十年（一九〇三至一九〇四年）到清宮為西太后畫像，並趁機見過光緒帝的美國人卡爾女士的口中，我們知道光緒帝所以這樣「非帝之懦弱無能，蓋彼處於萬鈞壓力之下，固不得不爾，以為自全之計」[119]。在光緒帝身上的確具有明顯的懦弱性，這是由於他的特殊成長過程及其所處的具體環境造成的一個致命弱點。如說光緒帝在西太后面前的屈從表現並非出於無能，可以說是基本符合實際的。在當時的情況下，對於光緒帝來說，只要還想保存自己，以備東山再起重建維新大業，他也確實不可能有別的選擇了。

就在深陷逆境的歲月裡，光緒帝仍在「朝夕研求」古籍時書，在其中「於西學書尤留意」[120]。同時光緒帝還每日堅持以一定的時間「學習英文」[121]，並「日昃不遑」，持之以恆。對此，德齡有一段記述：「每早見皇帝（即光緒帝——引者），當余有暇時，光緒帝必問英文，所知甚多。余見皇帝，極有趣味。在太后面前，面容肅默，或有時如一呆子。若離開時，全然又是一人。」[122]而且，光緒帝又常常通過德齡和利用其他途徑，不斷了解外洋的各方面情形，從而對「西邦文化」等情「無不知之」[123]。光緒帝雖然被禁於高牆之中，但卻未阻塞住他那面向世界的目光。

除此之外，透過一些蛛絲馬跡的現象，又可見光緒帝對二十世紀初年帝國主義對中國的激烈爭奪亦深感憂慮。在光緒三十年至光緒三十一年（一九〇四至一九〇五年）的日俄戰爭期間，無視國家和民族利益的西太后，竟然宣布中立、劃定戰區。讓日、俄兩個帝國主義者在我國的神聖領土東北地區任意火拼、廝殺，給自己的同胞帶來無盡的苦難。與此同時，她依舊在宮中「極度揮霍」，不斷地大擺戲台，終日拉著光緒帝在成群的宮女、太監陪伴下尋歡作樂。可是，在這當中「惟皇帝一人，總無笑容」[124]。大致就在日、俄開戰後的這一期間裡，據卡爾女士記述，一天當她外出後回到清宮畫室時，「則見有戲單多面，在予桌上，上有紅朱筆跡，顯為皇上手筆。……予即揣知昨日皇上乘予外出之時，必曾在此小作盤桓。繼以皇上手筆，細為諦視，則見所畫者非他，乃一幅日俄在滿洲交戰之地圖也。此可見皇上之留心外事，宵旰深宮」[125]。從而卡爾女士又說，光緒帝所以在公開場合「默無所言，若不介然於懷，斯豈光緒帝之本意哉！然而不知光緒帝者，則誠將以光緒帝為不識不知之庸主矣。安能見其操心慮危，實有不得已之苦衷，存於其間耶」[126]。可以認為，這是一個比較客觀的評說。

被長期軟禁的光緒帝，所以還在埋頭攻讀、密切注視外洋動向、關心國家的危亡，仍在不斷的追求，其原動力，無非是來自他的憂國之忱和從未動搖的復興祖國之志。然而，隨著時代的前進和國內政治形勢的變化，尤其是民主革命的波瀾到光緒三十一年（一九〇五年）已形成洶湧澎湃的滔滔洪流，清王朝完全陷於搖搖欲墜之中。在這樣的歷史情況下，光緒帝還在戀戀重新操政，繼續走他的維新治國之路。顯然，至此已失去變法的光澤。並且就光緒帝自身的處境來說，他也根本無力再揚起政治風帆了！因此到後來，光緒帝只得無可奈何地通過即將離開清宮的德齡，傾吐自己的夙願和無法解脫的苦衷，作為其最後一次地對世表白：

「我沒有機會把我的意思宣布於外，或有所作為，所以外間都不大知道我。我不過是替人作樣子的，後來再有外人問你，只告訴他我現在所處地位實在的情形。我有意振興中國，但你知道我不能作主，不能如我的志。」[127]

光緒帝在政治上的形跡早已消失。自從德齡離開清宮後，他連在私下流露一點個人情懷的餘地也沒有了。所以在此後的數年間，光緒帝除了作為西太后的陪襯參加一些祭祀、接見等活動之外，他自己在瀛台惟以錄書「表明心跡」[128]了。光緒皇帝的末年，其存在的價值，更是僅僅體現於西太后的需要了。

（二）「駕崩」之謎

長期纏綿於無限悲憤與憂傷之中的光緒帝，到光緒三十四年十月二十日（一九〇八年十一月十三日），在西太后患病之後他也「疾甚」[129]。遂於次日（十一月十四日），光緒帝便飲恨逝於瀛台涵元殿，終年（虛齡）三十八歲。時隔二十小時，清王朝在實際上的最高當權者、統治中國將近半個世紀的「女皇」西太后，亦相繼病死。

由於「宮掖事祕」，對於光緒帝的神祕之死，從事發起即連宮內的一些大臣也「莫知其詳」[130]。因而死後，便對光緒帝的死因眾說不一，成為晚清史的又一大疑案。前些年，我國從事醫學、醫藥學研究工作的同志，據中國第一歷史檔案館收藏的光緒帝臨終前之脈案、藥方等原件的驗證與研究，確認光緒帝「死於結核病」[131]。當然，就這一新的研究角度而言，是值得歡迎的。但在專制時代的宮廷，脈案及藥方，並非均為御醫對患者診治的真實紀錄（書中已述）。據在當時給光緒帝治病的醫師記述，他患有「遺泄（即遺精）」，「頭痛（神經衰弱等）」、「發熱」、「脊骨痛」、「無胃口（無食欲）」、「癆症（結核）」等多種疾病[132]。另在其他有關資料中，亦有說光緒帝患「虛癆」等記載。因此認為光緒帝身患「結核病」，當是無誤的。但從光緒帝臨終前的脈案來看，卻未見結核病惡化的症狀[133]。所以，僅據清宮的脈案、藥方，還難以揭示光緒帝的真實病情，更不能探明與此相關的內幕。

據《清史稿‧德宗本紀》記載，在西太后患病期間，十月初二日（十月二十六日），光緒帝接見日使伊集院彥吉於勤政殿；十月初六日（十月三十日），賜達賴宴於紫光閣；十月初十日（十一月三日）西太后壽辰，光緒帝又親「率百官晨賀太后萬歲壽」。就在當日「突傳聖（光緒帝）躬不豫」，但「入診者僉云六脈平和無病也」[134]。另據《清宮瑣記》載，太（御）醫周景濂亦曰，初「帝無大症，諸臣皆以平和劑進之」。再參照此間光緒帝的活動情況，可見他即使發病，但其病情也不會嚴重，何況光緒帝患的均為慢性病。不過，從此之後，光緒帝的病，卻引起西太后的格外關注。她在病中，還命其親信、慶親王奕劻為光緒帝尋醫。西醫師屈桂庭，就是在奕劻授意下，由袁世凱推薦進宮為光緒帝治病的。另外，在帝身邊任職近二十年的起居注官、翰林院侍講惲毓鼎記云，在此之間「有譖上者，謂帝聞太后病，有喜色。太后怒曰：『我不能先爾（指光緒帝——引者）死。』」[135]惟恐在其死後光緒帝重新上台操政，無疑是西太后的最大顧忌。到十月十八日（十一月十一日），當屈桂庭再次進宮護理光緒帝時，他發現其「忽患肚痛，在床上亂滾」，而且當時的光緒帝「面黑，舌黃黑」。這時，屈桂庭亦感不解，認為「此係與前病絕少關係」[136]。但是，他見此情況後卻匆匆離開了清宮。遂即在光緒帝死去的前一天十月二十日（十一月十三日），西太后在授意公布帝「病甚」的同時，又降懿旨宣布，醇親王載灃之子溥儀「在宮中教養，復命載灃監國為攝政王」[137]。對光緒帝的繼承人及其之後的執政者，均做好了安排。因此筆者認為，光緒帝之死的確切原因，尚有進一步探究的必要。據西太后的親信「侍從」說，「皇帝賓天之後，（西）太后聞之，不但不悲愁，而反有安心之狀。」[138]帝、后相繼而死，難道真的又是清宮中的一次「巧合」嗎？

不過，無論光緒帝究竟死於何因，他在清廷遭受的控制與打擊，在精神與志向上受到的壓抑與摧殘，在身心上經受的折磨，甚至其骨肉親情也被人拆毀，真可謂，光緒帝的一生「未嘗一日展容舒氣也」[139]！其實，這也就是他「多病柔弱」的根源。因此可以認為，年輕的光緒帝之死，與西太后控制下的清王朝黑暗腐敗密切相關。如果說光緒帝入坐清宮，是出於一種政治需要；那麼他的死去，也未必不是清廷政治腐敗的必然。

隨著光緒帝與西太后的皇冠相繼落地，清王朝的末日也即將到來。

註釋

1《德宗實錄》，第四二六卷，第五九八頁。
2、28 李希聖《庚子國變記》，叢刊《義和團》（一），第一一頁。
3、29《德宗實錄》，第四二六卷，第六〇一頁。
4《德宗實錄》，第四二七卷，第六〇二—六〇三頁。
5《德宗實錄》，第四二七卷，第六〇二頁。
6《德宗實錄》，第四二七卷，第六〇三頁。
7《德宗實錄》，第四二八卷，第六一九頁。
8《德宗實錄》，第四二七卷，第六〇七頁。
9 沃丘仲子《近代名人小傳》，第一三三頁。
10 趙爾巽等《清史稿》（四二傳），第一二七五四頁。
11 見蘇繼祖《清廷戊戌朝變記》，《戊戌變法資料》(一)，第三四六、三四七頁。西太后在政變後訓斥光緒況，另在惲毓鼎的《崇陵傳信錄》、費行簡之《慈禧傳信錄》和黃鴻壽的《清史紀事本末》等資料中亦有記載。綜觀各家所說，當時西太后的訓話內容基本點相似，只是在其他材料中均未記明具體時間，而且內容較為簡略，故用蘇繼祖之說。
12 蘇繼祖《清廷戊戌朝變記》，《戊戌變法資料》(一)，第三四七頁。
13《德宗實錄》，第四二七卷，第六〇六頁。
14 王慶保、曹景郕《驛舍探幽錄》，《戊戌變法資料》(一)，第四八八頁。
15 適園主人《三海見聞志》，第八頁。
16、17 黃鴻壽《清史紀事本末》，第六六卷，第四頁。
18《內務府雜件》，中國第一歷史檔案館藏。
19、23《故宮周刊》，第三十期，《宮中人語》。
20、26 愛新覺羅・溥佐《珍妃的冷宮生活》。
21 白蕉《珍妃之悲劇》，《人文月刊》，第六卷，第六期，第二頁。
22 見一九八二年五月十九日《北京晚報》。志錡是原帝黨骨幹志銳的幼弟，官為工部筆帖式。在戊戌變法期間，他「嘗偵宮中密事，輸告新黨」（湯志鈞《戊戌變法人物傳稿》，上冊，第一五四頁）。
24 葉昌熾《緣督廬日記鈔》，第七卷，第七三頁。
25 枝巢子《舊京瑣記》，《戊戌變法資料》(四)，第三〇九頁。
27 費行簡《慈禧傳信錄》，《戊戌變法資料》(一)，第四六六頁。
30 王照口述，王樹楠筆記《德宗遺事》，第一三頁。
31 經元善《居易初集》，第二卷，第七頁。
32 經元善《居易初集》，第二卷，第四〇頁。
33、40、41 惲毓鼎《崇陵傳信錄》，《戊戌變法資料》(一)，第四七七頁。
34 魏元曠《魏氏全書》，《戊戌變法資料》(四)，第三一三頁。
35 王照《方家園雜詠二十首並紀事》，《戊戌變法資料》(四)，第三六〇頁。
36 許指嚴《十葉野聞》，章伯鋒、顧亞《近代稗海》，第十一輯，第九二頁。
37《戊戌變法資料》(三)，第五一七頁。
38 蘇特爾著，梅益盛、周雲路譯《李提摩太傳》，《戊戌變法資料》(四)，第二三四頁。
39 王照口述，王樹楠筆記《德宗遺事》，第一五頁。
42 王照口述，王樹楠筆記《德宗遺事》，第一七頁。
43 小橫香室主人《清朝野史大觀》，第一卷，第一七七頁。
44《戊戌變法資料》(一)，第四七八頁。
45 見小橫香室主人《清朝野史大觀》，第一卷，第一七八頁。
46 裘毓麐《清代軼聞》，第三五頁。
47 朱壽朋編《光緒朝東華續錄》，第一五七卷，第一三頁。
48《廢立要聞匯錄》，《戊戌變法資料》(三)，第四七三頁。
49《戊戌變法資料》(三)，第四七四頁。
50《戊戌變法資料》(三)，第四七四、四七五頁。
51《戊戌變法資料》(三)，第四七五頁。
52《帝國主義與中國海關——中國海關與義和團運動》，第六頁。
53 叢刊《義和團》(一)，第六一頁。
54 國家檔案局明清檔案館《義和團檔案史料》，上冊，第一四四－一四五頁。
55、82、87 吳永口述，劉治襄記《庚子西狩叢談》，第一一九頁。
56 國家檔案局明清檔案館《義和團檔案史料》，上冊，第一六四頁。
57 吳永口述，劉治襄記《庚子西狩叢談》，第一二頁。
58 吳永口述，劉治襄記《庚子西狩叢談》，第一三頁。
59、64、81 吳永口述，劉治襄記《庚子西狩叢談》，第一一四頁。

60、62、63、67、69 李希聖《庚子國變記》，叢刊《義和團》(一)，第一三頁。

61 惲毓鼎《崇陵傳信錄》，叢刊《義和團》(一)，第四八頁。

65 黃鴻壽《清史紀事本末》，第六七卷，第二頁。

66、76 惲毓鼎《崇陵傳信錄》，叢刊《義和團》(一)，第四九頁。

68 吳永口述，劉治襄記《庚子西狩叢談》，第一八頁。

70、75 楊典誥《庚子大事記》，中國科學院歷史研究所第三所編《庚子記事》，第八一頁。

71 均見日本佐原篤介、浙東漚隱《拳事雜記》，叢刊《義和團》(一)，第二五三頁。

72、74 李希聖《庚子國變記》，叢刊《義和團》(一)，第一四頁。

73 叢刊《義和團》(一)，第六八頁。

77 關於御前會議的情況，在吳永的《庚子西狩叢談》、楊典誥的《庚子大事記》、李希聖的《庚子國變記》、惲毓鼎的《崇陵傳信錄》、日本佐原篤介和浙東漚隱的《拳事雜記》以及黃鴻壽的《清史紀事本末》等資料均有記述。在國家檔案局明清檔案館編的《義和團檔案史料》上冊裡也有反映。就其總的對話內容來說基本相似，但各家所記詳略不一。有的有具體時間；有的未加說明；有的明顯有誤。筆者引用的對話順序，基本是根據各種有關資料綜合的，可能有誤，故此說明。

78 袁昶《亂中日記殘稿》，叢刊《義和團》(一)，第三三九頁。

79 國家檔案局明清檔案館《義和團檔案史料》，上冊，第一六三頁。

80 國家檔案局明清檔案館《義和團檔案史料》，上冊，第一八七頁。

83 黃鴻壽《清史紀事本末》，第六七卷，第一頁。

84 袁昶《亂中日記殘稿》，叢刊《義和團》(一)，第三三九–三四〇頁。

85 國家檔案局明清檔案館《義和團檔案史料》，上冊，第二〇七頁。

86 黃鴻壽《清史紀事本末》，第六七卷，第四頁。

88 國家檔案局明清檔案館《義和團檔案史料》，上冊，第二〇二–二〇三頁。

89 國家檔案局明清檔案館《義和團檔案史料》，上冊，第二〇三頁。

90 國家檔案局明清檔案館《義和團檔案史料》，上冊，第二二八頁。

91 王照口述，王樹楠筆記《德宗遺事》，第三二頁。

92 惲毓鼎《崇陵傳信錄》，叢刊《義和團》(一)，第五四頁。

93 關於珍妃之死說法不一。實際上主要有三：其一，黃鴻壽在《清史紀事本末》第六七卷第五頁中說，西太后在出逃臨行前，「命李蓮英推妃（即珍妃）於寧壽宮外之大井中」致死。此說，亦見他處。其二，在《慈禧軼事》一書中云，西太后等逃跑前，珍妃「恐被辱，即投井死」。此說其實是來自西太后。其三，在白蕉的《珍妃之悲劇》（載於《人文月刊》，第六卷，第六期）、《故宮周刊》第三十期《宮中人語》、裘毓麐的《清代軼聞》、李書筠的《珍妃之死與李蓮英》（載香港《大成》雜誌，一九八二年，第九十八期）等書刊中，均認為是太監二總管崔玉貴（又叫崔玉桂），在西太后的指使下，上前將珍妃推於寧壽宮外之井中。筆者另參以其他有關情況，採取是說。

94 黃鴻壽《清史紀事本末》，第六七卷，第五頁。另在《景善日記》中亦云，西太后在出宮外逃的前夕，珍妃「跪請於老佛爺（西太后）之前，以皇上不必西幸，應請聖駕（即光緒帝——引者）在京裁度議和各事」（叢刊《義和團》(一)，第八二頁）。西后聞之「大發雷霆」，遂命當班太監將珍妃推於井中。無論《景善日記》究竟是否是「偽作」，但其對此的記述起碼具有參考價值。

95 中國第一歷史檔案館《義和團檔案史料續編》，下冊，第一二六三—一二六四頁。

96 黃鴻壽《清史紀事本末》，第六七卷，第五頁。

97 朱壽朋編《光緒朝東華錄》(四)，總第四五四〇頁。

98 國家檔案局明清檔案館《義和團檔案史料》，下冊，第九四五頁。

99 〔美〕卡爾女士《慈禧寫照記》，中譯本，第四六頁。

100 德齡《瀛台泣血記》，一九八〇年，雲南人民出版社出版，第二八七頁。

101 吳永口述，劉治襄記《庚子西狩叢談》，第九七頁。

102 〔日〕大久平治郎《光緒帝》，中文本，第二三頁。

103 《滿清野史續編》，第六種，《清宮瑣聞》，第一頁。另見徐珂輯《清稗類鈔》，第二冊，「帝德類」，第四四頁。

104 王照口述，王樹楠筆記《德宗遺事》，第五四頁。

105 張難先《湖北革命知之錄》，《戊戌變法資料》(四)，第二九七頁。

106 馮自由《革命逸史》，第二集，第七七頁。

107 《清鑑輯覽》，第二七卷，第三頁。

108 朱壽朋編《光緒朝東華錄》(四)，總第四七八四頁。

109、120 王照口述，王樹楠筆記《德宗遺事》，第五六頁。

110 德齡《清宮禁二年記》，第一頁，《東方雜誌》，第一〇卷，第六號。

111 朱壽朋編《光緒朝東華續錄》，第一六四卷，第三頁。

112 朱壽朋編《光緒朝東華續錄》，第一六四卷，第二頁。

113 德齡，乃清政府駐日、法、美等國公使裕庚之女。她曾隨其父在歐洲生活多年，對外國情形較為了解，並通英語。光緒二十九年（一九〇三年）回國後，受到西太后的器重，入宮任其貼身女官。在此後兩年多的期間裡，因她有便利條件，常與光緒帝接近，對光緒帝有一定的同情感。

114 德齡《清宮禁二年記》，第一頁，《東方雜誌》，第一〇卷，第七號。

115 德齡《清宮禁二年記》，第一七頁，《東方雜誌》，第一〇卷，第七號。

116 光緒二十八年《內起居注》，中國第一歷史檔案館藏。

117 王照口述，王樹楠筆記《德宗遺事》，第四九頁。

118 另外據說在光緒三十年（一九〇四年），翁同龢病死後，光緒帝在西太后及其親信奕劻面前，曾「歷數翁誤國之罪」，並表示不予「追恤」。王照認為，這表明光緒帝對甲午主戰等往事的「痛悔」（見王照口述，王樹楠筆記《德宗遺事》，第四六頁）。這一情況如果有之，也顯然是出自西太后的逼迫。其實，光緒帝對於往事，尤其對於變法維新，在其內心始終沒有「痛悔」之意，這是無可否認的歷史事實。至於是否給翁以「追恤」，當時光緒帝已無此權力。

119 〔美〕卡爾女士《慈禧寫照記》，中譯本，第四七—四八頁。

121 小橫香室主人《清朝野史大觀》，第一卷，第一九六頁。

122 德齡《清宮禁二年記》，第一〇頁，《東方雜誌》，第一〇卷，第二號。

123 《滿清野史續編》，第十九種，第二九頁。此情況，在德齡的《清宮禁二年記》與卡爾女士的《慈禧寫照記》中，亦多有記述。

124 德齡《清宮禁二年記》，第一〇頁，《東方雜誌》，

第一〇卷，第七號。

125 〔美〕卡爾女士《慈禧寫照記》，中譯本，第一八三—一八四頁。

126 〔美〕卡爾女士《慈禧寫照記》，中譯本，第一八四頁。

127 德齡《清宮禁二年記》，第一頁，《東方雜誌》第一〇卷，第七號。另見徐珂輯，《清稗類鈔》，第二冊，「帝德類」，第三三頁〈德宗自述〉。

128 適園主人《三海見聞志》，第一〇頁。中國第一歷史檔案館藏有光緒三十三年（一九〇七年）光緒帝的《錄書》多件。其中有《恭錄世祖章皇帝命工部立內十三衙門鐵牌於交泰殿刺諭》，即順治帝為「鑑戒」明魏忠賢等「專擅威權，干預朝政」的刺諭；唐代詩人李紳的《憫農詩》等（《德宗景皇帝御筆》，中國第一歷史檔案館藏）。從中可見在此期間光緒帝的心情。

129、137 趙爾巽等《清史稿》（紀四），第九六五頁。

130 惲毓鼎《清光緒帝外傳》，《清代野史》，第四輯，第五頁。

131 見邢思邵《從光緒帝之死的疑案說起》，載一九八二年六月二十四日《健康報》。

132 見七十四老人屈桂庭醫師述《診治光緒皇帝祕記》，《逸經》，第二十九期，第四六頁。

133 見《光緒臨終前脈案選》，《歷史檔案》，一九八三年第四期。

134 惲毓鼎《清光緒帝外傳》，《清代野史》，第四輯，第二四頁。

135 惲毓鼎《崇陵傳信錄》。

136 七十四老人屈桂庭醫師述《診治光緒皇帝祕記》，《逸經》，第二十九期，第四七頁。

138 《慈禧及光緒賓天厄》，《清代野史》，第四輯，第二七頁。

139 惲毓鼎《崇陵傳信錄》，《戊戌變法資料》(一)，第四七一頁。

結語

光緒帝自幼年進入清宮始，他就處於矛盾漩渦之中。給其設置皇帝寶座者，是為使他成為一個用來順手的政治工具。但時代與「使命感」，又給光緒帝提供了一種「反作用」力。因此，他要坐在皇帝的寶座上，便不得不委從於支配他的力量；逐漸要行己之志，又必然向支配者挑戰，而且這一支配力又是最強大的。這就決定了其「性格」的矛盾和政途的曲折。光緒帝是在內外矛盾的時代與環境中，經歷挑戰度過其一生的。

光緒帝從典學到「親政」之後，在其所經歷過的重大中外戰爭，尤其是甲午中日戰爭中，他作為一國之君，堅定地站在維護國家、反擊侵略的一邊，體現了中華民族不畏強暴的英雄氣概。甲午戰爭後，在民族危機急劇深化的歲月，光緒帝又毅然支持變法圖強。通過他發動了震動中外的「戊戌變法」運動，繪製了一個革新中國的宏圖。在此之間，光緒帝創造性地把以康有為為首的維新派振興國家的要求付諸實踐，為古老的祖國提供了一次走向近代道路的歷史機遇。而且他的政治生命，又是與「戊戌變法」相始終的。戊戌政變後，光緒帝在長期陷入逆境中，當面臨險惡的局勢時，他仍以國家與民族的大局為重。在此後的困境裡，光緒帝還在念念「振興中國」，對祖國的未來充滿憧憬，並仍不停地為此而追求。尤其在甲午中日戰爭以後，他時時以國家的興衰為念，並伴隨著時代運行的脈搏不斷地向前邁進，在一定程度上反映了中華民族自強不息的精神，體現了偉大祖國的凝聚力。綜觀光緒帝短短的一生，他可謂是近代中國統治階級上層的愛國者；失敗了的改革者；歷史悲劇的扮演者。光緒皇帝，不愧為一個在特定的內外環境中出現的愛國開明皇帝。

然而，光緒帝又是一個弱者。他在較為有利之時，未能擺脫西太后的控制；當其被囚禁之後，更不得不屈於西太后的淫威之下了。光緒帝終未成為封建王朝的叛逆者，最後竟落了個齎志而歿的淒慘結局。

光緒皇帝的可悲結局，又集中體現為一個歷史悲劇。這是半殖民地的近代中國，加上根深柢固的封建傳統勢力所造成的。強大的帝國主義侵略者與頑固的封建勢力，使光緒帝的愛國、革新願望不能實現，國家與民族的處境日益惡化。因此，先進的中國人，不能不由同情光緒帝的遭遇而更加痛恨腐敗的清王朝，走上爭取民族獨立與國家富強的新征程！

後記

說到我們對光緒帝這個歷史人物的研究，不能忘記東北師範大學歷史系趙矢元教授，是他較早地給予了鼓勵與關懷。此傳的告成，離不開人民出版社喬還田先生的大力支持與具體指導，責任編輯張潤生先生又對書稿的關要處做了精心潤色。在撰稿過程中，中央民族大學歷史系郭毅生教授熱情賜示；黑龍江大學歷史系謝景芳副教授代為草擬了一至三章初稿；東北民族學院副院長關捷教授，主動提供一些珍貴資料；中共黑龍江省委黨校董少輝，參與了四、五章的擬稿工作。首都師範大學政法系邱元猷教授、中國第一歷史檔案館朱金甫編審、新華文摘社張躍銘副編審、中國社會科學院近代史研究所宋士堂副編審和歷史研究所馮佐哲副研究員；以及哈師大副校長修朋月、校圖書館館長夏玉德與副館長趙克、北方論叢編輯部主編陳世澂等，均從不同的方面給予了關注與協助。同時，本書亦吸取了近年來一些有關的研究成果（多數已在書中注明）。謹此，一併致以由衷的謝意。並向學界友好深深致敬！

作者　一九九五年七月於哈爾濱

附錄　光緒帝大事紀

中國紀年	西元	大事紀
同治一〇	一八七一	載湉出生於醇親王府。
一二	一八七三	同治帝（載淳）大婚，按己意選擇了阿魯特氏爲后。 法國侵入越南河內。 同治帝親政。
一三	一八七四	日本對台灣的武裝侵犯，便是它推行這一擴張政策的首度嘗試（征台論）。 命劉坤一署兩江總督。 崩逝於養心殿東暖閣。 年方四歲的載湉繼位皇帝，以明年（一八七五年）爲光緒元年，因此被稱爲「光緒皇帝」。
光緒元	一八七五	翁同龢與夏同善授皇帝讀，兩授帝師。 醇親王即有《豫杜妄論》一奏。 日本占據千島群島。 劉坤一任兩廣總督。

二	一八七六	簽訂《中英煙台條約》。 珍妃出生。 日本兼併小笠原群島；又武力脅迫朝鮮簽訂《江華條約》，獲得了通商、租地、領事裁判權和在朝鮮沿海自由航行等特權。 嚴復十二歲成爲福建船政學堂的首屆學員，翌年留學英國學海軍。
三	一八七七	左宗棠率軍相繼克復新疆各城，維護了祖國的主權與領土的完整。
五	一八七九	日本把琉球群島改爲沖繩縣，納入它的版圖。 劉坤一調任兩江總督，兼南洋通商大臣。 嚴復學成回國，次年被調到天津水師學堂任總教習。
六	一八八〇	李鴻章派丁汝昌、鄧世昌往英國購艦，並考察了法、德海軍與兵工廠。
七	一八八一	簽訂《中俄伊犁條約》。 東太后（慈安）暴崩。
八	一八八二	翁同龢被任命爲軍機大臣。 直隸總督兼北洋大臣李鴻章，與法國駐華公使簽訂備忘錄，中國撤退駐越軍隊。

一〇	一八八四	法國強佔越南，派出兵艦侵入台灣基隆，隨後突然攻擊福建馬尾軍港，中法戰爭爆發。 朝鮮國王在清軍的幫助下，迅速鎮壓了日本策動的「甲申政變」。
一一	一八八五	李鴻章與法國簽訂《中法新約》，越南成為法國保護國。 日本派伊藤博文來華，與清政府訂立了中日《天津會議專條》。 清廷建立了海軍衙門，由醇親王奕譞爲大臣，但實際上，親操其事的卻是直隸總督兼北洋大臣李鴻章。 張蔭桓奉命出任駐美國、西班牙、祕魯三國大臣。 慈禧懿旨宣布三海大修工程重新全面展開。
一三	一八八七	鄧世昌再次奉命赴英國帶回訂購的致遠等艦。回國後授提督銜，兼致遠艦管帶。 黃遵憲完成《日本國志》一書。
一四	一八八八	光緒帝大婚，選葉赫那拉氏爲皇后（慈禧之侄女），翌年親政。 北洋水師成立，丁汝昌被任爲海軍提督。 康有爲趁到京城應試上書清廷（即《上清帝第一書》）。
一六	一八九〇	醇親王逝世，年五十一歲。 張蔭桓回國後，任總理各國事務衙門大臣，遷戶部左侍郎。 康有爲在廣州致力於辦學授教。

一七	一八九一	梁啓超投於康有爲門下。 沙俄開始興建橫跨歐亞的西伯利亞大鐵路。 張振勳於煙台籌辦「張裕釀酒公司」。
一八	一八九二	爲西太后（慈禧）舉行六十壽辰慶典。
二〇	一八九四	翁同龢再入軍機。 朝鮮爆發了東學黨運動。 中日甲午戰爭爆發。 平壤戰役敗，左寶貴爲國捐軀。 黃海海戰敗，鄧世昌決然「自沈」爲國壯烈犧牲。 丁汝昌向日本遞交投降書後服鴉片自殺。 孫中山在檀香山創立興中會。
二一	一八九五	中、日簽訂《馬關條約》。 康有為領公車上書。 俄、法、德強逼日本退還遼東半島。
二二	一八九六	李鴻章赴俄國簽訂《中俄密約》。
二三	一八九七	德國侵佔膠州灣。 嚴復與夏曾佑在天津合辦《國聞報》，與在上海辦起的《時務報》南北呼應，成爲北方宣傳變法維新和傳播西學的陣地。

二四	一八九八	俄國強租旅順、大連，英國強租威海衛。 光緒帝頒布《明定國是詔》，正式向中外宣告進行變法維新。 戊戌維新失敗，爆發戊戌政變，六君子被殺。
二五	一八九九	康有爲、梁啓超在日本成立了「保皇會」 法國強租廣州灣，英國租九龍半島。 美國提出「門戶開放」政策。
二六	一九〇〇	義和團事件爆發，八國聯軍攻入北京。 慈禧太后、光緒帝等西遷逃難到西安。 珍妃被推到寧壽宮外的井中害死，時年僅二十四歲。
二七	一九〇一	簽訂《辛丑條約》。 同年，李鴻章病逝。
二八	一九〇二	命阿桂分三路進攻大金川。 山東王倫起事，命舒赫德赴山東指揮鎮壓王倫。
二九	一九〇三	以清軍蕩平金川全境，下令撤兵。 下令四庫全書館詳核違礙書籍。
三〇	一九〇四	日俄戰爭爆發，清延宣佈「中立」。

三二	一九〇六	清朝廢止科舉。 清政府宣告推動立憲改革。 同盟會在日本成立。
三四	一九〇八	清廷宣布預備立憲以九年為期，頒布《欽定憲法大綱》。 光緒帝載湉卒，終年三十八歲。時隔二十小時，統治中國將近半個世紀的「女皇」西太后，亦相繼病死。 溥儀繼位，改元宣統。

歷史，

中國史

光緒傳

作者 孫孝恩 丁琪
發行人 王春申
副總編輯 沈昭明
編輯部經理 葉幗英
責任編輯 徐平
封面設計 吳郁婷
封面題字 侯吉諒
校對 馮湲 鄭秋燕
印務 陳基榮
出版發行 臺灣商務印書館股份有限公司
地址 23150 新北市新店區復興路43號8樓
電話 (02) 8667-3712 傳真：(02) 8667-3709
讀者服務專線 0800056196
郵撥 0000165-1
E-mail ecptw@cptw.com.tw
網路書店網址 www.cptw.com.tw
網路書店臉書 facebook.com.tw/ecptwdoing
臉書 facebook.com.tw/ecptw
部落格 blog.yam.com/ecptw

局版北市業字第 993 號
臺灣初版一刷：1999年 6 月
臺灣二版一刷：2015 年 3 月
定價：新台幣 600 元

ISBN 978-957-05-2986-9

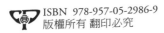

光緒傳 ／ 孫孝恩、丁琪 著. --臺灣二版. --新北
市：臺灣商務, 2015. 03
面 ； 公分. --（中國史 人物傳記）

ISBN 978-957-05-2986-9（精裝）

1. 清德宗 2. 傳記

627.8 103027885

歷史
中國史

光緒傳

作者 孫孝恩 丁琪
發行人 王春申
副總編輯 沈昭明
編輯部經理 葉幗英
責任編輯 徐平
封面設計 吳郁婷
封面題字 侯吉諒
校對 馮淺 鄭秋燕
印務 陳基榮
出版發行 臺灣商務印書館股份有限公司
地址 23150 新北市新店區復興路43號8樓
電話 (02) 8667-3712 傳真：(02) 8667-3709
讀者服務專線 0800056196
郵撥 0000165-1
E-mail ecptw@cptw.com.tw
網路書店網址 www.cptw.com.tw
網路書店臉書 facebook.com.tw/ecptwdoing
臉書 facebook.com.tw/ecptw
部落格 blog.yam.com/ecptw

局版北市業字第 993 號
臺灣初版一刷：1999年 6 月
臺灣二版一刷：2015 年 3 月
定價：新台幣 600 元

本書由人民出版社授權臺灣商務印書館出版發行，僅限中國大陸以外地區銷售

ISBN 978-957-05-2986-9

光緒傳 ／ 孫孝恩，丁琪 著．--臺灣二版．--新北
市：臺灣商務，2015．03
面 ； 公分． --（中國史 人物傳記）

ISBN 978-957-05-2986-9（精裝）

1．清德宗 2．傳記

627.8 103027885

紫禁城平面示意圖

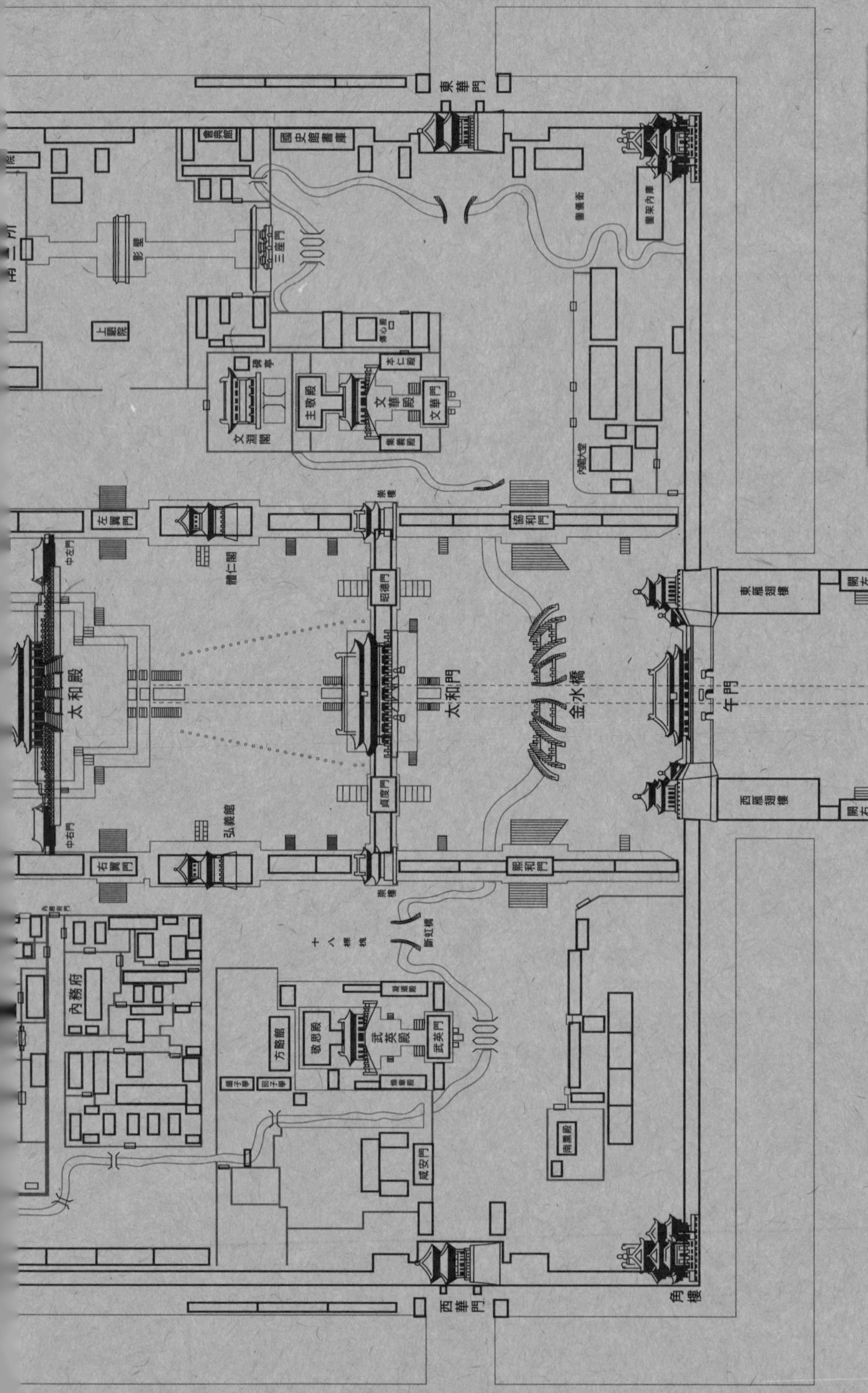
東華門
西華門
午門
太和殿
太和門
金水橋
文華殿
文華門
主敬殿
文淵閣
武英殿
武英門
敬思殿
方略館
內務府
協和門
熙和門
左翼門
右翼門
昭德門
貞度門
體仁閣
弘義閣
東雁翅樓
西雁翅樓
闕左門
闕右門
角樓
南薰殿
咸安門
影壁
三座門
斷虹橋